공자와 《논어》

孔子と論語

공자와 《논어》

초판 1쇄 인쇄일 2020년 10월 12일 　 **초판 1쇄 발행일** 2020년 10월 20일

지은이 기무라 에이이치 | **옮긴이** 나종석
펴낸이 박재환 | **편집** 유은재 | **관리** 조영란
펴낸곳 에코리브르 | **주소** 서울시 마포구 동교로15길 34 3층(04003) | **전화** 702-2530 | **팩스** 702-2532
이메일 ecolivres@hanmail.net | **블로그** http://blog.naver.com/ecolivres
출판등록 2001년 5월 7일 제201-10-2147호
종이 세종페이퍼 | **인쇄·제본** 상지사 P&B

ISBN 978-89-6263-214-9 93150

책값은 뒤표지에 있습니다.　 잘못된 책은 구입한 곳에서 바꿔드립니다.

공자와
《논어》

기무라 에이이치(木村英一) 지음 | 나종석 옮김

에코리브르

일러두기

《논어》에서 공자를 호칭하는 방식에는 여러 가지가 있다. 자(子)라고 일컫는 경우가 있고, 부자(夫子) 혹은 공자(孔子)로 부르는 표현 방법도 있다. 춘추시대에는 경대부(卿大夫)를 모두 자 혹은 부자라고 불렀다고 한다. 그러므로 마융(馬融)에 의하면 자는 일반적으로 남자를 부르는 말이었다. 공자는 노나라의 대부를 지냈기에 제자들은 그를 자 혹은 부자로 불렀다. 본래 부자는 '그 선생님' 혹은 '그분'이라는 뜻인데, 공자는 중국에서 제자들을 모아서 개인적으로 학문을 가르치는 일을 시작한 인물이기에 그 후에 스승을 부자라고 부르는 것이 관습처럼 되었다. 요약해 보자면 '자'와 '부자'는 공자의 제자가 스승을 존경하여 부르는 호칭이다. 그래서 이 책에서는 '자'를 '선생님께서' '부자'를 '부자께서' 혹은 '선생님께서'라고 번역했다. 그리고 '공자'는 제자들이 아니라 제삼자가 그를 존경해서 부르는 호칭이기에 '공자께서'라는 말로 통일해서 표기했다.

머리말

중국 사상과 사상사를 연구하는 사람으로서 공자라는 인물과 그의 사상의 진면모를 제대로 밝히고 싶은 마음을 몇 해 전부터 쭉 지녀왔다. 개인적으로는 공자뿐만 아니라 광범위한 중국의 사상과 사상사 전체에 조그마한 힘이라도 보탤 수 있도록 깊이 몰두하고 싶었지만, 처음부터 어느 정도나 가능한 일이었을지는 물론 의심스럽다. 그러나 그중에서 사상과 사상사에서 공자의 커다란 영향을 인식함에 따라 더욱더 공자의 진면모를 밝히고 싶은 마음이 강해졌다. 그것은 결코 유교에 대한 공자의 가르침을 변호하려는 호교적인 입장 때문도 아니고 또 반유교적인 선입견에 사로잡히는 것도 아니다. 있는 그대로의 진상을 명확하게 하여 공자를 올바른 위치에 두고 싶은 것이다. 이리하여 힘에 부치지만 최근에 시도한 바의 일부를 한데 모은 것이 이 책이다.

  그런데 성인(聖人)이라고 일컫는 공자와 세계적 고전의 하나로 간주되는 《논어(論語)》를 집어 들어 그 진상을 명확하게 하려면 반드시 가치관의 기초부터 검토해 보아야 한다. 인간이 위대하다는 것은 무엇이고, 불후의 책과 업적은 어떤 것일까? 이것은 가치의 기준에 관한 문제다. 가치의 기준을 잡는 방법, 그러므로 가치관의 문제는 우리의 일상생활에서도 또 역사학과 철학에서도 늘 무시할 수 없는 주제지만 이와 무관하게 특별히 문제 삼아 구명하려는 시도는 드물다. 그리고 의견과 주장의 어긋남은 때때로 가치관의 차이에서 비롯하는 경우가 있다. 그러나 가치관이 다른 경우, 올바른 가치관은 무엇이냐 하는 문제야말로 서로 반성을 통해서 추구하지 않으면 안 되는 과제다.

자연과학과 과학기술의 대상은 가치를 배제한 무기(無記)적 존재다. 그러나 역사적·사회적 사실은 한층 더 구체적인 사실이어서 무기적일 수 없으며 가치를 포함한다. 그러므로 가치 관계를 무시한 사실의 나열은 역사에 존재할 수 없다. 그러나 가치는 실재한다기보다는 어떤 이상으로부터 생겨난 존재의 자리매김 같은 것이다. 이런 의미에서 역사는 가치 관계에 따라 취급한 사실을 구명하는 일이다. 자세한 사견은 뒷날로 미루고 싶지만, 그것은 결국 구체적 사실의 인식에 관련된 것으로서, 인간 존재 자체의 자각 과정이다.

인간이란 무엇인가, 인간이란 어떤 존재인가 하는 당연하고도 근본적인 과제가 존재한다. 이것에 대한 내 생각도 별도의 기회로 미루는 수밖에 없지만, 오래전부터 자주 지적해 온 것처럼 인간은 사회적 존재이고 또 생각하는 동물로서의 인간은 당연히 그에 따라 사회생활을 해나가고 있기에 필연적으로 노력과 경험과 공부로 집적된 문화를 지닌 사회적 동물이라는 특성을 지니고 있다. 그리고 문화란 인간이 자연적·사회적 환경을 자신에게 또 그 자신을 환경에 적응시키면서 생활하는바, 사회적인 동시에 개인적인 이중성을 지니는 인간이 끊임없이 만들어내는 적응 수단의 총체라고 할 수 있다. 물론 이 경우 문화란 단순히 사회의 상부구조를 점하는 것으로서가 아니라, 경제와 정치까지를 포함하는 광범위한 의미에서의 문화다.

인간의 생활은 이런 의미에서 문화생활이지만, 그것의 전개를 의식의 측면에서, 특히 정신 활동의 구조라는 시각에서 본다면, 현실의 존재와 현상에 대한 사실인식을 통해 다시 바람직한 문화생활—그것은 환경에 더욱더 잘 적응하고자 하는 문화생활, 따라서 자신이 지닌 가능성을 개발하여 욕구를 한층 만족시킬 수 있는 문화생활—을 구하여 본질인식에 의한 이상(理想)을 구상하고 그것을 실현하려는 작용이다. 이런 의미에서 인간은 늘 현실에 맞게 이상을 설정하고 그것의 실현을 위해 현실을 전개해 가는 동물이다. 여기서 이상이란 인간의 경우 인식의 대상으로서 현존하는 존재가 아니라 욕구의 대상으로서 추구되는, 아직 달성되지 않은 목표다. 그리고 이미 서술한 것처럼 이상에 의한 존재의 평가가 곧 가치이기 때문에 인간의 진보란 보다 궁극적인 이상을 향한 생활의 전개다. 즉 그것은 가치의 향상적 전개에 다름 아니다.

그런데 문화의 진보 발달은 노력과 공부의 집적에 의해 일어나는 것이지만, 노력과 공부의 집적이 최고로 간명한 형식으로 나타나는 것은 문화생활에서는 이른바 물질문명의 측면이고 학술에서는 무기적 존재를 계량적으로 다루는 자연과학 및 과학기술의 분야다. 근 수천 년의 문화사에서 수력·화력의 이용이 원자력으로, 석기의 사용이 정밀기계로, 활의 발명이 미사일과 핵무기로 발전한 것과 같은 눈부신 진보 발달은 물질문명의 모든 분야에서 볼 수 있다. 이것만 놓고 보면 현대 선진문명의 국민은 옛날의 어떤 성자·위인·제왕·부호·학자보다도 훨씬 풍요롭고 편리한 문명을 누리고 산다. 옛사람의 노력과 공부에 감사와 미안함을 느낄지언정 이제 와 옛사람에게서 배울 것은 아무것도 없다.

그러나 예를 들어 예술 분야로 한정하면 사정은 다르다. 과학 분야에서는 뉴턴이 발견한 법칙을 지금 고등학생도 알고 있지만 예술 분야는 그렇지 않다. 무용의 명수에게 배운 제자가 스승보다 기예가 뛰어나기는 쉽지 않다. 스승의 예풍(藝風)을 전수받는 경우에도 혹은 독자적인 예풍을 수립하는 경우에도 스승 못지않게 뛰어난 소질을 지니고 스승과 동등한 정도의 혹독한 수행을 견뎌야 마침내 스승과 대등한 예술적 수준에 도달할 수 있다. 감정을 단적으로 객관화하는 기술의 훈련을 바탕으로 체험적 진실성을 표현하는 예술에서는 작자의 개성과 작품의 독자적인 일회성 때문에 타인의 업적 위에서 축적되는 의미의 진보는 본질적으로 있을 수 없다. 스승은 참고자료·자극·지침 등을 줄 수 있을 뿐이고 타인의 업적도 자기의 표현 행위의 필요에 따라 얼마만큼의 참고 또는 소재가 될 뿐이다. 물론 다른 사람으로부터 주어진 참고자료·자극·지침·소재 등을 활용해 자기의 제작 조건을 개선해 가는 것이므로 그에 한정해서는 타인의 업적 위에 자신의 노력과 공부를 집적하는 것은 가능하다. 하지만 창조적인 제작 활동 자체는 타인의 성과 위에 쌓을 수 없다. 이리하여 문화의 진보 발달에서 만인의 노력과 공부의 집적은 단지 그 반에 지나지 않고, 나머지 반은 각자가 독창성을 발휘할 수밖에 없다.

문화생활의 진보 발달에서 노력과 공부를 집적하는 일이 간단하지 않다는 것은 단지 예술 분야에만 해당하지 않는다. 따라서 이것은 일부 예술가만의 문제가 아니라 누구도 예외가 없다. 이것은 인생의 생활 방식에 대한 것이다. 생각건대 인간은 누구나 한 사람 한 사람 다른 개성을 지니고 독자적인 환경과 조건에서 독특한 주체성을 지니고 살아가기 때문에 그 생활 방식은 당연히 각자가 다르다. 그리고 자신의 생활은 자신에게서 비롯한 것이므로 어떤 면에서는 본질적으로 독립·독보적이지 않을 수 없다. 사회의 연대성을 무시한 고립성을 말하는 것이 아니라, 사회 안에서 야말로 확립할 수 있는 독립·독보다. 따라서 그런 의미에서 타인의 생활 방식은 공존자로서 자신의 생활 조건에 영향을 주거나 그렇지 않으면 자신의 생활 방식에 참고자료가 될 뿐 그 이상은 아니다. 그리고 이 타인은 동서고금을 따지지 않는다. 2000여 년 전의 석가모니와 공자와 소크라테스도 2000년 전의 그리스도도 100년 전의 헤겔과 마르크스도 혹은 어제 이야기를 주고받은 친구도 그 생활 방식은 각자 독자적인 것이어서 그것을 가져다 자기의 생활 방식을 축적하기 위한 토대로 삼을 수는 없다. 이는 자기의 생활 방식은 한 걸음 한 걸음이 창작이어서 지금까지의 지식과 경험의 집적은 거기에 도입된 타인의 생활 방식에 관한 인식을 포함해 모두 창작을 위한 소재이자 참고자료라는 의미다. 각 개인의 창작적인 생활 활동을 위한 소재와 참고자료는 노력과 공부의 성과로서 사회적으로 집적될 수 있지만 그것들을 이용해 행하는 각 개인의 활동 자체는 각기 개성에 따라 개발해야만 한다. 비유하자면 자신의 작품이라 할 수 있는 생활의 전개가 가치의 향상이라는 전제에 따라 충실하게 이루어지는 한, 인간으로서의 진보 발달을 거기에서 볼 수 있다고 말해도 좋다.

따라서 적어도 인생의 생활 방식이라는 문제에서 개인의 매우 소중한 개성인 사회생활은 각자의 전개 방법이기에 타율적인 척도로 가치를 따지는 것은 불가능하다. 생각하기에, 가치를 따지는 척도는 이미 말한 바와 같이 이상(理想)이지만 이상은 인식의 대상이 아닌 추구할 목적이어서 늘 추구와 정립(定立)의 반복을 통해 경신해 가야만 하므로 고정적이지 않다. 그리고 동서고금의 탁월한 인물이 전한 많은 뛰어난 생활 방식은 모두, 둘도 없는 개성과 역사적 일회성으로 빛날 뿐이다. 그러나 그들 역시 같은 인간이라는 의미에서 결국 아무런 공통성이 없을 수 없다. 여기서 생각할 수 있는 것은 이미 서술한 것과 같이 이상을 향해 현실을 전개한다는 만인 공통의 인간성이다. 그리고 가치를 향상시켜 간다는 측면에서 볼 때 충실성의 여부야말로 생활의 내용은 각인각색이라고 해도 추사색(追思索)과 추체험을 통해 만인이 공통으로 참고하도록 제공할 수 있는 것은 아닐까? 그러므로 이해를 위한 추사색과 추체험에 난이도는 있어도 인간의 생활 방식의 실례로서 본질에서는 동서고금의 차이가 없을 것이다.

그래서 진실로 위대한 인물이라면 그 사람이 영위한 생활 그 자체는, 만약 깊이 이해할 수만 있다면 탁월한 지침이 될 수 있을 것이기에, 진실로 뛰어난 불후의 사업은 시공간을 초월하여 늘 만인이 이용할 만한 소재와 참고 재료를 제공하는 것이다. 아니 오히려 반대로 그런 인물은 위대하고, 그런 사업은 불후하다. 그리고 이런 궁극의 척도를 가지고 역사적 인물의 가치나 문화유산으로서의 사업 및 업적의 가치를 가리지 않으면 안 된다. 공자라는 인물과 《논어》라는 저서가 갖는 가치의 실상은 과연 무엇일까? 이것이 내 연구 과제다.

1970년 10월

차례

서론

1

중국 사상사와 문화사 연구에서 공자의 존재를 무시할 수 없다면, 공자 일문의 언행록인 《논어》를 깊이 연구하여 밝힐 필요가 있다. 이 책은 내가 공자와 《논어》에 관해 연구한 첫 책이다. 공자와 《논어》 연구는 예부터 무수히 있어왔고, 각론·탁설(卓說)도 무척이나 많다. 그러나 현시점에서 그것들과는 다른 시각에서 바라볼 필요가 있고, 당연히 보충하고 바로잡아야 할 점이 적지 않다. 그러므로 선학들의 탁월한 학설을 충분히 참조하여 현대인의 학문의식이 받아들일 만한 선에서 공자라는 인물과 《논어》라는 저서를 해명하는 것이 오늘날 우리에게 주어진 과제다.

생각건대 공자라는 인물의 전기 연구와 《논어》라는 문헌 연구는 각각 전문적인 연구가 필요한 별개의 문제지만, 이 둘이 밀접한 관계가 있다는 것은 말할 필요도 없다. 극단적으로 표현하면, 이 두 대상을 각기 올바로 이해하자면 연구 성과의 한 걸음 한 걸음을 서로 대조해야 비로소 올바르게 달성할 수 있다. 그래서 이 책은 이 두 가지를 나란히 취급하여, 제1편에서는 공자의 전기를 구명하고, 제2편에서는 《논어》를 연구한다.

2

그러나 이 두 주제의 연구는 어느 쪽이나 간단하지가 않다. 따라서 전기 연구도 《논어》 연구도 필자가 간신히 일부분을 요약해서 얻은 것으로 전모를 파악하기에는 턱없이 부족하다.

선진(先秦) 시대의 인물은 대체로 분명하지 않다. 그중에 공자는 지극히 많은 전설(傳說)을 남겼다는 의미에서 전기(傳記)의 사료는 풍부하지만, 그것들은 여러 종류의 다양한 전승에서 나온 것이다. 따라서 여러 기술 사이에 서로 모순되는 내용이 많아 사료의 진상을 밝히기가 매우 어렵다.

일반적으로 사료의 현상(現狀)으로 보아 공자의 전기를 규명하기 위해 중요한 것은 결국 첫째 《논어》, 둘째 《맹자(孟子)》를 들지 않을 수 없다. 《논어》, 《맹자》도 그 성립과 전래(傳來)된 사정을 볼 때 전체를 다 신뢰할 수는 없고, 단지 다른 사료와 비교할 때 상대적으로 신뢰할 수 있는 정도다. 다만 《논어》는 공자의 진실을 전하는 가장 중요한 문헌이고, 《맹자》는 시간적으로나 지역적으로 공자 가까이에서 그를 열심히 추숭한 사람의 기록이다. 그러나 《논어》와 《맹자》의 기록은 말과 사건의 연대가 상세하지 않고 그 배경도 명확하지 않다. 그래서 이것을 《춘추전(春秋傳)》, 특히 《좌전(左傳)》과 비교하여 추정해야 어느 정도 그 결함을 보충하는 게 가능하다. 그러나 《논어》·《맹자》·《좌전》 등에 이따금 보이는 공자의 전기 자료는 얼마 되지 않는다. 따라서 전국시대에서 한대(漢代)에 이르는 사이 제자백가(諸子百家)에서 시작된 여러 전적에서 공자 설화를 취사선택하면서 함께 고찰하지 않으면 안 된다. 그중 《사기(史記)》의 〈공자세가(孔子世家)〉는 한대에 집대성한 사료로서 중요하다. 또 〈제후세가(諸侯世家)〉와 〈연표(年表)〉는 〈공자세가〉와 대조하면 사실과 배경과 연대를 명확하게 하거나 정정(訂正)하는 데 도움이 되고 〈중니제자열전(仲尼弟子列傳)〉은 제자와의 관계에서 공자를 이해하는 중요한 대조 자료다. 필자는 이런 사료를 가능한 한 정밀하게 분석하고 유효적절하게 사용하면서 공자의 모습을 재현하고자 했다.

그럼에도 이 책은 부족한 점이 많다. 첫째 공자가 50대 초반 정치가로 활동한 데 대해 여전히 고찰할 바가 남아 있다. 둘째 그 뒤를 이어 14년간 천하유력(天下遊歷) 시대에 대해서는 왜 위(衛) → 진(陳) 코스를 취했는가 하는 문제, 각지에서 무엇을 발견하고 무슨 생각을 하고 무엇을 했는가의 문제, 유세(遊說)에 있어 진(晉)·초(楚)·정(鄭) 등과의 관계 등은 한층 더 파고들어 고찰할 필요가 있다. 그리고 나서 후대에 커다란 영향을 준 공자 말년의 사업에 대해 공자가 양성한 직제자 이하 이른바 후학 70명의 활약을 구체적으로 추적하는 것이 세 번째다. 넷째는 공자에서 시작한 시(詩)·서(書)·예(禮)·악(樂)의 정리라는 문화 사업이 얼마 안 있어 육경(六經)의 성립에 이르는 전개 과정을 숨김없이 드러내는 작업을 올바르게 구명하는 것이다. 이들 낱낱의 연구는 모두 후일을 기약할 수밖에 없다.

3

한편 제2편 《논어》 연구에서는 오로지 《논어》의 성립에 집중해 논했다. 말할 필요도 없이 《논어》 연구는 다각도로 행해야 하지만, 특별히 사상과 철학 연구자로서 먼저 사상사적 시각에서 구명을 시작해야 할 듯했다. 그러나 어떤 시각에서 연구를 진행해 나가더라도 《논어》가 어떻게 성립된 어떤 성질의 문헌인가 하는 사실에 대한 정확한 인식이 늘 전제로 존재한다. 당연히 이 문제는 오래전부터 여러 사람이 언급했지만 사료가 부족한 탓에 모두 억측의 영역을 넘지 못했다. 어쩔 수 없는 일이긴 하지만 예부터 여러 뛰어난 연구자의 억측을 집적해 보아도 여러 설이 분분하여 하나로 결정하기 어렵다. 게다가 만약에 어떤 설명을 취해도 현재 우리가 《논어》를 읽을 때 발생하는 각양각색의 의문에 대해 일부의 답은 되지만 유감스럽게도 다른 부분에는 타당하지 않다는 아쉬움이 남는다. 결국 이 문제를 해결하자면 부족한 사료를 주도면밀하게 집적하여 그것들을 십분 활용하면서 우리가 《논어》를 읽을 때 발생하는 다양한 성립에 관한 의문에 무리 없이 답할 수 있는 가설을 설정할 수밖에 없다. 그래서 필자는 종래 선학의 여러 학설을 참고하는 한편 《논어》를 구성하는 500에 가까운 장(章)의 말투와 호칭의 다름을 실마리로 삼아 그 내용을 종합해서 자료의 출처를 상정했다. 또 다른 한편으로 그것과 관련해서 《논어》라는 책의 20편으로 이루어진 구성과 20편 각 편 사이에 보이는 단장(單章), 장군(章群), 장군연관(章群聯關)의 배치에 의한 각 편의 구조를 종합하여 그러한 구조가 형성된 까닭을 상상해 보았다. 물론 가정에 지나지 않지만 그렇게 함으로써 의문에 대한 새로운 대답을 제시하고 《논어》라는 문헌의 성격을 다소나마 명확하게 할 수 있었다고 생각한다. 《논어》의 사상과 의미 내용에 대한 다양한 연구는 말할 것도 없이 이 책과 나란히 진행하고 있지만 그 성과의 발표는 전부 이 책 이후를 기약하는 바다.

4

서론을 마치기에 앞서 이 책의 제1편과 제2편에서 도달한 결론에 입각해 미리 공자의 생애와 《논어》의 성립을 개관하는 것으로 자세한 논의의 시작을 대신하고자 한다. 우선 공자의 전기다. 공자는 기원전 6세기에서 기원전 5세기에 걸쳐 살았으므로 지금으로부터 약 2500년 전이고, 73~

74세의 생애를 살았다. 당시 중국은 고대 봉건국가인 주(周)왕국이 붕괴하던 시기로 이른바 춘추시대 말기에 해당한다. 주나라는 사방의 여러 민족에 앞서는 고도(高度)의 문화를 지닌 선진국이자 오랜 전통을 과시하는 국가였지만 봉건제도하의 문화는 난숙(爛熟)하고 사회는 모순에 가득 찼으며 정치는 어지러워 점차 쇠망의 기운이 감돌았다.

주나라는 공자보다 600년가량 앞선 기원전 12세기 중반에 건국되었다. 당시 주는 황하 중류 지방에서 번영했던 문명국 은(殷)나라를 멸망시키고 그 오랜 땅을 병합하여 시작했다. 그리고 은은 그보다 수백 년 전에 번영했던 하(夏)나라를 멸망시키고 그 문화를 수용했다고 본다. 현대 고고학은 이미 은의 존재를 확인했지만 아직도 하의 유적은 발굴하지 못했다. 하여간 공자 시대에 중국 전통의 우수한 문화는 하·은·주 삼대를 이어 전해진 문화로 인식되었고, 게다가 당시는 이 문화를 받아들인 주가 붕괴기에 이르렀던 것이다. 때는 역사상 소위 춘추시대 말기로 머지않아 구질서가 완전히 붕괴하고 전국시대로 진입하려는 시기였다.

공자가 태어난 곳은 산동성 곡부(曲阜)로 당시 주 봉건제후국 중에서 비교적 전통문화가 잘 보존된 노(魯)나라라는 소국이었다. 공자는 거기서 하급 사족(士族)의 아들로 태어났다. 일찍 아버지를 여의고 가난한 환경에서 자랐지만 학문을 좋아하는 성실한 노력가였다. 당시 사족의 기초 교양인 육예〔六藝: 예(禮)·악(樂)·사(射)·어(御)·서(書)·수(數)〕를 익혔지만 이에 만족하지 않고 15세 무렵부터 스스로 고급 위정자의 교양인 시·서·예·악의 연구에 뜻을 두었다. 그것을 근거로 국가 사회의 바람직한 존재 모습과 국가 사회를 지도해야 할 군자(君子)의 인간상의 추구에 자신의 사명이 있음을 발견하기에 이르렀다. 그리고 주 건국의 위인인 주공(周公)을 깊이 존경하면서 정치와 도덕의 본질을 철저하게 규명하여 30세에 이르러 이미 독자적인 학풍을 세운 학자로 인정받았다. 그런데 공자의 학문은 지식과 실천이 분리되지 않았다. 달리 말해 위정자로서 좋은 정치를 실천하는 일과 교양인이자 인격자인 군자로서의 생활을 실천하는 것은 학자로서 해야 할 정치·문화·도덕에 대한 지식의 추구와 분리되지 않는 것이었다. 당연히 그는 몸소 공직을 받아들여 위정자로서 입신하고자 했다. 그러나 당시 노나라의 혼란한 사정과, 이미 붕괴 과정에 있다고는 하나 여전히 뿌리 깊은 봉건적 신분제도 때문에 그가 바란 취직의 기회는 쉽게 찾아오지 않았다. 결국 오랜 연구와 수양과 구직 시기를 보내고 50세에 이르러 처음으로 노나라의 정공(定公)을 섬길 수 있었다.

중도재(中都宰)라는 관리에 임용된 것이 공자가 얻은 최초의 공직이다. 그러나 과연 그는 인격과 학식과 수완에서 금세 두각을 나타냈다. 특히 제(齊)나라와의 중요한 외교 교섭인 협곡의 회맹에 상(相) 신분으로 정공을 수행했을 때 그 임무를 성공리에 마쳐, 그의 수완을 안팎에서 인정받기에 이르렀다. 이로써 공자는 하대부(下大夫)로 발탁되어 국정에 참여하게 된다. 그로부터 2~3년간이 현직에 있었다고 말하는 의미에서 볼 때 공자의 생애에서 최고로 자랑스러운 시기였다. 그러나 이 시기는 공자의 전 생애에 걸친 사업의 관점에서 보자면 최초의 시련기이자 제일보를 내딛는다는 의미에서 중요한 단계에 지나지 않는다. 진정한 공자의 사업은 이때 비로소 출발했다고 할 수 있다.

공자가 국정에 참여한 시기의 노나라는 안으로는 정공 및 주석집정(主席執政) 계씨(季氏)를 비롯한 삼가(三家)를 중심으로 지배계급 사이에 하극상의 풍조가 만연해 부패와 모순으로 가득 차 있었다. 밖으로는 대외관계에서 곤란한 처지였다. 이는 공자가 몇 해 전부터 연구한 결과 갖추게 된 국가 사회가 존재해야 할 이상적 모습과 비교할 때 도무지 비슷한 면이라고는 없는 것이어서 양심적인 그로서는 어떻게 해서든 개혁하지 않으면 안 되었다. 사실 정공이나 당대 주나라가 지닌 모순으로 괴로워하던 사람들 중 일부는 공자의 식견과 수완에 의한 개혁을 기대했을 것이다. 그러나 하급 사족 출신으로 조정에 나아가 도움을 받을 만한 사람을 곁에 두지 못한 공자가 갖춘 것이라고는 학덕과 식견과 수완뿐이어서 그로서는 해결할 수 없는 문제였다. 원모심려(遠謀深慮)를 짜내어 가능한 한 잘 대처했을 뿐 결국 개혁에 실패하여 직을 그만두고 타국으로 망명할 수밖에 없었다.

이때가 공자의 나이 55세 무렵이다. 그로부터 14년간에 걸쳐 북으로는 위나라로부터 남으로는 진(陳)·채(蔡)에 이르기까지 난관으로 가득 찬 방랑의 세월이 전개된다. 이것은 그가 심사숙고 후에 결행한 목숨을 건 행동이었다. 천하 어디서든 자신을 받아주기만 하면 그곳에서 이상을 실현할 모범 지역을 건설하여 기지를 구축하고자 했던 것으로 이해할 수 있다. 그러나 결국 뜻을 이루지 못해 이 계획도 실패로 귀결된다. 무엇보다 이에 따른 자연스러운 결과로서 그는 직접 천하의 실정을 깊이 인식할 수 있었고, 그의 주의(主義)를 천하에 알리는 계기가 되었다. 특히 여러 번 목숨을 잃을 뻔했지만 그때마다 전향적으로 잘 대처하여 굴하지 않았다. 이로써 인생 경험이 더욱 깊어지고 인격이 점점 완전해지고 견식은 연마되고 사상은 원숙해졌다. 이것은 그의 만년의 교육 사업, 문화 사업에서 비교할 수 없는 빛을 발하는 기초가 되었다. 따라서 이 14년간의 고난에 가득 찬 유력(遊歷) 시대는 공자의 생애에서 위대한 한 시기로 소위 "쉰 살에 천명(天命)을 알았다"는 정권참여시대 이후를 이어받는 "예순 살에 귀로 들으면 그대로 이해되었다"《논어》〈위정〉편 제4장)고 하는, 고생 끝에 세상 물정에 통달한 공자를 만들어냈다.

공자가 14년에 걸친 천하유력을 마치고 노나라로 되돌아온 것은 68~69세 때다. 불퇴전의 결의를 품고 끈기 있게 계속한 유세의 여행도 마침내 끝낼 시간이 온 것이다. 그 이유는 첫째, 당초의 목적을 끝내 이룰 수 있으리라는 전망이 없거니와 그대로 방랑을 계속하는 것도 헛된 일이라는 의미에서 볼 때 그의 천하유력은 실패했다는 점이 확실해졌다는 것이다. 둘째, 그것과 관련해서 공자도 점차 나이가 들어 살아서는 소기의 목적을 달성하리라는 희망이 없지만 하다못해 사후에라도 어떻게 해볼 수 있을까 하는 희망을 품고서 남은 생을 유용하게 보내기 위해 별도의 방법을 강구하게 된 것이다. 생각건대 공자는 취직 이전부터 제자를 두고 있었고 노나라를 도망쳐 나올 당시에도 여러 제자를 노나라에 남겨두고 왔다. 유력 시대에도 늘 제자를 거느리고 있었는데 그의 이상이 천하에 알려짐에 따라 각지에서 입문을 원하는 사람이 불어났다. 게다가 100년 후를 생각한다면 우수한 제자를 한 사람이라도 많이 양성하는 것이야말로 자기의 사명을 장래에 거는 최고로 충실한 방법이 된다. 더구나 노나라를 떠난 지도 어언 10여 년, 바야흐로 세월이 흐르고 사람이 변해 노나라로 돌아가도 정치에 종사하지만 않는다면 더 이상 정적과 대립할 일도 사회에 혼란을 일으킬 염려도 없다. 오히려 노나라에 남아 있는 제자와 공자를 본보기로 삼아 사숙(私淑)한 이들은 공자의 귀국을 손꼽아 기다리는 상황이다. 그렇다면 노나라로 돌아가서 교육과 문화 사업에 매진하는 것이야말로 자기의 소신에 이르는 최선이자 최후의 길이다. 그래서 그는 숙고 끝에 마침내 그 길을 선택한 것이다.

공자가 죽은 때는 노나라 애공(哀公) 16년(기원전 479년)으로 그의 나이 73~74세였다. 따라서 이 최후의 사업은 겨우 5년간에 지나지 않는다. 그러나 이것은 예상치 못한 대성공을 거두었다. 신구(新舊)의 제자가 그의 집에 운집하여 갑자기 노나라는 천하 학술의 중심지로 변했다. 그때 공자는 나이와 덕행이 높아 인물로나 학문으로나 경력으로나 명실공히 명사(名師) 자격에 결함이 없었다. 게다가 여러 해의 경험과 연구에 기반을 두고 일상생활에 관련된 도덕적 실천과 마음가짐의 연성(練成) 및 교양 과목으로서 시·서·예·악의 습득이라는 체계적으로 잘 정리한 커리큘럼을 갖추고 있었다. 그것과 연관해서 전통문화의 정수로서 시·서·예·악의 정리·보존이라는 문화 사업을 일으키게 된 것이다. 이리하여 공자는 오늘날의 눈으로 보자면 중국 학문의 창시자이고 도덕의 개발자이며 정치학의 아버지이자 학교의 창시자가 되었다. 특히 중국 전통문화를 집대성하여 그것이 후세에 잘 전개될 수 있도록 기초를 확고히 다진 사업은 고금에 견줄 만한 것이 없다. 문화의 정신을 몸에 깊이 새겨 그 세련의 극치를 발휘한 생활태도에 이르러서는 영원히 인류의 사표로서 성자(聖者)의 명성에 어울릴 것이다. 그리하여 공자는 중국의 문화사·사상사, 나아가서는 세계 문화사·사상사에 위대한 지위를 차지하는 인물로 자리 잡은 것이다.

5

《논어》가 언제 누구에 의해 어떤 형태로 성립했는가에 대해서는 신뢰할 만한 동시대의 사료가 전무하다. 전하는 것은 모두 후세의 억측이다. 그렇다면 억측의 확실한 근거는 무엇인가. 무엇보다 《논어》라는 책이 현존하는 것이다. 원인이 없는 결과가 없듯이 우리는 현존하는 《논어》를 숙독하고 정밀하게 연구함으로써 그것의 성립 사정을 어느 정도 추정할 수 있다. 두 번째로는 한대 이후에 속하는 것이긴 하지만 《논어》의 내력을 말해주는 문헌이 적게나마 남아 있다. 이것은 현존하는 《논어》에 기초하면서 그것의 최고(最古) 형태인 한대의 《논어》를 상상하는 자료가 된다. 그렇게 상상해 볼 수 있었던 한대 《논어》의 모습은 다시 그것을 산출했던 원인으로 활용되었던 선진 시대 《논어》의 성립 사정을 고찰하는 자료가 될 수 있다. 그리하여 오늘날 우리는 이 두 가지 사실을 종합하여 《논어》의 성립을 추측할 수밖에 없다.

현존하는 《논어》는 500에 이르는 장으로 구성되어 있다. 장의 길이는 각양각색으로 짧은 것은 "자왈군자불기(子曰君子不器)"(〈위정〉), "자왈작자칠인의(子曰作者七人矣)"[〈헌문(憲問)〉], "자왈유교무류(子曰有敎無類)"[〈위령공(衛靈公)〉]와 같이 몇 글자로 한 장을 이루는 것도 있지만, 〈선진(先進)〉편 끝 장처럼 300자가 넘는 장도 있다. 그러나 대부분은 50~60자 이하, 20~30자 또는 10여 자다. 어느 것이나 맛이 깊고 표현이 간결하며 양식(良識)에 투철한 고매한 교훈을 담고 있어 시공간을 초월하여 만인에 호소하는 힘이 있다. 진실로 인류 문화의 유산이다. 그리고 현재 《논어》는 이 500에 가까운 장군(章群)을 어느 정도 분할·편성하여 20편으로 구성돼 있다. 〈학이(學而)〉·〈위정(爲政)〉·〈팔일(八佾)〉·〈이인(里仁)〉·〈공야장(公冶長)〉·〈옹야(雍也)〉·〈술이(述而)〉·〈태백(泰伯)〉·〈자한(子罕)〉·〈향당(鄕黨)〉·〈선진(先進)〉·〈안연(顏淵)〉·〈자로(子路)〉·〈헌문(憲問)〉·〈위령공(衛靈公)〉·〈계씨(季氏)〉·〈양화(陽貨)〉·〈미자(微子)〉·〈자장(子張)〉·〈요왈(堯曰)〉이 바로 이 20편이다.

그런데 현존하는 《논어》를 독해한다면 적어도 대부분이 공자를 중심으로 하는 소위 공문(孔門)의 언행록(言行錄)이라는 점은 명확하다. 그리고 대부분 제자는 자(字)로 불리고 스승인 공자는 "스승/선생님(子)"으로 불린 데서 보듯이 이것은 공자 만년의 학교에 모였던 공자에게서 직접 배운 직제자들로부터 나온 전문(傳聞) 말투를 그대로 기술한 모습으로 되어 있다. 무엇보다 이 글들은 후에 어느 정도 변화를 겪었을지 모르지만 결국 원류는 공자의 직제자들이 보고 들은 것으로, 그것을 후학이 전송(傳誦)했을 것이다. 이것이 《논어》의 주요 부분이다. 그러나 그중에는 공자가 공문 외의 사람과 대화하거나 교류한 기사(記事)가 있는데, "공자왈(孔子曰)……"의 모습을 취하고 있다. 이것은 아마도 공문 외의 세간에 전해온 전설이나 혹은 편찬자가 채용한 것일 테다. 그리고 그 출처가 어찌 되었든 이와 같은 공자 및 공자에게서 직접 가르침을 받은 사람들(直門諸子)의 언행을 모아 기록하는 것은 그것이 추억을 위한 것이든지 아니면 격언과 법행(法行)으로서든 아무리 빨라야 손제자[孫弟子, 재전(再傳)의 제자] 시대의 것으로 생각된다. 《논어》 몇몇 장에서 "증자(曾子)왈"·"유자(有子)왈"·"민자(閔子)"·"염자(冉子)"와 같이 직제자를 스승으로 부르는 예가 있는데, 명확하게 재전의 제자로부터 나왔으리라 추측할 수 있는 것들이다.

다음으로 《논어》의 기사는 《상서(尙書)》에 기초를 둔 고대 지식을 포함하고 있다. 게다가 그것은 《주서(周書)》만이 아니라 《상서(商書)》, 《하서(夏書)》, 《우서(虞書)》에 걸쳐 있다. 생각건대 공자 학교에서는 시·서·예·악이 교과목이었던 것 같으므로 사제의 문답에서 《상서》의 지식을 언급하는 것은 이상한 일이 아니다. 그러나 공자는 본래 주공을 존경한 사람으로 하나라와 은나라의 사항은 문헌이 충분치 않아 잘 알지 못한다고 말하는 것으로 보아(〈팔일〉편), 공자 시기의 《상서》는 주로 《주서》의 일부분이었다고 생각한다. 요(堯)·순(舜)·우(禹)·탕(湯) 등의 《우서》, 《하서》, 《상서(商書)》의 내용을 많이 언급하는 것은 적어도 현존하는 문헌으로는 《묵자(墨子)》와 《맹자》 등의 이후다. 따라서 《논어》에서 이들 부분은 그 시기 이후에 첨가한 게 아닌가 짐작한다.

또 《논어》 20편의 편집을 보면 모두 잡다한 것을 모아놓은(雜集) 형태여서 어떤 한 사람이 한때에 편집했다고는 생각할 수 없고, 몇 번에 걸쳐 정리를 반복한 느낌이 있다. 그나마 그것들 각 편의 원형은 막연하지만 어떤 목표하에 이루어진 편집 같은 것과 약간의 편집이 이루어진 후에 남은 자료를 모아 보존한 듯한 속집(續集) 같은 것도 있다. 어쩌면 2~3전 제자 시대에 편집을 시작한 것과 그걸 이어 4~5전 제자 시대 이후에 속집한 편(篇)이나 부분이 있는 것은 아닐까?

다음으로 《논어》가 성립한 장소가 문제다. 공자가 만년에 노나라에서 학교를 열었을 때 그곳에서 집적된 사제의 언행을 전송하고 기술한 것이 《논어》의 주요 내용이고, 손제자 시대에 편집이 시작되었다고 한다면, 당연히 노나라에서일 것이다. 공자 사후에 제자들 중 일부는 천하 각지로 흩어졌지만 원래 노나라 사람으로 노나라에 머문 문인도 많다. 증삼(曾參)을 비롯하여 몇몇은 노나라에서 사설 학교(家塾)를 열어 유학(儒學)을 전하고 제자를 육성하지 않았을까. 이 전통은 노나라에서 적어도 전국시대 말까지 계속되었을 것이고 당연히 《논어》의 편집·속집은 노나라에서 계속 행해졌을 것이다. 그리고 적어도 일부에 증자의 제자와 후학이 참여한 듯한 흔적이 있다. 그런데 노나라 외에 주의해야 할 곳은 제나라다. 직제자 증자의 제자 자사(子思)의 2전(二傳) 제자로서 공자를 사숙한 맹자가 제나라에 머물던 시기(전국시대 중기, 기원전 4세기 중엽)부터 직하(稷下)가 이른바 천하 학술의 중심으로 번영하였다. 그때부터 맹자·순자(荀子) 등 다수의 탁월한 유자(儒者)가 제나라에서 발걸음을 멈추었다. 그런 의미에서 노나라와 제나라가 나란히 천하의 유학 중심지가 되었다. 무엇보다 맹자 이전에 공자의 고제(高弟)이자 외교관이면서 부호(富豪)로서 천하에 명성을 날리던 자공(子貢)이 제나라에서 객사했기 때문에 공자의 손제자 시대에는 이미 유학이 어느 정도 제나라에 전해졌을지도 모른다. 또 순자〔《비십이자(非十二子)》편〕가 "자장씨지천유(子張氏之賤儒)", "자하씨지천유(子夏氏之賤儒)", "자유씨지천유(子游氏之賤儒)"를 열거한 것으로 보아 순자 이전부터 제나라에 공자 직문인 자장(子張)·자하(子夏)·자유(子游) 등의 후학이 존재한 듯하다. 그래서 제나라에서는 직제자의 말년 무렵부터 2전 제자 시대에는 이미 자공에 의해 유학의 영향을 적게나마 받았을 가능성이 있고, 4전(四傳) 제자 시대에는 맹자에 의해 증자·자사 계통을 받아들인 유학이 전해졌고, 그로부터 수년 뒤에 순자에 의해 전개된 유학이 제나라에서 유행했지만 그때는 자장·자하·자유 등의 후학도 제나라에 존재했을 것이다.

이상의 사정을 종합해 보면, 노나라에서 시작된 《논어》의 편집·속집은 동시에 어느 때인가 제나라로도 흘러 들어갔을 것은 당연하고 그것에 자극받아 제나라에서도 《논어》의 윤색·속집이 행해진 것으로 보는 것이 자연스럽다. 그리고 《한서(漢書)》 〈예문지(藝文志)〉에 의하면 한나라 초기 《논어》에는 《노론(魯論)》·《제론(齊論)》·《고론(古論)》의 삼론(三論)이 있고, 《고론》은 노나라 공씨(孔氏)의 벽 속에서 발견된 것이므로, 결국 《노론》과 《고론》이 노나라 사람이 전한 《논어》, 《제론》은 제나라 사람이 전한 《논어》인 셈이다. 그런데 삼론은 서로 텍스트에 약간 차이가 있다고 하더라도 어디까지나 하나의 《논어》의 세 가지 이본(異本)으로, 내용은 대동소이했을 것이다. 그 가운데 《노론》과 《제론》은 금문(今文: 중국 한대에 쓰던 문자—옮긴이)이기 때문에 제각기 한나라 초의 노유(魯儒) 및 제유(齊儒)가 한대에 통행한 문자를 갖고 사정(寫定)한 텍스트다. 〈예문지〉에 열거된 《노론》과 《제론》의 전수자 이름이 모두 무제(武帝) 이후의 학자라는 것도 넌지시 그런 사실을 증명한다. 《고론》은 한나라 초에 발굴된 선진(先秦)의 고문논어로 노나라에서 발굴되었다손 쳐도 당연히 한유(漢儒)의 사정을 거치지 않은 텍스트일 것이므로, 한(漢)·위(魏)·육조(六朝)의 단편적인 기술(記述)로 미루어 검증해 보면《고론》과 제·노 이본(二本)의 차이가 많은 것은 제·노가 서로 다른 점과 비교가 되지 않는다. 그럼에도 크게 보면 삼론은 결국 대동소이한 것으로 하나의《논어》의 세 가지 이본이라는 것은 변치 않는 사실이다.

생각건대, 재전 제자 시대 이후 선진 말기까지 노나라와 제나라 두 곳에서《논어》는 점차 틀을 갖추어갔다. 그렇지만 한나라 초에 노유 및 제유의 사정에 의해 이른바《노론》및《제론》이 출현하기 이전 선진 말기에 이미 노와 제에서 이룬 기록을 대부분 집성하여 하나의《논어》를 성립했을 것이다. 그리고 필자의 현행《논어》20편 각각에 대한 연구는 결국 이것을 긍정하는 결과가 되었다. 여전히 이것과 관련하여 많은 문제가 있지만 상세한 것은 전부 뒤에서 다루기로 한다.

제1편

공자의 전기

공자의 가계 · 출생 · 유소년 시대

1

완성된 형태의 공자 전기로서 현존하는 가장 오래된 기록은 말할 필요도 없이 《사기》의 〈공자세가〉다. 사마천(司馬遷)은 공자를 매우 존경하여 열전(列傳)에 넣지 않고 특별히 세가(世家) 한 편을 만들었다. 거기서 그는 다음과 같이 말한다.

태사공이 말하였다. "《시경(詩經)》에 '높은 산은 우러러보고, 큰길은 따라간다'는 말이 있다. 내 비록 그 경지에 이르지는 못할지라도 마음은 항상 그를 동경하고 있다. 나는 공자의 저술을 읽어보고, 그 사람됨이 얼마나 위대한가를 상상할 수 있었다. 노나라에 가서 공자의 묘당, 수레, 의복, 예기(禮器)를 참관하였고, 여러 유생이 때때로 그 집에서 예를 익히고 있음을 보았다. 그러고는 경모하는 마음이 우러나 머뭇거리며 그곳을 떠날 수가 없었다. 역대로 천하에는 군왕에서 현인에 이르기까지 많은 사람이 있었지만 모두 생존 당시에는 영화로웠으나 일단 죽으면 그것으로 모든 것이 끝나고 말았다. 그러나 공자는 포의(布衣)로 평생을 보냈지만 10여 세대를 지나왔어도 여전히 학자들이 그를 추앙한다. 천자, 왕후로부터 나라 안의 육예를 담론하는 모든 사람에 이르기까지 다 공자의 말씀을 판단 기준으로 삼고 있으니, 그는 참으로 최고의 성인이라고 말할 수 있겠다."

太史公曰, "詩有之, '高山仰止, 景行行止.' 雖不能至, 然心鄕往之, 余讀孔子書, 想見其爲人, 適魯觀仲尼廟堂·車服·禮器, 諸生以時習禮其家, 余祇迴留之, 不能去云, 天下君王至于賢人衆矣, 當時則榮, 沒則已焉, 孔子布衣傳十餘世, 學者宗之, 自天子王侯, 中國言六藝者, 折中於夫子, 可謂至聖矣."

이런 찬사는 사마천의 공자에 대한 경앙심을 잘 드러낸다. 그리고 〈공자세가〉의 문체를 보면 당시에 전하던 기록과 전송 중 비교적 원숙한 것을 모아서 애써 정리하고자 했다는 태도가 엿보인다. 게다가 사료로서 문제가 있긴 하지만 어찌 되었든 그의 역사적 시각에서 믿을 만한 기록과 전송은 가능한 한 배열을 연구해 기록으로 남겨두었을 것이다. 그런데 이 〈공자세가〉에 공자의 가계에 대해서는 한두 가지 전설 외에는 기록되어 있지 않다.

공자는 노나라 창평향 추읍에서 태어났다. 그의 선조는 송(宋)나라 사람으로 공방숙(孔防叔)이다. 방숙은 백하(伯夏)를 낳고 백하는 숙량흘을 낳았다. 흘은 안씨(顏氏)와 야합(野合)하여 공자를 낳았다. ……

孔子生魯昌平鄕陬邑, 其先宋人也, 曰孔防叔, 防叔生伯夏, 伯夏生叔梁紇. 紇與顏氏女野合而生孔子……

이 기록으로 보면 공자는 노나라에서 태어난 노나라 사람으로 3대 전의 공방숙은 송나라 사람이다. "그의 선조는 송나라 사람이다(其先宋人也)"라는 한 구절이 겨우 공자의 가계를 언급하고 있다. 부모의 '야합'으로 공자가 태어났다는 것 이상은 말하고 있지 않다. 생각건대 자랑할 만한 가계는 아니었던 것이다. 무엇보다도 공자가 송나라 혈통을 이은 사람일 거라는 사실은 〈단궁상(檀弓上)〉편[《예기(禮記)》에 나온다―옮긴이]에 전하는 공자가 사망할 당시의 전설로, 공자 자신이 죽어서 두 기둥(兩楹) 사이에 앉아서 궤향(饋饗)을 받는 꿈을 꾸고서 "구는 은나라 사람이다(丘也殷人也)"(자신은 역시 은나라 사람인 것이다)라고 자공에게 말한 것을 아울러 생각해 봐야 한다. 단궁의 전설이 얼마나 역사적 사실에 가까운지는 차치하더라도 공자가 은나라 계통의 인물이라는 전송이 상당히 오래전부터 있었기 때문에 이런 말이 전설로 나타난 것이리라. 그리고 송나라는 은나라의 자손을 제후국의 하나로 봉해서 제사를 계속하게 했던 나라라는 사실은 말할 필요도 없다.

일반적으로 은의 주왕(紂王)이 주의 무왕(武王)에 의해 멸망한 것은 기원전 12세기 중반으로 공자가 태어나기 600년 전에 근접하는 과거다. 은나라는 고대에 번영한 문명국이었지만, 주나라는 은나라와의 전쟁에서 승리하여 그 토지·신민을 제압하고 문명을 계승하여 봉건제도를 건립하여 통치했다고 한다. 패전국의 백성인 은나라 백성은 처음부터 압제와 수탈의 대상으로서 비참한 처지였지만 그중에서 특수한 재능을 지닌 지식인과 기술자는 노예의 신분으로서 왕실과 정부의 제사·정치·경제·문화 등 백반(百般)의 건설과 운영 사무 등에 능력을 제공했으며 또 그 일부는 귀족과 제후에게 하사되었을 것이다. 따라서 《주례(周禮)》에 흔적을 남긴 것처럼 주나라 관료는 다수가 왕의 하인인 이들 노예로부터 출발했다고 볼 여지가 있고, 천문·역법·계수·복서 등과 같은 세련된 지능적 조작과 농업·기직(機織)·건축·공예 등의 고도의 문명을 떠받치는 여러 기술도 우수한 은나라 유민이 많이 담당했을 것이다. 무엇보다 그들은 처음엔 노예로서 능력을 사용하고 주나라 사람에게 봉사하도록 강요당한 것에 불과했지만, 그들의 유용성은 오랜 세월이 흐르는 사이에 점차 필요 불가결하게 되어 중요하게 취급되었고, 점차 특수한 관수(官守)의 가문을 형성하거나 주나라의 일반 사족과 섞여 그들의 일부가 되어갔을 것이다. 주나라 후반기인 소위 춘추전국시대에 이르면 사회질서가 붕괴함에 따라 점차 실력주의에 의한 하극상의 세상이 도래하여 은·주의 혼잡은 한층 더 심화된다. 그 현상에 중요하게 작용한 계기가 은나라 유민에 의한 상업의 발달임은 일찍부터 선학들이 지적한 바다.

동시에 문화가 발달한 은나라 민족을 지배·통치하는 일이 주나라 정치가에게는 크게 신경 쓰이는 문제였다. 이른바 은나라 '완민(頑民)'의 뿌리 깊은 유무형의 반대에 부딪혀 주나라 지배자는 경계를 게을리할 수 없었다. 그에 대한 정책의 일환으로 신중하게 실행한 것이 송나라의 건설이었다. 그것은 은나라 옛 땅의 일부인 송을 은나라 왕족에게 봉토로 주어 은 왕실의 제사를 계속하도록 하는 것이다. 그리하여 주나라의 동성(同姓)·이성(異姓)의 제후를 짝을 지어 서로 견제토록 한 여러 나라(列國) 사이에 미약하기는 하나 은나라 유민을 모아 그 왕족을 군주로 하는 독특한 나라가 만들어졌다. 은나라 이전에 천하를 군림했다고 전하는 하나라의 후예를 기(杞)와 함께, 하나라와 은나라 이대(二大)의 후예를 제후로 봉하여 제사를 계속하게 한다는 《주례》의 의례적 규칙에 따른 것이다. 이것은 고대인의 종교에 가까운 귀신 숭배를 억압하는 조치인 동시에 은나라 유민에 대한 회유정책이자 은나라 유민을 한곳에 모아 관리를 편하게 하려는 일석삼조의 방법이었을 것이다. 이렇게 송나라가 생김으로써 유럽의 유대인 지구와 같이 은나라가 거기서 가난하지만 오랜 전통을 고수하는 지구를 획득한 한편, 동시에 송나라 사람은 유달리 완고하다는 세간의 경멸과 차별 대우도 받았을 것이다.

《사기》에 의하면 송나라의 개국은 주왕(紂王)의 서형(庶兄) 가운데 한 사람인 미자계(微子啓)가 주공에 의해 송에 봉해진 때로부터 시작한다. 그리고 공자의 조상이 송나라의 명족이었다는 전송이 전국시대에 생겨난 것으로 보아 《좌전》에서 그런 사실을 더듬어 찾을 수 있다. 그 첫 번째는 소공(昭公) 7년(기원전 535년, 공자 17~18세)의 《좌전》의 기사다. 《좌전》의 〈경(經)〉에 "9월에 공이 초(楚)나라에서 돌아왔다(九月公至自楚)"로 되어 있는 것을 받아서 〈전(傳)〉에서는

> 9월에 공이 초나라에서 돌아왔다. 맹희자(孟僖子)는 공을 수행하여 예절의 일로 공을 제대로 돕지 못했음을 부끄럽게 여기고, 돌아와서는 예를 배워 조금이라고 예를 알 수 있는 사람이라면 그를 따라 배웠다. ……
>
> 九月, 公至自楚, 孟僖子病不能相禮, 乃講學之, 苟能禮者從之, ……

로 되어 있다. 노나라 대부 맹희자가 예라는 교양을 배워 익혀 제 것으로 하지 않은 불편함을 통감한 내용을 서술하고, 계속해서 그가 후년 죽음에 임박해서〔소공 24년, 《좌전》의 〈경〉에, "봄 천자가 쓰는 역으로 2월 병술 날에 노나라의 중손확이 세상을 떠났다(春王三月丙戌, 仲孫貜卒)"〔두예가 주에서 말하기를, 〈전〉에는 없지만, 맹희자다〕, 기원전 518년, 공자 34~35세〕 그 대부에게 유언을 남기면서 공자가 예에 밝다는 것을 말하고 자신이 죽은 후에 두 아들이 공자에게서 학문을 시작하게 했다는 이야기를 언급하고 있다.

……죽을 무렵에 가문의 중신을 불러놓고 말하였다. "예는 인간에게 근본인 것이다. 사람이 예가 없으면, 놓인 지위를 지켜나갈 수가 없다. 내 들었거니와 앞으로 모든 일에 통달한 어진 이가 있게 될 것인데, 그는 공구라는 분이다. 그분은 옛 성인의 후손인데 가문은 송나라에서 망하였다. 그분의 조상인 불보하(弗父何)는 송나라 군주가 될 인물이었는데도 군주 자리를 여공에게 넘겨주었고 불보하의 증손인 정고보(正考父)에 이르러 송나라의 대공·무공·선공의 세 군주를 보좌하는 상경이었으나 날로 더욱 공경스러운 태도를 취했다. 그래서 솥을 만들어 경계하는 말을 새기어 이르기를 '대부가 되어서는 고개를 숙이고, 하경이 되어서는 등을 구부리며, 상경이 되어서는 몸을 구부려 길을 갈 때에 집집의 담 옆으로 빨리빨리 걸으면, 다른 사람이 나를 감히 무시함이 없으리라. 나는 이 솥에 된죽을 끓여 먹고, 묽은 죽을 끓여 내 입에 풀칠을 하여 살리라'라고 했다. 그분의 공경스러움은 이와 같았다. 장손흘이 한 말이 있는데 그분은 '성인이요 밝은 덕이 있는 이여서, 그이의 세대에서 큰 자리를 차지하지 못한다면, 그의 후손에 반드시 모든 일에 통달하는 어진 사람이 나게 될 것이다'라고 했다. 이제 앞으로 공구가 세상에 어진 사람으로 존재할 것이다. 내가 만약 이대로 죽는다면 꼭 열(說)과 하기(何忌)를 그분에게 부탁해서 그분을 섬기어 예를 배우게끔 하여 그들의 지위를 확보하게 하라." 이 유언이 있었기에 맹의자(孟懿子)와 남궁경숙(南宮敬叔)이 중니를 스승으로 삼았다. 공자께서는 말씀하셨다. "잘못을 고칠 수 있는 사람은 군자다." 시에 이르기를 '군자는 모범 삼고 본받을 바라'라고 했다. 맹희자야말로 모범 삼고 본받을 분이다.

……及其將死也, 召其大夫曰, "禮人之幹也, 無禮無以立, 吾聞將有達者, 曰孔丘, 聖人之後也, 而滅於宋, 其祖弗父何, 以有宋而授厲公, 及正考父, 佐戴·武·宣, 三命茲益共, 故其鼎銘云, '一命而僂, 再命而傴, 三命而俯, 循牆而走, 亦莫余敢侮,饋於是, 鬻於是, 以餬余口.'其共也如是, 臧孫紇有言, 曰,'聖人有明德者, 若不當世, 其後必有達人.'今其將在孔丘乎, 我若獲沒, 必屬說與何忌於夫子, 使事之, 而學禮焉, 以定其位."故孟懿子與南宮敬叔師事仲尼, 仲尼曰, "能補過者君子也." 詩曰, '君子是則是效.'孟僖子可則效已矣.

이 이야기는 말하는 사람이 최후에 공자의 말과 시를 인용하여 결말을 짓는 방식을 취했는데, 소공 7년에 맹희자가 예를 배울 필요를 통감했다는 것, 그로부터 17년 후에 맹희자가 죽음에 임박해 유명으로서 두 아들에게 공자에게서 예를 배우게 했다는 것 등을 한데 모아서 말한 전송이다. 남궁경숙과 하기 맹의자가 둘 다 맹희자의 아들이고 실제 그들이 공자에게서 배운 인물인 것 같다는 일설은 《논어》와 《좌전》에 드문드문 보이는 기사로 짐작할 수 있지만, 이 설화는 그들이 공자를 스승으로 모시게 된 까닭을 말한 것이기도 하다. 그러나 《좌전》이라는 책을 설령 전해오는 이야기처럼 공자의 제자 좌구명(左丘明)이 작성한 것이라고 가정한다 해도 아무리 빨라야 공자 사후 전국시대에 집적된 문헌이고 실제로는 후에 출현한 자료가 더해진 것이 분명하다. 게다가 공자를 존경하고 신뢰하여 그의 도(道)를 선전하고자 하는 유가 후학의 손에서 나온 저서라는 것도 의심할 바가 없다. 그래서 이 설화에서 볼 수 있는 것처럼 공자를 존경한 나머지 송나라 왕족의 불보하와 탁월한 상경(上卿)으로서 삼대의 군주를 모신 정고보 등을 공자의 선조로 하는 이야기가 생겼는지도 모른다. 그로 미루어본다면 이 이야기는 적어도 공자의 계보에 관련해서는 역사적 사실로 인정하기 어렵다. 더구나 〈사기세가(史記世家)〉에서는 《좌전》에 이 설화가 소공 7년(공자 17~18세)의 조목으로 보이는 것을 그대로 취하여 공자 17세의 조목에 연결시키고 있으므로 기사의 전후에 혼란이 생긴 점에 주의해야 한다.

둘째로는 환공(桓公) 원년(元年) 2년의 기사다. 환공 원년(기원전 711년)의
《좌전》에

> 송나라의 화보독(華父督)이 길에서 공보의 처를 보았다. 화보독은 그녀를 뚫
> 어지게 쳐다보며 지나친 뒤 되돌아보기까지 하면서 말하였다. "참으로 아름
> 답고도 곱구나."
>
> 宋華父督見孔父之妻于路, 目逆而送也, 曰, "美而豔."

라고 되어 있다. 그리고 〈경〉 2년(기원전 710년)에는

> ○ 천자가 쓰는 달력으로 정월에, 무신, 송독(宋督)이 군주 여이(與夷)를 시해
>   하고 대부 공보도 살해했다.
>
>   春王正月, 戊申, 宋督弑其君與夷及其大夫孔父.
>
> ○ 3월 공이 제후·진후·정백과 직에서 만나 송나라 내란을 종식시켰다.
>
>   三月公會齊侯·陳侯·鄭伯于稷, 以成宋亂.

라고 되어 있다. 그리고 그 〈전〉에는

> 송나라의 화보독이 공씨를 공격해 공보를 죽이고 그의 아내를 빼앗았다. 이
> 에 송상공이 크게 노했다. 화보독은 크게 두려워한 나머지 드디어 송상공을
> 죽였다. 군자는 화보독이 무군지심(無君之心: 군주를 업신여기는 마음─옮긴이)
> 으로 인해 탁고대신인 공보를 죽이는 악행을 저질렀다고 생각했다. 그래서
> 《춘추(春秋)》에 군주를 시해했다고 쓴 것이다. 노환공과 제희공, 진환공, 정

상공이 직 땅에서 회동해 송나라의 화란을 종식시켰다. 이들은 뇌물을 받고 화보독 정권이 서는 데 도움을 주었다.

春宋督攻孔氏, 殺孔父而取其妻, 公怒, 督懼, 遂弑殤公, 君子以督爲有無君之心, 而後動於惡, 故先書弑其君, 會于稷以成宋亂, 爲賂故立華氏也.

라고 적혀 있다. 이것은 공자가 출생하기 거의 160년 전의 일이지만 송나라의 대제 화독(華督)과 사마(司馬)였던 대부 공보가(孔父嘉) 사이에 일어난 흉측한 스캔들이다. 피해자는 공보가지만 화독의 횡포는 군주를 시해한다는 내란으로까지 발전했다. 그러나 화독은 노나라에 뇌물을 줌으로써 외국의 힘을 이용하여 지위를 유지하는 데 성공했던 것 같다. 하여간 이로부터 송나라에서 화씨와 공씨(華孔) 두 귀족 사이가 구원의 관계가 된 것은 당연할 것이다. 그리고 이 공보가가 후대의 춘추가 사이에서 공자의 조상으로 전해지고 있는 것이다.

그런데 이상에서 서술한 불보하·정고보 등은 모두 송나라의 저명한 가문으로 그들을 공자 조상의 계보로 조직한 전승은 《세본(世本)》과 《공자가어(孔子家語)》에서 보는 것과 같다. 환공 원년 《좌전》의 〈소(疏)〉를 인용한 《세본》에는 다음과 같이 되어 있다.

공보가는 목금보(木金父)를 낳고, 목금보는 기보(祈父)를 낳고, 그 아들이 노나라로 달아나 방숙이 되고, 방숙이 백하를 낳고, 백하가 숙량흘을 낳고, 숙량흘이 중니를 낳았다.

孔父嘉生木金父, 木金父生祈父, 其子奔魯, 爲防叔, 防叔生伯夏, 伯夏生叔梁紇, 叔梁紇生仲尼.

그리고 소공 7년 《좌전》의 〈소〉를 인용한 《공자가어》 〈본성(本性)〉편에
는 다음과 같이 되어 있다.

> 송나라 민공희는 불보하를 낳고, 불보하는 송보주를 낳고 송보주는 세자 승
> 을 낳고, 승은 정고보를 낳고, 정고보는 공보가를 낳았다. 그 후 성씨를 공으
> 로 하였다. 공보는 목금보를 낳고 목금보는 얼이보(臬夷父)를 낳고 얼이보는
> 방숙을 낳고 방숙은 화씨의 난을 피해 노나라로 달아나 백하를 낳고, 백하는
> 곧 양흘을 낳았으며 양흘은 공자를 낳았다.
>
> 宋湣公熙生弗父何, 何生宋父周, 周生世子勝, 勝生正考父, 考父生孔父嘉, 基後以孔
> 爲氏也, 孔父生木金父, 金父生臬夷父, 夷父生防叔, 防叔辟華氏之偪奔魯, 生伯夏,
> 夏卽生梁紇, 梁紇卽生孔子.

《세본》은 아무리 빨라야 전국 말의 전송을 한나라 초에 통합한 책이고 고
본 《공자가어》는 전한(前漢)의 책으로 간주되므로, 이들의 계보를 전국 말
이후 한 초에 이르러 통합한 것으로 보면 큰 잘못은 없을 것이다.

요약해 보면 공자의 조상은 송나라 사람인 것 같지만, 이것을 송나라의
이름난 가문과 결합하여 맥락을 이은 것은 유가 후학이 공자를 지나치게
존경하고 신뢰한 나머지 조작한 행위일 것이다. 그리고 공방숙 이하의 노
나라에서의 3대는 어느 정도 신뢰할 만하지만 이것은 말할 거리가 되지
않는 중급 이하의 사족 가문이다.

그런데 이러한 어느 정도 믿을 만한 노나라에서 3대 사이의 발자취로
서 공자 아버지 숙량흘의 무용(武勇)에 관한 전설이 《좌전》에 두 가지가
전하고 있다. 하나는 양공(襄公) 10년(기원전 563년, 공자 출생 10~11년 전)의 것
으로 제후의 군이 핍양(偪陽)을 공격했을 당시 제후의 선비가 핍양성의 아

래위로 여닫게 되어 있는 문 사이에 갇혀 있는 것을 노나라 맹희자의 휘하 군인 추인흘(郰人紇)이 큰 검을 들고 현문(懸門)을 당겨 올려 구출했다는 것이다. 두주〔杜注: 두예(杜預, 222~284)의 주를 말함—옮긴이〕에 의하면 "흘은 추읍의 대부, 중니의 아버지 숙량흘이다"고 되어 있다. 양공 30년 《좌전》의 〈소〉에 "제는 수읍의 장이고 공읍을 대부라 부르고 사읍을 재라 부른다(諸是守邑之長, 公邑稱大夫, 私邑稱宰)"로 되어 있는 것에 의하면, 추(郰)는 노나라 제후의 직할지인 조그마한 지방 읍으로 흘은 그 지역 대관이었을 것이다. 하여간 힘세고 용감한 무사였던 것 같다. 다른 하나는 앞에 언급한 일로부터 7년 후 양공 17년(기원전 556년, 공자 출생 3~4년 전) 가을, 제나라가 노나라를 침공한 시기의 일이다. 제나라의 군주가 군대를 이끌고 노나라 북쪽 변경을 정벌하고 도(桃) 지역을 포위하고는 제나라의 다른 군대를 이끌고 쳐들어갔는데 이때 고후(高厚)가 장흘(藏紇)의 채읍(采邑)인 방(防)을 에워쌌다. 그러자 노나라 군대가 양관(陽關)으로부터 장손(藏孫)을 맞이하기 위해 여송(旅松)까지 갔지만 방 가까이 가지 못했다. 그때 방의 성안에 있던 추의 숙흘(叔紇)이 장흘의 두 아우인 장주(藏疇), 장가(藏賈)와 함께 병사 300명을 이끌고 밤에 제나라의 포위를 뚫고 장손을 여송까지 데리고 갔다. 그러고는 되돌아가서 방을 지켰다. 용감무쌍한 영웅의 행위로 전해오는 이야기다.

 하여간 공자의 아버지 숙량흘은 노나라 소읍인 추의 대관으로 전시에 한 부대를 이끌고 출진한 족경대장〔足輕大將, 일본어 아시가루 다이쇼를 뜻하며, 전국시대에 전국 다이묘의 아래에서 최하위 무사를 이끌던 부장(部將)급의 직책이다—옮긴이〕 정도의 용감한 무사였을 것이다. 그러므로 그의 무공이야 어느 정도 세간에 알려졌을 테지만, 그 조부를 송나라에서 흘러 들어온 은나라 유민으로 언급하고 있다면 그것은 약간 경멸의 의미가 있는 것이므로 세간에서는 그를 명문귀족의 자손으로는 인정하지 않았을 것이다.

2

공자의 가계는 이상과 같이 살펴보았고, 다음으로는 공자의 출생과 가정
환경을 볼 차례다. 〈사기세가〉에 아주 세련되지 않은 기사가 간단하게 적
혀 있다.

> ……흘(紇)은 안씨와 야합하여 공자를 낳았는데, 니구(尼丘)에서 기도한 뒤
> 공자를 얻었다. 노양공(魯襄公) 22년에 공자가 태어났다. 그가 태어났을 때
> 머리 중간이 움푹 패어 있었기 때문에 구(丘)라고 이름하였다. 자는 중니이
> 고 성은 공씨다. 구가 태어난 후 숙량흘이 세상을 떠나 방산에서 장사를 지
> 냈다. 방산은 노나라 동부에 있어서 공자는 아버지의 묘소가 어디에 있는지
> 몰라 궁금해했지만 어머니는 그것을 숨겼다. 공자는 어려서 소꿉장난을 할
> 때 늘 제기를 펼쳐놓고 예를 올렸다. 공자는 어머니가 죽자 곧 오보의 거리
> (五父之衢: 노나라 성내의 큰길 이름이다—옮긴이)에 빈소를 차렸는데 이는 대개
> 신중을 기하기 위함이었다. 만보[輓父: 국내 번역본에는 '추읍 사람(鄹人)'이라는
> 문구가 있으나 일본어 책의 인용에는 그 부분이 없어 일본어 책의 인용에 따랐다—옮
> 긴이]의 어머니가 공자 아버지의 묘소를 알려주어 그 후에야 비로소 방산에
> 합장했다. 공자가 아직 상복을 입고 있을 때,
> ……紇與顔氏女野合而生孔子, 禱於尼丘得孔子, 魯襄公二十二年而孔子生, 生而首
> 上圩頂, 故因名曰丘云, 字仲尼, 姓孔氏, 丘生而叔梁紇死, 葬於防山, 防山在魯東,
> 由是孔子疑其父墓處, 母諱之也, 孔子爲兒嬉戲, 常陳俎豆, 設禮容, 孔子母死, 乃殯
> 五父之衢, 蓋其愼也, 輓父之母誨孔子父墓, 然後往合葬於防焉, 孔子要絰,

이 기사에는 어떻게 해석해야 좋을지 모를 명료하지 못한 점이 매우 많지만, 고찰할 수 있는 두세 가지만 차례로 보자.

첫째 공자 부모의 결혼은 세간에서 승인하는 정식 예에 합당치 않은 '야합'이었던 것으로 되어 있다. 이것은 공자가 태어나고 곧 아버지가 죽었다는 것과 함께 공자 모자의 세상살이 측면에서 봐도 당연히 입지가 좋지 않은 이유다. 《논어》에 의하면 다음과 같다.

> ○ 선생님께서 남용(南容)을 두고 "나라에 도가 있을 때에는 버려지지 않을 것이요, 나라에 도가 없을 때에는 형벌을 면할 것이다" 평하시고 형의 딸을 그에게 시집보내셨다.
>
> 子謂南容, "邦有道不廢, 邦無道, 免於刑戮." 以其兄之子妻之.(〈공야장〉 1)
>
> ○ 남용이 〈백규(白圭)〉란 시를 하루에 세 번 반복해 외우니, 공자께서 형의 딸을 그에게 시집보내셨다.
>
> 南容三復白圭, 孔子以其兄之子妻之.(〈선진〉 5)

공자에게 형이 있었고 그 딸을 보살펴 결혼시킨 것으로 보아 형은 일찍 죽은 것 같다. 여기서 형은 분명 이복형이었을 것이다. 공자의 자(字)가 중니(仲尼)인 것도 공가의 두 번째 자식이라는 뜻일 테다. 그리고 공자의 출생 당시, 형의 어머니가 살아 계셨는지는 알 수 없지만 하여간 야합한 어머니와 그 아들인 공자 모자는 공가 내에서도 또 세간에서도 지위를 그렇게 내세울 만한 형편은 아니었을 것이다. 특히 공자가 태어난 지 얼마 안 되어 발생한 아버지의 사망이라는 사건은 상황을 한층 더 악화시키고 공가의 경제를 빈궁한 상태로 몰아갔을 것이다. 그렇다고는 해도 《가어(家語)》는 공자 어머니의 결혼에 대해 다음과 같이 합리화하여 설명하고 있다.

> 양흘은 노나라 시씨를 아내로 맞이하여 딸 아홉을 낳았다. 그 첩은 맹피(孟皮)를 나았는데 맹피는 발에 병이 있었다. 이내 그는 안씨 댁에 혼인을 청했다. 안씨에게는 세 딸이 있었는데 막내딸이 징재였다. 징재는 아버지의 명에 따라 결혼했다. 〔공자세가 《색은(索隱)》에서 《가어》의 두 조항을 인용한다. 여기에 모두 합쳐놓는다.〕
>
> 梁紇娶魯之施氏, 生九女, 基妾生孟皮, 孟皮病足, 乃求婚於顏氏, 顏氏有三女, 小女徵在, 徵在從父命爲婚. (孔子世家索隱引家語二條, 今倂合之)

하여간 형은 몸에 장애가 있거나 요절했을 것이다. 이는 중니가 공가의 후사를 잇게 된 이유다. 그런 까닭에 누이들과 형 일가를 보살피고 형편이 어려운 어머니를 모시고 가난한 가계를 경영하지 않으면 안 되었을 것이다. 이렇게 본다면 소년 및 청년 시대 공자의 고난은 말로 형언하기 어려웠을 것이다. "내 젊었을 적에 가난하고 천했기 때문에 비천한 일에 능함이 많다(吾少也賤, 故多能鄙事)"라든가 "내가 세상에 등용되지 못했기 때문에 〔여러 가지〕 재주를 익혔다(吾不試, 故藝)"(〈자한〉 6)처럼 공자가 어렸을 때를 추억하는 말이 이를 반영한다.

다음으로 "성은 공씨(孔氏)", "이름은 구(丘)", "자는 중니(仲尼)"에 대한 것이다. 비록 "야합"의 자식이긴 하지만 '니구(尼丘)'의 신에게 기도해서 얻은 아들이기 때문에 이름을 '구'라 하고 자를 '중니'라고 했다는 것은 사리에 맞는다. 그리고 성도 이름도 자도 있기 때문에 사족이었던 것은 틀림없다. 단 아버지를 방산에 장례 지낸 것을 어머니가 꺼리고 말하지 않아서 공자가 아버지의 묘소를 알지 못했다는 것은 무슨 의미일까?

생각건대 공자의 어머니는 정처가 아니어서 제사에 참여할 권리가 없으므로 어린 공자에게도 아무 말 하지 않았던 것은 아닐까? 따라서 나중에 어머니가 죽었을 때 공가의 묘지를 몰라서 우선 오보의 거리에 빈소를 차리고 추 땅 사람 만보의 어머니로부터 아버지 묘소를 알게 되어 처음으로 어머니를 그곳에 합장하여 상을 치렀다는 것이다. 〈단궁상〉편에는 이 일화가 다음과 같이 기록되어 있다.

> 공자는 어려서 고아가 되었으므로 아버지의 묘소를 알 수 없어서 〔어머니의 상례 때〕 오보의 거리에 빈소를 차렸다. 사람들은 본장으로 생각했으나 실은 관을 끄는 끈이 빈장하는 끈이었다. 추 땅 만보의 어머니에게 물어보고 난 뒤에야 〔아버지의 묘소가 있는〕 방산에 가서 합장했다.
>
> 孔子少孤, 不知其墓, 殯於五父之衢, 人之見者, 蓋以爲葬也, 其愼也, 蓋殯也, 問郰曼父之母, 然後得合葬於防.

《사기》의 "추 땅 사람 만보의 어머니(郰人輓父之母)"가 〈단궁〉에서는 "추 땅 만보의 어머니(郰曼父之母)"로 되어 있고, 정현(鄭玄)은 "만보의 어머니는 〔공자의 어머니〕 징재와 사이가 좋은 이웃이었다(輓父之母, 與徵在爲隣相善)"는 주석을 붙이고 있다. 하여간 추읍에 있어서 추 땅 사람 만보의 어머니 혹은 장의사의 어머니가 가르쳐줘서 처음으로 아버지의 묘소를 알아내 그곳에 어머니를 합장했다는 것이다. 생각건대 어머니의 죽음을 당했을 때 공자는 이미 공가의 주인이었을 테지만 아버지가 죽었을 때는 철부지 어린아이였고 게다가 어머니는 공가의 첩에 지나지 않았으므로 이렇게 말했을 것이다.

더구나 오보의 거리는 《좌전》에 네 번 나온다. 첫 번째는 양공 11년(기원전 562년, 공자 출생 9~10년 전) 봄, 계무자(季武子)가 3군의 제도를 편성할 즈음에 희공(僖公)의 사당 정문에서 맹약하고 오보의 거리에서 맹서한 내용이다.

> 11년 봄에 계무자가 노나라 군사를 3군으로 편성하여 그 뜻을 숙손목자(叔孫穆子)에게 고해서 말하기를 "3군을 편성하여 우리가 각기 한 군씩을 거느리기를 요청합니다"라고 했다. 이에 목자(穆子)는 "그러면 진나라의 군대를 동원하라는 정령이 자네에게 자주 있을 텐데, 그렇게 되면 자네는 반드시 이겨낼 수가 없을 걸세"라고 말하였다. 그러나 계무자가 굳이 요청하니 목자는 "그렇다면 우리는 그 일을 맹약하세"라고 말하고는 희공의 사당 대문에서 맹약하고, 다시 오보의 거리에서 맹서하였다. ……
>
> 十一年春, 季武子將作三軍, 告叔孫穆子曰, "請爲三軍, 各征其軍." 穆子曰, "政將及子, 子必不能." 武子固請之, 穆子曰, "然則盟諸." 乃盟諸僖閎, 詛諸五父之衢, ……

다음으로 소공 5년(기원전 573년, 공자 15~16세)에 중군(中軍)을 폐지했을 때인 양공 11년에 당시 삼군(三軍)을 편성한 숙손의 마음을 안수(顔洩)가 회상하면서 "어른(숙손)은 중군을 폐지하려 하지 않았습니다. 그래서 휘공을 모시는 사당의 대문에서 맹약을 맺었고 오보의 거리에서 맹서를 맺었다(夫子唯不欲毀也, 故盟諸僖閎, 詛諸五父之衢)"고 말하는 부분이다. 또 정공 6년(기원전 514년, 공자 48~49세) 가을에

> 양호(陽虎)는 공 및 삼환(三桓, 맹손씨(孟孫氏)·숙손씨(叔孫氏)·계손씨(季孫氏))과 주사(周社)에서 맹약을 맺고, 나라의 대부들과 박사(亳社)에서 맹세했으며, 오보의 거리에서 큰 맹세를 쳤다.

陽虎又盟公及三桓於周社, 盟國人于亳社, 詛五父之衢.

고 되어 있다. 마지막으로 정공 8년(기원전 512년)에 양호가 패하여 노나라를 떠날 당시 오보의 거리에서 하루를 지낸다.

……양호가 패했다. 양호는 갑옷을 벗고 공궁(公宮)으로 가 궁내의 보옥·큰 활 등을 꺼내가지고서 오보의 거리에서 머물러 하루 저녁을 자기로 하고 식사를 시켰다. 그러자 그를 따르던 자가 말하기를 "우리를 쫓는 자들이 곧 올 것입니다"라고 하자, 양호는 "노나라 사람들이 내가 도망 나간다는 것을 들으면 죽음이 올 것이라고 두려워하던 차에 좋아할 텐데 나를 쫓을 틈이 어찌 있겠느냐?"라고 하였다. ……

……陽氏敗, 陽氏說甲, 如公宮, 取寶玉·大弓以出, 舍于五父之衢, 寢而爲食, 其徒曰, "追其將至." 虎曰, "魯人聞余出, 喜於徵死, 何暇追余." ……

이상에 의하면 오보의 거리는 "구(衢)"라는 것이기에, 아마 노나라 성 밖으로 사통팔달 통하는 지점이어서 이곳에서 공개적인 맹서를 하거나 왕래하는 나그네들이 숙박을 하기도 했던 모양이다. 이러한 '오보의 거리'에 지금으로 말하자면 본적불명의 죽은 사람이나 고향과 멀리 떨어져 노나라에서 객사한 사람의 영구를 놓는 장소나 공동묘지도 있었던 것은 아닐까? 하여간 여기에다 어머니의 빈소를 차렸다는 것은 앞서 서술한 "그의 선조는 송나라 사람이다"라든가 "야합하여 공자를 낳았다"는 이야기와 함께 결코 공가에게는 명예로운 일은 아니고, 사족이긴 하지만 상당히 영락한 상태였던 것이다.

다음으로 부모의 결혼이 정식 예에 의한 것이 아니었다는 사실로 보면 어머니 안씨는 결국 추 땅의 하급 사족의 딸이었을 것이다. 그리고 추읍의 대관이자 무용으로 명예가 높은 무사였던 아버지는 활쏘기와 말타기에는 매우 뛰어났을지 모르지만 예악과 서수(書數)에 어느 정도 통달했는가는 의문이다. 그러나 어머니는 공씨 집안에서도 세상에 면목이 서지 않는 처지여서 고생을 했지만, 외아들 공자의 성장에 일편단심 소망을 두었다면 친자식이 육예의 교양을 익혀서 남들처럼 선비로서 공가를 흥하게 하기를 바랐을 것이다. 그리고 공자는 어머니의 기대에 어긋나지 않는 비상한 노력가로 "세 사람이 길을 감에 반드시 나의 스승이 있으니"(《술이》21)라든가, "일정한 스승이 없다"(《자장》22)고 언급한 것처럼 결국 독학으로 육예에 숙달했다. 게다가 군자의 학문을 개척하기 위해 전력을 다하기에 이른 것이다.

《순자》〈비상(非相)〉편에 "공자는 키가 컸고"라든가 "공자의 모습은 얼굴이 방상시〔方相氏: 몽기(蒙倛), 즉 방상시 가면은 연말이나 사람을 장사 지낼 때 귀신을 쫓는 의식을 행하기 위해 쓰던 무섭게 생긴 가면이다―옮긴이〕 가면 같았으며"라는 것이 전해오고 있으며, 《사기》〈공자세가〉에도 "공자의 키가 9척 6촌이어서 사람들은 모두 그를 '키다리'라고 부르고 그를 괴이하게 여겼다〔孔子長九尺有六寸, 人皆謂之長人而異之〕"는 데서 용사 아버지의 당당한 체구를 이어받은 대장부의 모습을 엿볼 수 있다. 따라서 활쏘기나 말타기는 잘하기도 하고 좋아도 했을 것이다. 나중에 다른 것에도 박학하여 오히려 전문가로 인정할 수 없다〈자한〉편 제2장에 나오는 비평이다. 달항 지역 사람이 공자를 "위대하구나 공자여! 박학하였으나 어느 한 가지로 이름을 낸 것이 없구나"라고 애석하게 여긴 내용을 일컫는다―옮긴이)는 달항당 사람〔達巷黨人: 달항은 지역 단위(黨)의 이름이다―옮긴이〕의 비평에 솔직하게 답하면서 "내 무엇을 전문으로 잡아야 하겠는가? 말 모는 일을 잡아야 하겠는가? 아니면 활 쏘는 일을 잡아야 하겠는가? 내 말 모는 일을 잡겠다(吾何執, 執御乎, 執射乎, 吾執御矣)"(〈자한〉 2)고 말하면서 활 쏘는 것과 말 타는 것에 대한 애호의 정도를 보여준다. 그러나 공자의 어머니가 양인(良人)을 귀감으로 삼아 특히 아들이 예약의 교양을 익히기 원했다면, 어려서 예의범절을 가르칠 때부터 크게 고심했을지도 모른다. "공자는 어려서 소꿉장난을 할 때 늘 제기(祭器)를 펼쳐놓고 예를 올렸다(孔子爲兒嬉戲, 常陳俎豆)"는 〈세가(世家)〉의 기술은 이를 반영한 기사가 아닐까. 무엇보다도 어림짐작을 해보면 상제(喪祭)의 의례는 위로는 조정의 의례로부터 아래로는 항간의 장의사에 이르기까지 본래 은나라 유민의 관수(官守)와 직업이고, 공자의 조상이 송나라 사람이므로 공가 자체는 무인(武人)이었다고 해도 연고자 중에는 이런 직업인이 있었을 가능성이 있다. 공자에게 아버지 묘소를 가르쳐준 만보의 어머니도 가깝게 지내던 지인이었을 것이므로 공자가 어려서 제기를 펼쳐놓고 예용(禮容)을 갖추고 놀았다는 것도 혹은 장의사와 매우 유사하게 놀았다는 의미일지 모른다. 하여간 이런 설화를 보면 공자는 청소년 시기부터 예의 연구에 특별히 열심이어서 점차 그 능력을 인정받고 자주 귀족 자제의 교사로서 예를 가르쳤음 직하다.

3

공자의 유소년 시기는 하급 사족의 가문에서 태어나 고아로 성장했다는 의미에서 온갖 고난을 맛본 박복한 것이었다. 다행히 타고난 건강한 심신과 탁월한 소양으로 고학자습(苦學自習)을 통해 육예를 몸에 익히고 점차 남 못지않은 성년을 맞이할 수 있었다. 그런데 이때 그가 살던 노나라는 정치적으로나 문화적으로 커다란 전환기였다. 따라서 머잖아 그가 성인으로서 자신의 길을 개척하고자 마음먹었을 때 이런 환경이 그의 생활에 커다란 영향을 주었던 것이다. 이제 이 장을 마무리하기 앞서 공자의 유소년 시기 및 그 전후 노나라의 정치적·문화적 상황을 살펴보자.

우선 정치적 상황을 보자. 노나라는 한마디로 밖으로는 국제관계가 점차 긴박하게 돌아가는 중이었고, 안으로는 세 집정 가문의 세력이 강해지는 것과 반대로 공실이 약해져 점점 혼란의 전조를 보였다. 이것에 대해서는 다음 장에서 다시 다루겠지만 《춘추》의 양공 11년(기원전 562년), 즉 공자가 출생하기 10~11년 전에 "천자가 쓰는 달력으로 정월에, 삼군을 편성해(春王正月, 作三軍)" 노나라의 우수한 병력이 반 넘게 삼가의 수중에 떨어지고 공실은 그만 못한 나머지 병력을 중군으로 거느릴 수 있었다. 그로부터 25년 후인 소공 5년(기원전 537년), 즉 공자가 15~16세에 그나마 이 중군 제도마저 폐지되어 삼가에 나뉘어 소속되면서 삼가의 전횡은 점점 노골적으로 되어갔다. 이리하여 공자가 출생하기 전부터 유소년 시기에 이르러 성립된 이런 정세를 기초로 나중에 소공 25년(기원전 517년), 즉 공자가 35~36세 때에는 소공이 삼가에 의해 추방되어 제나라로 망명하는 심각한 사태로까지 발전한다.

그런데 이런 정치 형세와 밀접하게 연관되어 격심한 변모를 보여준 것이 노나라의 문화적 상황이다. 일반적으로 말해 공자의 유소년 시기까지 노나라는 중국의 격변하는 물결에서 비교적 떨어져 있는 주변 지역으로서 당연히 그 반대의 시각에서 보자면 주나라의 오랜 문화를 비교적 잘 보존하고 있는 오래된 국가였던 것 같다. 그것을 상징적으로 보여주는 두 이야기가 《좌전》에 전한다. 하나는 양공 29년(기원전 544년), 즉 공자가 8~9세 때 《좌전》의 〈경〉에 "오나라 군주인 자작이 찰(札)로 하여금 노나라를 예방케 했다"로 되어 있는데, 오나라의 계찰이 노나라에 왔던 것을 기록하고 있다. 그는 오나라 왕족으로 후에 연릉계자(延陵季子)라고 불리는 오나라의 으뜸가는 교양인이자 현자다.《좌전》에 의하면 그는 노나라에서 숙손묵자(叔孫穆子)를 만나 충고를 하고 주나라의 고전음악을 청하여 감상했다. 주남(周南)·소남(召南)·패풍(邶風)·용풍(鄘風)·위풍(衛風)·왕풍(王風)·정풍(鄭風)·제풍(齊風)·빈풍(豳風)·진풍(秦風)·위풍(魏風)·당풍(唐風)·진풍(陳風)·소아(小雅)·대아(大雅)·송(頌) 등을 듣고 상소(象箾)·남악(南籥)·대무(大武)·소호(韶濩)·대하(大夏)·소소(韶箾)의 춤을 보고 심오한 이해와 예리한 비평을 제시하여 사람들을 경악게 했다〔사마천의《사기》〈오태백세가(吳太伯世家〕 계찰(季札)에 나오는 이야기다―옮긴이〕. 그는 그 후에 제나라로 가서 안영(晏嬰)〔평중(平仲)〕과 만나고 정(鄭)나라로 가서 자산(子産)을 만나고 위나라에서는 거원(蘧瑗)〔백옥(伯玉)〕·사구(史狗)·사추(史鰌)〔사어(史漁), 〈위령공〉 편에 1번 등장〕·공자(公子) 형(荊)·공숙발(公叔發)〔공숙문자(公叔文子),《논어》〈헌문〉편에 2번 등장〕을 만났으며 진(晉)나라에서는 조문자(趙文子)·한선자(韓宣子)·위헌자(魏獻子)를 만났으며 또 숙향(叔向)을 만났다. 그리고 어딜 가나 미래를 정확하게 예측하여 적절한 조언과 비평을 한다. 이는 비유하자면 계찰이 당시 열국의 현자들을 차례로 방문했는데, 그 현자들 누구보다도 탁월했다는 뜻이다. 계찰을 이상화하기 위해 정리한 이야기가 아닌가 하는 혐의가 있다. 게다가 그가 노나라에서 연주를 들었던 시는 주남·소남 이하 소아·대아·송에 이르는 16종 중 빈풍·진풍을 제외한 나머지는 현존하는《시경》의 순서와 완전히 동일하다. 전반적으로 현존하는《시경》은 공자가 만년에 위나라에서 노나라로 귀국한 이후 편성하기 시작해 유가 후학의 수중에서 완성된 것으로 보지만, 그렇게 본다면 공자가 아직 8~9세에 계찰이 노나라에 와서 들었던 시의 순서와 지나치게 일치하고 또 계찰이 시를 통해 문명을 비판하는 것이 공자 이후에 완성된 문명사관

과 너무나도 유사하다. 또 사기의 〈중니제자열전〉에는

> 공자가 스승으로 섬긴 사람들로는 주나라의 노자(老子), 위나라의 거백옥(蘧
> 伯玉), 제나라의 안평중(晏平仲), 초나라의 노래자(老萊子), 정나라의 자산(子
> 産), 노나라의 맹공작(孟公綽)……
>
> 孔子之所嚴事, 於周則老子, 於衛蘧伯玉, 於齊晏平仲, 於楚老萊子, 於鄭子産, 於魯
> 孟公綽……

등이라고 되어 있다. 이 중 노자와 노래자를 공자가 존경했다는 것은 전
국시대 이후의 유가와 도가의 대립·교류로부터 생겨난 설화에 기초한다
는 짐작이 들기에 여기서는 일단 논외로 한다. 그러나 거백옥은《논어》에
2번(〈헌문〉편 1번, 〈위령공〉편 1번), 안평중은 1번(〈공야장〉편), 자산은 3번(〈공야
장〉편 1번, 〈헌문〉편 2번), 맹공작은 2번(〈헌문〉편) 등장하는데 모두 공자가 어
떤 의미에서든 칭찬하는 인물들이다. 그리고 특히《사기》에서는 4인을
열거해서 "공자가 스승으로 삼은 분"이라고 말하는 것을 볼 수 있다. 그
런데 공자가 8~9세여서 아직 이들 인물을 알 수 없을 때에 노나라를 방
문한 오나라의 계찰은 제나라의 안평중, 정나라의 자산, 위나라의 거백옥
등을 모두 만나서 충고하고 있다. 또 그가 위나라에서 만난 사추, 즉 사
어도《논어》에 1번(〈위령공〉편) 나오는데 공자가 "정직하다(直哉)"고 칭찬한
인물이다. 그러므로 공자가 존경한 이들로《논어》이하의 유가 역시 존숭
한 인물의 대부분을 계찰이 일찍부터 만나서 탁월한 충고를 했다는 것이
된다. 즉 이런 것들로 미루어보건대 이 계찰 설화는 공자 이전의 역사적
사실이 아니라 공자 이후 유가철학에 의해 이상화되어 꾸며낸 것으로 짐
작된다. 그러나《춘추》양공 29년의 〈경〉에 "오나라 군주인 자작이 찰(札)

로 하여금 노나라를 예방케 했다"로 되어 있으므로 계찰이 노나라를 방문한 것 자체는 사실이고 또 계찰이 당시의 탁월한 교양인으로 알려졌던 것도 사실일 것이다. 생각건대 교양인으로서의 명예가 높은 계찰이 노나라에 왔다는 사실을 이용하여 나중에 공자 이하의 유가가 계발한 유교정신을 미리 말하도록 했다는 것은 공자의 "전술하기만 하고 창작하지 않는다(述而不作)"는 주의를 실증하는 것이다. 동시에 유교 전통의 유구함과 그것이 노나라에서 일어난 필연성을 제시하는 것도 된다. 그리고 《좌전》이 공자 이후 유가철학에 의해 통합된 책이라는 것은 그 기사에 이러한 성질이 존재하는 당연성을 예상케 한다. 그러나 이 설화가 설령 유가 후학들이 계찰을 이상화하여 창작한 것이라 해도 이 설화가 성립하기 위한 전제로서 당시 노나라에 천하의 다른 지역에서는 볼 수 없는 주나라의 고전음악과 고전무용이 많이 잔존했을 것이라는 점을 인정하지 않으면 안 된다. 그리고 이것은 어느 정도 사실로 인정해도 좋을 것이다.

다음으로 소공 2년(기원전 540년), 즉 공자가 12~13세 때 《좌전》의 〈경〉에 "봄에 진(晉)나라 군주가 한기(韓起)로 하여금 노나라를 예방케 했다"로 되어 있다. 이것은 《좌전》에 의하면 진나라 군주(侯)가 새로 즉위한 노나라의 소공 군주(昭侯)를 예방하기 위해 한선자(한기와 동일 인물─옮긴이)를 보낸 것이고 한선자로서도 새로 조무(趙武)를 대신해 정치에 관계하게 되어 인사를 겸해서 왔던 것이다. 그런데 그때 한선자는

태사씨(大史氏)에서 책을 빌려 《주역》의 괘·효를 풀이한 것과 노나라의 《춘추》를 보고 말하기를 "주나라의 예법은 다 노나라에 전해져 보존되어 있습니다그려! 저는 이제야 주공의 덕과 주나라가 천하를 통솔하는 천자의 나라가 된 바를 깨달았습니다"라고 했다.

觀書於大史氏, 見易象與魯春秋, 曰, "周禮盡在魯矣, 吾乃今知周公之德, 與周之所以王也."

라고 돼 있다. 즉 노나라의 태사씨에는 나중에 유교의 경전으로 중요시된 《주역》의 괘·효를 풀이한 상(象)과 노나라의 《춘추》가 보관되어 있었고 한선자는 (공자가 12~13세여서 아직 유교가 성립되지 않은 시기에) 후에 공자가 열심히 추구했던 주나라 예의 본질을 거기서 발견하여 주공의 덕과 그가 주나라의 왕다운 까닭을 알았다는 것이 된다. 그리고 그는 소공이 주최한 환영연에서 노나라의 대부 계무자를 상대로 고전 시가를 읊으면서 아름다운 외교사령의 교환을 전개한다. 그로부터 다시 제나라로 가서 자아(子雅)·자미(子尾)·안자(晏子) 등을 만나고 또 위나라로 가서 북궁문자(北宮文子)를 만나 시로써 응답해 거기서도 외교사절로서의 교양미를 발휘한다.

생각건대 이 설화도 앞서 나온 계찰의 이야기와 마찬가지로 공자 후학의 관점을 공자 이전에 투영한 것으로, 한기를 이상화하여 윤색한 혐의가 있다. 특히 《좌전》이라는 책은 전국시대 유가 후학의 손에 의해 출현한 문헌임을 생각하면 그 가능성은 충분하다. 그러나 계찰과 한기가 노나라로 온 것은 《좌전》의 〈경〉에 기재되어 있으므로 사실일 것이고 그들이 당시의 교양인이었던 것도 맞을 것이다. 그리고 공자의 선배들 중에는 그들과 자산·안영·거원 등과 같은 전통문화의 교양을 몸에 익힌 인물이 여러 나라에 있던 것도 사실이고 또 이 두 일화와 같지는 않지만 노나라에는 주나라의 오랜 예법과 그것을 전하는 문헌이 비교적 잘 남아 있었을 것이라는 점도 사실이 아닌가 싶다. 그리고 공자가 문화를 자각하기에 이른 청년기 이후에 남아 있던 전통문화가 급속하게 붕괴해 갔던 것 같다. 《논어》에 의하면 공자는 이를 애석하게 여겨 그것의 본질적인 선함을 보

존하고 개발하여 되살리는 것을 자신의 사명으로 삼았던 것으로 생각된다. 예를 들어

○ 선생님께서 말씀하셨다. "나는 오히려 사관들이 글을 빼놓고 기록하지 않음과, 말을 소유한 자가 남에게 빌려주어 길들이게 하는 것을 보았는데, 지금은 그것도 없어졌구나."(《위령공》 25)

子曰, "吾猶及史之闕文也, 有馬者借人乘之, 今亡矣夫."

라고 하는 것은 오랜 관습과 인정의 변화를 회고하는 말이다.

○ 자공이 초하룻날〔사당에〕고유(告有)하면서 바치는 희생양을 없애려고 하자, 선생님께서 말씀하셨다. "사(賜)야! 너는 그 양을 아까워하느냐? 나는 그 예를 아까워한다."

子貢欲去告朔之餼羊, 子曰, "賜也, 爾愛其羊, 我愛其禮."(《팔일》 17)

○ 노나라 사람이 장부(長府)라는 창고를 짓자, 민자건(閔子騫)이 말하였다. "옛일을 그대로 이용하는 것이 어떻겠는가? 하필 고쳐 지어야 하는가?" 선생님께서 말씀하셨다. "저 사람이 말을 하지 않을지언정, 말을 하면 반드시〔도리에〕맞음이 있다."

魯人爲長府, 閔子騫曰, "仍舊貫, 如之何, 何必改作." 子曰, "夫人不言, 言必有中."(《선진》 13)

등도 오랜 예와 제도가 속절없이 변질되어 가는 것을 안타깝게 여긴 말이다. 그러나 공자의 진의는 반드시 옛날 방식대로 예를 묵수하고자 했던 것은 아니고 오랜 예를 현실에 맞게 취사선택해 그 좋은 정신을 이어 개

발하고자 했던 것으로 볼 수 있다. 예를 들면

○ 선생님께서 말씀하셨다. "베로 만든 면류관이 〔본래의〕 예지만 지금은 관을 생사로 만드니, 검소하다. 나는 여러 사람을 따르겠다. 당(堂) 아래에서 절하는 것이 〔본래의〕 예인데, 지금은 당 위에서 절하니, 이는 교만하다. 나는 비록 사람들과 어긋난다 하더라도 당 아래에서 절하겠다."

子曰, "麻冕禮也, 今也純, 儉, 吾從衆, 拜下禮也, 今拜乎上, 泰也, 雖違衆, 吾從下."(〈자한〉 3)

라는 것은 예의 형식을 현실에 맞게 수정하는 것인데, 다음의 예들은 그렇지 않다.

○ 임방(林放)이 예의 본질을 물으니, 선생님께서 말씀하셨다. "정말 중요한 물음이구나! 예는 사치하기보다는 차라리 검소한 것이 낫고, 상례는 매끄럽게 잘 치르기보다는 차라리 애통해하는 것이 낫다."

林放問禮之本, 子曰, "大哉問, 禮與其奢也寧儉, 喪與其易也寧戚."(〈팔일〉 4)

○ 선생님께서 말씀하셨다. "예(禮)다, 예다 하지만, 옥백(玉帛)을 이르는 것이겠는가? 악(樂)이다, 악이다 하지만, 종고(鐘鼓)를 이르는 것이겠는가?"

子曰, "禮云禮云, 玉帛云乎哉, 樂云樂云, 鐘鼓云乎哉."(〈양화〉 11)

이 두 사례는 예의 형식보다 정신을 중요하게 여겨야 한다는 것을 서술하고 있다. 그리고 공자가 이런 의미에서 전통문화의 본질적인 정신 중에서 신실한 도를 추구한 구도자였다는 사실은 다음의 말에서 잘 드러난다.

○ 선생님께서 말씀하셨다. "전술하기만 하고 창작하지 않으며, 옛것을 믿고 좋아함을 내 적이 우리 노팽(老彭)에게 견주노라."

子曰, "述而不作, 信而好古, 竊比於我老彭."(《술이》 1)

○ 선생님께서 말씀하셨다. "나는 나면서부터 안 자가 아니라, 옛것을 좋아하여 급급히 그것을 구한 자다."

子曰, "我非生而知之者, 好古, 敏以求之者也."(《술이》 19)

다음의 예를 보자.

○ 선생님께서 말씀하셨다. "옛사람이 말을 가볍게 하지 않았던 것은 실천이 따르지 못함을 부끄러워해서였다."

子曰, "古者言之不出, 恥躬之不逮也."(《이인》 22)

○ 선생님께서 말씀하셨다. "옛날에 배우는 자들은 자신을 위한 학문을 하였는데, 지금 배우는 자들은 남을 위한 학문을 한다."

子曰, "古之學者爲己, 今之學者爲人."(《헌문》 25)

이 두 예와 같이 좋은 것을 "옛것(古)"으로 표현하는 것도 동일한 관점에 기초하고 있을 것이다.

이상에 의하면 공자의 유소년 시기까지만 해도 노나라에는 비교적 고래의 관습이 남아 있었으나 그 이후 구문화가 급속하게 붕괴하여, 그 속에서 구문화의 참다운 정신을 새로운 형식으로 발휘하는 입장으로서 유학이 자리 잡아갔을 것이 상상된다. 따라서 청년기 이후 공자의 사업은 이 방향을 향해 전개되었다고 말해도 좋다.

공자의 청소년 시기

1

중국 주대(周代)에 사농공상(士農工商)의 사민(四民) 중 사족은 농·공·상과 달리 공직에 나갈 수 있는 신분이었다. 그러나 공직에서 일하기 위해서는 설령 말단 사무직이라 해도 역인의 역할을 분담하자면 최소한의 획일적인 교양은 필요했다. 나중에 서술하겠지만, 주대에 사족은 취직하는 데 필수 과목으로 육예, 즉 예·악·사·어·서·수를 배워야 했다. 그래서 사족의 자제는 소년 시기에 가숙이나 향당의 학교에서 스승에게 육예를 배웠다. 그러나 공자의 유소년 시기를 고찰한다면, 어머니의 체면이 떳떳하지 못한 데다 아버지의 죽음으로 인한 빈곤으로 도저히 스승이 있는 학교에 갈 여유가 있었을 것 같지는 않다. 그러나 어머니로서는 공자가 어떻게 하든 육예를 익혀 남 못지않게 사족으로서 일신을 세워주기를 유일한 희망으로 삼았을 것이고, 공자도 체력과 사려가 받쳐주는 성실한 노력가여서 어머니의 기대에 부응했을 것이다. 결국 공자는 육예의 학습을 고학자습으로 마쳤을 것이다. 《논어》〈자한〉편은 후년에 공자가 유년 시대를 회상한 말의 단편을 싣고 있는데, 거기에 다음과 같이 나타나 있다.

……선생님께서 말씀하기를 …… "내 젊었을 적에 가난하고 천했기 때문에 비천한 일에 능함이 많으니, 군자는 능한 것이 많은가? 많지 않다." 뇌가 말하였다. "선생님께서 말씀하기를 '내가 세상에 등용되지 못했기 때문에〔여러 가지〕재주를 익혔다'고 하셨다."

……子 …… 曰, "……吾少也賤, 故多能鄙事, 君子多乎哉, 不多也." 牢曰, "子云, '吾不試, 故藝.'"(〈자한〉 6)

이 두 공자의 말 중 전자는 "자신은 소년 시절에 가난하고 천했기에 무엇이든지 스스로 하지 않으면 안 되었다. 그러므로 어떤 하급직도 할 수 있다"는 것, 그리고 후자는 "자신은 스승 밑에서 배울 기회가 없어 취직 자격도 갖추지 못했기에 닥치는 대로 육예를 자력으로 배웠다"는 의미로 해석된다. "예(藝)"는 확실히 육예일 것이다. 그렇게 본다면 공자는 고학자습으로 육예를 익힌 게 된다. 그리고 이 육예의 학습은 국가의 하급 관리직에 봉직할 자격의 획득인 동시에 정식 임용은 아니라도 임시 고용의 구실에 걸맞은 조건이기도 해서 그런 의미에서 임시직으로 가계에 도움을 주는 것도 가능했을 것이다. 나중에 공자의 이력을 논하면서도 언급하겠지만 《맹자》〈만장하(萬章下)〉편(5)에서 공자는 일찍이 위리(委吏, 회계 담당)가 되고 또 승전(乘田, 가축 담당)이 되었다고 하는데 〈공자세가〉는 이것을 다음과 같이 진술하고 있다.

공자는 가난하고 천하였다. 커서 일찍이 계씨의 사(史)로 있을 때 그의 저울질은 공평하였고, 그가 사직리(司職吏)로 있을 때 가축은 번성하였다.

孔子貧且賤, 及長嘗爲季氏史, 料量平, 嘗爲司職吏, 而畜蕃息.

《사기》와 《맹자》에 등장한 예는 동일한 사건의 상이한 전승일 테지만, 그것이 전임(專任)이었든 혹은 임시직이었든 회계 담당과 가축 담당이 되는 데 그의 육예 공부가 유용했음은 틀림없다. 또 육예 중에서 공자는 특별히 예의 연구에 열심이어서 예에 정통하다는 세간의 평을 들었던 것 같다. 그 때문에 때로는 귀족 자제에게 예의 기초를 가르치는 일을 의뢰받았을지도 모르고, 그랬다면 이것도 임시직으로서 가계에 보탬이 되었을 것이다. 이와 관련하여 〈공자세가〉에 공자 17세 때의 조(條)에 노나라 대부 맹리자(孟釐子)가 병이 들어 죽음이 임박했을 때 두 아들 맹의자와 남궁경숙에게 공자가 예에 밝으니 가서 배우라고 유언한 이야기가 있다. 이것은 앞 장에서도 지적한 것처럼 《좌전》에 의하면 맹희자, 즉 맹리자의 죽음은 그보다 17년 후의 일이어서 공자가 34~35세 때고, 또 맹희자가 소공 7년(공자 17~18세)에 자신이 예가 부족함을 통감하여 나중에 유언으로 두 아들에게 공자에게 가서 배우라고 했다고 전한다. 이때 예는 단순히 육예에 속하는 초보적인 예가 아니고 군자의 정치예의, 외교예의 같은 고차원의 것임에 틀림없다. 따라서 이 이야기가 적어도 소년 공자 시절의 사실이라는 것은 불가능하다. 그러나 하여간 공자가 예의 연구에 특별히 열심이었다고 한다면 사족 또는 귀족의 자제에게 예의 기초를 가르쳐 가계에 보탬이 되었을지도 모른다. 더구나 〈사기세가〉는 이 이야기 다음에 공자가 계씨의 사와 사직리(司職吏)에 취직한 일 외 한두 개를 간단하게 서술한 후 바로 그것에 잇따라서 남궁경숙이 노나라 군주로부터 수레 하나, 말 두 필, 사자 한 명을 청해 받고 공자와 함께 주나라로 가서 노자를 면회하여 예를 물었다고 기록하고 있다. 전반적으로 공자와 노자의 회견 설화는 《사기》〈노자전(老子傳)〉에도 보이듯 사마천 당시 널리 유행하던 전설일 것이다. 〈공자세가〉에는 그 이야기가 다음과 같이 기록되어 있다.

> 노나라 사람 남궁경숙이 노나라 군주에게 말하였다. "공자와 더불어 주나라에 가기를 청합니다." 노나라 군주는 그에게 수레 하나, 말 두 필, 사자 한 명을 주어 주나라에 가서 예를 묻게 했다. 이리하여 이때 노자를 만났다고 한다. 공자가 작별 인사를 하고 떠날 때 노자가 그를 송별하며 말하였다. "내가 들으니 부귀한 자는 사람을 전송할 때 재물로써 하고, 어진 자는 사람을 전송할 때 말로써 한다고 합니다. 나는 부귀하지 못하나 인자(仁者)로 자처하기를 좋아하니 다음 말로써 그대를 전송하겠습니다. '총명하고 깊게 관찰하는 사람에게는 죽음의 위험이 따르는데 이는 남을 잘 비판하기 때문이요, 많은 지식을 지니고 재능이 뛰어난 사람은 그 몸이 위태로운데 이는 남의 결점을 잘 지적하기 때문입니다. 사람의 자녀 된 자는 아버지뻘 되는 사람 앞에서 자기를 낮추고, 사람의 신하 된 자는 임금 앞에서 자기를 치켜세우지 않는 법입니다.'"

> 魯南宮敬叔言魯君曰, "請與孔子適周." 魯君與之一乘車·兩馬·一豎子, 俱適周, 問禮, 蓋見老子云, 辭去, 而老子送之曰, "吾聞, 富貴者送人以財, 仁人者送人以言, 吾不能富貴, 竊仁人之號, 送子以言, 曰, '聰明深察, 而近於死者, 好議人者也, 博辯廣大, 危其身者, 發人之惡者也, 爲人子者, 毋以有己, 爲人臣者, 毋以有己.'"

〈노자전〉에는 다음과 같이 되어 있다.

공자가 주나라에 이르렀을 때 노자에게 예에 관해 가르침을 청하였다. 노자가 말하기를, "귀하가 언급하는 이들은, 그들의 몸이 해골과 함께 이미 모두 썩어버리고, 단지 그들의 말만 남아 있을 뿐이오. 게다가 군자란 때를 만나면 수레를 몰지만, 때를 만나지 못하면 가진 것을 머리에 이고 떠나는 것이오. 내가 듣기로는 '훌륭한 장사꾼은 귀중한 물건은 깊이 감추어 없는 것처럼 하고, 군자는 덕을 많이 쌓으면 어리석은 사람처럼 보인다'고 하오. 귀하의 교만한 태도와 지나친 욕심 그리고 자신감에 차 있는 표정과 분에 넘치는 생각 등을 버리도록 하시오. 이러한 것들은 모두 귀하의 몸에 무익한 것들이오. 내가 귀하에게 말해줄 수 있는 것은 다만 이것뿐이오"라고 하였다. 공자가 돌아와 "새라면 나는 그것이 날 수 있음을 알며, 물고기라면 나는 그것이 헤엄칠 수 있음을 알며, 들짐승이라면 나는 그것이 달릴 수 있음을 안다. 달리는 것은 그물을 쓰면 되고, 헤엄치는 것은 낚싯줄을 쓰면 되고, 날아다니는 것은 화살을 쓰면 된다. 하나 용에 대해서는 그것이 바람과 구름을 타고 하늘로 올라가는지 어떤지 나는 알 수 없다. 나는 오늘 노자를 만났는데, 그는 마치 용과 같더구나!" 하였다.

孔子適周, 將問禮於老子, 老子曰, "子所言者, 其人與骨, 皆已朽矣, 獨其言在耳, 且君子得其時則駕, 不得其時, 則蓬累而行, 吾聞之, '良賈深藏若虛, 君子盛德, 容貌若愚.' 去子之驕氣與多欲, 態色與淫志, 是皆無益於子之身, 吾所以告子, 若是而已." 孔子去, 謂弟子曰, "鳥吾知其能飛, 魚吾知其能遊, 獸吾知其能走, 走者可以爲罔, 遊者可以爲綸, 飛者可以爲矰, 至於龍, 吾不能知, 其乘風雲而上天, 吾今日見老子, 其猶龍邪."

이 설화 내용은 여러 곳에서 언급한다. 공자와 노자의 회견 설화는 《장자(莊子)》에도 〈천지(天地)〉·〈천도(天道)〉·〈천운(天運)〉(4조)·〈전자방(田子方)〉·

〈지북유(知北遊)〉의 여러 편에서 8번 보이지만 모두 가지각색이어서 서로 일치하는 바는 아주 적다. 다만 후대 도가의 입장에서 유학을 비판하는 말투가 느껴진다. 공자 당시에 노자가 살았다는 역사적 사실을 확인하기 어렵다는 것, 또 만일 《좌전》의 말처럼 남궁경숙이 맹희자의 사후에 공자에 입문했다면 〈공자세가〉의 공자와 노자의 회견 설화에 남궁경숙이 등장하는 것은 의심스럽다는 것 등을 미루어본다면 공자와 노자의 회견은 역사적 사실 같지는 않다. 그러나 〈공자세가〉의 공자 17세 무렵에 관한 항목에서 잘못 연결된 맹희자 유언 설화나 그 후에 적어도 30세 이전의 역사적 사실로 연결된 공자와 노자의 회견 설화에서 보이는 공자의 예는 이미 육예의 예와 같은 초보적 행동거지에 대한 예의범절은 아니다. 사실 공자는 15세 이후로는 이미 육예에 만족하지 않고 고도의 학문 연구에 돌입했으므로 그런 점에서 말하자면 〈공자세가〉가 이 두 설화를 17~30세 사이에 배열했다는 것은, 우연히도 그 시기에 공자의 학문이 육예를 뛰어넘었다는 의미를 보여주는 결과가 된다.

2

공자가 소년 시절에 독학으로 육예를 학습했을 것이라는 점은 이미 서술한 바와 같다. 그런데 나중에 학교 항목에서 서술하는 것처럼 일반적으로 주나라 사족은 공직에 취직할 자격을 얻기 위해 유소년 시절 육예를 학습했지만 관리직을 세습할 대부(大夫) 이상의 귀족 자제는 육예에 그치지 않았다. 그들은 광범위하게 제사·정치·외교 등의 의례를 습득하기 위해 예악에 관한 중등교육을 받았고, 나아가 그 근원을 파고들고자 하는 엘리트들은 시·서·예·악을 연구하는 고등교육을 받았다.

그런데 공자는 불행히도 고아로서 빈천한 처지에서 자라다 보니 고등교육은 말할 것도 없고 여느 사족처럼 초등교육도 받을 수 없었을 것이므로 육예학습 단계에서 다른 사람에게 뒤처질 상황이었다. 다행히 어머니의 깊은 애정과 공자 자신의 걸출한 성실함 및 호학(好學)과 체력으로 고학 자습해 이 단계를 극복했을 것이다. 그렇다면 드디어 심신이 모두 건전한 그의 탁월한 소질에 일찍부터 고학으로 단련된 자신감이 보태져 드높은 의기가 발현되기 시작했을 테다. 후년에 공자는 다음과 같이 술회한다.

> 선생님께서 말씀하셨다. "10호쯤 되는 조그마한 읍에도 반드시 나(丘)처럼 충신(忠信)한 자는 있어도, 나처럼 학문을 좋아하는 이는 없을 것이다."
>
> 子曰, "十室之邑, 必有忠信如丘者焉, 不如丘之好學也."〈공야장〉 27)

이런 자신감은 벌써부터 당시 심경에 꼭 들어맞는다. 그리고 《논어》〈위정〉편(4)에서 만년에 이른 공자는 자신의 전 생애를 회상하면서 다음과 같이 말한다.

> 선생님께서 말씀하셨다. "나는 열다섯 살에 학문에 뜻을 두었고, 서른 살에 자립하였고, ……"
>
> 子曰, "吾十有五, 而志于學, 三十而立, ……"

전 생애에 걸쳐 군자의 학문을 추구한 공자로서는 이미 사족의 초등교육에 해당하는 육예는 익혔으므로 여기서 열다섯 살의 지학(志學)은 육예의 학습을 의미하지는 않을 것이다. 생각건대 이제까지 생활을 위해 익히고자 애쓴 육예는 이후로도 취직과 임시직에 도움이 될 것이다. 그러나 과

연 육예를 익혀 관직에 오르는 것만이 인생의 능사일까? 고급 관료와 왕족과 군주 등과는 신분이 달라서 일반 사족이 계획하여 달성할 바는 아니더라도 그들 역시 육예보다는 훨씬 고도의 교양을 쌓을 기회가 있었고, 그 극치에 이른다면 틀림없이 인류가 생산해 온 문화의 진수를 맛볼 수 있을 것이다. 문화의 세례 정도는 신분에 따라 차이가 있지만 문화는 당연히 인류 전체의 것이다. 그렇다면 문화의 진수를 구명하여 인간으로서 참으로 훌륭한 삶이란 무엇인가를 밝히고 싶다는 욕구가 일찍이 소년 공자의 마음속에 처음으로 싹트고 막연하지만 군자의 학문을 구명하는 데서 그 길을 발견한 때가 열다섯 살 무렵이었다고 하는 것이 맞을 듯하다.

육예는 주나라 사족에게 부과된 가장 낮은 등급의 필수 과목, 말하자면 사족의 초등교육 과목이다. 그러나 여하튼 여섯 종류의 유용한 기초 기술이어서 교사는 각기 기술에 숙달한 전문가가 아니면 안 되고, 또 기술인 이상 제각기의 오의(奥義)는 틀림없이 무한한 깊이를 지닌 것이다. 실제로 고대 봉건사회에서 왕실·제후·각국의 귀족 가문 등에는 제각기 고용된 전문 기술자가 있고, 그들은 주인 가문에 봉사하여 대대로 그 특기를 전해주었다. 고용된 대공(大工) 및 좌관(左官)과 마찬가지로, 문화적 혹은 지능적 전문 기술자로는 의식 담당, 음곡일좌(音曲一座), 궁도사범(弓道師範), 말을 돌보는 관리, 서기(書記), 회계 담당 등이 있고, 예·악·사·어·서·수의 고도의 기술은 왕후 귀족에 고용된 전문 기술가문의 특기여서 긍지를 갖는 사람도 종종 존재했다. 그렇지만 춘추시대에서 전국시대에 걸쳐 세상이 점차 혼란해지고 제후와 귀족의 흥망성쇠가 어지러울 정도로 빠르게 바뀜에 따라 주인 가문이 쇠잔하고 멸망함에 따라 고용된 기술자로서 녹(祿)을 먹기보다 낭인으로 살아가는 사람이 증가했을 것이다. 그들은 어쩔 수 없이 민간에서 보잘것없는 선생 노릇을 하든가 임시직 일자리를 찾든가 하여 가문에서 전해오는 기술을 팔아 생활하는 형편이 되었을 것이다. 그들도 결국 공자 가문과 유사하게 영락한 사족의 일종으로 은나라 계통의 사람을 끌어들이기도 했을 것이다. 그런 면에서 공자 가문의 지인과 이웃 중에도 그런 사람이 있었을지도 모른다. 그리고 다시 마음껏 상상을 해본다면 공자가 육예를 익힌 것이나 임시직의 연줄도 어쩌면 이런 사람들로부터 얻었을 가능성도 있다.

하여간 공자는 고학으로 육예를 습득하여 예가 생활에 도움이 된다는 사실을 통감했을 테고, 또 문화나 기술에는 각기 세련된 아름다움과 좋음이 있다는 것, 특히 귀족에 고용된 전문 기술자 중에는 가계에서 전해오는 특기를 과시하는 훌륭한 명인도 있다는 것을 차츰 인식했을 것이다. 이러한 명인이 된다면 기술과 더불어 어떤 의미에서 개인도 숙련되어 완성될 수 있을 것이다. 배움을 좋아하고 깊게 생각하는 공자가 이렇게 인식함에 따라 점점 학문과 문화를 대하는 시야가 넓어지고 인간은 결국 어떻게 생활하는 것이 가장 좋을까를 연구해 보고 싶다는 마음이 갑자기 북받쳐 올라왔을 것이다. 이를 구명하는 일을 일생의 과업으로 삼겠다고 마음먹은 것이 열다섯 살 때가 아닐까.

생각건대 육예의 어느 것을 공부해도 명인만 된다면 모두가 훌륭한 인간이 되는 셈이다. 처음부터 분야가 달라 각각 풍격도 다르고 사회에서 맡은 역할도 다르지만 그런 까닭에 각자가 세상살이의 한 부분을 역임한다고 할 수 있다. 그러나 다시 상급의 직무에 속하는 귀족·제후·천자 등으로 한정해서 본다면, 이들에게는 육예에 관계하는 전문 기술자들을 적절하게 이용해 국가와 천하를 평화롭게 통치할 책임이 있다. 거기에는 당연히 정치의 규칙과 문화 본연의 규범도 포함될 것이다. 무엇보다도 현실의 귀족·제후·천자 등은 반드시 가장 훌륭한 인물이라고는 할 수 없지만, 그들은 육예의 스승이나 하급 관리보다는 훨씬 위대한 군자여야 할 것이다. 그리고 이들 군자로서의 정치가에게 할당된 이익은 그들이 개개의 기술자나 사무 관리직보다도 당연히 훨씬 포괄적이고 상위 계급인 만큼 그 정도가 더 컸으리라. 그렇게 본다면 천하를 통치하는 최고 책임자로서 천자는 전 인류가 각자 본연의 자리에서 안심하고 살게 해주는 성인이어야 한다. 주나라 건국의 대정치가로 이름난 주공 단(旦)은 그에 어울리는 성인이었음에 틀림없다. 이러한 생각은 어리고 순진한 공자의 뇌리에 깊이 새겨져, 주공을 이상의 인물, 그의 치적을 국가·사회 문화의 이상으로 추앙하면서 육예의 기술보다는 고귀한 군자의 도를 추구하도록 하지 않았을까. 이때의 일일 테지만 순진한 공자는 여러 번 주공의 모습을 꿈에서 보았던 것을 후에 다음과 같이 추억한다.

> 선생님께서 말씀하셨다. "심하도다. 나의 쇠함이여! 오래되었다. 내 다시는 꿈속에서 주공을 뵙지 못하였다."
>
> 子曰, "甚矣, 吾衰也, 久矣吾不復夢見周公."(《술이》 5)

그리하여 군자학에 이상하리만치 뜨거운 열의를 가진 공자가 연구 끝에 당시의 학문·지식의 수준을 넘어선 독특한 입장을 확립하기에 이른다. 그때가 대체로 공자 나이 서른 살 무렵이었을 것이다. '서른 살에 자립하였다(三十而立)'는 것이 그것이다.

　이런 이유로 처음에는 빈천하여 충분한 교육을 받지 못했던 공자는 소년기에서 청년기 초에 걸쳐 생활의 방편으로 육예의 기술을 익히고, 청년기에서 장년기에 걸쳐 인간·국가·사회가 마땅히 존재해야 할 모습을 탐구하여 군자의 도란 무엇인가를 연구하는 독특한 길을 개척했다. 공자는 특정한 스승에게 학문을 배운 것이 아니라 전통문화의 교양 전체를 독자적인 문제의식에 따라 통일적으로 체득하고 파악하고자 한 창조적인 길을 걸었다. 《논어》〈술이〉편에 다음과 같은 구절이 있다.

> 선생님께서 말씀하셨다. "세 사람이 길을 감에 반드시 나의 스승이 있으니, 그중에 선한 자를 가려서 따르고, 선하지 못한 자를 가려서 자신의 잘못을 고쳐야 한다."
>
> 子曰, "三人行, 必有我師焉, 擇其善者而從之, 其不善者而改之."(《술이》 21)

이것은 일찍이 청년 시대 이래 확립한 연구자가 지켜야 할 관점이었다. 또 〈자장〉편(22)에는 자공이 위나라 공손조(公孫朝)에 답한 다음과 같은 이야기가 기록되어 있다.

> 위나라 공손조가 자공에게 물었다. "중니는 무엇을 배웠는가?" 자공이 말하였다. "문왕·무왕의 도가 아직 땅에 떨어지지 않아 사람들에게 남아 있다. 그리하여 현자는 그 큰 것을 기억하고, 어질지 못한 자들은 그 작은 것을 기억하고 있어서 문왕·무왕의 도를 갖고 있지 않음이 없으니, 부자께서 어찌 배우지 않으시며 또 어찌 일정한 스승이 계시겠는가?"
>
> 衛公孫朝問於子貢曰, "仲尼焉學." 子貢曰, "文武之道, 未墜於地在人, 賢者識其大者, 不賢者識其小者, 莫不有文武之道焉, 夫子焉不學, 而亦何常師之有."(《자장》 22)

고제자 자공은 과연 스승의 학문적 태도를 오인하지 않았지만, 공자의 이 같은 태도는 일찍이 자공이 입문하기 전인 청년 시대에 확립되었을 것이다.

3

'서른 살에 자립하였다(三十而立)'는 공자의 말은 "서른 살에 이르러 이미 자타가 인정하는 독자적인 학자로 성장했다"는 의미로 해석하는 것도 가능하다. 그렇지만 공자가 추구한 학문이 사족의 이상인 교양 있는 위정자로서 군자의 학문인 점을 감안하면, 이 말은 한편 공자가 점차 정치가와 교양인으로부터 주목받기 시작했다는 뜻이기도 하다. 〈공자세가〉에 30세부터 40대에 걸쳐 나열되어 있는 다수의 사건을 다 사실로 믿기는 어렵지만 이런 설화가 존재한다는 자체가 이미 공자가 대외적으로 이름난 학자로서 두각을 나타내기 시작했음을 알려준다. 그리고 이것이 뒷날 고급 관리로 취직하는 데 기초가 되었음은 두말할 필요가 없다.

〈공자세가〉에 의하면 노나라 소공 20년, 공자 나이 30세 때 제나라 경공(景公)이 재상 안영과 함께 노나라에 와서, 공자가 경공과 문답을 했다. 그러나 이것은 뒤에서 상세하게 서술하겠지만 역사적 사실 같지는 않다.

또 앞서 서술한 것처럼 노나라 대부 맹리자가 유언으로 두 아들 맹의자와 남궁경숙에게 공자한테 가서 학문을 배우도록 했다는 것에 대해서 〈공자세가〉는 공자 나이 17세의 항목과 잘못 연결시키고 있지만, 《좌전》에 의하면 34~35세의 일이다. 그리고 그들이 공자로부터 배운 예는 당연히 육예가 아니고 군자학으로서의 예였다고 한다면 그 의미에서 이 설화는 어느 정도는 사실을 전했는지도 모른다.

다음으로 《좌전》과 〈공자세가〉·〈노세가(魯世家)〉 등에 의하면 소공 25년(기원전 517년, 공자 35~36세), 집정대신 계평자(季平子)의 신변에 일어난 사건이 원인이 되어 집정 삼가의 전횡을 억누르고자 했던 군주 소공이 제나라로 망명하는 곤란한 처지에 빠졌다. 그 후 소공은 끝내 귀국하지 못하고 7년 후인 32년(기원전 510년)에 진(晉)나라의 간후(乾侯)에서 객사한다.

이 사이에 공자도 노나라를 떠나 제나라에서 유학하다 소공이 죽었을 때인 42~43세에 노나라로 돌아온 것 같다. 공자가 제나라에서 유학한 진의는 알 수 없지만 후에 언급하는 것처럼 삼가의 참월에 깊게 분노한 적이 있다. 그리고 공직에 나가는 것을 군자의 본무로 생각하긴 했지만, 이때는 소공 측에 취직하는 것도 삼가 측에 취직하는 것도 다 때가 아니라고 보고 일단 노나라에서 피해 사태를 지켜볼 겸 제나라에서 견문을 넓히고 학문 연구에 종사하고자 했던 것은 아닐까.

〈공자세가〉에 의하면 이 기간에 공자는 제나라 경공의 질문에 답하면서 정치를 논하고, 또 그것과 연관하여 취직 문제가 발생하지만 안영의 반대로 실현되지 못했다. 그러나 이것은 뒤에서 논하겠지만, 사건의 전모를 역사적 사실로 보는 것은 주저된다.

그런데 배움을 좋아하는 공자가 제나라에서 유학하면서 명곡을 들을 기회를 만나 음악을 듣는 귀가 트인 것은 크게 주목해야 할 사실이다. 《논어》〈술이〉편에 다음과 같이 기록되어 있다.

> 선생님께서 제나라에 계실 적에 소악(韶樂)을 들으시고 〔배우는〕 3개월 동안 고기 맛을 모르시며 "음악을 만든 것이 이러한 경지에 이를 줄은 생각하지 못했다"고 하셨다.
>
> 子在齊聞韶, 三月不知肉味, 曰, "不圖爲樂之至於斯也."(〈술이〉 13)

소(韶)는 순임금의 음악으로, 전해오는 가장 유서가 바른 고전음악의 절품이므로 주나라 천자의 악사가 전하는 비곡(祕曲)에 잘 어울리는데, 그것을 제나라에서 들었던 것이다. 감격한 공자는 오랫동안 그것의 연구에 열중하여 고기 맛도 잊어버리고 "이런 훌륭한 음악이 있으리라고는 생각지 못

했다"고 감탄할 정도로 심취했다. 뒷날의 일이겠지만 공자는 《논어》에서
다음과 같이 평한다.

> 선생님께서 소악을 평하시되 "지극히 아름답고 지극히 좋다" 하셨으며, 무악
> (武樂)을 평하시되 "지극히 아름답지만 지극히 좋지는 못하다" 하셨다.
>
> 子謂韶, "盡美矣, 又盡善也." 謂武, "盡美矣, 未盡善也."(〈팔일〉 25)

아름답다는 것은 음악 그 자체의 예술적 훌륭함에 관한 것이지만, 선하다
는 것은 이를테면 그것이 예의 일환으로 사용되는 경우에 절도에 맞는 구
성으로서 더할 나위 없다는 뜻일 테다. 무(武)도 주나라 무왕의 음악으로
전해오는 유서가 바른 고전 비곡의 하나일 테지만 소악은 그보다 더 좋다
는 것으로, 아마도 공자는 소악을 최고의 음악으로 평가한 듯하다. 생각
건대 공자는 어렸을 적부터 고전음악을 애호하고 해가 갈수록 그에 대한
조예가 깊어졌을 것이지만, 아마도 만년에 이르러 천하유력을 마치고 노
나라로 돌아온 뒤에 노나라 태사(大師)와 음악을 논하면서 통달한 사람처
럼 다음과 같이 말한다.

> 선생님께서 노나라 태사에게 음악을 말씀하셨다. "음악은 알 만한 것이다.
> 처음 시작할 때엔 [오음을] 합하여 풀어놓을 때에는 조화를 이루고 분명하
> 며, 연속되어서 한 장을 끝마쳐야 한다."
>
> 子語魯大師樂, 曰, "樂其可知也, 始作翕如也, 從之純如也, 皦如也 繹如也, 以成."
> (〈팔일〉 23)

도입과 주제와 전개와 종결로 이루어진 오케스트라의 구성과 우연히 일

치하는 의견이어서 매우 흥미롭다. 하여간 공자가 오랜 음악 연구 과정에서 처음으로 최고 작품의 최고 연주를 감상할 기회를 얻어 그 혜택으로 그의 음악관이 기초를 확립하는 실마리를 마련한 것은 제나라에서였을 것이다.

소악은 선왕 순임금의 음악이기 때문에 마땅히 천하를 군림하는 주나라 왕실에서나 전해졌을 비곡이다. 이와 관련해 최근 존경하는 야마다 스메루(山田統) 교수의 '태사 지(大師摯)와 악관 주구(泠洲鳩)'(또 이 교수의 저서 《논어와 인간 공자》 제3장)라는 제목의 매우 흥미로운 연구가 있다. 야마다 스메루 교수의 탁견에 계발된 본인의 의견을 대강 진술해 보자. 《논어》 〈미자〉편에 다음과 같은 구절이 있다.

> 태사 지(摯)는 제나라로 가고, 아반 간(干)은 초나라로 가고, 삼반 료(繚)는 채나라로 가고, 사반 결(缺)은 진(秦)나라로 가고, 북을 치는 방숙은 하내로 들어가고, 소고를 흔드는 무는 한중으로 들어가고, 소사 양(陽)과 경쇠를 치는 양(襄)은 해도로 들어갔다.
>
> 大師摯適齊, 亞飯干適楚, 三飯繚適蔡, 四飯缺適秦, 鼓方叔入於河, 播鼗武入於漢,
> 少師陽·擊磬襄入於海.(〈미자〉 9)

누구의 말인지도 불문명한 이 기사가 《논어》에 수록되어 있다는 것은 결국 이것이 공자 유파 사이에 전해오던 지식의 편린이었기 때문일 것이다. 태사는 궁정악단의 장관, 소사(少師)는 차관이다. 공안국(孔安國)과 주자(朱子)는 노나라 공실의 악관이라고 보고, 반고(班固)의 《한서》 〈고금인표(古今人表)〉·〈예악지(禮樂志)〉는 은나라 왕실 궁정악단의 관리라고 해석하지만 전부 추측이고, 어쩌면 주나라 왕실의 악관들일지도 모른다. 《백호통

《(白虎通)》에 의하면

왕자는 왜 식사를 하면서 음악을 연주하게 하는가? 천하의 태평스러움과
축적된 부의 풍요로움을 향유할 수 있기 때문이다. 천자는 지존이지만 공업
을 이루지 못하면 먹지 않고 덕화를 펼치지 못하면 배불리 먹지 않는다. 그
러므로 〈전〉에 보면 "천자가 식사를 하면서 때때로 음악을 곁들이기도 한
다"고 한다. 왕자는 왜 하루에 네 번 식사를 하는가? 그가 사방의 물산을 소
유하고 사시(四時)의 공로를 먹을 수 있음을 나타낸다. 사방이 평화롭지 않
고 사시가 고르지 않으면 음식을 줄이는 법도가 있다. 이것은 지존일지라도
규정된 금계, 즉 금식을 표명한다는 점을 나타낸다. 왕자는 평소〔세계의〕
중앙에 자리 잡고서 사방을 통제하고 관리한다. 그는 동이 틀 때 식사를 한
다. 그것은 소양(少陽)의 시작이기 때문이다. 정오에 식사를 드는데 그것은
태양의 시작이다. 저녁에 식사를 드는데 그것은 태음의 시작이다.《논어》에
보면 "아반 간은 초나라로 가고, 삼반 료는 채나라로 가고, 사반 결은 진나
라로 갔다"고 한다. 제후는〔하루에〕삼반을, 경과 대부는 재반을 하는데 존
비의 차등이 있다. ……

王者食, 所以有樂何, 樂食天下之太平富積之饒也, 明天子至尊, 非功不食, 非德不
飽, 故傳曰 "天子食時擧樂." 王者所以日四食者何, 明有四方之物, 食四時之功也,
四方不平, 四時不順, 有徹善之法焉, 所以明至尊者法戒也, 王者平居中央, 制御四
方, 平旦食少陽之時也, 晝食太陽之時也, 飽食少陰之時也, 暮食太陰之時也, 論語
曰, "亞飯干適楚, 三飯繚適蔡, 四飯缺適秦." 諸侯三飯, 卿·大夫再飯, 尊卑之差也,
……

이것은 후한 초에 고례(古禮)의 전승을 종합하여 정리한 기사일 테지만,

이에 의하면 《논어》에서 이르는 아반(亞飯)·삼반(三飯)·사반(四飯)은 각각 서식(書食)·포식(餔食)·모식(暮食) 때에 음악을 연주하는 관직으로, 사반까지 있는 것은 본래 천자의 악관이기 때문이다. 일개 제후국인 노나라가 천자의 예를 참용(僭用)했다면, 본래 주나라 왕실 음악을 사용한 것이 된다. 말할 것도 없이 《논어》의 이 기사는 어떤 형태로든 정치적 사정으로 궁정악단이 흩어져 음악인들이 사방으로 도주했다는 사실을 말해주는 것임에 틀림없다. 따라서 주나라 왕실의 태사였던 지가 제나라로 도망했다고 보아도 조금도 틀리지 않다. 그리고 공자가 제나라에서 주나라 왕실에서 전해오는 고전 비곡을 들었다면, 태사 지가 주나라에서 제나라로 도망해 온 것은 공자 당시의 일이다. 공자는 그가 소악을 연주하는 것을 들었고, 태사 지를 포함해 주나라 왕실 음악인들의 해산에 관한 기사가 《논어》에 전하는 것이라고 상상하는 것도 충분히 가능하다. 그런데 《좌전》에 의하면 소공 22년(기원전 520년) 〈경〉에 "천자이신 주나라 왕이 붕어하였다. ……주나라 왕실이 난잡하여〔天王 (景王) 崩, ……王室亂〕"라고 되어 있다. 〈전〉에 의하면 이는 왕자 조(朝)의 난이고, 공자가 32~33세 때의 일이다. 이 난이 진정된 것은 소공 26년(기원전 516년)인데 〈경〉에는 "겨울 10월에 천자인 주나라 왕이 성주로 들어가시고, 윤씨·소의 군주인 백작·모의 군주인 백작이 왕자 조를 데리고 초나라로 달아났다(冬十月, 天王入于成周, 尹氏·召伯·毛伯以王子朝奔楚)"고 되어 있다. 즉 공자가 36~37세 때로 마침 공자가 제나라에 간 지 얼마 되지 않은 때다. 그렇다면 주나라 왕실의 궁정악단이 전란으로 어쩔 수 없이 흩어지게 되어 태사 지가 제나라로 도망 왔다고 한다면, 그것은 이 왕자 조의 난이 일어나고 몇 년 사이였을지도 모른다. 태사 지는 공자가 제나라에 가기 4~5년 혹은 2~3년 전부터 제나라에 와 있었던 셈이다. 그런데 《좌전》의 소공 21년 〈전〉에 따르면 주나라에는 냉주구(泠洲鳩)라는 탁월한 악관이 있었다. 마침 왕자 조의 난이 일어나기 전 해의 일이다. 그래서 야마다 교수는 이 악관 냉주구가 바로 태사 지이고, 영(泠)은 악인(樂人)인 영인(伶人), 주(洲)는 성씨이고 구(鳩)는 자(字)이고 지(摯)는 휘(諱)라고 보았다. 이에 대해 상기되는 것은 《논어》〈태백〉편의 다음과 같은 기사다.

> 선생님께서 말씀하셨다. "태사 지가 처음 벼슬할 때에 연주하던 〈관저(關雎)〉의 끝 장 악곡이 아직까지도 양양하게 귀에 가득하구나!"
>
> 子曰, "師摯之始, 關雎之亂, 洋洋乎盈耳哉."(〈태백〉 15)

"태사 지가 국풍정조의 제일곡으로서 편곡한 〈관저〉의 노래 끝 장은 풍부한 소리가 언제까지나 귀에 가득히 남아 있는 것이 참으로 명곡이다!"는 뜻이다. 전반적으로 《시》 300여 편의 시는 본래 주나라에서는 모두 편곡된 음악에 맞추어 노래로 불렸고, 시편의 채집과 편곡은 악관 가문에서 전해왔다. 그리고 그 가요를 모아 시집으로 편찬한 이가 공자였다고 한다. 그런데 지금의 《시경》 1권 제1부는 국풍정조의 주남 11편으로 구성되고 그 최초의 제1편이 〈관저〉다. 그렇다면 공자가 이 시를 1권 제1편에 배치한 이유는 태사 지가 이것을 국풍정조 제1곡으로서 작곡한 명곡이라는 점 때문일 것이다. "구욱구욱 물수리는 강섬에서 울고 아리따운 아가씨는 사나이의 좋은 짝(關關雎鳩, 在河之洲, 窈窕淑女, 君子好逑 ……)"이라는 이 아름다운 연정(戀情)의 노래가 태사 지가 처음으로 작곡하여 국풍정조 중 제1의 위치를 차지한 명곡이었다면 당연히 태사 지 자신도 득의(得意)의 작품으로 이것을 애호했을 것이고, 또 이 곡으로 태사 지는 당대에 명성이 자자했을 것이다. 그런데 저구(雎鳩)에 대해서 "〔저구라는〕 새는 정이 두터우면서도 분별이 있다(鳥摯而有別)"라고《모전(毛傳)》은 말한다. 이 것은 오래도록 전승돼 온 훈고(訓詁)일 것이다. 그래서 사견으로는 태사의 이름이 지(摯)이고 자가 주구(洲鳩)라면, 그의 이름과 자는 이 〈관저〉라는 시에서 취한 것으로 보인다. 따라서 태사 지·사지(師摯)·냉주구를 동일인 으로 보는 것도 불가능한 일은 아니다.

　여하간 공자는 30대 후반부터 40대 초반에 걸쳐 수년간 제나라에 체류 하면서 견문을 넓혔다. 게다가 이 기간에 우수한 고전음악을 접하고 커다 란 감명을 받아 음악을 듣는 귀가 틔었다는 것은 특별히 기술해야 할 사 실이었을 것이다.

4

공자가 제나라에서 노나라로 돌아온 것은 〈사기세가〉에 의하면 42세 때 다. 제나라를 떠난 사정과 정확한 연도와 달을 밝히지 않았지만, 기원전 510년(소공 32년, 공자 42~43세)에 망명 중이던 소공이 진나라의 간후에서 사 망하고, 노나라에서는 정공(노소공의 동생으로 이름은 송이다. 재위 기간은 기원전 509~기원전 495년이다―옮긴이)이 즉위했다. 이리하여 노나라는 군주 부재라 는 비정상적 상태가 끝나고 또 정공 5년에는 실력자 계평자와 숙손불감 (叔孫不敢)이 연달아 죽었기 때문에, 이 시기에 정계에 변화가 발생한다. 공자가 제나라에서 노나라로 귀국한 것은 물론 정계가 정상화될 즈음 관 직에 임명될 것을 고려해서였겠지만, 선군 소후(昭侯)를 국외에서 객사하 게 만들고 정공을 옹립한 삼가의 세력은 더욱더 강해져 있었다. 게다가 실력자 계평자 사후 대를 이은 계환자(季桓子)가 가신의 대립·횡포에 크게 고뇌할 정도로 정계는 하극상의 양상이 한층 더 심각해져 공자가 정상적인 정치적 입장으로 관직에 임용되기는 어려운 상태였다. 뒤에서 직력(職歷)을 다루면서 재차 언급하겠지만 공자는 각 방면에서 관직을 권유받았고 공자 자신도 어떻게 해서든지 일찍 관직에 나아갔으면 하고 초조해했던 것 같지만 50세에 이르도록 결국 때가 오지 않았다. 당연히 그 기간인 7~8년 동안 생활의 문제도 있었으며 연구의 문제도 있어 개인 학교를 열어 제자들을 가르쳤던 것은 아닐까 싶다. 이 기간의 사정에 대해서는 〈사기세가〉가 다음과 같이 기록하고 있다.

> 환자가 총애하는 신하 중에 중양회(仲梁懷)라는 사람이 있었는데, 양호와 사이가 좋지 않았다. 양호는 중양회를 내쫓으려고 하였으나 공산불뉴(公山不狃)가 그것을 말렸다. 그해 가을, 중양회가 더욱 교만해지자 양호가 그를 체포했다. 환자가 노하자 양호는 환자마저 가두었는데 더불어 맹약을 한 후에야 풀어주었다. 양호는 이로 인해서 더욱 계씨를 가볍게 여겼다. 계씨 또한 분수를 모르고 공실보다 지나치게 행동했기 때문에 가신이 국정을 잡은 꼴이 되었다. 이에 노나라에서는 대부 이하 모두가 정도에서 벗어난 행동을 하기 시작했다. 그래서 공자는 관직에 나아가지 않고 물러나 시·서·예·악을 편찬했다. 제자들은 더욱 늘어나고 먼 곳에서까지 찾아와 글을 배우지 않는 이가 없었다.
>
> 桓子嬖臣曰仲梁懷, 與陽虎有隙, 陽虎欲逐懷, 公山不狃止之, 其秋, 懷益驕, 陽虎執懷, 桓子怒, 陽虎因囚桓子, 與盟而醳之, 陽虎由此益輕季氏, 季氏亦僭於公室, 陪臣執国政, 是以魯自大夫以下皆僭, 離於正道, 故孔子不仕, 退而脩詩·書·禮·樂, 弟子弥衆, 至自遠方, 莫不受業焉.

이 기록은 대체로 사실일 것이다. 그리고 이 경우 제자에게 가르친 교수 내용은 이미 육예와 같은 초보적인 것은 아니고 군자학으로 공자 자신도 시·서·예·악의 연구에 종사했던 것이다. 생각건대 시·서·예·악은 주대의 고급 관료만 배우는 고등 교양 과목으로 일반 사족은 원래부터 배울 수도 없었지만, 당시는 구제도가 붕괴하면서 고급 관리마저 이를 학습하는 전통이 급속하게 사라져가고 있었다. 그렇지만 공자는 이 시기에 전통 문화의 본질을 집대성한 군자학을 구명하기 위해 애썼을 것이므로, 다양한 방법으로 시·서·예·악의 연구에 힘썼을 것이다. 한편으로 제자 교육에도 종사했지만, 그때 사용한 커리큘럼으로서 이미 시·서·예·악의 4과목을 어디까지 편찬했는지는 의문이다. 생각건대 공자가 커리큘럼을 완비해 교육에 전력한 것은 만년의 5년간에 속하는 것이고, 이른 시기의 제자는 그렇게 정비된 수업을 받지 못했을 것이다. 《논어》의 〈선진〉편에 다음과 같이 기록되어 있다.

> 선생님께서 말씀하셨다. "선배들이 예악에 대하여 한 것을 〔지금 사람들이〕 촌스러운 사람이라 하고, 후배들이 예악에 대하여 하는 것을 군자라고 한다. 〔내가〕 만일 예악을 쓴다면 나는 선배를 따르겠다."
>
> 子曰, "先進於禮樂, 野人也, 後進於禮樂, 君子也, 如用之, 則吾從先進."（〈선진〉 1）

이 기록은 필자의 앞서의 주장을 상상하게 만든다. 여하튼 교육자로서의 공자의 이력 중에서 군자학을 가르쳐 제자를 양성하는 데 힘쓴 것은 이 42~43세부터 50세에 이르는 7~8년간과 만년의 5년간이다. 이런 의미에서 제나라에서 노나라로 돌아온 이후 50세에 관직에 오르기까지의 7~8년간은 공자가 독자적으로 학문적 식견에 기초하여 제자를 받아들이기 시작한 동시에 정치적이고 학문적인 주의로서 유학 건립의 단서를 마련한 시기이기도 하다.

《사기》의 〈중니제자열전〉에 의하면 공자의 제자 중 몇몇은 나이로 보아 이미 이 시기에 입문했을 가능성이 있다. 예를 들면 다음과 같다.

	공자보다 연하	공자 42~50세 때
안회(顔回)	30세	12~20세
민손(閔損)(민자건)	15세	27~35세
염옹(冉雍)	29세(《가어》)	13~21세
염구(冉求)	29세	13~21세
중유(仲由)〔자로(子路)〕	9세	33~41세
단목사(端木賜)(자공)	31세	11~19세
안무요(顔無繇)(안회의 부친)	6세(《가어》)	36~44세
상구(商瞿)	29세	13~21세
고시(高柴)	30세(《사기》)	12~20세
	40세(《가어》)	2~10세
칠조개(漆彫開)	11세(《가어》)	31~39세
유약(有若)	13세(《사기》)	29~37세
	33세(《색은》에서 인용한 《가어》)	9~17세
무마기(巫馬期)	30세	12~20세
양전(梁鱣)	29세(《사기》)	13~21세
	39세(《가어》)	3~11세

더구나 〈사기세가〉는 이 기간에 대해서 공자의 경탄할 만한 박학을 전하는 설화 두 개를 싣고 있다. 하나는 계환자가 우물을 파다가 흙으로 만

든 그릇을 얻었는데 그 안에 양(羊)과 같은 것이 있었다. 그래서 그가 공자에게 물은 이야기이고, 다른 하나는 오(吳)나라가 월(越)나라를 공격하여 수도 회계(會稽)를 함락했을 때 커다란 해골을 얻어서 공자에게 질문한 이야기다. 그러나 이것들은 항간에 전하는 이야기인 것 같고 특히 오나라의 해골 설화는 연대 착오가 있어서 도저히 사실이라고 볼 수 없다. 단, 이 시기 공자가 이미 학자로서 명성을 얻어 자연스럽게 내외의 인사로부터 각종 질문을 받게 된 것은 사실일 것이다.

제3장

공자의 직업 이력

1

공자의 전기를 밝히자면 그 일면을 구성하는 공자의 직업 이력을 살펴볼
필요가 있다. 그래서 대강을 고찰해 보고자 하는데, 문제의 소재를 더듬
어 찾는 실마리로서 우선 다음 네 가지를 거론할 수 있을 것이다.

1. 어려서 빈곤한 시절 한두 개의 하급직을 구한 점.
2. 노나라에서 직을 받들어 중도재·사공(司空)·대사구(大司寇) 등을 역임하여
   국정에 참여하기에 이른 것은 50세 무렵부터 55~56세 무렵까지였을 것이라
   는 점.
3. 15세에 학문에 뜻을 두기까지의 유·소년기와 아마도 애공 11년(기원전 484년)
   인 공자 나이 68~69세에 여러 나라를 떠돌다 노나라로 되돌아왔던 이후의
   만년의 수년간은 이 문제의 대상에서 제외해도 좋을 것이다. 노나라로 귀국
   한 이후의 만년은 교육에 전념하여 출사(出仕)할 일이 없었을 것이기 때문
   이다.

4. 이상 세 시기 이외, 즉 15세 이후 50세 무렵까지의 대부분과 55~56세 이후 천하유력의 14년간은 학문의 연구와 교육 등에 종사하면서 출사의 기회를 바라던 구직 시기였다고 할 수 있을 것이다.

이 네 가지 중에서 직업 이력에 관계가 있는 것은 1, 2, 4의 3개 항목이지만 특별히 2번이 매우 중요하다는 것은 말할 필요도 없다. 4에 대해서는 총 50년에 가까운 장기간이어서 이것은 학술과 교육에 대한 경력을 다룰 때 자세히 논하고 싶다. 여기서는 구직에 관계된 것만을 발췌하여 다루기로 한다.

　여기서 앞 장에 이어 거듭 한마디 해두고 싶은 것은, 공자의 학문의 성질과 그것과 연관하여 고찰해 볼 수 있는 그의 사업 및 이상의 성격이다. 그는 빈곤한 하급 사족 가문 출신으로, 당시 사족의 보통교육이던 육예도 고학과 자습으로 몸에 익혀나갔다. 다만 그 사이 열다섯 살에 뜻을 두었다는 학문을 예로 들면, 《논어》 전체를 귀납해서 볼 수 있는 바처럼 수기치인(修己治人)의 학문이자 도덕과 정치를 일관한 입장에서 군자의 올바른 생활 방식의 추구였다. 그것에 대해서는 논해야 할 것이 많지만 여기서는 결과적으로 몸을 닦고 사람을 다스리는 학문이라고 간단히 말해두어도 좋을 것이다. 여하간 육예의 학습만으로 끝나는 것이 아니라 군자의 올바른 생활 방식과 국가·사회의 올바른 존재 방식에 관한 연구다. 열다섯 살에 학문에 뜻을 두었다는 것은 당시 그가 육예 학습의 도중에 있었거나 그렇지 않거나 간에 이 연구의 길이 존재한다는 것을 발견하고 그 길로 나아가는 데 뜻을 두었던 것이다. 서른 살에 자립했다는 것은 이 독자적인 길의 연구를 거듭해 학자로서 세상에 두드러져 자타가 인정하는 데까지 성장했다는 의미다. 마흔 살에 불혹이라는 것은 이 길의 연구와 실현에 생애를 걸 결심이 서서 천착했음을 의미할 것이다. 당연히 후년의 문화 사업은 이 길에 필요한 문헌·문물·제도 등에 대한 연구 성과이고, 또 비교적 이른 시기부터 시작한 교육 사업은 호구지책의 수단이자 더불어 이 길을 실현하기 위한 동지의 양성이었을 것이다. 그리고 오로지 이 길에만 마음을 기울였던 젊은 날 그의 뇌리에는 주공과 그 치세를 이상화한 이미지가 각인되어 있었다고 생각한다.

그래서 공자의 구직 운동과 직업 이력 사이에 보이는 활약은 결국 그의 이 주의(主義)와 연관하여 이해하지 않으면 안 된다는 것이 드러난다. 본디 군자는 위정자이자 사회 엘리트 신분으로서 국가 사회의 지도자 역할을 다해야 한다. 당연히 한 인간으로서도 인격과 교양에 탁월한 도덕적 문화인이지 않으면 안 된다. 그리고 이 인격의 우수함의 정도에 따라 사회적으로도 그에 상응하는 고위고관의 직위에 올라 각기 직분에 맞게 천하·국가에 인정(仁政)을 실현해야만 한다. 따라서 군자의 나아갈 길과 그 실현의 연구가 생애의 목표인 공자가 50년간의 장구한 세월에 걸쳐서 위정자로서의 직업 구하기를 그치지 않았던 것은 당연한 일이다. 단 이 주의를 현실의 불순한 연고 관계와 권력 투쟁의 소용돌이에서 관철하고자 했기 때문에 허다한 장애를 만나고 심각한 출처진퇴(出處進退)의 문제 역시 맞닥뜨렸던 것이다. 50년간의 재야 구직 시기에다 만년의 수년을 더한 생애 대부분 동안 그는 학자 및 교육자로서 위대한 족적을 남겼다. 직을 받들어 정치가로서 활약한 것은 겨우 50대의 몇 년간에 지나지 않지만, 그의 구직 운동 및 직업 이력이 그의 전기에서 차지하는 무게를 결코 과소평가해서는 안 된다.

2

공자가 젊었을 때의 일을 서술한 《사기》 〈공자세가〉의 기사 중에 다음과 같은 것이 있다.

> ……공자는 가난하고 천하였다. 커서 일찍이 계씨의 사로 있을 때 그의 저울질은 공평하였고, 그가 사직리로 있을 때 가축은 번성하였다. 이로 말미암아 그는 사공이 되었다. 그 후 얼마 되지 않아 노나라를 떠났다. 제나라에서 배척되고, 송과 위나라에서 쫓겨나고, 진나라와 채나라 사이에서 곤궁에 빠지자 이에 노나라로 돌아왔다. ……
>
> ……孔子貧且賤, 及長嘗爲季氏史, 料量平, 嘗爲司職吏, 而畜蕃息, 由是爲司空, 已而去魯, 斥乎齊, 逐乎宋衛, 困於陳蔡之閒, 於是反魯, ……

〈공자세가〉는 이것을 공자 17세보다 뒤 그리고 30세보다 앞에 연결시키고 있지만, 뒤에서 필자의 입장을 서술하는 바와 같이● 이 기사는 공자의 생애를 극도로 간단하게 개괄한 전설로 사공이 된 것은 젊어서가 아니고 50대의 일이다. 단, "커서 일찍이 계씨의 사로 있을 때 그의 저울질은 공평하였고, 그가 사직리로 있을 때 가축은 번성하였다"는 것은 젊은 시절의 일일 것이다. 《맹자》 〈만장하〉편(5)에서 군자도 때로는 가난하여 벼슬을 하는 경우가 있다면서 맹자는 공자를 예로 들어 다음과 같이 말한다.

> 맹자께서 말씀하셨다. "벼슬함은 가난 때문이 아니지만, 때로는 가난 때문에

● 제4장 〈공자의 천하 유세〉.

할 경우가 있으며, 아내를 얻음은 봉양을 위해서가 아니지만, 때로는 봉양을 위한 경우가 있다. 가난 때문에 벼슬하는 자는 높은 자리를 사양하고 낮은 자리에 처하며, 녹봉이 많은 것을 사양하고 적은 데에 처해야 한다. 높은 자리를 사양하고 낮은 자리에 처하며, 녹봉이 많은 것을 사양한다. 높은 자리를 사양하고 낮은 자리에 머물며, 많은 봉록은 사양하고 적은 봉록을 받는 것은 어떤 자리가 마땅한가? 문지기와 야경꾼이다. 공자께서 일찍이 위리가 되서서는 말씀하시기를 '회계를 마땅하게 할 뿐'이라고 하셨고 일찍이 승전이 되서서는 '소와 양을 잘 키울 뿐'이라고 하셨다. 지위가 낮으면서 말을 높게 하는 것이 죄요, 남의 본조(조정)에 서 있으면서 도가 행해지지 않음이 부끄러운 일이다."

孟子曰, "仕非爲貧也, 而有時乎爲貧, 娶妻非爲養也, 而有時乎爲養, 爲貧者, 辭尊居卑, 辭富居貧, 辭尊居卑, 辭富居貧, 惡乎宜乎, 抱關擊柝, 孔子嘗爲委吏矣, 曰, '會計當而已矣', 嘗爲乘田矣, 曰, '牛羊茁壯, 長而已矣', 位卑而言高, 罪也, 立乎人之本朝, 而道不行, 恥也."

이 기사는 결국 앞서 언급한 사실을 말하고 있다. 위리는 회계(會計) 계통의 사무일 테지만, 《사기》에 의하면 계씨 가문의 회계다. 승전이라는 것은 가축을 돌보는 일일 텐데, 《사기》에서 사직리로 말하고 있으므로 오늘날로 치면 총무과에 속한 것인지도 모른다. 어느 쪽이든 맹자가 신분이 낮은 관리를 일컫는 말인 포관격탁(抱關擊柝)의 예로 인용한 것으로 미루어 하급 직원이거나 노무원이었을 것이다. 그리고 이것은 직업 이력의 일부임에 틀림없지만, 군자가 일생을 걸 만한 지위는 아니고 생활을 위해서 종사한 임시직이다. 생각건대 빈곤한 가정에서 자라난 공자는 유소년 시기부터 임시직으로 가계에 보탬을 주었겠지만, 바야흐로 임시적이긴 해도 일정한 직업을 얻었던 까닭이 있다. 그렇긴 하지만 이것도 임시로 고용된 것인지도 모른다. 그러나 맹자도 언급한 바와 같이 공자는 어떠한 비천한 직업에 종사할지라도 성실하게 직무에 임했고, 이것이 공자다운 면모다. 《논어》의 〈자한〉편에는 다음과 같이 되어 있다.

> 태재(太宰)가 자공에게 물었다. "공자는 성인이신가? 어쩌면 그리도 능한 것이 많으신가?" 자공이 말하였다. "〔선생님은〕 진실로 하늘이 풀어놓으신 성인이실 것이요, 또 능한 것이 많으시다." 선생님께서 이 말을 들으시고 다음과 같이 말씀하셨다. "태재가 나를 아는구나. 내 젊었을 적에 가난하고 천했기 때문에 비천한 일에 능함이 많으니, 군자는 능한 것이 많은가? 많지 않다." 뇌(牢)가 말하였다. "선생님께서 말씀하시기를 '내가 세상에 등용되지 못했기 때문에 〔여러 가지〕 재주를 익혔다'고 하셨다."
>
> 大宰問於子貢曰, "夫子聖者與, 何其多能也." 子貢曰, "固天縱之將聖, 又多能也." 子聞之曰, "大宰知我乎, 吾少也賤, 故多能鄙事, 君子多乎哉, 不多也." 牢曰, "子云, '吾不試, 故藝.'"(〈자한〉 6)

이것은 공자가 뒷날 태재의 직에 있는 사람에게 재능이 많다는 소리를 들었을 때의 말로 "자신은 소년 시기에 빈천했기 때문에 (생활을 위해) 하찮은 일도 무엇이든 해냈다"는 것이다. 또 금뢰(琴牢)가 전한 공자의 말에서는 "자신은 (교육을 받지 못해 자격이 없기에) 정식 취직 채용 시험에 응시할 수 없었기 때문에 (임시직이라도 얻기 위해) 여러 가지 기술을 익혔던 것이다"라고 말하고 있다. 당시에 "예(藝)", 즉 기술은 보통 육예, 즉 예·악·사·어·서·수의 6개를 일컫는다. 이것은 사족 신분에 속하는 사람이 받는 보통교육의 기초인 필수 과목으로 그것에 능하면 초임의 직으로서 하급 관리직에 정식 채용되기 때문에 사족의 자제는 각자 스승 밑에서 이 육예의 교육을 받았다. 공자는 궁핍하고 아버지도 없어 그 교육을 받지 못했으므로 고학독습으로 여러 가지 기술을 습득했던 것 같다. 예법의 대강을 익혀두면 제사·장례·혼례 등이 있을 때 임시 필요에 의해 불려가 심부름꾼으로 일하는 것도 가능하다. 음악에 다소 소양이 있으면 제식과 향연(饗宴) 때에 초대되는 밴드의 빈자리를 채워 임시직으로 참여할 기회가 있다. 또 여러 가지 의식의 일부분으로 활을 다루는데, 이것도 궁도(弓道)를 조금만 알아두면 때때로 임시직의 기회가 걸려든다. 어(御)는 말을 부리는 일로 당시는 신분이 높은 사람은 누구나 마차를 탔기 때문에 오늘날로 말하자면 자동차 운전이다. 이것이 가능하면 임시로 운전수 일을 맡을 기회가 있었을 것이다. 서(書)는 읽고 쓰는 일로, 이것이 가능하면 서기(書記)가 될 수 있다. 수(數)는 계산으로, 회계를 맡아볼 수 있다. 그리고 이 육예에 어느 정도 통달했다는 것을 인정받으면, 그다음으로 정식 취직 시험에 응하는 것도 가능할 것이다. 요컨대 이것들은 모두 정식으로 관리직에 임용되지 않는다 해도 임시직 자리가 걸려 있는 기술이다. 공자는 유·소년기에 집안이 가난해서 정식으로 직업에 종사할 만큼 교육을 받지 못했기에 고심 끝에 이런 것들 외에 여러 가지 기술을 익혀서 임시직으로나마 가계에 보탬이 되었던 것은 아닐까? 이 상태가 아마 소년기부터 청년기 초까지 계속되었다면 열다섯 살에 학문에 뜻을 두었을 때에도 여전히 육예 습득의 도중에 있었을지 모른다. 물론 위리〔계씨의 사〕와 승전(사직리)이 된 때에도 그것이 정식 채용이었는지는 불분명하다. 다만 소년 공자는 하루라도 빨리 제구실을 하고자 육예를 익히려고 노력했고 한 단계 높은 군자의 학문 개발에 힘썼을 것이다.

공자가 몇 살 때 위리와 승전이 되었는지는 알 수 없지만 〈공자세가〉

가 17세보다 후에 연결시키고 있으므로 대략 20세 전후라고 보고 고찰을
진행해 보자.

3

20세 전후부터 50세 무렵까지 30년간은 〈공자세가〉에 여러 가지 전설이
나열되어 있지만, 역사적 사실로 받아들일 만한 기사는 많지 않다. 여기서
는 하나하나 고증을 가해서 상술하는 번거로움을 생략하고 단지 몇 개의
사실을 밝혀내면서 이 기간 동안 공자의 구직 상황을 개관해 보고 싶다.

그러나 몇몇 기사를 기술하기에 앞서 어떻게 보면 그런 사실들의 발생
에 기초가 된 한 가지 사실에 주목할 필요가 있다. 그것은 노나라 안에서
일어난 집정 삼가의 전횡이다. 당시는 소위 춘추시대 말기로 제·진(晉)나
라는 물론이고 어느 나라나 힘 있는 대부(大夫)가 국가의 실권을 장악하여
하극상의 풍조가 해가 갈수록 심해지고 있었다. 노나라도 예외가 아니어
서 삼가가 전횡을 부렸다. 《춘추》의 양공 11년(기원전 562년)에 "천자가 쓰
는 달력으로 정월에, 삼군을 편성했다(春王正月, 作三軍)"는 놀라운 기사가
보인다. 《좌전》으로 고찰해 보면 이것은 결국 노나라의 모든 역읍의 노동
력과 그에 의해 발생하는 세수가 대부분 계손씨·맹손씨·숙손씨의 삼가
에 분속되고, 공실(公室)은 실권 없는 지위를 지니는 데 지나지 않아 실상
망해버렸음을 의미한다. 말할 필요도 없이 본래는 노나라의 토지·백성
전체의 최종 귀속, 군대 전체의 통솔권은 당연히 노나라 공실에 있었지만
이때에 이르러 커다란 변화를 겪었다. 이것은 공자가 출생하기 10년이나
11년 전의 일이다. 그러나 이 기사를 소공 5년(기원전 537년, 공자 15~16세)의
《좌전》의 기사와 함께 읽어 맞추어보면 적어도 표면적으로는 공실의 직

령과 직속의 병력이 전무했던 것은 아니다. 처음에 삼가가 노나라 역읍을 3분하여 각자의 지배하에 두었을 때 계씨는 공실 병력의 3분의 1을 내어서 역읍의 전부를 자기의 것으로 했기 때문에 그 역읍에 사는 부형(父兄)이나 그 자제도 전부 그의 지배하에 들어갔지만, 맹씨(孟氏)는 부형은 취하지 않고 단지 자제의 반만 자기의 소유로 했다. 결국 맹씨는 공실 병력의 3분의 1 중 우수한 4분의 1만을 취하고 4분의 3을 공실에 돌려준 것이된다. 숙손씨는 군대에 징발하기 적합한 역민(役民), 따라서 자제만 자기의 신하로 했다고 나오기 때문에 부형은 취하지 않았던 것이다. 결국 그는 공실 병력의 3분의 1 중 우수한 절반만을 차지했던 것이다. 그렇게 계산해 보면 인원수만 놓고 볼 때 본래 전체 공실 병력의 12분의 5는 틀림없이 공실의 수중에 남아 있었을 것이고, 이것을 "중군(中軍)"이라고 불렀던 것 같다. 그러나 《춘추》 소공 5년 "천자가 쓰는 달력으로 정월에, 노나라가 중군을 폐지했다(春王正月, 舍中軍)"는 《좌전》의 기사에 의하면 이 중군 제도가 폐지되어 삼가에 분속되고 삼가의 지배는 점점 더 노골적으로되어갔다. 무엇보다도 이 문제는 역시 여러 가지 저항을 불러왔던 것 같다. 그렇지만 결국은 이런 식으로 삼가의 전횡을 공인하는 모양새로 제도화되고 말았을 것이다. 《좌전》의 소공 5년에 의하면 다른 나라에서도 관심을 보이고 있었던 것이 분명한데, 생각해 보면 당연한 일이다. 마침 공자는 이 시기에 15~16세로, 임시직으로 일하면서도 군자의 학문을 연구해 보고 싶다는 생각을 품기 시작했다. 훗날 그가 군자의 학문을 이루어 노나라 정치에 참여했을 때 이 잃어버린 공실의 권력을 만회하는 것이 그의 임무로 부여되었던 것이다. 여기에 이르기까지 이상주의에 입각한 그의 구직 활동의 길은 고난으로 가득 찼으리라 상상할 수 있다. 그래서 이힘든 도정에서 겪은 눈에 띄는 일들은 30대와 40대에 계속해서 나타난다.

더구나 이것과 관련해서 당시 노나라 군주 소공이 암군이었다는 사실을 알아둘 필요가 있다. 선군인 양공이 죽은 것은 양공 31년(기원전 541년)으로 공자 나이 10~11세 때다. 《춘추》에 의하면 양공은 이해 6월에 초나라의 양식을 모방하여 새로 건축한 초궁(楚宮)에서 죽었다. 태자인 자야(子野)는 첩인 호(胡)나라 공녀(公女) 경귀(敬歸)의 아들이었지만 자야도 같은 해 9월에 사망하고 만다. 그래서 경귀의 여동생인 제귀(齊歸)의 아들 공자 주(裯)를 군주로 세웠다. 그가 소공이다. 《사기》에 의하면 소공은 당시 19세였지만, 상의(喪儀)의 예를 훌륭하게 수행할 수 없을 것 같은 암군이었다. 이런저런 반대에도 불구하고 실력자 계평자의 후원으로 제위에 올랐다. 이것은 참으로 노나라의 불행이었다. 국내에서는 완전히 삼가의 꼭두각시고 즉위 5년 만에 중군도 삼가에 분속되는 것을 허락하고 말았다. 또 복잡한 대외관계의 처리에서도 여러 번 나라의 위신을 실추시켰다. 여기서 서술을 간단하게 하기 위해 〈공자세가〉가 당시의 노나라가 처한 곤란한 국제 정세를 다음과 같이 개설하고 있는 것을 들어두자.

> 　　이때에 진평공(晉平公)이 음탕하였으므로 육경(六卿)이 권력을 잡고 동쪽으로 제후들을 공격하였다. 초나라 영왕(靈王)은 군대가 강하여서 중국을 침략하였다. 제나라는 대국으로 노나라와 경계를 접하고 있었다. 노나라는 약소하여 초나라에 붙으면 진(晉)나라가 노하였고, 진나라에 붙으면 초나라가 침공하였고, 제나라를 경계하지 않으면 제나라 군대가 노나라를 침략하였다.
>
> 　　是時也, 晉平公淫, 六卿擅權, 東伐諸侯, 楚靈王兵彊, 陵轢中國, 齊大而近於魯, 魯小弱, 附於楚則晉怒, 附於晉則楚來伐, 不備於齊, 齊師侵魯.

　　시대와 함께 변천은 있어도 이 같은 곤란한 국제 정세는 공자 나이 30대까지 계속되었으므로 그 이후의 여러 사건은 이 기본적인 정세의 연장선으로 이해해야 한다.

4

그런데 〈공자세가〉에 의하면 소공 20년, 공자 나이 30세 때 제나라 경공이 대부 안영과 함께 노나라에 와서 공자를 면회한다. 이에 대해서는 〈노세가〉 및 〈제태공세가(齊太公世家)〉에도 기사가 있지만 모두 제나라 경공과 안영이 노나라 국경 근처로 수렵하러 나온 차에 노나라에 들어와 예(禮)를 물었다는 것만 보이고, 공자를 면회한 기록은 없다. 아마도 몰래 노나라 국경을 넘어와 그 나라의 풍속과 민생·치안 등의 상황을 시찰한 것으로 공식 방문은 아니었을 것이다. 따라서 만약 이때 공자를 만났다고 해도 공식 만남은 아니고 사적 접견에 지나지 않을 것이다. 《좌전》 소공 20년(기원전 522년, 공자 30~31세)의 항목에 "12월에 제나라 군주가 패(沛)•에서 사냥을 했다. ……제나라 군주가 사냥에서 돌아오는데, 안자가 천대(遄臺)에서 옆에 모시고 있었다(十二月, 齊侯田于沛 …… 齊侯至自田, 晏子侍于遄臺)"로 되어 있는 것은 이때를 묘사한 것인지도 모른다. 하여간 《좌전》에도 〈노세가〉 및 〈제세가(齊世家)〉에도 경공과 안영이 공자를 만났다는 기록은 없다. 〈공자세가〉에만 보이는 경공과 공자와의 문답은 다음과 같다.

경공이 공자에게 물었다. "옛날 진목공은 나라도 작고 외진 지역에 있었지만

• 패(沛)는 패(貝)와 음이 같다. 장공(莊公) 8년 《좌전》에 "겨울 12월 제양공이 …… 패구(貝丘)에서 사냥했다"고 되어 있는 것과 같은 지역일 것이다.

패자가 된 것은 무엇 때문입니까?" 공자가 대답하였다. "진나라는 비록 나라는 작아도 그 뜻이 원대하였고, 비록 외진 곳에 처하였어도 정치를 베푸는 것이 매우 정당하였습니다. (목공은) 백리해를 몸소 등용하여 대부의 벼슬자리를 내리고 감옥에서 석방시켜 더불어 3일간 대화를 나눈 뒤 그에게 정사를 맡겼습니다. 이로써 천하를 다스렸다면 (목공은) 왕도 될 수 있었을 텐데 패자가 된 것은 오히려 대단치 않은 것입니다." 경공이 매우 기뻐하였다.

景公問孔子曰, "昔秦穆公, 國小處辟, 其霸何也." 對曰, "秦國雖小, 其志大, 處雖辟, 行中正, 身擧五羖, 爵之大夫, 起纍絏之中, 與語三日, 授之以政, 以此取之, 雖王可也, 其霸小矣." 景公説.

공자의 말에서 왕패(王覇)를 나누는 맹자 이후의 분위기가 느껴진다. 생각건대 제나라 군주가 안영을 동반하여 사냥하러 가서 아울러 노나라 실정을 시찰한 일은 있을 수 있다 해도 공자를 만나서 이런 문답을 했을지는 의문스럽다.

　다음으로 《좌전》·〈공자세가〉에 의하면 소공 25년(기원전 517년), 즉 공자 35~36세 때 노나라에 중대한 사건이 발생했다. 그 상세한 내용을 논하기는 어렵지만 《좌전》을 참조해 고찰하면 다음과 같다. 즉, 처음 계평자의 신변에 발생한 작은 사건이 연쇄 반응을 일으켜 소공은 이에 휘말려 괴로워하다 계씨를 토벌하기에 이른다. 계평자는 일시적으로 위험한 상황에 빠지지만 결국 숙손씨의 구원과 맹씨의 동조를 얻어 삼가가 공동으로 소공을 토벌하여 소공은 제나라로 망명한다. 이 사건은 복잡한 양상을 띠지만 결국은 삼가의 전횡과 계씨 신변의 문제와 소공의 어리석음으로 귀결된다. 그리고 이 일련의 사건 중 한 부분으로 《좌전》에 의하면 양공의 사당에서 제사를 지내려는데 만무를 추는 자가 두 사람뿐이었고 다른 무인들은 계씨 집에서 만무를 추고 있었다. 장손이 말하기를 "이를 일러 선군 (先君)의 묘(廟)에서 선군의 공훈(功勳)을 보답할 수 없게 하는 것이라 한다" 고 했다. 이 일로 노나라 대부들이 계평자를 원망하게 되었다.

將禘於襄公, 萬者二人, 其衆萬於季氏, 臧孫曰, "此之謂不能庸先君之廟." 大夫遂怨平子.

라고 되어 있다. "두 사람(二人)"은 아마 "28명(二八)"의 오기일 것이고 팔일 (八佾)의 무를 계씨의 뜰에서 춘 것일 테다. 《논어》〈팔일〉편에

공자께서 계씨를 두고 말씀하셨다. "〔천자의〕 팔일무(八佾舞)를 뜰에서 춤추게 하니, 이 짓을 차마 한다면 무엇을 차마 하지 못하겠는가?"

孔子謂季氏, "八佾舞於庭, 是可忍也, 孰不可忍也."

라는 것은 이 사실을 가리키는 것 같고, 공자는 그 예의 훼손에 매우 분개하고 있다. 군주가 국외로 망명하기에 이른 국가의 난맥을 보여준 것으로 사정이야 어찌 됐든 삼가의 횡포가 극에 달했음을 보여준다.

소공이 제나라로 도망간 사건은 대외적으로 노나라에 씻을 수 없는 불명예를 안겨주었음은 물론이려니와, 제나라와의 국교도 한층 복잡해졌다. 이 사건이 있고부터 소공 32년(기원전 510년) 소공이 간후에서 죽기까지 7년간 노나라는 군주 부재 상태에서 실력자가 제멋대로 재량을 뽐냈을 뿐만 아니라 정상적인 질서가 없어졌다. 이 시기에 공자는 제나라로 가서 경공을 통하여 취직을 했다고 〈공자세가〉는 말하고 있다. 공자의 진의가 무엇이었는지는 알 수 없지만 노나라에서는 소공 측에도 삼가 측에도 봉

사할 상황이 아니었으므로 일단 노나라를 피해서 공부를 계속하고 싶었을 것이고, 한편으로 제나라에서 취직을 둘러싼 이야기가 있었는지도 모른다. 하여간 제나라에서 공자는 경공으로부터 정도(政道)에 대한 의견을 질문받았다고 전해진다. 《논어》 〈안연〉편(11)에 의하면 다음과 같다.

> 제경공(齊景公)이 정사를 묻자 공자께서 대답하셨다. "임금은 임금 노릇 하며, 신하는 신하 노릇 하며, 아버지는 아버지 노릇 하며, 자식은 자식 노릇 하는 것입니다." 공이 말하였다. "좋습니다. 진실로 만일 임금이 임금 노릇을 못하며, 신하가 신하 노릇을 못하며, 아버지가 아버지 노릇을 못하며, 자식이 자식 노릇을 못한다면, 비록 곡식이 있은들 내 그것을 먹을 수 있겠습니까?"
>
> 齊景公問政於孔子, 孔子對曰, "君君, 臣臣, 父父, 子子." 公曰, "善哉, 信如君不君, 臣不臣, 父不父, 子不子, 雖有粟, 吾得而食諸."

이것은 이때의 문답에 대응하는 것에 지나지 않지만, '정도'에 대해서는 원칙에 해당하는 말이다. 그러나 당시 제경공의 신변에서는 대부 진씨(陳氏)가 권력을 모아 군신의 의를 어지럽히고, 왕의 사랑을 받는 첩이 많아서 친자의 질서도 문란해져 있었기 때문에, 그것을 풍자한 이를테면 은근히 돌려 한 말이었는지도 모른다. 이 외에도 《안자춘추(晏子春秋)》와 《묵자》에는 공자가 제나라 경공과 안영에게 접근했던 이야기가 여럿 전한다. 그중에 《안자춘추》와 《묵자》에서도 중시하는 한 대목을 〈공자세가〉는 바로 앞에서 인용한 《논어》의 문답에 이어서 다음과 같이 싣고 있다.

> 경공은 기뻐하며 장차 이계(尼谿)의 땅에 공자를 봉하려고 하였다. 안영이 나서며 말하였다. "무릇 유학자는 말재간이 있고 융통성을 잘 부려 법으로

규제할 수 없으며, 거만하고 제멋대로 하니 아랫사람으로 두기 어려우며, 상례를 중시하여 슬픔을 다한다며 파산까지 하면서 큰 장례를 치르니 그들의 예법을 풍속으로 삼기 어렵고, 도처에 유세 다니며 관직이나 후한 녹을 바라니 나라의 정치를 맡길 수도 없습니다. 현자가 사라진 이래로 주 왕실이 쇠미해졌고 예악이 붕괴된 지 오래되었습니다. 지금 공자는 용모를 성대히 꾸미고 의례 절차를 번거롭게 하고 세세한 행동 규범을 강조하고 있으니 그것은 몇 세대를 배워도 다 배울 수 없으며 평생을 바쳐도 그 예를 터득할 수 없습니다. 군주께서 그를 채용하여 제나라의 풍속을 바꾸려고 하신다면 이 것은 백성을 다스리는 좋은 방법이 아닙니다." 그 후 경공은 공자를 공손히 접견하였으나 다시는 예를 묻지 않았다.

景公說, 將欲以尼谿田封孔子, 晏嬰進曰, "夫儒者, 滑稽而不可軌法, 倨傲自順, 不可以爲下, 崇喪遂哀, 破産厚葬, 不可以爲俗, 游說乞貸, 不可以爲國, 自大賢之息, 周室卽衰, 禮樂欠有間, 今孔子盛容飾, 繁登降之禮, 趨詳之節, 累世不能殫其學, 當年不能究其禮, 君欲用之以移齊俗, 非所以先細民也." 後景公敬見孔子, 不問其禮.

이 일은 공자의 취직 문제와 연관되어 있다. 전반적으로 《안자춘추》에는 제9권 외편 제8장에 공자와 안영에 관한 설화가 6항목이나 포함돼 있는데 《사기》가 채용한 것은 그중 제1항목이다. 《안자춘추》의 성립에 대해서는 아직 철저하게 분석하고 구명한 것을 보지 못했지만 맹자 당시에 안영이 관중(管仲)과 함께 제나라에서 숭배되고 있었던 것은 분명하다.• 따

• 《맹자》〈공손추상(公孫丑上)〉에 다음과 같이 되어 있다. "공손추가 물었다. '부자께서 〔만일〕 제나라에서 요로를 담당하신다면 관중과 안자의 공적을 다시 기대할 수 있겠습니까?' 맹자께서 말씀하셨다. '그대는 진실로 제나라 사람이로다. 관중과 안자를 알 뿐이로구나……'(公孫丑問曰, '夫子當路於齊, 管仲·晏子之功, 可復許乎.' 孟子曰, '子誠齊人也, 知管

라서 그 전후로 안영에 대한 여러 설화가 제나라에서 유행했으리라는 점은 상상이 된다. 그러나 그 후 전한 말기에 유향(劉向)이 여러 저서를 교감하던 당시 안자의 서록(敍錄)에 의하면, 전한 시대의 《안자춘추》는 여전히 출입과 이문(異聞)이 많은 설화집이어서 현재와 같은 원형이 성립한 것은 유향의 교감에 의한 것이 분명하다.** 따라서 이 책에 포함된 설화는 아무리 빨라도 맹자 시기부터 이후 전국 말에 걸쳐서 그리고 늦은 것은 한나라 초기에 유행한 전문일 것이다. 한편으로 《묵자》의 책에 안영과 공자의 교섭 설화를 게재한 것은 〈비유(非儒)〉편으로 이 편은 유자의 설이 그릇됨을 전반에 걸쳐 거론하고 후반에 공자 및 그 무리의 설화를 열거하면서 구체적으로 그 행위와 학설을 일일이 비난하고 있다. 이 후반의 설화군 중 제2번째 항목에 열거한 것이 앞에서 언급한 《사기》채록이다. 그런데 〈비유〉편의 성립은 유묵(儒墨)의 논쟁이 격발했던 맹자 시대 이후 한초까지의 사이에 가능했을 것이다. 그리고 위의 《사기》채록의 설화 내용을 보면 "무릇 유학자는 말재간이 있고 융통성을 잘 부려 법으로 규제할수 없다(夫儒者, 滑稽而不可軌法)"는 점과 유가가 변설(辯舌)이 교묘해서 규칙을 어긴다는 점을 비난하고, "상례를 중시하여 슬픔을 다한다며 파산까지

仲·晏子而已矣')."

●● 유향의 〈안자서록(晏子敍錄)〉에는 다음과 같은 기록이 있다. "교감하는 책 《안자춘추》 11편은 신 향이 삼가 장사위 신 참과 함께 교정하고, 태사가 5편을 적고, 신 향이 1편을 적고, 참이 13편을 적어서, 모두 중서와 외서 30편 838장이 되었습니다. 그 가운데 중복되는 것 22편 638장을 없애고 8편 215장을 확정하여 저술하였는데, 외서에는 36장이 없고, 중서에는 71장이 없으며, 중서와 외서는 모두 서로를 바로잡아 줄 수 있습니다(所校中書晏子十一篇, 臣向謹與長社尉臣參校讐, 太史書五編, 臣向書一篇, 參書十三篇, 凡重外書三十篇, 爲八百三十八章, 除復重二十二篇, 六百三十八章, 定著八篇二百十五章, 外書無有三十六章, 中書無有七十一章, 中外皆有, 以相定)."

하면서 큰 장례를 치른다(崇喪遂哀, 破産厚葬)"고 후장(厚葬)을 비방한다.• 또 "지금 공자는 용모를 성대히 꾸미고 의례 절차를 번거롭게 하고 세세한 행동 규범을 강조하고 있으니 그것은 몇 세대를 배워도 다 배울 수 없으며 평생을 바쳐도 그 예를 터득할 수 없습니다. ……이것은 백성을 다스리는 좋은 방법이 아닙니다(今孔子盛容飾, 繁登降之禮, 趨詳之節, 累世不能殫其學, 當年不能究其禮 …… 非所以先細民也)"라고 유가의 번문욕례(繁文縟禮)를 비난한다. 이것은 묵가(墨家)의 입장에서 본 유가 비난이고, 특히 학계 일부에서 보이는 말재간의 폐해, 또 유가 후학에서의 과도한 후장·번문욕례 등의 폐해가 현저하게 드러났던 전국 말기 혹은 한나라 초에 작성된 것처럼 보인다. 또 "도처에 유세 다니며 관직이나 후한 녹을 바라니 나라의 정치를 맡길 수도 없습니다(游稅乞貨, 不可以爲國)"라는 것은 당시는 공자가 아직 여러 나라로 유세를 떠나기 전이므로 사실에 부합하지 않는다. 대체로 공자와 안영과의 사실상의 관계가 어찌 되었든 간에 《안자춘추》라는 책은 안영을 존경하고 신뢰한 제나라 사람이 쓴 것이기 때문에 제나라의 적국인 노나라의 성인 공자를 안영에 미치지 못하는 것으로 누차 깔아뭉개는 것은 당연할 테고, 《안자춘추》에는 그런 이야기가 적지 않게 등장한다. 또 묵가(墨家)가 자기와 입장을 달리하는 강적 유가를 비난하는 것도 당연하다. 그렇게 본다면 위의 《사기》 채록의 공자·안영 설화는 그 본질로부터 말해도 그리고 그것이 유행하던 시대로부터 말해도 역사적 사실로서 신뢰하는 것은 가능하지 않다.

안영이 제나라의 현대부(賢大夫)였던 것은 사실일 듯하다. 그리고 공자

• 유가의 후장을 비방한 《묵자》 〈절장(節葬)〉편은 최근의 연구에서는 순자 시기, 즉 전국 말기에 성립한 것으로 본다.

가 어떤 때부터인가 그와 서로 알게 되어 그를 현자로서 추대하여 존중한 것도 사실일 것이다. 《논어》〈공야장〉편(16)에

선생님께서 말씀하셨다. "안평중은 남과 사귀기를 잘하는구나! 오래되어도 공경하니."

子曰, "晏平仲善與人交, 久而敬之."

라고 되어 있다. 그러나 만약 이때 공자가 취직 문제로 안영에게 접근했다 해도 처음 보는 인물의 진상에 대한 이해도 일천하고, 특히 인접한 적대국의 신진 정치학자와 정권을 잡은 대부와의 관계이기에 서로의 입장이 미묘했을 것이다. 그래서 안영이 신중하게 공자의 제나라에서의 취직을 저해하는 결과가 빚어졌을 수도 있다. 《논어》〈미자〉편(3)에 다음과 같이 적혀 있다.

제나라 경공이 공자를 대우하며 말하기를, "계씨처럼은 내 능히 대우하지 못하겠지만 계씨와 맹씨의 중간 정도로 대우하겠다" 하고는〔노나라의 삼경(三卿) 중 계씨의 지위가 가장 높고 맹씨가 가장 낮다—옮긴이〕"내 늙어서 〔그의 말을〕쓰지 못하겠다"〔"내가 늙었다(吾老矣)"고 말한 사람이 제나라 경공인지 아니면 공자인지 해석상의 문제가 있다. 성백효와 한국의 대부분의 번역자는 전자의 해석을 따르지만, 예를 들어 이토 진사이는 "吾老矣, 不能用也"에서의 주어를 공자로 본다. 장원철 옮김, 《논어고의하(論語古義下)》, 소명출판, 2013, 309쪽 이하 참조—옮긴이〕하자, 공자께서 떠나셨다.

齊景公待孔曰, "若季氏, 則吾不能, 以季·孟之間待之." 曰, "吾老矣, 不能用也." 孔子行.

〈공자세가〉도 이것을 이때의 일로 인용하고 있어 앞서 《사기》 채록의 설화와 대응하는 것처럼 보이지만 그러나 당시 공자는 40세 전후로 아직 취직도 하지 않은 일개 가난한 선비였다. 훗날 하대부가 된 것은 노나라에 봉직하여 대사구가 되고 난 뒤의 일로 계씨와 맹씨의 중간 정도, 즉 상대부(上大夫)로 대우하겠다는 의사 표명은 도저히 이때 나올 말이 아니다. 공자가 자기 입으로 "내가 늙었다"고 말하였다는 것도 사정에 맞지 않는다. 생각건대 이것은 뒷날 공자가 대사구를 사양하고 떠돌아다닐 때 제나라의 초청을 거절하고 위나라로 갔다는 소문이 일부 퍼져나가 후대에 전문된 게 아닐까 한다. 만약 그렇다면 "공자께서 떠나셨다(孔子行)"는 것은 제나라로 간 것이 아니라 노나라를 떠나 위나라로 간 것이 된다.

〈공자세가〉에 의하면 공자가 제나라를 떠나 노나라로 귀국한 것은 42세 때다. 《맹자》〈만장하〉편(1)에 "공자가 제나라를 떠날 적에 〔밥을 지으려고〕 쌀을 담았다가 건져가지고 떠나셨다(孔子之去齊, 接淅而行)", 그리고 《맹자》 〈진심하(盡心下)〉편(17)에 "〔공자께서〕 제나라를 떠나실 적에는 〔밥을 지으려고 담갔던〕 쌀을 건져가지고 떠나셨으니 타국을 떠나는 도리다(去齊, 接淅而行, 去他國之道也)"라고 되어 있다. 제나라에서 취직 문제가 있었는지는 모르겠지만, 적어도 실현되지 않았고 미련도 없었던 것 같다. 이때 망명 중인 노나라 왕 소공이 진나라 간후에서 죽었다(기원전 510년, 공자 42~43세). 그래서 노나라에서는 정공이 왕위에 오른다. 정공 5년 여름 6월(기원전 505년, 공자 47~48세)에 노나라의 실력자 대부 계평자가 죽고 계환자가 뒤를 잇는다. 이것은 《좌전》에도 보이지만 《좌전》에는 숙손불감〔성자(成子)〕도 역시 같은 해 7월에 죽은 것으로 되어 있다. 노나라의 실력자 삼가 중 이가(二家)에서 대가 바뀌었다는 의미다. 이때 계환자의 폐신(嬖臣) 중양회가 마찬가지로 계씨의 가신 양호와 다투어 계환자의 신변에 문제가 생겼다. 이 사건에 대해서는 《좌전》과 〈노세가〉에도 기사가 있지만 〈공자세가〉는 다음과 같이 정리하고 있다.

> 환자가 총애하는 신하 중에 중양회라는 사람이 있었는데, 양호와 사이가 좋지 않았다. 양호는 중양회를 내쫓으려고 하였으나 공산불뉴가 그것을 말렸다. 그해 가을, 중양회가 더욱 교만해지자 양호가 그를 체포했다. 환자가 노하자 양호는 환자마저 가두었는데 더불어 맹약을 한 후에야 풀어주었다. 양호는 이로 인해서 더욱 계씨를 가볍게 여겼다. 계씨 또한 분수를 모르고 공실보다 지나치게 행동했기 때문에 가신이 국정을 잡은 꼴이 되었다. 이에 노나라에서는 대부 이하 모두가 정도에서 벗어난 행동을 하기 시작했다.
>
> 桓子嬖臣曰仲梁懷, 與陽虎有隙, 陽虎欲逐懷, 公山不狃止之, 其秋, 懷益驕, 陽虎執懷, 桓子怒, 陽虎因囚桓子, 與盟而醳之, 陽虎由此益輕季氏, 季氏亦僭於公室, 陪臣執国政, 是以魯自大夫以下皆僭, 離於正道.

노나라의 정권을 전단(專檀)하던 계씨가 이제 그 가신의 실력에 의해 위태롭게 된 형국으로, 국가는 점점 하극상의 양상이 짙어져 갔음이 분명하다. 이러한 난국에서 공자는 결국 관직에 나아가지 않고 학문 연구를 계속하면서 제자를 가르치는 생활을 한 것 같다. 〈공자세가〉는 다음과 같이 말하고 있다.

> 그래서 공자는 관직에 나아가지 않고 물러나 시·서·예·악을 편찬했다. 제자들은 더욱 늘어나고 먼 곳에서까지 찾아와 글을 배우지 않는 이가 없었다.
>
> 故孔子不仕, 退而脩詩·書·禮·樂, 弟子弥衆, 至自遠方, 莫不受業焉.

이것은 사실일 것이다. 그리하여 이미 독자적인 입장에서 안정된 학자의 길을 걷던 공자는 생활 때문에라도 제자 교육을 일찍 시작해 뒷날에 완성할 유교의 건립도 이때 착착 그 실마리를 잡아가는 중이었던 것 같다. 그리고 《논어》에 나오는 공자의 유력한 제자들 중 시기적으로 빠른 사람이 점차 입문하기 시작한 때도 이 무렵이다. 그에 대해서는 앞 장에서 말한 바와 같다.

공자가 제나라에서 노나라로 귀국한 42~43세 이후 노나라에서 관리로 취임한 50세 무렵까지 7~8년간은 노나라 국내의 혼돈스러운 정계에 연루되는 것을 피하면서도 학문 연구를 계속해 교육 사업에 발을 들여놓은 시기다. 그러나 정사를 맡는 일을 단념했다는 의미는 아니고 내외 정세에 늘 주목하면서 기회를 보아 쓰이고 싶다는 미련을 항상 품고 있었을 것이다. 《논어》〈위정〉편(21)에 다음과 같은 문답이 등장한다.

어떤 사람이 공자에게 물었다. "선생님께서는 왜 정치에 참여하지 않습니까?" 선생님께서 말씀하셨다. "《서경(書經)》에 '효도하라, 오직 효도하라, 형제간에 우애하여〔이러한 기풍이〕정치에까지 이르게 하라'고 하였다. 이 또한 정치에 참여하는 것이니, 어찌 벼슬자리에 앉아야만 정치하는 것이겠는가?"(다른 해석을 소개하면 다음과 같다. 《서경》에 '효하며 형제간에 우애하여 정사에 베푼다'고 하였으니 이 또한 정사를 하는 것이니 어찌하여 벼슬해서 정사하는 것만이 정사겠는가?'—옮긴이.)

或謂孔子曰, "子奚不爲政." 子曰, "書云, '孝乎惟孝, 友于兄弟, 施於有政.' 是亦爲政, 奚其爲爲政."

이것은 이 무렵의 말인지 아니면 관직을 사임하고 천하를 유세하던 때의 말인지 확실치 않다. 그렇지만 나이나 교양으로 보아 당연히 관직에 오를 시기에 학문 연구와 교육에만 힘 쏟고 애써 취직하려고 하지 않는 것을 보고 어떤 사람이 물은 것이라면 이 시기에 해당하는 것으로 볼 수 있다. 공자는 재야 군자가 마땅히 그리해야 할 모습을 말하면서 반드시 정치가가 될 필요는 없다고 밝히면서도 정치에 깊은 관심을 표하고 있다. 《논어》〈자한〉편(12)에 다음과 같은 구절이 등장한다.

> 자공이 말하기를 "여기에 아름다운 옥이 있을 경우, 이것을 궤 속에 넣어 감추어두시겠습니까? 아니면 좋은 값을 구하여 파시겠습니까?" 하자 선생님께서 대답하셨다. "팔아야지, 팔아야지. 그러나 나는 좋은 값을 기다리는 자다."
> 子貢曰, "有美玉於斯, 韞匵而藏諸, 求善賈而沽諸." 子曰, "沽之哉, 沽之哉, 我待賈者也."

제자 자공이 공자에게 취직 의지가 있는지 물었다. 공자는 확실하게 의지가 있다고 답한다. 만약 이 말을 이때의 것으로 본다면 자공은 이미 공자에게 입문한 것이 된다. 자공은 공자보다 31세 아래로 공자가 46~50세 때 그는 아직 15~19세의 젊은이였지만 타고나기를 장사꾼 기질을 갖춘 수재답게 장사를 예로 들어 공자의 의지를 묻는 것이 그답고 재미있다.

이 두 항(《논어》〈위정〉편과 〈자한〉편)은 발언의 때와 구체적 사정이 상세하지 않으나 《논어》〈양화〉편에는 다시 3개 항목, 즉 ① 양호로부터 취직을 종용받았던 때의 말, ② 공산불요(公山弗擾)로부터 초대받았던 때의 말, ③ 필힐(佛肸)로부터 초대받았던 때의 말이 있다. 이 중 필힐로부터 초대받았던 것은 후술하는 바와 같이 뒷날의 유력 중에 일어난 일이지만, 양호의 종용과 공산불요의 초청은 이 시기의 일이다. 앞에서 정공 5년 계씨의 가신 양호가 주인 계환자를 가둔 일에 대해서 〈공자세가〉의 글을 인용했을 때 공산불뉴의 이름이 보인다. 《좌전》에도 공산불뉴라고 되어 있지만 《사기》와 《좌전》의 공산불뉴는 《논어》의 공산불요로 그는 계씨의 도읍 비(費)를 맡은 재(宰)였다. 그러나 《좌전》에 의하면 계씨에게 불만을 품었다. 한편으로 양호는 계환자를 가둔 사건 이래로 힘을 믿고 "더욱 계씨를 가볍게 여겼다"라든가 《좌전》의 정공 6~7년에는 양호가 횡포를 부린 기사가 보인다. 결국 그는 《좌전》에 의하면 정공 8년(기원전 502년, 공자 50~51세)에 이르러 반란을 일으키지만, 정공 6~7년의 기사에 의하면 그의 횡포로 노나라 안팎에서 미움을 산 것이 분명하다. 따라서 《논어》 〈양화〉편(1)의 기사를 이때의 일과 결부해 생각할 수 있다. 양화(陽貨)는 양호다.

> 양화가 공자를 만나고자 하였으나, 공자께서 만나주지 않으시자, 양화가 공자에게 삶은 돼지를 선물로 보내주니, 공자께서도 그가 없는 틈을 타 사례하러 가시다가 길에서 마주쳤다. 공자에게 이르기를 "이리 오시오. 내가 그대와 말을 하겠소. 훌륭한 보배를 품고서 나라를 어지럽게 버려두는 것을 인(仁)이라고 할 수 있겠습니까?" 하니 공자께서 "그렇다고 할 수 없습니다" 하셨다. 양화가 "종사하기를 좋아하면서 자주 때를 놓치는 것을 지(知)라고 할 수 있겠습니까?" 하니, 공자께서 "그렇다고 할 수 없습니다" 하셨다. 양화가 "해와 달이 흘러가니, 세월은 나를 위하여 기다려주지 않습니다" 하니, 공자께서 "알았습니다. 나는 장차 벼슬을 할 것입니다"라고 하셨다.
>
> 陽貨欲見孔子, 孔子不見, 歸孔子豚, 孔子時其亡也, 而往拜之, 遇諸塗, 謂孔子曰, "來, 予與爾言." 曰, "懷其寶而迷其邦, 可謂仁乎." 曰, "不可." "好從事而亟失時, 可謂知乎." 曰, "不可." "日月逝矣, 歲不我與." 孔子曰, "諾, 吾將仕矣."

공자는 양호에게 출사하기를 주저하면서도 취직 의지가 있음을 분명하게 밝힌다.

양호가 반란을 일으킨 것은 정공 8년이지만 《좌전》의 관련 기사에는 반란에 앞서 공산불뉴 등 5인이 양호의 음모에 참가한 것이 보인다. 이 음모가 사전에 누설되어 실패했기에 양호는 환양관(讙陽關)에 들어가 반항했으나 패배하여 망명했던 것이다. 그리고 공자는 이 무렵부터 정공을 섬겼으므로 결국 앞서 《논어》 〈양화〉편의 양호가 공자를 이용하고자 했던 사실은 이 반란보다 이전의 일임에 틀림없다. 그런데 공산불요가 공자를 초청한 것은 언제였을까? 《논어》 〈양화〉편(5)에는 다음과 같이 적혀 있다.

> 공산불요가 비읍을 가지고 반란을 일으키고 공자를 부르니, 선생님께서 가려고 하셨다. 자로가 기뻐하지 않으며 말하기를 "가실 곳이 없으면 그만이지, 하필이면 공산씨에게 가시려고 하십니까?" 하니, 선생님께서 말씀하셨다. "나를 부르는 자가 어찌 하릴없이 하겠느냐? 나를 써주는 자가 있다면, 나는 동쪽 주나라를 만들 것이다."
>
> 公山弗擾以費畔, 召, 子欲往, 子路不說, 曰, "末之也已, 何必公山氏之之也." 子曰, "夫召我者, 而豈徒哉, 如有用我者, 吾其爲東周乎."

공산불뉴가 양호의 음모에 연루된 것은 앞서 《좌전》 정공 8년의 항목에 보이지만 "비읍을 가지고 반란을 일으키고"라는 말은 없다. 정공 12년(기원전 498년, 공자 54~55세)의 《좌전》에 이르러

> 계손씨가 비읍 성을 허물려고 하니, 공산불뉴와 숙손첩(叔孫輒)이 비읍 사람들을 이끌고서, 노나라의 도읍을 습격했다.

季氏將墮費, 公山不狃·叔孫輒, 帥費人以襲魯.

라고 기록하고 있는데, 이것은 이미 공자가 노나라 대사구의 지위에 있을 때여서 반란은 공자의 정책에 반항하는 것이므로 이때에 공자를 초대했을 리는 없다. 아마도 실제로 반란을 일으킨 것은 아니고 예전부터 계씨에 대해 불평한 나머지 은밀히 반란을 계획하여 인재를 모으던 때의 일로, 결국 양호의 반란보다 몇 년 앞서의 일일 것이다. 그러니까 공자도 자로도 아직 충분히 공산씨의 음모 계획을 알지 못했던 것 같고, 자로의 불만은 "그리 취직 기회가 없다고 해도 기껏해야 비의 재에 불과한 공산씨 따위에게 고용될 필요는 없지 않겠습니까?"라는 것이어서 노나라의 국내 사정에 몹시 정나미가 떨어진 공자는 "이왕 이렇게 된 바에 설령 비 같은 곳에라도 인연이 닿아 취직이 된다면 실력 발휘를 해보는 것도 나쁘지 않다. 지난날 주나라가 견융(犬戎)에 의해 쫓겨나 낙읍으로 이주했을 때는 정말이지 한낱 비참한 도읍에 지나지 않았지만, 끝내 부흥하여 동주(東周)가 되었다. 나도 비를 근거지 삼아 노나라에 올바른 정도를 부흥시켜 보고 싶다"고 말한 것일 테다. 종종 더할 나위 없이 취직 기회가 궁했음을 엿볼 수 있다. 만약 그렇다면 "公山弗擾以費畔"이라는 구절은 "공산불요는 나중에 비를 근거지로 배반할 사람이지만"이라는 설명의 말로 이해하거나, "공산불요의 비읍을 가지고 반란하려고 하다"로 해석하거나 둘 중 하나가 맞을 것이다.

그러나 추측건대 공자는 양호의 반란 전후에 마침내 취직의 기회를 얻었다.

5

공자가 노나라에서 몇 년에 공직에 올랐는지는 알 수 없다. 그러나 그가 정공 10년(기원전 500년, 공자 52~53세)에 협곡의 회맹에 상(相)으로서 군주를 수행한 일은 여러 책에 명기되어 있는 유명한 사실이다. 〈공자세가〉는 그것에 앞서 직력을 서술하면서 다음과 같이 적고 있다.

> 정공(定公)은 공자를 중도재로 삼았는데, 1년 만에 사방이 모두 공자의 통치 방법을 따랐다. 공자는 중도재에서 사공이 되었고, 사공에서 다시 대사구가 되었다. 정공 10년 봄 …… 협곡에서 만나기로 하였다.
>
> 定公以孔子爲中都宰, 一年四方皆則之, 由中都宰爲司空, 由司空爲大司寇, 定公十 …… 會夾谷.

그렇다면 중도재로 시작해 사공·대사구를 역임하는 동안 적어도 2~3년은 경과했을 것으로 상상할 수 있다. 따라서 초임을 잠정적으로 50세 전후로 놓고 고찰을 진행해 보자. 공자 나이 50세라면 정공 7~8년으로, 양호가 반란을 일으킨 것은 정공 8년이므로 마침 그 무렵이 된다.

그로부터 아마도 정공 13년(기원전 497년, 공자 55~56세)에 사직하고 노나라를 떠나기까지 5~6년간은 관직에 있었고 그 후반의 2~3년간은 여러 어려운 정치에 참여하여 커다란 수완을 발휘했던 것 같다. 이 5~6년간 그의 활약·고충 그리고 최후의 비극적인 사태의 전개에 대해서는 구명·고찰할 것이 많지만 훗날 별도로 한 편을 만들어 자세히 논하기로 하고, 지금은 단지 개인적 의견의 결과만을 여기서 간단히 밝힌다.

처음에 중도재가 된 것과 관련해 지금으로서는 《공자가어》 등 외에 호출할 만한 문헌이 없지만, 이것이 사실이라면 아마도 노나라 왕의 사유지에 속하는 중도라는 한 도읍을 맡았을 터다. 그리고 여기서 치적을 인정받아 사공으로 영전했다. 사공에 대해서는 《순자》〈왕제(王制)〉편에서 관직의 질서(序官)에 대해

제방과 다리를 고쳐 짓고 도랑과 수로를 치며 흐르는 물을 소통케 하고 물이 낮은 곳에 잘 고이도록 하며, 때에 맞게 트고 막고 하여, 비록 흉년이나 장마 또는 가뭄이 든다 하더라도 백성들이 김매고 거둘 수 있게 하는 것은 사공의 일이다.

修隄梁, 通溝澮, 行水潦, 安水藏, 以時決塞, 歲雖凶敗水旱, 使民有所耘艾, 司空之事也.

라고 밝히고 있다. 그리고 《관자(管子)》〈입정(立政)〉편에

물줄기를 터놓고, 도랑을 소통시키고, 제방을 보수하고, 저장된 물을 안정시키고, 장맛비가 넘치도록 내려도 오곡에 해로움이 없게 하여, 흉년이나 가뭄이 들어도 수확할 수 있게 하는 것은 사공의 일이다.

決水潦, 通溝瀆, 修障防, 安水藏, 使時水雖過度, 無害于五穀, 歲雖凶旱, 有所粉穫, 司空之事也.

라고 되어 있다. 따라서 사공은 노나라 왕 직할지의 치수를 담당하는 토목과장쯤 될 것이다. 그 후 대사구로 영진(榮進)했는데 이것은 국도(國都) 및 직할지의 경찰과 송사를 담당하는 장관이었을 것이다. 《논어》〈안연〉편(13)에

선생님께서 말씀하셨다. "송사를 결단함은 나도 남과 같이 하겠으나 반드시 사람들로 하여금 송사함이 없게 하겠다."

子曰, "聽訟, 吾猶人也, 必也使無訟乎."

라는 것은 이 시기의 경험에 기초한 발언인지도 모른다. 하여간 여기까지는 노나라 왕 직속의 관청에 관한 역직이어서 실력자 대부 계씨를 수석으로 하는 노나라 전체의 정치에 직접 참여한 것은 아니다. 따라서 외교 문제 등에 관계했을 것 같지는 않다. 단지 정공 직속의 관청에서 두각을 나타내어 벼슬이 높아지고 신임도 얻었을 터다. 《춘추》의 〈경〉과 〈전〉에는 이런 일이 모두 기재되어 있지 않지만, 《춘추》는 대부 이하의 일은 적지 않는 것이 원칙이므로 기사가 없는 것은 공자가 아직 대부의 신분으로 출세하지 않아서일 것이다.

공자가 처음으로 집정 계씨에게 수완을 인정받아 외국에서도 주목받는 사람으로 높아진 것은 정공 10년 협곡의 회맹 때다. 이것은 제나라와의 곤란한 외교 교섭에서 노나라의 정공은 공자를 상으로서 동반해 가고 제나라 경공은 대부 안영과 동행하여 회맹에 임한 일인데, 이때의 일은 《좌전》·《사기》 등의 문헌에 명기되어 있다. 《좌전》에 "공구를 상으로(孔丘相)"라고 되어 있지만, 상은 전국시대 이후로는 재상(宰相)이 아니라 주로 예를 집행하는 경우 시중을 드는 역이다. 당시는 고래의 관습이 남아 있어서 제사는 말할 것도 없고 정치나 외교도 각각의 관습적인 예에 맞추어 신명에게 맹세하고 엄중하게 집행했다. 그러므로 협곡의 회맹과 같은 중요한 외교 교섭에는 예에 밝고 그 예에 어울리게 사무를 처리할 뛰어난 인물을 상으로서 동행해 가서 사무 일체를 담당하게 했을 것이다. 군주 자신이 주역으로서 출석하는 회담이기 때문에 상은 대부(大夫)가 되는 것이 온당하고, 공자는 이때 상으로 발탁되어 비로소 하대부에 등용되었는지도 모른다. 《논어》〈선진〉편(7)에 의하면 만년 공자가 안연(顏淵)의 죽음을 맞이했을 때의 말로 "내가 대부의 뒤를 따르기 때문에 걸어 다닐 수는 없지요(以吾從大夫之後, 不可徒行也)"라는 구절이 보인다. 또 〈헌문〉편(22)에 의하면 제나라의 진성자(陳成子)가 간공(簡公)을 시해했을 때 공자가 애공과 삼가에게 진언하던 때의 말로 "내가 대부의 뒤를 따랐기 때문에 감히 아뢰지 않을 수 없었다(以吾從大夫之後, 不敢不告也)"고 되어 있다. 이로 보건대 공자가 예전부터 대부였던 것은 분명하다. 단 그 시기가 상세하지 않지만 협곡의 회맹이 있던 때부터라고 보아두는 것이 타당할 듯하다.

협곡의 회맹은 곤란하고 중요한 제나라와의 대외 교섭이었다. 그리고 이때에 공자는 예를 방패 삼아 제나라의 위협적인 책모를 멋지게 기선 제압해 회담을 노나라에 극도로 유리한 형세로 전개시켰다. 이로 인해 정공의 신임이 가일층 두터워지고 계씨에게도 수완을 인정받게 된 것은 당연하다. 그리고 이미 하대부의 반열에 올라 있었고 국내의 신망도 높아졌기 때문에 이 일로부터 점차로 집정 계씨를 수반으로 하는 노나라 정치에 참여하게 되었다. 단 상은 협곡의 회맹을 위해 임시로 임명한 자리로 아마 대사구로 재직하면서 겸임했을 터다. 그렇다면 공자는 몇 해 전부터 연구해 왔던 정치의 이상을 스스로 조정에 나가서 실현할 호기와 더불어 실제로는 삼가가 정권을 전횡하는 노나라의 어지러운 정국 사이에서 개혁을 실행하지 않으면 안 되는 입장에 놓였던 셈이다. 이미 이때에 어려움은 예상했으므로 도중에 실패할 수도 있다는 각오를 다지면서 그래도 최선을 다하리라는 비장한 결심을 품었을 것이다. 《맹자》〈만장하〉편(4)에

공자께서는 도를 행함이 가능한 것을 보신 벼슬이 계셨으며, 교제가 가능한

벼슬이 계셨으며, 공양의 벼슬이 계셨으니 계환자에 있어서는 도를 행함이 가능한 것을 보신 벼슬이었고, 위령공에 있어서는 교제가 가능한 벼슬이었고, 위효공(衛孝公)에 있어서는 공양의 벼슬이었다. (이 장의 글 뜻을 이해하기 어려운 부분이 많아 억지로 해석할 필요가 없다고 주희《맹자집주》는 말한다―옮긴이.)

孔子有見行可之仕, 有際可之仕, 有公養之仕也, 於季桓子, 見行可之仕也, 於衛靈公, 際可之仕也, 於衛孝公, 公養之仕也.

라고 말하고 있다. "노정공(魯定公)"이라 하지 않고 "계환자"라고 한 것은 사실상 계환자가 정권을 농단하고 있는 노나라 정치에 참여했다는 것을 의미하고, 그런 일이 계씨의 정청에서도 있었을 것이다. 공자가 정공 10년 여름에 있었던 협곡의 회맹을 마치고 노나라로 돌아와 그해 가을부터 계환자의 정치에 참여했다고 한다면, 공자가 사직한 것으로 추정되는 13년 봄까지는 채 3년의 기간이 차지 않는다. 그리고 무슨 이유로 이런 곤란한 상황에 구태여 나서기를 허락했는지 그 이유를 살펴보면, "도를 행함이 가능한 것을 보신 벼슬(見行可之仕)"이라는 것, 즉 도가 행해질 가능성이 있다고 여겨서 벼슬에 나간 점을 들 수 있다.

공자가 협곡의 회맹에서 노나라로 돌아온 이후 국정에 참여하여《좌전》에 의하면 정공 13년 여름에 삼가의 삼도(三都)를 허물어 군권(君權)의 회복을 도모하는 사업에 착수하기까지는 만 2년에 가까운 기간이 있다. 이 기간 동안에야말로 공자는 남몰래 원모심려를 짜내어 계획을 실천할 준비를 했을 것이다.《공양전(公羊傳)》의 정공 10년과 12년의 기사에 "공자께서 계손에게 가서 행동하는데 3개월 동안 어기지 않았다(孔子行乎季孫, 三月不違)"라고 되어 있는데, 이것은 공자가 계씨에 대하여 완전히 공손한 태도를 취했음을 의미한다. 10년의 기사는 협곡의 회맹에서 공자의 행동이 실력자 계씨의 지지를 완전히 얻은 것으로 보고 제나라는 맹약대로 운(運)·훤(讙)·구음(龜陰)의 땅을 반환했다는 것이다.• 12년의 기사는 삼도를 허무는 정책을 실행할 즈음에 미리 계씨의 완전한 동의를 얻은 것도 공자가 이치로써 설득했기 때문임을 의미한다.•• 그리고 이 기간에 실행력이 풍부했던 공자의 고제자 중유를 계씨의 가신으로 취직시킨 것도 신중한 준비의 일환이었음에 틀림없다. 이리하여 삼도를 허무는 정책은 전적으로 공자의 머리에서 나온 것이 분명하지만, 전부 삼가가 각자의 위협을 제거하기 위해 자발적으로 무장도시를 허무는 모양새로 하게 하고 공자는 전혀 표면에 나서지 않고 있다. 다만 계씨가 비(費)를 허물 즈음 비의 반란군이 공궁(公宮)과 계씨의 저택에 난입했을 때에만 공자는 대사구의 권한을 발동하여 진압 토벌의 조치를 강구했던 것 같다. 그러나 이 정책은 정공 12년 여름에 실시하여 착착 성과를 거두었으나 그와 별개로 최후의 단계에 이르러 맹씨가 성을 허물지 않아 연말에 이르러 완전히 실패

• 《공양전》 정공 10년에 의하면 다음과 같다. "제나라 사람이 노나라에 와서 운과 훤과 구음 땅을 돌려주었다. 제나라 사람이 왜 노나라에 와서 운과 훤과 구음의 땅을 돌려주었는가? 공자께서 계손에게 가서 행동하는데 3개월 동안 어기지 않았다. 제나라 사람이 이를 보고 와서 돌려준 것이다(齊人來歸運·讙·龜陰田, 齊人曷爲來歸運·讙·龜陰田, 孔子行乎季孫, 三月不違, 齊人爲是來歸之)."

•• 《공양전》 정공 12년에 의하면 다음과 같다. "〔노나라〕 숙손주구가 군사를 거느리고 후읍의 성을 무너뜨렸다. ……노나라 계손사와 중손하기가 군사를 거느리고 비성을 무너뜨렸다. 왜 군사를 거느리고 후읍을 무너뜨리고 군사를 거느리고 비성을 무너뜨렸다고 했는가? 공자께서 계손씨 밑의 관직에 있으면서 3개월 동안 실수가 없었기 때문이다. 말하기를 '대부의 가(家)마다 군사를 숨기지 못하고 읍에는 백치의 성을 없앴다'라고 했다. 이때에 군사를 거느리고 후성을 무너뜨리고 군사를 거느리고 비성을 무너뜨렸다. 치란 무슨 뜻인가? 오판을 도라고 하고 오도를 치라고 하고 백치를 성이라고 한다(叔孫州仇帥師墮郈, ……季孫斯·仲孫何忌, 帥帥墮費, 曷爲帥帥墮郈, 帥帥墮費, 孔子行乎季孫, 三月不違, 曰, 家不藏甲, 邑無百雉之城, 於是帥帥墮郈, 帥帥墮費, 雉者何, 五板而堵, 五堵而雉, 百雉而城)."

로 끝난다. 정치 개혁의 제일보를 이 정책에 걸었던 공자는 이때 이미 사직을 결심했을 것이다. 그 일이 있고 얼마 뒤에는 며칠 시일을 두고 사직의 이유를 정돈했다가 출처진퇴를 깨끗하게 하여 은퇴하는 방법을 간구하는 동시에 장래 자신이 나아갈 방도를 고심했을 것이다.

아마 같은 해 가을과 겨울 사이 그 어느 때부터인지는 모르지만 정책이 진행되는 것과 관련해 공자의 신변에 여러 가지 문제가 생기고 또 정책이 실패할 것이 분명해짐에 따라 그의 처지가 급속하게 난처해졌음에 틀림없다. 우선 계씨가 비를 허물고자 했을 때 비의 재인 공산불뉴가 숙손첩과 함께 반란을 일으켰지만, 공자가 강구한 추토(追討) 조치에 의해 두 사람은 제나라로 도망갔다. 그러자 결원이 된 비의 후임 재(宰) 문제가 공론화되었음에 틀림없다. 《논어》〈선진〉편(24)에 의하면 다음과 같다.

> 자로가 자고(子羔)를 비읍의 읍재로 삼자 선생님께서 말씀하셨다. "남의 아들을 해치는구나!" 자로가 말하였다. "백성이 있고 사직이 있으니, 하필 글을 읽은 뒤에야 학문을 하는 것이겠습니까?" 선생님께서 말씀하셨다. "이러므로 말재주 있는 자를 미워하는 것이다."
>
> 子路使子羔爲費宰, 子曰, "賊夫人之子." 子路曰, "有民人焉, 有社稷焉, 何必讀書, 然後爲學." 子曰, "是故惡夫佞者."

자고는 고시의 자(字)로 공자보다 30세 어렸다고 한다. 당시 공자가 55세였다면 그는 25세의 젊은이다. 자로가 그를 추천했을 테지만 신중한 공자는 사태가 쉽지 않을 때이기에 이 위험한 인사를 반대한다. 관련하여 《논어》〈옹야〉편(7)의 다음과 같은 기사가 상기된다.

계씨가 민자건을 비읍의 읍재로 삼으려 하자, 민자건이〔사자에게〕말하였다. "나를 위해 잘 말해다오. 만일 다시 나를 부르러 온다면 나는 반드시 노나라를 떠나 제나라의 문수(汶水)가에 있겠다."

季氏使閔子騫爲費宰, 閔子騫曰, "善爲我辭焉, 如有復我者, 則吾必在汶上矣."

비의 후임 재로 자로가 자고를 추천했지만 공자의 반대로 실현되지 않자 계씨가 다음으로 민자건을 눈독 들인 것이다. 민자건은 공자보다 15세 젊으므로 공자가 55세에 그는 40세에 이르렀고, 게다가 그는 덕행에서는 안연과 나란히 언급되는 군자로* 노나라 사람이 장부(長府)를 지었을 때 그 개작을 비판한 안목이 있는 선비였다.** 그러나 야심이 없어 관직에 나가는 것을 바라지 않았고 특히 사태가 쉽지 않음을 명확하게 파악하고 있었던 그는 고사하여 받아들이지 않았다. 이럭저럭하는 사이에 한편으로 자로에 대한 중상(中傷)이 생긴다. 《논어》〈헌문〉편(38)에 의하면 다음과 같다.

공백료(公伯寮)가 자로를 계손에게 참소하니, 자복경백(子服景伯)이 공자께 아뢰기를 "부자(계손)께서 진실로 공백료의 말에 마음을 의혹하고 계시니, 내 힘이 그래도 공백료의 시신을 거리에 널어놓을 수 있습니다"라고 하였다. 선생님께서 말씀하셨다. "도가 장차 행해지는 것도 도가 장차 폐해지는 것도 명이니, 공백료가 그 명에 어떻게 하겠는가?"

---

* 《논어》〈선진〉편(2)에 "덕행에는 안연·민자건 …… 이었고"라고 되어 있다.
** 《논어》〈선진〉편(13)에 다음과 같이 기록되어 있다. "노나라 사람이 장부라는 창고를 짓자, 민자건이 말하였다. '옛일을 그대로 이용하는 것이 어떻겠는가? 하필 고쳐 지어야 하는가?' 선생님께서 말씀하셨다. '저 사람이 말을 하지 않을지언정, 말을 하면 반드시〔도리에〕맞음이 있다(魯人爲長府, 閔子騫, 仍舊貫, 如之何, 何必改作, 子曰, 夫人不言, 言必有中)."

公伯寮愬子路於季孫, 子服景伯以告, 曰, "夫子固有惑志於公伯寮, 吾力猶能肆諸市朝." 子曰, "道之將行也與, 命也, 道之將廢也與, 命也, 公伯寮其如命何."

자로가 삼성(三城)을 허물어뜨리는 정책을 실행하는 데 계씨를 움직이는 지렛대로서 중요한 역할을 완수했다는 것은 어렵지 않게 상상할 수 있다. 이제 만약 그가 이 중상모략에 의해 계씨의 가신을 사직했다고 한다면 그 것은 공자의 흉중에서 나온 이 정책의 수행에 중대한 지장을 초래하는 것이다. 물론 확증은 없지만 《논어》 〈자로〉편(2)에 의하면 염옹〔중궁(仲弓)〕이 계씨의 가신이 되었다는 기사가 보인다.

중궁(仲弓)이 계씨의 가신이 되어 정사를 묻자, 선생님께서 말씀하셨다. "유사에게 먼저 시키고 작은 허물은 용서해 주며, 어진 이와 유능한 이를 등용해야 한다." "어떻게 어진 이와 유능한 이를 알아 등용합니까?"라고 묻자, "네가 아는 자를 등용하면 네가 미처 모르는 자를 남들이 내버려두겠느냐?" 하셨다.
仲弓爲季氏宰, 問政, 子曰, "先有司, 赦小過, 擧賢才." 曰, "焉知賢才而擧之." 曰, "擧爾所知, 爾所不知, 人其舍諸."

《사기》 〈제자전(弟子傳)〉의 《색은》에서 인용한 《가어》에 의하면 염옹은 "공자보다 29세 젊다"고 되어 있으니 공자가 55세 때 그는 26세였다. 만약 이것이 이때의 일이라면 공자는 이미 정책의 성공을 단념하고 사직하기로 결심하고서 자로의 후임으로서 온아하고 착실한 젊은 수재 염옹을 추천한 것이다. 장래를 위하여 계씨와의 관계를 계속하고자 한 무난한 인사였는지 모른다. 이와 관련하여 《논어》 〈옹야〉편(4)에는 다음과 같이 되어 있다.

> 선생님께서 중궁을 논평하여 말씀하셨다. "얼룩소 새끼가 색깔이 붉고 또 뿔
> 이 제대로 났다면 비록 쓰지 않고자 하나 산천의 신이야 어찌 그것을 버리
> 겠는가?"
>
> 子謂仲弓曰, "犂牛之子騂且角, 雖欲勿用, 山川其舍諸."

실력이 있다면 반드시 기용됨을 중궁에 빗대 말한 것이므로 어떤 의미에
서는 앞의 글과 부합한다. 공자는 이 기회에 불우한 젊은 수재가 관리로
나갈 수 있도록 길을 열어주고자 배려를 했을지 모른다. 중궁이 언제까지
계씨의 가신으로 근무했는지, 그 지위를 공자의 제자가 언제까지 차지했
는지도 분명하지 않지만 나중에 공자의 천하유력 후반기에 염구〔冉求, 자
유(子有)〕가 천하유력에 동행하다 따로 떨어져 나와 계씨의 가신이 된 것
을 아울러 생각해 볼 수 있다.

　그리하여 공자는 정공 12년 12월에 삼도를 허무는 정책이 지지부진해
지자 노나라에서 자신의 정치 생명이 끝났음을 직감하고 사직을 결심했을
것이다. 이것으로 자신이 나아갈 길은 자기 생애의 이상을 추구하기 위해
서나 노나라에 무용한 혼란을 일으키지 않기 위해서나 노나라를 떠나 천
하를 유력하는 쪽으로 방향을 정했으나 그러기에는 젊지 않았으므로, 출
처진퇴를 깨끗이 하기 위해 사직과 망명을 기다리고 있었을 것이다. 제나
라가 여악(女樂)을 보내 계환자가 정사를 게을리하고● 또 계씨가 제사를 지

● 《논어》〈미자〉편(4)에 다음과 같이 되어 있다. "제나라 사람이 여악(미녀 악공)을 보내니,
계환자가 그것을 받고 사흘을 조회하지 않자, 공자께서 떠나셨다(齊人歸女樂, 季桓子受之,

내고 그때 쓰인 희생제물인 번육(燔肉)을 대부에게 보내주지 않은 무례••는 공자에게 사직의 이유를 정당화해 준 사건이다. 이 죄를 구실 삼아 떠나간 것으로 서술한 맹자는 그 깊은 뜻을 알았던 것이다. 결국 사직한 것은 정공 13년의 봄 무렵이고 그해 안에 위나라로 떠난 듯하다.

6

공자는 노나라를 떠나 14년에 걸친 천하유력을 시작하지만, 이 기간 동안 유력 경로의 대체적인 모습은 나중의 장으로 미루고•••여기서 반복하지 않는다. 단, 그 사이에 있었던 취직 문제를 고찰한다면 대체로 주의를 끄는 것은 앞서 《맹자》〈만장하〉편(4)에 공자가 3년을 채우지 않는 단기의 취직을 여러 번 했다는 기사다.

> 공자께서는 도를 행함이 가능한 것을 보신 벼슬이 계셨으며, 교제가 가능한 벼슬이 계셨으며, 공양의 벼슬이 계셨으니 계환자에 있어서는 도를 행함이 가능한 것을 보신 벼슬이었고, 위령공에 있어서는 교제가 가능한 벼슬이었

三日不朝, 孔子行)."》
•• 《맹자》〈고자하(告子下)〉편(6)에 다음과 같이 되어 있다. "맹자께서 말씀하셨다. '공자께서 노나라의 사구(司寇)가 되셨는데〔그 말씀이〕쓰이지 않고, 따라서 제사함에 제사고기가 이르지 않자, 면류관을 벗지 않고 떠나시니, 공자를 알지 못하는 자들이 고기 때문에 떠났다고 하고, 공자를 아는 자들은 무례하기 때문이라고 하였다. 그러나 공자께서는 하찮은 죄를 구실 삼아 떠나고자 하여, 구차히 떠나려고 하지 않으신 것이니, 군자가 하는 바를 중인들은 진실로 알지 못하는 것이다'(曰, 孔子爲魯司寇, 不用, 從而祭, 燔肉不至, 不稅冕而行, 不知者以爲爲肉也, 其知者以爲爲無禮也, 乃孔子則欲以微罪行, 不欲爲苟去, 君子之所爲, 衆人固不識也)."
••• 제4장 〈공자의 천하 유세〉 참조.

고, 위효공에 있어서는 공양의 벼슬이었다.

孔子有見行可之仕, 有際可之仕, 有公養之仕也, 於季桓子, 見行可之仕也, 於衛靈
公, 際可之仕也, 於衛孝公, 公養之仕也.

정공 13년(기원전 497년, 공자 55~56세)에 공자가 노나라를 떠나 위나라로
갔을 때 위나라는 마침 영공(靈公) 38년으로 〈위세가(衛世家)〉에는 "영공
38년에 공자가 위나라에 왔다. 그를 노나라에서와 동일한 봉록으로 대우
해 주었다. 후에 틈이 생기자 공자는 가버렸다. 그 후에 공자는 또다시 위
나라에 왔다(靈公三十八年, 孔子來, 祿之如魯, 後有隙, 孔子去, 後復來)"고 되어 있
다. 그러므로 공자가 영공을 섬긴 것은 이때일 것이다. 그러나 그다음 해
에 진(陳)나라를 향해 떠난 것 같기 때문에 그때에는 이미 직을 그만두었
을 것이다. 그리고 나서 위나라의 효공(孝公)을 섬겼지만 《좌전》·《사기》
등에 위나라의 효공이라는 군주는 짐작할 수 있는 자료가 발견되지 않
는 데다 공자의 유력 시기에 위령공의 뒤를 이어 지위에 오른 사람은 출
공(出公)이기 때문에 출공의 오기로 의심하고 있다. 그러나 공자가 출공을
섬겼다는 흔적도 충분하지 않아 이것은 결국 알 수 없다. 아마 《좌전》·
《사기》와는 계통이 다른 이전(異傳)일 것이다. 그러나 좀더 상상의 나래
를 펼친다면 영공이 죽은 후에 공자가 위나라에 체류하고 있었던 것은 노
나라 애공 10년(기원전 485년, 공자 67~68세)에 진나라에서 위나라로 되돌아
오고 그다음 해인 애공 11년에 위나라에서 노나라로 귀국하기까지의 1년
간이다. 이때 공자는 이로부터 노나라에 귀국하여 남은 생을 교육과 문화
사업에 바치리라 결심했을 것이므로 위공의 우대에 응하여 단지 적을 두
고 있었던 것뿐으로 이른바 "공양의 벼슬"이었을 것이다. 그리고 사직과
노나라로 귀국할 때를 엿보고 있을 때 마침 공문자(孔文子)가 대숙(大叔)을

공격하여 갑병(甲兵)의 일을 공자에게 물은 사건과 노나라 사람의 초대*가 그러한 기회를 제공했던 것 같다.

14년에 걸친 천하유력은 여러 고난의 연속이어서 어디가 됐든 자신을 이해하는 군주를 섬기고 그곳에서 정책의 모범이 될 만한 지역을 건설해 보고 싶다는 공자의 희망은 전혀 실현되지 않았다. 이 기간에 관직에 오른 것은 앞서 서술한 위나라에서의 한두 번뿐이다. 그러나 이 사이에 필 힐의 초청을 받은 일이 있다. 《논어》〈양화〉편(7)에는 다음과 같이 되어 있다.

필힐이 공자를 부르니, 선생님께서 가려고 하셨다. 자로가 말하였다. "옛날에 제가 부자께 들었사온데, '직접 그 몸에 착하지 않은 행동을 하는 자에게는 군자가 들어가지 않는다'고 하셨습니다. 필힐이 지금 중모(中牟)읍을 가지고 배반하였는데 부자께서 가려고 하시니, 어찌해서입니까?" 선생님께서 말씀하셨다. "그렇다. 그런 말을 한 적이 있거니와, 단단하다고 말하지 않겠는가? '갈아도 얇아지지 않으니' 희다고 말하지 않겠는가. '검은 물을 들여도 검어지지 않으니' 내가 어찌 뒤웅박과 같아서 한곳에 매달린 채 먹기를

---

* 《좌전》 애공 11년에 다음과 같이 기록되어 있다. "공문자가 대숙질을 공격하려 하여 중니를 찾아 그 일을 물었다. 그러자 중니는 '예식의 기물에 대해서 배운 일이 있으나, 군사일에 대해서는 들어본 적이 없습니다'라고 말씀하시고, 수레에 말을 채워 떠나게 하라고 따르는 사람에게 명하셨다. '새는 앉을 나무를 택하는 것이다. 나무가 어찌 새를 택할 수 있겠는가?' 그때 공문자가 황급히 공자를 붙들고 말하기를, '내가 어찌 감히 사사로운 일을 가지고 도모하겠습니까? 나는 위나라의 어려운 일을 물었던 것입니다'라고 했다. 중니께서는 그대로 머무르려고 하셨는데, 노나라 사람이 마침 예물을 드리고 초청했다. 그래서 노나라로 돌아오셨다(孔文子將攻大叔也, 訪於仲尼, 仲尼曰, 胡簋之事, 則嘗學之矣, 甲兵之事, 未之聞也, 退命駕而行, 曰鳥則擇木, 木豈能擇鳥, 文子遽止之曰, 圉豈敢度其私, 訪衛國之難也, 將止, 魯人以幣召之, 乃歸)."

구하지 않을 수 있겠는가?"

佛肸召, 子欲往, 子路曰, "昔者由也聞諸夫子曰, '親於其身爲不善者, 君子不入也.' 佛肸以中牟畔, 子之往也, 如之何." 子曰, "然, 有是言也, 不曰堅乎, '磨而不磷.' 不曰白乎, '涅而不緇.' 吾豈匏瓜也哉, 焉能繫而不食."

필힐의 이름은 《춘추》 외의 고전에는 나타나지 않기 때문에 그가 중모를 근거지로 배반한 것이 어느 때의 사건인지는 알 수 없다. 또 중모라는 토지에 대해서는 《좌전》 정공 9년과 애공 5년에 보이는데 두 번이나 진(晉)나라 땅으로 돼 있는 지역이다. 그래서 논자 중에는 이 사건을 《좌전》 애공 5년(기원전 490년, 공자 62~63세)의 일과 연결시키는 사람도 있다. 그 일은 다음과 같다.

여름에 진나라 조앙(趙鞅)이 위나라를 친 것은 위나라가 범씨를 도왔기 때문이다. 그는 그 기회에 중모를 포위했다.

夏, 趙鞅伐衛, 范氏之故也, 遂圍中牟.

중모가 포위되었기 때문에 중도재는 자위(自衛)를 위해서 일어나 반란을 일으켰을 것이다. 만약 이때의 일이었다면 공자는 마침 진과 채 사이에서 어려움을 겪고 있었던 때라 "뒤웅박도 아닌데, 언제까지나 빈둥거리며 가만히 있을 수는 없다"고 말했을 것이다.

필힐의 초청에는 결국 응하지 않았던 것 같다. 진·채에서 곤란한 나날이 언제까지 계속될 것인지는 예상도 못 했을 테지만 이 무렵 공자는 지나온 날들과 미래를 생각하여 유력을 마치고 노나라로 귀국하여 만년을 교육에 전념하고 싶어 했다. 《논어》〈공야장〉편(21)의 구절은 다음과 같다.

선생님께서 진나라에 계시면서 말씀하셨다. "돌아가자! 돌아가자! 내 고장의 젊은이들은 뜻은 크나 일에는 소략하여 찬란하게 문장을 이루었을 뿐, 그것을 마름질할 줄을 모르는구나!"

子在陳曰, "歸與, 歸與, 吾黨之小子狂簡, 斐然成章, 不知所以裁之."

《맹자》〈진심하〉편(37)에도 같은 기사가 보인다. 그 뒤로는 관리가 될 마음을 먹지 않았을 것이다. 단지 인연에 응해 잠정적으로 한때 관적에 이름을 올리는 일마저 노나라로 귀국하기 위한 준비의 일환이었을 뿐 이미 벼슬길에 실망하여 목적은 거기서부터 이탈하고 있었던 듯하다. 필힐의 초청에 응하자고 한 것도 곤궁한 한때를 벗어나기 위해서거나 이런 기분과 관계가 있는지도 모른다. 또 앞서 서술한 위나라에서의 공양의 벼슬도 마찬가지다.

공자가 천하유력 14년 중 마지막 3~4년간을 진나라에 있었는지 아니면 위나라에 있었는지 또 그 사이에 무엇을 했는지는 사료가 부족하여 알수 없다. 《사기》의 〈공자세가〉는 《논어》〈자로〉편의 기사를 이 시기의 사실에 해당하는 것으로 보고 다음과 같이 서술한다.

……공자의 제자들 중에는 위나라에서 벼슬을 하고 있는 사람이 많았고 위나라 군주는 공자에게 정사를 맡기고 싶어 하였다. 자로가 말하였다. "위나라 군주가 선생님을 기다려 정사를 하려고 하십니다. 선생님께서는 장차 무엇을 우선하시렵니까?" 선생님께서 대답하셨다. "반드시 명분을 바로잡겠다." 자로가 말하였다. "이러하십니다. 선생님의 우활하심이여! 어떻게 바로잡을 수 있겠습니까?" 선생님께서 말씀하셨다. "비속하구나 유야! 군자는 자기가 알지 못하는 것에는 말하지 않고 가만히 있는 것이다. 명분이 바르지

못하면 말이 〔이치에〕 순하지 못하고, 말이 〔이치에〕 순하지 못하면 일이 이루어지지 못하고, 일이 이루어지지 못하면 예악이 일어나지 못하고, 예악이 일어나지 못하면 형벌이 알맞지 못하고, 형벌이 알맞지 못하면 백성들이 손발을 둘 곳이 없어진다. 그러므로 군자가 이름(명분)을 붙이면 반드시 말할 수 있으며, 말할 수 있으면 반드시 행할 수 있는 것이니, 군자는 그 말에 대하여 구차히 함이 없을 뿐이다."

……孔子弟子多仕於衛, 衛君欲得孔子爲政, 子路曰, "衛君待子而爲政, 子將奚先." 孔子曰, "必也正名乎." 子路曰, "有是哉子之迂也, 何其正也." 孔子曰, "野哉由也, 夫名不正, 則言不順, 言不順, 則事不成, 事不成, 則禮樂不興, 禮樂不興, 則刑罰不中, 刑罰不中, 則民無所錯手足矣, 夫君子, 爲之必可名, 言之必可行, 君子於其言, 無所苟而已矣."

상술한 것처럼 나중에 공자가 노나라로 귀국하는 과정에서 위나라에 잠깐 들러 우대를 받아 "공양의 벼슬"을 했다면 미리 위나라 군주가 공자를 초대하여 정치를 해보고 싶다는 생각을 지니고 있었는지도 모르고, 그의 의향을 알고 자로가 공자에게 포부를 물었던 것일 터다. 그러나 공자는 이미 관직에 오르겠다는 희망을 버린 채로 단지 위나라의 실정에 의거하여 정교의 원칙론을 답했다는 운치가 있다. 어쨌든 이것은 "만약 위나라 군주가 초대하여 정권의 자리에 오른다면"이라는 가정에서 서술한 것이기 때문에 그때 공자가 위나라에 머물렀는지 아니면 진나라에 머물렀는지를 확정하는 것은 불가능하고, 발언의 때도 정확하지 않다.

여전히 공자의 직력에 관해 고찰할 것이 더 있지만 보유와 개정은 모두 후일로 미루고자 한다.

제4장

공자의 천하 유세

1

이 장에서는 공자가 50대 후반부터 70세에 가까운 시기에 이르기까지 10여 년간 천하를 두루 돌아다닌 자취에 대해 고찰하고 싶은데, 이때 우선 문제가 되는 것은 〈공자세가〉의 사료로서의 특이성이다. 일반적으로 〈제후세가〉의 기사는 그 제후국의 기사를 서로 대조해 보거나 또 그것들을 《좌전》과 대조하여 확인해 보면 약간 어긋나긴 해도 대체로 일치한다. 또 그것들 사이에 드문드문 보이는 공자의 동정은 한두 가지 예외를 제외하고 〈연표〉 중의 그것과 잘 대응한다. 그러나 〈공자세가〉의 기사는 곳곳에서 《좌전》 및 〈제후세가〉와 대응하는 사건을 개략적으로 기록했는데, 그 사이에 전개되는 공자의 동정과 그 연차가 〈제후세가〉와 〈연표〉의 기사와 어울리지 않는 바가 많다. 몇 가지 예를 들면 다음과 같다.

1. 공자가 천하를 두루 돌아다니는 일은 위나라로 가는 것에서부터 시작하는

데, 〈위세가〉와 〈연표〉에서는 정공 13년(기원전 497년)에 위나라로 갔던 것으로 되어 있는 데 반해 〈공자세가〉에서는 정공 14년의 일로 되어 있다.

2. 〈진세가〉 및 〈연표〉에서는 정공 14년에 공자가 진나라에 왔던 것으로 되어 있지만, 〈공자세가〉에서는 그해에 진나라에 가려고 광(匡) 땅을 지날 때 어려움에 직면하고 포(蒲) 지역을 통과하여 위나라로 돌아갔다.

3. 〈공자세가〉에서는 노나라 정공 15년(기원전 495년)에 공자가 위나라를 떠나 조(曹)나라를 통과하여 송나라로 가서 사마환퇴(司馬桓魋)의 어려움에 직면했다. 그리고 정나라를 경유하여 진나라로 가고 있다. 그런데 사마환퇴의 어려움은 〈송세가(宋世家)〉 및 〈연표〉에서는 노나라 애공 3년(기원전 492년)의 일로 되어 있다.

4. 공자의 천하 주유의 마지막 여정은 위나라로부터 노나라로 귀국한 것이지만, 그 전제로 위나라로 되돌아간 시기가 언제인가를 말하자면, 〈공자세가〉에 의하면 노애공 6년(기원전 489년)에 초나라에서 위나라로 되돌아갔다. 그러나 〈위세가〉 및 〈연표〉에서는 애공 10년(기원전 485년)에 진나라에서 위나라로 갔다.

이 밖에 더 상세하게 열거하자면 다양한 차이점이 보이지만 여기서는 개략적으로 예를 들었을 뿐이다.

생각건대 이러한 〈공자세가〉와 〈제후세가〉 및 〈연표〉와의 불일치는 아마 사료 구성의 상이함에 기초하고 있을 것이다. 〈제후세가〉는 불완전하긴 하지만 당시에 잔존하던 열국의 기록을 각기 정리한 것이고, 〈연표〉는 대체로 그것들에 의해 편성한 것일 테지만, 〈공자세가〉는 종종 여러 가지 공자 전설을 종합하여 가능한 한 상세하고도 구체적으로 공자의 전기를 편성·전개하려고 했던 것이다. 당연히 많은 전승 중에서 비교적 확실한 일치점을 부동의 기둥으로 세워두면서, 실은 동일한 사실의 이전에 지나지 않더라도 그 사이에 그럴듯하게 배열하다 보니 다른 사건인 것처럼 되어버린 것도 있을 것이다. 그런 예를 하나 들면, 공자의 천하 주유보다 시간적으로 거리가 먼 이전의 시기로, 즉 공자가 17세 때의 일을 서술하면서

a 노나라 대부 맹리자가 병들어 죽었지만, 죽음에 임박해서 대를 이을 아들인 맹의자에게 공자를 스승으로 삼도록 당부했다. 그래서 맹의자는 남궁경숙과 함께 공자에게 예를 배웠다.

b 이해에 계무자가 죽고 평자(平子)가 대를 이어 경의 자리에 올랐다. 공자는 가난하고 천하였다. 커서 일찍이 계씨의 사로 있을 때 그의 저울질은 공평하였고, 그가 사직리로 있을 때 가축은 번성하였다. 이로 말미암아 그는 사공이 되었다. 그 후 얼마 되지 않아 노나라를 떠났다. 제나라에서 배척되고, 송과 위나라에서 쫓겨나고 진과 채나라 사이에서 곤궁에 빠지자 이에 노나라로 되돌아왔다. 공자는 키가 9척 6촌이어서 사람들이 모두 그를 '키다리'라고 부르며 괴이하게 여겼다. 노나라가 다시 그를 잘 대우하니 이에 노나라로 되돌아왔던 것이다(是歲季武子卒, 平子代立, 孔子貧且賤, 及長嘗爲季氏史, 料量平, 嘗爲司職吏, 而畜蕃息, 由是爲司空, 已而去魯, 斥乎齊, 逐乎宋衛, 困於陳蔡之間, 於是反魯, 孔子長九尺有六寸, 人皆謂之長人而異之, 魯復善待, 由是反魯).

c 남궁경숙이 공과 함께 주나라로 가는 도중에 노자에게 예를 물었다.

d 공자가 주나라에서 노나라로 돌아오니 제자들이 더욱 늘어났다. 이때에······

(孔子自周反于魯, 弟子稍益進焉, 是時也······).

등을 열거하고 있다. 이 중 b는 공자가 빈천했던 소년 시대에서 시작해

직력을 말하며 천하 주유의 일을 개괄하여 노나라로 되돌아온 바까지를 중점적으로 서술한 것이다. 어쩌면 이것은 지극히 간단하게 공자의 일생을 말한 하나의 전승일 테지만, 그것을 17세 때의 사건으로서 여기에 삽입했다. 이러한 사료 구성 수법을 〈공자세가〉에서는 자주 사용하는데, 천하 주유 시대의 기사에서도 예외가 아니다. 그러므로 이에 주목하면서 새롭게 〈공자세가〉를 읽어나가 보자.

2

먼저 공자가 천하를 주유할 때 처음 위나라로 갔던 노정공 14년부터 주유를 끝내고 노나라로 되돌아왔을 때까지의 〈공자세가〉 기사를 1년씩 하나로 모아서 길게 써보자.

1. 정공 14년(기원전 496년)

　정공 14년, 공자 나이 56세(定公十四年, 孔子年五十六).

　a 대사구로서 재상의 일을 맡았다(由大司寇行摄相事).

　b 소정묘(少正卯)를 주살한 치적을 거행했다.

　c 제나라가 여악을 보낸 것으로 시작되어 공자가 공직을 그만두고 노나라를 떠나게 된 일의 전말.

　d 위나라로 가서 영공을 섬겼다.

　e "열 달을 머무르고 위나라를 떠나 장차 진나라로 가려고 광을 지날" 때 위난에 직면했다.

　f 그래서 포를 통과하여 "한 달 남짓 머문 뒤 위나라로 되돌아왔다".

　g 영공의 부인 남자(南子)를 보았던 일. 이 기사 중에도 "한 달 남짓 머물렀

다(居衛月余)"는 것이 보인다.

이상이 모두 정공 14년의 일로 적혀 있지만, 1년간에는 아무리 해도 이 내용을 다 포함시킬 수 없다.

2. 정공 15년(기원전 495년)
  a 남자와 접촉한 후, 이에 이곳의 정치 환경에 실망하고 위나라를 떠나 조나라로 갔다(於是醜之, 去衛過曹). 이해에 노정공이 죽었다(是歲, 魯定公卒).(기원전 495년, 정공 15년)
  b 공자가 조나라를 떠나 송나라로 가 그곳에서 사마환퇴의 어려움에 직면했다.
  c 그다음에 정나라로 갔지만, 제자와 서로 길이 어긋나 정나라 사람들로부터 "상가의 개(喪家之狗)"라는 소리를 들었다.
  d 공자가 드디어 진나라에 이르렀다(孔子遂至陳).

3. 애공 원년(기원전 494년)
  a 1년 남짓 되었을 때 오나라 왕 부차(夫差)가 진나라를 침략하여 세 읍을 탈취했다. 진나라의 조앙은 조가(朝歌)를 공격하였다. 초나라는 채나라를 포위하였고, 채나라는 오나라 땅으로 옮겨가서 오나라의 보호를 받았다. 오나라는 월왕 구천(勾踐)을 회계에서 무릎 꿇렸다(歲余, 吳王夫差伐陳, 取三邑而去, 趙鞅伐朝歌, 楚圍蔡, 蔡遷于吳, 吳敗越王句踐会稽).
  b 진나라 궁정에서 숙신의 화살을 감정했다.

3의 a에 열거한 여러 사건은 《좌전》 애공 원년의 조항과 대응한다. 단,

"채나라는 오나라 땅으로 옮겨가서 오나라의 보호를 받았다(蔡遷于吳)"가 《좌전》에서는 "채나라는 초나라 군이 돌아가자 오나라 영역으로 옮겨가겠다고 나섰다(蔡於是乎請遷于吳)"로 되어 있다.

4. 애공 2년(기원전 493년)

a 공자가 진나라에 머문 지 3년, 때마침 진과 초나라가 강함을 다투며 서로 차례로 진(陳)나라를 침범하였고, 오나라가 진나라를 침범할 때까지, 진나라는 항상 침공을 당했다. 공자가 말하였다. "돌아가자, 돌아가자! 내 고장의 젊은이들은 뜻은 크나 일에는 소략하다. 그러나 그들에게는 진취성이 있고, 그들은 초지를 잃지 않았다"(孔子居陳三歲, 会晉楚争彊, 更伐陳, 及吳侵陳, 陳常被寇, 孔子曰, 歸與歸與, 吾党之小子狂簡, 進取不忘其初).

b 그래서 공자는 "진나라를 떠나서 포를 지날 때" 공숙씨(公淑氏)의 어려움에 직면했다.

c 그것과 관련하여 위나라 영공과 접촉했지만 영공은 공자를 등용하지 않았고, "공자는 위나라를 떠났다(孔子行)".

d 중모의 재 필힐이 반란을 일으켜 공자를 초대했다.

e 공자가 경(磬)을 연주하고 있을 때, 망태를 메고 문을 지나가던 사람에 의해 비평을 받았다.

f 공자가 사양자(師襄子)로부터 거문고 타기를 배웠다는 것.

g 공자가 위나라에서 등용되지 못하자 장차 서쪽으로 가서 진(晉)나라의 조간자(趙簡子)를 만나려고 했다. 황하에 이르러서 두명독(竇鳴犢)과 순화(舜華)가 피살된 소식을 듣고(孔子既不得用於衛, 將西見趙簡子, 至於河而聞竇鳴犢舜華之死也) 탄식하면서 되돌아 "추향(陬鄉)에서 쉬면서 추조(陬操)를 지어 두명독과 순화를 애도하였다". 그리고 "위나라로 되돌아갔다".

h "어느 날(他日)" 위나라의 영공이 군대의 진법에 대해 물었다. "공자는 드디어 그곳을 떠나 다시 진나라로 갔다."

i 여름 위나라 영공이 죽자 손자 첩을 세웠는데, 그가 위출공이다. 6월, 조앙이 태자 괴외(蒯聵)를 척읍으로 받아들였다. 〔조앙의 명을 받은〕 양호가 태자에게 문(絻: 고대 상복의 일종―옮긴이)을 입히고, 여덟 명에게 최질(衰絰: 상복의 일종으로 衰는 마로 된 가슴 앞의 천을, 絰은 머리나 허리에 두르는 삼으로 만든 노끈을 가리킨다―옮긴이)을 입혀 위나라에서 온 영접자로 가장하여 울며 척으로 들어와 드디어 거기서 머물게 되었다. 겨울에 채나라는 주래(州來)로 천도하였다(夏, 衛靈公卒, 立孫輒, 是爲出公, 六月, 趙鞅内太子蒯聵于戚, 陽虎使太子絻, 八人衰絰, 僞自衛迎者哭而入, 遂居焉, 冬蔡遷于州來).

i에 열거한 사건은 모두 《좌전》의 애공 2년의 조항과 대응한다. 생각건대 a~i의 여러 사건을 모두 애공 2년 1년간에 있었던 일로 치기에는 지나쳐 보인다. 더구나 a의 "공자가 진나라에 3년간 머물렀다(孔子居陳三歲)"는 것은 정공 15년에 공자가 진나라에 도달한(2의 d) 때로부터 계산하여 3년째를 의미할 것이다.

5. 애공 3년(기원전 492년)

노애공 3년으로 공자의 나이는 60세였다(是歲魯哀公三年, 而孔子年六十矣).

a 제나라의 도움으로 위나라는 척을 포위하였는데, 그것은 위나라의 태자 괴외가 있었기 때문이다(齊助衛圍戚, 以衛太子蒯聵在故也).

b 여름에 노나라의 환공과 희공의 묘에 불이 났다(夏, 魯桓釐廟燔). 공자는 이 일을 진나라에서 들었다.

c 계환자가 병사하였다. 공자를 노나라로 초대할 것을 유언으로 남겼지만, 계강자(季康子)가 대를 이어 결국 염구를 초빙하는 것으로 되었다.

d 이날 공자가 말하였다. "돌아가자, 돌아가자. 내 고장의 젊은이들은 뜻은 크나 행하는 것에서는 소홀하고 거칠며, 문장은 훌륭하니 나는 어떻게 그들을 지도해야 좋을지 모르겠다." 자공은 공자에게 노나라로 돌아갈 생각이 있음을 알고 염구를 전송할 때 부탁하여 말하였다. "곧 등용되면 선생님을 모셔가도록 해주시오"(是日孔子曰, 歸乎歸乎, 吾党之小子狂簡, 斐然成章, 吾不知所以裁之. 子貢知孔子思歸, 送冉求, 因誡曰, 即用, 以孔子爲招. 云).

a와 b, c에서 계환자의 병사는 《춘추》의 〈경〉 및 《좌전》의 애공 3년의 조항에 대응한다.

6. 애공 4년(기원전 491년)

다음 해에 공자는 진나라에서 채나라로 옮겨갔다(明年, 孔子自陳遷于蔡).

a 채소공(蔡昭公)이 장차 오나라에 가려고 했는데, 이는 오나라 왕이 그를 불렀기 때문이다. 지난날 소공이 신하를 속이고 주래로 천도하였는데, 지금 다시 오나라로 가려고 하자 대부들이 또 천도를 할까 두려워하였고 마침내 공손편(公孫翩)이 소공을 쏘아 죽였다(蔡昭公將如吳, 吳召之也, 前昭公欺其臣遷州來, 後將往, 大夫懼复遷, 公孫翩射殺昭公).

b 초나라가 채나라를 침공하였다(楚侵蔡).

c 가을에는 제경공이 죽었다(秋, 齊景公卒).

이 중 a의 사건은 《춘추》 애공 4년의 〈경〉·〈전〉에 의해 확인된다. b는 《좌전》 애공 4년의 "여름에, 초나라 사람이 이호를 쳐 이기고, 북방의 따르지 않는 족속들을 칠 일을 상의했다. 그리하여 좌사마인 판(左司馬販), 신 고을을 영유하고 있는 수여(申公壽餘), 섭 고을을 차지하고 있는 제량이 채나라 사람들을 부함에 소집하고, 방성 밖의 사람들을 증관에서 소집하여……(夏, 楚人旣克夷虎夷虎, 乃謀北方, 左司馬販·申公壽餘·葉公諸梁致蔡於負函, 致方城之外於繒關……)"에 해당할 것이다. 다만 c의 제경공의 죽음은 《춘추》의 〈경〉·〈전〉에서는 애공 5년의 가을 9월의 일로 되어 있어, 1년의 착오가 있다. 《사기》〈연표〉에서도 노나라 애공 5년에 들어맞으므로 이것은 〈공자세가〉의 오기일 것이다.

7. 애공 5년(기원전 490년)

다음 해에 공자가 채나라에서 섭으로 갔다(明年, 孔子自蔡如葉).

　a 섭공(葉公)이 정치를 묻자, 공자가 말하였다. "정치란 먼 데 있는 사람을 찾아오게 하고 가까이 있는 사람의 마음을 얻는 데 있습니다"(葉公問政, 孔子曰, 政在來遠附迩).《논어》〈자로〉)

　b 훗날 섭공이 자로에게 공자의 사람됨을 물었는데, 자로가 대답하지 않았다. ……(他日, 葉公問孔子於子路, 子路不対, ……).《논어》〈술이〉)

　c 섭을 떠나 채나라로 돌아오다가, 장저(長沮)와 걸익(桀溺)이 함께 밭을 가는 것을 보았다. ……(去葉, 反于蔡, 長沮, 桀溺耦而耕, ……).《논어》〈미자〉)

　d 어느 날 자로가 길을 가다가 지팡이로 대바구니를 멘 장인을 만나 물었다. ……(他日, 子路行遇荷篠丈人, ……).《논어》〈미자〉)

8. 애공 6년(기원전 489년)

　a 공자가 채나라로 옮긴 지 3년이 되던 해에 오나라가 진나라를 공격하였다. 초나라는 진나라를 구하기 위해 진보에 군대를 주둔시켰다(孔子遷于蔡

三歲, 吳伐陳, 楚救陳, 軍于城父). 초나라에서 공자가 진나라와 채나라 중간 지역에 있다는 것을 듣고 공자를 초빙하자, 공자는 진나라와 채나라에서 도주하다 들판에서 포위되어 식량이 떨어지는 곤란을 겪었다.

자로가 분노하여 대하니 공자께서 말씀하셨다. "군자는 곤궁해도 절조를 지키지만 소인은 곤궁해지면 탈선한다"(孔子曰, 君子固窮, 小人窮斯濫矣).《논어》〈위령공〉)

자공이 동요하면서 대꾸하니 공자께서 말씀하셨다. "나는 하나의 이치로 모든 사물을 꿰뚫은 것이다"(孔子曰, 予一以貫之).《논어》〈위령공〉)

공자는 자로, 자공, 안회 등에 대해 《시(詩)》에 이르기를 '코뿔소도 아니고 호랑이도 아닌 것이 광야를 헤매고 있다'라고 말하였는데, 나의 도에 무슨 잘못이라도 있단 말이냐(詩云, 匪兕匪虎, 率彼曠野. 吾道非邪, 吾何爲於此)"라고 질문을 하면서 서로 이야기를 주고받았다.

그리하여 자공을 초나라에 보냈다. 초나라 소왕(昭王)이 군대를 보내 공자를 보호하고 맞이하자 비로소 공자는 곤궁에서 벗어날 수 있었다(於是使子貢至楚, 楚昭王興師迎孔子, 然後得免).

b 초나라 소왕이 서사의 땅 700리로 공자를 봉하고자 했지만, 초나라 재상 자서의 반대에 직면하여 그만두었다.

c 그해 가을 초나라 소왕은 성보(城父)에서 죽었다(其秋, 楚昭王卒于城父).

d 초나라의 미치광이 접여가 공자가 탄 수레 곁을 노래 부르며 지나갔다……(楚狂接輿, 歌而過孔子……).《논어》〈미자〉)

e 이때 공자는 초나라에서 위나라로 돌아왔다. 이해 공자의 나이는 63세였고, 때는 노애공 6년이었다(於是孔子自楚反乎衛, 是歲也, 孔子年六十三, 而魯哀公六年也).

이 중 c는 《춘추》 〈경〉 · 〈전〉 애공 6년의 조항에 의해 확인할 수 있다.

9. 애공 7년(기원전 488년)

a 다음 해에 오나라는 노나라와 증에서 회합하고 노나라에게 제사에 쓸 백뢰를 요구하였다. 태재 비가 계강자를 소환하였다. 강자는 자공을 초나라에 보내어 응대케 함으로써 비로소 가축을 바치는 일을 모면하게 되었다 (其明年, 吳與魯会繒, 徵百牢, 太宰嚭召季康子, 康子使子貢往, 然後得已).

b 이때 위나라의 군주 첩의 부친 괴외는 군주의 자리에 오르지 못하고 국외에 망명 중이었는데, 제후들은 위나라 군주에 대해 부친에게 양위해야 한다고 수차례 책망하였다. 공자의 제자들 중에는 위나라에서 벼슬을 하고 있는 사람이 많았고, 위나라 군주는 공자에게 정사를 맡기고 싶어 했다(是時, 衛君輒父不得立, 在外, 諸侯數以爲讓, 而孔子弟子多仕於衛, 衛君欲得孔子爲政). 그래서 자로는 "위나라 군주가 선생님을 기다려 정사를 하려고 하는데 맡으신다면 선생님께서는 장차 무엇을 우선하시렵니까(衛君待子而爲政, 子將奚先)"라는 질문을 제기하고 공자와 문답했다.(《논어》 〈자로〉)

a는 《좌전》 애공 7년의 기사와 대응한다. b의 "이때(是時)"는 당시 위나라의 일반 정세를 말한 것이어서 "위나라 군주 첩의 부친 괴외는 군주의 자리에 오르지 못하고 국외에 망명 중이었는데(衛君輒父不得立, 在外)"라는 것이 〈위세가〉와 《좌전》의 기사와 부합한다면, 애공 3년 여름의 일이다. 또 "제후들은 위나라 군주에 대해 부친에게 양위해야 한다고 수차례 책망하였다(諸侯數以爲讓)"는 〈위세가〉와 《좌전》에서는 찾아보기 힘들다. 하여간 자로와 공자와의 대화는 당시 위나라의 일반 정세를 배경으로 행해졌음은 알 수 있지만, 그것이 과연 이해에 있었던 것인지는 단정하기 어렵다.

10. 애공 8년(기원전 487년 이후)

    a 그다음 해 염유(冉有)는 계씨의 명을 받고 장군이 되어 낭(郎)에서 제나라와 싸워서 이겼다……(其明年, 冉有爲季氏將師, 與齊戰於郎, 克之, ……).

    b 위나라의 공문자는 장차 태숙을 공격하려고 했는데, 그 계책을 공자에게 물었다. 공자는 모른다고 사양하고, 곧 물러나 수레를 준비시켜 떠났다. ……문자는 공자를 한사코 말렸으나 마침 이때 계강자가 공화(公華), 공빈(公賓), 공림(公林)을 내쫓고 공자를 초빙하였으므로 공자는 노나라로 돌아왔다(衛孔文子將攻太叔, 問策於仲尼, 仲尼辭不知, 退而命載而行, ……文子固止, 会季康子逐公華·公賓·公林, 以幣迎孔子, 孔子歸魯).

    c 공자가 노나라를 떠난 지 14년 만에 노나라로 돌아왔다(孔子之去魯, 凡十四歲而反乎魯).

a의 "그다음 해(其明年)"는 앞의 기사와의 관계로 보건대 애공 8년의 일로 이해할 수 있지만, 염유가 계씨의 장수로 낭에서 제나라와 싸워 이겼다는 것은 〈노세가〉·〈제세가〉, 〈연표〉, 《좌전》의 어느 곳에서도 볼 수 없다. 물론 염유의 전공에 대해서는 《좌전》 애공 11년 봄에 기사가 있다. 그러나 제나라와의 전쟁은 있지만 낭에서의 싸움은 없다. 어쩌면 이전(異傳)일지도 모른다. b는 《좌전》의 글과 약간 차이가 있지만, 애공 11년에 같은 내용이 보인다. c는 공자가 노나라를 떠난 지 14년 만에 노나라로 돌아왔다는 것으로, 정공 14년부터 계산하면 애공 12년(기원전 483년)이다. 〈노세가〉는 이것과 대응하지만 〈위세가〉, 〈연표〉의 위나라 및 노나라의 조항에는 애공 11년의 일로 되어 있다.

이상 조목별로 기록한바, 〈공자세가〉에서 14년간의 공자의 천하 주유 기사를 통람(通覽)한다면, 정공 14년 및 애공 2년에서 공자의 동정은 각각

1년간의 행동이라고 하기에는 지나치게 많다. 또 애공 8년 이후 10년까지 3년간은 기사가 빈약해 연도가 분명하지 않다.

그런데 공자의 주유를 살펴보면, 위나라로부터 시작하여 점차 남하하여, 남쪽 먼 진나라 및 채나라까지 가서 위나라로 되돌아가서 노나라로 돌아갔던 것 같다. 그래서 지금 위나라 → 진나라라는 코스를 더듬어서 다시 한번 〈공자세가〉를 읽어보면 공자는 위나라 → 진나라 코스를 두 번 왕복한 셈이다. 즉,

제1회

〔가는 길〕　　위나라 → 광 → 포 → 위나라(정공 14년)

　　　　　　　위나라 → 조나라 → 송나라 → 정나라 → 진나라(정공 15년)

〔되돌아오는 길〕 진나라 → 포 → 위나라 → 하(河) → 추향 → 위나라(애공 2년)

제2회

〔되돌아오는 길〕 위나라 → 진나라(애공 2년)

　　　　　　　진나라 → 채나라(애공 4년)

　　　　　　　채나라 → 섭나라 → 채나라(애공 5년)

〔되돌아오는 길〕 채나라 → 초나라 → 위나라(애공 6년)

이것에 의해 보면 대략 위나라 → 진나라 코스를 두 번 왔다 갔다 한 것 외에, 위나라를 기지로 하여 위나라 → 광 → 포 → 위나라 및 위나라 → 하 → 추향 → 위나라가 되는 코스를 두 번 여행한다. 또 진나라·채나라 부근에서는 진나라 → 채나라 → 섭나라 → 채나라 → 초나라로 돌아다니고 있다. 실제로 공자의 위나라 → 진나라 코스의 왕복이 한 번인지 두 번

인지가 논의의 대상이라고 하더라도, 그 사이에 일어난 많은 사건에 대해 사마천 당시에는 다양한 이설이 전해오고 있었을 것이다. 그리고 한 사건에 대한 이설로 사실 관계를 결정하기 어려운 것도 있었을 테지만 거의 별개의 사건이라고 볼 정도의 이설도 존재했을지 모른다. 그것들 전부를 되도록 존중하면서 적당하게 취합·조정하여 가능한 한 많이 취하여 그럴 듯하게 공자의 전기를 구성했을 것이므로, 위나라 → 진나라 코스의 가고 오는 것이 한 번인 것보다도 두 번인 편이 용이하고, 그런데도 다 포함시킬 수 없는 경우에는 작은 여행을 상정하는 편이 정리하기에 쉽다. 생각건대 〈공자세가〉의 복잡한 구성은 이러한 사정을 반영해서가 아닐까?

〈공자세가〉의 복잡한 기술의 전개가 착간과 오탈에서 비롯한 바가 있을 수 있다 해도 그것 때문이라고 결론짓는 것은 가능하지 않다. 그래서 상술한 것과 같은 사정을 고려하지 않으면 안 된다. 그렇다면 박람(博覽)과 사료에 대한 공평 활달한 태도와 감정이입에 의한 탁월한 사마천의 구상 능력으로 보건대, 〈공자세가〉는 그런대로 양심적인 작품이다. 또 결과적으로 많은 전설의 집대성을 시도하여 다수의 설화 사료를 보존한 점에서 공적이 있다. 그러나 그런 만큼 지금 우리가 역사적 사실을 구명하기 위해서는 주의를 기울일 필요가 있는 것이다.

3

위나라 → 진나라 코스의 왕복이 한 번이었던가 아니면 두 번이었던가를 결정하는 일은 일단 보류하지만, 다시 고찰을 진척하기 위한 관건은 〈제후세가〉와 〈연표〉와 〈공자세가〉의 비교다. 다음으로 그것들을 《논어》·《맹자》·《좌전》 등과 비교해 보는 것이고, 또 그것과 관련하여 〈공자세가〉중 이해하기 힘든 여러 지점을 추구(追究)하는 것이다. 먼저 〈제후세가〉와 〈연표〉에 의해 공자의 천하 주유를 연차별로 보면 다음과 같다.

1. 정공 12년(기원전 498년)

   〔노나라 연표〕 제나라가 여악을 보내왔는데 계환자가 그 여자를 거두어들이자 공자가 〔노나라를〕 떠나다.

   齊來歸女樂, 季桓子受之, 孔子行.

   〔〈노세가〉〕 12년 …… 계환자가 제나라 여악을 거두어들이자, 공자는 떠났다.

   十二年 …… 季桓子受齊女樂, 孔子去.

2. 정공 13년(기원전 497년)

   〔위나라 연표〕 공자가 오자 그에게 봉록을 주어, 노나라로 가게 하다.

   孔子來, 祿之如魯.(위령공 38년)

   〔〈위세가〉〕 영공 …… 38년에 공자가 위나라에 왔다. 위나라에서는 그를 노나라에서와 동일한 봉록으로 대우해 주었다. 후에 틈이 생기자 공자는 떠나 버렸다. 그 후에 공자는 다시 위나라에 왔다.

   靈公 …… 三十八年, 孔子來, 祿之如魯, 後有隙, 孔子去, 後復來.

3. 정공 14년(기원전 496년)

   〔진나라 연표〕 공자가 오다.

   孔子來.(진민공 6년)

   〔〈진세가〉〕 민공 6년에 공자가 진나라에 왔다. 오나라 왕 부차가 진나라를 침략하여 세 읍을 탈취했다.

潛公六年, 孔子適陳, 吳王夫差伐陳, 取三邑而去.

4. 애공 2년(기원전 493년)

〔《채세가(蔡世家)》〕 소후 …… 26년에 공자가 채나라를 방문했다. 초나라 소
왕이 채나라를 토벌하려 하자 두려움을 느낀 채나라 소후가 그 사실을 오나
라 왕에게 급히 알렸다. 오나라 왕은 채나라가 자기 나라로부터 너무 멀리
떨어져 있으므로 구원의 편의를 위해서는 오나라 국경 가까이로 도읍을 옮
길 것을 약정하자고 제의하였다. 소후는 그 제안에 혼자서만 몰래 약속해 놓
고는 그 사실을 대부들과 상의하지 않았다. 오나라가 채나라를 구원하러 오
자 그 틈에 주래로 도읍을 옮겼다.

昭侯 …… 二十六年, 孔子如蔡, 楚昭王伐蔡, 蔡恐告急於吳, 吳爲蔡遠, 約遷以自
近, 易以相救, 昭侯私許, 不與大夫計, 吳人來救蔡, 因遷蔡于州來.

5. 애공 3년(기원전 492년)

〔송나라 연표〕 공자가 송나라를 지나가는데 환퇴(桓魋)가 그에게 악행을 저지
르다.

孔子過宋, 桓魋惡之.(송경공 25년)

〔《송세가》〕 경공 …… 25년에 공자가 송나라를 지나갔다. 송나라 사마환퇴는
공자를 증오하여 죽이려고 하였다. 공자는 평민복으로 갈아입고 위기를 벗
어났다.

景公 …… 二十五年, 孔子過宋, 宋司馬桓魋惡之, 欲殺孔子, 孔子微服去.

6. 애공 6년(기원전 489년)

〔《진세가》〕 민공 …… 13년에 오나라가 재차 진나라를 침략하자, 진나라는

초나라에 구원을 요청하였다. 초나라 소왕이 구원하러 와서 성보에 진을 치자 오나라 군사가 물러갔다. 그해에 초나라 소왕이 성보에서 죽었다. 그때 공자는 진나라에 있었다.

湣公 …… 十三年, 吳復來伐陳, 陳告急楚, 楚昭王來救, 軍於城父, 吳師去, 是年楚昭王卒於城父, 時孔子在陳.

〔《초세가(楚世家)》〕소왕 …… 27년 봄에 오나라가 진나라를 공격하자, 초나라 소왕은 진나라에 구원병을 보내 성보에 진을 치게 했다. 10월, 소왕이 진중에서 병으로 쓰러졌는데 …… 공자가 진나라에서 이 말을 듣고 말하였다. ……

昭王 …… 二十七年, 春吳伐陳, 楚昭王救之, 軍城父, 十月昭王病於軍中 …… 孔子在陳, 聞是言曰, ……

7. 애공 10년(기원전 485년)

〔위나라 연표〕공자가 진나라로부터 오다.

孔子自陳來.(위출공 8년)

〔《위세가》〕출공 …… 8년에 제나라 포자(鮑子)가 그의 군주 도공을 시해하였다. 공자가 진나라로부터 위나라로 왔다.

出公 …… 八年, 齊鮑子弑其君悼公, 孔子自陳入衛.

8. 애공 11년(기원전 484년)

〔위나라 연표〕공자가 노나라로 돌아가다.

孔子歸魯.(출공 9년)

〔《위세가》〕출공 …… 9년에 공문자가 공자에게 병법에 관해서 가르침을 구하자 공자가 대답하지 않았다. 그 후에 노나라에서 사람을 보내 공자를 영접

하자 공자가 노나라로 돌아왔다.

出公 …… 九年, 孔文子問兵於仲尼, 仲尼不對, 其後魯迎仲尼, 仲尼反魯.

〔노나라 연표〕 제나라가 노나라를 정벌하다. 염유의 말에 따라 공자를 환영했기 때문에 공자가 돌아오다.

齊伐我, 冉有言, 故迎孔子, 孔子歸.

9. 애공 12년(기원전 483년)

〔노세가〕 애공 …… 12년 제나라가 노나라를 정벌하였다. 계씨가 염유를 등용하였는데, 그가 공로를 세우자, 공자를 생각하였고, 공자가 위나라에서 노나라로 돌아왔다.

哀公 …… 十二年, 齊伐魯, 季氏用冉有有功, 思孔子, 孔子自衛歸魯.

위에서 언급한 기사를 보면, 〈공자세가〉와 일치하는 것은 6의 애공 6년과 9의 애공 12년에 노나라로 돌아왔다는 것뿐이고, 게다가 노나라로 돌아온 것에 대해서는 〈노세가〉와 〈연표〉 사이에 1년의 차이가 있다. 또한 이 기사를 바탕으로 공자의 천하 주유 경로를 고찰하면, 노→위→진→채→송→진→위→노가 되므로, 위→진 코스를 두 번 왕복한 것이 되지 않는 한, 〈공자세가〉와 다르다. 동일한 《사기》 안에서 〈공자세가〉·〈제후세가〉·〈연표〉가 왜 이렇게 차이가 나는지 이상하다. 결국 참고한 사료와 그것의 구성 방법의 차이에서 기인할 것이다.

그런데 여기서 문제가 되는 것은 3과 4다. 2(정공 13년)의 〈위세가〉 및 〈연표〉에 의하면, 북의 위나라에 막 도착한 공자가 이듬해에 남쪽의 먼 진나라에 나타난 것은 조금 부자연스럽다. 그로부터 4년 후인 4(애공 2년)에 공자는 채에 머물고 있지만, 진과 채는 비교적 가깝다 해도 그다음 해 5(애공 3년)에 북으로 되돌아가다 송나라에서 환퇴의 어려움에 직면하여, 그로 인해 또 남하하여 진으로 갔던 것 같다. 《맹자》〈만장상(萬章上)〉(8)에 의하면

> ……공자께서 노나라와 위나라에 머무르는 것을 즐거워하지 않으셨고, 송나라 환사마(桓司馬)가 공자를 살해하려고 했기 때문에 공자가 변복하고 송나라를 지나갔다. ……
>
> ……孔子不悅於魯衛, 遭宋桓司馬將要而殺之, 微服而過, ……

라고 되어 있어서 위나라를 지나서부터 송나라의 어려움에 직면하기까지의 사이에 진과 채가 중간에 끼어 있는 것처럼 보인다. 생각건대 3의 〈진세가〉에 "민공 6년에 공자가 진나라에 왔다. 오나라 왕 부차가 진나라를 침략하여 세 읍을 탈취했다(湣公六年, 孔子適陳, 吳王夫差伐陳, 取三邑而去)"고 되어 있지만, 이 해는 오나라 왕 부차가 왕위에 오르기 전 해이므로 오나라가 진나라를 침략했다는 것도 사실이 아니다. 부차가 진나라를 침략한 것은 8년 후인 애공 6년의 일로 〈진세가〉의 기사에 혼란이 있는 게 아닐까 생각한다. "공자가 진나라에 왔다(孔子適陳)"라는 표현법도 〈진세가〉로서는 어색하다. 그러나 〈연표〉는 여하튼 〈진세가〉의 기사에 대응시켜 그냥 "공자가 왔다(孔子來)"로 고쳐 기입했을 터다. 다음으로 4의 〈채세가〉에 "공자가 채나라를 방문했다. 초나라 소왕이 채나라를 토벌하려 하자 …… 오나라가 채나라를 구원하러 오자 그 틈에 주래로 도읍을 옮겼다(孔子如蔡, 楚昭王伐蔡, ……吳人來救蔡, 因遷蔡于州來)"라고 되어 있지만, 채나라가 주래로 도읍을 옮긴 것은 《좌전》 애공 2년에 보이고, 그 원인이 되었던 "초나라 소왕이 채나라를 토벌하려 하자……(楚昭王伐蔡……)" 이하의 사건은

《좌전》 애공 원년의 기사와 거의 대응한다. 그러나 이때 공자가 채나라로 왔다는 것은 다른 문헌에서 입증하는 것은 불가능하고 〈연표〉에도 대응하는 기사가 없다. "공자가 왔다"고 말하지 않고 "공자가 채나라를 방문했다(孔子如蔡)"고 말하는 방법도 〈채세가〉로서는 어울리지 않는다. 이것도 〈채세가〉의 오기가 아닐까. 3과 4를 연결하여 본다면, 남방의 진·채의 기록에 약간의 혼란이 있는 게 아닐까 싶다. 무엇보다도 3의 "공자가 진나라에 왔다"는 "공자가 진나라에 가려 하다"라는 것으로 실은 진나라에 도달한 것이 아니고 진나라에 갈 작정으로 잠시 위나라를 떠났지만 곧 도중에 위나라로 되돌아갔다는 의미다. 그리고 4의 "공자가 채나라를 방문하였다"는 채나라에 도달했다는 것이 아니라, 채나라까지 갈 작정으로 위나라를 떠났다는 의미가 처음의 전승인데, 그것을 오해하여 진과 채의 세가에 기입했는지도 모른다. 그렇다면, 그 점에서는 어느 정도 〈공자세가〉의 기사와 조정해 볼 여지가 있다. 어쨌든 3과 4에는 약간의 의문이 있다. 그러므로 이를 고려하여 공자의 천하 유세의 순서를 고찰해 보면, 노 → 위 → 송 → 진·채 → 위 → 노가 되어서, 위 → 진 코스의 왕복은 1회였던 것으로 볼 수 있다.

4

〈공자세가〉에 의하면 공자는 천하 주유 중에 네 번이나 어려움에 직면한다. 우선 정공 14년(기원전 496년)에 위나라에서 진나라로 가는 도중 광 땅에서 어려움에 직면한다. 이듬해 정공 15년, 위나라에서 진나라로 가는 중에, 송나라에서 사마환퇴의 어려움에 직면한다. 다시 3년 후 애공 2년(기원전 493년)에는 진나라에서 위나라로 가는 도중에 포에서 공숙씨의 어려움을 만난다. 마지막으로 애공 6년(기원전 489년) 진·채의 들에서 식량이 떨어지는 위기를 당한다. 이 중 광 땅에서의 어려움에 대해서는《논어》〈자한〉편과 〈선진〉편에 관련 기사가 보이고, 송나라 환퇴의 어려움에 대해서는《논어》〈술이〉편과《맹자》〈만장상〉편에서 언급하고 있다. 진나라에서 식량이 떨어지는 위기에 대해서는《논어》〈위령공〉편과《맹자》〈진심상(盡心上)〉편에 기사가 있다. 그 전말에 대해서는 여러 가지 이전이 있지만, 실재한 사건이었을 것이다. 문제는 포에서 직면한 공숙씨의 어려움이다. 이것은《논어》와《맹자》에는 보이지 않는다. 〈공자세가〉에 의하면

이에 공자는 진나라를 떠났다. 포를 지날 때 때마침 공숙씨가 포에서 반란을 일으켰다. 포 사람들이 공자의 앞길을 막았다. 제자 중에 공양유(公良孺)라는 자가 있어 그 소유 수레 다섯 대를 가지고 공자를 따라 주유하고 있었다. 그는 키가 크고 사람됨이 어질며 용기와 힘이 있었는데, 그가 말하였다. "내 이전에 선생님을 모시고 광에서 난을 당했는데, 오늘 또다시 여기서 위험에 부딪히니 실로 운명인가 보다. 내 선생님과 함께 다시 위험에 빠지니 차라리 싸우다 죽겠다." 싸움이 심히 격해졌다. 포 사람들이 두려워서 공자에게 말하였다. "만일 위나라로 가지 않는다면 그대를 놓아주겠소." 공자가 맹약하자 그들은 공자 일행을 동문으로 내보냈다. 그러나 공자는 끝내 위나라로 갔다. 자공이 말하였다. "맹약을 저버려도 됩니까?" 공자가 말하였다. "강요된 맹약은 신도 인정하지 않는다."

於是孔子去陳過蒲, 會公叔氏以蒲畔, 蒲人止孔子, 弟子有公良孺者, 以私車五乘從孔子, 其爲人長賢有勇力, 謂曰, "吾昔從夫子, 遇難於匡, 今又遇難於此, 命也已, 吾與夫子再罹難, 寧鬪而死." 鬪甚疾, 蒲人懼謂孔子曰, "苟毋適衛, 吾出子." 與之盟, 出孔子東門, 孔子遂適衛, 子貢曰, "盟可負邪." 孔子曰, "要盟也, 神不聽."

라고 되어 있다. 이것은 〈공자세가〉에 애공 2년의 일로 되어 있지만 공숙씨가 포에서 반란을 일으킨 것은 《좌전》에 의하면 정공 14년에 해당할 것이다. 왜냐하면 정공 13년 《좌전》에 공숙문자와 사추 사이에 다음과 같은 문답 내용이 보이고,

사추가 말하기를, "……부유하면서 교만하지 않은 사람은 적은데, 저는 댁만은 부유하면서 교만하지 않은 것으로 보고 있습니다. 교만하고서 망하지 않은 자는 이제까지 있지 않았는데, 댁의 아들 수는 반드시 그 망하는 자 안에 낄 것입니다." 공숙문자가 세상을 떠나자, 위나라 군주는 공숙수(公叔戍)를 미워하기 시작했는데, 그가 부유했기 때문이다. 군주한테 미움을 받게 된 공숙수가 군주의 부인을 끼고 있는 무리를 제거하려 하자, 부인이 군주에게 호소하기를 "공숙수가 난리를 일으키려 하옵니다"라고 하였다.

史鰌曰, "……富而不驕者鮮, 吾唯子之見, 驕而不亡者, 未之有也, 戍必與焉." 及文子卒, 衛侯始惡於公叔戍, 以其富也, 公叔戍又將去夫人之黨, 夫人愬之曰, "戍將爲亂."

14년의 〈경〉에는

봄에 위나라의 공숙수가 우리 노나라로 도망 왔다. 위나라의 조양(趙陽)이 송나라로 달아났다.

春衛公淑戍來奔, 衛趙陽出奔宋.

정공 14년 〈전〉에는

봄에, 위나라 군주가 공숙수와 그의 무리를 내쫓았다. 그러므로 조양은 송나라로 달아났고, 공숙수는 우리 노나라로 도망 왔다.

春衛候逐公淑戌與其黨, 故趙陽奔宋, 戌來奔.

라고 되어 있기 때문이다. 정공 14년으로 말하자면 〈공자세가〉에서는 공자가 위나라에서 진나라로 가는 도중 광 땅에서 어려움에 직면한 해다. 광과 포는 모두 위나라 읍으로, 서로 가까운 것 같다. 《사기집해(史記集解)》에 "서광이 말하기를 장원현에 광성 포향이 있다(徐廣曰, 長垣縣有匡城蒲鄉)"고 하고, 《사기정의(史記正義)》에 《괄지지(括地志)》에 의하면, 옛 포성은 활주 광성현 북쪽 15리에 있고, 광성은 본래 한의 장원현이다(括地志, 故蒲城在滑州匡城縣北十五里, 匡城本漢長垣縣)"로 되어 있다. 이렇게 보면, 〈공자세가〉에서 광의 어려움과 포의 어려움이 뒤바뀐 것은 아닐까? 공자가 진나라로 가려다 뜻을 이루지 못하고 광과 포 근처에서 되돌아가, 한 달 남짓 위나라로 되돌아갔던 일은 광과 포 부근에 소동이 일어 불온했기 때문일지 모른다. 그리고 광의 어려움에 대해서는 뒤에서 논하는 것과 같이 그것이 〈송세가〉·〈연표〉에서 볼 수 있는 송나라 환퇴의 어려움에 직면하기 직전이었다고 한다면, 마침 애공 2년에 〈공자세가〉의 공숙씨의 어려움이 일어난 해에 해당한다. 생각건대 사마천 당시 네 번의 위난에 대한 전승이 있고, 그중 광의 어려움과 포의 어려움은 지역이 서로 가까웠기 때문에 기억에 약간의 혼동이 있었다고 한다면, 그것을 배치하는 과정에서 순서가 달라졌을 수도 있을 것이다. 무엇보다도 포에서 겪은 어려움이 〈공자세가〉 기사대로인가 아닌가에 대해서는 논증이 끝이 없을 테지만, 적어도 공자의 여행을 방해한 소동이었던 것만은 사실일 것이다.

다음으로 광과 송나라에서 겪은 어려움이 남지만, 편의상 송나라에서

의 어려움부터 고찰해 보자. 우선 《맹자》 〈만장상〉(8)에 의하면

맹자께서 말씀하셨다. ……공자께서 노나라와 위나라에 머무르는 것을 즐거
워하지 않으셨고, 송나라 환사마가 공자를 살해하려고 했기 때문에 공자가
변복하고 송나라를 지나갔다. 이때 공자께서 환난을 겪었지만 아무 곳에나
머무시지 않고, 〔현자인〕 사성정자(司城貞子)의 집에 머무시고 진후주의 신하
가 되셨다. ……

孟子曰 …… 孔子不悅於魯衛, 遭宋桓司馬將要而殺之, 微服而過宋, 是時孔子當阨,
主司城貞子爲陳侯周臣, ……

라고 되어 있다. 이에 의하면 공자는 노나라를 떠나 위나라로 갔다 다시
위나라를 떠난 뒤 송나라의 환사마 때문에 어려움을 겪은 것이다. 환사
마에 대해서는 《좌전》에 향퇴(向魋)·사마·환사마·환퇴 등으로 나타나고
정공 10년(기원전 500년, 공자 52~53세)·11년·애공 11년(기원전 484년, 공자 68~
69세)·13년·14년·17년(기원전 478년, 공자 사후 1년) 등에 보인다. 송나라의
공자지(公子地)는 경공의 폐신(嬖臣)이다. 《논어》 〈술이〉편에

선생님께서 말씀하셨다. "하늘이 나에게 덕을 주셨으니, 환퇴가 나를 어찌하
겠는가?"

子曰, "天生德於予, 桓魋其如予何."

라는 것은 이 조난 때의 말과 다르지 않다. 그런데 이 맹자의 글에서 문
제가 되는 것은 "사성정자의 집에 머무시고 진후주의 신하가 되셨다(主司
城貞子, 爲陳侯周臣)"는 부분의 의미다(주자의 번역을 따랐다—옮긴이). 사성(司城)

은 《좌전》에 사성자한(司城子罕)·사성자양(司城子梁)·사성패(司城茷)·사성수(司城須)·사성강(司城彊) 등이 보이고, 그 용례로 보건대 송나라 관직이고, 정자(貞子)는 송나라 사람일 테지만, 그 사람이 "진후주의 신하가 되셨다(爲陳侯周臣)"라고 본다면, 주자처럼 "진후의 이름이 주다(陳侯名周)"로 읽고 싶어진다. 그러나 당시의 진후는 《사기》에 의하면 민공 월(湣公越)이기에 주라는 이름의 진후는 없다. 또 송나라의 사성인 동시에 진후의 신하라는 것도 불가해하다. 여러 가지 설이 있어서 잘은 모르겠지만, 송나라 환사마의 위액을 겪은 공자가 복장을 바꾸어 입고 송나라를 지나갈 때 잠시 사성정자의 집에 머무르고 진후의 가까운 신하라고 미리 말을 퍼뜨려서 진나라로 떠났다고 상상해 보자. "주(周)"에는 밀(密)·충신〔〈태갑상〉 "임금님이 유종의 미를 이루도록 다스리시다(自周有終)"〕·친(親)〔《좌전》 애공 16년 "인에서 벗어나지 않고 두루 어진 것을 신이라 한다(周仁謂信)"〕 등의 의미가 있고, 또 〈태서상(泰誓上)〉에는 "지극히 친한 사람들이 있다 하더라도 어진 사람만은 못한 것이오(雖有周親, 不如仁人)"가 있으며〔공안국의 〈전〉에 따르면, 주(周)는 지(至)다(孔傳 周至也)〕, 《논어》〈위정〉편(14)에는 "군자는 두루 화합하고 편당하지 않는다(君子周而不比)"가 있다.

그런데 《논어》〈위령공〉편(1~2)에

위나라 영공이 공자에게 진 치는 방법에 대해 묻자 공자께서 대답하시기를 "예법에 관한 일은 일찍이 들었으나, 군대의 일에 대해서는 아직 배우지 못했습니다" 하시고, 이튿날 바로 위나라를 떠나셨다. 진나라에서 양식이 떨어지니, 제자들이 병들어 일어나지 못했다.

衛靈公, 問陳於孔子, 孔子對曰, "俎豆之事, 則嘗聞之矣, 軍旅之事, 未之學也." 明日遂行, 在陳絶糧, 從者病, 莫能興.

라고 되어 있다. 이것에 의하면 전반은 공자가 위나라를 떠나갔던 때의 일로 위령공이 살아 있을 때이므로 늦어도 애공 2년(기원전 493년)의 여름 이전이지만, 바로 그것에 잇달아서 진나라에서 어려움에 직면한 일이 쓰여 있다. 공자의 천하 주유에서 위→진 코스 왕복이 단지 1회였다면, 송나라에서 어려움을 겪은 일은 당연히 이 위나라에서 진나라로 가는 도중에 일어난 것으로, 〈송세가〉 및 〈연표〉에서는 애공 3년(기원전 492년, 공자 60~61세)이다. 그것은 위령공이 죽은 다음 해다.

또 《논어》에는 광 땅에서의 위기에 대한 기사가 두 개 있다. 우선 《논어》 〈자한〉편(5)에는

> 선생님께서 제자들과 함께 광 땅에서 포위되었을 때 말씀하셨다. "문왕이 돌아가신 뒤에 문화가 나에게 있지 않느냐? 하늘이 장차 이 문화를 없애려 한다면, 뒤에 죽을 나 또한 이 문화에 참여하지 못할 것이다. 하늘이 만약 이 문화를 없애려 하지 않는다면, 광 땅 사람들이 나를 어찌하겠느냐?"
>
> 子畏於匡, 曰, "文王旣沒, 文不在玆乎, 天之將喪斯文也, 後死者不得與於斯文也, 天之未喪斯文也, 匡人其如予何."

라고 하고, 또 《논어》 〈선진〉편에는

> 선생님께서 광 땅에서 환난을 겪으셨을 때, 안연이 뒤늦게 빠져나왔다. 선생님께서 "나는 네가 죽은 줄 알았다"고 말씀하시니, "선생님께서 계신데 제가 어찌 감히 죽을 수 있겠습니까?" 하였다.
>
> 子畏於匡, 顏淵後, 子曰, "吾以女爲死矣." 曰, "子在, 回何敢死."

고 되어 있다. 광은 위나라 읍으로 위나라에서 송나라에 이르는 중간에 있기 때문에, 이 사건은 송나라에서 어려움을 겪기 직전에 일어났던 것이다. 그런데 〈자한〉편에 기록되어 있는 광에서의 환난에 직면했을 때 공자가 한 말은 "문왕이 죽은 후에 인류 문화의 진수를 몸에 지닌 사람은 공자 자신뿐인데, 하늘이 인류 문화를 망하게 할 운명이라면, (자신은 여기서 살해될 것이기에) 너희들은 도망하여 죽어야 할 때 죽지 않더라도, 이미 인간다운 문화생활을 할 수 없게 될 것이다. 하늘이 만약 이 문화를 없애지 않을 것이라면 자신이 여기에서 광 지역 사람들에 의해 살해될 리가 없다(도망치거나 두려워하지 말고 대항하여 가자)"라는 신념을 토로하여 일행을 격려한 뜻으로 읽힌다. 그리고 〈술이〉편에 보이는 송나라 환퇴의 어려움에 직면했을 때도 "하늘이 나에게 덕을 주셨으니, 환퇴가 나를 어찌하겠는가?"라고 해서 〈자한〉편에 기록되어 있는 광 땅에서의 말과 유사하다. 그래서 이 두 개를 동일한 사실의 이전이라고 하는 설도 있지만, 동일한 사실이 아니고 연달아 일어난 사실인지도 모른다. 앞에서 언급한 《맹자》의 기사를 상기한다면, 공자 일행이 위나라를 떠날 당시의 목적지는 송나라나 진나라 혹은 채나라였을 것이다(노나라 애공 2년에 해당하는 채나라 소후 26년의 〈채세가〉를 "공자가 채나라로 가려고 하다"로 읽을 수 있다). 그런데 환퇴가 뜻하지 않게 도중에 "잠복하고 있다가 공자 일행을 살해하고자 했다". 그것이 광 땅에서의 어려움이 아닐까? 공자는 일행을 격려하여 가까스로 이를 돌파했다. 무엇보다도 이것은 환퇴 자신이 군대를 파견했던 것은 아니고, 〈공자세가〉의 말과 같이 양호에게 원한을 품고 있던 광 땅 사람들을 선동하여, 양호가 온다고 말해 공자를 살해하고자 했던 것일지도 모른다. 그렇게 해석하는 것이 훨씬 자연스럽다. 환퇴가 스스로 군대를 파견했다면, 꽤나 공자에게 원한을 품고 있어야 하는데, 정말로 그랬을 것 같지는 않다. 설령 그렇다 하더라도 사적 원한에 의한 살해로는 세간에 명분이 서지 않는다. 왜 그가 공자를 제거하려고 했는지 그 원인은 알 수 없지만, 송공(宋公)의 총애를 한 몸에 받던 그로서는 공자가 와서 주군과 가까워지는 것을 좋아하지 않았을 것이고, 또 공자가 숙박할 예정이던 집의 주인 사성정자는 은연중의 경쟁자였을지 모른다. 그랬다면 공자가 도중에 통과할 광 땅의 폭도를 사주하여 공자를 양호로 오해하게 해 그를 처리해 버리려고 했을 것이다. 그리고 환퇴는 모르는 체하고 있었을 것이다. 이 상상에 의하면 《장자(莊子)》〈추수(秋水)〉편에

> 공자가 광이라는 지역으로 여행했을 때 송나라 사람들에게 겹겹으로 포위당했다. 그래도 공자는 거문고를 타고 노래를 부르는 것을 멈추지 않았다. ……얼마 안 있어 병사들의 지휘자가 찾아와 인사를 하며 말하였다. "양호로 알고 포위했습니다만 이제 그렇지 않다는 걸 알았습니다. 용서를 빌며 물러나겠습니다."
>
> 孔子遊於匡, 宋人圍之數匝, 而絃歌不惙, ……無幾何, 將甲者進辭曰, "以爲陽虎也, 故圍之, 今非也, 請辭而退."

로 되어 있는 것이 오히려 진실에 가깝다. 하여간 공자는 다행히도 오해가 풀려 어려움을 벗어났다. 그러나 사태의 진상을 깨달은 공자는 이제 와서 위나라로 되돌아가지 않고 그냥 신중하게 옷을 갈아입고 송나라로 잠입하여 예정대로 사성정자의 집에 묵고 진후의 신하가 되었다고 둘러대 진나라로 떠났을 것이다. 송나라에서 평민복으로 갈아입고 어려움을 극복한 일은 비상한 용기를 필요로 하는 행동이지만, 환퇴의 심중을 간파하고 있던 공자로서는 분별없는 일은 아니라는 자신에 차 있었을 것이다.

"하늘이 나에게 덕을 주셨으니, 환퇴가 나를 어찌하겠는가?"라는 말은 송나라에서 되풀이하여 일행을 격려했던 말이다. 그러나 그렇다고 한다면 〈공자세가〉에서 전하는 환퇴의 어려움과는 사정이 달라진다.

> 공자는 조나라를 떠나서 송나라로 갔다. 공자는 큰 나무 아래에서 제자들에게 예의에 대해 강습하였다. 송나라 사마환퇴가 공자를 죽이려고 그 나무를 뽑아버렸다. 이에 공자는 그곳을 떠날 수밖에 없었다. 제자들이 말하였다. "빨리 떠나는 것이 좋겠습니다." 공자가 말하였다. "하늘이 나에게 덕을 주셨으니, 환퇴가 나를 어찌하겠는가?"
> 孔子去曹適宋, 與弟子習禮大樹下, 宋司馬桓魋欲殺孔子, 拔其樹, 孔子去, 弟子曰, "可以速矣." 孔子曰, "天生德於予, 桓魋其如予何."

이것은 미복잠행(微服潛行)은 아니고, 게다가 정공 14년의 일이다. 이것이 야말로 하나의 이전으로 〈공자세가〉는 이를 채용한 것으로 보인다. 그러나 〈송세가〉에는 "경공 25년, 공자가 송나라를 지나갔다. 송나라 사마환퇴는 공자를 증오하여 죽이려고 하였다. 공자는 평민복으로 갈아입고 위기를 벗어났다(景公二十五年, 孔子過宋, 宋司馬桓魋惡之, 欲殺孔子, 孔子微服去)"로, 여기서는 《맹자》의 전승을 채용하여 애공 3년의 일로 되어 있다.

5

광 땅과 송나라에서 겪은 어려움을 일련의 사건으로서 상상할 수 있는 것은 이상 서술한 바와 같지만, 이제 또 하나의 유명한 진·채에서 식량이 떨어진 어려움이 있다. 그러나 이것은 진·채 지방과 관련된 공자의 주유

전체를 더듬어가면서 고찰하지 않으면 안 된다.

공자가 송나라에서 사마환퇴의 어려움에 직면하여 평민복으로 갈아입고 떠난 때는 노나라 애공 3년(기원전 492년, 공자 60~61세) 같다. 그렇지만 같은 해 여름에 공자는 이미 진나라에 도착했을 것이다. 왜냐하면 《춘추》 애공 3년의 〈경〉에 "5월 신묘날에, 우리 노나라 환공의 사당과 희공의 사당에 화재가 있었다(五月辛卯, 桓宮僖宮災)"로 되어 있고, 《좌전》에

> 여름 5월 신묘날에, 사탁과 관사에서 불이 났는데, 그 불이 공궁을 넘어 환공의 사당과 희공의 사당에 화재를 일으켰다. ……공자께서 진나라에 계시며 우리 노나라에 불이 났다는 것을 들으시고는 "그 불은 환공의 사당과 희공의 사당 때문일 것이다"라고 하셨다.
>
> 夏五月辛卯, 司鐸火, 火踰公宮, 桓僖災, ……孔子在陳, 聞火曰, "其桓僖乎."

라고 되어 있기 때문이다. 그리고 〈공자세가〉에 의하면 그 이듬해 공자는 드디어 채나라로 가고 있다. 즉,

> 노애공 3년에 공자의 나이는 60세였다. ……같은 해 여름, 노나라의 환공과 희공의 묘에 불이 났다. ……다음 해에 공자는 진나라에서 채나라로 옮겨갔다. 채소공이 장차 오나라에 가려고 했는데, 이는 오나라 왕이 그를 불렀기 때문이다. 지난날 소공이 신하를 속이고 주래로 천도하였는데, 지금 다시 오나라로 가려고 하자 대부들이 또 천도를 할까 두려워하였고 마침내 공손편이 소공을 쏘아 죽였다. 초나라가 채나라를 침공하였다. 가을에는 제나라 경공이 죽었다. 다음 해 공자는 채나라에서 섭으로 갔다. ……
>
> 魯哀公三年, 而孔子年六十矣, ……夏, 魯桓釐廟燔, ……明年, 孔子自陳遷于蔡,

蔡昭公將如吳, 吳召之也, 前昭公欺其臣, 遷州來, 後將往, 大夫懼复遷, 公孫翩射殺
昭公, 楚侵蔡, 秋, 齊景公卒, 明年, 孔子自蔡如葉, ……

고 되어 있다. 이에 의하면 공자가 채로 옮겨간 것은 애공 4년(기원전 491년,
공자 61~61세)이고, 섭으로 간 것은 애공 5년이다. 이 기사의, 채소공이 오
나라로 가려다 끝내 살해된 것에 대해서는 《춘추》〈경〉·〈전〉 애공 4년
의 조항에 대응 기사가 있어 증명된다. 그런데 "초나라가 채나라를 침공
했다(楚侵蔡)"는 사실은 《사기》〈연표〉의 노애공 원년에 해당하는 해의 초
나라를 설명하는 장소에 "초나라 소왕 22년, 제후를 거느리고 채나라를
포위하다(楚昭王二十二年, 率諸侯圍蔡)"〔《춘추》〈경〉 애공 원년에 "초나라 군주인 자
작, 진나라 군주인 후작, 수나라 군주인 후작, 허나라 군주인 남작 등이 채나라 도읍을 포위
했다(楚子陳候隨侯許男圍蔡)〕"고 되어 있고, 또 《춘추》〈전〉에 "봄에, 초나라
군주가 채나라 도읍을 포위했으니, 그것은 백거에서 있었던 싸움에 대한
보복이었다. ……채나라는 초군이 돌아가자 오나라 영역으로 옮겨가겠다
고 나섰다(春, 楚子圍蔡, 報柏舉也, ……蔡於是乎請遷于吳)"고 되어 있는 것 외에
는 〈연표〉에는 물론이고 〈초세가〉·〈채세가〉 및 《좌전》에도 그 기사가
없다. 또 "가을에 제나라 경공이 죽었다(秋, 齊景公卒)"라는 것은 《좌전》·
〈제세가〉·〈연표〉 등에 의하면 분명히 노애공 5년의 일로 이 기사와 1년
의 차이가 있다. 그러나 하여간 공자는 노애공 3년(기원전 492년)에 송나라
에서 진나라로 갔고 그 이듬해인 애공 4년에 진나라에서 채나라로 가서,
또 그다음 해 애공 5년에는 채나라에서 섭으로 갔다고 보아도 좋다. 그리
고 후에 서술하는 것과 같이, 그다음 해, 즉 노애공 6년에는 또 진나라로
되돌아가고 있다. 따라서 《논어》에서 볼 수 있는 섭공과의 문답 3조(〈술
이〉편 1조, 〈자로〉편 2조)는 애공 5년 섭에 있을 때의 일일 것이다.

다음으로 노애공 6년(기원전 489년, 공자 63~64세)에 공자가 진나라에 거주했다는 것은 진나라와 초나라 양 세가가 일치해서 확인된다. 단, 〈공자세가〉는 진·채 사이에 있었던 일을 기술하고 있다. 우선 〈진세가〉에 의하면,

민공 …… 13년(노애공 6년)에 오나라가 재차 진나라를 침략하자, 진나라는 초나라에 구원을 요청하였다. 초나라 소왕이 구원하러 와서 성보에 진을 치자 오나라 군사가 물러갔다. 그해에 초나라 소왕이 성보에서 죽었다. 그때 공자는 진나라에 있었다.

湣公 …… 十三年(魯哀公六年) 吳復來伐陳, 陳告急楚, 楚昭王來救, 軍於城父, 吳師去, 是年, 楚昭王卒於城父, 時孔子在陳.

〈초세가〉에 의하면, 그해는 초나라 소왕 27년에 해당하지만

(소왕) 27년 봄, 오나라가 진나라를 공격하자, 초나라 소왕은 진나라에 구원병을 보내 성보에 진을 치게 했다. 10월, 소왕이 진중에서 병으로 쓰러졌는데, 하늘에 빨간 구름이 새처럼 태양을 끼고 날아가는 것 같았다. 소왕이 주왕실 태사(太史)에게 물으니, 태사가 말하였다. "이것은 대왕께 해로운 것입니다. 그러나 재난을 장군과 재상들에게 돌릴 수 있습니다." 장군과 재상들이 이 말을 듣고 신에게 자신이 소왕의 재난을 대신하게 해달라고 기도하였다. 소왕은 "장군과 재상 여러분, 나의 어깨와 다리를 예로 듭시다. 지금 재난을 어깨와 다리로 옮긴다고 해서 내 몸의 병을 없앨 수 있겠소?"라고 말하면서 장군과 재상들의 요구를 받아들이지 않았다. 점괘로 병의 원인을 점쳐보니, 황하를 숭상해야 한다는 점괘가 나오자, 대부들이 하신(河神)에게 제사를 드리며 소원을 빌었다. 소왕이 "나의 선조가 제후에 봉해진 이후로 제

사를 지낸 강은 장강과 한수고, 우리는 일찍이 황하 신에게 죄를 범한 적이 없다"고 말하면서 기도하는 것을 허락하지 않았다. 공자가 진나라에서 이 말을 듣고 "초나라 소왕은 대의를 통달하고 있으니, 나라를 잃지 않는 것이 당연하다!"라고 말하였다.

(昭王) 二十七年春, 吳伐陳, 楚昭王救之, 軍城父, 十月昭王病於軍中, 有赤雲如鳥夾日而蜚, 昭王問周太史, 太史曰, "是害於楚王, 然可移於將相." 將相聞是言, 乃請自以身禱於神, 昭王曰, "將相孤之股肱也, 今移禍, 庸去是身乎." 弗聽, 卜而河爲祟, 大夫請禱河, 昭王曰, "自吾先王受封, 望不過江漢, 而河非所獲罪也." 止不許, 孔子在陳, 聞是言曰, "楚昭王通大道矣, 其不失國, 宜哉."

이 〈초세가〉의 기사는 《좌전》 애공 6년의 기사와 대응한다. 애공 6년 〈경〉에 "봄 …… 오나라가 진나라를 쳤다(春 …… 吳伐陳)"고 되어 있으며, 〈전〉에 "오나라가 진나라를 친 것은, 다시 옛날의 원한을 갚기 위해서였다. 그때 초나라 군주가 말하기를 '내 선군께서 진나라와 동맹을 맺으셨으니, 진나라를 구하지 않을 수 없다'(吳伐陳, 復脩舊怨也, 楚子曰, 吾先君與陳有盟, 不可以不救)"고 했다. 그리고는 진나라를 구원하기로 하여, 군사를 성보로 진군시켰다고 했다. 또 같은 해 〈경〉에 "가을 7월 경인날에, 초나라 군주인 자작 진(軫)이 세상을 떠났다(秋七月庚寅, 楚子軫卒)"로 되어 있고, 그 〈전〉의 "가을 7월에, 초나라 군주가 성보에 있어서, 진나라를 구원하려 했다. 싸우는 일을 거북 등딱지를 구워 점을 치니, 불길의 징조가 나타났고……(秋七月, 楚子在城父, 將救陳, 卜戰 不吉, 卜退不吉……)"로 시작하는 조항에서 〈초세가〉에 보이는 사건을 상세하게 서술했다. 단, "공자가 진나라에 있었다(孔子在陳)"고는 말하지 않고, "공자가 말하였다(孔子曰)"라고 했기 때문에, 기술의 형식만으로 본다면 전술자의 첨가를 의심할 만하지만, 공자가 진나라 부근에 머물렀다는 것은 사실로 보아도 좋을 것이다.

돌이켜보면, 공자가 송나라에서의 어려움을 면하고 진나라에 도달한 것이 노애공 3년(기원전 492년)으로, 진나라에서 채나라로 간 것은 애공 4년, 섭으로 간 것은 애공 5년, 그다음 해인 애공 6년에 또 진나라로 되돌아갔다. 그런데 진나라와 채나라의 당시 상황을 고려한다면, 공자가 진나라로 떠나기 직전인 애공 원년(기원전 494년)에는 "초나라가 제후들을 거느리고 채나라를 포위했다", "오나라가 진나라를 쳤다"고 되어 있다. 그 다음 해인 애공 2년에는 초나라를 두려워한 채나라 소공이 오나라에 접근해 주래로 천도하기로 밀약을 맺었다. 그리고 공자가 채나라로 간 애공 4년에는 채나라 소공이 반란에 의해 살해당했다. 다시 공자가 섭을 경유하여 진나라로 되돌아간 애공 6년에는, 오나라가 진나라를 공격한 것에 대해 진나라는 초나라의 도움을 얻었지만, 초나라 소왕이 진중에서 사망하는 사건이 있었다. 이렇게 놓고 보면 공자가 진나라와 채나라 주변을 주유하던 애공 3년 이후의 4년간은 진나라도 채나라도 말하자면 전란의 외중이었다. 《논어》〈위령공〉편의 "진나라에서 양식이 떨어지니, 제자들이 병들어 일어나지 못했다……(在陳絶糧, 從者病, 莫能興……)"와 같은 사태는 언제라도 일어날 수 있는 상황이었을 것이다. 《맹자》〈진심하〉편의

> 맹자께서 말씀하셨다. "공자께서 진나라와 채나라의 접경 지역에서 곤란을 당하신 것은 두 나라의 군주나 신하와 교류하지 않았기 때문이다."
>
> 孟子曰, "君子之戹於陳蔡之間, 無上下之交也."

라는 것은 이 진나라와 채나라 사이에서 곤란한 대인 관계를 총괄해 말했던 것이라고 하더라도 꼭 들어맞는다. 그런데 〈공자세가〉에서는 진나라

와 채나라의 어려움에 관한 설화를 모아서 애공 6년에 집약하여 연결해 두고 있다. 그런 형식이 극적인 구성 효과는 있지만, 사실이 그렇게 전개되었던가는 논증을 하자면 끝이 없을 것이다.

〈공자세가〉의 진나라와 채나라의 어려움에 관한 기술은 지면의 관계로 여기에서 번거롭게 소개하는 것을 생략하지만, 진나라와 채나라의 어려움을 다룬 이야기는 앞서 소개한 《논어》〈위령공〉편 외에 《순자》〈유좌(宥坐)〉편·《가어》〈재액(在厄)〉편·《한씨외전(韓氏外傳)》권7·《여람(呂覽)》〔《여씨춘추(呂氏春秋)》라고도 한다─옮긴이〕〈신인(愼人)〉편·《장자(莊子)》〈양왕(讓王)〉편·《설원(說苑)》〈잡언(雜言)〉편·《풍속통(風俗通)》〈궁통(窮通)〉편 등에 번갈아 전한다. 이것들을 서로, 또 〈공자세가〉와 비교함으로써 기본적인 설화 자료가 점점 윤색되고 구성되어 온 경로를 구명하는 일은 매우 흥미로운 문제다. 그러나 어찌 되었든 〈공자세가〉는 〈공자세가〉 나름대로 잘 모아 가다듬었다. 그 결과는 자공의 활약에 의해 초나라 소왕이 공자를 구조해 낸다는, 즉 소왕이 공자를 초빙하는 것과, 영윤자서(令尹子西)의 반대로 그것이 좌절되고 소왕이 병사하는 것으로 종결된다.

그런데 〈공자세가〉에 의하면, 공자는 이 진·채의 곤란을 면하고 그해에 초나라에서 위나라로 되돌아간 것으로 되어 있다.

> ……이때 공자는 초나라에서 위나라로 돌아왔다. 이해에 공자는 63세였고, 때는 노애공 6년이었다.
>
> ……於是孔子自楚反乎衛, 是歲也, 孔子年六十三, 而魯哀公六年也.

그러나 이것은 〈위세가〉나 〈연표〉와 어울리지 않는다. 〈위세가〉에 의하면 "출공 희첩(姬輒) …… 8년에, 공자가 진나라에서 위나라로 왔다(出公

輒 …… 八年, ……孔子自陳入衛)"고 되어 있고, 〈연표〉에는 이것과 대응하여
위출공 희첩 8년에 "공자가 진나라에서 왔다"고 되어 있다. 위출공 8년은
노애공 10년(기원전 485년, 공자 67~68세)에 해당하므로 애공 6년과는 5년이
라는 차이가 있다. 초나라에서 위나라로 되돌아왔다는 것과 진나라에서
위나라로 갔다는 대목은 동일하지 않다. 어느 쪽이 진실에 가까운가는 제
쳐두고 만약 〈위세가〉에 따라 공자가 애공 10년까지 계속하여 진나라에
머물렀다면, 그사이 진·채 지방의 상황은 어떠했을까? 《춘추》에 의하면,

○ (〈경〉 9년) 여름에, 초나라 사람이 진나라를 쳤다.

夏, 楚人伐陳.

《좌전》 여름에, 초나라 사람이 진나라를 쳤으니, 그것은 진나라가 오나라
에 복종해서였다.

夏, 楚人伐陳, 陳卽吳故也.

○ (〈경〉 10년) 겨울에, 초나라 공자 결(結)이 군사를 이끌고 진나라를 쳤다.

冬, 楚公子結師伐陳.

오나라가 진나라를 구원했다.

吳救陳.

《좌전》 겨울에, 초나라 자기(子期, 結)가 진나라를 쳤고, 오나라는 연주
래(延州來)의 계자가 진나라를 구원했다. 그때 계씨는 자기에게 말하기를,
"두 나라의 군주는 덕 닦기를 힘쓰지 않고 다른 제후와 전쟁하기만을 힘쓰
고 있소이다. 백성들이 무슨 죄가 있단 말이오? 내 퇴군하여 당신이 이겼
다는 명예를 차지하게 할 것이니, 덕을 닦아 백성을 편안하게 하시오"라
고 했다. 그러고는 돌아갔다.

冬, 楚子期伐陳, 吳延州來季子救陳, 謂子期曰, "二君不務德, 而力爭, 諸侯民何罪焉, 我請退以爲子名, 務德而安民." 乃還.

로 되어 있다. 이렇게 본다면 진나라가 초나라 및 오나라 사이에서 하는 고민은 애공 10년에 이르렀을 때도 여전히 계속된 터여서 이런 의미에서 말하자면 이른바 공자가 진·채 지역에서 식량이 떨어져 곤란을 겪은 일은 애공 3년에서 10년 사이 어느 때라도 일어날 수 있었을 것이다. 일단 전하는 이야기를 좇아 애공 6년의 일로 해두어도 좋을 것이다.

6

이상 4~5절에서 공자가 천하 주유 중에 겪은 곤란함의 실태를 살펴보았는데, 노나라 정공 14년(기원전 496년, 공자 56~57세)부터 애공 6년(기원전 489년, 공자 63~64세) 혹은 애공 10년에 걸쳐 일어난 일이다.

그런데 〈공자세가〉에 의하면, 공자는 진나라에 머물 당시 주유를 그만두고 노나라로 돌아가고 싶다는 발언을 두 번 했다. 이것도 〈공자세가〉의 성질을 짐작게 해주는 실마리다. 첫 번째 발언은 공자가 노나라 정공 15년에 위를 떠나 조나라 및 정나라 그리고 정나라를 경유하여 마침내 진나라에 이른 후에 약간의 기사를 길게 늘여 쓰고, 다시

> 공자가 진(陳)나라에 머문 지 3년, 때마침 진(晉)과 초나라가 강함을 다투며 서로 차례로 진(陳)나라를 침범하였고, 오나라가 진(陳)나라를 침범할 때까지, 진(陳)나라는 항상 침공을 당했다. 공자가 말하였다. "돌아가자, 돌아가자! 내 고장의 젊은이들은 뜻은 크나 일에는 소략하다. 그러나 그들에게는 진취성이 있고, 그들은 초지를 잃지 않았다."

> 孔子居陳三歲, 会晉楚争彊, 更伐陳, 及吳侵陳, 陳常被冦, 孔子曰, "歸與歸與, 吾党
> 之小子狂簡, 進取不忘其初."

라고 한 기록이다. 이것은 정공 15년에 진나라에 도착해서 그로부터 3년
째라는 것이므로 애공 2년의 일이다. 다음 두 번째는 다음과 같다. 채나
라가 주래로 환도한 것이 노애공 3년이므로 공자가 60세라고 적고 난 다
음, 그해 여름 노나라 환공과 희공의 사당에 불이 난 사실을 공자가 진나
라에서 들었다는 것, 또 가을에는 노나라 계환자가 병사하자 계강자가 그
뒤를 이어 염구가 노나라에 초빙되었던 일 등을 열거하고,

> 이날 공자가 말하였다. "돌아가자! 돌아가자! 내 고장의 젊은이들은 뜻은 크
> 나 행하는 것에서는 소홀하고 거칠며, 문장은 훌륭하니 나는 어떻게 그들을
> 지도해야 좋을지 모르겠다." 자공은 공자에게 노나라로 돌아갈 생각이 있음
> 을 알고 염구를 전송할 때 부탁하여 말하였다. "곧 등용되면 선생님을 모셔
> 가도록 해주시오"라고 전해진다.
>
> 是日, 孔子曰, "歸乎歸乎, 吾党之小子狂簡, 斐然成章, 吾不知所以裁之." 子貢知孔
> 子思歸, 送冉求, 因誡曰, "即用, 以孔子爲招." 云.

로 되어 있다. 이것은 애공 3년의 일이다.

　위에서 언급한 두 발언의 토대는 《논어》와 《맹자》다. 《논어》〈공야
장〉편에 다음과 같이 되어 있다.

> 선생님께서 진나라에 계시면서 말씀하셨다. "돌아가자! 돌아가자! 내 고장
> 의 젊은이들은 뜻은 크나 일에는 소략하여 찬란하게 문장을 이루었을 뿐, 그

것을 마름질할 줄을 모르는구나."

子在陳曰, "歸與, 歸與, 吾黨之小子狂簡, 斐然成章, 不知所以裁之."

지금도 이 말을 이해하는 데 유용한 것은 〈자로〉편의 다음과 같은 말이다.

> 선생님께서 말씀하셨다. "중용(中庸)을 실천할 수 있는 사람을 얻어 더불어
> 할 수 없다면 반드시 광자(狂者)나 견자(狷者)와 더불어 할 것이다. 광자는
> 진취적이고, 견자는 하지 않는 바가 있다."
>
> 子曰, "不得中行而與之, 必也狂狷乎, 狂者進取, 狷者有所不爲也."

《맹자》〈진심하〉편에서는 이런 발언들을 뽑아서 다음과 같이 진술하고
있다.

> 만장(萬章)이 물었다. "공자께서 진나라에 계실 때 '어찌 돌아가지 않겠는가!
> 내 고장의 선비들이 뜻은 크고 실천에는 소홀하지만 진취적이면서 근본을
> 잊지 않는다'라고 말씀하셨습니다. 공자께서는 진나라에 계시면서 왜 노나
> 라의 뜻이 큰 선비(狂士)들을 생각하였습니까?" 맹자께서 말씀하셨다. "공자
> 께서는 '중도(中道)를 행하는 선비를 얻어서 교제하지 못할 것 같으면 반드
> 시 제멋대로 분방하거나 대쪽같이 강직한 인물을 얻으련다. 분방한 자는 진
> 취적이고, 강직한 자는 아무 일이나 거리낌 없이 하지는 않는다'고 하셨다.
> 공자께서 어찌 중도를 행하는 인물을 얻기 원하지 않았겠느냐? 그런 인물을
> 반드시 얻을 수 있는 것은 아니었으므로 그 다음가는 인물을 생각하셨던 것
> 이다. ……"
>
> 萬章問曰, "孔子在陳曰, '盍歸乎來, 吾黨之士, 狂簡進取, 不忘其初.' 孔子在陳, 何

思魯之狂士." 孟子曰, "孔子'不得中道而與之, 必也狂獧乎, 狂者進取, 獧者有所不

爲也.' 孔子豈不欲中道哉, 不可必得, 故思其次也, ……"

이 공자의 말은 《논어》와 《맹자》에 서로 약간 차이가 있지만, 한 가지 이
야기의 다른 전승일 것이다. 그러나 〈공자세가〉에서는 이것들을 시간적
으로 다르게 발언한 두 가지 이야기로 만들었다. 이런 점에서도 〈공자세
가〉가 여러 전하는 이야기를 모아 편성한 것으로 보인다. 그러므로 발언
의 시기도 애공 2년이나 3년 중 하나가 옳다고 말하는 것은 아니다. 《논
어》나 《맹자》나 단지 공자가 진나라에 머물던 때의 이야기라는 것에 지
나지 않기 때문에 애공 3년 이후 10년까지의 어느 시점의 발언이라고 할
수밖에 없다.

그런데 이 이야기에서 공자가 진나라에 머물 당시 가까운 장래에 주유
를 그만두고 노나라로 돌아가 교육에 전념하고 싶다는 의지가 있었다는
사실을 알게 된다. 생각건대 이미 노나라를 떠난 지 10년의 세월이 흘렀
다. 그사이 위→포→위→광→송→진→채→섭→진으로 주유를
계속하면서 자신이 도를 행할 장소와 지위, 방법을 추구했지만 결국 그
의지를 충족시킬 수는 없었고 이제 진나라에서 점점 더 자신의 도가 궁색
해지는 느낌이 깊어졌다. 단지 각지에서 각양각색의 사람을 만나고 여러
국가 및 사회의 실정을 실제로 보면서 약간의 동지를 얻은 것과 더불어
천하 정세에 대한 인식이 깊어지고 신념이 점차 견고해진 것이 그가 고
난 중에 얻은 수확이리라. 그러나 이제 점차 나이가 들고 남은 생은 얼마
되지 않는다. 고뇌를 마다하지 않겠다며 이대로 주유를 계속한다고 해도
자신의 일생에서 이상을 실현할 가망은 없다. 지금은 최소한 후세를 위
해 조금이라도 값진 희생이 되기를 기대하는 수밖에 없는데, 그러자면 인

격·학문·수완과 더불어 탁월한 동지를 육성하여 다음 대에 전해야 한다. 다행히 노나라에 남아 있는 제자들은 이미 상당한 연령에 이르렀다. 문장도 훌륭하게 이루었다. 교육이다! 교육이다! 이것이 남은 생을 걸 사업이다. 이것이 당시 공자의 심경이었다. 그러나 이 의지를 실현하기 위해서는 그만큼의 준비가 필요하다. 자신을 따라다니는 제자들의 생계는 물론이러니와 노나라로 돌아가고 나서 자신의 사회적 위치도 고려하지 않으면 안 된다. 이것을 전제로 고찰해 가자면, 애공 7년(기원전 488년, 공자 64~65세) 이후 공자의 천하 주유에 있어서 사태의 변천에 짐작 가는 바가 있다. 이 점에서 보건대, 위에서 언급한 바 있는 노나라로 귀국하려는 공자의 의지는 애공 6년경까지의 발언을 통해 쉽게 상상할 수 있다. 이에 대해서는 지금은 자세하게 논할 틈이 없지만 첫째로 봐야 할 것이 애공 7년에 공자를 따라 주유하던 자공의 이탈이다. 애공 7년에 노나라가 오나라와 회(鄫)에서 회합했을 때 노나라는 오나라의 횡포로 괴로워하며, 계강자는 자공에게 청하여 그 사령(辭令)에 의해 불명예를 면했다. 《좌전》·〈공자세가〉·〈노세가〉·〈오세가(吳世家)〉에 모두 관련 기사가 있다. 무엇보다도 자공이 이 임무를 완수한 뒤에 공자의 허락을 받아 되돌아갔을지 아닐지는 알 수 없다. 다음으로 염유가 노나라에 취직한 일이다. 이것은 시기가 분명하지 않으나 〈공자세가〉에는 애공 8년에 염유가 계씨의 장수로서 제나라와 낭에서 싸운 공이 있다고 되어 있다. 〈공자세가〉에 의하면 이미 애공 3년에 계환자가 죽었을 때 그의 유명에 의해 계강자가 공자를 초빙하고자 했으나 결국 공자 대신 염유를 초빙했다. 그때

　　염구가 초빙에 응하려고 하자 공자가 말하였다. "우리 노나라 사람이 구(求)를 부르는 것을 보니 이것은 작게 등용하려는 것이 아니라 장차 크게 등용하

려는 것이리라." 이날 공자가 말하였다. "돌아가자! 돌아가자! 내 고장의 젊은이들은 뜻은 크나 행하는 것에서는 소홀하고 거칠며, 문장은 훌륭하니 나는 어떻게 그들을 지도해야 할지 모르겠다." 자공은 공자에게 노나라로 돌아갈 생각이 있음을 알고 염구를 전송할 때 부탁하여 말하였다. "곧 등용되면 선생님을 모셔가도록 해주시오"라고 전해진다.

冉求將行, 孔子曰, "魯人召求, 非小用之, 將大用之也." 是日, 孔子曰, "歸乎歸乎, 吾党之小子狂簡, 斐然成章, 吾不知所以裁之." 子貢知孔子思歸, 送冉求, 因誡曰"卽用, 以孔子爲招." 云.

라고 되어 있다. 이것에 의하면 이때 염유는 이미 공자의 허락을 받고 떠나 취직을 했을 터다. 그러나 이 문장 마지막에 "……라고 전해진다(云)"는 표현법이 쓰인 것으로 보아 전부 혹은 일부를 "……라고 전해진다"는 한 개의 전설을 기술한 것으로, 반드시 전체가 다 사실은 아닐 수 있음을 알 수 있다. 또 염유가 제나라와의 싸움에서 세운 전공에 대해서는 애공 8년의 일로서 타 문헌에 대응하는 기술이 없으나, 《좌전》의 애공 11년에 계씨의 가신으로서 제나라에 대한 국난에 대적한 장렬한 기사가 있다. 그때는 번지(樊遲)도 종군하여 활약했다. 결국, 염유의 취직이 어느 때였는가는 확정하기 힘들지만 《논어》에 의하면 공자의 유세에 처음부터 따라다녔던 것 같은 염유가 공자보다 우선 노나라로 되돌아가 계씨의 가신이 되어 있었던 것만은 확실하다. 더구나 《좌전》 애공 8년에 오나라가 노나라를 쳤을 때 제자 유약이 종군한 일을 볼 수 있다. 생각건대 이런 공자 제자들의 노나라에서의 활약이 노나라에서 공자의 가치를 다시 확인시켜 준 결과가 되었을 것이다.

그렇다 치더라도 애공 7년부터 10년까지 4년간은 〈공자세가〉에 의하면 공자는 위나라에 머물렀을 것이고, 〈위세가〉와 〈연표〉에 의하면 진(陳)나라에 머문 것이 된다. 그중 어느 것이 옳다고 확정할 수는 없고, 무엇을 했는지도 분명하지 않다. 〈공자세가〉에 자로와의 문답이 기록돼 있지만, 일단 모르는 상태로 둘 수밖에 없다.

그런데 《좌전》에 의하면 애공 11년에 이르러 이미 위나라에 머물던 공자는 공문자로부터 전쟁의 일을 질문받고 있다. 〈공자세가〉에도 같은 기사가 있지만, 시기를 상세하게 밝히고 있지는 않다. 《좌전》에 의하면 다음과 같다.

겨울에 위나라의 대숙질(大淑疾)이 송나라로 달아났다. 전에, 질(疾)이 송나라 자조(子朝)의 집에서 아내를 맞이하였는데, 그 아내의 여동생이 사랑스러웠다. 자조가 위나라에 있다가 그곳을 떠나니, 위나라의 공문자는 질에게 아내를 내쫓게 하고, 자기 집의 사람을 그의 아내로 삼았다. 그런데 질은 자기를 모시는 측근을 시켜 전처의 여동생을 꼬여서 이(犁)에 살게 하고 그 여자의 집을 지으니, 질은 두 아내를 거느리는 것과 같았다. 이 일을 안 공문자가 노하여 질을 공격하려 했으나, 중니(공자)께서 못 하게 하셨다. ……공문자가 대숙질을 공격하려 하여 중니를 찾아 그 일을 물었다. 그러자 중니는 "예식의 기물에 대해서 배운 일이 있으나, 군사 일에 대해서는 들어본 적이 없습니다"라고 말씀하시고, 수레에 말을 채워 떠나게 하라고 따르는 사람에게 명하셨다. "새는 앉을 나무를 택하는 것이다. 나무가 어찌 새를 택할 수 있겠는가?" 그때 공문자가 황급히 공자를 붙들고 말하기를, "내가 어찌 감히 사사로운 일을 가지고 도모하겠습니까? 나는 위나라의 어려운 일을 물었던 것입니다"라고 했다. 중니께서는 그대로 머무르려고 하셨는데, 노나라 사람이 마침 예물을 드리고 초청했다. 그래서 노나라로 돌아오셨다.

冬, 衛大淑疾出奔宋初, 疾娶於宋子朝, 其娣嬖, 子朝出, 孔文子使疾出其妻, 而妻之, 疾使侍人誘其初妻之娣, 置於犁, 而爲之一宮, 如二妻, 文子怒, 欲攻之, 仲尼止之, …… 孔文子之將攻大叔也, 訪於仲尼, 仲尼曰, "胡簋之事, 則嘗學之矣, 甲兵之事, 未之聞也." 退, 命駕而行, 曰, "鳥則擇木, 木豈能擇鳥." 文子遽止之, 曰, "圉豈敢度其私, 訪衛國之難也." 將止, 魯人以幣召之, 乃歸.

이것에 의하면 공문자는 대숙의 음란함에 얽혀 생겨난 체면 문제로 참을 수 없어 대숙을 공격하려고 했다. 그러나 국내에 미묘한 세력 관계도 있고 세간의 눈도 있어서 한편으로는 공벌(攻伐)의 문제를 공자에게 묻고, 동시에 공자를 이용하여 공벌을 정당화하려고 했다. 그러나 그것은 역효과를 불러 진작부터 귀국 의지가 있던 공자가 이를 계기로 위나라를 떠나는 결과를 가져왔다. 공문자는 극력 이를 막았지만, 때마침 노나라 사람들이 공자에게 귀향을 요청하여, 그를 이유로 공자는 공문자의 회유를 뿌리치고 노나라로 돌아왔다. 덧붙여 공문자는 위나라의 대부로서 영공의 딸을 부인으로 두고 있어 영공이 죽은 후에 위나라 내분의 와중에 미묘한 처지에 놓인 유력자였다. 그가 죽은 후에, 그것은 공자가 노나라로 귀국한 이후의 일일 것이지만 《논어》〈공야장〉편에

자공이 "공문자를 어찌하여 문(文)이라고 시호하였습니까?" 하고 묻자, 선생님께서 다음과 같이 대답하셨다. "명민하면서도 배우기를 좋아하였으며 아랫사람에게 묻기를 부끄럽게 여기지 않았다. 이런 까닭으로 문이라 한 것이다."

子貢問曰 , "孔文子何以謂之文也." 子曰, "敏而好學, 不恥下問, 是以謂之文也."

라고 기록되어 있다. 아마 상당한 인물이었을 것이다.

그런데 노나라 사람들의 귀향 요청에 대해서는 "노나라 사람이 마침 예물을 드리고 초청했다. 그래서 노나라로 돌아오셨다(魯人以幣召之, 乃歸)"고 되어 있는 것으로 보아, 계씨가 자리를 마련하여 공자를 초빙하는 모양새를 띤 것은 아니다. 공자는 자유로운 신분으로 노나라로 되돌아가는 숙원을 이루었을 뿐이다. 그 이후 공자는 국로로 노나라에서 존중받았지만, 관직의 녹은 받지 않았다. 생각건대 공자가 10여 년 전에 관심을 버리고 망명길에 올라 노나라를 떠난 것은 노나라에서 실현할 수 없었던 이상을 천하 어딘가에서 실현할 길을 찾으려 한 것이다. 또 노나라에 머물 때 예상되는 정적과의 대립이나 분란을 미연에 피하고자 했던 것이다. 이제는 인정도 변하고 세태도 변해, 이전의 정적은 대개 영락하고 노나라에 남아 있던 제자들도 성장했고 노나라 사람들이 공자를 따르는 분위기도 무르익었다. 그러므로 이곳에서 공자가 어느새 정치적으로 어떤 야심도 품고 있지 않다는 태도를 보여주기만 한다면, 국로라는 사회적 지위를 이용해 교육과 문화 사업에 전념하겠다는 평소의 희망을 관철할 수 있는 입장이다. 위나라 공문자가 공자를 활용하고자 하는 뜻을 거절한 것도 사소한 것에 구속되어 절개를 더럽히는 일을 피함과 동시에 정권에 야심이 없음을 분명하게 보여준 것이다. 또 노나라로 귀국하자마자 계손이 공자의 명망을 활용하고자 말을 꺼낸 상담도 멋지게 거절했다. 즉, 애공 11년《좌전》에 다음과 같은 기사가 있다.

노나라의 계손씨가 서로 토지세를 매기려고 하여, 염유로 하여금 중니에게 그 일을 묻게 했다. 그때 중니께서는 "나는 그런 일을 모르네"라고 하셨다. 세 번이나 물었다. 그런데도 모른다고만 하셨다. 그러자 끝내는 계손씨가 말하기를, "선생님은 국가의 고문이시니, 선생님의 말씀이 있기를 기다려 시행하려는데 어찌하면 좋습니까? 선생님이 말씀을 해주시지 않으니!"라고 하였다. 이 말에 대해서 중니께서는 아무 대답도 하지 않았지만, 염유에게 개인적으로 말씀하셨다. "군자가 일을 행함에 예의에 맞는지를 헤아리는 것이다. 사람들에게 혜택을 베풂에 후하게 하고, 일은 도를 벗어나지 않게 시키며, 징세는 적게 하는 것이다. 이같이 한다면, 종래의 구부법(九賦法)으로 징수하여도 충분할 것이다. 만약 예의를 헤아리지 않고, 거두어들이기에 탐을 내어 한이 없다면, 새로운 토지세를 부과한다 하더라도 장차 역시 부족할 것이다. 그리고 계손씨가 만약 행함에 법에 맞도록 하고자 한다면, 주공께서 정하신 법이 있다. 만약 마음대로 행하고자 한다면, 또 어찌 나에게 물을 필요가 있겠느냐?" 그러나 계손씨는 이 말을 받아들이지 않았다.

季孫慾以田賦, 使冉有訪諸仲尼, 仲尼曰, "丘不識也." 三發, 卒曰, "子爲國老, 待子而行, 若之何子之不言也." 仲尼不對, 而私於冉有曰, "君子之行也, 度於禮, 施取其厚, 事擧其中, 斂從其薄, 如是則以丘亦足矣, 若不度於禮, 而貪冒無厭, 則雖以田賦, 將又不足, 且子季孫若欲行而法, 則周公之典在, 若欲苟而行, 又何訪焉." 弗聽.

재야의 국가 원로로 의연한 태도를 보여주어, 정치평론가·사회비평가·교육자로서의 입지를 명확하게 한 동시에 정권에 대해서는 전혀 야심이 없다는 뜻을 선언한 것이다. 주도면밀한 준비성을 살필 수 있다.

7

이상, 공자의 10여 년에 걸친 천하유력에 대해 사견을 장황하게 피력했지만, 도대체 공자가 왜, 어떻게 해서, 또 어떤 해에 천하유력의 여정에 올랐는지를 규명하는 일은 대전제로 남아 있다. 그러나 이것은 커다란 문제여서 사건을 상술하는 일은 후일로 미루고 싶다. 지금은 고증을 반성하면서 사건의 개요를 간략히 기록하는 데 국한한다.

대체로 공자의 인생행로는 빈곤한 유소년 시대부터 일정한 스승(《논어》〈자장〉 22 참조—옮긴이)이 없다는 의미에서 독학과 고학의 길에 있었다. 그는 사족의 보통교육인 육예(예·악·사·어·서·수)를 익힌 후에는, 혼란스러운 세상에서 국가·사회의 올바른 질서와 인간이 마땅히 그러해야 할 모습을 구해 면학에 힘쓰고 삼대 문화에 침잠하면서 주공과 그 제도의 모델을 발견했다. 그래서 서른 살에 이미 독자적인 관점을 수립한 학자였다고 언급된다. 그 후 종사할 공직을 구하면서 자신의 이상 실현을 향해 착실히 연구를 쌓아나갔지만, 그 사이 아마 임시직과 자제 교육으로 생활을 꾸려갔을 것이다. 30대 후반에서 40대에 걸쳐서 제나라로 유학한 경험도 있고, 혹독한 세상 인정을 경험하면서 다년간 쓰라린 시련으로 단련되어 서서히 두각을 나타냈다. 처음 공직에 오른 것은 50세 무렵으로 중도재가 초임의 직이다. 노나라 조당에서 정사에 종사하게 된 것은 정공 10년(기원전 500년, 공자 52~53세)으로, 노공(魯公)이 제후와 협곡의 회맹 때 상의 직책으로 노공을 수행해 수완을 발휘한 일이다. 이 경우 상은 재상이 아니라, 외교 의례를 집행하는 노나라의 사무장으로, 당시 대사구였던 공자가 이 회맹을 위해 임시로 겸했을 것이다. 이 협곡의 회맹이 성공한 이후 공자는 정공의 두터운 신임을 받고 대사구의 직책으로 있으면서 이윽고 대부로서 집정 삼가하에서 노나라 정사에 참여하게 되지만, 공자로서는 이때가 바로 몇 해 전부터의 연구를 거듭해 온 이상을 노나라에서 실현할 기회였다. 그러나 거기에는 산더미 같은 난제가 가로막고 있었다. 당시 노나라 정권은 실력자인 삼가의 수중에 떨어져서 정공은 허수아비 왕의 자리를 차지하고 있는 데 지나지 않았기에 삼가의 횡포와 이들 사이의 권력 투쟁은 노나라의 암 덩어리였다. 그래서 공자가 여러 해에 걸쳐 연구한 이상에 비추어 말한다면, 국가·사회의 질서를 정상적인 모습으로 되돌리기 위해서는 삼가의 권력을 억눌러서 군권을 회복하지 않으면 안 되었다. 물론 여러 해에 걸쳐서 노나라 내부 구석구석까지 잠식해 간 삼가의 세력은 갑자기 신임을 얻어 국정에 참여한 공자가 대적할 상대가 아니었다. 승패는 처음부터 분명했다. 그러나 공직으로 정사에 참여하는 이상 삼가의 횡포를 좌시한다는 것은 공자의 신념이 허락하지 않았다. 게다가 공자의 인물·역량을 신뢰한 정공이 노나라의 문란을 해결해 주리라 공자에게 기대했다면, 공자와 삼가의 충돌은 불가피했다. 말하자면 공자는 후지와라 도키히라(藤原詩平)에 대한 스가와라노 미치자네(菅原道實)와 같은 운명이었다〔후지와라 도키히라(871~909)는 천황을 대신해 막강한 권력을 휘두른 아버지의 뒤를 이어 전횡을 일삼던 인물이다. 스가와라노 미치자네(845~903)는 천황이 중용한 인물로 둘은 후지와라의 전횡에 저항했으나 끝내 뜻을 이루지 못하고, 도리어 후지와라에 의해 좌천을 당하는 등 온갖 고초를 겪었다. 스가와라노 미치자네는 오늘날 '학문의 신'이자 천신(天神)으로 숭상받은 인물이다─옮긴이〕. 물론 이것을 공자가 자각하지 않았을 리 없다. 《공양전》에 "공자께서 계손에게 가서 행동하는데 3개월 동안 어기지 않았다(孔子行乎季孫 三月不違)"(애공 10·12년)라고 반복해서 말하고 있는 것처럼, 어디까지나 계씨에 대하여 공손한 태도를 취하면서 그의 신임을 얻으면서 명분을 갖고 이끄는 방법을 신중하게 고려했을 것이다. 그리고 3년 후 그 결과로 나온 것이 삼도를 허무는 정책이었다. 이 일에 앞서서 용기와 실행력이 풍부한 공자의 고제자인 자로가 계씨의 가신으로 있으면서 포석을 깔아놓은 것이 주목된다. 삼도를 허무는 정책이란 삼가가 각자 지니고 있는 유력한 무장 도성을 하나씩 삼가 자신의 손으로 무장 해제하는 것이다. 당시 삼가는 많은 채읍과 도성을 갖고 있어서 노나라에서 확고한 세력을 구축하고 있었지만, 동시에 그들 무장 도성이 삼가에 대한 반란을 일으킬지도 모른다는 두려움으로 골치를 앓고 있었다. 그러므로 이 점에 착안하여 맹손씨는 성(成)을, 숙손씨는 후(郈)를, 계손씨는 비(費)를 각자 자신의 손으로 무장 해제하자는 것이었다. 이렇게 되면 삼가는 상호 세력의 균형을 무너뜨리지 않으면서 각자 반란의 두려움을 눅일 수 있지만, 동시에 삼가의 무력이 일거에 약해지는 것이어서 그만큼 군권이 강하게 될 것은 뻔한 이치였다. 그런데 이 정책을 실행에 옮기는 과정에서, 숙손씨가 먼저 후를 허물고, 연달아서 계씨가 비를 허무는 데 마침내 성공했지만, 마지막으로 맹손씨는 성을 허물지 않고 외려 정비했다. 이 정책이 공자의 머릿속에서 나온 것은 맞지만, 공자는 표면에 나서는 것을 극력 피하고 모두 삼가가 자발적 협정에 합의해 행한 모양새를 취했다. 계씨가 비를 허물 때, 비의 반란군이 공실과 계씨의 저택에 난입했을 때에만 공자는 사구의 권한을 발동하여 진정시켰다.

노련한 공자의 개혁 정책은 불행히도 중도에 좌절되었다. 한편으로 공자의 합리적인 정견에 대해 노나라 정치를 주무르던 세력의 의식이 간단히 따라왔을 리 없고, 자로에 대한 중상도 《논어》(〈헌문〉 38)에 보인다. 이웃 나라인 제나라도 노나라의 강화 정책에 관심을 보이지 않았을 리 없다. 사태는 필연적으로 공자에게 불리했다. 공자로서는 처음부터 성사 여부의 결정을 삼도를 허무는 정책에 걸었고 실패하면 기회를 보아 사직하고 물러날 결심을 했을 것이다. 그러나 막중한 책임을 지는 처지고 보면 객관적으로 받아들일 수 없는 이유로는 사직이 불가능하다. 삼도를 허무는 정책의 실패는 본질적으로는 공자의 사의를 굳히게 만들었을 테지만, 공자는 표면에 나서지 않았기 때문에 이것만으로는 사직의 이유가 충분하지 않았다. 《논어》(〈미자〉편)와 《사기》(〈노세가〉·〈연표〉·〈공자세가〉)는 제나라로부터 여악이 와서 계환자가 그것에 마음이 끌려서 정치를 소홀히 했던 것이 공자가 사의를 표한 원인이라고 말하는 데 반해, 《맹자》(〈고자하〉)와 〈공자세가〉는 교제(郊祭)의 번육이 대부들에게 분배되지 않았던 비례(非禮)가 공자가 떠난 원인이라고 말한다. 이런 일들은 모두 맹자의 이른바 "징죄(徵罪)"로, 사직의 원인을 정돈하는 구실에 불과하다. 마침내 삼도를 허무는 정책의 실패가 확실시된 것은 정공 12년 겨울 12월(《좌전》)이고, 교제는 13년 봄의 일이었을 것이다. 따라서 공자의 사직은 그때의 일이었을 테다. 공자는 사직하는 즉시 노나라를 떠나서 위나라로 갔다. 그렇다면 공자가 위나라로 간 것은 정공 13년(기원전 497년, 공자 55~56세)이 된다. 〈위세가〉와 〈연표〉에서 공자가 위나라로 간 것이 정공 13년에 해당하는 것으로 보는 것이 옳고, 〈노세가〉와 〈연표〉가 12년에 공자가 노나라를 떠났다는 것과 〈공자세가〉가 14년에 위나라로 갔다는 것은 이설(異說)일 것이다. 덧붙여서 〈공자세가〉가 뒷날 공자가 유력으로부터 노나라로 귀국한 해를 헤아려서 "노나라를 떠난 지 14년 만에"라고 했는데, 만약 이 숫자의 전승이 틀림없다면, 공자가 노나라로 귀국한 것은 마침 애공 11년이 되고, 〈위세가〉와 〈연표〉 그리고 위나라 및 노나라 등의 기사에 합치한다.

그렇다면 공자는 사직 후 무슨 이유로 노나라에 머무르지 않고 유력을 택한 것일까? 생각건대 공자는 자기 정책의 실패와 사태의 불리함을 보고 미련 없이 사직했지만, 그가 구도심과 신념에서까지 좌절했을 것 같지는 않다. 물론 여하한 일에 조우해서도 그에 아주 잘 대처하여 때가 되면 이상 실현을 위해 노력하자는 "늘 그러한" 태도가 오랫동안 지녀온 주의여서 당장의 정책 실패와 사태의 불리함에 처해 어떻게 잘 대처할 것인가라는 주제야말로 그의 생명을 건 문제였음에 틀림없다. 어려서부터 천하에 마땅히 실현되어야 할 질서로서 예의 이상을 마음속에 그리고 그것에 준해서 행동하고자 힘써온 공자로서는 이상과 거리가 먼 현실의 난세에 처신하는 군자의 출처진퇴에 대해서도 평소 깊이 연구했을 터다. 그러니까 50세에 이르기까지 계속 정당한 기회를 얻지 못해 공직에 나아가지 않았고, 또 한 차례 모처럼 맞이한 정권의 자리를 아낌없이 버리고 떠났다. 그리고 사직 후에 어떻게 행동하고 어떻게 살 것인가도 결국 군자의 출처진퇴와 관련한 그의 평소 생각을 실현할 방편이기도 했다. 그렇다면 공자가 생각한 군자의 출처진퇴의 원칙은 무엇이었을까? 생각건대 군자는 인간의 무리 가운데 탁월한 존재로서 정치·문화·도덕적으로 사회 지도 계급이다. 그래서 군자로서 몸을 지키며 끝까지 살아가기 위해서는 다음과 같아야 한다.

1. 좋은 기회를 만나 정권을 잡은 경우에는 수완을 잘 발휘해 인정(仁政)을 베풀지만, 사정상 그 뜻을 방해받아 제대로 행할 수 없을 때는 미련 없이 자리를 떠나야 한다. 하는 일 없이 자리만 차지하고 있으면서 녹을 받아먹는 시위소찬(尸位素餐)은 군자가 취하지 않는다.

○ 선생님께서 안연에게 일러 말씀하셨다. "등용되면〔도를〕행하고, 버림받으면〔도를〕간직하는 일은 오직 나와 너만이 할 수 있을 것이다."
子謂顏淵曰, "用之則行, 舍之則藏, 惟我與爾有是夫."《논어》〈술이〉편)

○ 선생님께서 말씀하셨다. "……군자답구나, 거백옥이여! 나라에 도가 있으면 벼슬을 하고, 나라에 도가 없으면 거두어 속에 감추어두는구나!"
子曰, "……君子哉, 蘧伯玉, 邦有道則仕, 邦無道則可卷而懷之."《논어》〈위령

이상은 이런 원칙을 보여준다. 공자가 모처럼 정권을 잡았으나 불과 3년을 채우지 못하고 미련 없이 떠난 것도 이 원칙에 의한 것이다.

2. 군자가 뜻을 얻지 못해 재야에 있을 때, 즉 지도자 계급에 속해야 마땅할 군자가 피지배자의 처지에 있을 때는 어떻게 하는 것이 좋은가? 대개 정치는 지배자와 피지배자 양자가 있어야 비로소 성립하기 때문에, 군자가 불행하게도 피지배자의 처지일 때는 홀로 몸을 닦고, 집을 가지런히 하고, 향리 주위를 감화시켜 지배자가 인정을 실행할 수 없을 상태의 사회라 할지라도 자기 생활의 주위에서만이라도 도를 실현해야 한다. 이것은 간접적으로 인정에 참여하는 것이다.

○ 어떤 사람이 공자에게 물었다. "선생님께서는 왜 정치에 참여하지 않습니까?" 선생님께서 말씀하셨다. "《서(書)》에 '효도하라, 오직 효도하라, 형제 간에 우애하여 〔이러한 기풍이〕 정치에까지 이르게 하라'라고 하였다. 이것도 역시 정치에 참여하는 것이니, 어찌 벼슬자리에 앉아야만 정치하는 것이겠는가?"

或謂孔子曰, "子奚不爲政." 子曰, "'書云 孝乎惟孝, 友于兄弟, 施於有政.' 是亦爲政, 奚其爲爲政." 《논어》〈위정〉편)

여기서 공자의 말은 이 원칙을 설명하고 있다.

3. 사회 분업 구조로 말하자면 생산자도 아니고 상인도 아닌 군자가 녹봉을 받

지 않고 재야에 있을 때는 어떻게 생활하면 좋을까? 생각건대 공자는 제자를 가르치며 속수(束脩)를 받아 생활의 중요한 수단으로 삼았을 테지만, 자주 위정자의 고문이 되기도 하고, 후원자로부터 대우를 받기도 하고 사람들로부터 의뢰받은 것을 해결해 주고 사례를 받기도 했을 것이다. 그 외 맹자가 말한 것처럼 임시직에 해당하는 하급 직원이 되기도 하고, 임시직에 종사하거나, 혹은 약간의 경작을 그만둘 수 없는 경우도 있었을 것이다. 그러나어쨌든 군자의 본령을 잃어버리고 품위를 손상해서는 안 되었다. 당연히 군자다움을 버리고 완전히 농민이나 상인이 되는 것도 공자의 주의로서는 용서받지 못할 일이다.

이상이 공자의 출처진퇴의 원칙이었다. 이 원칙을 실마리로 공자가 사직과 동시에 천하유력의 길에 나선 진의를 추구해 보면 다음과 같은 모양을 고찰할 수 있다.

a 군자가 뜻을 행할 수 없어 재야로 나온 경우라도 군자의 본령을 버리고 품위를 손상해서는 안 되므로, 만약 집에 재산이 있어서 당분간 생활하는 데 어려움이 없다고 해도 거짓으로 미친 체하는 것과 같은 방법으로 관직에서 물러나서는 안 된다. 군자의 본령으로부터의 도피일 뿐만 아니라 품위를 손상하는 일이기 때문이다. 또 시골로 몸을 피해 완전히 농민이 되거나 시정(市井) 일에 몰두해 직인이나 상인이 되는 것도 좋지 않다. 그렇다면 공자가 노나라에서 정권에 사의를 표한 경우, 노나라에 머무르면서 군자의 품위를 유지하면서 생활하고자 한다면 여러 제자를 모아 양성하면서 일부 위정자의 고문이 되거나 지원자의 대우를 기대해야 한다. 그러나 지금의 경우, 그렇게 한다면 정권에 야심이 있다는 의심을 받을 게 뻔하고, 요로에 있는 정치가에

대한 은연중의 압력이 되어 군사를 출동시키거나 내란을 초래할지도 모른다. 그래서 군자는 어떠한 사정이 있어도 사회질서를 어지럽히는 결과를 초래하는 일만은 반드시 피해야 한다. 그렇다면 국외로 망명하는 수밖에 없다.

b 자신이 국외로 망명한다면 지금까지 자신이 양성해 온 제자들과 자기 무리의 선비 중 일부는 자신을 따라오겠지만 일부는 사방으로 흩어지고, 또 일부는 노나라에 남을 것이다. 앞으로의 노나라에서의 제자 교육은 남은 제자들을 통해 얼마간은 행해질 것이다. 또 자신은 앞으로 일부 제자를 이끌고 여러 나라를 방문할 텐데 그때 반드시 자신의 도를 천하 각지에 보급하도록 하자. 이것은 장래에 자신의 이상을 천하에 실현하는 데 도움이 될 것이다.

c 천하를 돌아다니다 보면 무엇보다도 천하 각국의 정세를 살피고, 정치와 문화의 구체적인 존재 방식을 깊고 넓게 연구하는 것이 가능하고, 교제를 넓혀 천하의 군자와 관계를 맺는 일도 가능할 것이다. 그리고 만약 자신을 이해하는 군주가 있다면, 누가 됐든 그를 섬겨 그곳에서 인정(仁政)을 행해보자. 그러므로 지금 인정의 대상은 노나라 일국에 한정할 게 아니라, 곧 천하이고 인류다.

이상이 공자의 천하 유세에 대한 사고방식이고 태도였다면, 이는 정말로 험한 길이다. 세인이 그 진의를 이해하지 않는다면 야심가라고 오해하거나 혹은 상식을 의심하는 것도 무리는 아니다. 그러나 곤란을 각오하고 확고한 신념으로 이 길을 추진했다면, 더할 나위 없이 전향적인 태도였다고 말할 수 있다.

8

공자의 천하 유세에 대해서는 더 논할 바가 매우 많으나 지금은 자세한 논의는 뒤로 미루고 그중 한두 가지만 지적하고 일단 이 장을 마치고자 한다.

공자의 유세가 14년간에 걸쳐서 위→포→위→광→송→진→채→ 섭→진→위로 계속되었다고 보았지만, 그가 각지에서 무엇을 보고 무 슨 생각을 하고 무엇을 했는지는 여태까지 전부 서술하지 않았다. 특히 위나라에 대해서는 《논어》 20장에 걸쳐 관련 기사가 있으므로 언급할 것 역시 매우 많다. 이것이 한 가지다.

공자가 망명·유세의 대상으로 어째서 위→진 코스를 택했는지도 한 가지 문제다. 생각건대 제나라로 가지 않은 것은 일찍이 유년에 제나라에 서 유학하여 그곳 실정을 알고 있었고, 그곳에서는 이상 실현의 여지가 없음을 알았기 때문일 것이다. 그러나 당시 천하 정세로 볼 때 북방 여러 나라의 중심인 진(晉)나라와 남방 여러 나라의 중심인 초나라에는 갈 의지 가 있었을지도 모르지만 실제로는 가지 않았다. 단, 초나라와는 진·채에 서 접촉했던 것은 사실이다. 또 정나라에 관한 기사는 《논어》에 4장이 있 고 몇몇 설화도 전하지만 이것도 송·진 사이에서 다소 접촉한 정도일 것 이다. 이런 것들의 실정에 대해서도 아직 아무것도 논하지 않았다. 이것 이 또 한 가지다.

셋째로, 공자의 천하 유세를 좇은 제자에 대해 한마디 하자면, 《논어》 의 위나라에 관한 기사를 보면, 자로·염유·자공 세 사람은 처음부터 유 세의 대열에 있었던 것이 분명하다. 무엇보다도 《좌전》에 의하면 정공 15년 봄, 주(邾)의 은공이 노나라에 왔을 때, 자공은 친히 그 예를 살펴보 았고 애공 7년 증(鄫)의 모임에는 계강자의 청에 의해 교섭을 담당했기 때문에, 그때는 일시적으로 공자의 허락을 받아 유세의 대열에서 떨어져 나가게 되었다. 또 광 땅의 어려움을 기록한 《논어》〈선진〉편의 글에 안연이 등장하므로 그도 유세의 대열에 속한 게 분명하다. 그런데 이른바 공문의 십철(十哲)이라는 말도 있지만, 《논어》〈선진〉편에 다음과 같이 되어 있다.

> 선생님께서 말씀하셨다. "나를 따라 진나라와 채나라에 갔던 문인들이 하나도 제대로 등용되지 못했다. 덕행에는 안연·민자건·염백우(冉伯牛)·중궁이 뛰어나고, 언어에는 재아(宰我)·자공이 능하고, 정사에는 염유·계로(季路)가 밝았고, 문학에는 자유·자하가 능통했다(이 번역에 대해서는 의견이 다양하다. 주자의 의견에 따르면 다음과 같이 번역할 수 있다. "나를 진나라와 채나라에서 따르던 자들이 〔지금〕 모두 문하에 있지 않구나!" 이 부분의 해석에 대해서는 저자가 본문에서 좀더 상세하게 다루고 있다―옮긴이)."
> 子曰, "從我於陳·蔡者, 皆不及門也." 德行顏淵·閔子騫·冉伯牛·仲弓, 言語宰我·子貢, 政事冉有·季路, 文學子游·子夏.

이 문장에 대해서는 예로부터 여러 다른 해석이 존재한다. "개불급문(皆不及門)"을 고주에서는 "모두 사진(仕進)의 문(벼슬길로 들어가는 문)에 미치지 못하여 당연히 얻어야 할 자리를 얻지 못하였다(皆不及仕進之門, 而失其所)"라고 말하고, 주희의 신주에서는 "이때에는 모두 문하에 있지 않았으므로, 공자께서 그들을 생각하신 것이다(此時皆不在門, 故孔子思之)"라고 이해하고 있다. 생각건대 이 말은 진·채 당시를 후년 노나라에 있을 때 추억한 말이지만, 노나라로 귀국한 이후에 대해서 보자면, 이 열 사람이 전부 벼슬길에 나아가지 못하고 빈둥거리던 시점을 고찰하기는 힘들고 또 이 열 사람이 혹은 벼슬길에 나아가고 혹은 죽어서 전부 공자의 곁에 있지 않았던 시점도 고찰하기 힘들다. 물론 "진·채에서 어려움을 겪을 당시 이 열 사람은 전부 아직 벼슬길에 오르지 못한 낭인이어서 그런 의미에서도 그 시절은 일대 사건이었다"고 술회한 것으로 볼 수 있다. 그러나 안연 이하 제자의 이름을 모두 자(字)로 호명하고 있기 때문에 공자의 말은 아니고, 공자의 말은 최초의 두 구(句)만 해당할 것이리라. 그렇다면 이하 "덕행에는 안연·민자건……(德行顔淵·閔子騫……)"은 공자의 직제자 사이에 발생한 전송으로, 공자가 제자들을 생각해 한 말을 짧은 서두로 삼아서 공문(孔文)에 인재가 많음을 자랑스럽게 서술한 것으로 보아도 좋다. 그렇다면, 이 열 사람 모두가 진·채에서 어려움을 겪을 때 반드시 공자를 따르고 있었다고 여길 필요는 없다.

여전히 유세의 의미에 대해 한마디 하자면, 어려움의 연속이었던 14년간의 유세는 공자 자신의 생애로 보나 그것이 당시 사회에 끼친 영향으로 보나 또 훗날 전국제자(戰國諸子)의 유세의 근원을 이룬 점으로 보나 대단히 유의미하다. 당시 및 후대에 미친 다각적 영향에 대해서는 별도의 기회에 고찰하기로 하고, 지금은 《논어》〈위정〉편의 다음 두 구에 주목하고 싶다.

나는 …… 쉰 살에 천명을 알았고, 예순 살에 다른 사람의 말을 들으면 곧 그 이치를 알고 따를 수 있었고, ……

吾 …… 五十而知天命, 六十而耳順, ……

앞서 언급한 것처럼, 노정공 10년(기원전 500년, 공자 52~53세)에 공자는 노공의 상으로 협곡의 회맹에 따라가 뛰어난 수완을 발휘했지만, 그때 이미 노나라 사구로서 공자가 처음 공직에 오른 때는 그의 나이 쉰 살 무렵이 었다. 그리고 협곡의 회맹 이후 아마 정공 13년(기원전 497년, 공자 55~56세)에 사직하여 노나라를 떠날 때까지 요로에 있으면서 국정에 참여했다. 그렇다면 그가 "천명을 알았다"는 쉰 살은 마침 처음으로 공직에 나가 관료 생활을 시작한 때에 해당한다. 빈곤하게 성장하여 "열다섯 살에 학문에 뜻을 둔" 이래 죽 전심으로 추구해 온 도는 도덕주의의 정치 방식을 확립하여 그것에 의해 이상적인 국가·사회를 실현하는 것이었다. 서른 살에 이르러 독자적인 길을 걷는 학자로서 인정받고, 마흔 살에 이르러 점차 자신의 도에 자신감을 얻어 안정된 인물로 성장했지만, 이제 쉰 살에 이르러 처음으로 공직에 나가 여러 해 동안 행한 연구를 실행에 옮겨야 할 처지가 된 셈이다. 그 길에 극도로 힘들 것이라는 점은 당연히 예상되지만 그와 더불어 지금이야말로 이 도에 온몸을 바치자는 의욕도 충만했다. 그것과 관련하여 자기의 사명을 새삼스럽게 깊이 자각하는 것과 아울러 어디까지 할 수 있을지 모르지만 어차피 능력에 한계가 있음을 통감하여 각오를 새롭게 했음에 틀림없다. 이것이 "쉰 살에 천명을 알았고"라는 말일 것이다. 무엇보다도 "쉰 살에"라는 것은 정확히 50세가 아니라 50세 경 혹은 50줄 정도의 의미일지도 모른다. "서른 살에"·"마흔 살에"·"예순 살에"·"일흔 살에"도 사정은 동일하다. 하여간 50세경의 취직부터 시작하여 이윽고 국정에 참여하고 또 곧 실각하여 노나라를 떠날 때까지의 수년간은 깊이 "천명을 자각한" 시기다. 그리고 55~56세에 노나라를 떠나서 유력의 길에 올라 숱한 경험을 쌓아 68~69세에 노나라로 되돌아올 때까지 14년 사이에 그는 60세를 맞이했다. "예순 살에 다른 사람의 말을 들으면 곧 그 이치를 알고 따를 수 있었고"는 그가 그 기간에 사람의 말의 표리를 즉각 통찰할 수 있는, 세상의 쓴맛 단맛을 다 본 사람으로 성장했음을 의미한다. 생각건대 사회의 여러 사람의 가지각색의 행동은 옳고 그름에 관계없이 부패와 타락을 포함한다. 모두 각자에 적합한 사정과 원인이 있어 일어난 일로 각자의 입장을 잘 이해한다면 어느 것이라도 어쩔 수 없는 면이 있다. 물론 그렇다고 해서 그른 일을 시인하는 것이 아니라, 오히려 나쁜 일을 일으키는 원인을 제거하는 데 힘을 써야 한다. 어쨌든 그런 사물의 진상의 표리를 무엇을 들어도 즉시 저항 없이 이해할 수 있게 되었다는 것을 "다른 사람의 말을 들으면 곧 그 이치를 알고 따를 수 있었고"라고 말한 것이다. 이루 말할 수 없는 오랜 유세의 어려움이 공자를 다시 생장시켜서 그는 참으로 세상에서 산전수전을 다 겪은 사람이 되었다. 그러므로 만년에 노나라에서 교육에 종사하는 동안 인격의 완성에 이를 수 있었던 것은 이 유세 기간에 준비를 마쳤기 때문이라고 할 수 있을 것이다.

제5장

공자의 만년과 그 사업

제1절 만년의 공자

1

《좌전》에 의하면 공자가 천하유력을 끝내고 노나라로 돌아온 때는 애공 11년 겨울(기원전 484년, 공자 68~69세)이다. 그리고 공자가 죽은 것은 《좌전》에 의하면 애공 16년(기원전 479년, 공자 73~74세) 4월 기축으로, 그동안이라고 해봐야 만 4년 반밖에 안 되는 짧은 기간이다. 그러나 이 기간의 업적은 그의 생애에 걸친 사업의 총결산이자 학자로서 또 교육자로서 후세를 위해 실마리를 제시하고 계통을 이어준 진실로 위대한 것이다. 무엇보다도 당시 그 자신의 사회적 위치는 말하자면 일이 뜻대로 풀리지 않아 정치가로서 생명은 이미 끝났고 불우한 처지에서 만년을 지냈다고 해도 틀린 말이 아니다. 그러나 역사적으로 이루어진 판정은 그와 다르다. 그가 생애의 최종 단계에서 이룬 문화 사업과 교육 사업이야말로 세계사에 보기 드문 대성공이었던 것이다. 그는 시종일관 이상주의에 입각해 늘 전향적으로 진리 추구와 그 실현을 의도했기 때문에, 비교적 평온해 보이는 만년이라 할지라도 결코 무사평정을 원했던 것은 아니다. 더구나 그 신변에는 불행한 사건이 잇따라서 일어났다. 그러나 그는 이런 사건을 견뎌내고 나이가 들어 약해진 심신과 싸우면서 의연하게 인류의 장래를 위해 자신의 생명을 모조리 불태운 지조가 있다. 그리고 《논어》의 여러 장이 전하는 바처럼, 그 자신이 "일흔 살에 마음 내키는 대로 해도 규범에 벗어나지 않았다"《논어》〈위정〉고 술회한 것처럼 진실로 자유로운 경지에 이른 투철한 성자의 모습을 보여준 것도 이 시기다.

이제 이 4년 반에 걸쳐 그의 신변에 일어난 사건을 개관하고 그 위에서 그가 행한 문화 사업과 교육 사업에 대해 고찰하고자 한다.

2

《논어》 등의 기사에 의하면 만년에 이른 공자의 신변에 일어난 사건으로, 장남 백어(伯魚)의 죽음, 애제자 안연의 죽음, 공자 자신의 큰 병, 애제자 자로의 죽음 등을 들 수 있다. 이 네 가지 중에는 장남 백어의 죽음이 가장 일렀을 터다.

백어의 죽음을 직접 기술한 기사는 없지만, 《논어》〈선진〉편에 다음과 같이 되어 있다.

안연이 죽자 안로(顔路)가 선생님의 수레를 처분해 덧널을 마련하고자 청했다. 선생님께서 말씀하셨다. "잘났거나 못났거나 역시 각각 제 자식이라고 말하지 않습니까? 내 자식 이(鯉)가 죽었을 때, 관은 있어도 덧널은 없었소.

내가 걸어 다니면서까지 그의 덧널을 마련할 수는 없었소. 내가 대부의 뒤를 따르기 때문에 걸어 다닐 수는 없지요."

顔淵死, 顔路請子之車, 以爲之槨, 子曰, "才不才, 亦各言其子也, 鯉也死, 有棺而無槨, 吾不徒行以爲之槨, 以吾從大夫之後, 不可徒行也."

안연의 아버지 안로가 안연을 매장하기 위해 공자의 수레를 처분하여 덧널을 만들고 싶다고 요청했지만, 공자는 허락하지 않았다. 공자는 이(자는 백어)가 죽었을 때 관은 있었지만 덧널은 없었다고 말한다. 어느 때의 일인지는 알 수 없지만, 안연이 죽었을 즈음에 공자가 "내가 대부의 뒤를 따르기 때문에 걸어 다닐 수는 없지요(以吾從大夫之後, 不可徒行也)"라고 말한 것으로 보아 틀림없이 노나라에서 하대부로 임관한 이후의 일이고, 더구나 덧널의 재료로서 수레를 요청받고 이런 모양의 검소한 생활을 연상케 하는 답을 한 것은, 현직 고관으로서 위세가 있었던 때의 일 같지는 않다. 또 오로지 노나라에서 거주하던 안로와의 교섭이기 때문에, 노나라를 떠나 천하를 떠돌아다닐 때의 일도 아니다. 결국 안연의 죽음은 만년에 국로로서 노나라에 거주할 때의 일이다. 그리고 공자는 안연의 죽음을 백어의 죽음과 견주어서 그 취급 방법을 공평하게 고려하여 말했으므로 안연이 공자가 만년에 노나라에 거주할 때 죽었고 백어는 그가 분주했던 천하 유력 시대에 죽었다고 생각하기는 어렵다. 백어는 《논어》에 두 번 나오는데, 한 번은 〈계씨〉편에 다음과 같이 기록되어 있다.

진강(陳亢)이 백어에게 물었다. "그대는 별도로 들은 것이라도 있는가?" 백어가 대답했다. "없습니다. 일찍이 홀로 서 계실 때 제가 종종걸음으로 마당을 지나가자, '시를 배웠느냐?' 하고 물어보셨습니다. '아직 배우지 못했습니다'라고 대답했더니, '시를 배우지 않으면 말을 할 수 없다' 하시기에 물러난 뒤에 시를 배웠습니다. 다른 날에 또 홀로 서 계시는데 제가 종종걸음으로 마당을 지나가니, '예를 배웠느냐?' 하고 물어보셨습니다. '아직 배우지 못했습니다'라고 하니, '예를 배우지 않으면 남 앞에 나설 수가 없느니라' 하시기에 물러난 뒤 예를 배웠습니다. 이 두 가지를 들었습니다." 진강이 물러나 즐거워하며 말하였다. "한 가지를 물었다가 세 가지를 얻었다. 시에 대해서 들었고, 예에 대해서 들었고, 군자가 자기 아들을 제자보다 특별히 가까이하지 않는다는 것을 들었다."

陳亢問於伯魚曰, "子亦有異聞乎." 對曰, "未也, 嘗獨立, 鯉趨而過庭, 曰, '學詩乎.' 對曰, '未也.' '不學詩, 無以言.' 鯉退而學詩, 他日, 又獨立, 鯉趨而過庭, 曰, '學禮乎.' 對曰, '未也.' '不學禮, 無以立.' 鯉退而學禮, 聞斯二者." 陳亢退而喜曰, "問一得三, 聞詩, 聞禮, 又聞君子之遠其子也."

또 한 번은 〈양화〉편에 나온다.

선생님께서 백어에게 이르셨다. "너는 주남과 소남을 배웠느냐? 사람이 주남과 소남을 배우지 않으면, 바로 담벼락을 마주 보고 서 있는 것과 같지 않겠느냐?"

子謂伯魚曰, "女爲周南·召南矣乎, 人而不爲周南·召南, 其猶正牆面而立也與."

이 두 장 다 시와 예의 학습에 대한 교훈을 담고 있는 내용으로, 만년 공문에서 시서예악(詩書禮樂)의 커리큘럼을 정비했을 시기의 일로 보아도 좋다. 게다가 〈계씨〉편에 등장하는 진강은 자공의 제자가 아닐까 싶은 인물로 공자보다 연장자라고 생각할 수 없다. 그가 백어로부터 가정에서 공자의 일을 전해 들은 것은 결국 공자 만년의 일일 것이다. 덧붙여서 그로부터 고찰해 본다면 〈학이〉편에 진강과 자공의 문답이 실려 있는데, 〈학이〉편의 그 부분은 다음과 같다.

> 자금(子禽)이 자공에게 물었다. "선생님께서는 어느 나라에 가시든 그 나라의 정사를 듣게 되시는데, 그것은 스스로 구하신 것인가 아니면 다른 사람이 자진해서 알려드린 것인가?" 자공이 말하였다. "선생님께서는 온순하고 선량하고 공경스럽고 검약하고 겸손했기 때문에 그 나라의 정사를 들으셨다. 선생님께서 구하는 방법은 아마도 다른 사람과 다르지 않겠는가?"
>
> 子禽問於子貢曰, "夫子至於是邦也, 必聞其政, 求之與, 抑與之與." 子貢曰, "夫子溫·良·恭·儉·讓·以得之, 夫子之求之也, 其諸異乎人之求之與."

이 부분은 자공의 후학에 의해 제나라에서 부가된 자료 같다(제2편 4장 1절 참조). 그렇다면 공자가 천하유력 중에 여러 나라에서 정치 상담에 참여한 사실을 자금이 직접 견문하여 자공에게 물은 것은 아니고, 자금은 공자의 천하유력 중의 일을 자공으로부터 전해 듣고 그에 대해 질문했던 것으로 보인다.

하여간 백어의 죽음이나 안연의 죽음은 모두 공자 만년의 일이다. 그리고 안연의 죽음에 대해서는 앞서 나온 예문에서 안로가 수레를 청한 일 외에 〈선진〉편에 여전히 4장에 걸쳐 관련 기사가 있다. 그중 하나는 다음과 같다.

> 계강자가 물었다. "제자 가운데 누가 배우기를 좋아합니까?" 공자께서 대답하셨다. "안회라는 사람이 배우기를 좋아했는데, 불행히도 명이 짧아 일찍

죽었다. 지금은 〔그런 사람이〕 없다."

季康子問, "弟子孰爲好學." 孔子對曰, "有顔回者, 好學, 不幸短命死矣, 今也則亡."

〈옹야〉편에도 이 말과 거의 같은 기사가 있다.

애공이 물었다. "제자 가운데 누가 배우기를 좋아합니까?" 공자께서 대답하
셨다. "안회라는 사람이 배우기를 좋아하여 노여움을 옮기지 않았으며, 같은
허물을 되풀이하지 않았는데, 불행히도 명이 짧아 일찍 죽었습니다. 지금은
없으니, 배우기를 좋아하는 사람에 대해서 듣지 못하였습니다."

哀公問, "弟子孰爲好學." 孔子對曰, "有顔回者, 好學, 不遷怒, 不貳過, 不幸短命死
矣, 今也則亡, 未聞好學者也."

이 두 장 중 하나는 계강자와 공자의 문답이고 다른 하나는 애공과 공자
의 문답으로 되어 있지만, 동일 사건의 이전임에 틀림없다. 그리고 이 사
실은 안연이 죽은 후의 일이지만, 공자가 애공 및 계강자와 말할 기회를
가졌던 것은 연대로 보아 노나라로 귀국한 이후의 만년 이외의 일일 수
없다. 단, "불행히도 명이 짧아 일찍 죽었다(不幸短命死矣)"라는 공자의 말
을 미루어 안연의 죽음을 한층 이른 일로 보는 견해도 있지만, 안연은 공
자보다 30세가 어려서 70세에 가까운 공자가 본다면 장래가 촉망되던 안
연이 40세가량의 나이에 죽은 데 대해 "불행히도 명이 짧아 일찍 죽었다"
고 말해도 부자연스러운 일은 아니다.

ㅇ 안연이 죽자 선생님께서는 "슬프다! 하늘이 나를 망하게 하는구나! 하늘
이 나를 망하게 하는구나!" 하셨다.

顔淵死, 子曰, "噫, 天喪予, 天喪予."(〈선진〉)

○ 안연이 죽으니 선생님께서 통곡하셨다. 모시던 사람이 "선생님, 지나치게 서러워하십니다" 하니, "그렇게 서러워했던가? 저 사람을 위하여 서럽게 울지 않으면 누구를 위하여 그렇게 하겠는가?" 하셨다.

顔淵死, 子哭之慟, 從者曰, "子慟矣." 曰, "有慟乎, 非夫人之爲慟而誰爲."(〈선진〉)

○ 안연이 죽자, 문인들이 후히 장사 지내려 하니, 선생님께서 "옳지 않다" 하셨다. 문인들이 후히 장사 지내자, 선생님께서 말씀하셨다. "회는 나를 아버지처럼 대했는데, 나는 〔그를〕 자식처럼 보지 못했으니, 나의 잘못이 아니라 자네들 때문이다."

顔淵死, 門人欲厚葬之, 子曰, "不可." 門人厚葬之, 子曰, "回也視予猶父也, 予不得視猶子也, 非我也, 夫二三子也."(〈선진〉)

이 세 장은 모두 안연이 죽은 당시의 일이다. 공자가 만년에 교육 사업에 몰두하여 그것에 생애 최후의 희망을 걸었던 때 누구보다도 장래가 촉망되던 안연을 잃었기 때문에 "하늘이 나를 망하게 하는구나!"라는 기개를 표하고 또 "통곡하셨을" 터다. 더구나 〈자한〉편의 안연에 대한 다음 두 가지 일을 보자.

○ 선생님께서 안연을 두고 평하셨다. "애석하도다! 나는 그가 나아지는 것은 보았으나, 멈추는 것은 본 적이 없다."

子謂顔淵曰, "惜乎, 吾見其進也, 未見其止也."

○ 선생님께서 말씀하셨다. "싹이 났으나 꽃이 피지 못하는 경우도 있고, 꽃은 피었으나 열매를 맺지 못하는 경우도 있도다."

子曰, "苗而不秀者, 有矣夫, 秀而不實者, 有矣夫."

공자가 안연을 잃고 애석해하는 것을 볼 수 있으므로 안연이 죽고 나서, 혹은 일을 당했을 때의 말일 것이다.

하여간 백어의 죽음과 안연의 죽음은 정확한 때를 알 수 없으나 모두 공자 만년 4년 반에 속하는 일이 거의 확실하고, 백어의 죽음은 안연의 죽음보다 이르다.

다음으로 공자가 큰 병에 걸린 기사가 《논어》〈술이〉편과 〈자한〉편에 보인다. 〈술이〉편의 내용은 다음과 같다.

> 선생님께서 병환이 위중하시자, 자로가 신에게 기도할 것을 청하였다. 선생 님께서 "이런 이치가 있는가?" 하고 묻자, 자로가 대답하기를 "있습니다. 뇌 문〔誄文, 제문(祭文)〕에 '너를 상하의 신명에게 기도하였다'라는 기록이 있습 니다" 하였다. 선생님께서 "나는 기도한 지가 오래되었다" 하셨다.
>
> 子疾病, 子路請禱, 子曰, "有諸." 子路對曰, "有之, 誄曰, '禱爾于上下神祇.'" 子曰, "丘之禱久矣."

〈자한〉편에는 다음과 같이 기록되어 있다.

> 선생님의 병환이 위독해지자 자로가 문인들에게 신하의 예절로 장례를 준비 하게 했다. 〔선생님께서〕 병환이 좀 나아지자 말씀하셨다. "오래되었구나, 자 로가 속여온 지가! 신하가 없는데도 신하가 있는 듯이 하였으니, 내가 누구 를 속이겠는가? 하늘을 속이는 것인가? 장차 나는 소신(小臣)의 손에서 죽 기보다는 차라리 자네들 손에서 죽고 싶다. 내가 대장(大葬)을 얻지 못한다

고 하더라도 길거리에서야 죽겠는가?"

子疾病, 子路使門人爲臣, 病間日, "久矣哉, 由之行詐也, 無臣而爲有臣, 吾誰欺, 欺天乎, 且予與其死於臣之手也, 無寧死於二三子之手乎, 且予縱不得大葬, 予死於道路乎."

병환에 대한 이 두 기사를 가지고 두 번의 병환인지 아니면 한 번의 병환인지 정확히 알 수는 없다. 그러나 둘 다 죽는가 보다 하고 걱정할 정도로 큰 병이다. 특히 〈자한〉편의 기사를 보면 공자는 이미 현직 고관이 아니어서 가신을 두지 않았던 것 같다. 따라서 결국 만년의 일이다. 그리고 이 두 장 모두에서 자로가 병상에서 시중을 드는 것으로 보아 자로가 죽은 애공 15년(기원전 480, 공자 72~73세) 이전의 일이다.

이상 세 가지 사건, 즉 백어의 죽음, 안연의 죽음, 그리고 공자의 큰 병은 모두 애공 11년 겨울 이후 애공 15년까지의 4년 반 사이에 일어난 일일 것이다. 그리고 만약 이런 일들이 거의 같은 시간 간격을 두고 발생했다면, 대략 매년 슬프고 염려스러운 사건이 공자 신변에 일어난 셈이다. 게다가 애공 14년 봄에는 이른바 기린의 일이 전해지고, 여름에는 제나라의 진항(陳恒)이 군주를 시해한 사건이 발생해 공자가 옷을 갖춰 입고 조정에 나가 애공과 삼가에게 진언을 한 것으로 돼 있기 때문에, 큰 병에 걸린 것은 이 사이의 일일 수 없다.

3

여기서 유명한 기린 사건을 검토해 보자. 《춘추좌씨전(春秋左氏傳)》의 〈경〉·〈전〉, 애공 조항에 다음과 같이 적혀 있다.

〔경〕 14년 봄에, 서쪽 땅에서 사냥하여 기린을 잡았다.

十有四年春, 西狩獲麟.

〔전〕 14년 봄에, 서방의 대야에서 사냥했다. 그때 숙손씨의 수레를 간수하는 사람의 아들인 서상(鉏商)이 기린을 잡아 무엇인지 몰라 불길하다 여겨, 그것을 사냥터를 지키는 사람에게 넘겨주었다. 중니(공자)께서 그것을 자세히 보시고, "이것은 기린이다"라고 말씀하셨다. 이 말씀이 있는 뒤에야 비로소 가치 있는 수확물로 인정되었다.

十四年春, 西狩於大野, 叔孫氏之車子鉏商獲麟, 以爲不祥, 以賜虞人, 仲尼觀之, 曰, "麟也." 然後取之.

기린을 잡은 이 기사는 춘추학(春秋學)에서 무척 중요하게 취급하는데, 《공양전》과 《곡량전(穀梁傳)》에서는 이른바 "기린을 잡은 사건을 글의 끝으로 삼고 있다". 그래서 《공양전》과 《곡량전》에서는 공자가 미언대의(微言大義)를 나타낸 《춘추》의 필산(筆刪, 필법)을 획린(獲麟) 사건으로 종지부를 찍은 것으로 보고 깊은 의미를 비유하여 말한 것으로 이해하고 있다. 좌전학에서도 주석가는 결국 심오한 의미를 지니는 기사로 해석하지만, 《좌전》의 경문 및 전문에서는 위의 기술이 있을 뿐 다시 글을 계속하고 있어, 〈경〉은 16년 "여름 4월 기축날에, 공구께서 세상을 떠나셨다(夏四月 己丑, 孔丘卒)"는 기사에 이르고, 〈전〉은 27년에까지 이른다.

대체로 《춘추》의 경문(經文)에는 일식·혜성·홍수·곤충·메뚜기·눈비·기타 이상하다 싶은 일을 기록한 기사가 여기저기 보이고, 또 제사와 수렵과 그 밖의 행사에 대한 기록이 있다. 그러나 그중에는 일식과 같이 비교적 세밀하게 매회 기술하는 일도 있지만 제사와 수렵 등은 반드시 매회 기록되어 있지는 않다. 특히 대규모로 행해졌다든가 혹은 이례적이라든가 무언가 의미가 있어 기록으로 남겨둘 필요가 있는 것만을 기록한 것 같고, 기록할지 기록하지 않을지에 대한 기준이 있더라도 기술 당시의 사정과 기술자의 판단이 개입했을 여지도 다분하다. 또 오래된 문헌이기에 약간의 결락과 혼란도 있을 것이다. 결국 노나라 역사의 기술 방법에 어느 정도 정식이 있었다고 해도 그다지 고정불변의 면밀한 범례는 아니었을 것이다. 그리고 다시 그 기사를 그것과 대조하여 이해하기 위해 약간 상세한 문헌을 모아서 편술한 《좌전》의 기사와 비교했을 때, 거기에 다소 조밀하지 않은 들쭉날쭉한 곳이 당연히 있었을 것이다. 그러나 춘추학의 입장에서는 경문을 공자의 필법에서 나온 길이길이 전할 대전으로 보고, 〈경〉과 〈전〉을 성경현전으로 이해하여 기록 여부를 가르는 저술 방법에 깊은 의미가 있는 것으로 보기 때문에 《춘추》는 단순한 역사를 넘어 일종의 특이한 역사철학을 전개하는 것이 된다. 그런데 지금 춘추학적 의미는 잠깐 제쳐두고 단순한 사료로서 〈경〉·〈전〉을 조망한다면, 애공 14년의 '획린', 즉 기린을 잡은 기사는 경문에 있는 몇몇 수렵 기사 중 하나다. 기린이라는 불가사의한 짐승을 잡은 일을 기록한 것으로, 〈전〉에 그 수렵의 전말과 그것을 기린으로 판정하기에 이른 이유를 전하고 있는 전설이다. 생각건대 이 전설은 춘추학의 성립·전개와 함께 '획린'을 특별히 중요한 사건으로 보는 의식이 생기는 와중에 성립했을 것이므로 역사적 사실이 아닐지도 모른다. 그러나 비상하게 박식한 공자가 각양각색의 사람으로부터 질문을 받고 그에 답한 전설은 결코 적지 않다. 이 '획린' 전설도 그중 하나다. 그러므로 이 전설이 사실 그대로는 아니라고 해도 수렵으로 획득한 낯선 짐승에 대해 공자가 질문을 받았을 수는 있다. 또 기린이 어진 짐승이어서 그 출현이 태평을 알리는 길조라는 전설은 그 시기에도 있었을 가능성이 있다. 《시경》 주남에 "기린의 발(麟之趾)"이라는 표현이 있으므로 공자 이전부터 기린 전설은 있었을 것이다. 또 《논어》 〈자한〉편에 다음과 같은 기록이 있다.

> 선생님께서 말씀하셨다. "봉황이 오지 아니하며 하도(河圖)가 나타나지 아니하니, 나도 끝났나 보구나!"
> 子曰, "鳳鳥不至, 河不出圖, 吾已矣夫."

《논어》 〈미자〉편에는 다음과 같이 되어 있다.

> 초나라의 미치광이 접여가 공자가 탄 수레 곁을 노래 부르며 지나갔다. "봉황새여! 봉황새여! 어찌하여 덕이 그처럼 쇠하였는가? ……"
> 楚狂接輿, 歌而過孔子曰, "鳳兮鳳兮, 何德之衰, ……"

이런 기록을 보면, 기린 전설과 동류의 길조로 알려진 봉황 전설과 하도의 전설이 공자 시기에 이야기되고 있다. 이로부터 공자 당시에 기린에 대한 길조 전설이 있었다고 유추해 볼 수 있다. 그래서 '획린' 전설을 간단히 후세 사람의 가탁(假託)으로만 단정하는 것은 불가능하고, 공자 당시에 발생했을 가능성도 무시할 수 없다. 다만 예를 들어 《논어》에 "선생님께서는 괴이한 일, 힘센 사람의 일, 정도를 어지럽히는 일, 그리고 귀신에 관한 일은 말씀하지 않으셨다(子不語怪·力·亂·神)"(《술이》)라고 되어 있는 것처럼 미신을 탈피하여 합리적·경험적 태도를 취했던 공자가 봉황·하도·기린 등의 실재를 믿었는지는 의문스럽다. 〈자한〉편의 "봉황이 오지 아니하며 하도가 나타나지 아니하니, 나도 끝났나 보구나!"라고 한 공자의 말을 반드시 봉황과 하도의 미신을 믿었던 것으로 이해할 필요는 없다. 공자가 오랜 신화·전설의 지식을 구사하여 당시의 세정(世情)이 전혀 평화 도래의 조짐이 보이지 않는다며 개탄한 상징적 표현으로 이해된다. 그리고 그것과 마찬가지의 견해를 밀고 나간다면, 《좌전》의 '획린'의 〈전〉에 "……숙손씨의 수레를 간수하는 사람의 아들인 서상이 기린을 잡아 무엇인지 몰라 불길하다 여겨, 그것을 사냥터를 지키는 사람에게 넘겨주었다. 중니께서 그것을 자세히 보시고, '이것은 기린이다'라고 말씀하셨다. 이 말씀이 있는 뒤에야 비로소 가치 있는 수확물로 인정되었다"고 말한 것은 알아볼 수 없는 짐승을 본 공자가 신화·전설의 지식을 바탕으로 "이것이 전설에서 기린이라고 말하는 것인가?"("옛날 사람은 이런 짐승을 모델로 하여 기린의 이미지를 구성했는지도 모른다")라고 한 말이 기린이라고 단정한 것으로 알려졌는지도 모른다. 그렇다면 '획린'의 《좌전》 기사도 이런 의미에서는 사실일 수 있다. 만약 이것을 사실이라고 한다면 이해 봄에 공자는 큰 병으로 앓아누워 있었던 것은 아니다.

덧붙여 《공양전》을 보면 다음과 같이 기록되어 있다.

14년 봄, 서쪽 지방에서 수렵을 했는데 기린을 잡았다. 왜 이를 기재했나? 기이한 일이기 때문이다. 어째서 기이한 일인가? 기린은 중원 지역에 사는 짐승이 아니기 때문이다. 그렇다면 누가 기린을 잡았나? 나무꾼이다. 나무꾼이라면 신분이 낮은 사람인데, 어째서 〔천자나 제후들의 열병 행사에 사용하는 용어인데〕 '수(狩)' 자를 썼나? 이 일을 매우 중대한 일로 본다는 뜻이다. 어째서 이 일을 중대한 일로 보았는가? 기린을 잡았기 때문에 중대한 일로 보는 것이다. 기린을 잡은 것을 어째서 중대한 일로 보는가? 기린이란 어진 짐승이다. 밝은 천자가 다스리는 태평성대에만 나타나고, 명철한 천자가 없으면 나타나지 않는 신성한 짐승이다. 어떤 사람이 기린을 잡은 일을 공자에게 고하며 말하기를 "노루처럼 생겼는데, 머리에 긴 뿔이 달렸습니다"라고 했다. 공자가 이를 듣고 탄식했다. "〔지금 천하에 밝은 천자가 계시지 않은데〕누구를 위하여 왔는가? 누구를 위하여 왔는가?" 소매를 걷어 올려 눈물을 닦았으나, 눈물이 그치지 않고 흘러 옷자락을 흠뻑 적셨다. 안연이 죽었을 때 공자는 이렇게 말하였다. "하늘이 나를 망하게 하는구나!" 자로가 죽었다는 말을 듣고 공자는 한탄했다. "하늘이 나를 끝장내는구나!" 서쪽 지방에서 수렵을 하여 기린을 잡았다는 말을 듣고 공자는 탄식했다. "나의 도가 이제 다 했구나!" 《춘추》는 어째서 은공 대부터 시작했나? 고조부 세대 이래의 일로서 조부가 전해 들은 바 있는 가장 오랜 시기의 역사가 은공 대이기 때문이다. 공자가 직접 목격한 '소공, 애공' 대(소견지세)의 사실에 대해서도 어법과 용어가 다르고, 공자가 아버지로부터 전해 들은 바 있는 '문공, 선공, 성공, 양공' 대(소문지세)의 일에 대해서도 사용한 언사가 다르며, 공자가 조부로부터 전해 들은 앞선 시대, 즉 '은공, 환공, 장공, 민공, 희공' 대(소전문지세)의 일에 대해서는 더욱더 어법과 용어가 다르다. 《춘추》는 어째서 애공 14년 조에서 끝을 맺었나? 공자는 말하였다. "이로써 이미 다 갖추어졌다." 공자는 무엇 때문에 《춘추》를 지었나? 어지러운 세상을 다스리고, 잘못된 세상을 바로잡아 정도를 회복하는 데 《춘추》를 짓는 일보다 더 나은 것이 없었기 때문이다. 그러나 참으로 알지 못하겠다. 공자가 진실로 어지러운 세상을 다스리고 잘못된 세상을 바로잡기 위해 《춘추》를 저술했는가? 아니면 《춘추》를 통해 요순의 도를 찬술하는 것을 즐거워했는가? 요임금과 순임금께서 법도와 예악을 만들어 후세에 남긴 것은 먼 훗날 공자가 나타나 도를 계승하고 발전시켜 나갈 것임을 알고 있었던 것이니, 이 또한 기꺼워하지 않았겠는가? 공자가 《춘추》를 찬술하여 대의를 밝힌 것은, 후세에 밝고 거룩한 제왕들이 나타나 《춘추》를 본받아 치국의 이상을 실현할 것임을 기다린 것이니, 이 또한 큰 기쁨이었을 것이다.

十有四年春, 西狩獲麟, 何以書, 記異也, 何異爾, 非中國之獸也, 然則孰狩之, 薪采
者也, 薪采者則微者也, 曷爲以狩言之, 大之也, 曷爲大之, 爲獲麟大之也, 曷爲獲麟
大之, 麟者仁獸也, 有王者則至, 無王者則不至, 有以告者, 曰, "有麕而角者." 孔子
曰, "孰爲來哉, 孰爲來哉." 反袂拭面, 涕沾袍, 顏淵死, 子曰, "噫, 天喪予." 子路死,
子曰, "噫, 天祝予." 西狩獲麟, 孔子曰, "吾道窮矣." 春秋何以始乎隱, 祖之所逮聞
也, 所見異辭, 所聞異辭, 所傳聞異辭, 何以終乎哀十四年, 曰, 備矣, 君子曷爲爲春
秋, 撥亂世, 反諸正, 莫近諸春秋, 則未知其爲是與, 其諸君子樂道堯舜之道與, 末不
亦樂乎堯舜之知君子也, 制春秋之義, 以俟後聖, 以君子之爲, 亦有樂乎此也.

이 문장은 말할 필요도 없이 《춘추공양전(春秋公羊傳)》(《공양전》)의 마지막
문장이지만, 《좌전》에 의하면 자로의 죽음을 언급한 것은 애공 15년의
일로 '획린'보다 1년 후다. 또 공자가 《춘추》를 지은 진의는 결과적으로
난을 평정하여 올바른 곳으로 돌아가는 데 가장 유효하다고 여겨서이긴
하지만, 그보다는 《춘추》가 요순의 도에 이르는 길이 되기를 원했기 때문
이다. 동시에 요순이 공자의 출현을 예지하여 미리 길을 준비해 둔 것처
럼 자신도 후세, 즉 한나라 제왕의 출현을 예지하여 미리 길을 닦고자 해
서다. 그렇다면 《공양전》의 '획린' 해석 부분의 글은 분명 후세의 작품으
로 아마도 한나라 초기 공양학자의 글일 것이다. '공양주소은공제일(公羊
注疏隱公第一)'이라는 큰 제목 아래 〈소〉에 "한무제 때, 공양수(公羊壽)가 제
자 호모생(胡母生)과 함께 죽백(竹帛)에 필사했다"고 한 것으로 보아, 그즈
음에 정비한 글일 것이다. 《곡량전》도 '획린'으로 글을 끝내며 다음과 같
이 적고 있다.

14년 경신(庚申) 봄에 서쪽 지방에서 수렵하여 기린을 잡았다. 기린을 이끌어 잡은 것이다. 사냥한 지방을 기록하지 않은 것은 사냥하지 않았기 때문이다. 사냥하지 않았는데 '수(狩)'라고 이른 까닭은 기린을 얻은 것을 대단하게 여긴 것으로 대단한 것에 어울리게 여긴 것이다. 그것을 '내(來)'라고 말하지 않은 것은 기린이 중국의 밖에 있는 동물이 아니기 때문이다. '유(有)'라고 말하지 않은 것은 기린이란 중국에 항상 존재하지 않을 뿐 아니라 영원히 존재하지도 않기 때문이다.

十有四年春, 西狩獲麟, 引取之也, 狩地不地, 不狩也, 非狩而日狩, 大獲麟, 故大其適也, 其不言來, 不外麟於中國也, 其不言有, 不使麟不恒於中國也.

《곡량전》에 대해서는 '공양은공제일(公羊隱公第一)'이라는 큰 제목 아래 〈소〉에 "'곡량' 역시 죽백(죽서나 백서, 혹은 책)으로, 만든 사람이 자신이 직접 배운 스승(의 성씨)으로 제목을 붙였기 때문에 곡량이라고 하였다(穀梁者, 亦是著竹帛者, 題其親師, 故曰穀梁也)"라고 말하고 있고, '《곡량전》 서소(序疏)'에는 "선제(宣帝)가 《곡량전》을 좋아하여 마침내 채천추(蔡千秋)를 발탁하여 랑(郎)으로 삼았다(擢千秋爲郎), 이로 인해 곡량의 전은 세상에 크게 유행하였다(漢宣帝好穀梁, 擢千秋爲郎, 由是穀梁之傳, 大行於世)"라고 되어 있다. 그것을 언제 죽백에 필사했는지는 전해지지 않지만, 《곡량전》이 한대에 성행했던 것은 《공양전》보다 나중인 선제 시대이기에, 결국 한대에 구전을 정리하여 죽백에 필사했을 것이다. 그렇다면 《공양전》과 《곡량전》의 '획린' 기사는 경학적인 의미는 있지만, 역사적 진실을 알기 위해서는 《좌전》을 통해 그것의 사료적 가치를 검토해 보아야 한다. 그리고 그 결과는 이미 앞서 서술한 바와 같다.

4

그런데 애공 14년 봄에 '획린' 사건이 있었다. 공자는 수렵의 획득물인 불가사의한 짐승에 대해서 질문을 받아 "기린이 아닐까"라고 대답했을 가능성이 있으므로, 그만큼 큰 병으로 누워 있었을 가능성은 적다. 그해 여름에는 제나라에서 군주를 시해하는 사건이 일어났다. 《춘추좌전(春秋左傳)》에 의하면 다음과 같다.

〔경〕 제나라 사람이 그의 군주 임(壬)을 서주에서 죽였다.

齊人弑其君壬于舒州.

〔전〕 갑오날에, 제나라의 진항이 그의 군주 임을 서주에서 죽였다. 공구(공자)께서 사흘간 목욕재계하시고서, 제나라를 칠 것을 우리 노나라 군주에게 요청했다. 세 차례나 요청했다. 그러자 애공이 말하기를, "우리 노나라는 제나라 때문에 시달려 약해진 지가 오래인데 그대가 제나라를 치자는 것은 장차 어찌하자는 것이오?"라고 했다. 이에 공자께서 말씀하시기를, "진항이 그의 군주를 시해하였으니, 제나라 국민으로서 그를 따르지 않는 자가 반은 될 것이옵니다. 우리 노나라 백성을 제나라 백성의 반에다 가세시킨다면 이길 수가 있사옵니다"라고 하였다. 애공이, "그렇다면 계손에게 말하시오"라고 하자, 공자께서는 그만두겠다고 사절하시고 물러나 어떤 사람에게 말씀하시기를, "내 대부의 뒤를 따랐기 때문에 감히 아뢰지 않을 수 없었다"고 하셨다.

甲午, 齊陳恒弑其君壬于舒州, 孔丘三日齊而請伐齊, 三, 公曰, "魯爲齊弱久矣, 子之伐之, 將若之何." 對曰, "陳恒弑其君, 民之不與者半, 以魯之衆, 加齊之半, 可克也." 公曰, "子告季孫." 孔子辭, 退而告人曰, "吾以從大夫之後也, 故不敢不言."

《논어》〈헌문〉편은 이 사건을 다음과 같이 서술하고 있다.

> 진성자가 간공을 시해하자, 공자께서 목욕하고 조회하시어 애공에게 아뢰셨다. "진항이 그 군주를 시해하였으니, 토벌하소서." 애공이 말하였다. "저 삼자(三子)에게 말하라." 공자께서 말씀하셨다. "내가 대부의 뒤를 따랐기 때문에 감히 아뢰지 않을 수 없었는데, 임금께서는 '저 삼자에게 말하라' 하시는구나." 삼자에게 가서 말씀하자, 불가하다 하니, 공자께서 말씀하셨다. "내가 대부의 뒤를 따랐기 때문에 감히 아뢰지 않을 수 없었다."
>
> 陳成子弑簡公, 孔子沐浴而朝, 告於哀公曰, "陳恒弑其君, 請討之." 公曰, "告夫三子." 孔子曰, "以吾從大夫之後, 不敢不告也, 君曰 '告夫三子者.'" 之三子告, 不可, 孔子曰, "以吾從大夫之後, 不敢不告也."

그러므로 애공 14년 여름에도 공자는 큰 병으로 누워 있지 않았다.

그 이듬해에 자로가 순직했다. 자로의 죽음에 대해서는 《좌전》 애공 15년 겨울 조에 상세하게 기록되어 있다. 당시 자로는 공문의 후배인 자고〔고시(高柴)〕와 함께 위나라 공회(孔悝)의 녹을 먹고 있었다. 공회의 어머니 공백희(孔伯姬)는 망명 중인 위나라 괴외의 누이였다. 때마침 괴외가 군주의 지위를 얻고자 누이와 공모하여 쿠데타를 일으켜 공회를 협박하는 사건이 일어났다. 그때 자로가 절개를 지키다 순직한 것이다. 공자가 위나라의 난을 들었을 때 "고시는 피해 올 것이나 중유는 죽을 것이다"라고 말한 것으로 전해지는데 정말로 그대로였다.

더구나 자로의 죽음을 두고 《예기》〈단궁상〉편은 다음과 같은 비통한 이야기를 전하고 있다.

공자가 자로의 죽음을 슬퍼하며 가운데뜰에서 곡하는데 어떤 사람이 와서 조문하였다. 공자는 그에게 절하였다. 곡을 마치고 사자(使者)를 안으로 불러들여 자로가 죽은 까닭을 물으니 사자가 말하기를, 위군(衛君)이 자로의 유해를 "젓 담갔다"고 하는 것이었다. 이에 공자는 즉시 집안사람에게 명하여 집에 있는 젓을 모두 버리게 하였다.

孔子哭子路於中庭, 有人吊者, 而夫子拜之, 既哭, 進使者而問故, 使者曰, "醢之矣." 遂命覆醢.

여하튼 《좌전》에 의하면 자로가 죽은 것은 애공 15년 겨울이고 그때 그는 이미 자고와 함께 공씨의 녹을 먹고 있었다. 언제 위나라에 취직했는지는 알 수 없지만, 죽기 전 해인 애공 14년 봄 《좌전》에 다음과 같은 기사가 있는 것으로 보아, 계속하여 노나라에 거주하고 있었을 법하다.

소주의 역이라는 대부가 자기 소유의 구역을 차지한 채 우리 노나라로 도망쳐 와 말하기를 "계로 님께서 나를 보증하게 해주신다면, 서로 맹약 맺는 일을 하지 않겠습니다"라고 했다. 그래서 자로에게 보증하라고 했더니, 자로가 사절했다. 계강자가 염유를 시켜 자로에게 말하게 하기를, "우리 노나라는 1000대의 전차를 보유한 제후국이나 소주 나라에서 온 역은 노나라의 맹약을 믿지 않고 자네의 말을 믿겠다고 하는데, 자네는 어찌 그 일을 수치라 하는가?"라고 했다. 그러자 자로가 대답했다. "우리 노나라가 소주와 싸우는 일이 있다면, 나는 감히 그 싸움의 이유를 묻지 않고 싸우러 나가 그 나라 도읍의 성 밑에서 죽어도 좋습니다. 역이라는 그자는 불충한 신하인데 그가 말하는 대로 해준다면, 그것은 그를 의로운 사람으로 인정하는 것이 됩니다. 유(由, 나)는 그렇게 할 수 없습니다."

小邾射以句繹來奔, 曰, "使季路要我, 吾無盟矣." 使子路, 子路辭, 季康子使冉有謂
之曰, "千乘之國, 不信其盟, 而信子之言, 子何辱焉." 對曰, "魯有事于小邾, 不敢問
故, 死其城下可也, 彼不臣而濟其言, 是義之也, 由弗能."

이런 일들을 감안한다면 결국 공자가 큰 병을 얻은 것은 14년 가을 이후
15년 겨울보다 조금 앞서, 즉 자로가 위나라에 취직하기까지의 사이거나
아니면 '획린' 이전, 즉 13년 무렵일 것이다.

5

그런데 공자가 죽은 것은 애공 16년 여름으로, 자로가 죽은 지 약 반년
뒤의 일이다. 《좌전》에 의하면 다음과 같다.

〔경〕 여름 4월 기축날에, 공구께서 세상을 떠나셨다.

夏四月己丑, 孔丘卒.

〔전〕 여름 4월 기축날에, 공구께서 세상을 떠나셨다. 우리의 군주 애공이 조
사를 내렸다. "하늘은 나를 불쌍히 여기지 않고 있도다. 잠시 더 나라의 장
로를 이 세상에 있게 하여 여일인(余一人, 나)을 도와 군주 자리에 있게 하지
않았도다. 외로운 나는 병중에 있는 듯하도다. 아아, 슬프다 공구여! 나는 어
찌할 줄을 모르고 있소이다!" 자공은 이 조사를 가지고 말하였다. "군주께서
는 노나라에서 세상을 떠나시지 못할 것이다. 돌아가신 공자 선생님께서 하
신 말씀에, '예의를 잃으면 혼란에 빠지고, 명분을 잃으면 과실을 범한다' 하
셨다. 살아 계실 때, 그 어른을 중용하지 못하고, 세상을 떠나서야 아깝다고
조사를 지어 말하는 것은 예의에 맞지 않는다. 그리고 '나'라는 말을 천자가

쓰는 여일인이라고 표현한 것은, 명분에 맞지 않은 것이다. 군주는 두 가지를 잃었다."

夏四月己丑, 孔丘卒, 公誄之曰, "旻天不弔, 不憗遺一老, 俾屏余一人以在位, 煢余在疚, 嗚呼哀哉尼父, 無自律." 子贛曰, "君其不沒於魯乎, 夫子之言曰, '禮失則昏, 名失則愆.' 失志爲昏, 失所爲愆, 生不能用, 死而誄之, 非禮也, 稱一人, 非名也, 君兩失之."

공자의 죽음에 직면하여 애공이 조사를 내렸지만 자공은 그것이 예에 어긋난다고 비판했다. 또 공자가 죽었을 당시 상황에 대해서는《예기》〈단궁상〉편에 다음과 같은 설화가 전한다.

공자가 어느 날 일찍 일어나 손을 뒤로 돌리고 지팡이를 끌며 문에서 천천히 거닐면서 노래를 불렀다. "태산이 무너지는구나, 대들보도 쓰러지는구나, 철인(哲人)이 시드는구나." 노래를 마치고 들어가서 문을 마주 보며 앉았다. 자공이 듣고 말하기를, "태산이 무너지면 내 장차 어디를 우러러보며, 대들보가 쓰러지고 철인이 시들면 내 장차 어디를 모방할 것인가. 부자께서 장차 병드시겠구나"라고 하였다. 드디어 자공이 빠른 걸음으로 들어가니 공자가 말하기를, "사(賜)야, 네가 오는 것이 어찌 늦었느냐? 하후씨(夏后氏)는 동쪽 계단 위에 빈소를 만들었으니, 오히려 조계에 있는 것이고, 은나라 사람들은 두 기둥 사이에 빈소를 안치하였으니, 그것은 빈주가 마주 끼고 있게 한 것이다. 그리고 주나라 사람들은 서계 위에 안치하지만 이것은 빈객으로 취급하는 것이다. 그런데 구(丘)는 은나라 사람이다. 내 어젯밤 두 기둥 사이에 앉아서 궤향을 받는 꿈을 꾸었다. 대체로 임금이 일어나지 않으니 천하에서 그 누가 능히 나를 종주로 받들겠는가. 그런즉 나는 아마 장차 죽을 것이다"

라고 하였다. 그리고 누운 지 이레 만에 세상을 떠났다.

孔子蚤作, 負手曳杖, 消搖於門, 歌曰, "泰山其頹乎, 梁木其壞乎, 哲人其萎乎." 既
歌而入, 當戶而坐, 子貢聞之曰, "泰山其頹, 則吾將安仰, 梁木其壞, 哲人其萎, 則吾
將安放, 夫子殆將病也." 遂趨而入, 夫子曰, "賜, 爾來何遲也, 夏后氏殯於東階之上,
則猶在阼也, 殷人殯於兩楹之間, 則與賓主夾之也, 周人殯於西階之上, 則猶賓之也,
而丘也殷人也, 予疇昔之夜, 夢坐奠於兩楹之間, 夫明王不興, 而天下其孰能宗予, 予
殆將死也." 蓋寢疾七日而沒.

자기의 장례 모습을 꿈꾸고 자신의 죽음을 예지함과 더불어 자신은 결국
은나라의 혈통을 받은 사람임을 자각했다고 말하고 있다.

장남의 죽음, 안연의 죽음, 자로의 죽음이라는 잇따른 불행과 큰 병에
의한 육체의 쇠약이 공자의 죽음을 재촉했는지도 모른다.

더구나 공자의 장례식에 관해서는 《예기》〈단궁상〉편에 두세 개의 전
송이 기록되어 있다.

○ 공자가 죽자 문인들은 상복을 입으려고 하였으나 어떤 복을 입어야 할지
  갈피를 잡지 못했다. 이때 자공이 말하기를, "옛날 부자께서 안연의 상을
  당하셨을 때 마치 아들의 상을 당하신 것처럼 하셨다. 그러나 복은 없었
  다. 자로의 상을 당하셨을 때도 그렇게 하셨다. 청컨대 부자의 상에 처하
  는 것을 아버지의 상을 당한 때와 같이 합시다. 그리고 상복은 없게 합시
  다"라고 하였다.

  孔子之喪, 門人疑所服, 子貢曰, "昔者夫子之喪顏淵, 若喪子而無服, 喪子路亦然,
  請喪夫子, 若喪父而無服."

○ 공자의 상에 공서적은 삼왕의 제도에 따른 예를 갖추어 표시하였다. 흰 비

단 덮개로 관을 장식하고 유의(柳衣)를 두르고 삽을 만들고 [관이 영구차에서 기울어질 것을 염려하여] 나누어 잡는 당김줄을 만들었으니 이것은 모두 주나라의 제도다. 숭아를 만들었으니 이는 은나라의 제도다. 흰 비단으로 깃대를 싸고 거북과 뱀을 그린 깃발을 만들었으니 이는 하나라의 제도다.

孔子之喪, 公西赤爲志焉, 飾棺墻, 置翣設披周也, 設崇殷也, 綢練設旐夏也.

전자는 심상(心喪) 3년으로 복한 까닭을 기술하고 있고, 후자에는 하은주 3대의 예를 절충하고자 한 공문의 예에 대한 견해가 나타나 있다. 생각건대 삼대의 예를 절충한 것은 공자 만년, 삼대손익사관(三代損益史觀)과 더불어 성립한 입장으로 이는 《논어》 〈위령공〉편에 나오는 다음과 같은 기록을 종합해서 생각해 볼 일이다.

안연이 나라 다스리는 방법에 관해 묻자, 선생님께서는 말씀하셨다. "하나라의 역법을 쓰고, 은나라의 질박한 수레를 타며, 주나라의 면류관을 쓰고, 음악은 [순임금의] 소무(韶舞)를 사용할 것이요, 정나라의 음악을 금지하고, 말재주 있는 사람을 멀리할 것이니, 정나라 음악은 음탕하고, 말재주 있는 사람은 위험하기 때문이다."

顔淵問爲邦, 子曰, "行夏之時, 乘殷之輅, 服周之冕, 樂則韶舞, 放鄭聲, 遠佞人, 鄭聲淫, 佞人殆."

또 《예기》 〈단궁상〉편에는 다음과 같이 되어 있다.

○ 공자의 상에 두서너 문인이 모두 질대(絰帶)를 띤 채 나왔다. 붕우(朋友)들을 위한 복은 안에 있을 때는 질대를 띠지만 밖으로 나오면 띠지 않게 되

어 있다.

孔子之喪, 二三子皆絰而出, 群居則絰, 出則否.

이는 제자들이 이른바 '심상'으로 복한 때의 모습을 전한 것일 터다. 또 다음과 같은 일단이 있다.

○ 공자의 상을 연나라에서 와서 보는 사람이 있어서 자하씨의 집에 머무르고 있었다. 자하가 말하기를……

孔子之喪, 有自燕來觀者, 舍於子夏氏, 子夏曰, ……

공자의 상을, 특별히 연나라에서 보러 온 사람이 자하의 집에 머물러, 그 사람에게 자하가 공자의 장례 방법을 설명한 설화다. 이 중 심상의 것에 대해서는 《맹자》〈등문공상(滕文公上)〉편의 다음과 같은 기사를 감안할 수 있다.

옛날에 공자께서 돌아가시자, 3년이 지난 후 문인들이 모두 짐을 정리해서 장차 고향으로 돌아가려 할 적에, 자공의 처소에 들어가서 읍하고 서로 마주 보며 곡했는데 모두가 목이 쉰 후에 돌아갔다. 자공은 스승의 묘가 있는 곳에 가서 여막을 짓고 홀로 3년을 지낸 후에 돌아갔다. 훗날 자하와 자장, 자유는 유약이 공자를 닮았다면서 공자를 섬기던 예로써 그를 섬기자고 증자에게 요구했다. 그러자 증자가 말씀하시기를 "그럴 수 없다. 선생님의 덕은 장강과 한수의 물로 씻은 듯하고 가을볕에 쪼인 듯해서 더할 나위 없이 깨끗하다" 하셨다.

昔者孔子沒, 三年之外, 門人治任將歸, 入揖於子貢, 相向而哭, 皆失聲, 然後歸, 子

貢反, 築室於場, 獨居三年, 然後歸, 他日, 子夏·子張·子游, 以有若似聖人, 欲以所

事孔子事之, 彊曾子, 曾子曰, "不可, 江漢以濯之, 秋陽以暴之, 皜皜乎不可尚已."

이와 관련하여 공자 만년에 늘 공자 가까이에 있던 연배 높은 제자는 자공으로,《좌전》에는 애공 12·15·16년에 보이고 위에서 언급한 기사의《예기》〈단궁상〉편과《맹자》〈등문공상〉편의 기사를 보아도 공자의 죽음을 간취한 것도 장례 수행의 중심에 있었던 것도 그였던 것 같다. 그리고《맹자》에 의하면 공자 사후 6년간은 후사의 처리를 책임지고 전부 혼란 없이 마치고서 집으로 돌아가 자기의 길을 가기 시작한 듯하다.《좌전》에 의하면 그 후 그의 이름이 나타나는 것은 공자 사후 10년이 흐른 애공 26년과 27년이다. 애공 26년에는 여전히 노나라에 거주하고 있었을지 모르지만 27년에는 이미 노나라에 없었던 것으로 보인다.

제2절 공자 학교

1

공자가 만년에 실천한 문화 사업과 교육 사업은 후대에 대단히 큰 영향을 미쳤으므로 그 전모를 파악하기 위해서는 다각도로 고찰해야 한다. 상세한 구명은 훗날로 미룰 수밖에 없지만, 여기서는 다만 만년에 이 사업을 추진하기 위한 기관으로 개설한 공자 학교의 대체적인 모습만 고찰하고자 한다. 그러자면 공자 이전의 학교와 공자 당시의 학교를 공자 학교와 비교하여 살펴볼 필요가 있다. 그래서 이 절을 보충하는 의미로 부록 성격의 한 편을 이 책에 실어두었다.

공자 시대는 말할 필요도 없이 주나라 봉건제도가 붕괴되던 때로, 이윽고 전국시대로 들어가려고 하는 춘추시대 말기였다. 결국 봉건제에서는 감당할 수 없는 여러 가지 새로운 사태가 계속하여 발생하고 있었다. 주의 봉건제하의 역사적 사실에 대해서는 아직 밝혀지지 않은 것이 많지만, 서민을 위한 학교는 없었다고 추측한다. 대체로 봉건제하의 사회는 신분사회로 원칙적으로 직업은 세습되었고, 게다가 그것은 신분과 결합해 있었다. 사·농·공·상의 이른바 사민 중 사는 임관하여 관리가 될 수 있는 신분으로 관리가 되면 지배계층의 말단에 참여하는 셈이다. 그들의 관직은 반드시 세습되지는 않았지만 임관하여 관리가 될 수 있는 신분은 세습되었다. 농·공·상을 포함한 서민사회는 농민의 자녀는 농민, 직인의 자녀는 직인, 상인의 자녀는 상인으로, 각자 유년부터 부친의 직업을 배워 익혀 세습한다. 직인과 상인 사이에는 만약 이미 어떤 동업조합이 있었다면 그들 자제는 도제로서 동업자의 가정에 입주하여 기술을 익혔을 것이다. 그렇지만 동업조합이 조합에 의해 학교를 세우거나 했을 것 같지는 않다. 《국어(國語)》〈제어(齊語)〉에 환공과 관중의 문답을 기록한 내용이 있다.

······ 환공이 물었다. "어찌하는 것이 백성들의 사업을 성취케 하는 것이오?" 관자가 대답했다. "사농공상의 사민은 직업이 다릅니다. 그들을 혼거케 해서는 안 됩니다. 혼거하면 여러 이야기가 나오게 되고 본업에 영향을 주어 다른 생각을 하게 됩니다." 환공이 물었다. "어찌하는 것이 사민의 거주 구역을 확정하는 것이 되오?" 관자가 대답했다. "전에 성왕은 사민의 거주 구역을

확정하면서 그들로 하여금 환경이 청정한 곳에 살게 했습니다. 공인은 관부작방(官府作坊)에 살게 했습니다. 상인은 그들의 저자 근방에 살게 하고, 농민은 전야에 살게 했습니다. 사인(士人)은 한곳에 모여 살게 했는데, 평시 한가할 때 부로(父老)들은 모여 신의를 얘기케 하고, 자제들은 효도를 얘기케 했습니다. 군주를 모시는 얘기를 할 때는 군주에 대해 공경케 하고, 젊은 사람이 형장(兄長)에 대해 얘기할 때는 형장을 존경토록 했습니다. 작은 것부터 학습하면 그들의 마음은 안정되고, 기타 사물을 만나더라도 달리 보거나 생각지 않게 됩니다. 이에 그들의 부형은 자제들을 가르칠 때 엄준하게 독촉하지 않고도 능히 완성시킬 수 있고, 그들의 자제가 학습을 하면서 전혀 힘들이지 않고 능히 배울 수 있는 것입니다. 이와 같이 하여 사인의 자제는 장구히 선비의 직업을 지켜나갈 수 있는 것입니다. 공인들도 한곳에 집중 배치하여 살게 했습니다. 사계절의 서로 다른 수요를 깊이 고찰하여 기물의 튼튼하고 아름다움과 거칠고 나쁨, 즉 견미조악(堅美粗惡)을 변별하고, 그 용도를 헤아리고, 재료의 호오를 비교해 선택하고, 조석으로 물건을 만들고, 제작한 기구를 사방에 보내게 합니다. 이로써 그들의 자제를 교회(敎誨)하고, 평소 물건 제작에 관한 이야기를 나누고, 서로 자신의 완성품을 보여주게 합니다. 그들의 자제는 어려서부터 수공예를 배웠기 때문에 마음이 안정되어 기타 사물을 만나더라도 달리 보거나 생각지 않게 됩니다. 이에 그들의 부형은 자제를 가르칠 때 엄준히 독촉하지 않더라도 능히 완성시킬 수 있고, 그들의 자제가 수공예를 익히면서 전혀 힘들이지 않고 능히 배울 수 있는 것입니다. 이같이 하여 공인의 자제는 장구히 공인의 직업을 지켜나갈 수 있는 것입니다. 상인들도 한곳에 집중 배치해 살게 합니다. ……이같이 하여 상인의 자제는 장구히 상인의 직업을 지켜나갈 것입니다. 농부들도 한곳에 집중 기거케 합니다. ……이같이 하여 농부의 자제는 장구히 자신의 직업을 지켜나갈 것입니다. 그들 중 우수한 자는 능히 선비로 충원할 수 있으니 가히 신뢰할만합니다. 관원이 이 같은 사람을 발견하고도 보고치 않으면 5형(刑)의 벌을받게 됩니다. 이에 관원은 반드시 인재를 천거하는 일을 완수한 후에 비로소소임을 다했다는 평가를 받을 수 있습니다."

……桓公曰, "成民之事若何." 管子對曰, "四民者, 勿使雜處, 雜處則其言嘵, 其事易." 公曰, "處士農工商若何." 管子對曰, "昔聖王之處士也, 使就閑燕, 處工就官府, 處商就市井, 處農就田野, 令夫士群萃而州處, 閒燕則父與父言義, 子與子言孝, 其事君者言敬, 其幼者言弟, 少而習焉, 其心安焉, 不見異物而遷焉, 是故其父兄之敎, 不肅而成, 其子弟之學, 不勞而能, 夫是故士之子恒爲士, 令夫工群萃而州處, 審其四時, 辯其功苦, 權節其用, 論比協材, 旦暮從事, 施于四方, 以飭其子弟, 相語以事, 相示以巧, 相陳以功, 少而習焉, 其心安焉, 不見異物而遷焉, 是故其父兄之敎, 不肅而成, 其子弟之學, 不勞而能, 夫是故工之子恒爲工, 令夫商群萃而州處, ……夫是故商之子恒爲商, 令夫農群萃而州處, ……夫是故農之子恒爲農, 野處而不暱, 其秀民之能爲士者, 必足賴也, 有司見而不以告, 其罪五, 有司已于事而竣."

이것과 대동소이한 글이 《관자》〈소광(小匡)〉편에도 보인다. 또 《회남자(淮南子)》〈제속훈(齊俗訓)〉에도 다음과 같은 기록이 있다.

……치세 때의 직무는 지키기 쉽고, 일은 하기 쉬우며, 예는 행하기 쉽고 채무도 갚기 쉽다. 이렇게 해서 한 사람은 두 가지 이상의 관직을 겸하지 아니하고 한 가지 관직은 두 가지 이상의 일을 겸해서 하지 않으며 사·농·공·상의 각 구별이 있었다. 그 때문에 농민은 농민끼리 서로 경작에 대해 이야기를 나누었고, 사인은 사인들끼리 치무(治務)를 이야기했으며, 공인은 공인들끼리 서로 이익을 이야기했다. 이렇게 해서 사인에게는 치무의 유루(遺

漏)가 없었고, 농민에게는 쓸데없는 과로가 없었으며, 공인에게는 곤란한 직업이 없었고, 상인에게는 손실이 없어서 각자가 자기 몫에 따랐으며 서로 침범하는 일이 없었다. ……

……治世之體, 易守也, 其事易爲也, 其禮易行也, 其責易償也, 是以人不兼官, 官不兼事, 士農工商, 鄕別州異, 是故農與農言力, 士與士言行, 工與工言巧, 商與商言數, 是以士無遺行, 農無廢功, 工無苦事, 商無折貨, 各安其性, 不得相干, ……

이 중 가장 오래된 것으로 보이는 《국어》의 글에서도, 《국어》보다는 오래되지 않았으나 역시 오래된 전승에 기초하고 있는 것에서도 이런 모양으로 죽백에 필사된 것은 공자 이후일 것이고, "그들 중 우수한 자는 능히 선비로 충원할 수 있으니……(其秀民之能爲士者……)" 이하의 부분은 의미가 상세하게 서술되어 있지 않지만, 서민 중 뛰어난 사람을 린(鄰)·리(里) 등의 장으로, 사무 관리를 담당하는 관리인 유사(有司)라는 정치 및 교육 체제의 말단을 이루는 지위에 발탁하는 것을 말하는 모양이다. 그러나 정책으로서 이렇게 하는 것이 좋다는 이상적인 안일 뿐 실상은 그대로 지켜지지 않았을 것이다. 그러나 린·리의 조직은 본디 서민사회에서 자연 발생적으로 생겨난 공동체 조직이었는데 정부가 치안·징세·도역 등을 유효하게 하기 위해 정리하기 시작한 통제조직이다. 공동체 조직은 원래 제각기 장로를 중심으로 하나로 뭉친 것이어서 《좌전》 소공 3년의 "세 노인조차 못 입어 얼고, 못 먹어 굶주리고 있다(三老凍餒)"의 복건주(服虔注)에 "세 노인이란 공로·상로·농로(三老者工老·商老·農老)"로 그중 어떤 삼로(三老)가 장로로 뽑혔을 것이다. 이 삼로를 사 계급으로 대우하고자 발탁하여 그에 의해 관리의 정치 및 교육을 서민에게 철저히 관철하려는 목적이었기 때문에, 직업과 신분의 세습을 온존하여 강화하려는 것일 뿐 무너뜨려

파괴할 뜻은 없었다. 이것은 농·공·상민의 직업 교육이 공동체 내에서 자연스럽게 행해지기를 기대하는 것으로 정부가 직접 나서서 서민을 위한 학교를 세우고 직업 교육을 하는 것은 필요하지도 가능하지도 않았다. 또 서민 공동체가 마음대로 학교를 건설했을 리도 없고 정부가 그것을 허용했을 리도 만무다. 하여간 공자 시대까지 농·공·상 등의 서민을 위한 학교는 없지 않았을까. 실제로 훨씬 후세에 이르도록 중국에 그런 학교는 없었던 것 같다. 단, 사민 중에서 사만은 관리가 될 수 있는 신분으로 관리는 정부의 정교 일부를 분담하는 사람이기에 위정자에 속한다. 그리고 대부 이상은 그 관리자다. 만기(萬機)의 정교와 그것의 관리를 위해서는 다양한 지식과 교양이 필요했기 때문에 사족 이상의 지배계층에 속하는 자제를 위정자에 맞게 양성하는 일이 당연히 필요했다. 사실 위정자 양성을 위한 학교는 있었을 것이다.

이와 관련하여 봉건제도 본래의 모습에서 천자·제후에는 미치지 못하는 경·대부와 같은 관리자의 신분·관직과, 적어도 특수기능을 요하는 사무 관리를 담당하는 유사의 관직과 신분은 결국 세습되었다. 그러나 그 밖의 관직은 사의 신분 중에 생겨난 상사·중사·하사 등의 신분상의 소구분으로 나누어, 이는 관리 조직의 합리성에 의해 능력에 기초한 실적에 따라 지위를 올리고 내리고 했을 터다. 그런데 주나라 봉건제도의 붕괴는 한편으로 지배계급 내부에서 발생한 여러 가지 실력주의의 대두에 의한 세습제와 관료제의 붕괴였다. 그리고 이 붕괴에는 진보를 의미하는 측면과 후퇴를 의미하는 측면이 둘 다 존재한다. 후퇴의 측면에서 보면, 실력자가 관습과 제도를 무시하는 실력 행사를 함으로써 하극상이라는 무질서 상태를 야기했다. 진보의 측면에서 보면, 제도와 생활을 합리화하여 개선한 것으로, 신분과 관직의 세습에 의한 경직과 개인의 능력 사이에 발생한 모순을 해결하기 위해 제도를 합리적으로 재건하려 한 노력이었다. 공자에 의한 유학의 건립, 묵가의 상현주의(尙賢主義)의 주장, 맹자와 순자의 도덕적 계급제도의 사상 등은 이런 측면의 사상적 성과였다. 애초에 어려운 처지의 공자 자신이 노력을 통해 하급 사족의 신분에서 하대부까지 상승한 사실이 결과적으로 이 측면의 노력을 체현한 것이었다고 할 수 있다.

하여간 사 이상의 신분에 속하는 지배계급의 자제를 유사·대부·경·제후·천자 등의 적격자로 양성하는 학교는 주나라 봉건제도하에서 존재했을 것이다. 그리고 춘추 이래의 봉건제도의 붕괴로 당연히 이 학교 제도도 무너졌다. 그런데 공자는 전통적인 삼대의 문화정신을 존중하고 주 봉건제도를 합리화하여 재건하려고 노력했다. 그런 그가 만년에는 교육에 집중하여 학교를 연 것이므로 당연히 그 학교는 고래로 이어온 학교의 전통을 이으면서도 합리화한 모습을 취했다. 그렇다면 주나라 학교는 어떠했으며, 또 공자 학교는 어떠한 모습이었을까? 또 공자 학교와 주나라 학교의 관계는 어떠했을까? 이런 것들이 다음에 다룰 문제다.

2

공자 이전 주나라 학교에 대해서는 후대의 편집에 의해 제작된 《주례》·《예기》·《대대례(大戴禮)》 등에서 약간의 전설을 볼 수 있다. 이것을 종합하여 고찰해 보면, 어떻게 이해할 수 있는가에 대해서는 불충분하지만 부록 한 편으로 서술했으므로● 여기서는 그 결론에 따라 필요한 부분만 서

––––––––––

● '공자 이전의 학교'(이 책 제1편 부록).

술하고자 한다. 생각건대 이 기사들은 모두 사 이상의 신분의 자제를 위정자에 어울리는 사람으로 양성하기 위한 학교에 관한 것으로 농·공·상등의 서민의 교육과는 무관하다. 《주례》에서 사도(司徒)를 교전(敎典)으로 부르고, "십이교(十二敎)를 베풀다"라든가 "고을의 삼물(三物)로 만민(萬民)을 가르친다"고 한 경우의 민은 사민(四民) 중에서 사민(士民)을 주로 지시하는 것이다. 《춘추》성공 1년 "3월에 구(丘)마다 갑사(甲士)를 내는 제도를 마련했다(三月作丘甲)"고 기록한 《춘추곡량전(春秋穀梁傳)》은 다음과 같이 말한다.

> 옛날에는 네 등급의 백성이 있었다. 사민이 있고(도예를 학습하는 사람), 상민이 있고(사방의 재화를 유통하는 사람), 농민이 있고(농작물을 재배하는 사람), 공민이 있었다(생각이 깊고 손으로 물건을 만드는 사람).
>
> 古者有四民, 有士民(學習道藝者), 有商民(通四方之貨者), 有農民(播殖耕稼者), 有工民(巧心勞手以成器物者). 〔괄호 안의 주는 범녕(范甯, 339~401. 동진 출신의 유명한 학자로 《춘추곡량전》에 대한 주석서인 《춘추곡량전집해》를 저술한 인물이다―옮긴이)의 것임.〕

또 《공양전》의 하휴(何休)의 주에 다음과 같이 적혀 있다.

> 옛날에는 네 등급의 백성이 있었다. 첫째로 덕이 어떤 위치에 오를 만한 사람을 사라 하고, 둘째로 땅을 일구어 곡식을 심는 사람을 농이라 하고, 셋째로 생각이 깊고 손으로 물건을 만드는 사람을 공이라 하고, 넷째로 재물을 유통하고 물건을 거래하는 사람을 상이라 부른다.
>
> 古者有四民, 一日, 德能居位日士, 二日, 辟土殖穀日農, 三日, 巧心勞手以成器物日

工, 四曰, 通財粥貨曰商.

위에서 언급한 기록을 생각해야만 할 것이다.

　사 이상의 지배계급을 양성하는 학교는 신분과 나이에 따라 몇 가지로 나뉘었던 것 같다. 우선 귀족에 대해 말하자면 천자는 천하에 유일한 사람이고 제후는 각국에 한 사람밖에 존재하지 않는다. 관리자인 경대부는 여럿이지만 소수다. 또 이런 사람을 둘러싼 근친과 연고자로서의 귀족적 특권계급 사람의 수도 제한적이었다. 그들은 세습에 의해 타고난 높은 신분의 권력자로서 지도자 역할을 수행할 사람답게 그들만의 특수한 교양을 몸에 익혀야 했다. 그래서 귀족은 제각기 가정에 학교를 두고 전속 교사를 고용해 어린 자녀에게 초등교육을 시켰다. 황태자 및 제후의 세자를 제외하고는 성인이 될 무렵부터 제각기 신분과 관직에 따라 왕실 혹은 공실 내의 제사와 정치·외교의 여러 의례에 참가할 사람들이었다. 이들 가숙의 교육을 마친 아이들은 왕궁과 공궁에 참가하여 실제로 의례를 견학하면서 스승으로부터 현장 지도를 받고 또한 보씨(保氏)로부터 육예·육의(六儀) 등의 기초 교양 과목을 배웠다. 이것이 귀족 자제의 중등교육이다. 그리고 고등교육은 황태자와 제후의 세자와 귀족 자제 중 중등교육을 수료한 사람 및 특별히 선발된 우수한 사족의 자제를 국학에 입학시켜 대학 교육을 실시하고 그곳에서 일체의 제사·정치·외교 등의 의례적인 교양의 연원인 시·서·예·악을 습득토록 했다고 전한다. 〈문왕세자(文王世子)〉에 의하면 선생은 악관과 집례자(執禮者)·전서 등 그 방면의 전문가가 담당하고,《주례》에 의하면 학교의 관리를 악관이 담당했던 것 같다. 이런 것을 알려주는 《주례》의 기사는 기록의 특성상 천자의 궁정과 조정의 제도로 전형화해 말하고 있고 《예기》와 《대대례》의 여러 기술에서는 서로 약간의 출입이 있어, 천자나 제후의 제도라 할지라도 판정하기 어려운 서식을 취하고 있지만, 아마 제하의 후국에도 천자의 제도와 유사한 제도가 존재했을 것이다.

천자·제후 및 높은 신분의 관직을 지닌 지도자급 귀족은 수가 적고 그들 모두 제각기 자신들의 국도(國都)에 살았을 것이므로, 그들의 가숙과 국학은 당연히 각자의 국도에 있었을 것이다. 주 대의 학교는 한대 이후의 대학과는 달리 고래의 전통적인 의례를 거행한 성균·고종(瞽宗)·벽옹(辟雍)·반궁(泮宮) 등을 교육 시설로 활용했던 것 같다. 그러나 일반 사족은 수도 많고 국도 외에도 전국에 산재했을 것이다. 그들을 교육하기 위한 학교로 맹자의 이른바 상(床)·서(序)·학(學)·교(敎)〈등문공상〉와 《좌전》의 이른바 향교(鄕校)(양공 31년)가 각국 각지에 설치되어 있었을 것이다. 그곳에서 초등 및 중등 정도의 교육을 실시했으며, 유사(有司)에 채용되기 위한 필수 과목으로 예·악·사·어·서·수의 육예를 가르쳤다. 《주례》에 보이는 사유(師儒)가 가르치는 일을 담당했던 것 같고, 그가 치임(致任)의 현자였다고 주해(注解)되어 있다〔대사도(大司徒)〕. 사유는 또한 학교 제도가 붕괴하면서 경우에 따라서는 귀족 가정에 초빙되어 가거나 스스로 민간에 사숙을 여는 일도 있었을 것이다.

그런데 주나라 봉건제도의 붕괴는 각종 원인이 섞여 가지각색의 현상을 불러왔지만, 무엇보다도 조정의 난맥과 후국·세가의 극적인 흥망성쇠의 모습으로 나타났다. 그리하여 사 이상의 지배계급 내부에서 신분 질서의 붕괴, 결국은 그것을 지지해 주던 예법 제도의 붕괴를 불러왔다. 그래서 궁정과 귀족에 속한 많은 특수기능자와 지능적인 전문가가 주인가의 소란과 멸망에 의해 실업 상태가 되어 민간에서 유랑하는 처지로 떨어졌다. 이들 처사(處士)라는 실업 인텔리는 재야 지식인인 동시에 교양인이었다. 그리하여 농촌과 시정에 파묻혀 적극적으로 서민과 섞여 살아가려는 유민 등이 점차 증가했다. 천하·국가는 바야흐로 시세의 격류에 휩싸여 통일적인 목표를 상실해 갔다. 이것이 공자 당시의 보편적 정세다. 공자는 이에 대해 봉건제도를 합리화하여 천하·국가의 올바른 상태를 재건하고자 했다. 그 연구가 다름 아닌 유학이다. 그러나 구제도의 붕괴는 멈출 줄 몰라 이윽고 자연스러운 추세로 정치와 외교의 방식이 현실의 난맥에 의해 크게 변해갔다. 당연히 그것을 처리하기 위한 새로운 지식과 사조를 요구하게 되었다. 점차 제자백가의 학에 이르게 된 일은 공자 사후에 공자의 유학을 비판하는 모습을 띠고 발생한 현상이다.

교육 제도의 변천도 이 사회 정세의 변화에 맞물려 이해하지 않으면 안 되므로 공자 학교의 성격과 실태는 이 관점에서 고찰해야 한다. 그런데 제자백가는 시대의 요청에 응하기에 급급했기 때문에, 당연히 공자 정도의 깊이 있는 전통문화의 기반과 교육의 본질을 추구하지 않고 육영의 실천도 제대로 하지 못한 탓에 도리어 공자의 육영사업이 후세 교육 제도의 연원이 되었던 것이다.

3

《논어》에 의하면 공자는 "가르치는 데 빈부귀천을 가리지 않는다(有教無類)"(〈위령공〉 38)고 하고, 또 〔사람의〕 성품은 서로 비슷하나 습관에 의해서 서로 멀어진다(性相近也, 習相遠也)(〈양화〉 2)고도 하여, 사람은 누구라도 교육·학문에 의해 진보할 수 있다고 여겼다. "10호쯤 되는 조그마한 읍에도 반드시 나처럼 충신한 자는 있어도, 나처럼 학문을 좋아하는 이는 없을 것이다(十室之邑, 必有忠信如丘者焉, 不如丘之好學也)"(〈공야장〉 27)는 자신의 체험에 의한 서술이리라. 무엇보다도 "오직 상지와 하우만이 바뀌지 않는다(唯上知與下愚不移)"〈양화〉3)고 하여 선천적인 능력의 차이는 인정하지만, 신분의 귀천에 의해 천성을 차별하지는 않는다. "군자이면서 인하지 못한 자는 있어도 소인으로서 인한 자는 아직 없다(君子而不仁者有矣夫, 未有小人而仁者也)"〈헌문〉7)는 것도 군자는 교육을 받은 계층이고 소인은 교육을 받지 못했기 때문이다. 실제로 공자의 집에는 각계각층의 사람이 출입했고 호향(互鄕)의 동자〈술이〉28)와 궐당(闕黨)의 동자〈헌문〉47)라도 나아가 가르침을 청하는 사람은 소외시키지 않고 가르침을 주었다. 공자는 "포 한 묶음이상을 가지고 와 스승 뵙는 예를 차리기만 해도, 내 일찍이 가르쳐주지 않은 적이 없다(自行束修以上, 吾未嘗無誨焉)"〈술이〉7)고도 했다. 그러나 공자의 교육 목적은 선비답고 부끄럽지 않은 교양 있는 인격자로 군자를 길러내는 것이어서 농·공·상민을 대상으로 한 직업교육이 아니었음은 다음과 같은 말로 분명하게 알 수 있다.

○ 번지가 농사일을 배우기를 청하자, 선생님께서는 "나는 늙은 농부만 못하다" 하셨다. 채전(菜田)을 가꾸는 것을 배우기를 청하자, "나는 늙은 원예사만 못하다" 하셨다. 번지가 나가자, 선생님께서 다음과 같이 말씀하셨다. "소인(小人)이구나! 번수(樊須)여! 윗사람이 예(禮)를 좋아하면 백성들이 윗사람을 공경하지 않는 이가 없고, 윗사람이 의(義)를 좋아하면 백성들이 복종하지 않는 이가 없고, 윗사람이 신(信)을 좋아하면 백성들이 감히 실정대로 하지 않는 이가 없는 것이다. 이렇게 되면 사방의 백성들이 자식을 포대기에 업고 올 것이니, 어찌 농사짓는 것을 쓸 필요가 있겠는가?"

樊遲請學稼, 子曰, "吾不如老農." 請學爲圃, 曰, "吾不如老圃." 樊遲出, 子曰, "小人哉, 樊須也! 上好禮, 則民莫敢不敬, 上好義, 則民莫敢不服, 上好信, 則民莫

敢不用情, 夫如是, 則四方之民, 襁負其子而至矣, 焉用稼."《〈자로〉4)

선비를 군자로 양성하는 교육이기 때문에 전통에 따른다면 보통교육으로서 예악사어서수의 육예를 닦고 고등교육으로서 시서예악을 학습하게 된다. 실제로 공자 학교는 고등교육의 도량이었던 만큼 그 전제로서 육예의 교양을 중요시하면서 시서예약의 연구를 필수 과목으로 삼았던 것 같다. 육예의 학습을 전제했다는 것은 《논어》의 다음과 같은 여러 항목에서 유추해 볼 수 있다.

○ 달항당 사람이 말하기를 "위대하구나, 공자여! 박학(博學)하였으나 〔어느한 가지로〕 이름을 낸 것이 없구나" 하였다. 선생님께서 이를 들으시고 문하(門下)의 제자들에게 다음과 같이 말씀하셨다. "내 무엇을 전문(專門)으로 잡아야 하겠는가? 말 모는 일을 잡아야 하겠는가? 아니면 활 쏘는 일을 잡아야 하겠는가? 내 말 모는 일을 잡겠다."

達巷黨人曰, "大哉孔子, 博學而無所成名." 子聞之, 謂門弟子曰, "吾何執, 執御乎, 執射乎, 吾執御矣."《〈자한〉2)

이것은 교양이 높지 않은 당인의 비판이다. 당시 사 신분의 사람은 누구라도 육예를 배웠지만 특히 그중 한 가지 기예에 탁월했다면 그런대로 향당에서 명성을 누렸을 것이다. 무엇보다도 육예만으로 고위고관에 올라 명성을 누릴 수는 없고, 특히 지독한 신분제가 여전히 존재하던 시대이므로 그 이상의 능력이 있어도 반드시 출세가 보장되는 것은 아니었다. 그래서 공자는 다음과 같이 말한 것이다.

○ 선생님께서 말씀하셨다. "부가 구해서 얻을 수 있는 것이라면 비록 채찍 잡는 마부 같은 일이라도 하겠으나, 구해서 얻을 수 없는 것이라면 내가 좋아하는 바를 따르겠다."

子曰, "富而可求也, 雖執鞭之士, 吾亦爲之, 如不可求, 從吾所好."(《술이》 11)

채찍 잡는 마부는 육예 중 '어'의 전문가다. 부귀는 물론 바람직하다. 그러나 육예만으로 출세하는 것은 불가능하고, 인간에게 필요한 교양으로서도 공자는 육예에 만족하지 않았다. 더구나 공자는 "죽고 사는 것은 명이 있고 부귀는 하늘에 달려 있다(死生有命, 富貴在天)"(《안연》 5)(이 말은 물론 공자 자신의 말이 아니라, 그의 제자인 자하의 말이다─옮긴이)고 보았으며 능력만으로 부귀를 얻을 수 있다고 생각하지 않았다. '어'에 뛰어나 부귀를 얻을 수 있다면, 육예의 교양으로 할 수 있는 내키지 않는 일이라도 한번 해보자. 그러나 능력만으로 반드시 출세하는 것은 아니기 때문에 자신은 자신의 길을 가겠다는 것이다. 그렇다면 공자가 행하고자 한 도는 무엇인가. 영달할 것인지 아닌지는 하늘에 맡기고 사인 이상 관직에 나아가 천하에 임해도 부끄럽지 않을 정도로 높은 교양을 쌓아 훌륭한 군자가 되는 것이다. 그러므로 공자의 학문에서 육예는 결국 보통교육의 기초 과목 이상은 아니고 더군다나 참다운 목적은 군자의 고급 학문이었다. 그러나 달항당 사람은 공자가 육예에 통달해서 "박학하였으나 '어느 한 가지로' 이름을 낸 것이 없"다고 칭찬한 것이지만, 이런 칭찬은 공자의 본질을 이해하지 못한 것이다. 그러나 마음이 넓고 겸손한 공자는 이 보통 사람의 비평을 순순히 미소로 받아들이면서 "그렇다면 말몰이를 배워야 할까? 그렇지 않으면 활쏘기가 좋을까? 결국은 말 모는 일을 하자"고 말했던 것이리라. 여유작작한 태도다. 또 〈자한〉편에는 다음과 같이 되어 있다.

○ 태재가 자공에게 물었다. "공자는 성인이신가? 어쩌면 그리도 능한 것이 많으신가?" 자공이 말하였다. "〔선생님은〕 진실로 하늘이 풀어놓으신 성인이실 것이요, 또 능한 것이 많으시다." 선생님께서 이 말을 들으시고 다음과 같이 말씀하셨다. "태재가 나를 아는구나. 내 젊었을 적에 가난하고 천했기 때문에 비천한 일에 능함이 많으니, 군자는 능한 것이 많은가? 많지 않다."

大宰問於子貢曰, "夫子聖者與, 何其多能也." 子貢曰, "固天縱之將聖, 又多能也."

子聞之曰, "大宰知我乎, 吾少也賤, 故多能鄙事, 君子多乎哉, 不多也."

○ 뇌가 말하였다. "선생님께서 말씀하시기를 '내가 세상에 등용되지 못했기 때문에 〔여러 가지〕 재주를 익혔다'고 하셨다."

牢曰, "子云, '吾不試, 故藝.'"(〈자한〉 6)

태재의 말은 "공자라는 사람은 정치적 경륜도 있지만 학문도 있고, 그 상세한 사무적인 일까지 무엇이든 잘한다. 저 사람이 성인이라는 것인가?"로, 공자가 육예에 통달한 것도 그 말에 포함되어 있을 것이다. 금뢰가 들었던 공자의 말에서 "기예"라는 것도 육예라고 보아도 좋고, 그것은 "자신은 좀체 취직할 수 없어서 널리 육예를 공부하여 임시직을 얻었다"는 의미일 것이다. 이런 이유로 공자의 학문은 육예의 습득이 기초가 되지만, 공자의 연구 목적은 결코 육예 연구로 끝나지 않았다. 그러나 이것을 역으로 말하자면, 육예는 군자가 학문하는 목적은 아니지만, 어찌 됐든 사가 입신출세하기 위한 필수 기술이기에 습득하는 데 그치지 않고 늘 훈련을 거듭해서 숙달하는 것이 바람직하다. 또 문화적인 기술인 이상 그것을 애호하는 것은 도박에 빠지는 것과는 다른 고급 취미이자 스포츠여서 문화생활을 풍부하게 할 수 있다.

○ 선생님께서 말씀하셨다. "도에 뜻을 두며, 덕을 굳게 지키며, 인에 의지하며, 예에 노닐어야 한다."

子曰, "志於道, 據於德, 依於仁, 游於藝."(《술이》6)

여기서의 예도 육예로서 "육예를 두루 익힌다"란 이런 육예의 애호일 것이다. 그래서 공문에서는 학생의 기초 자격으로 육예의 습득을 중요시했다.•

생각건대 공자는 비교적 조숙해서 아마도 20대부터 제자를 두고 있었을 가능성이 있고, 이것은 생계를 위한 것이어서 귀족 소년에게 육예 중 특히 예(禮)를 가르쳤을지도 모른다. 그러나 그 자신은 학문에 뜻을 둔 이래로 일찍부터 군자의 학문에 매진했기 때문에 늦어도 40대에는 그 도를 추구하는 제자를 두었을 가능성이 있다. 그리고 교육에 몰두한 만년의 학교에서는 소년을 위해 육예를 가르친 것은 아니고, 이 학교는 그보다 고급한 시서예악의 교양과 군자로서의 높은 도덕성을 지닌 인격을 길러내는 도량이었던 것이다.

4

주대의 왕립 및 국립 고등교육 기관에 시서예악의 연구가 부과되었던 것

• 더구나 《논어》에 "예(藝)" 자의 용례로는 다음과 같은 것이 있다. "계강자가 물으니, 선생님께서 말씀하셨다. '구는 다재다능하니(藝) 정사에 종사하는 데 무슨 어려움이 있겠는가!'" (《옹야》7), "자로가 인격이 완성된 사람에 관해 물으니, 선생님께서 말씀하셨다. '장무중(臧武仲)의 지혜와 맹공작 같은 탐욕하지 않음과 변장자의 용기와 염구의 재주(藝)에, 예악으로써 격식을 갖추면 이 역시 인격이 완성된 사람이라고 할 수 있다.'"(《헌문》13) 이 경우의 예(藝)는 육예에 한정되지 않고 육예와 같은 급의 기술적, 사무적 문화와 교양을 가리킨 것이다. 염구는 다재다능해서 어떤 일이라도 재주 있게 잘 처리하는 인물이었을 것이다.

같다는 점은 이미 서술한 대로다. 그렇지만 봉건제도가 붕괴되어 감에 따라 점차 학교 제도도 붕괴해 그 관리 및 교수로 초빙된 관직의 전문가는 세습의 직을 잃고 민간이나 사방으로 흩어지는 일이 흔했다. 공자가 왕실에 전해져 왔을 '소'라는 고전음악을 제나라에서 처음 들었던 일(《술이》) 역시 왕실 악단의 해산을 의미하는 것이리라.

> 태사 지는 제나라로 가고, 아반 간은 초나라로 가고, 삼반 료는 채나라로 가고, 사반 결은 진나라로 가고, 북을 치는 방숙은 하내로 들어가고, 소고를 흔드는 무는 한중으로 들어가고, 소사 양과 경쇠를 치는 양은 해도로 들어갔다.
>
> 大師摯適齊, 亞飯干適楚, 三飯繚適蔡, 四飯缺適秦, 鼓方叔入於河, 播鼗武入於漢, 少師陽・擊磬襄入於海.(《미자》 9)

악단의 해산, 악인의 영락은 음악과 시의 전통이 흩어지고 학교 제도도 반은 붕괴했음을 암시한다. 당연히 공자는 만년에 노나라에서 학교를 열었을 때 음악과 시의 전통을 수복하여 제자에게 가르쳤다.

> ○ 선생님께서 말씀하셨다. "내가 위나라에서 노나라로 돌아온 뒤로 음악이 바르게 되어 《시》의 아와 송이 각기 제자리를 찾게 되었다."
>
> 子曰, "吾自衛反魯, 然後樂正, 雅頌各得其所."(《자한》 14)

이 말 중 《시》(아・송)에 대해서는

> ○ 선생님께서 말씀하셨다. "《시》 300편을 한마디의 말로 대표할 수 있으니,

'생각에 간사함이 없다'는 것이다."

子曰, "詩三百, 一言以蔽之, 曰, '思無邪'."〈위정〉 2)

를 의미하는 것으로 공자가 정리하여 수록한 《시》는 현존하는 《시경》의
편수와 거의 같다. 또,

○ 선생님께서 말씀하셨다. "〔《시》〕〈관저〉는 즐거우면서도 음란하지 않고,
슬프면서도 몸을 상하게 하지 않는다."

子曰, "關雎, 樂而不淫, 哀而不傷."〈팔일〉 20)

라고 말하면서 〈관저〉를 높이 평가하고 아들 백어에게 주남과 소남을 꼭
배우도록 가르치고 있으며(〈양화〉 10), 또한 다음과 같이 말한다.

○ 선생님께서 말씀하셨다. "태사 지가 처음 벼슬할 때에 연주하던 〈관저〉의
끝 장 악곡이 아직까지도 양양하게 귀에 가득하구나!"

子曰, "師摯之始, 關雎之亂, 洋洋乎盈耳哉."〈태백〉 15)

이런 말을 종합해 보면 태사 지가 〈관저〉를 국풍정조 제1곡으로서 삼은
것을 공자가 채용하여 《시》 300편의 권두에 두고 주남·소남으로부터 순
차적으로 배열하여 "아와 송이 각기 제자리를 찾게 되었다"고 결산했던
게 아닐까 싶다. 그렇다면 현존하는 《시경》의 원형은 공자의 정리에 의해
성립했다고 보아도 좋다. 그리고 《시》를 배우는 것의 중요성에 대해서는
다음과 같이 말하고 있다.

○ 선생님께서 말씀하셨다. "너희들은 어찌하여 시를 배우지 아니하느냐? 시
는 감흥을 불러일으킬 수 있으며, 풍속의 성쇠를 살필 수 있게 하며, 사람
과 잘 어울릴 수 있게 하며, 윗사람의 잘못을 풍자할 수 있으며, 가까이는
부모를 섬기는 도리가 있고, 멀리는 임금을 섬기는 도리가 있으며, 새와
짐승과 초목의 이름을 많이 알게 해준다."

子曰, "小子, 何莫學夫詩, 詩可以興, 可以觀, 可以群, 可以怨, 邇之事父, 遠之事
君, 多識於鳥獸草木之名."(《양화》9)

이런 말을 통해 공자는 시의 효능을 열거하여 군자라면 교양으로서 누구
라도 시를 배워야 함을 강조한다. 특히 외교관이 되어 타국의 인사를 응
대할 경우에는 반드시 시를 자유로이 구사하지 않으면 안 된다는 점을 지
적하는데, 이는 다음과 같은 그의 주장에서도 드러난다.

○ 선생님께서 말씀하셨다. "《시》 300편을 외우되, 그에게 정치를 맡겼을 때
잘해내지 못하고, 사방에 사신으로 가서 독자적으로 응대하지 못한다면,
많이 외울지라도 무슨 소용이 있겠는가?"

子曰, "誦詩三百, 授之以政不達, 使於四方不能專對, 雖多亦奚以爲."(《자로》5)

이것은 《좌전》 등에서도 볼 수 있는 것과 같이, 외교 의례의 자리에서는
쌍방이 고대 시에 의탁하여 의견을 주고받는 것이 관습이었기 때문이다.
그래서 공자 학교에서는 사제가 문답을 할 때 시를 자유로이 구사하여 의
견을 말하는 훈련을 했던 것 같다. 자공(《학이》 15)과 자하(《팔일》 8)가 훌륭
하게 잘해냈을 때 "비로소 더불어 《시》를 말할 만하다(始可與言詩已矣)"고
칭찬을 받았으며 공자 자신의 말 중에도 그 예가 세 번 나온다(《자한》 2번,

〈안연〉의 1번은 〈계씨〉편의 착간).** 이때 시구의 해석 방법은 소위 단장취의(斷章取義)다.

다음으로 음악(樂)에 대해서는, 위에서 언급한 대로 공자가 만년에 "위나라에서 노나라로 돌아온" 이후 시와 더불어 정리해 수복한 것이지만 원래 음악은 고래의 전통문화의 질서인 예를 아름답게 표현하여 원활하고 유려하고 장엄하게 집행·전개하기 위해 세련된 율동으로 발전했던 것으로 예와 함께 예악(禮樂)으로서 중시되었다. 공자가 정리한 《시》 300편과 똑같이 전부 음악으로 합해서 가락을 붙여 노래를 부르는 가사(歌詞)로서 악관의 가문에서 수집 편곡해 전한 것이다. 귀족 자제를 교육하는 국학의 관리도 악관이 담당했다. 그러나 지금 이것이 붕괴하는 중이므로, 공자가 음악을 바르게 했던 의미는 거기에 있다. 교양인 공자는 청년 시절부터 음악에 비상한 애호를 보이고, 장년에 이르러서는 소를 듣고는 고기 맛을 잊고 몰두했으며(〈술이〉), 고전음악의 소와 무에 대한 찬미의 말(〈팔일〉)을 하거나 노나라 태사에게 음악에 대해 말할 정도로 통달한 사람의 말투(〈팔일〉23)를 보여주고, 아악을 중요시해 정성(鄭聲)과 여악을 멀리했던 식견(〈위령공〉·〈양화〉·〈미자〉) 등이 전해져오고 있다. 또,

　○ 선생님께서는 다른 사람과 노래할 때, 그 사람이 잘하면 반드시 다시 한번

---

* 〈안연〉 10장 "자장이 덕을 높이며 의혹을 분별함을 묻자"의 말미에 있는 "실로 부유하게 하지도 못하고 다만 이상함을 취할 뿐이다(誠不以富, 亦祇以異)"라는 구절은 《시경》 〈소아(小雅)·아행기야(我行其野)〉의 구절로, 〈계씨〉편 제12장에 있어야 할 구절로 아마 착간일 것이다. 이 두 구절이 존재해야 할 위치를 ( )로 표시한다면 다음과 같을 것이다. "제경공은 말 4000필을 가지고 있었으나 죽은 날에 백성들이 칭송할 만한 덕이 없었고, 백이(伯夷)와 숙제(叔齊)는 수양산 아래에서 굶어 죽었으나 백성들이 지금까지 칭송하고 있다. (실로 부유하게 하지도 못하고 다만 이상함을 취할 뿐이다.) 아마 이것을 일컫는 것이 아닐까?"

하게 하셨고, 그런 뒤에 화답하셨다.

子與人歌而善, 必使反之, 而後和之.(《술이》 31)

라든가 장례식에 참석한 날만은 노래하지 않으셨다(《술이》 9)라든가 동분
서주 천하를 유력할 즈음에도 위나라에서 경쇠를 치고 있었다(《헌문》 40)
는 사실 등은 그가 얼마나 음악을 좋아했는지를 짐작게 한다. 이런 공자
학교에서 음악을 중요하게 다루지 않았을 리 없다. 〈선진〉편에 전하는 자
로·증석(曾晳)·염유·공서화(公西華)가 공자를 모시고 각자의 뜻을 말하는
자리에서 증석은 비파를 두드리면서 듣고 있었던 것으로 되어 있다. 무엇
보다도 공문에서 중요하게 여긴 음악은 육예 중의 악과 같은 초보적인 것
은 아니고 군자의 교양으로서 예술적 감상에 뛰어난 고급한 아악이었기
때문에 공문의 제자들은 모두 각자 전문가로서 감상·연주·노래 창법 등
을 학습했을 것이다. 그렇다면 공자가 노나라 태사와 음악을 논하기도 하
고(《팔일》) 악사 면(冕)의 방문을 맞아 대응하는(《위령공》) 등의 모습을 보인
것은, 지금으로 말하자면 태사와 면이 공자 학교의 음악 전임강사였을 것
이다.

다음으로 예에 대해서는, 전통문화의 본질적인 질서를 보여주는 것으
로서 음악과 나란히 중요시했다. "예악"이라는 말이 자주 등장한다. 공자
자신은 어려서부터 예의 습득과 연구에 열심이어서 우선 그 점에서 두각
을 나타내지 않았을까 싶은 것이 전설에 의해서도 상상된다. 즉《사기》
의 〈공자세가〉에 의하면 "공자는 어려서 소꿉장난을 할 때, 늘 제기를 펼
쳐놓고 예를 올렸다(孔子爲兒嬉戱, 常陳俎豆, 設禮容)"고 되어 있다. 또 공자가
17세 때 노나라 대부 맹리자가 후계자인 의자에게 "공구는 나이는 어리나
예를 좋아하니 그가 통달한 자가 아니겠느냐? 내가 죽거든 너는 반드시

그를 스승으로 모시거라(孔丘年少好禮, 其達者歟, 吾即沒, 若必師之)"라는 유언을 남겼다. 그래서 맹의자는 남궁경숙과 함께 공자에게 예를 배웠다고 전한다. 이 기사는 이미 공자의 전기를 다룬 1장 및 2장에서 지적한 대로 사실에 혼란이 있으므로 이것이 사실인지 아닌지의 판단은 미뤄두자. 다만 공자가 소년과 청년 시절부터 장년기에 걸쳐 호구를 위해 종종 육예의 스승이 되어 소년을 가르쳤다면 그때는 주로 예의 교사였을 것이다. 〈공자세가〉에는 이 일화 다음에 공자가 빈천해서 일시적으로 계씨의 사와 사직리 등이 되었다고 서술하고, 곧바로 이어서 적어도 공자가 30세 이전의 일로 남궁경숙과 함께 주나라에 가 예를 묻고, 노자를 만났다고 되어 있다. 노자와의 만남은 역사적 사실은 아닐 테지만 이윽고 공자의 예 연구가 초보적인 육예의 작법 단계를 넘어서 군자학의 본질에 가까운 예로 나아갔음을 이 설화를 끼워 넣음으로써 보여주는 모양새다.

공자의 예를 관찰하기 위해 《논어》의 기사를 조사해 보면, 예라는 글자가 보이는 장은 41장에 달하고 예라는 글자가 없지만 분명히 예에 관해 말하고 있는 것까지 포함하면 거의 100장에 이른다. 단, 예를 말하는 경우에는 "《시》에서 말하다(詩曰)·《서》에서 말하다(書曰)"와 같이 문헌을 인용하여 말하는 모양새를 취하지 않아 "《예》에서 말하다(禮曰)"라는 인용은 한 번도 없다. 어쩌면 당시 예를 기록한 책이 없고 각각의 전문의 의례를 담당한 가문에 구전 혹은 문외불출의 비망록 정도의 기록으로 전해오던 것을 공자가 그것을 백방으로 습득하여 독자적인 체계로 만들어 냈던 것이리라. 그런데 《논어》에서 여러 번 언급하는 예의 개념에는 다음과 같은 다양한 의미가 포함되어 있다.

1. 하례(夏禮)·주례(周禮) 등처럼 국가의 제도를 의미한다.(《위정》·《팔일》)

2. 인정의 자연에 기초하여 발생하고 고정된 사회적 관습을 의미한다. 예를 들면 〈학이〉편과 〈양화〉편에 보이는 3년상과 같다.

3. 제사의 의례를 예라고 말하는 것은 〈팔일〉편 등에 많다.

4. 도덕을 성립시키는 근거(所以)의 형식을 예라고 말하는 사례가 있다. 예를 들면 다음과 같다.

○ 선생님께서 말씀하셨다. "공손하되 예가 없으면 수고롭고, 삼가되 예가 없으면 두렵고, 용맹스럽되 예가 없으면 혼란하고, 강직하되 예가 없으면 야박해진다. ……"

子曰, "恭而無禮則勞, 愼而無禮則蒽, 勇而無禮則亂, 直而無禮則絞, ……"(〈태백〉 2)

○ 안연이 인을 묻자, 선생님께서 말씀하셨다. "자기의 사욕을 이겨 예에 돌아감이 인을 하는 것이니, 하루 동안이라도 사욕을 이겨 예에 돌아가면 천하가 인을 허여하는 것이다. ……예가 아니면 보지 말고, 예가 아니면 듣지 말고, 예가 아니면 말하지 말고, 예가 아니면 움직이지 마라."

顏淵問仁, 子曰, "克己復禮爲仁, ……非禮勿視, 非禮勿聽, 非禮勿言, 非禮勿動."(〈안연〉 1)

5. 문화의 정수를 예라고 부른 듯한 용례도 있다. 예를 들면 〈옹야〉·〈자한〉·〈안연〉 등에 보이는 "박문약례(博文約禮)"의 예가 그것이다.

6. 〈태백〉·〈계씨〉·〈요왈〉 등에 "예에 서며(立於禮)", "예를 배우지 않으면, 남

앞에 나설 수가 없느니라(不學禮, 無以立)", "예를 모르면 남 앞에 나설 수 없고(不知禮, 無以立也)" 등은 예를 인격을 확립시켜 주는 원리로 보는 것이다.

7. 개인적으로 보자면, 《논어》의 예는 4번에서 거론한 바와 같이 도덕 혹은 인(선)의 형식으로 여겨지는 경우가 있고, 그 경우 일반적인 내용은 충서(忠恕)지만, 그 예가 일상에서 사람을 대하는 행위나 태도에 한정되어 나타나는 경우는 예의범절로 해석해도 좋다. 그리고 그 경우에 대응하는 내용으로서 심정(心情)은 공·경·양 등으로, 예는 이런 것과 서로 표리 관계다. "예와 겸양으로써 나라를 다스릴 수 있다면(以禮讓爲國)"(〈이인〉 13), "예의를 차리되 공경스럽지 않으며, ……내가 무엇으로 그를 관찰하겠는가?(爲禮不敬, ……吾何以觀之哉)"(〈팔일〉 26), "……용모는 공손함을 생각하며, ……일은 경건함을 생각하며, ……(……貌思恭, ……事思敬)"(〈계씨〉 10) 등은 이 관점에서 해석할 수 있다. 공(恭)이란 일반적으로 예의범절에 어울리는 태도를 뒷받침하는 심정, 경(敬)이란 일반적으로 예의범절에 어울리는 행동에 수반해야 할 심정으로 "거처할 때는 공손히 하며, 일을 맡아 할 때는 경건히 하며(居處恭, 執事敬)"(〈자로〉 19)가 그것이다. 양(讓)이란 다른 사람과 접촉할 때의 예의범절로 자기절제의 심정이다.

예 개념에서 이것들이 내포하는 바는 공자의 사상에서는 내면적으로 서로 연관되어 있음을 보여주지만, 여기서는 그 문제를 다루지 않는다. 그런데 이 다양한 정치적·문화적·도덕적 의미를 내포하는 예 개념은 공자 학교에서 양성하고자 했던 군자의 정치적·문화적·도덕적 교양의 본질을 보여주는 것으로, 결국 공문에서는 예 연구가 중요 학문이었다. 《논어》에서 공문 제자가 열심히 예를 연구하는 모습은 이를 증명하고도 남음이 있으리라. 더구나 공문의 예 연구에서 공자의 지도 방침은, 《논어》를 객관적으로 관찰한 결과 다음 세 가지를 열거할 수 있다.

1. 첫째 고례(古禮)의 연구와 그것의 존중이고, 고례의 붕괴를 애석해하는 말도 적지 않다. 그러나 이것은 각 시대의 고례를 무차별적으로 존중한 것은 아니다. 다음 세 장의 말을 종합해 보면, 인류 문화의 내력을 구명하고 삼대 문화를 올바르게 이해한 바탕 위에서 결국 주 문화의 정신 중에서 인류 문화의 정수를 가려보자는 것이다.

○ 자장이 "10대 이후의 일을 미리 알 수 있습니까?" 하고 묻자, 선생님께서 말씀하셨다. "은나라는 하나라의 예의와 제도를 이어받았으니 덜고 보탠 것을 알 수 있고, 주나라는 은나라의 예의와 제도를 이어받았으니 덜고 보탠 것을 알 수 있다. 혹시 주나라를 계승한 나라가 일어난다면, 비록 100대 이후라도 미리 알 수 있다."

子張問, "十世可知也." 子曰, "殷因於夏禮, 所損益, 可知也, 周因於殷禮, 所損益, 可知也, 其或繼周者, 雖百世可知也."(《위정》 23)

○ 선생님께서 말씀하셨다. "하나라의 예를 내가 말할 수 있으나 〔그 후손의 나라인〕 기나라에서 충분히 증거를 대주지 못하며, 은나라의 예를 내가 말할 수 있으나 〔그 후손의 나라인〕 송나라에서 충분히 증거를 대주지 못함은 문헌이 부족하기 때문이다. 〔문헌이〕 충분하다면 내가 〔내 말을〕 증거 댈 수 있을 것이다."

子曰, "夏禮, 吾能言之, 杞不足徵也, 殷禮吾能言之, 宋不足徵也, 文獻不足故也, 足則吾能徵之矣."(《팔일》 9)

○ 선생님께서 말씀하셨다. "주나라는 하와 상 두 왕조를 거울삼았으니, 찬란

하구나, 그 문화여! 나는 주나라를 따르겠다."

子曰, "周監於二代, 郁郁乎文哉, 吾從周."(〈팔일〉14)

대략 이런 견해에서 예를 존중하고 연구했던 것이다. 그리고 주나라의 예가
붕괴해 가는 것을 누차 애석해하고 있는 것이다.

2. 그러나 공자의 《주례》 연구는 역사적 사실로서의 주나라 예를 직접 자기 생
   활의 지침으로서 삼고 있는 것은 아니다. 당연히 그 정신을 존중하면서, 공자
   시대에 어울리게 취사선택해 정당한 사회규범을 개발하고자 한 것이다. 예를
   들면 다음과 같이 예의 형식보다는 정신을 중요시하는 발언이 적지 않다.

○ 임방이 예의 본질을 물으니, 선생님께서는 말씀하셨다. "정말 중요한 물음
   이구나! 예는 사치하기보다는 차라리 검소한 것이 낫고, 상례는 매끄럽게
   잘 치르기보다는 차라리 애통해하는 것이 낫다."

   林放問禮之本, 子曰, "大哉問, 禮與其奢也寧儉, 喪與其易也寧戚."(〈팔일〉4)

○ 선생님께서 말씀하셨다. "베로 만든 면류관이 〔본래의〕 예지만 지금은 관
   을 생사로 만드니, 검소하다. 나는 여러 사람을 따르겠다. 당 아래에서 절
   하는 것이 〔본래의〕 예인데, 지금은 당 위에서 절하니, 이는 교만하다. 나
   는 비록 사람들과 어긋난다 하더라도 당 아래에서 절하겠다."

   子曰, "麻冕禮也, 今也純, 儉, 吾從衆, 拜下禮也, 今拜乎上, 泰也, 雖違衆, 吾從
   下."(〈자한〉3)

이처럼 고례를 취사선택하여 개정을 가한 사례마저 있다.

3. 공자는 당시 사회규범의 개발만이 아니라, 장래에 완성해야 할 이상사회의 질서로서 예의 청사진을 추구했다. 말하자면 공자의 미래학이다.

○ 안연이 나라 다스리는 방법에 관해 묻자, 선생님께서 말씀하셨다. "하나라의 역법을 쓰고, 은나라의 질박한 수레를 타며, 주나라의 면류관을 쓰고, 음악은 〔순임금의〕 소무를 사용할 것이요, 정나라의 음악을 금지하고, 말재주 있는 사람을 멀리할 것이니, 정나라의 음악은 음탕하고, 말재주 있는 사람은 위험하기 때문이다."

顔淵問爲邦, 子曰, "行夏之時, 乘殷之輅, 服周之冕, 樂則韶舞, 放鄭聲, 遠佞人, 鄭聲淫, 佞人殆."(〈위령공〉 10)

무엇보다 《논어》는 후세에 덧붙여진 것도 있으므로 이것이 공자의 진의인지 아닌지 의심하는 사람도 있을 테지만, 공자 만년의 사상에 이런 경향이 있었다고 보아도 무방하다.

다음으로 《서》는 당시 존재하던 고기록이다. 당시 이미 공식 고기록으로 존재했던 것은 《서》 외에는 없었다. 그러므로 《서》는 이 고기록을 가리키는 것이다. 《시》도 공자가 300편으로 정리하여 어느 정도 기록화했을 것이지만, 그때까지 전송되던 것도 많았으리라. 그런데 《논어》에 《서》를 인용한 예는 《시》에 비해 매우 적고 "《서》에서 말하기를"이라는 형식으로 된 인용은 2개 조에 지나지 않는다(〈위정〉·〈헌문〉). 그러나

○ 선생님께서는 정음(正音)을 사용하셨으니, 《시》와 《서》를 읽고 예를 행하실 때 모두 정음을 사용하셨다.

子所雅言, 詩·書·執禮, 皆雅言也.(《술이》 17)

라는 것처럼, 《서》를 공자가 고전으로서 존중했음은 의심할 여지가 없다. 당시의 통용어가 아니라 아언(雅言)이란 유래가 깊은 올바른 고어를 사용했던 것이리라. 그런데 《서》는 고래의 정치상의 중요한 전거가 되는 고사를 전하는 문헌이므로, 거기에는 당연히 고래의 정치가들의 치적과 전례의 기록이 포함돼 있다. 그리고 이것은 고대 사관의 공식 기록에 기초한 올바른 내력의 문헌으로 여겨졌으리라. 무엇보다도 고래의 정치가들의 치적에 대해서는 특별히 민간에 다수의 전설이 전하고 있었을 것이다. 예제(禮制)에 대해서는 그것만을 담당하는 예 가문이 각각 전송한 것도 있었을 테지만, 공자가 그것들의 지식을 집적해서 계통을 세웠을 때 전거로 삼은 것은 《서》였을 것이다. 그러므로

○ 자장이 말하였다. "《서》에 이르기를 '고종(高宗)이 양음(諒陰)에서 3년 동안 말하지 않았다' 하니, 무엇을 말합니까?" 선생님께서 말씀하셨다. "하필 고종뿐이겠는가. 옛사람이 다 그러하였으니, 군주가 죽으면 백관(百官)들은 자기의 직책을 총괄하여 총재(冢宰)에게 〔명령을〕 듣기를 3년 동안 하였다."

子張曰, "書云, '高宗諒陰, 三年不言.' 何謂也." 子曰, "何必高宗, 古之人皆然, 君薨, 百官總己以聽於冢宰三年."(《헌문》 43)

라는 것은 군주의 3년상이라는 중대한 예를 《서》를 전거로 논하고 있는 것이다. 생각건대 《논어》에서 보이는 삼대의 예에 대한 역사적 사실과 고래 인물의 행적 등에 대한 지식은 주로 《서》에 의거했던 것 같다. 그래서

나는 《논어》 중의 고대부터 제환·진문(晉文)(춘추5패 중 제환공 및 진문공을 이름—옮긴이) 이전까지의 예제와 역사적 인물 및 사실 등에 대해 언급한 장을 모아 31장을 얻었지만, 여기서 이것을 상세하게 밝히지는 않는다. 다만 내 결론에 의거하여 다음 세 가지 점만을 언급해 두고 싶다.

1. 공자는 주공을 깊이 존중하여 주 문화의 우수성을 인정하고 그 예의 붕괴를 애석해하고 있지만, 하나라 예와 은나라 예를 문헌으로 증명하기에 충분하지 않은 것에 비해(《팔일》) 주나라 예는 훨씬 상세하게 알고 있었으리라. 그래서 공자가 장년에 이르러 계속 연구했던 《서》는 주로 《주서》다. 《하서》와 《상서》는 겨우 단편으로만 존재했을 것이다.

2. 공자가 만년에 교육과 문화 사업에 몰두할 적에 《서》의 정리 편집도 시도하고 《주서》 외에 얼마 되지 않는 《하서》와 《상서》도 모아서 삼대손익사관(《위정》)을 완성했을 것이다. 그러나 이것을 역으로 말하자면 오늘날의 《상서(尙書)》 중 《하서》와 《상서》에는 공자 이후 잇대어 편집한 부분도 많을 것이리라. 더구나 오늘날의 《주서》에도 잇대어 편집한 부분이 있으리라.

3. 그런데 지금의 《논어》에는 하·은·주 삼대 이전의 요·순에 대해 언급한 기사가 약간 있다. 생각건대 우를 우러러 믿은 사람은 묵자로서 공자의 손제자 시대에 해당하고, 요순(堯舜)을 칭한 것은 맹자 이후이기 때문에 《논어》에서 우·요·순에 대해 언급한 부분은 후세 사람들이 첨가했을지도 모른다. 혹은 이 정도의 전송은 공자의 시기에 이미 있었을지도 모른다. 특별히 자세히 논의해야 할 사항이다.

더구나 《논어》에는 "《서》에 이르기를"이라고 명확하게 말하진 않지만, 분명히 《서》의 글들을 서로 이어지게 하는, 즉 점철(點綴)한 기사가 있다.

〈요왈〉편 제1장이다. 이것에 대해 《논어》의 성립을 다루는 제2편 4장 20절에서 상세하게 언급하겠지만, 이 〈요왈〉편은 《논어》 중에서도 가장 늦게 편집한 부분에 속한다. 따라서 공자 시대의 《서》의 성질을 직접 읽어낼 수 있는 자료는 아니고, 다만 공자의 일면을 전하는 공문 후학의 《서》에 대한 태도를 잘 보여준다. 즉 요순 이래 《서》의 기사를 점철하여 주대에 이르기까지 인류 문화의 정통성을 입증하려고 한다는 것이다.

이상 서술한 것처럼, 시·서·예·악 네 과목은 군자에게 필수 교양으로서, 공자도 이를 중요하게 여겨 결국 그의 만년의 학교에서는 필수 과목으로 가르쳤을 것이다.

5

시·서·예·악이 공자 만년의 학교에서 필수 과목이었음은 상술한 바와 같다. 그러나 이 학교의 필수 과목이 그것만은 아니었다. 〈술이〉편(6)에 다음과 같은 구절이 있다.

> ○ 선생님께서는 네 가지로써 가르치셨으니, 문·행·충·신(文·行·忠·信)이었다.
>
> 子以四敎, 文·行·忠·信.

제자 가운데 누군가가 공문의 교과를 이 네 개로 전했던 것이리라.

> ○ 선생님께서 말씀하셨다. "제자가 들어가서는 효하고 나와서는 공손하며, 행실을 삼가고 말을 성실하게 하며, 널리 사람들을 사랑하되 인한 이를 친

히 해야 하니, 이것을 행하고 여력이 있으면 글을 배워야 한다."

子曰, "弟子入則孝, 出則弟, 謹而信, 汎愛衆而親仁, 行有餘力, 則以學文."(〈학이〉 6)

이것은 공자가 제자들에게 훈시한 바의, 교과 일반에 대한 안내다. "제자가 들어가서는 효하고 …… 널리 사람들을 사랑하되 인한 이를 친히 해야 하니"라는 말에 행(行), 충(忠), 신(信)이라는 3과의 내용이 포함되어 있고, "여력이 있으면 글을 배워야 한다"는 것은 문(文)의 과일 것이다.《논어》에는 "충신을 주장한다(主忠信)"는 말이 여러 번 보이지만(〈학이〉·〈자한〉·〈안연〉), 충이란 자기 자신을 기만하지 않는 것, 신이란 다른 사람을 기만하지 않는 것으로, 둘 다 충실 혹은 성실을 의미한다.

○ 선생님께서 말씀하셨다. "10호쯤 되는 조그마한 읍에도 반드시 나처럼 충신한 자는 있어도, 나처럼 학문을 좋아하는 이는 없을 것이다."

子曰, "十室之邑, 必有忠信如丘者焉, 不如丘之好學也."(〈공야장〉 27)

이 주장에 의하면 '충신'은 군자가 되기 위한 기본적인 태도로, 그 바탕 위에서 학문에 힘써 지식과 능력을 개발해야 한다. 그래서 부모에게 충실한 것이 효(孝), 형, 즉 동족의 연장자에게 충실한 것이 제(弟), 친구에게 성실한 것이 신(信)이다. 가족제도하에서 생활한 공자 시대에는 부모와 형제는 자신과 떼려야 뗄 수 없는 혈연으로 연결된 관계였다. 이른바 천륜으로, 친구와 같은 타인이 아니다. 따라서 형제에게 충실한 것이 자신을 기만하지 않는 것이므로, 그 정신 역시 충이다. 한편으로 공자가 생각한 최고선 혹은 선 자체는 인이다. 인의 내용이 충서라는 것은《논어》의 기록으로 입증할 수 있다(〈이인〉·〈옹야〉·〈위령공〉).• 그리고 충이란 충실(忠實)이고 서(恕)란 자기를 미루어 타인에 미치게 하는 것으로서, 친구에 대한 믿음이나 널리 사람을 사랑하여 인에 가까워지는 것도 모두 서에 포함된다. 그래서 충실이나 성실은 인의 기초라고 말할 수 있다. 유자의 말에 "……효와 제라는 것은 그 인을 행하는 근본일 것이다(……孝弟也者, 其爲仁之本與)"(〈학이〉 2)라고 되어 있다. 무엇보다도 "제자가 들어가서는 효하고, 나와서는 공손하며, 행실을 삼가고 말을 성실하게 하며(入則孝, 出則弟, 謹而信)"는 군자의 기본인 충·신이다. "널리 사람들을 사랑하되 인한 이를 친히 해야 하니(汎愛衆而親仁)"는 그것을 기초로 해서 더욱더 높은 목적인 인을 향해 노력하고 실천하는 것을 말한다. 이 실천이 행일 것이다. 그리고 문은, 《논어》에서 보이는 "문(文)"이란 글자의 복잡한 용례는 별도의 논의로 미루지만, 사견을 말하자면 문헌에 대해 연구하는 바의 문화적 교양이고, 그 내용은 시·서·예·악일 것이다. 이로써 문·행·충·신의 4과의 내용을 추정했지만, 이 중 충과 신은 함께 쓰여 충실 혹은 성실을 의미한다는 점에서 특히 유사하여 상술한 바와 같이 "충신"으로 표현한 곳도 많다.

• 공자는 증삼에게 "나의 도는 하나의 원리로 꿰뚫고 있다"(〈이인〉 14)라고 말하고, 자공에게 "나는 하나로써 관통하느니라"(〈위령공〉 5)라고 말하였다. 증삼은 그것을 "충서"로 이해했다. 공자는 또 자공의 "종신토록 받들어 실천할 만한 한마디가 있습니까?"라는 질문에 "서(恕)가 아닐까? 자신이 원치 않는 일을 남에게 베풀지 않는 것이다"(〈위령공〉 24)라고 말하였다. 그리고 충서가 인의 내용이라는 것에 대해서는, 자공의 물음에 답하면서 "공자께서 말씀하셨다. '……인한 사람은 자신이 서고자 함에 남도 서게 하며, 자신이 통달하고자 함에 남도 통달하게 하는 것이다. 가까운 데에서 취해 비유할 수 있으면 인을 하는 방법이라고 말할 만하다."(〈옹야〉 28)라는 데서 추정해 볼 수 있다.

○ 자장이 행(行)에 대해 묻자, 선생님께서 말씀하셨다. "말이 충성스럽고 신실하며, 행실이 돈독하고 공경스러우면, 비록 오랑캐의 나라일지라도 두루 통할 것이다. 말이 충성스럽고 신실하지 못하며, 행실이 돈독하고 공경하지 못하면, 자기 고장에서일지라도 통할 수 있겠는가? 서 있으면 자기 앞에 그 말들이 빽빽이 이어져 있는 듯 보이고, 수레에 올라타면 그 말들이 끌채의 끝에 댄 횡목에 새겨져 있는 듯해야 할 것이니, 그런 연후에 통할 것이다." 자장이 큰 허리띠에 이 말씀을 적었다.

子張問行, 子曰, "言忠信, 行篤敬, 雖蠻貊之邦行矣, 言不忠信, 行不篤敬, 雖州里行乎哉, 立則見其參於前也, 在輿則見其倚於衡也, 夫然後行." 子張書諸紳.(〈위령공〉 5)

이처럼, 공자는 충실은 말에 속하는 것으로 보면서 그것을 행실과 구별하여 충신 두 자를 실행 이전의 마음 혹은 그 표현 태도로서 일괄하고 있다. 그리하여 크게 보아 편의상 공자의 교과는 3과로 이해할 수 있다. 즉 충과 신은 마음 수양과, 행은 도덕 실천과, 문은 고등 교양과로 이 문에는 시·서·예·악 4과목이 속한다. 이 모두가 필수다.•

대체로 일반 사족을 대상으로 하는 공자 학교의 교육 목표는 도덕적으로나 교양 면에서나 국가 사회의 지도자로서 고급 관직에 나아가기에 적합할 정도로 훈련을 실시하여 탁월한 군자를 양성하는 것이었다. 군자는

• 《논어》의 〈선진〉편에 "공자께서 말씀하셨다. '나를 따라 진나라와 채나라에 갔던 문인들이 하나도 제대로 등용되지 못했다. 덕행에는 안연·민자건·염백우·중궁이 뛰어나고, 언어에는 재아·자공이 능하고, 정사에는 염유·계로가 밝았고, 문학에는 자유·자하가 능통했다'"고 적혀 있어, 덕행·언어·정사·문학을 보통 공문의 4과로 부르지만, 이것은 학교의 커리큘럼이 아니라 제자들이 이룬 특히 탁월한 분야를 분류해 제시한 것이다.

원래 경·대부로서 지도자 신분에 속하는 교양이 풍부한 인물을 의미한다. 군자는 일반 사족 및 이들이 취직하여 일정한 직역에 나아가 사무 관리를 담당하는 유사 등보다도 고급한 인물을 가리키는 말이었지만, 공자는 점차 주나라 신분제도의 붕괴에 적응해 도덕과 교양이 높아서 국가 사회의 지도자로 부족함이 없는 인물을 사족의 이상적인 인간상이라는 의미에서 군자라고 부르기에 이른다. 그리고 장래의 위정자는 반드시 이러한 군자여야 하므로 그 양성에 착수한 것이다. 그런 의미에서 공자는 학문에 뜻을 둔(志學) 이래로 군자학 연구에 종사하여 주공의 정신을 재현하는 이상적인 정치·제도의 실현을 목적으로 그 길에 헌신했다. 50이 되어 노나라에 임관하여, 이윽고 하대부로서 국정에 참여했지만, 3년을 채우지 못하고 실각하고 이후 14년 동안 자기의 뜻을 이룰 수 있는 장소를 찾아서 천하를 주유했다. 그러나 끝내 뜻을 이루지 못하고 68~69세에 이르러 하다못해 자신의 소신을 후대에서라도 실현하기 위한 최후의 수단으로서 노나라로 돌아와 문화 사업과 교육에 몰두하고 만년의 정력을 그 일에 쏟았다. 문화 사업이란 장래 어느 때인가 실현해야 할 이상적인 국가 사회제도 건립의 참고자료가 될 문헌의 수집·정리와, 시·서·예·악의 수집·정리다. 또 교육이란 이 이상적인 국가 사회 건립의 지도자가 되기에 족할 군자의 양성이다. 따라서 그의 학교에서는 일반 사인의 보통교육 과목인 육예의 습득만이 아니라, 그 위에 고급한 시·서·예·악의 연구가 부과되었다. 또한 인격적인 마음의 수양과 도덕적인 실천의 훈련을 혹독하게 시켰다. 그 가운데 그의 학문과 인격이 엿보여 그의 사상을 독해할 수 있지만, 이는 별도로 논할 것으로 여기서는 다루지 않는다.

마지막으로 이 학교에서 교육자로서 대단히 뛰어났을 공자의 태도를 일별하고 싶지만 이것도 후일을 기약하며, 간단하게 몇 가지만 기록하고

자 한다.

1. 첫째는 지칠 줄 모르는 간절하고 성실한 지도다. "사람 가르치기를 게을리하지 않는다(誨人不倦)"(《술이》편에 두 번 나온다)는 공자가 자처한 것이고, 고제자인 안연은 "부자께서 차근차근히 사람을 잘 이끄시어 …… 그만두고자 해도 그만둘 수 없다(夫子循循然善誘人, ……欲罷不能)"(《자한》10)고 감격해서 스승의 덕을 우러르고 있다.

2. 묻는 사람의 성격과 능력에 따라 때와 장소에 어울리게 교도하는 방식이 대단히 적절하고 타당하다는 점은 《논어》 전체에 걸쳐 곳곳에서 나타난다. 한 가지 예를 들면 다음과 같다.

○ 자로가 〔옳은 것을〕 들으면 실행해야 합니까?" 하고 묻자, 선생님께서 말씀하셨다. "부형이 계신데 어찌 들었다고 곧장 실행에 옮길 수 있겠느냐?" 염유가 "들으면 실행해야 합니까?" 하고 묻자, 선생님께서 말씀하셨다. "들으면 실행해야 한다." 공서화가 물었다. "……제가 의심이 나서 감히 묻습니다." 선생님께서 말씀하셨다. "구는 물러나므로 나아가게 한 것이요, 유는 남을 이기기를 좋아하기에 물러나게 한 것이다."(《선진》21)
子路問, "聞斯行諸", 子曰, "有父兄在, 如之何其聞斯行之." 冉有問, "聞斯行諸", 子曰, "聞斯行之." 公西華曰, "……赤也惑, 敢問." 子曰, "求也退, 故進之, 由也兼人, 故退之."

3. 배움을 좋아한다고 자처하는 공자는 몸소 제자들을 이끌어 그들 역시 배움을 좋아하도록 격려했다. 다음은 그 교수법을 엿볼 수 있는 예다.

○ 선생님께서 말씀하셨다. "알려고 애쓰지 않으면 일깨워주지 않고, 애쓰지
않으면 띄워주지 않는다. 한 모서리를 들어주었는데도 다른 세 모서리를
헤아리지 않는다면, 되풀이하여 가르치지 않는다."(《술이》 8)

子曰, "不憤不啓, 不悱不發, 擧一隅不以三隅反, 則不復也."

이는 공자가 주체성을 존중하는 계발 방법을 취하고 있음을 보여준다.

○ 염구가 말하였다. "선생님의 도를 좋아하지 않는 것은 아니지만, 힘이 부
족합니다." 선생님께서 말씀하셨다. "힘이 부족한 사람은 도중에 그만두게
된다. 지금 너는 해보지도 않고 미리 선을 긋고 있다."(《옹야》 10)

冉求曰, "非不說子之道, 力不足也." 子曰, "力不足者, 中道而廢. 今女畫."

이와 같이 엄한 단련법을 사용하고 있다.

4. 심술 수양과, 도덕 실천과, 고등 교양 전부를 통해 학습과 사색을 겸할 것을
중요시했다. "배우기만 하고 생각하지 않으면 얻음이 없고, 생각하기만 하고
배우지 않으면 위태롭다(學而不思則罔, 思而不學則殆)."(《위정》 15)

더구나 공자 교단의 성격의 일면에 대해 일찍이 가이즈카 시게키(貝塚
茂樹) 박사가 예리하게 지적한 것처럼● 그 전통의 일부는 은 왕조의 왕자
교육 조직인 다자족(多子族) 제도까지 거슬러 올라가는 것이 가능하다. 다
자족은 자(子)로 일컫는 노인을 족장으로 하는, 소자(小子)로 부르는 은 왕

● 가이즈카 시게키, 《《논어》의 성립》(동방학 제1집).

조 왕자들의 수양단체였다. 공자 교단에서 공자를 자로 일컫고, 제자를 소자라고 부르는 것은 여기서 유래한다. 또《논어》의 일부에는 공자가 제자에게 말하는 방법에서 주나라 공족(公族)의 청년 클럽이던 향당(鄕黨)의 집회에서 노인 교사를 주빈으로 하여 이루어지는 양로걸언(養老乞言)의 의식과, 합어(合語)의 예법과 유사한 것이 있음을 지적하고, 거기서도 일부 전통의 유래를 찾아볼 수 있다고 되어 있는데, 이것도 아마 틀림없을 것이다.

공자의 문화 사업과 학교는 전국시대를 거치면서 유가 후학에 의해 면면히 계승되었던 것 같다. 그러나 이미 격변하는 사회·정치 정세에 적응하지 못하고 한편 제자백가의 화려한 모양에 압도되어 시대에 뒤처진 것으로도 여겨졌다. 하지만 결과적으로 사족계급 일반에 의해 착실하게 지반을 다져가면서 장래 관료제 국가를 위한 관리 적격자 계층을 준비하고 있었다. 그래서 300년 뒤 한무제가 중앙집권적 대통일국가를 완성하여 관리가 대거 필요한 시기가 되었을 때 결국 그것을 충족할 수 있는 것은 유학 말고는 없었다. 이후 19세기에 이르는 2000년간 중국의 관료 지배는 유학과 뗄 수 없는 관계였다.

부록　공자 이전의 학교

1

중국의 전통적인 사고방식에 의하면 고대에 황금시대가 있었다. 즉 깊고 아득한 태고로부터 서력 기원전 12세기에 걸쳐 요·순·하의 우왕(禹王)·은의 탕왕(湯王)·주의 문왕·무왕·주공 등의 여러 성인이 잇따라 혹은 간격을 두고 군림하였으며 그 치하에서 정치적으로나 문화적으로나 이상적인 국가 사회가 실재했다고 말한다. 따라서 이 시기 완비된 교육 제도는 후대에 비할 바가 아니었다. 예를 들면 주자는 〈대학장구서(大學章句序)〉에서 다음과 같이 말한다.

> 삼대[三代, 하·은·주(夏·殷·周)]의 융성했을 때에 그 법이 점점 갖추어졌으니, 그러한 뒤에 왕궁(王宮)과 국도(國都)로부터 여항(閭巷, 시골 마을)에 이르기까지 학교가 있지 않은 곳이 없어, 사람이 태어나 8세가 되면 왕공(王公)으로부터 이하로 서인(庶人)의 자제에 이르기까지 모두 소학교에 들어가서 물 뿌리고 쓸며, 응대하며, 나아가고 물러가는 예절과 예의(禮)·음악(樂)·궁도(射)·마차 조종법(御)·읽고 쓰기(書)·계산(數) 등을 배우고, 15세에 이르면 천자(天子)의 원자(元子)·중자(衆子)로부터 공(公)·경(卿)·대부(大夫)·원사(元士)의 적자(嫡子)와 모든 백성의 준수한 자에 이르기까지 모두 태학(太學)에 들어가서 이치를 궁구하고 마음을 바루며 몸을 닦고 사람을 다스리는 도를 배웠으니, 이는 또 학교의 가르침에 크고 작은 절차가 나뉜 이유다.

참으로 훌륭한 문화국가의 모습이다. 그러나 사실상 중국은 최근까지도 문맹률이 90퍼센트를 넘을 정도였고, 현재도 선진 근대 국가에서 일반적으로 실시하는 의무교육조차 보급하지 못한 실정인데 3000년 전에 이랬다고는 도저히 생각할 수 없다. 생각건대 이것은 유교 입장에서 바라본 역사관이 국가 사회의 이상을 장래를 향해 상정하지 않고, 도리어 과거에 투영하여 상상한 결과다. 당연히 이 완비된 이상적인 교육 제도를 구상한 입장에서 보는 교육 사상은 공자 이래 발생·전개된 유교의 사유방식과 다르지 않다. 환원하자면 고대에 존재했다는 이상적인 교육 제도의 모습은 후대 유교의 탁월한 교육사상에 기초하고 있는 셈이다.

우리가 역사적 사실로서 중국 고대의 교육 제도와 학교를 고찰한다면, 공자의 사숙이야말로 처음 출현한 탁월한 학교다. 그것을 발판 삼아 오늘날까지 2000여 년에 걸친 중국 교육사를 더듬어 찾는 것이 가능하다. 그리고 공자 이전의 교육사와 학교의 변천은 대부분 전혀 분명하지 않다. 애당초 교육의 역사는 인간의 역사만큼이나 유구하리라. 그러나 중국의 교육사에서 획기적인 진보가 일어나 처음으로 학교다운 학교를 세우고 교육다운 교육을 시작한 것은 공자부터고, 그런 의미에서 공자는 중국 학교의 아버지다.

2

중국의 문화사는 그 발원은 실로 멀고, 그 질량은 매우 풍부하다. 기원전 6~기원전 5세기에 출현한 공자는 처음으로 이 다각적인 방면으로 발달한 문화의 전통을 한데 모아서 잘 정리하고 또 깊이 반성하여 장래의 발전을 위한 기초를 세운 인물이다. 따라서 후대에 전하는 공자 이전의 문헌은 대부분 공자로부터 시작된 유교 학자들의 노력에 의해 정리된 것이다. 당연히 공자 이전의 학교와 교육에 관한 기사도 공자 이후에 정리된 유교 문헌에서만 발견된다. 그리고 그 기사들은 고대 황금시대를 상정한 유교적 역사관에 의해 구성되었기 때문에, 그 목적에 부합하도록 첨가된 기술을 다룰 때는 조심하지 않으면 안 된다.

공자보다 약 100년 뒤(기원전 4세기)에 출현한 맹자가 양혜왕(梁惠王)에게 왕도 실현의 정책을 설명하는 가운데 학교의 일에 관련된 말이 있다.

> 5무 넓이의 집 주위에 뽕나무를 심으면 쉰 넘은 사람이 비단옷을 입을 수 있
> 고, 닭과 돼지와 개를 기르는 데 새끼 치는 시기를 놓치지 않으면 일흔 넘은 사
> 람이 고기를 먹을 수 있습니다. 100무 넓이의 땅의 농사일에 그 시기를 빼앗지
> 않으면 몇 식구의 가족이 굶주리지 않을 수 있습니다. 상서의 교육(庠序之敎)을
> 신중하게 하고 효제(孝弟)의 의리를 반복하여 가르치면 반백이 된 사람이 길에
> 서 짐을 지거나 이고 가는 일이 없을 것입니다.〔《맹자》〈양혜왕상(梁惠王上)〉〕

맹자의 말에서 상서(庠序)는 학교의 일이다. 이것에 의하면 맹자는 학교를
전국의 농촌에까지 설치하여 만인에게 교육을 보급할 일을 생각한 모양
이지만, 이것은 그의 이상일 뿐 당시의 현실을 기록한 것은 아니다. 게다
가 등문공(滕文公)에게 설명한 다음과 같은 말을 감안해야 한다.

> 상서학교(庠序學校)를 설치해서 백성을 가르쳐야 합니다. 상은 기른다는 뜻이
> 고, 교는 가르친다는 뜻이며, 서는 활쏘기를 익힌다는 뜻입니다. 하나라에서는
> 교라고 했고 은나라에서는 서라고 했으며 주나라에서는 상이라 했습니다. 학
> 은 〔하·은·주〕 삼대가 공통적으로 그렇게 불렀는데 그것들은 모두 인륜을 밝히
> 기 위한 것이었습니다. 인륜이 위에서 밝혀지면 백성들은 아래에서 친밀하게
> 지내게 될 것입니다."《맹자》〈등문공상〉〕

이것으로 보아 학교를 전국에 설치하여 위로는 모든 위정자에게 인륜의
도가 분명해지면 아래로는 지배를 받는 인민들도 친화하여 잘 다스려진
다는 것이 맹자의 본심이다. 그렇게 본다면 맹자가 이상으로 삼은 교육

제도도 실은 서민을 위한 보통교육이 아니고 사족에 대한 위정자의 교육이다.

아직까지 주나라 봉건제도의 실태는 상세하게 알려지지 않았지만 원칙을 말하자면 사회의 각 부분은 직업을 세습하는 사람들이 점유해 직업이 곧 신분인 차별적 신분사회였다. 그렇게 본다면 농민의 자식은 늘 농민으로 소년 시기부터 농업을 배워 익히고, 직인의 자식은 끝내 직인으로서 가정과 동업조합의 조직 중에서 생활에 필요한 기술을 몸에 익혀야 한다. 따라서 국가가 인민을 대상으로 직업교육을 하는 것은 가능하지도 필요하지도 않다. 그리고 인민은 모두 끝내 피치자 신분이기 때문에, 국가로서는 신민은 치자의 지도에 순순한 양민인 것이 바람직하다. 그 때문에 정치를 비판하는 지식이나 식견을 지니지 않는 게 낫다. 그런 의미에서도 국가는 인민을 위한 학교를 세울 필요가 없다. "백성이 〔도리를〕 따르게 할 수는 있어도, 〔그 이치를〕 알게 할 수는 없"《논어》〈태백〉 9)는 것이다. 다만 위정자로서는 인민을 양민답게 하여 사회의 존립과 번영에 필요한 생산 등의 노동에 힘쓰도록 시키고 치안의 확보·조세의 징수·노역의 복무 등에 지장이 없도록 인민에 대해 늘 일정한 훈련을 실시하지 않으면 안 된다. 다만 이 훈련은 학교에서 일정한 규준을 만들어서 획일적으로 행하는 것은 아니고, 위정자가 제각각 자신의 관할하에 있는 신민을 직접 혹은 간접적으로 잘 길들여서 적당히 감화시킬 수밖에 없다. 따라서 중국에서는 위정자 신분(사 이상, 즉 천자·제후·경·대부·사)에 속하는 사람의 임무는 정치와 교화, 즉 "정교(正敎)"다. 주의 제도를 이상화해 표현한 《주례》에는 내치를 위해 여러 조직을 담당 운영하는 사도(司徒) 60관을 규정한 부분의 헌법을 "교전(敎典)"이라 부르고 거기에서는 "십이교(十二敎)를 실시한다"거나 "향(鄕)에서는 세 가지 일로 백성을 가르친다"거나 그 외 여러 종류의 서민 교육에 대해서의 사도(司徒)의 직무가 포함되어 있다. 생각건 대 그 기록은 너무나도 잘 정리되어 있어, 다분히 이상화한 표현일 테지만, 하여간 이것은 대사도가 담당하는 직무의 일부로서 만민을 교화할 방침을 표현한 것이다. 인민 전원을 십이교와 고을의 삼물에 통달한 고도의 교양인으로 양성한다는 의미가 아니다. 즉, 그것은 인민을 가르치는 학교의 교과목은 아니다. 실제로 《주례》에는 서민을 가르치는 학교의 존재를 암시하는 관직의 규정은 전혀 나타나지 않는다. 다만 대사도직의 기술에서 "사유"라고 불리는 직업인이 민간에 존재했음을 알 수 있다. 정주(鄭注)와 공소(孔疏)에 의하면 사유란 향리에서 도예(道藝)를 향려(鄕閭)의 자제들에게 가르치는 사람으로 상서(庠序)의 교사이고 관직을 사직한 사람(致仕)인 현자가 담당했다. 그렇더라도 상서가 서민의 학교는 아니고, 관리 후보로서 사를 양성한 학교 같다는 점은 앞에서 인용한 맹자의 기술을 감안해 추측할 수 있다. 또 사유의 교과 내용인 대사도의 십이교와 향의 세 가지 일로 볼 때도 서민의 학교를 기대할 수 없다는 것은 《주례》를 일독해 보면 분명해진다. 결국 주대에 서민을 위한 학교는 없었다고 본다. 있었더라도 지배계급에 속하는 사 이상의 자제를 양성하는 학교였으리라. 그리고 그것도 당연히 역사적 변천이 있었을 것이다.

그렇다면 지배계급인 사 이상의 자제들을 가르치는 학교에는 어떤 종류가 있었을까. 이것도 여러 설이 분분해서 정확하게 실태를 파악하기가 어렵다. 위에서 인용한 《맹자》〈등문공상〉편의 기사에는 상·서·학·교 4종의 이름이 열거돼 있는데, 시대에 따라 부르는 방법도 달랐다. 즉 하나라에서는 교, 은나라에서는 서, 주나라에서는 상이라 하고, 하은주 삼대를 통해서 학(學)은 통용되던 이름이다. 또 이런 이름이 생겨난 어원으로 상(庠)은 양(養)과 동음으로 '기르다'는 의미, 교(校)는 교(敎)와 동음으로

'가르치다'는 의미, 서(序)는 사(射)와 동음으로 활터(射場)의 의미에서 왔다고 설명한다. 그리고 《설문(說文)》에 의하면 학(學)과 교(教)는 문자의 구조상 밀접한 관계가 있고 의미상으로도 인간 형성이라는 동일한 사실을 말한다. 지도하는 측에서는 교(教), 지도받는 측에서는 학(學)이다. 〈학기(學記)〉에 나오는 가르치고 배우면서 서로 성장한다는 뜻의 "교학상장(教學相長)"은 교와 학의 밀접한 관계를 말한 것 외에 다른 뜻은 없다. 또 《예기》의 〈명당위(明堂位)〉의 기재(記載)에 의하면 "(현재) 미름(米廩)〔으로 되어 있는 바〕은 유우씨(有虞氏)의 상(庠)이었다. 〔지금의〕 서(序)는 하후씨의 서〔가 있던 곳〕다. 고종은 은나라 시대의 학교이고 반궁(頖宮)은 주〔나라로 되었기 때문에〕의 학교다"라고 쓰어 있다. 이것은 어떤 시기, 아마도 늦어도 기원전 2세기 전반에 노나라에 존재하던 학교의 상태일 것이다. 또 〈대학(大學)〉편과 동일한 기원전 2세기경의 편찬으로 보이는 《예기》 〈학기〉에 고대의 학교제도로서 "고대의 교육에 대해 말하면 가(家)에 숙(塾)이 있고, 당(黨, 500가)에 상(庠)이 있으며, 술(術=遂, 1만 2500가)에 서(序)가 있고, 국(國)에 학(學)이 있다"고 되어 있다. 결국 숙·상·서·학 4종은 그 설치 장소인 가정·소지역·대지역·국도에 따라 제각각 부르던 학교의 이름이다. 곤란하게도 숙(塾)이라는 글자가 《설문》에는 없지만, 경전에는 "문 곁에 있는 집"이라는 뜻으로 쓰이고 있다. 생각건대 주대 초기에 귀족 집안에서는 가정교사를, 원래 노예로 부리던 은나라 유민이 예에 밝은 것을 감안하여 문 곁에 있는 집에 살게 하면서 문지기(門衛)를 겸하도록 했는지도 모른다. 이것은 나중에 언급하는 사씨(師氏)와 보씨가 궁정의 전속 교사이면서 수위를 겸한 것과 비교된다. 또 상(庠)이든 서(序)든 자형이 부수 广을 지니고 있기 때문에 양(羊)·여(予)의 음으로 부르던 어떤 건축물을 표현한 문자 같고, 그 관점에서 본 해석에 의하면 서(序)는 《설문》에 "동서의 벽이다(東西牆

也)"로 쓰여 있다. 이것을 앞서 언급한 〈학기〉와 《맹자》〈등문공상〉의 설명과 함께 고려해 보면, 상(庠)은 "당(黨)에 있다"고 쓰여 있으므로 500가구 정도마다 존재하던 사족의 집회소였을 것이다. 거기서 사족의 친목회를 열었는데 연장자를 상석에 모시는 관습이 있고, 양로(養老)의 모임 등도 개최했기 때문에 "상은 기른다는 뜻이고"라고 설명했을 터다. 사족의 자제는 집회에 참가하여 행의작법(行儀作法)을 보고 배웠으며 평상시에는 사유에게 육예를 전수받았으리라. 그렇게 본다면 상(庠)은 말하자면 사족을 위한 공민관인 동시에 그 자제들을 위한 학교이기도 하다. 이에 비해 서(序)는 "술(術=遂, 1만 2500가)에 서(序)가 있고"로 보아 1만 2500가, 즉 25당마다 있던 꽤 넓은 지역의 사족집회소다. "서는 활쏘기를 익힌다는 뜻이다"는 것으로 보아 그곳에서 향사(鄕射)의 예로써 활쏘기 기술을 겨루었다. 따라서 상이 사족의 공민관이자 학교였던 데 비해 서는 학교를 겸한 체육관이었다. 그런 의미에서 그리스의 팔라이스트라(Palaestra)나 김나지움과 유사한 시설이었을지도 모른다.

그런데 《주례》에 의하면 자제를 교육하는 직무를 담당하는 것으로 지관(地官)에 사씨와 보씨가 있고, 춘관(春官)에 대사악(大司樂)·악사(樂師)·대서(大胥)·소서(小胥)가 있다. 우선 사씨와 보씨는 지관사도(地官司徒)에 속하지만, 일반적으로 지관이 토지·인민·재산 등에 관한 공공제 시설의 관리와 공공제 행사의 운영 등의 여러 사무를 관장하고, 사씨와 보씨는 약간 성격이 특이하다. 생각건대 그들은 여러 정치 의례가 행해지는 전당을 포함하는 왕궁이라는 공공 건물을 관리하는 수위의 직무를 담당했기 때문에 지관에 속했으리라. 사씨는 아름다운 일을 왕에게 고하는 일을, 보씨는 왕의 나쁜 점을 간하는 일을 관장한다. 둘 다 늘 왕 곁을 지키면서 "제사나 빈객 접대나 회동이나 상사(喪事)나 군대의 일로 왕이 거동할 때 수

행하며 왕이 다스림의 방법에 대해 의견을 듣고자 할 때도 나쁜 점을 간한다"고 되어 있다. 그리고 사씨는 삼덕(지덕·민덕·효덕)과 삼행(효행·우행·순행)을 통해 공경대부의 자제들인 국자(國子)를 가르치고 호문[虎門: 왕이 거처하는 노침(路寢)의 문이다. 왕은 날마다 노침의 문에서 조회를 보는데 문 밖에 호랑이를 그려놓아 용맹스러움을 나타냈다고 한다─옮긴이]의 왼쪽에 거처하며 왕의 조회를 살펴 나라의 행사가 예법에 알맞은지를 관장하며 나라의 자제들을 가르친다. 일반적으로 귀족의 자제로 아직 관직에 나아가지 않은 사람은 모두 예법을 배운다. 사씨는 또 휘하 관리들에게 명령하여 사이(四夷)의 노예를 거느리고 무기를 지참하고 왕의 문 밖을 수비하게 하고, 왕이 야외로 행차할 때에는 장막 안의 수비도 담당한다. 보씨는 국자를 양성하여육예(오례·육악·오사·오어·육서·구수)와 육의(제사지용·빈객지용·조정지용·상기지용·군려지용·거마지용)를 가르치고 또 그 휘하를 거느리고 왕위(王闈), 즉 궁중의 항문(巷門)을 수비한다. 이렇게 볼 때 사씨가 궁정 행사의 현장과 관련해 예의작법을 국자에게 가르친 데 비해 보씨는 교양의 기초 과목과 예의작법의 기본을 가르쳤던 것 같다. 결국 그들은 궁정에서 예의의 전속 교사였고 더불어 수위의 직책을 지니고 있었으리라. 그리고 그들은 어디까지나 궁정 내에서 귀족 자제를 가르쳤으므로 궁정 밖 세간에서 상·서·학·교 등의 교사로서 일반 사족의 자제를 가르치던 사유와는 자연히 직무가 다른 교사였다. 단, 그들은 궁정 내에서 국자를 상대로 중등 정도의 교육을 담당했고, 좀더 고등한 교육을 담당한 것은 춘관에 속하는 대사악·악사·대서·소서 등이었던 것 같다.

춘관종백(春官宗伯) 60관은 제사의 예에 관한 여러 방면의 일에 필요한 사무를 나누어 담당하는 관제로, 제사와 밀접하게 관련해 발달한 음악·복서(卜筮)·무축(巫祝)·점성(占星)·기록 등의 여러 관직을 포함한다. 그중

대사악 내지 소서는 음악 관련 관직에 속한다. 그러나 그들은 대사(大師)·소사(小師)·고몽(瞽矇) 이하의 연주자를 양성하는 것은 아니고, 음악의 정신에 입각해 국자를 양성하는 교육자다. 그럼에도 음악 전문 예술가인 가수와 연주자를 양성하는 것은 아니고, 미래의 공·경·대부인 국자를 교육해 예악에 참가하도록 하는 것이다. 《주례》는 이에 관해 다음과 같이 설명하고 있다.

> 대사악은 성균(成均)의 법을 관장하여 건국의 교육 행정을 잘 정돈해서 국가의 자제들을 하나로 일치시키는 일을 한다. 도가 있는 자나 덕이 있는 자들에게 교육을 전담케 하고 죽으면 음악의 조신(祖神)으로 삼아서 고종에게 제사 지내게 한다. ……
>
> 악사는 국학의 행정을 관장하여 국자들에게 소무(小舞)를 가르친다. ……
>
> 대서는 학사들의 호적(기록부)을 관장하여 제자(諸子) 가운데 국학에서 무(舞)를 배울 자들을 소집한다. ……
>
> 소서는 학사들을 호출하는 명령을 관장하여 검열하고 불경한 자들(제시간에 오지 않는 자들)에게는 벌주를 내린다. ……

이들 기사에 "성균의 법"·"건국의 교육 행정"·"고종"·"국학의 행정"·"학사"·"제자"·"학" 등의 단어가 여기저기서 보이는데, 이들 단어와 관련된 곳에는 국자를 교육시키는 어떤 시설이 있었을 것이다. 정주(鄭註)에 의하면 "성균"은 동중서(董仲舒)의 설로 "오제 시대의 학교"이고 "고종"은 〈명당위〉에 "은나라의 학교"로 되어 있으므로 주대의 학제 중에는 고대의 다양한 학교 전통이 보존되어 있었던 셈이다. 하관제자(夏官題者)직의 자세한 설명에 의하면 《주례》에서 그냥 단순히 "학"이라고 한 경우는 주의 대학을 가리킨다. 또 앞에서 언급한 춘관의 주에 의하면 "나라의 자제" · "국자"는 "공경대부의 자제"이고, "학사"는 "경대부의 제자의 춤을 배우는 사람"이므로, "제자"는 결국 경대부의 자제일 것이다. 그리하여 일반 사족보다 더 상위의 귀족인 공경대부 등의 자제에 대해서는 초 · 중등교육을 위해 가정에 숙(塾), 왕궁에 사씨 · 보씨, 그 위에 고등교육을 위해서는 국학 및 그것과 관련된 여러 시설이 있고, 그것의 관리 운영에 대사악 · 악사 · 대서 · 소서 등의 악관이 종사했던 것 같다.

3

봉건국가 주에 일반 서민을 교육하는 학교가 없었다는 점은 이미 서술한 대로다. 국가 사회의 인구 대부분을 차지하는 서민의 직업교육은 가정과 동업조합에서 자연 발생적 또는 자발적으로 행해졌고, 그들을 국가 사회의 일원으로서 어떻게 살게 할 것인가는 지배계급이 결정할 임무였기 때문이다. 그러니만큼 사 이상의 지배계급 신분의 사람은 인구 구성으로 볼 때 전체의 작은 일부에 지나지 않았지만, 다수의 서민을 지도하여 국가 전체를 통치한다는 중대한 책임을 졌고 번잡하고 곤란한 직무를 담당했다. 그래서 그들은 필연적으로 많은 지식 · 교양 · 기술 등을 습득할 필요가 있었고, 당연히 교육기관이 있었음에 틀림없다. 전술한 《맹자》에서 주장한 상 · 서 · 학 · 교는 맹자가 생각한 정책의 청사진으로 제시되었을 뿐 당시의 실정을 기술한 것은 아니다. 그러나 예부터 어떤 형태의 학교든 이미 존재했기에 맹자가 학교에 대한 식견을 가지고 이상을 내세울 수 있었던 것이다. 그리고 기존 학교의 성질을 이 《맹자》의 기사에서 역으로 추측한다면, 그것은 국도만이 아니라 적어도 지방 중소 도시에도 일부 존재한 복수의 학교시설로 일반 사족을 관리 후보생으로 양성하는 기관이다. 아마도 사족이 갖추어야 할 기본 예의범절과 작법과 육예 등의 기초 교양 과목을 가르친 초·중등학교였으리라. 《좌전》의 양공 31년(기원전 542년)에 정나라에 향교가 존재한 사실이 보이는데, 그것이 이런 종류의 학교에 해당한다고 추측할 수 있다.

그러나 사회 전체에 분업과 신분이 밀접하게 관련되어 있고, 가족에게 직업이 세습되는 봉건사회의 일반 원칙은 지배계급 내부의 세분화에도 결국 통용된다. 다양한 변천이 있고 다름과 같음이 있지만 대부의 장자는 대부고, 제후의 장자는 제후를 계승한다. 또 사관(史官)의 가문, 악관의 가문, 그 외 다양한 특수 기능직은 결국 원칙적으로 일정 가족 내에서 세습되었을 것이다. 그런 의미에서 국가는 그들의 직업적 특기를 위해 학교를 건설할 필요도 이유도 없었다. 생각건대 원래 학교 교육은 늘 어느 정도는(그 정도는 시기와 장소에 따라 다양하지만) 보편타당한 기본 지식과 교양에 대한 획일적인 가르침에 지나지 않는다. 따라서 차별적 신분의 봉건사회는 결국 보통교육에는 철저할 수 없다. 다만 넓은 의미의 지배계급 내부에서 대다수를 점한 주대의 사족은 일반 서민과 달라서, 그들에게 요구되는 최소한의 기초 교양은 몸에 익혀야 취직할 수 있었다. 그런 이유로, 말하자면 일반 사족 자제를 위한 보통교육의 학교로서 《맹자》의 이른바 상·서·학·교와 《좌전》의 향교가 각국 각지에 존재했을 것이다.

그런데 지배계급 중에서 일반 사족보다 한층 더 고급한 천자·제후·경·대부 등의 자제에 대해서는 어떠했을까? 천자와 제후를 제외한 경·대부의 자제가 이른바 국자다. 그들은 부귀한 신분이기 때문에 유년기부터 가정교사에 의해 기숙에서 교육을 받고, 성장함에 따라 왕궁에 들어가 사씨와 보씨에 의해 날마다 정치 예의의 실재를 견학하면서 가르침을 받는다. 이것이 장래 고급 관직에 종사할 그들의 기초 교양 과목이다. 그러나 그들은 국가 조직의 중추를 담당할 고위 관직에 종사할 사람이어서 일반 사족처럼 임명된 관수(官守)의 사무에 전문적으로 숙달하거나 사씨와 보씨와 같이 조의(朝儀) 일반을 상세하게 아는 것만으로는 불충분하다. 물론 그것들을 대강은 알고 있으면 좋고, 상세한 것은 전문 관직에 맡겨도 무관하다. 경대부의 임무는 군주를 도와 온갖 정무에 종사하여 정시(定時)의 제사, 일상 제반의 정치·외교, 불시의 전쟁 등을 모두 적절하고 타당하게 처리하는 것과, 백관의 지배·종속 관계를 정연하고 질서 있게 지장 없이 운영하는 것이다. 그런데 고대 국가 행사는 이른바 제정일치로 제사는 물론 정치와 외교, 그리고 전쟁조차도 신명에 맹세하는 일정한 예의에 따라 행했고, 관리의 임면 역시 이 예에서 예외는 아니었다. 말하자면 그 모두를 예악을 통해 의례적으로 전개했다. 그 경우 전통의 긴 정치 의례의 의미 내용을 응집한 전고(典故)가 되는 문헌이 《서》였을 것이다. 또 모든 국가 행사의 여러 의례에 널리 아름다운 절도를 부여한 것은 음악으로, 그것에 따른 가사가 《시》였으리라. 따라서 국자가 고등교육 과정에서 배운 내용은 예악과 시서였을 것으로 추측한다. 그런데 국자는 이런 고등교육을 어디서 받았을까? 생각건대 이미 언급한 것처럼 대사악에서 보이는 성균은 오제의 학, 고종은 은나라의 학이었다. 또 《시》의 〈노송반수(魯頌泮水)〉편에 의하면 반궁(泮宮)은 주의 학이었던 것 같다. 결국 성균·고종·반궁이 제각각 오제·은·주 등의 전통을 이어서 존재하는 학교로, 거기에서 다양한 집회를 개최하고 여러 가지 행사를 거행했을 것이다. 그렇지만 국자는 일정한 규칙에 따라 이 삼학(三學)과 그 밖의 것에 대해 예·악·시·서를 학습하지 않았을까.

《예기》의 〈문왕세자〉편 가운데 세자 및 학사의 학습에 대해 서술한 기사가 있다. 거기에 보이는 관직의 이름이 《주례》와 정확하게 부합하지 않는 것이 있기 때문에, 양자가 서로 소전(所傳)과 편집 목적이 다른 듯하지만, 귀족 자제가 고등교육을 받은 학교를 상상하는 데는 도움을 준다.

> 무릇 세자 및 일반 자제의 교육에는 반드시 시기가 있다. 봄·여름에는 방패와 창을 들고 추는 무무(武舞)를 가르치고, 가을과 겨울에는 우약(羽籥)의 문무(文舞)를 가르치되 동서(東序)에서 한다. 소악정(小樂正)이 방패를 들고 추는 춤을 가르치면 대서가 돕고, 약사(籥師)가 창을 들고 추는 춤을 가르치면 약사승(籥師丞)이 도우며, 남이(南夷)의 음악을 가르칠 때는 대서가 북을 쳐서 음곡의 가락을 조절한다. 봄에는 시를 암송하는 데 힘쓰게 하고, 여름에는 현악기를 배우는데, 모두 태사가 지도한다. 그리고 가을에는 고종에서 예법을 가르치고 사의(司儀)가 지도를 돕는다. 겨울에는 서(書)를 읽는데 전서(典書)가 이를 가르친다. 예의 학습은 고종에서 행하고, 서(書)의 학습은 상상(上庠)에서 행한다.

이 기사의 앞부분은 세자와 학사에게 춘하추동으로 나누어 무무와 문무를 가르친 것을 서술하고 있다. 교관은 소악정·대서·약사승·서(胥) 등으로 《주례》의 대사악·악사·대서·소서와 동일하진 않지만, 《주례》의 악사와 약사가 국자에게 소무와 약무(籥舞)를 가르치는 점은 서로 비슷하다. 그리고 그것을 동서에서 행한다는 것이다. 혹은 이것은 왕궁 내에서 여러 의례에 대해서 사씨와 보씨가 현장에서 지도하는 방법으로 중등교육을 이수한 후에 동서에서 행해진 음악·무용의 실습 과목이었는지도 모른다. 이것에 대한 뒷부분의 기사를 보면, 봄에는 시를 암송하고, 여름에는 그것을 악기로 연주하고, 가을에는 예를 배우고, 겨울에는 서를 읽는다. 즉 시서예악이라는 교양 과목으로 그 스승은 태사·집례자·전서자(典書者) 등

각 분야의 전문가가 이를 담당하고, 학습 장소는 하나라의 학교인 상상과 은나라의 학교인 고종이다. 또 〈문왕세자〉에 의하면 음악·무용뿐만 아니라 예도 실습 과목이다.

무릇 천지종묘의 제례, 양로걸언의 의식, 합어의 예법 등은 모두 소악정이 동서에서 가르친다. 또 대악정(大樂正)이 방패와 도끼를 들고 추는 무무와 합어의 설과 명걸언(明乞言)의 예를 가르치되, 모두 대악정이 편장의 수(數)를 지시하면, 대사성(大司成)이 동서에서 학생의 학습을 총괄적으로 논평한다.

"양로걸언"이란 경로회를 개최하여 노인 현자를 부양하고 좋은 말을 해줄 것을 청하는 것, "합어"란 향사·향음주·대사(大射)·연사(燕射)와 같은 집회를 개최하여 서로 이야기를 주고받는 것이다. 이 실습 과목 또한 동서에서 행하고, 교수는 소악정·대악정·대사성이다. 이렇게 보면 결국 귀족의 고등교육으로는 동서에서 행한 예·악·무용의 실습 과목과 고종 및 상상에서 행한 시·서·예·악의 수득(修得)이라는 교양 과목이 있었다.

그런데 왜 이와 같이 귀족의 고등교육의 관리·운영이 악관에 의해 행해진 것일까? 생각건대, 제정일치의 색채가 잔존하던 고대 국가 사회의 관리조직에서는 상급귀족의 신분과 직무는 각종 제사와 정치·외교 의례, 그 밖의 여러 국가 의례를 행할 때 그들이 그런 일에 어느 정도로 어떻게 참여하여, 어떤 석차를 받는가에 의해 명확하게 평가되었다. 관습에 위배되게 행동하면 그 신분을 박탈당하는 것이다. 그 정도로 예가 국가 사회 생활의 중요한 질서였다. 그런데 예는 국가 사회생활의 질서 원리로서 신분에 맞는 행위와 의복과 기물의 차별을 명확하게 구분해 주지만, 그것을 지장 없이 운영하여 하나의 질서정연한 전체로서 조화로운 통일을 실현하는 원리는 악(樂)이다. "예의 쓰임은 조화가 중요하다"(《논어》〈학이〉 12)고 했고, "예는 민심을 규제하고 악은 민성(民聲)을 조화시킨다", 또 "악은 사람들을 화합시키고 예의는 사람들의 차별을 분명하게 한다"(《악기》) 등으로 말해지는 것은 후대의 이해지만, 그 본질을 잘 꿰뚫는 말이다. 실제로 다양한 의례에는 전부 제각각 적절한 음악을 연주해 의식을 아름답고 부드럽게 운용하는 리듬을 부여한다. 참여자들은 묘한 음악의 조화에 황홀한 일체감을 맛본다. 그래서 고대에는 예와 악이 서로 밀접하게 연관되어서 국가 사회질서의 차별과 통일을 상징하고 표현할 뿐만 아니라 이를 실현하는 성스러운 수단이기도 해서 지배계급에게는 둘 다 필수 교양이었다. 특히 상층 계급인 공·경·대부는 일반 사족처럼 한정된 관리직을 맡지 않고, 다수의 관직을 관리·통합하는 것이 직분이었기에 각종 예악에 통달한 세련된 교양을 갖추는 일이 점점 더 중요해졌다. 그래서 그들의 자제인 국자에게는 장래 그 책임을 담당할 수 있도록 예악의 수양을 학습시키지 않으면 안 되었다. 생각한 바와 같이 유년기에는 가숙에서 가르침을 받고 소년기에는 사씨와 보씨의 훈련을 받았다. 얼마쯤 성장해서는 국가의 여러 시설에서 시서예악을 연구하게 되어 있었던 것으로 보인다. 그런데 국학의 여러 시설의 관리 운영 및 그 사무를 악관의 일부가 담당했다는 것은 음악이 일체의 의례에서 공통의 조화 통일의 원리이자, 귀족 자제를 국가의 통일적 질서에 융합할 수 있도록 양성하기 위해서도 최초이자 최후의 수단이라는 인식에 기인하고 있을 것이다. 〈문왕세자〉에 의하면 국학에서 시서예악을 가르친 교수가 모두 악관이었던 것은 아니다. 집례자·전서자 등 각자 전문가가 담당했을 테지만, 국학의 관리·운영을 담당한 이가 악관이었다는 데서 음악의 이념을 조화로운 통합의 목표로 간주한 사유 방식을 엿볼 수 있다.

국자가 국학에서 교육을 받는 것과 함께 교외청소년단이라는 조직이 있었고, 《주례》에 의하면 하관제자가 이 조직을 총괄했다.

제자(諸子)는 국자들의 쉬(倅, 次子)를 관장한다. 그 계령을 다스리며 덕을 닦고 도를 학습하게 교육하는 일을 관장하여 그 등급을 분별하고 그들이 조회 때 서는 위치를 바르게 한다.

국가에 큰일이 있으면 국자들을 거느리고 대자(大子, 太子)에게 이르러 태자가 부릴 수 있게 한다. 만약 군사의 일이 있으면 수레와 갑옷을 주고 졸(卒)이나 오(伍)에 합류하게 하며 그들에게 유사를 두어서 군법으로 다스리게 하는데 사마는 그들을 바로잡지 않는다.

국가를 바르게 하는 일에 참여하지 않는다. 대제사에서는 여섯 가지 희생의 몸체를 예법에 따라 바르게 운반한다. 악사(樂事)에서는 춤추는 위치를 바로잡아 주고 춤추는 기구를 보급한다. 대상(大喪)에서는 모든 자제의 복장과 자리를 바로잡아 주고, 회동이나 빈객 접대에서는 모든 자제가 왕을 수행하도록 그들을 징발한다.

국가의 정사에서는 국자로서 벼슬에 나아가지 않고 노는 자들을 점검하여 덕을 닦고 도를 배우게 한다. 봄에는 대학에 합류시키고 가을에는 모든 활쏘기에 합류시켜 그들의 재주를 점검하여 벼슬에 나아가게 하고 부족한 자는 물러나게 한다.

이는 말하자면 아직 취직을 하지 않은 국자의 교외 활동 조직이다. 국가의 대사와 길흉 행사 때는 제자가 통솔하고 통제되는 행동을 하는 식으로 이것에 참여한다. 봄과 가을에는 학교 시설을 빌려 학예회와 운동회를 행하는 것까지 적혀 있다.

4

이상은 겨우 남아 있는 단편적인 고기록을 가지고 공자 이전의 학교를 상상해 본 것에 지나지 않는다. 처음에 서술한 바와 같이 그 고기록 자체가 이미 공자 이후에 유자(儒者)의 이상에 의해 편성된 것이다. 더구나 기록이 극히 적고 동일한 사실에 대해 서로 부합하지 않는 이전도 있어서, 도저히 정확을 기하기 어렵다. 그러나 주의 봉건제도하에서 학교의 모습이 어떠했는가를 가능한 한 추구해 보는 것은 의미가 있다고 생각하므로 나중에라도 기회가 있을 때마다 고찰하고 싶다.

그런데 춘추·전국시대에는 봉건제도의 붕괴 및 변용으로 조정의 관직을 담당하던 세습 가문 다수가 몰락하여 예악의 전통은 단절되고 흩어져 민간에 유출되었다. 즉 국가의 흥망성쇠에 따라 궁중과 조정에 전해오던 지식과 기술을 지닌 전문가 다수가 바야흐로 관리의 녹(祿)을 떠나 누항으로 영락하여 기술과 지식을 팔아 초라한 생활을 영위하게 되었다. 이것은 다른 면에서 보자면 기술과 지식이 민간에 개방되어 새로이 개화하는 계기였다. 재야 지식인 처사가 다수 발생하고, 그들의 자유로운 구상에 의한 신사상 및 신학술이 무성하게 일어났다. 그리고 이 새로운 정세의 선두에 선 위대한 문화의 선각자가 공자였던 것이다.

공자는 춘추시대 말기에 주의 봉건문화가 비교적 잘 남아 있는 노나라에서 자라난 호학의 선비다. 전통문화의 교양을 깊이 몸에 익힌 그는 국가 사회의 변모해 가는 모양을 눈여겨보고 인간으로서 진실로 올바르게 살아가는 데 필요한 도의 추구에 인생을 걸었다. 그리하여 흩어진 예악의 전통을 모아 정리하고 그 정신을 깊게 파고들어 재구성했다. 그 결과 보편타당한 도덕을 핵심으로 하는 교양주의 정치학을 창시해 후세에 엄청난 영향을 끼쳤다. 그의 인생행로는 난관으로 가득 찼지만, 그가 생애 만년에 이 사업 추진의 최후 수단으로 노나라에 개설한 사숙은 학교교육의 새로운 국면을 열었다. 그리고 이 학교는 공지에 의해 정리되어, 합리화된 시서예악의 교양과 인륜 도덕을 수행하는 도량의 역할을 했다. 그것은 교육사에도, 나아가 윤리사·정치사상사·문화사에도 획기적인 사업이었다.

제2편

《논어》의 성립

《논어》의 성립에 대한 서설

1

《논어》의 성립에 대해서는 선학들의 탁월한 연구가 적지 않다. 그러나 그런 여러 학설은 입장이 서로 달라 결론이 같지 않은 문제점이 있다. 그런 의미에서 아직 확실한 정설은 없다고 할 수 있다. 또 당연히 따져 논해야 했을 부분을 아직 어느 학설도 언급하지 않은 점도 있는 듯하다. 그래서 나는 이 서설에서 선학들이 명확하게 밝힌 사실을 참고하는 동시에 사건에 기대 문제의 소재를 지적해 두려고 한다.

《논어》의 존재를 명확하게 알게 된 것은 한대에 와서다. 《한서》〈예문지〉는 《논어》 항목에서

논어고(論語古) 21편(공자의 구택 벽 속에서 나왔다)

제(齊) 22편〔〈문왕(問王)〉, 〈지도(知道)〉 두 편이 많다〕

노(魯) 20편, 전(傳) 19편

이라는 3종의 텍스트가 있었음을 보여준다. 전한 시대에 이 삼론의 전수에 대해 설명하는 내용이 있다. 이 기사는 후한 초의 반고(기원전 1세기 사람)에 의한 것이지만, 유흠(劉歆)의 《칠략(七略)》에 의한 기재이기에 전한 말(기원전 1세기)의 사실과 지식에 기초한 것이리라. 그리고 당연히 현존하는 《논어》는 위나라 하안(何晏, 기원후 3세기 사람)의 《집해(集解)》에서 출발하는데, 《한지(漢志)》의 '삼론'으로부터 하안에 이르기까지의 전래는 세부적으로 문제가 많지만, 대체적인 계통은 기록에 입각하여 더듬어 찾는 것이 가능하다. 즉 그 텍스트의 성질에 대해서는 전한 말의 안창후(安昌侯) 장우(張禹)가 《노론》에 《제론》을 참조하여 만든 이른바 《장후론(張侯論)》을 바탕으로 해서 후한의 정현이 거듭 《제론》 및 《고론》을 참조하여 주(注)를 만든 책을 이어받고 있고, 그 편목은 《노론》에 일치하는 모양새다. 어찌 되었든 전한 말 '삼론'의 존재는 우선 의문의 여지 없는 사실로 보아도 좋다. 그러나 거슬러 올라가 '삼론'의 성립에 이르기까지의 내력에 대해서는 《한지》 이전에 명확한 기록이 없고 전한 말부터 《한지》 시대까지의 전래조차 《한지》와 이설이 있어서 사실의 진상은 명확하지 않다. 우선 《한지》에는 다음과 같이 적혀 있다.

《논어》라는 것은 공자가 제자들과 그 당시 사람들에게 응답하고, 또 제자들이 서로 더불어 말하고, 부자(夫子)에게 직접 들은 말들이다. 당시 제자들이 각각 기록한 바가 있다. 부자가 이미 세상을 떠나니 문인들이 서로 더불어 모아서 논하여 편찬한 것이므로 《논어》라고 한다. 한(漢)이 일어나고 제(齊)와 노(魯)의 설(說)이 있었다. 《제론》을 전한 사람은 창읍(昌邑)의 중위(中尉)인 왕길(王吉)과 소부(少府), 송기(宋畸), 어사대부인 공우(貢禹), 상서령인 오록충종(五鹿充宗), 교동의 용생(庸生) 등인데, 왕양(王陽)만이 명가였다. 《노론(魯論)》을 전한 사람은 상산의 도위(都尉)인 공분(龔奮), 장신소부(長信少府)인 하후승(夏侯勝), 승상인 위현(韋賢), 노의 부경(扶卿), 전장군(前將軍) 소망지(蕭望之), 안창후 장우 등인데, 모두 명가였다. 장씨가 가장 늦었으나 세상에 행해졌다.

論語者, 孔子應答弟子時人, 及弟子相與言, 而接聞於夫子之語也, 當時弟子各有所記, 夫子既卒, 門人相與輯而論篹, 故謂之論語, 漢興有齊魯之說, 傳齊論者, 昌邑中尉王吉, 少府宋畸, 御史大夫貢禹, 尚書令五鹿充宗, 膠東庸生, 唯王陽名家, 傳魯論語者, 常山都尉龔奮, 長信少府夏侯勝, 丞相韋賢, 魯扶卿, 前將軍蕭望之, 安昌侯張禹, 皆名家, 張氏最後而行於世.

위의 인용문은 한 초부터 제노(齊魯) 이론(二論)이 있다는 것을 인정하는 듯 보이지만, 전해준 사람으로 열거한 이들은 모두 무제 이후의 인물이다. 《고논어(古論語)》에 대해서는 앞서 든 "논어고(論語古) 21편" 아래에 자신의 주(注)로 "공자의 구택 벽 속에서 나왔다"고 했고, 《상서(尚書)》 항목에도 무제 때 공자의 벽 속에서 《논어》를 얻었다고 말하고 있으므로, 무제 때부터 존재하는 것으로 보고 있는 것이리라. 그런데 반고와 동시대 인물인 왕충(王充)은 《논형》〈정설〉편에서 다음과 같이 언급한다.

《논어》를 해석하는 자는 누구나 문장이나 어구만 해석할 뿐 《논어》가 본래 몇 편인지 모른다. 겨우 주나라 때 8촌(寸)을 1척(尺)으로 삼은 사실만 알 뿐이다. 《논어》에서 무엇 때문에 유독 1척 길이의 죽간에 썼는지에 대한 의미를 모르고 있다. 《논어》는 공자의 제자들이 공동으로 공자의 언행을 기록한 서적이다. 그들이 받은 가르침을 기록하는 시기가 매우 길어, 모두 수백 편이 되었다. 그래서 기록하기 간략하고 휴대하기 간편한 8촌을 1척으로 삼았다. 《논어》는 경서로 전해진 것이 아니다. 잊어버릴까 걱정해서 전문으로 기록해 남긴 것이다. 이 때문에 경서를 기록하는 데 주로 사용한 2척 4촌 길이 죽간이 아니라 8촌 길이 죽간을 사용했다. 한 왕조가 흥기한 뒤 망실되었다가 무제 때 공자의 벽장에서 고문을 발견해 고문 《논어》 21편을 얻었다. 게다가 제나라 《논어》, 노나라 《논어》, 하간헌왕(河間獻王)이 간직한 《논어》가 9편이어서, 합치면 모두 30편이었다. 소제(昭帝) 때에 이르러서도 고문 《논어》 21편만 읽혔다. 선제 때는 고문 《논어》를 태상박사(太常博士)에게 건네주었다. 당시도 아직 문자를 이해하기 어려워 《전》이라고 불렀다. 후에 다시 예서로 써서 전수해 읽고 외우게 했다. 처음에는 공자의 자손인 공안국이 노나라 사람 부경에게 전수했다. 부경이 형주자사로 승진한 뒤 비로소 《논어》라고 불렀다. 지금 말하는 《논어》는 20편이다. 제나라와 노나라 및 하간헌왕이 간직하던 《논어》 9편은 망실되었다. 본래 30편이던 《논어》는 나뉘어 망실되어, 단지 21편만 남았다. 목차에 가감이 생기기도 하고, 자구에 착오가 생기기도 했다. 《논어》를 해설하는 자는 단지 지엽적인 문제로 질문하고 비난할 뿐, 가장 이른 시기의 근본 편수나 목차는 알지 못한다. 과거를 돌이켜보고 현재를 이해해야 스승이 될 수 있다. 고대의 상황을 이해하지 못하면 스승이라 일컫기 어렵다.

說論者, 皆知說文解語而已, 不知論語本幾何篇, 但周以八寸爲尺, 不知論語所獨一尺之意, 夫論語者, 弟子共紀孔子之言行, 勅記之時甚多, 數十百篇, 以八寸爲尺, 紀之約省, 懷持之便也, 以其遺非經, 傳文紀識恐忘, 故以但八寸尺, 不二尺四寸也, 漢興失亡, 至武帝發取孔子壁中古文, 得二十一篇, 齊魯二, 河間九篇, 三十篇, 至昭帝女讀二十一篇, 宣帝下太常博士, 時尙稱書難曉, 名之曰傳, 後更隸寫以傳誦, 初孔子孫孔安國以敎魯人扶卿, 官至荊州刺史, 始曰論語, 今時稱論語二十篇, 又失齊魯河間九篇, 本三十篇, 分布亡失, 或二十一篇, 目或多或少, 文讚或是或誤, 說論語者,但知以剝解之問, 以纖微之難, 不知存問本根篇數章目, 溫故知新, 可以爲師, 今不知 古, 稱師如何.

이 글은 독해하기 어려운데 약간의 오탈자가 있는 게 아닌가 염려된다. 또 중앙의 학계에서 떨어져 시골에서 살았던 왕충의 견문을 어디까지 신뢰해야 할지 의문을 제기하는 학자도 있는 등 의론이 많은 글이다. 그러나 어찌 되었든 반고의 설과 언뜻 보기에 다른 바가 있다. 지금 둘의 차이점을 논의에 필요한 만큼만 대강 열거하면 다음과 같다.

1. 반고가 "한이 일어나고 제와 노의 설이 있었다"고 말하는 것에 대해 왕충은 "한 왕조가 흥기한 뒤 망실되었다"고 했다. 왕충은 한나라 초에 한 번《논어》가 망실되었다고 보는 듯하다. 그러나 반고의 말은 막연한 말투로, 제나라와 노나라의《논어》를 전한 자도 모두 무제 이후의 인물만을 열거하고 있다. 그러므로 반드시 한나라가 흥한 초기부터 제나라 및 노나라의《논어》가 있었다는 의미가 아닐지도 모른다. 또 왕충의 "한 왕조가 흥기한 뒤 망실되었다"는 구절이 의미하는 바는 한나라 초에 일시적으로《논어》의 학이 쇠퇴하여 일반에 그 존재가 알려져 있지 않았다는 정도의 의미일지도 모른다. 만약 그렇다면 이 두 기사는 양립할 수 없는 이설이 아니다.

2. 무제 시기에 공자의 벽장에서 고문《논어》를 얻었다는 것은 반고와 왕충이 일치한다. 무엇보다도 이 사실은 경제(景帝) 시기에 속한다고 고증하는 학자도 있다. 단 왕충의《논형(論衡)》에는 "공자의 벽장에서 고문을 발견해 고문《논어》를 얻었다"는 주장 밑에 "제나라《논어》, 노나라《논어》, 하간헌왕이 간직한《논어》가 9편이어서, 합치면 모두 30편이었다"는 불명료한 구절이 있다. 이 구절은 의미를 잘 알 수 없다. 그러나 뒤에서도 서술하는 바와

같이 "제나라 《논어》, 노나라 《논어》, 하간헌왕이 간직한 《논어》 9편"은 벽에서 나온 고문 《논어》의 일부가 아닌 별개의 것일지도 모른다.

3. 반고는 《제론》 및 《노론》의 전통이 전한 말까지 단절 없이 계속되고 있는 듯 말하지만, 왕충은 "지금 말하는 《논어》는 20편이다. 제나라와 노나라 및 하간헌왕이 간직하던 《논어》 9편은 망실되었다. 본래 30편이던 《논어》는 나뉘어 망실되어, 단지 21편만 남았다. 목차에 가감이 생기기도 하고, 자구에 착오가 생기기도 했다"고 했다. 이것도 난해한 글이긴 하지만(이 책의 저자는 "……篇目或多或少, 文讚或是或誤……"에서 讚의 뜻이 모호하다고 본다―옮긴이) 적어도 무제가 공자의 벽장에서 고문을 얻을 무렵의 《논어》는 후한 초에는 이미 원래의 모습이 사라졌던 것이 된다. 언뜻 보기에 두 기사가 서로 모순되는 듯하지만, 그러나 한편으론 학문의 전통이 전한을 통해 끊기지 않았다는 것, 한편으론 후한 초까지는 텍스트의 편목이 다양하게 변화했다는 것을 말하고 있다. 그렇게 보면 반드시 양립할 수 없는 이설도 아니다. 생각건대 《한서》 〈예문지〉의 삼론은 유향의 교정[校讎: 두 종류 이상의 이본(異本)을 대조하여 틀린 곳을 바로잡는다는 뜻이다―옮긴이]에 의해 정본이 된 삼론의 모습이라고 한다면, 유향과 동시대 사람인 장우의 본전(本傳), 즉 《한서》 〈장우전(張禹傳)〉에 "당초에 노나라 사람 부경 및 하후승·왕양·소망지·위현성(韋玄成: 위에서 언급한 승상 위현의 아들이다―옮긴이) 등이 모두 《논어》를 해설했는데, 편이나 순서가 조금 달랐다. 장우는 먼저 왕양을 사사(師事)하고 뒤에 용생에게 수학하고서 타당하고 완전히 좋은 것만을 채록하였다. 가장 뒤에 나온 책이어서 존귀하게 여겨 제유(諸儒)가 《논어》를 배우려면 장우의 글을 염송(念誦)하라'고 하였다. 이로 인해 많은 학자들이 장씨의 《논어》를 취하니, 나머지 사람들의 《논어》는 점차 쇠미해졌다(始魯扶卿及夏侯勝·王陽·蕭望之·韋玄成皆說論語, 篇第惑異, 禹先事王陽, 後從庸生, 采獲所安,

最後出而尊貴, 諸儒爲之語曰, '欲爲論, 念張文' 由是學者多從張氏, 餘家寢微)"라
고 하였다. 이것도 유향이 저작을 교정한 제노 이본〔제나라의 《논어》와 노나라
의 《논어》, 즉 《제논어(齊論語)》 및 《노논어(魯論語)》를 말함─옮긴이〕의 편제가
서로 다름을 언급한 것이라기보다 사실 유향 이전의 제노 이본이 제각각 약
간씩 달랐을지도 모른다고 보는 편이 낫다. 그리고 왕충 시기는 이본을 절
충한 장우의 《논어》가 가장 많이 보급된 시기이기 때문에, 적어도 당시 《논
어》는 다수가 편수·편제·편목에서 《고론》·《제론》·《노론》의 원형과는 다
소 다른 저본이었다는 사실을 《논형》은 말하고 있는 셈이다. 더구나 《논형》
의 "제나라 《논어》, 노나라 《논어》, 하간헌왕이 간직하던 《논어》가 9편이
어서, 합치면 모두 30편이었다" 및 "제나라와 노나라 및 하간헌왕이 간직하
던 《논어》 9편은 망실되었다"는 구절의 의미를 상세하게 밝히지 않았지만,
만약 "제노(齊魯)"가 《제논어》와 《노논어》를 말한다면 그것들은 앞글의 "한
왕조가 흥기한 뒤 망실되었다"의 뒤를 받아 "하간헌왕이 간직하던 《논어》
가 9편이다"는 것과 함께 공자의 벽장에서 고문이 출현한 이후에 그 존재를
인정받았다는 뜻이 된다. 따라서 제노 이론도 역시 필경 《고론》에서 출현
한 이본에 지나지 않거나 아니면 공자의 벽장에서 《고론》이 발견되기 이전
부터 《제론》과 《노론》이 존재했는데 세인에 알려지지 않았거나 둘 중 하나
일 것이다. 그리고 어느 쪽이든 《논형》에 의하면 왕충 시기에는 《제론》이나
《노론》이나 이미 그 원형을 상실했다. 만약 다케우치 요시오(武內義雄) 박사
(1886~1966, 일본의 중국 철학자─옮긴이)와 같이 "제노이(齊魯二)"를 제노이권
본이라는 하나의 특수한 텍스트로 고찰한다면, 《논형》은 《제론》과 《노론》
의 존재를 다루지 않은 게 된다. 어느 쪽이든 《논형》이 보는 바로는 적어도
당시는 원형대로의 《노론》이나 《제론》은 거의 유행하고 있지 않았다고 해
야 한다.

4. 《논어》라는 명칭의 유래에 대해서도 《한지》와 《논형》이 설명하는 바가 다르다. 그러나 이것도 반드시 모순되는 것은 아니다. 왜냐하면 《한지》에서는 공자의 문인이 공자의 사망 이후 그 말을 "서로 더불어 모아서 논하여 편찬"한 데서 《논어》라고 명명하게 되었다고 그 이유를 설명하고 있지만, 《논형》에서는 공안국으로부터 《고론》을 이어받은 노나라 부경의 시기에 비로소 《논어》라고 말하였다고 해서, 명칭이 정해진 시기를 알려주는 것에 지나지 않기 때문이다.

5. 더구나 《논형》은 《논어》가 주나라의 1척, 즉 한나라 척으로는 8촌에 해당하는 죽간에 쓰인 이유를 말하고 있지만, 아마 이것은 《논형》 당시의 《논어》의 죽간이 8촌인 사실에 기초한 설명일 테다. 또 소제·선제 때는 《고논어》가 난독(難讀)이었던 것을 전하고 있지만, 이것들은 모두 《한서》에는 없는 기사다. 또 "제나라 《논어》, 노나라 《논어》, 하간헌왕이 간직하던 《논어》가 9편이어서, 합치면 모두 30편이었다"나 "제나라와 노나라 및 하간헌왕이 간직하던 《논어》 9편은 망실되었다"는 설명이 명료하진 않지만, "제노"가 혹 《제론》과 《노론》이라 할지라도 적어도 "하간 9편"은 삼론 이외의 텍스트인 듯 보인다. 그리고 "9편" 및 "30편"이라는 문자에 오류가 없다면 《고론》 21편과 하간 9편의 합이 마침 30편에 들어맞는다. 그것은 내용이 중복되지 않는 문헌의 총편수를 들었던 것이고 《제론》과 《노론》은 그 내용이 대부분 중복되는 이본이기 때문에, 일단은 성립할 수 있는 것이다.

이상은 《한지》와 《논형》을 비교하여 단정해 본 것에 지나지 않지만, 이 입장에서 보면 일견 모순이 많은 것처럼 보이는 두 기사도 의외로 모순은 적고 상보해서 고찰해 볼 부분이 많다. 제멋대로 절충하는 일이 사실을 명확하게 하는 방법은 아니지만, 그러나 말의 말단에 매여 모순대립의 면을 부당하게 강조하고, 한 편이 옳다면 다른 편은 틀렸다고 단정하는 일은 무단(武斷)이다. 이 자리에서 사실의 진상을 결정할 수는 없지만 앞서 서술한 이해에 바탕해 《논형》을 읽어보면 다음과 같은 해석이 가능하리라.

《논어》를 설명하는 사람은 모두 문장과 어구를 해설할 줄만 알 뿐 《논어》가 본래 몇 편이었던가는 알지 못한다. 〔또〕 주나라에서는 〔한나라의〕 8촌의 길이를 1척으로 하고 있지만, 《논어》만이 1척의 죽간에 쓰여 있는 의미를 알지 못한다. 대체로 《논어》는 여러 제자가 함께 공자의 언행을 기록한 것으로, 최초의 기록은 몹시 많은 78편도 있었다. 〔한나라의〕 8촌이 1척인 〔작은〕 죽간에 간단하게 줄여서 쓴 것은 휴대하기에 편리하도록 하기 위함이었다. 그 유문은 경(經)은 아니어서 전(傳)의 문이고 기억하고 있어도 잊어버릴까 걱정해서 특히 그냥 8촌 1척이라는 작은 죽간을 사용하여 〔경의 모양으로〕 2척 4촌의 죽간을 사용하지 않았다. 한나라가 들어선 초기에 〔《논어》는〕 거의 세간에서 모습을 보이지 않았지만 무제 때에 공자의 벽장에서 고문을 발견하여 〔고문논어〕 21편을 얻었다. 〔그래서 《논어》에 대한 주의가 환기되어 검토해 본즉 세간에 이미 존재하던 《논어》에서 고문 21편의 내용과 거의 중복되는 것으로서〕 《제논어》와 《노논어》 2개와 〔그다음에 그것들과 내용의 중복이 없는〕 《하간논어(河間論語)》 9편이 있으니 〔결국 내용이 다른 편을 헤아려 보면 총계〕 30편이었다. 소제 때 비로소 〔고문〕 21편을 읽었다. 선제는 태상박사에게 명하여 〔읽도록〕 시켰지만 당시는 꽤나 난해한 책으로 여겨 〔또 경으로는 열거되지 않았기에〕 전(傳)이라고 불렀다. 그 후, 예서로 써서 고쳐서 전송했다. 처음에 공자의 자손 공안국이 그것을 노나라의 부경에게 가르쳤는데 〔그는〕 형주의 자사(刺史)까지 진급했던 사람으로 〔그때〕 비로소 《논어》라고 불렀다. 현재 《논어》 20편이라고 칭하는 것은 또

《제론》·《노론》·'하간 9편'〔등의 원형〕을 잃어버려 원래 30편이던 것이 분산되어〔원형이〕망실되었다.〔또《고문논어》의〕21편의 것도 있지만,〔이것에도 여러 종의 전본이 있어서〕편목이 많기도 하고 적기도 하여 자구에도 옳은 것도 있지만 틀린 것도 있다〔는 꼴이다〕.《논어》를 해설하는 것은 단지〔제가의 설의〕훈해상의 의문과 미세한 난점을 인식하는 것뿐이어서 그것만으로는《논어》에서 기본이 되는 편수와 목차를 연구할 줄 모른다. "과거를 돌이켜보고 현재를 이해해야 스승이 될 수 있다"고 하듯이 지금 와서 과거를 알지 못한다면 어떻게 스승이라고 말할 수 있겠는가?

그리하여《한서》와《논형》을 읽어 서로 맞추어보고 양자를 조정하는 입장에서 말한다면, 무제 때는 적어도 제·노·고의 삼본이 있었고, 그 이전 한나라 초기에는 제·노 이본 혹은 그 전신이 있었을 테지만, 그다지 분명하게 드러나지는 않았다고 본다. 이에 대한 명확한 사료가 없기 때문에 충분히 확실하다고 말할 수는 없다. 하지만 무제 때 삼론의 존재를 생각할 수 있는 것과 더불어《사기》의〈공자세가〉와〈중니제자열전〉에 기재된 공자와 제자 사이의 많은 언행이 세부는 어찌 되었든 대체적으로 현재의《논어》와 일치하고, 게다가 사마천은〈중니제자열전〉의 재료를《논어》에서 취했다고 분명히 언급한 것으로 보아 그때는 이미 현재의《논어》와 대부분 같은 내용을 지니는 원본이 존재했음을 의심할 수 없다. 따라서《논어》는 그 이전에 성립했음에 틀림없다.

2
이상 서술한 바에 의해 한 초 당시의《논어》의 존재를 어슴푸레하게나마 고찰했지만, 한 걸음 거슬러 올라가 선진(先秦) 때는 어땠을까? 전반적으로 지금의 《논어》에 포함된 500에 가까운 장은 언제 어떻게 만들어져 전해지고 편성되어 《논어》를 형성한 것일까? 또 그것이 공자 및 제자들의 언행을 전하는 사료로서 어느 부분이 얼마만큼의 가치가 있을까? 이것이 당면한 문제다. 그러나 그에 대해서는 기록의 증거로 댈 만한 것이 없다. 그러므로 결국 지금의 《논어》를 정독해서 엄밀히 분석하고 비판하여 계통을 세우는 일이 고찰의 기초일 것이다. 그리고 이 고찰을 위해 각종 방도를 생각할 수 있겠지만, 상세한 것은 뒷날로 미루고 지금은 간단하게나마 개인적인 의견을 기록해 두고자 한다.

그에 대해서도 논술의 전제로 다음과 같은 여러 사실을 재확인해 두어야 한다. 첫째로 금본(今本) 《논어》는 한대의 삼론의 절충 혼합으로 이루어졌다. 대체로 삼론의 편목에 대해서는, 《한지》에 저서 목록으로 기재된, 유향의 교정을 거친 저서에 의하면 《노론》은 금본과 같은 것으로 보인다. 《제론》에는 〈문왕〉·〈지도〉 2편이 많고 《고론》에는 〈자장〉편이 두 개 있었다고 전해질 뿐 그 이상 큰 차이가 있었던 것 같지는 않는다. 황간(皇侃)의 《의소(義疏)》의 소전(所傳)에 의해 《고론》의 편서가 제노와 동일하지 않았다는 것을 알고 있고, 또 환담(桓譚)의 《신론(新論)》 〈정경(正經)〉편에 의해 《고논어》와 제노본 사이에는 문자 640여 자 정도가 달랐던 것을 알고 있다. 어찌 되었든 일반적으로 삼론이 세 개의 상이한 텍스트로서 세 학파의 근거가 된 문헌인 이상, 세부적으로 각종의 출입이 있었음에 틀림없다. 그리고 그것들의 절충으로 금본이 출현한 것이다. 또 《논형》의 '하간 9편'은 그 후 행방이 자세하지 않지만, 그것이 어떤 유형의 문헌이었든 간에 상실되어 완전히 사라졌거나 그렇지 않으면 금본에 흡수되어 남아 있든가 둘 중 하나일 것이다. 다음으로 삼론의 상위가 어느 정도 존재했다고 할지라도 어찌 되었든 한 개의 《논어》의 세 가지 이본일 뿐 전혀 별개의 세 문헌은 아니었던 것 같다. 그에 기초하면, 한 개의 《논어》가 어떠한 의미에서건 어떤 시기에 존재했음에 틀림없다. 그러므로 지금 내가 《논어》의 성립을 고찰해 보고자 한 것은 이 한 개의 《논어》에 대해서다. (이 '한 개의 《논어》'의 의미에 대해서는 이번 장의 6에서 다시 거론할 것이다.)

그러므로 이상의 것을 확인했다면 당면한 "《논어》의 성립" 문제는, 현재 우리가 접하는 《논어》를 구성한 삼론은 '한 개의 《논어》'에서 근원하는데, 금본을 분석하는 과정에서 이 한 개의 《논어》의 형성 과정이 어떻게 구명될 것인가 하는 것이다. 그러므로 이 문제에 대한 내 개인의 의견을 아래 A·B·C·D 네 항목으로 나누어 약술하는 것으로 시작하자.

3

A. 편목과 장의 순서를 단서로 편찬 경로를 추적하는 방법

대체로 현존하는 《논어》에는 500에 가까운 장이 20편에 담겨 있다. 주자의 《집주(集注)》본에 의해 이 책 전체의 편과 각 편의 장 수를 들면 다음과 같다.

〈학이〉 제1(16장), 〈위정〉 제2(24장), 〈팔일〉 제3(26장), 〈이인〉 제4(26장), 〈공야장〉 제5(27장), 〈옹야〉 제6(28장), 〈술이〉 제7(37장), 〈태백〉 제8(21장), 〈자한〉 제9(30장), 〈향당〉 제10(1장 17절), 〈선진〉 제11(25장), 〈안연〉 제12(24장), 〈자로〉 제13(30장), 〈헌문〉 제14(47장), 〈위령공〉 제15(41장), 〈계씨〉 제16(14장), 〈양화〉 제17(26장), 〈미자〉 제18(11장), 〈자장〉 제19(25장), 〈요왈〉 제20(3장).

무엇보다도 매 편의 장 수에 대해서는 보는 사람에 따라 이론이 있을 수 있지만, 지금은 편의상 주자의 설에 의거해 열거해 보았다. 그런데 이 20편 482장이 지금의 《논어》의 구조이기 때문에, 이 구조의 성립 과정을 명확하게 한다면, 그것은 구조 형식에서 본 편찬 과정이라는 의미에서 《논어》의 성립 과정을 명확하게 할 수 있는 방법이다. 그러므로 우선 이 과정을 고찰해 보자.

《논어》를 어떤 한 사람이 한때에 성립했다고 한다면, 어떤 결과가 될까? 우선 어떤 의미에서건 책 전체를 일관하는 편찬 의도가 발견되어야 한다. 사항별이나 논제별로 편목장차(篇目章次)가 정해져 있다든가, 연대순에 의한 배열을 고려했다든가, 아니면 전후 관련성을 띤다든가, 혹은 전적으로 잡찬(雜纂)의 형태에 의해 배열 순서를 고려하지 않는 태도를 보여준다든가, 뭐가 됐든 책 전체를 꿰뚫는 일정한 편집 방침 말이다. 그러나 현존하는 《논어》는 부분적으로 여러 가지 의미에서 장의 순서인 장차(章次)의 연관만 보이므로 전체를 하나로 꿰는 편집 방침을 가늠할 수 없고, 편명도 모두 편 첫머리 두세 글자를 갖고 기계적으로 지었다. 편명이 내용을 보여주는 것은 아니지만 지금의 20편 각 편은 제각각 특색이 있다. 그중 한 편을 관통하는 어떤 일관성을 보여주는 것도 있다. 예를 들면 〈팔일〉편은 모두 예악에 관한 말을 모아두었고, 〈공야장〉편은 마지막 3장을 제외하면 고금 인물의 현부(賢否)와 득실을 논한 글이다. 〈향당〉편은 시종일관 공자의 일용상행(日用常行)을 기술했고, 〈계씨〉편은 "자왈(子曰)"이라고 말하지 않고 "공자왈(孔子曰)"로 돼 있다. 〈자장〉편은 모두 제자의 말만 있고 공자의 말은 없다. 이것들이 어느 것이나 제각각 편의 특색 있는 일관성이긴 하지만, 그러나 이것들의 성질은 그 역으로 볼 때 진실은 아니다. 예악에 관한 말이 〈팔일〉편에만 있는 것은 아니고, 고금 인물의 현부와 득실을 논한 글은 〈공야장〉편 이외의 편에도 드문드문 보이기 때문이다. 공자의 일용상행의 기술은 〈향당〉편 외에 예를 들면 〈술이〉편에도 다음과 같이 적혀 있다.

○ 선생님께서 한가로이 계실 적에, 마음은 평화롭고도 즐거운 듯하시고, 얼굴은 환히 피어나셨다.

子之燕居, 申申如也, 夭夭如也.

○ 선생님께서는 상을 당한 사람의 곁에서 음식을 드실 때에는 배부르도록 잡수신 적이 없었다. 선생님께서는 이날 곡을 하시면 노래를 부르지 않으셨다.

子食於有喪者之側, 未嘗飽也, 子於是日哭, 則不歌.

○ 선생님께서 조심하신 것은 재계(齊戒)와 전쟁과 질병이었다.

子之所愼, 齊·戰·疾.

○ 선생님께서는 정음을 사용하셨으니 《시》와 《서》를 읽고 예를 행하실 때 모두 정음을 사용하셨다.

子所雅言, 詩·書·執禮, 皆雅言也.

○ 선생님께서는 괴이한 일, 힘센 사람의 일, 정도를 어지럽히는 일, 그리고 귀신에 관한 일은 말씀하지 않으셨다.

子不語怪·力·亂·神.

○ 선생님께서는 네 가지로써 가르치셨으니, 문·행·충·신이었다.

子以四敎, 文·行·忠·信.

○ 선생님께서는 낚시질은 하시되 큰 그물질은 하지 않으시며, 주살질은 하시되 잠자는 새를 쏘아 잡지는 않으셨다.

子釣而不綱, 弋不射宿.

○ 선생님께서는 다른 사람과 노래할 때, 그 사람이 잘하면 반드시 다시 한번
  하게 하셨고, 그런 뒤에 화답하셨다.

  子與人歌而善, 必使反之, 而後和之.

○ 선생님께서는 온화하면서도 엄숙하고, 위엄이 있으면서도 사납지 않고,
  공손하면서도 평안하셨다.

  子溫而厲, 威而不猛, 恭而安.

또 〈자한〉편에는 다음과 같은 것이 있다.

○ 선생님께서는 이(利)와 명(命)과 인(仁)을 드물게 말씀하셨다.

  子罕言利與命與仁.

○ 선생님께서는 네 가지의 마음이 전혀 없으셨으니, 사사로운 뜻이 없으셨
  으며, 기필하는 마음이 없으셨으며, 집착하는 마음이 없으셨으며, 이기심
  이 없으셨다.

  子絶四, 毋意, 毋必, 毋固, 毋我.

○ 선생님께서는 상복 입은 사람과 관복 입은 사람과 소경을 만났을 때는 그
  들이 비록 젊더라도 반드시 일어나시고, 그들 앞을 지나가게 되면 반드시
  걸음을 빨리 하셨다.

  子見齊衰者, 冕衣裳者與瞽者, 見之, 雖少必作, 過之必趨.

  〔이것과 거의 동일한 글이 〈향당〉편에도 보인다. "……상복 입은 사람을 보시면 비
  록 절친한 사이라도 반드시 낯빛을 바꾸셨으며, 면류관 쓴 사람과 소경을 보시면
  비록 사석이라도 반드시 예모를 갖추셨다……(……見齊衰者, 雖狎必變, 見冕者與
  瞽者, 雖褻必以貌……).〕

"자(子)"라고 말하지 않고 "공자"라고 부르고 있는 방식은 〈계씨〉편 외에도 〈위정〉(2번), 〈팔일〉(2번), 〈옹야〉(1번), 〈술이〉(2번), 〈태백〉(1번), 〈향당〉(1번), 〈선진〉(2번), 〈안연〉(3번), 〈자로〉(2번), 〈헌문〉(5번), 〈위령공〉(1번), 〈양화〉(2번), 〈미자〉(4번), 〈요왈〉(1번) 등에서 드문드문 보인다. 괄호 안의 수는 동일 문장에서 중복하는 경우는 헤아리지 않은 결과다. 공자와의 문답이 아닌 제자만의 말에 속하는 것이 〈자장〉편에만 있는 것은 아니라는 사실은 거듭 말할 필요도 없다. 즉 〈학이〉("유자왈" 3번, "증자왈" 1번), 〈이인〉("자유왈" 1번), 〈공야장〉("자공왈" 1번), 〈태백〉("증자왈" 5번), 〈자한〉("안연 …… 왈" 1번), 〈안연〉("증자왈" 1번), 〈헌문〉("증자왈" 1번) 등이 있다. 그 밖에도 이렇게 분류할 수 있는 약간 특수한 것이 있지만 모두 생략했다. 이처럼 한 편의 특색이 비교적 뚜렷한 편만 모아놓고 보아도 각 편에 흐르는 고유한 시각을 찾기 어렵다. 더구나 그 밖의 편은 특색이 불명료하고 복잡 미묘하다. 당연히 책 전체를 관통하는 일관된 편집 방침이 있다고는 볼 수 없으므로 책 전체 20편을 한 사람이 일정한 때에 편집했을 것 같지는 않다. 그리고 한 편에서도 특색이 현저한 편으로 모아지는 장과 똑같은 종류의 성질을 지니는 글이 다른 편에도 드문드문 보인다는 것과, 20편의 편목을 전부 편의 첫머리 두세 글자를 취해 기계적으로 명명해 내용과 무관하다는 점, 책 전체에 걸쳐 곳곳에 중복이 드물게 있다는 점을 감안할 때, 이 책은 한 사람이 일시에 이룬 사업처럼 단순하고 계획적인 작위를 넘어선다. 무언가 다른 요인에 의해 자연스럽게 정해져 온 편이 점차 20편으로 정리되고 그에 기계적으로 편명이 더해져 통합되었다고 본다. 그렇다면 한 사람의 한때의 의도를 넘어선 어떤 다른 요인이란 무엇인가? 생각건대 그것은 장기간에 걸쳐 다수의 사람에 의해 몇 차례 정리되어 전송되어 전해온 다수 문헌의 집적이 저절로 몇몇 편을 이루었던 것으로—그러다 보니 약간 중복도 있을 터다—그렇게 집적된 것들이 점차 20편으로 정리되어 기계적으로 편명이 부여되었다고 볼 수 있다. 그런데 여러 해에 걸쳐 여러 사람의 정리를 거쳤다면, 어느 편에도 제각각 전반적으로 혹은 부분적으로 몇 차례 정리된 결과 통합되었다는 흔적이 있어야 마땅하다. 실제로, 한 편 전체가 정리를 거친 듯한 흔적은 앞에서 언급한 일관적 특색을 지니는 여러 편에서 볼 수 있다. 다시 부분적으로도 동일 문제와 동일인의 말과 동일한 혹은 유사한 표현의 문사(文辭) 등을 한곳에 모은 것이 각 편이 되고, 혹은 특정 파의 기록과 전송에서 나왔다고 인정되는 부분도 드문드문 보이는 것은 그 때문이다. 이제 다음에서 보듯이 부분적인 정리의 간단한 수례(數例)를 열거해 보면 〈위정〉편의 제5장(孟懿子問孝), 제6장(孟武伯問孝), 제7장(子游問孝), 제8장(子夏問孝)은 효에 대한 사제 간의 문답집이고, 제12장(君子不器), 제13장(子貢問君子……), 제14장(子曰, 君子周而不比)은 군자를 설명한 공자의 말을 모아두었다. 제15장(子曰, 學而不思則罔……), 제16장(子曰, 攻乎異端, 斯害也已), 제17장(子曰, 由, 誨女知之乎……), 제18장(子張學干祿, 子曰, 多聞闕疑……)은 모두 학문에 대해 언급한 말이고, 제19장(哀公問曰, 何爲則民服……), 제20장(季康子問, 使民敬, 忠以勸, 如之何……), 제21장(或謂孔子曰, 子奚不爲政……)은 어느 것이나 정치에 대한 문답이다. 제23장 및 제24장은 예와 관련 있다. 그리고 제1·제2·제3·제4·제9·제11·제12·제14·제15·제16·제17·제22·제24장은 모두 "자왈"로 시작하는 공자의 격언으로, 정치와 학문에 대한 말이 산재해 있다. 〈이인〉편은 전편 26장 중 마지막 한 장을 제외하고 전부 "자왈"로 기록하고 있다. 그중 제1에서 제7장까지의 7조(條)는 인을, 제8·9장은 도를, 제10·제11장은 군자를 설명하고 있다. 그리고 제15장에서 제24장까지의 10조는 다음에서 보여주는 것처럼 증자 후학의 소전(所傳)에서 나온 것으로 보인다(아라비아 숫자는 장 번호임).

15. 선생님께서 말씀하셨다. "삼아, 나의 도는 하나의 원리로 꿰뚫고 있다."
증자가 말하였다. "그렇습니다." ……

子曰, "參乎, 吾道一以貫之." 曾子曰, "唯." ……

16. 선생님께서 말씀하셨다. "군자는 의에 밝고, 소인은 이(利)에 밝다."

子曰, "君子喻於義, 小人喻於利."

17. 선생님께서 말씀하셨다. "어진 사람을 보면 그와 같아지기를 생각하고,
어질지 못한 사람을 보면 안으로 자신을 살핀다."

子曰, "見賢思齊焉, 見不賢而內自省也."

18. 선생님께서 말씀하셨다. "부모를 섬길 때는 부드럽게 간해야 하니, 자기
의 뜻이 부모를 따르지 않음을 드러내면서도 부모를 공경하여 어기지 않
고, 수고롭되 원망하지 않아야 한다."

子曰, "事父母幾諫, 見志不從, 又敬不違, 勞而不怨."

19. 선생님께서 말씀하셨다. "부모님이 살아 계시거든 멀리 가지 않으며, 나
가게 되면 반드시 일정한 곳에 있어야 한다."

子曰, "父母在, 不遠遊, 遊必有方."

20. 선생님께서 말씀하셨다. "3년 동안 아버지의 도(행동)를 고치지 말아야
효라 이를 수 있다."(〈학이〉편에도 나온다)

子曰, "三年無改於父之道, 可謂孝矣."

21. 선생님께서 말씀하셨다. "부모의 연세를 잊어서는 안 될 것이니, 한편으
로는 그 때문에 기쁘고, 한편으로는 그 때문에 두렵다."

子曰, "父母之年, 不可不知也, 一則以喜, 一則以懼."

22. 선생님께서 말씀하셨다. "옛사람이 말을 가볍게 하지 않았던 것은 실천

이 따르지 못함을 부끄러워해서였다."

子曰, "古者言之不出, 恥躬之不逮也."

23. 선생님께서 말씀하셨다. "언행을 삼감으로써 실수한 사람은 드물다."

子曰, "以約失之者, 鮮矣."

24. 선생님께서 말씀하셨다. "군자는 말은 신중히 하고 행동은 민첩하게 하려고 한다."

子曰, "君子欲訥於言, 而敏於行."

이 중 15는 공자와 증자의 문답이고, 18부터 21의 4장은 부모를 섬기는 도를 말하고 있으므로 증자의 소전(所傳)에 어울린다. 17에는 "안으로 자신을 살핀다"고 적혀 있지만, 〈학이〉편의 증자의 말에 "삼성(三省)"을 말하고 있고,《맹자》〈공손추상〉에 "증자가 말하였다. ……'스스로 반성해서(自反) 떳떳하지 못하다면 비록 비천한 사람일지라도 두렵지 않겠는가? 스스로 반성해서 떳떳하다면 비록 천군만마일지라도 나는 나아갈 것이다'"라고 "스스로 반성"하기를 강조하는 모습과 서로 부합하는 것이 있다. 23은 "약(約)"을 말하고 있지만, 이것도《맹자》〈공손추상〉에 "증자가 핵심을 파악하는 것(曾子之守約)"을 들고 있는 것과 부합한다. 22·24는 특별히 증자와 관계가 있다는 증거는 없지만, 〈헌문〉편에 "선생님께서 말씀하셨다. '군자는 그의 말이 그의 실천보다 넘치는 것을 부끄러워한다'"와 같은 언행일치를 언급한 말이다. 그리고 〈헌문〉편에는

○ 선생님께서 말씀하셨다. "그 자리에 있지 않으면, 그 정사를 도모하지 않는다."

子曰, "不在其位, 不謀其政."(〈태백〉편에도 나온다)

○ 증자가 말씀하였다. "군자는 생각이 그 직위를 벗어나지 않는다."

曾子曰, "君子思不出其位."

○ 선생님께서 말씀하셨다. "군자는 그 말을 조심하고 행실을 말보다 앞서게 한다."

子曰, "君子恥其言而過其行."

라는 세 가지가 나란히 있어서, 군자가 도를 넘은 언행을 삼가야 함을 말한 내용이 하나로 이어져 있다. 그리고 이 일련은 "증자가 말씀하였다"를 포함하고 있으므로 증자 후학의 소전이 아닐까 짐작된다. 그렇다면 〈이인〉편의 22 및 24도 역시 증자 후학의 소전에 어울린다. 그래서 "나의 도는 하나의 원리로 꿰뚫고 있다는 것부터 10장은 모두 증자 문인이 기록한 게 아닐까 짐작된다(自吾道一貫至此十章, 疑皆曾子門人所記也)"라는 호인(胡寅, 1098~1156)의 말은 가정이긴 하나 그렇게 볼 이유가 있다. 또 〈태백〉편의 3부터 7의 5장은 모두 증자의 말이다. 18부터 21의 4장은 순·우, 혹은 요, 혹은 순·무왕, 혹은 우를 표창하여 지덕을 찬양하고 1의 태백(泰伯)의 지극한 덕을 찬양하는 것과 상응한다. 이것은 적은 예를 든 것에 불과하지만, 장차(章次)의 미묘한 연관은 20편 각 편 가운데 혹은 책 전체 약 500장 도처에 복잡하게 서로 교차하고 중복하면서 존재한다. 이것은 책 전체가 몇 종류 혹은 몇십 종의 재료가 섞여 이루어졌다는 것과, 20편은 그 재료 각각을 다수의 사람이 다년에 걸쳐 정리해 온 것을 종합한 결과물로 출현했음을 암시하는 것 같다. 따라서 이와 같은 장차의 연관을 정밀하게 분석하여 그것들의 결합과 중복에 의해 20편이 성립한 까닭을 이해하는 것은 진실로 복잡 미묘한 일이긴 하지만 《논어》 편성의 경로를 구명하기 위해 반드시 필요하다.

4

B. 선학의 뛰어난 의견에 대하여

편목과 장차로 이루어진 《논어》의 구조를 해명하는 것으로 그 편성의 경로를 추적하는 일과 병행하여, 《논어》를 정독한 선학들의 탁견을 존중해 이를 참고하지 않으면 안 된다. 일본의 선대 유학자 이토 진사이(伊藤仁齊, 1627~1705)는《논어》를 정독한 결과 전반 10편 즉 상론(上論)과, 후반 10편 즉 하론(下論)이 대체로 문체와 사상이 서로 다르다는 점을 지적하고, 상론을 옛날 논어로 하론은 그 보유로서 후에 속집되었을 것이라고 논했다. 《논어》의 전반과 후반의 차이를 인정하는 고찰 방식에 대해서는 일찍부터 명나라의 나유의(羅喩義)에 의한 〈논어분편두권(論語分篇二券)〉이 있고〔《경의고(經義考)》 권221〕, 일본에서도 이토 진사이 이하 오규 소라이(荻生徂徠)·다자이 슌다이(太宰春臺) 등은 다른 입장에서 인정한다. 그렇지만 몇 해 전에 다케우치 요시오 박사(《논어의 연구》)는 이토 진사이의 설을 밀고 나가서 청나라 최술(崔述, 1740~1816)의 설〔《고신록(考信錄)》〕도 검토해 상론 및 하론이 거듭 각각 두 부분으로 이루어져 있음을 논했다. 그 결론만 약술하면 다음과 같다.

1. 〈학이〉·〈향당〉 2편은 《논형》의 이른바 제노 2권 본으로 그 내용상 자공파와 증자파의 절충이라는 느낌이 있다. 아마 맹자가 제나라에 머무른 이후 공문의 학원에서 성립한 것이리라.

2. 〈위정〉·〈팔일〉·〈이인〉·〈공야장〉·〈옹야〉·〈술이〉·〈태백〉 7편은 《논형》의 이른바 하간 7편본〔다케우치 요시오 박사는 《논형》 〈정설(正說)〉편의 '하간 9편'의 '9'를 '7'의 오류로 봤다〕으로 증자 후학의 소전일 것이다. 그리고 〈자한〉편은 하간 7편본에 대해 후대 사람이 부가한 것이다.

3. 〈선진〉·〈안연〉·〈자로〉·〈헌문〉·〈위령공〉·〈자장〉 및 〈요왈〉편의 전반("자장이 선생님께 여쭈었다" 이하를 생략)은 제나라에서 편집한 느낌이 있고, 아마 자공 후학의 소전으로 《제론》의 가장 오랜 모습을 전하는 것일 터다.

4. 〈계씨〉·〈양화〉·〈미자〉 3편은 일찍부터 청나라의 최술도 그 잡박함을 지적한 바가 있다(《수사고신록(洙泗考信錄)》]. 이것들과 〈요왈〉편 후반부는 모두 후대 사람이 부가하여 각종 시대의 글을 포함한 것이라 대체로 새롭다. 가장 새로운 부분의 성립은 전국시대 말까지 내려올 것이다.

이상 다케우치 요시오 박사의 정밀한 이론의 결론을 짧게 서술했다. 이 이론은 확고한 증거가 없이 미묘한 문사(文辭)의 감정에 기초한 것이어서, 여러 이견을 피할 수 없다. 예를 들면 이 설의 기초로 이용된 《논형》의 글 해독 방법에 이의를 품을 수 있다는 점은 앞서 논의했고, 또 A에서 서술한 것 같은 방법도 이 설과 비교해 볼 여지가 있다. 따라서 상론을 다케우치 요시오 박사와 같이 이분하는 것이 좋은지 아닌지는 여전히 의문이다. 또 하론에 대해서도 최술의 고증은 하론의 후반, 즉 〈계씨〉에서 〈요왈〉에 이르는 5편이 후에 나타난 요소를 포함한 잡박한 것임을 지적했을 뿐이다. 그런 한에서는 그 결론이 대범하긴 해도 이의는 적고, 이토 진사이의 설도 대체로 하론의 논조 즉 조자(調子)가 상론과 다른 점을 말했던 것이므로 그의 이론도 그런 한에서는 수긍하기 쉽다. 그러나 상론은 물론이고 하론에도 매 편 A에서 서술한 바와 같은 복잡한 흔적이 있는 것을 검토해 본다면, 이토 진사이 설·최술의 설·혹은 양자의 설의 종합 위에 서 있는 다케우치 요시오 설만으로는 바로 결론에 도달하기가 불가능하다. 그래서 이 설들에 다른 견해를 보태 수정하거나 검증할 필요가 있다. 어찌 되었든 정독한다면 얻을 수 있는 탁견이 있으므로 모두 존중해야 할 요소를 다분히 포함하고 있다.

이것과는 완전히 다른 입장에서 정밀하게 논의를 전개한 이는 쓰다 소키치(津田左右吉) 박사《논어와 공자의 사상》다. 쓰다 소키치 박사는 500에 가까운 《논어》의 장을 맹자·순자 이하 한나라 초까지의 기록에서 보이는 공자의 말과 대조하면서, 자신이 이해한 유교 사상의 발달 순서에 기초해 상세하게 비판했다. 그 결과 대체로 전국시대 말엽(기원전 3세기 말)에는 《논어》의 원형이 완성된 상태로 되어 있었고—다만 한대의 부가도 약간 존재한다—맹자 시대에 쓰던 말보다 오래된 말도 있지만, 대부분 맹자 시대 이후 점차로 부가되어 만들어진 것으로, 진실로 공자의 말을 그대로 전한 것은 전혀 없다는 것이다. 쓰다 소키치 박사의 논조 일부를 제시하면 다음과 같다.

> 그런데 《논어》에는 이러한 긴 세월이 흐르는 사이에 점차 쓰인 것이 포함되어 있다고 한다면, 《논어》는 여러 책을 베껴 쓰거나 그런 책을 읽고 기억해 둔 것을 기록하여 이루어졌다고 하지 않으면 안 된다. 《맹자》와 《순자》와 《한비자》와 《여씨춘추》에 공자의 말이 기록되어 있다면, 후에 전(傳)해지지 않은 여러 서적에도 또 그런 것이 있었다고 볼 수 있지만, 여러 가지 《논어》 중에는 《논어》의 혹은 그 내부의 어떤 편의 편자에 의해 바뀌 말해지거나, 새로 만들어지거나, 또는 공자의 말이 아닌 것을 공자의 말로 적어두기도 한 것이 있을지도 모른다.(《논어와 공자의 사상》, 238~239쪽)

또 《논어》의 사상 내용과 체제가 고르지 않고 난잡하다는 점을 상세하게 지적하고 나서 다음과 같이 말한다.

《논어》의 공자의 말을 기록하는 방법과 그 화법과 하나하나의 배열 방법과 한 편의 성립 과정 외 《논어》의 외형에 관한 이러한 것들이 어떻게 해서 그렇게 되어 있는가를 본다면, 이런 것들이 사상 내용에 대해 앞 2장에서 고찰한 바 와 잘 일치하는 것을 자연스럽게 알게 될 것이다. 공자 시대에 가까운 시절부 터 공자의 말로 전해지면서 그것이 여러 가지로 바꿔 말해졌던 것, 또 그것과 같은 무렵부터 전국시대 말 무렵까지 다양하게 변해오던 유가의 사상에 의해 점차 만들어지거나 개작되거나 한 것이 《논어》에 포함되어 있다고 한다면, 그 것들은 장기간에 작성된 다양한 책에 기록되어 있었을 것이므로 책을 베끼거 나 혹은 그 책을 읽었을 때의 기억에 의지해 쓰이게 되었고, 《논어》의 말을 쓰 는 방법이라든가 그 편찬 방법이 이 장에서 고찰하는 바와 같아진 것은 자연스 러운 일일 것이다. 《논어》의 모습이 정리되지 않은 것은 그 사상이 여러 가지 인 것과 연결되는 것이다. 이것으로 앞 장의 마지막에서 말했던 내용과 외형과 의 관계는 대체로 밝혔는데, 그것에 의해 자연스럽게 전체로서의 《논어》의 성 립, 그 만든 경로를 명확하게 하고, 또 책으로서의 《논어》의 성질을 아는 것이 가능하다.(《논어와 공자의 사상》, 269~270쪽)

쓰다 소키치 박사의 설에는 《논어》 성립의 유래가 상세하게 설명되어 있 지만, 그러나 그것은 다케우치 요시오 박사처럼 문헌의 원형의 구명이 목 표는 아니다. 당연히 《논어》의 어구 하나하나가 공자의 말을 어디까지 전 하고 있나를 명확히 하는 것을 목표로 삼고, 따라서 만약 진실과 괴리되 어 있다면, 그것들은 어떤 성질의 말인가를 고찰해 보고자 하는 이론이 다. 그러기 위해 박사가 이미 지니고 있는 유교 사상의 발달 순서를 표준 으로 삼아 《논어》의 난잡함을 검토해 조금이라도 의심스러운 바가 있다 면 엄정하게 비판하고자 애를 쓴 태도가 보인다. 그래서 《논어》라는 책이 언제 어떤 모습으로 정리되었나에 중점을 두지 않고 당연히 500에 가까운 장을 토막으로 해체해서 고찰했다. 그런 목적에서는 당연한 조치이고 그런 의미에서 정밀하게 했다. 그러나 내가 박사의 설에 크게 공감하면서도 여전히 의문을 지니는 까닭은 후에 서술하겠지만 첫째, 박사가 사상과 체제의 잡박한 면을 강조한 결과 그 반면에 존재하는 어떤 종류의 일관성을 경시한 점이다. 둘째, '다른 책을 베껴 썼다'거나 다른 책에 의해 구성된 유학 사상의 발달 순서를 척도로 삼는다거나 《논어》에 대한 타율적인 시각만 강조하다 보니 《논어》 자체의 생성이라는 자율적인 면이 미약하다는 것이다. 셋째, '편자의 부가' 같은 표현처럼 개인의 작위를 중시하여 전송·전수 사이에 자연 발생적으로 생겨난 변화에 대한 인식이 결여되어 있다. 어찌 되었든 이 설 역시 다른 시각과 병용·보충해 바로잡아야 한다고 생각한다.

다케우치 요시오와 쓰다 소키치 박사의 설은 시각이 다르므로 일견 서로 모순되는 것처럼 보이지만 목적과 시각을 달리하는 두 개의 탁월한 이론으로서 본질상 반드시 모순된다고는 할 수 없고 상보하는 면이 있다. 다케우치 요시오 박사는 한대의 삼론 이전 《논어》의 모습이 어떠했으며, 결국 지금의 《논어》의 어떤 부분이 비교적 더 오랜 것이고, 어느 부분이 비교적 새로운가를 가능한 한 실증적으로 구명하려고 했다. 쓰다 소키치 박사는 현재의 《논어》 낱낱의 말이 각각 어느 정도나 공자의 진실에서 괴리되어 있는가를 고찰하여 그 이유와 병행해 실증하려고 했다. 두 설 모두 부족한 사료를 추측한 것이라 동일한 문제에 대해서도 의견 차이가 있을 수 있다. 독자가 볼 때도 양측의 설에 제각각 이의를 달 수 있지만 어찌 되었든 둘 다 탁월한 정론으로, 후학의 참고에 도움이 될 부분이 적지 않다. 《논어》가 각종 자료가 결합되어 단순하지 않다는 점과, 《논어》

에서 가장 새로운 부분으로 부가된 것이 전국시대 말 무렵이라는 점은 두 설의 부절이 딱 들어맞는다. 이 점은 아마 확실할 것이다. 단, 두 설 모두 공자의 진실을 전하는 사료로서의 가치를 충분히 평가하는 데까지는 이르지 못했다. 물론 거기에 이르는 기초 작업으로, 두 번의 시도였다고 하는 게 좋을 것이다. 이 외에 선학의 탁월한 성과로 참고할 만한 것은 많지만, 지금은 두 예를 들었을 뿐이다.

5
C. 사료로서 비판의 한 단서

사료 비판의 기초 작업이 아직 충분하지 않으므로 거듭 철저하게 분석해야 하지만, 그러자면 사료 비판의 표준을 마련할 필요가 있다. 그 단서가 될 만한 것을 생각이 떠오르는 대로 몇 가지만 들어보자.

1. 《논어》에는 "자왈(子曰)"로 시작하는 공자의 말이 무척 많다. 이것은 공자 학원 내에서 "자(子)"라고 말하면 누구나 공자로 받아들이는, 동료들 사이에서 전해진 공자의 말을 의미한다. 따라서 이런 말하기 방식은 당연히 직제자 사이에서 발생했을 것이고, 후학도 역시 그 체제를 따른 경우가 있을 것이다. 그중에서 문답의 일부가 아니고 또 공자의 말이 발생한 특정 시간과 장소의 설명도 없이 그냥 공자의 말만을 "자왈"로 해서 들고 있는 것은 대개 격언으로서 전해진 명언이다. 따라서 말 자체가 반드시 공자의 발언일 리 없을지라도, 전형화된 경향이 있다. 대체로 공자의 직제자들이 지침으로 삼을 만한 가르침을 듣고 이를 명기하며, 또 때로는 자진해서 격언으로 삼을 교훈을 구한 대화가 《논어》에 드문드문 보이는데, 그 하나하나가 역사적 사실인가 아

닌가를 떠나 직제자 사이에서는 공자의 말을 그런 자세로 받아들여 전했던 것 같다. 예를 들면 다음과 같다.

○ 안연이 인을 묻자, 선생님께서 말씀하셨다. "자기의 사욕을 이겨 예에 돌아감이 인을 하는 것이니, 하루 동안이라도 사욕을 이겨 예에 돌아가면 천하가 인을 허여하는 것이다. 인을 하는 것은 자기 몸에 달려 있으니, 남에게 달려 있는 것이겠는가?" 안연이 "그 조목을 여쭙고자 합니다" 하고 말하자, 선생님께서 말씀하셨다. "예가 아니면 보지 말고, 예가 아니면 듣지 말고, 예가 아니면 말하지 말고, 예가 아니면 움직이지 마라." 안연이 말하였다. "제가 비록 불민하오나 청컨대 이 말씀을 받들어 실천하겠습니다."

顏淵問仁, 子曰, "克己復禮爲仁, 一日克己復禮, 天下歸仁焉, 爲仁由己, 而由人乎哉." 顏淵曰, "請問其目." 子曰, "非禮勿視, 非禮勿聽, 非禮勿言, 非禮勿動." 顏淵曰, "回雖不敏, 請事斯語矣."(《안연》 1)

○ 중궁이 인을 묻자, 선생님께서 말씀하셨다. "문을 나가서는 귀한 손님을 맞는 듯이 하고, 백성을 부릴 때는 큰 제사를 받드는 듯이 하며, 자신이 원치 않는 일을 남에게 베풀지 마라. 〔그렇게 하면〕 나라 안에서도 원망하는 이가 없을 것이며, 집안에 있어서도 원망하는 이가 없을 것이다." 중궁이 말하였다. "제가 비록 불민하오나 이 말씀을 받들어 실천하겠습니다."

仲弓問仁, 子曰, "出門如見大賓, 使民如承大祭, 己所不欲, 勿施於人, 在邦無怨, 在家無怨." 仲弓曰, "雍雖不敏, 請事斯語矣."(《안연》 2)

○ 자장이 행에 대해 묻자, 선생님께서 말씀하셨다. "말이 충성스럽고 신실하며, 행실이 돈독하고 공경스러우면, 비록 오랑캐의 나라일지라도 두루 통할 것이다. 말이 충성스럽고 신실하지 못하며, 행실이 돈독하고 공경하지 못하면, 자기 고장에서일지라도 통할 수 있겠는가? 서 있으면 자기 앞에

그 말들이 빽빽이 이어져 있는 듯 보이고, 수레에 올라타면 그 말들이 끌채의 끝에 맨 횡목에 새겨져 있는 듯해야 할 것이니, 그런 연후에 통할 것이다." 자장이 큰 허리띠에 이 말씀을 적었다.

子張問行, 子曰, "言忠信, 行篤敬, 雖蠻貊之邦行矣, 言不忠信, 行不篤敬, 雖州里行乎哉, 立則見其參於前也, 在輿則見其倚於衡也, 夫然後行." 子張書諸紳.(〈위령공〉 5)

○ 자공이 물었다. "종신토록 받들어 실천할 만한 한마디가 있습니까?" 선생님께서 말씀하셨다. "서(恕)가 아닐까? 자신이 원치 않는 일을 남에게 베풀지 않는 것이다."

子貢問曰, "有一言而可以終身行之者乎." 子曰, "其恕乎, 己所不欲, 勿施於人." (〈위령공〉 23)

생각건대, 모두 공자의 말은 아니지만, 예부터 전해오는 명언을 격언처럼 외우고 때로 응용해서 활용하는 것은 공자의 가르침이고, 공문의 방식이기도 하다. 시서(詩書)를 외워 단장취의적으로 활용하는 것도 그 한 모습이다. 또 위에서 중궁이 "이 말씀을 받들어 실천하겠습니다"고 언급한 공자의 교훈 중에도 이미 "문을 나가서는 귀한 손님을 맞는 듯이 하고, 백성을 부릴 때는 큰 제사를 받드는 듯이 하며"(《좌전》 양공 33년)라는 고래의 격언과 같은 것이 들어 있다. 또,

○ 선생님께서 말씀하셨다. "해진 솜옷을 입고서 여우나 담비가죽으로 만든 갖옷을 입은 자와 같이 서 있으면서도 부끄러워하지 않는 자는 유일 것이다. 〔남을〕 해치지도 않고 〔남의 것을〕 탐내지도 않는다면 어찌 착하지 않으리오?" 자로가 위의 시구를 종신토록 외우려 하자, 선생님께서 말씀하

셨다. "이 도가 어찌 족히 선하다 하겠는가."

子曰, "衣敝縕袍, 與衣狐貉者立, 而不恥者, 其由也與, '不忮不求, 何用不臧.'" 子
路終身誦之, 子曰, "是道也, 何足以臧."(〈자한〉 26)

자로가 늘 외었다는 "〔남을〕해치지도 않고 〔남의 것을〕탐내지도 않는다면
어찌 착하지 않으리오?"는 위풍(衛風)〈웅치(雄雉)〉의 시구다.

○ 남용이 〈백규〉란 시를 하루에 세 번 반복해 외우니, 공자께서 형의 딸을
그에게 시집보내셨다.

南容三復白圭, 孔子以其兄之子妻之.(〈선진〉 5)

남용이 여러 번 반복해서 외웠다는 〈백규〉는 〈대아억(大雅抑)〉편의 시다. 이
런 모양으로 학풍의 훈도를 찾아낸 직제자들이 스승의 명언을 격언으로 전
송한 것은 당연하고, 후학도 역시 그 모습을 모방했으리라. 그것이 "자왈"이
다. 그리고 재전 제자가 자기의 직접 스승(즉, 공자의 직제자)의 말을 전하는
경우에도 동일한 방식이 다수 보인다. "유자왈"·"증자왈" 등이 그것이다.

2. 문답이 아닌 "자왈"이 문하 중에서 격언으로 전해진 말이라는 것과 함께, 직
제자들은 공자의 행위에서 법칙이라고 할 만한 것도 전했을 것이다. 예를 들
면 〈향당〉편의 기사와 책 전체에 흩어져 있는 그와 동류의 기사는 그것이
비록 사소한 일용행사에 관한 것이라도 단지 공자의 성벽과 관습의 묘사에
그치지 않는다. 잊기 어려운 스승의 면모의 편린인 동시에 본보기로 삼아야
할 정신을 포함한 일상 행위의 전형으로 그것을 받아들였을 것이다. 당연히
이런 기사도 직제자 혹은 직접 본 사람의 관찰에서 비롯한 전문(傳聞)에 기

초하고 있을 것이다. 그리고 그것들이 일종의 분위기를 공유하는 문체를 이루어 혹은 표현은 다르더라도 의미가 일치하는 이유는 격언의 경우와 동일하게 의논한 말이 계속되는 사이에 점차 표현이 다듬어졌기 때문이리라. 무엇보다도 그중에는 후대 사람이 그 표현의 문체를 배워서 새로이 전해 들은 공자의 행위에 관한 지식을 부가한 것도 있을지 모른다.

3. 이상의 1과 2는 공자의 말과 행위를 특정한 역사적 사실과 관련 없이 기록한 것이지만, 그중에는 시간·장소·역사적 사실을 간단하게 기술하면서 공자의 말로서 기술한 "자왈"이 있다. 예를 들면 다음과 같다.

○ 선생님께서 남자를 만나시자, 자로가 기뻐하지 않았다. 선생님께서 맹세하여 말씀하셨다. "내 맹세코 잘못된 짓을 하였다면 하늘이 나를 버리시리라! 하늘이 나를 버리시리라!"

子見南子, 子路不說, 夫子矢之曰, "予所否者, 天厭之, 天厭之."(《옹야》 26)

○ 선생님께서 제나라에 계실 적에 소악을 들으시고 〔배우는〕 3개월 동안 고기 맛을 모르시며 "음악을 만든 것이 이러한 경지에 이를 줄은 생각하지 못했다"고 하셨다.

子在齊聞韶, 三月不知肉味, 曰, "不圖爲樂之至於斯也."(《술이》 13)

○ 선생님께서 제자들과 함께 광 땅에서 포위되었을 때 말씀하셨다. "문왕이 돌아가신 뒤에 문화가 나에게 있지 않느냐? 하늘이 장차 이 문화를 없애려 한다면, 뒤에 죽을 나 또한 이 문화에 참여하지 못할 것이다. 하늘이 만약 이 문화를 없애려 하지 않는다면, 광 땅 사람들이 나를 어찌하겠느냐?"

子畏於匡, 曰, "文王既沒, 文不在茲乎, 天之將喪斯文也, 後死者不得與於斯文也, 天之未喪斯文也, 匡人其如予何."(《자한》 5)

이런 유형은 수가 적지만 공자의 사적 가운데 인상적인 것, 기념해야 할 것을 선발해서 교훈으로 전한 것이라고 한다면, 결국 최초는 직제자의 경험에서 나온 전문이리라. 그리고 그것이 후학의 생활상의 지침으로서 중요시되었던 것은 격언이나 법행의 경우와 동일하고, 전송되는 사이에 문장에 나타난 말인 문사(文辭)가 조정된 것 역시 동일할 것이다. 그러나 제자와 당시 사람과의 문답 중에 나타난 "자왈"과 사건을 약간 상세하게 기록할 때 보이는 공자의 언행들로 된 것은 반드시 직제자로부터 나온 전문이라고 말할 수 없는 것도 있다. 다음에 그것을 기술해 보자.

4. 공자와 제자의 많은 문답 기사에서 공자는 대체로 "자(子)"로, 제자는 보통 "자하"·"자공"·"자장"·"안연"·"중궁" 등과 같이 자(字)로 불린다. 대체로 문답의 사실을 객관적으로 기술하는 경우에, 등장하는 제자들을 자(字)로 부르고, 선생은 "자(子)"로 부르는 것은 동문의 동배 사이의 말을 사용하는 것이기 때문에, 이런 종류의 기사는 결국 직제자 사이에서 주고받은 세상 이야기에서 그 재료가 나왔으리라. 대개 직제자들이 얻은 그 재료를 재전의 제자들 같은 이들이 전송하면서 모아 정리한 것에 기초하고 있다고 생각한다. 그중에 다음과 같은 예가 있다.

○ 선생님께서 말씀하셨다. "삼아, 나의 도는 하나의 원리로 꿰뚫고 있다." 증자가 말하였다. "그렇습니다." 선생님께서 나가시자, 문인들이 "무슨 말씀입니까?" 하고 물으니, 증자가 대답하셨다. "선생님의 도는 충(忠)과 서(恕)일 뿐이다."

子曰, "參乎, 吾道一以貫之." 曾子曰, "唯." 子出. 門人問曰, "何謂也." 曾子曰, "夫子之道, 忠恕而已矣."(〈이인〉 15)

이 경우와 같이 직제자(여기서는 증자)를 선생으로 취급한 것이 있지만, 그것
은 그 후학(여기서는 증자 후학)이 전한 것이리라. 또,

○ 뇌가 말하였다. "선생님께서는 '내가 세상에 등용되지 못했기 때문에〔여
   러 가지〕 재주를 익혔다'라고 말씀하셨다."

   牢曰, "子云, '吾不試, 故藝.'"(〈자한〉 6)

○ 헌이 부끄러운 일에 관해 묻자, 선생님께서 말씀하셨다. "나라에 도가 있
   을 때는 벼슬하는 것이 괜찮지만, 나라에 도가 없을 때 벼슬하는 것은 부
   끄러운 일이다."

   憲問恥, 子曰, "邦有道穀, 邦無道穀, 恥也."(〈헌문〉 1)

이와 같이 직제가가 일인칭, 즉 자신의 이름을 말하는 식으로 되어 있으므로,
이것은 금뢰와 원헌(原憲)으로부터 나온 재료에 기초하고 있을 것이다. 또,

○ 재여(宰予)가 낮잠을 자자, 선생님께서 말씀하셨다. "썩은 나무는 조각할
   수 없고, 거름흙으로 쌓은 담장은 흙손질할 수 없다. 재여에게 무엇을 책
   망하겠느냐?"

   宰予晝寢, 子曰, "朽木不可雕也, 糞土之牆不可杇也, 於予與何誅."(〈공야장〉 9)

이 장에서는 재여라고 이름을 언급했지만, 이것은 공자에게 비판받던 재여
를 직제자 사이에서 경멸조로 전한 말투가 풍긴다.

○ 염구가 말하였다. "선생님의 도를 좋아하지 않는 것은 아니지만, 힘이 부
   족합니다." 선생님께서 말씀하셨다. "힘이 부족한 사람은 도중에 그만두게

된다. 지금 너는 해보지도 않고 미리 선을 긋고 있다."

冉求曰, "非不說子之道, 力不足也." 子曰, "力不足者, 中道而廢, 今女畫."(〈옹

야〉 10)

○ 계씨는 주공보다 부유했는데도, 구(염유)가 그를 위해 세금을 거두어들여

서 더욱 부유하게 해주었다. 선생님께서 말씀하셨다. "〔염유는〕 나의 제자

가 아니다. 문인들이여, 북을 올려 그를 성토해도 괜찮다."

季氏富於周公, 而求也爲之聚斂而附益之, 子曰, "非吾徒也, 小子鳴鼓而攻之, 可

也."(〈선진〉 16)

여기서 염구의 이름을 들고 있는 것도 마찬가지다. 그러나 이런 모양의 문답

중에서도 "자왈"에는 결국 격언처럼 전형화된 말이 많다. 이것은 공자의 법

언과 법행을 구해 전하고자 한 직제자들의 태도로 볼 때 당연한 것이다. 그

러나 후학이 전송된 공자의 격언과 직제자의 말을 배합하여 조리가 맞도록

문답을 구성하여 그 격언의 의미를 구체적인 모습으로 이해해 보려고 한 경

우도 없다고 하기 어렵다. 생각건대 공자의 법행과 법언 전체가 어떤 특정한

역사적 사건과 문답 중에 들어가 있는 경우에는 늘 이런 모양으로 후대인에

의해 구성되었을 가능성이 있다는 점을 주의해야 한다. 그리고 그와 동시에

어떤 특정한 시간·장소·사건과 연관되어 전해지는 공자의 언행이 무엇인지

를 밝히고자 한 뜻에서 공자의 전기를 구성한 것과 관련되어 있는 것이므로

단순히 공자의 언행을 전송하는 것보다는 한 걸음 나간 단계라고도 보인다.

그런 점에서 보아도 그것들을 모아서 조정하고 전송한 것은 당연히 재전의

제자들 또는 그 이후 세대일 것이다. 그리고 다시 시대가 흘러 이것들을 재

료로 사용하고, 문학적인 구상을 섞어서 만든 설화풍의 장이 조금씩 생겨나

게 된다. 예를 들면 〈선진〉편의 마지막 장은 〈공야장〉편의 계로·안연·공자

가 각자의 뜻을 서술한 대화와 동교이곡(同巧異曲)이지만, 그것보다는 매우 많은 문학적 구상이 가해져 설화화된다. 또 〈계씨〉편 1의 "계씨가 전유(顓臾)를 치려 했는데(季氏將伐顓臾)", 〈미자〉편의 "장저와 걸익이 함께 밭을 갈고 있는데……(長沮·桀溺耦而耕……)"와 "자로가 따라가다가 뒤에 처졌는데, 지팡이로 대바구니를 멘 노인을 만나(子路從而後, 遇丈人, 以杖荷蓧, ……)" 등도 설화적 성격이 농후한 장이다.

5. 공자를 "자"로 부르지 않고 "공자"라고 말하는 것은 공문 내부에서 동류가 말하는 방식은 아니고, 외부의 용어이리라. 따라서 "공자"는 공문 사람들이 외부인과 응대한 기사에도 때로는 혼재해 있다. 그중 한 예는 다음과 같다.

○ 어떤 사람이 공자에게 물었다. "선생님께서는 왜 정치에 참여하지 않습니까?" 선생님께서 말씀하셨다. "《서경》에 '효도하라, 오직 효도하라, 형제간에 우애하여〔이러한 기풍이〕 정치에까지 이르게 하라'고 하였다. 이 또한 정치에 참여하는 것이니, 어찌 벼슬자리에 앉아야만 정치하는 것이겠는가?"

或謂孔子曰, "子奚不爲政." 子曰, "書云, '孝乎惟孝, 友于兄弟, 施於有政.' 是亦爲政, 奚其爲爲政."(〈위정〉 21)

이와 같이 "공자왈"과 "자왈"이 공존하는 장은 대개 외부인과의 문답을 공문 내에서 전했던 것이리라. 무엇보다 훗날 내부의 기록과 외부의 기록을 모아서 구성한 경우도 당연히 있을 것이므로, 그때마다 신중하게 감정할 필요가 있다.

○ 애공이 "어떻게 하면 백성이 복종하겠는가?" 하고 물었다. 공자께서 대답하셨다. "정직한 사람을 발탁해 곧지 못한 사람들의 윗자리에 앉히면, 백성은 복종할 것입니다. 그러나 곧지 못한 사람을 등용해 정직한 사람들의 위에 앉히면, 백성은 복종하지 않을 것입니다."

哀公問曰, "何爲則民服." 孔子對曰, "擧直錯諸枉, 則民服, 擧枉錯諸直, 則民不服."(〈위정〉 19)

이처럼 단순히 "공자왈"로 되어 있는 것은 특히 군주와의 응대와 같은 공적 사건을 객관적으로 표현한 것이거나 혹은 외부의 전을 《논어》에 채용했기 때문일 것이다. 외부의 전을 채용하는 경우에도 결국 공자의 법언과 법행을 포함하는 형태를 취한 것은 《논어》 편성의 목적에서 볼 때 당연한 일이다. 그러나 공문이 외부의 전을 채용하여 내부의 전과 나란히 전송하는 데 이른 것은 대개 시대가 흘러서일 것이리라. 〈계씨〉편과 〈미자〉편은 대개 이렇게 새로 부가된 재료에서 나왔을 것이다.

6. 〈자장〉편은 직제자의 법언과 제자 동지의 문답만을 모아놓았다. 그러한 장은 〈자장〉 이외의 편에도 드문드문 보인다.

○ 자로는 가르침을 받고 미처 실천하지 못했으면 행여 다른 가르침을 받을까 두려워했다.

子路有聞, 未之能行, 唯恐有聞.(〈공야장〉 13)

처럼 직제자의 선행을 전한 것도 있다. 이것들은 직제자를 부를 때 자(字)라고 한 것이 많고 그 소재는 직제자의 입에서 나온 것도 많을 테지만, 대개 재전 제자의 전문에 기초하고 있을 것이다. 그중 "증자왈"·"유자왈"·"염자왈"과 같이 전부 직제자를 스승으로서 "모자(某子)"로 부른 것은 제각각의 문류에서 전해지고 있던 것이라는 점은 전술한 바다.

7. 《논어》에는 공자도 제자도 등장하지 않고, 일견 언행록과도 무관한 기사가 있다. 그것을 열거해 보자.

a 제경공은 말 4000필을 가지고 있었으나 죽은 날에 백성들이 칭송할 만한 덕이 없었고, 백이와 숙제는 수양산 아래에서 굶어 죽었으나 백성들이 지금까지 칭송하고 있다. 아마 이것을 일컫는 것이 아닐까?

齊景公有馬千駟, 死之日, 民無德而稱焉, 伯夷叔齊餓於首陽之下, 民到于今稱之, 其斯之謂與.(〈계씨〉 12)

b 임금의 아내를 임금이 부를 때는 부인이라 하고, 부인이 자신을 칭할 때는 소동(小童)이라고 한다. 그 나라 사람들이 그를 부를 때는 군부인이라 한다. 그 나라 사람들이 다른 나라 사람에게 일컬을 때는 과소군(寡小君)이라 하고, 다른 나라 사람이 그를 부를 때는 군부인이라고 한다.

邦君之妻, 君稱之曰夫人, 夫人自稱曰小童, 邦人稱之曰君夫人, 稱諸異邦曰寡小君, 異邦人稱之亦曰君夫人.(〈계씨〉 14)

c 태사 지는 제나라로 가고, 아반 간은 초나라로 가고, 삼반 료는 채나라로 가고, 사반 결은 진나라로 가고, 북을 치는 방숙은 하내로 들어가고, 소고를 흔드는 무는 한중으로 들어가고, 소사 양과 경쇠를 치는 양은 해도로 들어갔다.

大師摯適齊, 亞飯干適楚, 三飯繚適蔡, 四飯缺適秦, 鼓方叔入於河, 播鼗武入於漢, 少師陽, 擊磬襄入於海.(〈미자〉 9)

d 주공이 노공에게 이르셨다. "군자는 그 친척을 버리지 아니하며, 대신으로 하여금 써주지 않는 것을 원망하지 않게 하며, 옛 친구나 선임자가 큰 연고가 없으면 버리지 않으며, 한 사람에게 완비하기를 요구하지 않는다."

周公謂魯公曰, "君子不施其親, 不使大臣怨乎不以, 故舊無大故, 則不棄也, 無求備於一人."(《미자》10)

e 주나라에 여덟 선비가 있었으니 백달, 백괄, 중돌, 중홀, 숙야, 숙하, 계수, 계왜다.

周有八士, 伯達·伯適·仲突·仲忽·叔夜·叔夏·季隨·季騧.(《미자》11)

f 요임금이 말씀하셨다. "아! 너 순이여! 하늘의 역수가 그대 몸에 있으니, 진실로 그 중도(中道)를 잡아 지켜라. 사해가 곤궁하면 천록(天祿)이 영원히 끊어지리라." 순임금도 이 말씀으로써 우임금에게 명하셨다. 〔탕임금이〕 말씀하셨다. "저 소자 이는 검은 희생을 써서 감히 거룩하신 상제께 아룁니다. 죄가 있는 사람을 제가 감히 용서하지 못하오며, 상제의 신하를 제가 감히 가리우지 못하와, 신하를 간택함은 상제의 마음에 달려 있습니다. 제 몸에 죄가 있음은 만방 때문이 아니며, 만방에 죄가 있음은 그 책임이 제 몸에 있습니다." 주나라에 큰 베풂이 있으니, 선인이 이에 부하게 되었다. "비록 지극히 가까운 친척이 있으나 어진 사람만 같지 못하며, 백성들의 과실은 〔책임이〕 나 한 사람에게 있다." 권(權)과 양(量)을 삼가고, 법도를 살피며, 폐지된 관직을 다시 설치하시니, 사방의 정치가 제대로 거행되었다. 멸망한 나라를 일으켜주고, 끊어진 세대를 계승해 주고, 숨겨진 사람을 등용하시니, 천하의 민심이 귀의하였다. 소중히 여겼던 것은 백성의 식생활과 상례와 제례였다. 너그러우면 대중을 얻고, 신의가 있으면 백성들이 신임하고, 민첩하면 공적이 있고, 공정하면 기뻐한다.

堯曰, "咨, 爾舜, 天之曆數在爾躬, 允執其中, 四海困窮, 天祿永終." 舜亦以命禹,

曰, "予小子履, 敢用玄牡, 敢昭告于皇皇后帝, 有罪不敢赦, 帝臣不蔽, 簡在帝心,
朕躬有罪, 無以萬方, 萬方有罪, 罪在朕躬." 周有大賚, 善人是富, "雖有周親, 不
如仁人, 百姓有過, 在予一人." 謹權量, 審法度, 修廢官, 四方之政行焉, 興滅國,
繼絶世, 擧逸民, 天下之民歸心焉, 所重民食・喪・祭, 寬則得衆, 信則民任焉, 敏
則有功, 公則說.(《요왈》 1)

이 중 a는 문장이 완결되지 않고, 앞뒤가 잘린 모습이다. 《집주》는 이에 주
의하여 다음과 같이 말한다.

> 호씨(胡氏)가 말하였다. "정자(程子)는 제12편(篇)의 착간(錯簡)인 '성불이
> 부(誠不以富) 역지이이(亦祇以異)'가 마땅히 이 장(章)의 머리에 있어야 한
> 다고 하였는데, 지금 문세(文勢)를 자세히 살펴보니, 마땅히 이 구의 위에
> 있어야 할 듯하다. 이는 사람들의 칭송함이 부(富)에 있지 않고 다만 특이
> (特異)한 행동에 있음을 말한 것이다." 생각건대 이 말이 옳은 듯한데, 장
> 의 머리에 마땅히 '공자왈(孔子曰)'의 글자가 있어야 할 것이니, 아마도 궐
> 문(闕文)일 것이다. 이 책의 뒤 10편은 빠지고 잘못된 것이 많다.
> 胡氏曰, "程子以爲第十二篇錯簡 '誠不以富, 亦祇以異.' 當在此章之首, 今詳文勢,
> 似當在此句之上, 言人之所稱, 不在於富, 而在於異也." 愚謂, 此說近是, 而章首
> 當有 '孔子曰' 字, 蓋闕文耳, 大抵此書後十篇多闕誤.

f에 대해서는, "너그러우면 대중을 얻고, 신의가 있으면 백성들이 신임하고,
민첩하면 공적이 있고"라는 부분이 〈양화〉편에 보이는 공자의 말 일부와 합
치하므로 이것도 결국 공자의 말로서 채용한 것이리라. b는 문체가 고(固)
《예기》의 단편과 유사하다. 생각건대 이것도 "공자왈"이 빠진 것 같다. 그렇

지 않아도 공문에서 예의 연구와 정명의 사상에 의해 언제부터인가 이런 스타일의 문(文)을 전송하기에 이르렀고, 이것이 공자 혹은 직제자의 소전에서도 언급되었으므로《논어》에 채용했을 것이다. d와 e는 "공자왈"이 없었던 것으로 상상하는 것도 가능하다. 하지만 이것을 a 및 f와 나란히 읽으면 요, 순, 우, 은·주의 때, 주공, 백이·숙제, 주나라의 여덟 선비 등에 관계하고 있고, 어쩐지 맹자 이후의 유교 전통을 요, 순, 우, 탕, 문, 무, 주공에 기초를 두게 한 분위기가 있다. 대개 그러한 사상이 공문 내에 발생한 무렵부터 전송된 지식일 것이다. 그렇지만 그것들을 공문의 고전으로 부르게 되었기 때문에《논어》에 채용한 게 아닐까?(〈태백〉편 말의 4장에는 요, 순, 우 등을 찬양한 공자의 말이 있지만, 이것도 동일한 조항에서 전송된 재료일지 모른다.) c는 공자 당시에 악인(樂人)들이 왕실의 난을 피해 도망한 사실을 진술한 기사인 듯하다. 은나라 말기에 미자(微子)는 도망가고, 태사 자(疵)와 소사 강(彊) 등이 악기를 들고 주나라로 달아났던 것과 유사하다는 이유와, 이 기사가 공자 당시의 일로 아마 공자 혹은 제자의 말로 전해져 있다는 데서 이 〈미자〉편에 더해졌으리라.

이상은 단순히《논어》의 사람에 대한 명칭, 즉 칭위(稱謂)와 그 외의 말의 사용을 단서로 그 글의 사료적 성격을 고찰한 예를 제시한 데 불과하다. 이것도 역시 앞서 서술한 바와 같이 다양한 각도에서 연구하고 고찰해야 할 것이다.

6

D. 전송의 소산인 점에 주의하는 것

이상은 《논어》의 성립 과정을 다양한 각도에서 살펴보기 위해 A·B·C 세 항목으로 나누어 논한 것이지만, 종합해 보면 하나의 《논어》를 분석하여 그 구성 요소를 분명히 하는 것과 여러 요소가 결합하여 하나의 《논어》를 이루게 된 순서를 구명하는 것에 관계하고 있다. 그런데 이제 나는 이런 여러 다른 요소들을 하나로 융합하여 특색 있는 문체를 지니는 하나의 《논어》를 형성하도록 작용한 까닭으로, 공자 학원에서 다년간 전송(傳誦)된 사실이 있음을 덧붙이지 않으면 안 된다. 대체로 내가 《논어》를 되풀이하여 읽을 때마다 깊이 느끼는 것은 한편으로는 500에 가까운 장과 20편으로 이루어진 《논어》 전체가 사상 면에서나 문사(文辭) 면에서 각종 의미로 복잡 다양한 성격을 띤다는 것이다. 따라서 이미 기술했듯이 여러 재료가 긴 세월에 걸쳐 수많은 사람의 손에 의해 몇 번이고 편집된 것으로 보인다. 그런데 지금 또 다른 하나는 이런 사실과 표리를 이루면서 다른 문헌에서는 아무리 해도 찾아볼 수 없는 《논어》 특유의 문장의 멋이 모든 편 모든 장에 스며 있고, 그 의미에서 일종의 현저한 일관성이 존재한다는 것이다. 이 후자의 성질에 대해서는 과문하여 아직 깊이 파고들어 고찰한 문헌이 있는지 알지 못하지만, 나는 필경 그것은 장기간의 전송이 지니는 자연스러운 조정 작용에 의한 것이라고 생각한다. 사마천의 《사기》 〈유림전(儒林傳)〉에 다음과 같이 기록되어 있다.

> 공자가 죽은 후부터 70여 제자는 사방의 제후에게 유세하였는데, 그들은 높게는 사부(師傅), 경(卿), 상(相)이 되었고, 낮게는 사대부의 친구나 스승이었고, 또 은거하여 나타나지 않는 자들도 있었다. 자로는 위나라에서, 자장은

진(陳)나라에서, 담대자우(澹臺子羽)는 초나라에서, ……전자방(田子方)·단간목(段干木)·오기(吳起)·금활리(禽滑釐) 등은 모두 자하 부류의 인물로부터 학문을 전수받아 임금의 스승이 되었다. ……

自孔子卒後, 七十子之徒散游諸侯, 大者爲師傅卿相, 小者友敎士大夫, 或隱而不見, 故子路居衞, 子張居陳, 澹臺子羽居楚, ……如田子方·段干木·吳起·禽滑釐之屬, 皆受業於子夏之倫, 爲王者師, ……

공자 사후 탁월한 제자들에 의해 그 도가 천하에 널리 퍼진 사실을 기술하고 있다. 그러나 유학의 고향은 결국 노나라여서 천하에 흩어진 사람들을 제외하고 많은 제자가 노나라에 남아 유학을 전해 학원을 형성했을 것이다. 앞서 인용한 〈유림전〉의 문장 다음에 그것보다 200여 년 뒤 한고조 때의 일을 서술하면서 다음과 같이 말하고 있다.

한고조가 항적(項籍)을 무찌르고, 군대를 이끌고 노나라를 포위하게 되었는데, 그 와중에도 노나라의 여러 유생은 여전히 예악을 강론하고 암송하여, 현가(絃歌)의 소리가 끊이지 않았다 하니, 어찌 성인이 남긴 교화로서 예악을 좋아하는 나라가 아니겠는가?

及高皇帝誅項籍, 擧兵圍魯, 魯中諸儒尚講誦習禮樂, 弦歌之音不絕, 豈非聖人之遺化, 好禮樂之國哉.

또 노나라의 이웃 나라인 제나라에서 전국시대 중반(기원전 4세기)부터 학술이 번영한 일은 주지의 사실이다. 거기서 활약한 여러 학자 중에는 맹자와 순자와 같은 우수한 유학자도 있었다. 따라서 공자 사후 한나라 초기에 이르기까지 200여 년간 유학의 중심지는 처음에는 노, 이어 제와 노였다. 그들은 공자 이래의 전통을 이어 학원을 형성했을 것이고, 이제나라와 노나라의 유자 사이에서 산출된 공자 일문의 언행록이 곧 《논어》다. 그러니까 한나라 시대의 《논어》에는 《제론》과 《노론》이 있고 《고론》도 역시 노나라 공자의 벽장에서 나왔다. 그런데 한나라 시대의 삼론이 한 개의 《논어》에서 나온 이본(異本)이라고 한다면, 한 개의 《논어》란 어떤 것이었을까? 생각건대 공자와 직제자의 언행록이 공자 학원 사이에 전송되어 최초로 완성되기 시작한 것은 당연히 노나라에서였을 것이다. 그리고 그것이 전국 말에 이르기까지 노나라에서 전송되는 사이에 몇 번이나 정리되고 증보된 결과 《논어》의 원형이 성립했을 것이다. 그사이에 이미 그것이 제나라로도 전해져 거기서도 속집과 증보가 더해지면서 전송되고, 게다가 그것이 발달한 노나라 《논어》와 서로 접촉 교류하면서 발달하여 결국 두 개의 이본으로서 한나라 시대에 제노 이본의 원류를 이루었을 것이다. 그러면 《노론》과 《고론》의 서로 다른 점은 어떻게 해서 발생했을까? 생각건대 《고론》이 만약 전설과 같이 노나라 공자의 벽장에서 출현한 선진의 고본이었다면, 《노론》은 한 초의 노나라 유학자들이 그것을 거듭 정리해서 한나라 시대에 통용되는 문자로 고친 텍스트일 것이다. 그렇다면 삼론이 기초하고 있는바 "한 개의 《논어》"라는 개념은 한나라 초기에 세 개의 이본인 삼론이 어느 것이나 선진 말까지 노나라와 제나라에서 전술되어 내려온 모든 공문 기록의 종합이었다는 의미에서 대체로 같았다는 점을 지적한 것이다. 삼론 외에 별도로 한 개의 《논어》가 앞서 있었다는 의미가 아니다. 그리고 현존하는 《논어》는 한 초의 삼론이, 다시 한·위(魏)의 여러 유학자에 의해 일시에 절충되어 생겼다는 것이다. 어쨌든 전국시대 말부터 한 초에 걸쳐서 제와 노에서 한 개의 《논어》가 세 개의 이본으로 성립했던 것이다. 이것이 한나라 시대의 삼론의 원류다. 무엇보다도 '하간 9편'과 같이 타 지방에서 성립한 《논어》가 있었다고 해도 요컨대 그것은 비주류이지 주류는 아니다. 그리고 제노 이론에 대해 말하자면, 《노론》 쪽이 주류다. 그런데 이들 노를 중심으로 하는 지방의 유자들이 무엇을 하며 어떤 생활을 했는가는 사료가 부족하여 명확하게 알 수 없지만, 아마 그들의 사명은 두 가지였을 것이다. 하나는 공자 만년의 문화 사업의 유지를 이어서 《시》·《서》·《예》·《악》·《춘추》·《역》 등 중국 문화 정신의 에센스를 결정화했던 고전을 정리하고 그것을 유교 경전으로 구성하여 유학의 기초와 권위를 확립하는 것이다. 《장자》〈천하(天下)〉편에 "……또 도가 《시》·《서》·《예》·《악》에 나타난 데에 대해서는 추로〔鄒魯: 추(鄒)는 맹자의 출생지인 추나라, 노(魯)는 공자의 출생지인 노나라를 가리키는 것으로, 맹자와 공자를 가리킨다―옮긴이〕의 땅에 살던 선비와 경대부 및 유자들이 충분히 이를 밝히고 있다. 《시》는 사람의 마음을 나타낸 것, 《서》는 세상일을 말한 것, 《예》는 행실을 말한 것, 《악》은 사람의 화합을 말한 것, 《역》은 음양을 말한 것, 《춘추》는 군신의 명분을 적은 것이다. ……(……其在於詩書禮樂者, 鄒魯之士搢紳先生多能明之, 詩以道志, 書以道事, 禮以道行, 樂以道和, 易以道陰陽, 春秋以道名分, ……)"라는 기록은 이것을 말한 것이리라. 또 하나는 자기를 연마하고 인재를 교육하며 수신·제가·치국의 도를 정비하여 어느 때엔가 실현해야 할 유학의 이상의 기초를 구축하는 것이었을 터다. 그들이 난세의 고난이 많은 일상생활에서 또 사업에서 마음의 고향으로서 애송하고, 앞날을 비추는 빛으로 우러러보았던 것은 존경하는 선사인 공자의 면모가 담긴 말씀이었음에 틀림없다. 일찍부터 공자에게 경도된 직제자들이 마음을 담아서 이야기를 들려주었을 공자의 면모와 말은 그 밑에서 교육받은 2전·3전 제자들이 반복해서 들었던 바다. 그들은 그것을 정리하는 것과 더불어 그 직접적 스승인 직제자들의 선행가

언(善行嘉言)도 더해서 전송했을 것이다. 그리고 다시 외부인이 전하는 공자의 가언선행도 점차 증가해 갔을 것이다. 이것들이 결국 점차로 《논어》를 형성해 갔던 것이다. 물론 200년 넘는 긴 세월 동안 전송되었으므로, 그 사이에 쓰다 소키치 박사의 말처럼 말에 변화가 있었다면, 이해의 어긋남도 있고 새로운 부가가 생기기도 했던 것이리라. 다케우치 요시오 박사가 말한 것처럼 몇 번, 또는 몇 종류의 편집 과정을 거쳤을 것이다. 그러나 그와 동시에 이 긴 전송 과정의 자연스러운 도태 작용에 의한 어조의 조정이 《논어》 전체를 아우르는 일종의 비교할 수 없이 간결하고 온아한 문체를 만들어냈을 것이다. 마치 강가 모래밭의 가지각색 광물이 모두 둥그스름한 모양을 하고 있듯이 공문의 교양인 사이에서 200년의 도태에 의해 연마된 《논어》의 말은 모두 한 모양으로 성실 온윤한 맛을 띠고 있는 것이다. 그래서 공문의 교양인 사이에서 장기간에 걸쳐 소중히 전송된 공자의 언행록이 《논어》라고 한다면, 설령 비교적 나중에 부가된 부분이라도 결코 대충 창작하거나 다른 본에서 경솔하게 쓰인 것을 모으거나 하지는 않았을 것이다. 상당히 신중하게 선택한 경우─무엇보다 그것이 엄정한 사료 비판이라는 의미에서는 아니지만,─세련됨을 선발 기준으로 상정했다는 점을 예상해야만 한다. 《논어》가 지니는 독특한 일관성과 통일성은 이 점에 기초하고 있는 게 아닐까. 그리고 《논어》의 가치를 비판하는 경우도 이 점을 충분히 고려해야 할 것이다.

7

이상은 《논어》의 성립을 연구할 때 예상되는 가지각색의 방법을 사견에 기대 A·B·C·D 네 항목으로 모아 서술한 것이다. 무엇보다 그 추진(推

進)과 시정(是正)은 뒤 장으로 미루련다. 그러나 지금 이 예견에 기초해서 《논어》가 공자의 진실한 모습을 어느 정도나, 또 어떤 의미로 전하고 있는지를 일고해 보자.

지금까지의 여러 《논어》 해석은 《논어》를 무조건적으로 성인 공자의 진실을 전하는 것으로 존중한 나머지, 일언일구에서 부당한 초범(超凡)의 모습을 보고자 했음을 부인할 수 없다. 그에 대해 최근의 평론은 공자도 아무러나 보통 인간이라는 점을 강조하여 《논어》 중 일종의 성벽(性癖)을 지닌 공자의 일상성을 보고자 하는 시도가 적지 않다. 그것도 나름의 의미가 있지만, 그러나 이미 논한 바와 같이 《논어》의 말은 원래 공문 사람들이 공자 및 직제자의 격언과 법행을 모은 것으로, 단순히 일상의 기술은 아니다.

들은 바에 의하면 소크라테스의 진실한 모습을 전하는 문헌으로는 크세노폰의 《소크라테스 회상록》과 플라톤의 《향연》 및 초기 대화편(특별히 《소크라테스의 변명》·《크리톤》·《파이돈》)이 있다. 아리스토텔레스의 《형이상학》도 들 수 있지만 지금은 상기 두 종류를 거론해 보도록 하자. 크세노폰은 자신의 눈으로 본 그대로의 소크라테스를 충실하게 묘사했다. 말하자면 소크라테스의 일상성 기술에 탁월하다. 이에 비해 플라톤은 위대한 천재의 사소한 일상의 사실에 구애받지 않고 심지어 창작적인 요소조차 섞어서 소크라테스를 묘사하지만, 이것을 소크라테스의 위대한 내면성을 파악한 것으로 일컫는다. 생각건대 공자나 소크라테스 같은 위대한 인물이 아니더라도 실제 인격이나 사상의 본질을 파악하기 위해서는 설령 아무리 정밀하고 정확하더라도 단순한 말이나 행위의 외면의 기술만으로는 불가능할 듯하다. 예를 들어 현대라면 어떤 한 인간의 말과 행위를 적확하고 정밀하게 기술하고자 한다면 녹음·사진·영상 등으로 수록하면 좋겠지만, 수록할 언행의 선택을 틀리게 한다면, 아무리 상세하더라도 공연히 세수와 식사와 같은 사소한 일이 많아서 그 사람의 인격과 사상은 쉽게 드러낼 수 없다. 그보다도 그 사람의 진실한 친구나 신변을 잘 이해한 사람이 쓴 한 편의 추도문이 훨씬 인격과 사상의 본질에 다가가는 셈이다. 그리고 무릇 기록을 통해 인격과 사상을 이해하고자 한다면, 결국 추체험·추사색에 의하지 않고는 불가능하다. 그런 의미에서 좋은 기록에 의존한다면 세월이 아무리 흘러도 이해가 가능할 것이다. 그런데 《논어》의 기록은 탁월한 공자의 직제자들이 각기 혼에 사무치게 감득한 스승의 교훈을 전한 데서 발생했고, 2전·3전 이하의 후학들은 그것을 정리하거나 다시 다른 전문을 보충하거나 하면서 소중히 전송했을 것이다. 그래서 그들이 그것을 인생의 지침으로 우러러보고 제각각의 감득에 따라 힘껏 전송하고, 정리해 보중했다면, 거기에는 그들 제각각의 추체험과 추사색이 부가되었을 것이다. 공문 사람들은 공자의 문화주의에 기초하여 육성된 지식인이어서 당시 교양인들의 집합이고, 문화적 교양의 수준으로 말한다면 대체로 다른 어떤 학원보다도 높았을 것이다. 이런 교양인들 사이에서 200여 년에 걸쳐 소중히 전송되면서 저절로 《논어》의 문체를 오늘날과 같이 간결하고 온아하게 연마한 것이다. 말하자면 《논어》를 연마한 것은 공문의 교양이었다. 따라서 《논어》의 문체의 맛에도 공자가 지시한 문화주의의 한 면이 표현되어 있다. 이런 이유로 《논어》는 직접 공자를 접하고 감화된 사람들의 감득부터 그것을 정리하고 다른 전문을 종합·검토하여 추체험·추사색한 많은 후학의 다양한 기록까지 겹치고 더해진 것이다. 그러므로 매우 정밀하게 분석하여 관계를 따지지 않으면 혼란을 초래할 우려가 있다. 그러나 여러 방면에서 보더라도 공자의 본령을 전한 사료로서 이를 능가하는 것은 없을 것이다. 무엇보다도 쓰다 소키치 박사의 주장처럼 《논어》에는 공자의 말을 말 그대로 전한 기록은 거의 없을지 모르지만, 그러나 그것이 《논어》의 가치를 좌우하지는 않는다. 대체로 《논어》는 역사가 산출한 걸작이다.

나는 근대사학의 엄정한 실증적 정신과 사회과학과 매개한 과학주의를 받들고 있다. 그러나 인격과 사상의 이해에는 그것들만으로는 끝내 얻을 수 없는 것도 있어 겸해서 추체험·추사색을 중시한다. 객관적 사실을 무시한 추체험·추사색은 미몽이지만, 추체험·추사색을 떠난 객관적 사실 추구는 적어도 인격과 사상의 이해에서는 공허하다. 만약 《논어》의 말을 단장취의하여 차용한다면, "배우기만 하고 생각하지 않으면 얻음이 없고, 생각하기만 하고 배우지 않으면 위태롭다(學而不思則罔 思而不學則殆)"고 말해도 좋으리라. 천년의 시간이 흘렀지만, 추체험과 추사색을 제창하여 공자의 진면목을 직접 경험해 보고자 한 앞선 사람들이 있었으니, 송나라 이학자들이다. 그들 시기에는 오늘날 우리가 말하는 과학적·역사적 이해가 결여되었기 때문에, 지금 우리가 그 주장을 비판 없이 따를 수는 없다. 다만 송나라 이학자들의 주장이 포함하고 있는 뛰어난 의미를 재인식할 필요는 있다. 정이천(程伊川)은 다음과 같이 말하고 있다.

> 《논어》를 읽음에 다 읽은 뒤에 전혀 아무런 일이 없는 자도 있으며, 읽은 뒤에 그 가운데 한두 구(句)를 터득하고 기뻐하는 자도 있으며, 다 읽은 뒤에 좋아하는 자도 있으며, 다 읽은 뒤에는 곧바로 자기도 모르게 손으로 춤을 추고 발로 뛰는 자도 있다.
>
> 讀論語, 有讀了全然無事者, 有讀了後其中得一兩句喜者, 有讀了後知好之者, 有讀了後直有不知手之舞之, 足之蹈之者.

이렇듯이 《논어》가 내면적인 이해의 깊이에 응하는 웅숭깊은 책임을 서술하고, 다음과 같이 고백한다.

> 나는 17~18세 때부터 《논어》를 읽었는데, 당시에도 이미 글 뜻을 알았다.
> 읽기를 더욱 오래할수록 다만 의미(意味)가 심장(深長)함을 느낄 뿐이었다.
>
> 頤自十七八讀論語, 當時已曉文義, 讀之愈久, 但覺意味深長.

이 고백은 다수의 선학이 밝힌 등불과 더불어 지금도 매우 분명하게 내 앞길을 비추어준다.

제2장

제노의 기록과 삼론

1

한대에 《논어》의 원류로서 《고논어》·《노논어》·《제논어》 3종의 텍스트가 있었다는 사실은 후한 초(1세기)의 학자 반고의 《한서》〈예문지〉에서 보이고, 앞 장에서 논했듯이 동시대의 학자 왕충의 《논형》〈정설〉편의 기사도 이와 꼭 모순되지는 않는다. 《한서》〈예문지〉의 기사는 유흠의 《칠략》을 베낀 것이므로, 전한 말(기원전 1세기)의 사료에 의한 것이다. 결국, 전한과 후한 사이에 《논어》 3종의 이본으로서 이 삼론이 존재했다는 것은 의심할 여지가 없다. 당시의 학자 환담의 《신론》〈정경〉편에도 다음과 같이 되어 있다.

《고논어》 21권, 제노문과 640여 자가 다르다〔어람 608 《석문서록(釋文序錄)》〕.

　古論語二十一卷, 與齊魯文異六百四十餘字(御覽六○八釋文叙錄).

그리고 《논형》〈정설〉편에 의하면 당시 이미 고·노·제 삼본 각각에 대해서도 이본이 많았던 것 같다. 그러니까 유흠의 교정에 의한 결과로 제시된 정본이 《한지》의 삼론일 것이다. 그런데 이 삼론 중 《고논어》는 공자의 벽장에서 나왔다고 하므로 이것도 노나라에 전해진 《논어》의 한 형태다. 결국 한대의 《논어》에는 노나라에서 나온 계통의 것과 제나라에서 나온 계통의 것이 있었던 셈이다. 무엇보다도 《논형》에 의하면 별도로 《하간논어》라는 것이 있었던 것 같지만, 그 성질은 알 수 없다. 그러나 《한서》의 〈경십삼왕전(景十三王傳)〉에 의하면 하간헌왕 덕(河間獻王德)은 경제부터 무제의 치세에 이르는 26년간 왕위에 있었고, 그는

> 학문을 닦고 옛것을 좋아했으며 실사구시(實事求是)의 입장을 취하였다. 민간에서 좋은 책을 구하면 반드시 새로 좋게 베껴서 주고는 진본(眞本)은 소장하였다. 비싼 값으로 구하니 사방의 도인(道人)들이 천리를 멀다 않고 달려와서 선대부터 내려온 책을 헌왕에게 바치는 이들이 많았다. 그래서 구입한 책이 한나라 조정의 장서와 대등할 정도로 많았다. ……하지만 헌왕이 구입한 책은 모두 고문으로 된 선진(先秦)의 옛 책인 《주관(周官)》·《상서(尙書)》·《예》·《예기》·《맹자》·《노자(老子)》 등으로 모두 '경(經)·전(傳)·설(說)·기(記)'로서 공자의 '제자들'인 70제자의 무리가 논한 것이었다. 그는 학문을 육예로 열거했고, 《모시(毛詩)》와 《좌씨춘추》 박사를 두었다. 예악을 정비하고, 유술(儒術)을 봉행하였고, 아무리 황급한 때라도 그 행동거지를 유학자에 맞추고, 산동의 많은 유학자와 교유했다.
>
> 脩學好古, 實事求是, 從民得善書, 必爲好寫與之, 留其眞, 加金帛賜以招之, 繇是四方道術之人, 不遠千里, 或有先祖舊書, 多奉以奏獻王者, 故得書多, 與漢朝等, ……獻王所得書, 皆古文先秦舊書, 周官, 尙書, 禮, 禮記, 孟子, 老子之屬, 皆經傳說記, 七十子之徒所論, 其學擧六藝, 立毛氏詩·左氏春秋博士, 修禮樂, 被服儒術, 造次必

於儒者, 山東諸儒, 多從而游.

그가 모은 고문구서(古文舊書) 중에 《논어》가 있었다는 것은 명기되어 있지 않지만, "70제자의 무리가 논한 것(七十子之徒所論)"의 '설기' 중에 공자와 공문 제자의 언행록이 없었다고 할 수는 없다. 그래서 만약 《논형》의 이른바 '하간 9편'이 하간헌왕이 수집한 《고문선진구서(古文先秦舊書)》 중 "경전설기(經傳說記)"의 일종으로서의 《논어》였다면, 그것이 공자의 벽장에서 나온 것은 아니라 하더라도 고문이라는 의미에서 《고논어》의 한 이본이 될 것이다.

그런데 《논어》 편찬의 유래를 고찰해 보면, 《논어》는 주로 공자 및 공문 제자의 언행을 기록한 책이므로, 공자 만년의 학교에 모인 70제자들의 경험과 전송을 말로 전한 전송이 주재료였을 것이다. 그것을 한데 모아 기록하기 시작한 이들은 70제자의 후학으로, 빨라도 노나라에 살던 재전의 제자들이 최초의 편찬자로 예상된다. 공자 사후 70제자들은 천하 각지로 흩어졌고 점차 유교를 천하에 보급하는 형세가 되었다. 노나라에 남아 학문을 전한 중심인물은 증삼이다. 따라서 《논어》의 최초 편찬에 종사한 이는 주로 증삼의 제자들이었을 것이다. 그리고 다시 3전 및 4전·5전의 후학에 의해 차츰 보충되고 속집(續集)되었으리라. 그렇다면 결국 이것이 《고논어》와 《노논어》의 원류라고 상상해 볼 수 있다.

그런데 전한(前漢) 시기에는 《제논어》의 계통이 있지만, 그것의 원류는 어떠했을까? 《한서》 〈예문지〉에 의하면

한이 일어나고 제와 노의 설(說)이 있었다. 《제론》을 전한 사람은 창읍의 중위인 왕길과 소부, 송기, 어사대부인 공우, 상서령인 오록충종, 교동의 용생

등인데, 왕양만이 명가였다〔사고(師古)가 이르기를 왕길의 자(字)가 자양(子陽)이
므로 왕양이라고 부른다〕.《노론》을 전한 사람은 상산의 도위인 공분, 장신소
부인 하후승, 승상인 위현, 노의 부경, 전장군 소망지, 안창후 장우 등인데,
모두 명가였다. 장씨가 가장 늦었으나 세상에 행해졌다.

漢興有齊魯之說, 傳齊論者, 昌邑中尉王吉·少府宋畸·御史大夫貢禹·尙書令五鹿充
宗·膠東庸生, 唯王陽名家(師古曰, 王吉字子陽, 故謂之王陽), 傳魯論語者, 常山都
尉龔奮·長信少府夏侯勝·丞相韋賢·魯扶卿·前將軍蕭望之·安昌侯張禹, 皆名家,
張氏最後而行於世.

전한에《제논어》와《노논어》두 계통이 있었던 사실을 서술하고 있지만,
그 전수자의 이름을 보면 모두 무제 이후 사람들이다. 그래서 만약《고논
어》가 전설대로 경제와 무제 사이에 공자의 벽장에서 출현했다면, 고·
제·노의 삼논어의 학통은 무제 이후 점차로 확립된 것으로 보인다. 그리
고《한지》에

논어고 21편(공자의 구택 벽 속에서 나왔고, 두 〈자장〉편이 있다)
제 22편〔〈문왕〉, 〈지도〉의 두 편이 많다〕
노 20편, 전 19편
제설 29편

이라고 되어 있고 또《신론》〈정경〉편에도

《고논어》21권, 제와 노의《논어》의 글과 640여 자가 다르다.

고 되어 있다. 이런 자료들을 통해 고려해 보면, 고·제·노의 삼본은 서로 많이 다르지만, 요컨대 하나의《논어》의 세 이본으로 서로가 이질적인 별도의 세 문헌이 아닌 점은 명확하다. 이와 관련하여《사기》의〈중니제자열전〉에 복잡하게 인용되어 있는 공문 사제의 문답은 당시의《논어》에서 기인한 것 같지만, 그 문(文)이 현대의《논어》와 대체로 비슷하다는 점에서 보더라도 무제 시기에 이미 하나의《논어》가 성립해 있었던 것 같다. 그리고 다시 전한 말의 장우, 후한의 정현, 위의 하안 등을 거쳐서 하나의 논어의 이본인 삼논어의 절충이 행해져 점차 오늘날과 같은《논어》가 완성되었던 것이다. 그런데 이것을 역으로 고려해 보면, 전한에서 논어의 세 이본이 무제 이후의 사법(師法)·가법(家法)을 통해 확립되었다고 해도 서로 꽤 많이 달랐을 것이다.《고논어》를 한대의《논어》의 유일한 원천으로 보아, 제·노 이본을 직접《고논어》에서 나타난 이론으로 간단하게 단정할 수는 없다. "한이 흥하고 제와 노의 설이 있었다."(《한지》), "《논어》는 …… 한나라 왕조가 흥기한 뒤 망실되었다가, 무제 때 공자의 벽장에서 고문을 발견해서 고문《논어》 21편을 얻었다. 거기다 제나라《논어》, 노나라《논어》, 하간헌왕이 간직한《논어》가 9편으로, 합치면 모두 30편이었다. ……"(《논형》〈정설〉) 같은 문구에서, 무제 이전의《논어》의 상태는 상세하진 않으나 선진 이래 한나라 초에 걸쳐 제나라와 노나라가 유학의 중심이었다는 점을 생각하면 공문의 언행록이 제나라와 노나라의 유자들에 의해 전해져 한나라 초기에 이르렀을 것이라는 점은 쉽게 상상할 수 있다. 따라서 하나의《논어》가 거의 형성된 것이 선진 말이었는지 혹은 한나라 초였는지는 알 수 없더라도 그 하나의《논어》, 즉 한나라 시대의 삼론 어느 것이든 본래 제나라에서 출현한 기록과 본래 노나라에서 출현한 기록이 모아져 혼재했으리라는 점은 당연하다.

생각건대 이미 서술한 바와 같이 《논어》의 편집은 최초 노나라에서 재전의 제자에 의해 시작되고, 3전·4전·5전 등의 제자에 의해 전송되면서 보완·정리·속집 등이 이루어졌으리라. 이것이 노나라에서 출현한 《논어》의 최초 자료일 것이지만 별도로 제나라에서 나온 《논어》의 자료도 있었다고 한다면, 어떤 시기에 이르러 제나라에서도 노나라와는 별도로 《논어》의 편집이 일어났거나, 아니면 노나라의 편집이 제나라로 전해져 거기서 새 재료를 약간 가해서 윤색 혹은 속집이 행해졌거나 그중 하나일 것이다. 그리고 그 사정과 시대를 고려할 경우에 전제해야 할 것은 애초에 유학이 언제 어떤 사람들에 의해 제나라에 전해졌을까 하는 사실에 관한 것이다. 말할 필요도 없이 제나라로 유학이 전해지지 않았다면, 제나라에서 《논어》의 편찬, 노나라로부터의 전래, 속집·윤색 등은 있을 수 없는 일이기 때문이다.

공자는 일찍이 30대 후반부터 40대 초반에 걸쳐 제나라에 유학(遊學)한 일이 있다. 그러나 객관적으로 볼 때 당시는 아직 유학(儒學)이 형성되지 않은 때로, 이른바 유교 교학의 완성은 만년에 속하는 일이다. 50세 이후의 임관 시기에는 노나라를 위해 제나라와 외교적 접촉을 가졌지만, 유학을 제나라에 보급했다고는 볼 수 없다. 14년에 걸친 천하유력에서도 제나라에 족적을 남긴 바가 없다. 만년에 노나라로 귀국하여 교육과 문화 사업에 전력을 다한 시기에는 유학이 완성되었지만, 《사기》〈제자전〉의 본문에 공자의 제자로서 제나라 사람이라고 명기된 사람은 공야장(公冶長) 한 사람이다. 그러나 《가어》와 정현의 설에는 제나라 사람으로 인정되는 사람이 여러 명이다. 즉, 공석애(公晳哀)는 자가 계차(季次)인데, 《가어》는 그를 제나라 사람이라고 하고, 번지(자는 자지(子遲))를 정현은 제나라 사람으로 《가어》는 노나라 사람으로 본다. 양전(자는 숙어(叔魚))을 《가어》는 제나라 사람으로, 후처〔后處, 자는 자리(自里)〕를 정현은 제나라 사람으로 보고, 보숙승〔步叔乘, 자는 자거(子車)〕을 정현은 제나라 사람으로 본다. 이 중 계차는 〈유협열전(游俠列傳)〉에 의하면 원헌과 더불어 당대에 등용되지 못한 유자로 거론된다. "평생을 쑥대로 엮은 집에서 남루한 의복과 거친 음식으로 빈곤하게 살며 죽음을 꺼리지 않았다(終身空室蓬戶, 褐衣疏食, 不厭死而已)"고 되어 있다. 그가 제나라에 유학을 보급했다고는 도저히 생각할 수 없다. 번수는 종종 《논어》에 등장하고 〈제자전〉에 의하면 "공자보다 36세가 어리다"고 되어 있으므로 만년의 공문에서 후배 제자의 한 사람으로서 어느 정도 이름이 알려진 존재였을 것이다. 그런데 《좌전》 애공 11년에 의하면 노나라가 국난을 맞았을 때 종군하여 제나라와 싸운 것으로 돼 있으므로 그를 노나라 사람으로 보는 게 맞지 않을까? 그 외 3인, 즉 양전, 후처, 보숙승에 대해서는 사적 자료를 구할 만한 것이 없다. 만약에 그들이 제나라 사람이었다고 해도 제나라에 유학을 전한 유력한 인물 같지는 않다.

공자의 뛰어난 제자로 외교관으로서 또 부호로서 천하에 이름을 날린 자공은 〈제자전〉에 의하면 제나라에서 죽었다. 또 〈화식전(貨殖傳)〉에 의하면 자공은 "물러나서는 위나라에서 버슬을 했고 조나라와 노나라 사이에서 물자를 사두고 내다 파는 등 장사를 했다". 《열자(列子)》〈양주〉편에 의하면 자공은 위나라에서 재물을 늘렸고, 또 자공의 아들 단목숙(端木叔)은 위나라의 부호였다. 어느 쪽이든 자공이 제나라로 이주하여 그곳에서 죽은 것은 아니고 제나라에서 객사한 것 같다. 그러므로 역시 그의 유학이 얼마나 제나라에 전해졌는지는 의문이다. 그러나 공자의 뛰어난 제자이자 널리 알려진 천하의 명사로서 그를 존경하는 사람이 많았기 때문에, 그가 제나라로 간 것이 제나라 사람이 유학에 관심을 갖는 데 영향을 주긴 했을 것이다. 하여간 제나라에 유학이 전해진 것은 빨라야 자공 만년 이후의 일이다. 그리고 그로부터 수십 년 뒤에는 제나라의 직하가 천하의 학술 중심지가 되어 맹자가 제나라에 가서 활약했기 때문에 그때는 당연히 추로의 유학이 제나라에 전해졌을 것이다. 그보다 다시 수십 년 뒤 순자가 오랫동안 제나라의 직하에 머물면서 학계의 존중을 받았기 때문에 맹자의 뒤를 계승하여 제나라의 유학은 더욱 새롭게 전개되었다. 무엇보다 자공에서 시작해 맹자와 순자를 거쳐 제나라에서 전개된 유학은 시세에 적응한 경세의 학으로서 유학의 새로운 면을 열었던 것이다. 공문 이래의 전통을 전제하는 것은 물론이지만, 그들 역시 공문의 언행록의 편집과 보성(補成)에 어디까지 직접 종사했는지 의문이다. 그러나 《순자》〈비십이자〉편에 "자장씨지천유", "자하씨지천유", "자유씨지천유" 등에 대한 비판이 있는 것으로 보아, 순자 때는 제나라에 공자의 유력한 직제자인 자장·자하·자유 등의 후학이 존재했음에 틀림없다. 그들은 당대의 유용한 경세가가 아니라 삼자의 전수의 껍데기, 즉 형해를 물려받은 학자였을 것이다. 그들 역시 "천한 유자"로, 순자가 비판의 대상으로 삼은 사람들이었을 것이다. 그들이라면 경세의 재주는 없더라도 70제자 이래 전송되어 온 공문의 지식을 정리하고 전송하며 보족하는 사업에 종사했다고 해도 부자연스러운 일은 아니다. 그러나 생각건대 제나라에서 이들 학자가 적어도 70제자 직전의 전송에 관해 노나라에서 70제자 후학 이상의 재료와 지식을 지니고 있었을 것 같지는 않다. 따라서 그들이 노나라에 전해오던 《논어》에 대해 그것에서는 볼 수 없는 70제자 후학 소전의 재료를 모아 독자적인 《논어》를 편찬했을 확률은 크지 않다. 그보다는 그들이 제나라에서 공문 외의 세간에 말로 전해오던 공자 및 공문 제자의 언행에 관한 전문을 모아 노나라에서 전래된 《논어》를 속집 혹은 윤색했을 확률이 훨씬 크다.

2

이미 서술한 바와 같이 현재의 《논어》는 전한 시대의 삼론을 절충한 데서 출현했다. 전한 시대의 삼론은 하나의 《논어》의 세 개의 이본으로, 《노논어》와 《고논어》에는 노나라에서 출현한 기록이 비교적 많이 포함되어 있고 《제논어》에는 제나라에서 출현한 기록이 비교적 많다고 해도, 어느 것이나 제·노의 기록을 모아서 편성한 것으로 보인다. 그러니까 세 《논어》에 서로 다름이 있다고 해도 결코 서로 이질적인 별개의 기록집이 아니고 하나의 《논어》의 세 개의 이본으로 존재했던 것이다. 그러므로 《노논어》란 제노의 기록을 모은 한 개의 공문 언행록으로 노나라 학자가 정리·편성한 것, 《제논어》도 제노의 기록을 모은 한 개의 공문 언행록으로 제나라 학자가 정리·편성한 것이다. 이 두 개는 금문, 즉 한나라 시대에 통용되는 문자로 쓰인 텍스트이기 때문에, 한대에서 《논어》를 금문으로 전사한 때에 제각각 노나라 유자 및 제나라 유자에 의해 어느 정도 정리·편성이 더해졌을 것이다. 이에 대해 《고논어》란 동일한 제노의 기록을 모은 한 개의 공문 언행록이지만, 노나라 공씨의 벽장에서 나온 고문(古文)이므로, 노나라 유자가 선진 시대에 정리·편성한 기록이다. 단 이른바 《노논어》와는 정리·편성의 방식이 다소 다른 것이리라. 그리고 현존하는 《논어》는 이 삼론을 절충한 텍스트다. 때문에 요컨대 현존하는 《논어》 중에는 본래 제나라에서 출현한 기록과 노나라에서 출현한 기록이 혼재해 있는 것을 부정할 수 없다. 그래서 한나라 이전 《논어》의 성립을 거듭 상세하게 고찰하기 위해서는 금본을 숙독하고 분석하면서 앞서 서술한 것과 같은 여러 사정을 감안해 각 편과 각 장의 기록의 성질을 자세히 살펴봐야 한다.

각 편 각 장의 기록의 성질을 감별하기 위해서는 몇 가지 기준이 있어야 한다. 이제 그 대강을 조목별로 열거해 보자. 이것은 이미 앞서 다룬 "C. 사료로서 비판의 한 단서"와 많은 부분이 중복되지만, 여기서는 약간 시점을 달리해서 본래 노나라에서 출현한 기록과 제나라에서 나온 기록을 금본에 대해 감별하는 데 중점을 두고 비교해 보려고 한다.

1. 《논어》의 500에 가까운 장 가운데는 공자를 "자(子)"로 부르고, 제자는 예를 들면 안연·민자건·염유·자공·자로 등과 같이 자(字)를 사용해 부른 예가 대단히 많다. 이것은 공자 만년의 학교에 모인 직제자의 경험과 견문을 전송한 형태로 이런 유의 기록이 《논어》의 대부분을 이룬다. 무엇보다 이미 앞서 서술한 것처럼 공문 사제의 문답이 있다. "자왈(子曰)……"로서 공자의 언행만을 열거하고 후학 사이에 공자의 격언으로 전해진 듯한 것도 있다. "자(子)……"의 형태로 공자의 행위만을 열거해 공자의 면영(面影)의 단면을 전해 후학 사이에는 법행으로서 송독(誦讀)한 듯한 것도 있다. 또 간단한 사건의 기술과 함께 사제의 문답과 공자의 격언·법행 등을 열거하여 공자의 전기의 단편을 전하는 형식을 취한 것도 있다. 또 소수이긴 하지만 "뇌가 말하였다(牢曰), 선생님께서 말씀하시기를(子云)……"(《자한》)과 "헌이 부끄러운 일에 관해 묻자(憲問恥), 선생님께서 말씀하셨다(子曰)……"(《헌문》)처럼, 직제자가 자기 자신의 실명을 일인칭으로 말하고 공자에게 들은 말을 누군가에게 전하는 형식을 띤 기사도 있다. 이런 각종의 기록에는 각각 사정에 어울리게 후인의 손길이 가해졌을 가능성이 있다. 그렇더라도 원칙적으로는 모두 재전의 제자가 직제자로부터 전해 들은 전송에 기초한 자료이고, 일반

적으로 처음 노나라에서 형성된 기록으로 보아도 좋다. 무엇보다도 그것이 후에 제나라로 흘러 들어가 거기서 다소 윤색되기도 했을 것이다.

2. 500에 가까운 《논어》의 장 가운데 직제자를 자(字)를 사용해 부르지 않고 "유자"·"증자"·"염자"·"민자"와 같이 선생으로 부른 것이 20장이다. 이것은 각각의 직제자의 언행을 그 문인이 전한 것으로, 그런 의미에서 볼 때 공자 재전의 제자로부터 나온 재료다. 그리고 《논어》를 처음으로 편집한 것은 재전 제자 시대로 상상되지만, 여기서 열거한 "유자"·"증자"·"염자"·"민자"의 언행을 전한 재전의 제자는, 유약·증삼·염옹 혹은 염구·민손 등이 노나라 사람으로 노나라에서 줄곧 산 인물이라는 점으로 볼 때 모두 노나라에 있었던 재전의 제자이고, 따라서 이런 장들은 노나라에서 형성된 기사로 보아도 좋다. 무엇보다도 이 중 "증자"에 대해서는 나중에 증자의 3전 제자인 맹자가 제나라에 가서 크게 그 학문을 현양했기 때문에, 증자의 언행도 제나라로 흘러 들어갔던 차에 우연히 그것이 제나라에서 출현한 기록으로서 지금의 《논어》에 전해진 것도 약간은 있을 것이다.

3. 공자의 제자로서 《논어》에 보이는 이들 중 노나라 사람으로 노나라에서 줄곧 살면서 다른 나라에서 벼슬하지 않은 사람도 상당히 많다. 안회(子淵)·민손(子騫)·염경(冉耕, 伯牛)·염옹(仲弓)·염구(子有)·복불제(宓不齊, 子賤)·원헌(子思)·남궁괄(南宮适, 子容)·증점(曾點, 晳)·유약·공성화(子華)·증삼(子輿) 등이 모두 그런 인물이다. 그중 안회와 염구는 공자의 천하유력을 따라다녔던 것 같고, 공서화는 제나라에 사신으로 간 일이 있는 것 같지만(〈옹야〉 3), 다른 사람들은 노나라 밖으로 나간 적이 없을 것이다. 따라서 그들이 타국에 직접 영향을 주었다고는 볼 수 없고, 그중 어떤 이는 타국에 이름이

알려지지도 않았을 것이다. 당연히 그들의 언행을 전하는 장은 대체로 노나라 기록에서 나왔으리라. 특히 그런 장들은 대체로 하나의 부류에 속해 직제자로부터 나온 전송의 형식을 띠기에 더더욱 그러하다.

4. 중유(자로)는 〈제자전〉에서는 노나라 인물로 언급된다. 공자보다 아홉 살 어리고 초년부터 공자를 스승으로 모셨고 공자가 노나라 정사에 참여한 시기에 계씨의 가신이 되어 그를 도왔다. 공자의 천하유력 중에는 줄곧 곁에서 고생을 함께했다. 만년의 공문에서는 최장년의 뛰어난 제자로 존중받았고 최후에는 위나라의 벼슬에 나아갔다 순직했다. 강의과단(剛毅果斷)해서 실행력이 있었다. 곤란한 시기에 늘 공자의 신변에 생긴 사건을 경험했기에 고난의 연속이던 천하유력 중에 은사 및 공자의 비판자와의 대응 기사가 《논어》에 몇 번 보이는데 그때마다 그의 이름이 언급된다. 따라서 공자의 이름이 천하에 널리 알려짐에 따라 그의 이름도 드러나게 되었을 것이다. 그리고 그는 당파를 조직하는 일은 절대로 하지 않았고 누구라도 멀리하지 않고 성의껏 대했기 때문에 그의 학파는 형성되지 않았지만 후배나 후학으로부터 널리 사랑과 존경을 받았다. 그의 언행이 《논어》에 보이는 것은 40조에 달하고 나타나는 빈도수도 모든 장 중에서 최고로 잦다. 그런 기사는 공문 내외의 전송을 불문하고 또 제나라와 노나라의 차별을 논하지 않고 널리 그의 언행, 일화를 전한 것을 포함하고 있을 것이다. 따라서 이런 기사의 출처에 관해 제·노를 판별하려고 한다면 그때마다 다른 조건을 감안하지 않으면 안된다.

5. 공자를 "자"로 부르지 않고 "공자"라고 부른 장이 상당히 많다. 이것은 공문 내에서 제자가 공자를 부르는 방식이 아니라 공문 밖의 일반 세간에서 부르

는 방식이다. 당연히 공자가 군주나 대신과 문답한 기사, 공자와 문인이 공문 밖에서 인사와 이야기를 주고받은 기사 등에 이런 호칭 방식이 나타난다. 공자가 노나라 군주와 대신으로부터 정치에 대해 질문을 받고 그것에 답한 기사와 같이 공문 안에서도 또 공문 밖에서도 이것을 전했을 가능성이 있다. 때문에 직제자 이래의 전문 중에 이런 종류의 장이 몇 개 있다고 해도 틀린 말은 아니지만, 이런 유의 기사는 대부분 노나라 및 타국에서 공문 밖의 세간이 전한 전문에서 나타난 것일 테다. 그리고 노나라에서는 최초로 재전의 제자에 의해 《논어》의 편집이 진행되고부터 3전·4전·5전 등의 후학에 의해 보충과 속집이 행해짐에 따라 공자에 대한 세간의 전문도 차츰 채용되었을 것이다. 하지만 노나라의 편집이 제나라로 흘러 들어간 뒤 제나라에서는 직제자 이래의 전송으로 노나라의 《논어》를 보충하기에는 재료가 부족하여 자연히 공문 외의 전문을 모아 보충 혹은 속집을 행한 게 아닐까. 따라서 이런 유의 장에는 제나라에서 나온 기록에 기초한 것이 상당량 포함되어 있을 것이다.

6. 《논어》에서 가르침을 설명하는 경우에 여러 조건을 나열하고, 혹은 셋, 넷, 다섯, 여섯, 아홉 등처럼 조건을 수를 들어 설명하는 장이 몇 개 있다. 그것들은 다른 여러 장과 문의 모습이 다르다. 이미 선학에 의해 주의가 환기되었듯이 그것들은 나중에 출현한 것이 아닌가 의문시된다. 예를 들면 〈계씨〉편의 삼우(三友)·삼락(三樂)·삼건(三愆, 세 가지 잘못)·삼계(三戒)·삼외(三畏)·구사(九思), 〈양화〉편의 육언육폐(六言六蔽), 〈요왈〉편의 오미(五美)·사악(四惡)과 같은 것이다. 이 외에도 더 있다. 대체로 지식이 전송에 의해 전해지는 때를 만나 뒤섞여 어지러운 내용을 정리하여 이해할 필요가 있고 또 기억하기에도 편리하여 수적으로 열거한 모양을 취한 예가 고전의 문장에는

적지 않다. 《논어》의 이런 유의 장도 그런 예로, 이러한 문장은 직제자가 공자의 언행을 전한 대로 전송한 게 아니고, 후인이 정리한 전송의 기록이다. 당연히 비교적 뒤에 나온 자료로 보인다. 그 위에 직제자의 경험과 전문을 그대로 전송한다는 전통이 강하게 남아 있던 노나라에서의 기록보다 이차적인 조작에 의한 윤색과 후출 혹은 공문 외의 전문을 가지고 보충하고 속집을 만든 제나라에서 이런 유의 기록이 성립하기 쉬웠을 것으로 추정한다.

7. 위에서 서술한 바와 같이 유학이 제나라에 전해진 때는 빨라야 공자 사후 자공의 만년 이후다. 그리고 공자를 열심히 사숙한 4전 제자인 맹자는 제나라로 가서 직제자 증자의 학을 전개한다. 또 유학이 오랫동안 제나라 학계에서 존중받던 순자 시절에는 제나라에 자장·자유·자하 등의 후학이 존재했던 것 같다. 따라서 제나라에서 출현한 기록 중에 자공·증자·자장·자유·자하 등의 언행을 전하는 기록이 있다고 해도 결코 의아할 일은 아니다. 자공은 공문의 선배 제자 가운데 한 사람으로 몇 손가락 안에 드는 뛰어난 제자다. 널리 알려진 천하의 명사였기 때문에, 그의 언행이 노나라 기록에 오른 것은 당연하다. 제나라의 기록에도 물론 있었을 것이다. 증삼·자장·자유·자하 4인은 공자 만년의 젊은 제자로 어느 누구에게도 뒤지지 않는 뛰어난 인재이고, 공문의 장래를 떠맡아야 할 라이벌 관계였다. 그중 증삼은 가장 내면으로 침잠하는 착실한 성격에다 나이도 어려서 만년의 공문에서는 그렇게 눈에 띄는 존재가 아니었지만, 노나라 사람으로 많은 제자를 길러내고 이윽고 사실상 노나라에서 다음 세대의 유학을 이어갈 중심인물이 되었다. 따라서 그의 언행은 "증자"로 《논어》에 자주 나타나고 당연히 노나라의 기록에 남아 있다. 그의 3전 제자인 맹자가 제나라에 가서 그의 학문을 전개했으므로, 그의 언행이 제나라 기록에도 보이는 것은 당연하다. 자장·자유·자하

는 모두 노나라 사람이 아니다. 나이가 어린 것과 무관하게 만년의 공문에서 두드러진 존재였던 것 같다. 때문에 그들 언행의 일부가 노나라에서 전송되고 기록된 것은 당연하다. 그러나 그들은 결국 오랫동안 노나라에 머무르지 않고 공자 사후 이윽고 타국으로 갔다. 그리고 어느 무렵부터는 그들의 후학이 제나라에 존재했기 때문에, 그들의 언행에 대한 전문의 일부가 제나라 기록 중에 있었다고 해도 이상하지 않다. 요컨대 자공·증자·자장·자유·자하 등의 언행은 제나라 및 노나라 어느 곳의 기록에나 있었을 것이다. 그중에서 특히 주의해야 할 이는 자장이다. 그는 젊은 라이벌 4인 중에서 가장 세속적인 야심가로, 민첩성이 특출했다. 증자가 노나라에서 교육에 종사하고, 자유와 자하가 문학에 탁월해서 시와 예에 깊이 천착한 학자로 각자의 길을 걸은 데 비해, 자장은 공자의 가르침을 자기 것으로 만들어 세상에서 실현해 보고자 하는 야심을 지녔던 것 같다. 무엇보다도 출세하고 못 하고는 천명에 관련된 바로 반드시 운에 좌우된다고는 할 수 없지만, 공자가 임기(臨機)에 설파한 각기 다른 때의 가르침을 자유로이 모으고 조직해서 설명하는 방식을 개시한 것은 그가 아닐까? 따라서 제나라의 기록으로 보아도 좋은 수적 열거형 교설은 대부분 그의 후학의 손에서 나온 것이 많지 않을까?

8. 《상서》는 공자 만년의 학교에서 필수 과목의 하나였던 것 같고, 공자 자신이 《서》의 기록을 편집하고 글을 깎고 잘 다듬어 정리했다. 《논어》 중에 "《서》에서 말하기를(書曰)······"로서 《상서》를 인용한 것은 2조항에 불과하지만 (〈위정〉과 〈헌문〉), 서주 이전의 역사적 사실을 언급한 여러 장은 대체로 《상서》의 지식에 기초하여 서술한 것 같다. 대개 《상서》의 지식은 정치와 예법의 올바른 전고를 입증하는 전거로서 존중되었으리라. 그런데 공자는 일찍부터 주공에 경도되어 "선생님께서 말씀하셨다. '심하도다, 나의 쇠함이여!

오래되었다. 내 다시는 꿈속에서 주공을 뵙지 못하였다'"(〈술이〉 5), "선생님께서 말씀하셨다. '설령 주공과 같은 훌륭한 재능을 가지고 있더라도, 교만하고 인색하다면 그 나머지는 볼 것이 없다'"(〈태백〉 11)라고 했다. 또 하나라와 은나라의 예는 문헌의 부족으로 증명하기에 부족하다고 말하고(〈팔일〉 9), "선생님께서 말씀하셨다. '주나라는 하와 상 두 왕조를 거울삼았으니, 찬란하구나, 그 문화여! 나는 주나라를 따르겠다'"(〈팔일〉 14)라고 했다. 따라서 공자가 모아 얻어서 정리한 《서》는 주공을 중심으로 하는 《주서》로서 《상서》·《하서》·《당우서(唐虞書)》와 같은 것은 아직 자료를 입수하지 못해서 적어도 매우 불완전한 상태로 존재했을 것이다. 그리고 《논어》 이외의 문헌에 의하면 우왕을 우러러 믿게 된 것은 묵자 이후이고, 요순의 행적을 드러내 밝힌 것은 맹자 이후다. 그래서 이 기준에 의해 고찰해 보면, 예를 들어 〈태백〉편 말의 순·우(18), 요(19), 순과 무왕(20), 우(21) 등은 묵자 혹은 맹자와 가까운 시기의 기사로 보인다. 또 〈옹야〉편의 마지막 장에 "……요순도 이에 있어서는 오히려 부족하게 여기셨을 것이다"라고 기록되어 있는 것도 그리고 그것이 자공과의 문답이란 것을 감안할 때 맹자 이후의 제나라에서 윤색됐는지도 모른다. 〈요왈〉편의 첫 장에 이르러서는 요·순·우 이하 주나라에 이르기까지의 《상서》의 말을 점철하여 유학의 연원에 대한 기초를 세우고 있는 것이어서, 맹자 이후의 제나라에서 성립된 글이라는 짐작이 든다. 〈태백〉편 첫머리의 "태백"과 〈미자〉편 첫머리 말미의 미자·기자·비간(1)과 "일민은 백이와 숙제와 우중과 이일과 주장과 유하혜와 소련이었다"(8), "주공이 아들 노공에게 말하였다"(10), "주나라에 여덟 선비가 있었으니……"(11) 등은 은나라 말 및 주나라 초의 일을 서술한 기사다. 이것은 《주서》에 기초했을 가능성이 있고, 노나라의 기록이었다고 해도 무방하다(아라비아 숫자는 장 번호임).

9. 《논어》의 어구에 제나라 방언(方言) 같은 것이 조금씩 섞여 있는 것은 선학이 이미 지적한 바다. 어쩌면 그런 장은 제나라의 기록에서 나왔거나 혹은 본래 노나라에서 나왔지만 제나라에서 윤색되었을 것이다. 선대 유학자의 연구에 《논어》의 용어를 양웅(揚雄)의 《방언(方言)》으로 기록된 각지의 방언으로 비정(比定)한 것이 있다. 방언 기술의 정확성 문제도 있고, 공자와 양웅의 500년이라는 시차에 의한 방언의 분포 변화도 있으므로 어디까지가 타당한가는 의문이지만, 제노 기록을 고찰할 한 실마리는 된다. 그래서 그중 특히 제나라 방언 같은 것만을 들어 노나라와 공통되는 것을 덜어내면 다음과 같다.

○ 자금이 자공에게 물었다. "선생님께서는 어느 나라에 가시든 그 나라의 정사를 듣게 되시는데, 그것은 스스로 구하신 것인가 아니면 다른 사람이 자진해서 알려드린 것인가?" 자공이 말하였다. "선생님께서는 온순하고 선량하고 공경스럽고 검약하고 겸손했기 때문에 그 나라의 정사를 들으셨다. 선생님께서 구하는 방법은 아마도 다른 사람과 다르지 않겠는가?"

子禽問於子貢曰, "夫子至於是邦也, 必聞其政, 求之與, 抑與之與." 子貢曰, "夫子溫·良·恭·儉·讓·以得之, 夫子之求之也, 其諸異乎人之求之與."(《학이》10)

이 문장의 "其諸 …… 與"는 제나라 방언 같은데 《공양전》에 자주 그 예가 보인다. "아마도 이를 빌려 환공을 책망한 것이 아니겠는가?(其諸以病桓與)"(환공 6년), "아마도 저 중손은 노나라의 중손이 아니겠는가?(其諸吾仲孫與)"(민공 원년) 등과 같다. 그리고 이 글은 제나라에서 이름난 자공의 말로서 "溫·良·恭·儉·讓"으로 공자의 덕을 열거하는 서술 방식을 취하고 있으므로 위에서 서술한 6조항에 합치하는 것으로, 제나라에서 부가 혹은 윤색한 장이라는 짐작이 간다.

○ 새는 사람의 나쁜 표정을 보면 날아서 빙빙 돌며 관찰한 다음에 내려앉는
　다. 선생님께서 말씀하시기를 "산 교량(橋梁)의 암꿩이여, 때에 맞는구나!
　때에 맞는구나!" 하셨다. 자로가 그 꿩을 잡아 올리니, 세 번 냄새를 맡고
　일어나셨다.

　　色斯擧矣, 翔而後集, 日, "山梁雌雉, 時哉時哉." 子路共之, 三嗅而作.(〈향당〉 18)

이 글은 《하안집해(何晏集解)》 서문의 황간의 소에 의하면 《고론》에는 없
다. 《공양전》에 "깜짝 놀라 얼굴빛이 하얗게 질렸다(色然而駭矣)"(애공 6년)라
는 용례에 色然이 있으므로 "色斯"는 제나라 방언 같다. 생각건대 자로에 관
한 설화는 노나라만이 아니라 각지에 널리 전해졌던 것 같고 또 이 장은 〈향
당〉편 중에서 같은 부류가 아니어서 편말에 부가된 형식으로 되어 있는 것
으로 봐서, 이 장은 제나라에서 부가된 글 같다.

○ 계씨는 주공보다 부유했는데도, 구(염유)가 그를 위해 세금을 거두어들여
　서 더욱 부유하게 해주었다. 선생님께서 말씀하셨다. "〔염유는〕 나의 제자
　가 아니다. 문인들이여, 북을 올려 그를 성토해도 괜찮다."

　　季氏富於周公, 而求也爲之聚斂而附益之, 子曰, "非吾徒也, 小子鳴鼓而攻之, 可
　　也."(〈선진〉 16)

《양자방언(揚子方言)》 제3권에 "췌잡집야, 동제왈취(萃雜集也, 東齊曰聚)"로
되어 있으므로, "취렴(聚斂)"은 제나라 말일 것이다. 생각건대 후술하는 바와
같이 〈선진〉편은 노나라에서 편집한 것 같지만, 이 장의 이 말은 제나라로

흘러 들어간 후에 윤색됐을지도 모른다. 염유가 계씨의 가신(宰)이었던 것은 공자가 천하유력으로부터 노나라로 귀국하기 직전부터 공자의 만년에 걸쳐서다. 따라서 이 장의 그것은 공자 만년의 말이고, 결국 직제자로부터 전문한 노나라의 기록에 속할 것이다.

○ 자하가 거보(莒父)의 읍재가 되어 정사를 묻자, 선생님께서 말씀하셨다. "속히 하려고 하지 말고, 조그만 이익을 보지 말아야 한다. 속히 하려고 하면 제대로 하지 못하고, 조그만 이익을 보면 큰일을 이루지 못한다."

子夏爲筥父宰, 問政, 子曰, "無欲速, 無見小利, 欲速則不達, 見小利則大事不成."
〈자로〉 17)

《방언》 제2권에 "〔빠르다는 것을〕 속, 영, 요, 선질이라 표현한다. 제나라 동쪽에서는 바다와 대산 사이 〔물살이나 바람의 빠름을〕 속이라 하고 연나라 외곽의 비읍에서는 조선 열수의 〔양안〕 사이 〔물살이나 바람의 빠름을〕 요선이라 하고 초나라에서는 영이라 한다(速·逞·搖·扇疾也, 東齊海岱之間曰速, 燕之外鄙, 朝鮮洌水之間曰搖扇, 楚曰逞)"로 되어 있으므로, "速"은 제나라 방언 같다. 〈자로〉편에 대해서는 별도로 서술하는 바와 같이 노나라와 제나라 중 어느 지역에서 편집했는지가 불분명하지만, 뒤에서 서술하는 바와 같이 3~4전 제자 시기에 노나라에서 편집한 게 아닌가 싶다. 그러나 머지않아 제나라로 흘러 들어갔을 것이다. 특히 이 장은 자하와 공자의 문답으로 자하의 말류(末流)는 제나라에 존재했을 것이므로 그들이 전한 전송이 제나라에서 부가되었거나 혹은 노나라에서 발생한 기록이 유전·전송되는 사이에 제나라에서 윤색되었을 것이다.

이상의 논의는 요컨대 지금의 《논어》 각 편 각 장 중 노나라에서 나온 기록과 제나라에서 기인한 기록이 혼재한다는 것과, 그런 점을 감별하기 위한 일반적인 기초에 관한 것이다. 이것을 전제로 다음에서는 각 편 각 장의 성격과 구조에 대해 차례로 자세하게 고찰해 보고자 한다. 그 전에 한 가지, 장군(章群)에 대해 일고해 두고 싶다.

제3장

장군과 장군연관

1

현재 《논어》는 500에 가까운 장이 20편으로 편성되어 있다. 이미 제1장 'A. 편목과 장의 순서를 단서로 편찬 경로를 추적하는 방법'에서 서술한 대로 각 편의 존재 방식이 앞뒤 장과 관계없이 고립된 상태로 존재하는 것과 앞뒤 장과 의미 면에서 서로 연관을 지니는 것이 있다. 후자를 장군 (章群) 혹은 장연관(章聯關)을 구성한다고 부르도록 하자. 다음으로 한 편 중에 존재하는 복수의 장군 혹은 장연관(이것을 앞으로 ⓐⓑⓒⓓ……로 표시한다)이 의미 면에서 앞뒤가 서로 이어진 부분이 있고 앞뒤가 단절되어 있는 것도 있다. 앞뒤가 서로 이어져 연속하는 일련의 장군을 여기서는 장군연관(章群聯關)으로 부르고 싶다. 다음으로 뒤에서 20편 각각의 구조를 해명할 때 제시하는 바와 같이 한 편의 구조는 하나 혹은 여러 개의 장군 연관(이것을 ⒶⒷⒸⒹ……로 표시한다)으로 이루어져 있다. 이들 복수의 장군 연관 사이에도 뭔가 의미가 서로 연속되는 것도 있다.

생각건대, 단장(單章), 장군, 장군연관, 복수의 장군연관이라는 중층 구조에 의해 20편 각각의 성격과 구조가 형성되었고 거듭 이 20편의 배열 방식에 의해 현존 《논어》가 출현했다. 그래서 다음 장에서부터는 현존 《논어》의 구조를 분석해 《논어》 성립의 과정을 구명해 보고자 한다. 그에 앞서 이 장에서는 그 전제로서 장군 및 장군연관의 여러 형식 혹은 여러 방식에 대해 개관해 보려고 한다.

이런 장군 및 장군연관이 발생한 이유를 일반적으로 두 가지 고찰할 수 있다. 하나는 전송을 위한 기억의 편리함이고, 다른 하나는 편집 시 안배를 위한 조정이다. 대체로 공문의 언행록에 관한 많은 지식의 단편이 입과 귀를 통해 전송되는 데 들어맞아 전송자가 기억의 편리를 위해 지식 내용을 정리하고 여러 의미에서 유사하거나 서로 연관 있는 단문을 가려 모아서 기억하도록 하는 것은 어쩌면 자연스럽다. 이것이 여러 가지 장군을 발생시키고 또 종종 장군연관을 형성한 까닭이다. 그런데 또 복수의 단장 또는 장군으로써 어떤 한 편의 문헌을 편집하고자 할 때 그것의 소재가 서로 연관하는 장군·다른 것과 연관이 없이 고립되어 있는 장군·고립되어 있는 장 등의 배치를 궁리하여 여러 가지 배치 방식을 고안해 낸 것으로 보인다. 그래서 여태껏 고립된 장으로 전송되던 복수의 단장이 이 편집 과정에서 비로소 일종의 장연관을 구성하는 식으로 궁리·배치되었을 것이다. 또 그때까지 고립된 장군으로 전송되던 복수의 장군도 서로 연관된 장군연관으로 구성했을 수도 있다. 요컨대 장군과 장군연관은 전송에 의해 자연스럽게 발생한 것도 있고, 복수의 단장과 장군 등에 의해 한 편을 편집할 즈음에 작위에 의해 그렇게 된 것도 있다. 하나의 장군 혹은 장군연관이 그중 어디에 해당하는가를 감정하는 것은 미묘한 문제다. 개괄적으로 말하자면 전자는 연관 관계가 비교적 밀접하고 적극적인 반면 후자는 연관 관계가 비교적 멀고 소극적이다.

2

500에 가까운 《논어》의 장은 여러 시각에서 다양하게 분류하는 것이 가능하다. 이토 진사이는 《논어고의(論語古義)》 〈학이〉편 8 "선생님께서 말씀하셨다. '군자가 후중(厚重)하지 않으면 위엄이 없으니, 학문도 견고하지 못하다. 충신을 주장하며, 자기만 못한 자를 벗 삼으려 하지 말고, 허물이 있으면 고치기를 꺼려하지 말아야 한다'(子曰, 君子不重則不威, 學則不固, 主忠信, 無友不如己者, 過則勿憚改)"에 대해 다음과 같이 주를 달고 있다.

> 이 장은 한 구절씩 각각 독립된 일을 기록한 것으로 어느 것이나 모두 중요한 말이다. 대체로 《논어》 각각의 장은 한때의 대화를 그대로 기록한 경우가 있고, 또는 서로 다른 날에 이루어진 대화를 한데 모아 기록한 것도 있고, 몇 가지 대화를 편집하여 한 장으로 만든 것도 있다. 이 장은 마지막 경우에 해당한다. 생각건대 공자의 문인들은 선생인 공자가 평소에 말한 격언을 편집하여 한 장으로 만들어서 자신들 사이에서 전수했던 것이다. 후세의 학자 또한 스스로 마음에 담아두고서 잊지 말아야 할 것이다.
>
> 此章一句各是一事, 皆切要之言也, 凡論語諸章, 有直記一時之言者, 有併錄異日之語者, 有綴輯數言以爲一章者, 如此章是也, 蓋孔門諸子, 綴輯夫子平生格言, 以作一章, 自相傳授之也, 後之學者, 亦當自佩服焉.

이런 유는 《논어》에서 이 장 외에도 지적할 수 있다. 예를 들면 〈계씨〉 편의 삼우·삼락·삼건·삼계·삼외·구사, 〈요왈〉편의 오미·사악과 같은 수적 열거의 가르침도 공자가 다른 때에 행한 가르침 혹은 대화 몇 가지를 모아 표현을 바꿔 취합한 형식의 하나일 것이다. 그러나 이들 내용은 "다른 날 이루어진 대화"와 "몇 가지 대화"를 편집한 것이지만, 형식은 어디까지나 같은 때 한 말처럼 구성되어 있다. 그런데 《논어》에는 형식 면에서 볼 때 명확하게 다른 때의 말 혹은 한 가지 일의 이전(異傳) 혹은 상보적인 기록이 인접하여 배치돼 있어 과연 한 장인지 그렇지 않으면 두 장인지가 불명확한 것이 있다. 예를 들어 〈공야장〉편에는 다음과 같이 기록되어 있다(이하 숫자는 한 편 안에서 장 번호를 나타낸다).

> 1. 선생님께서 공야장을 두고 "사위 삼을 만하다. 비록 감옥에 갇힌 적이 있으나 그것은 그의 잘못이 아니었다" 평하시고 딸을 그에게 시집보내셨다. ○ 선생님께서 남용을 두고 "나라에 도가 있을 때 버림받지 않고, 나라에 도가 없을 때에도 형벌과 살육을 면할 만하다" 평하시고 형의 딸을 그에게 시집보내셨다.
>
> 子謂公冶長, "可妻也, 雖在縲絏之中, 非其罪也." 以其子妻之. ○ 子謂南容, "邦有道不廢, 邦無道, 免於刑戮." 以其兄之子妻之.

공자 자신의 딸과 형의 딸의 배우자를 선택하는 일에 관한 두 개의 전송을 적어 모은 것으로 1장으로도 혹은 2장으로도 볼 수 있다. 〈옹야〉편에는 다음과 같이 적혀 있다.

> 1. 선생님께서 말씀하셨다. "옹(중궁)은 남면(군왕의 자리에 앉음)하게 할 만하다." ○ 중궁이 자상백자에 대하여 물으니, 선생님께서 대답하셨다. "그의 간략함도 괜찮다." 중궁이 말하였다. "자신이 경(敬)에 처해 있으면서 간략함을 행하여 인민을 대한다면 가하지 않겠습니까? 자신이 간략함에 처하고 다시 간략함을 행한다면 너무 간략한 것이 아니겠습니까?" 선생님께서 말씀하셨다. "옹의 말이 옳다."

子曰, "雍也可使南面." ○ 仲弓問子桑伯子, 子曰, "可也簡." 仲弓曰, "居敬而行簡, 以臨其民, 不亦可乎, 居簡而行簡, 無乃大簡乎." 子曰, "雍之言然."

이것은 중궁에 대한 공자의 비평과 중궁과의 사제 간 문답을 한데 모은 것으로 이것도 1장으로도 혹은 2장으로도 볼 수 있다.

3. 자화(子華)가 〔공자를 위하여〕 제나라에 심부름을 가자, 염자가 그의 어머니를 위해 곡식을 줄 것을 요청하니, 선생님께서 "부(釜, 여섯 말 넉 되: 오늘날의 단위와 차이가 있으며 양보권은 한 말 두 되 여덟 홉 정도로 본다. 동양고전연구회 역주, 《논어》, 120쪽 참조. 유 및 병에 대한 설명도 같은 쪽을 참조 바람―옮긴이)를 주어라" 하셨다. 더 줄 것을 요청하자, 선생님께서 "유(庾, 두 말 넉 되)를 주어라" 하셨는데, 이보다 많은 5병(秉, 여든 섬)을 주었다. 공자께서 말씀하셨다. "적(赤)이 제나라에 갈 때에 살찐 말을 타고 가벼운 갖옷을 입었다. 내가 들으니, '군자는 궁박한 자를 돌봐주고 부유한 자를 계속 대주지 않는다' 하였다." ○ 원사(原思)가 공자의 가신(家臣)이 되었는데, 그에게 곡식 900을 주자, 사양하였다. 선생님께서 말씀하셨다. "사양하지 말고 너의 이웃집과 마을 및 향당(鄉黨)에 주려무나!"

子華使於齊, 冉子爲其母請粟, 子曰, "與之釜." 請益, 曰, "與之庾." 冉子與之粟五秉, 子曰, "赤之適齊也, 乘肥馬, 衣輕裘, 吾聞之也, '君子周急不繼富.'" ○ 原思爲之宰, 與之粟九百, 辭, 子曰, "毋, 以與爾鄰里鄉黨乎."(《옹야》)

이것은 공서화의 어머니를 위해 곡물을 청한 대목과 원사에게 곡물을 부여한 대목에서 공자가 서로 다른 태도를 보인 것을 한데 모아 전한 것으로 1장으로도 2장으로도 볼 수 있다. 또 〈술이〉편 25에 의하면 다음과 같다.

25. 선생님께서 말씀하셨다. "성인을 내가 만나볼 수 없으면, 군자만이라도 만나보면 좋겠다." ○ 선생님께서 말씀하셨다. "선인(善人)을 내가 만나볼 수 없으면, 떳떳한 마음(恒心)이 있는 자만이라도 만나보면 좋겠다. 없으면서 있는 체하며, 비었으면서 가득한 체하며, 적으면서 많은 체하면 항심(恒心)을 두기가 어려울 것이다."

子曰, "聖人吾不得而見之矣, 得見君子者, 斯可矣." ○ 子曰, "善人吾不得而見之矣, 得見有恒者, 斯可矣, 亡而爲有, 虛而爲盈, 約而爲泰, 難乎有恒矣."

이 글에는 "자왈"이 두 개 있으므로 2장으로 분리하는 것도 가능하다. 또 예를 들면 〈자한〉편 6에는 다음과 같이 기록되어 있다.

6. 태재가 자공에게 물었다. "공자는 성자이신가? 어쩌면 그리도 능한 것이 많으신가?" 자공이 말하였다. "〔선생님은〕 진실로 하늘이 풀어놓으신 성인이실 것이요, 또 능한 것이 많으시다." 선생님께서 이 말을 들으시고 다음과 같이 말씀하셨다. "태재가 나를 아는구나. 내 젊었을 적에 가난하고 천했기 때문에 비천한 일에 능함이 많으니, 군자는 능한 것이 많은가? 많지 않다." ○ 뇌가 말하였다. "선생님께서 말씀하시기를 '내가 세상에 등용되지 못했기 때문에 〔여러 가지〕 재주를 익혔다'고 하셨다."

大宰問於子貢曰, "夫子聖者與, 何其多能也." 子貢曰, "固天縱之將聖, 又多能也." 子聞之曰, "大宰知我乎, 吾少也賤, 故多能鄙事, 君子多乎哉, 不多也." ○ 牢曰, "子云, '吾不試, 故藝.'"

이것은 공자가 유년 시절에 비천했던 데 대한 추억 두 개가 한데 모아져 있기 때문에, 1장으로도 2장으로도 볼 수 있다. 또 〈자한〉편 26에 의하면 다음과 같다.

26. 선생님께서 말씀하셨다. "해진 솜옷을 입고서 여우나 담비가죽으로 만든 갖옷을 입은 자와 같이 서 있으면서도 부끄러워하지 않는 자는 유일 것이다. '〔남을〕 해치지도 않고 〔남의 것을〕 탐내지도 않는다면 어찌 착하지 않으리오?'" 자로가 위의 시구를 종신토록 외우려 하자, 선생님께서 말씀하셨다. "이 도가 어찌 족히 선하다 하겠는가."

子曰, "衣敝縕袍, 與衣狐貉者立, 而不恥者, 其由也與, '不忮不求, 何用不臧.'" 子路終身誦之, 子曰, "是道也, 何足以臧."

이 장에는 "자왈"이 두 개 있지만, 이것은 자로에게 가르침을 준 서로 연관하는 두 번의 교훈을 기록한 것이어서 1장으로 보는 게 좋을 것이다. 그러나 다음 29·30 2장은 만약 이것을 계속해서 적는다면 26의 1장과 전적으로 동일한 형식이다. 따라서 1장으로도 혹은 2장으로도 볼 수 있다. 29·30 2장은 다음과 같다.

29. 선생님께서 말씀하셨다. "함께 배울 수는 있어도 함께 도(道)에 나아갈 수는 없으며, 함께 도에 나아갈 수는 있어도 함께 설 수는 없으며, 함께 설수는 있어도 함께 권도(權道)를 행할 수는 없다."

子曰, "可與共學, 未可與適道, 可與適道, 未可與立, 可與立, 未可與權."《자한》

30. "당체(唐棣)의 꽃이여! 바람에 펄럭이는구나. 어찌 그대를 생각하지 않으리오마는 집이 멀기 때문이다." 선생님께서 말씀하셨다. "생각하지 않을지언정 어찌 멂이 있겠는가?"

"唐棣之華, 偏其反而, 豈不爾思, 室是遠而." 子曰, "未之思也, 夫何遠之有."

〈〈자한〉〉

또 〈자로〉편 22는 다음과 같다.

22. 선생님께서 말씀하셨다. "남쪽 나라 사람들의 말에 '사람이 항심(恒心)이
    없으면 무당이나 의원도 될 수 없다' 하니, 좋은 말이다. '그 덕(德)을 항상
    하지 않으면 혹자가 부끄러움을 올린다' 하였다." 선생님께서 말씀하셨다.
    "점괘(占)를 보지 않았기 때문일 뿐이다."
    子曰, "南人有言曰, '人而無恒, 不可以作巫醫.' 善夫, '不恒其德, 或承之羞.'" 子
    曰, "不占而已矣."

이것도 "자왈"이 두 번이므로 공자가 다른 시기에 한 말 두 가지를 한데
모은 것임에 틀림없고, 1장으로도 2장으로도 볼 수 있다. 또 〈위령공〉편
1에 의하면 다음과 같다.

1. 위나라 영공이 공자에게 진 치는 방법에 대해 묻자 공자께서 대답하시기
   를 "예법에 관한 일은 일찍이 들었으나, 군대의 일에 대해서는 아직 배우
   지 못했습니다" 하시고, 이튿날 바로 위나라를 떠나셨다. ○ 진나라에서
   양식이 떨어지니, 제자들이 병들어 일어나지 못했다. 자로가 성난 얼굴로
   공자를 뵙고, "군자도 궁할 때가 있습니까?" 하고 묻자, 선생님께서 말씀
   하셨다. "군자는 곤궁해도 절조를 지키지만 소인은 곤궁해지면 탈선한다."
   衛靈公問陳於孔子, 孔子對曰, "俎豆之事, 則嘗聞之矣, 軍旅之事, 未之學也." 明
   日遂行. ○ 在陳絶糧, 從者病, 莫能興, 子路慍見曰, "君子亦有窮乎." 子曰, "君
   子固窮, 小人窮斯濫矣."

이것은 공자의 천하유력 중에 있었던 일로 전반부 위령공과의 문답에서 는 "공자"로, 후반부 진나라에서 자로와의 문답에서는 "자왈"로 되어 있 다. 두 개의 다른 전승을 한데 모은 것임에 틀림없다. 1장으로도 혹은 2장 으로도 볼 수 있다.

이상에서 열거한 예는 한 가지 일 혹은 서로 연관이 있는 일을 설명하 기 위해 두 가지 말을 모은 것으로, 1장으로도 혹은 2장으로도 볼 수 있 다. 이 논법에서 본다면 금본《논어》중 서로 인접한 두세 장이 서로 문 형의 유사, 주제의 동일, 의미의 상보 혹은 연관 등에 의해 장연관을 형성 하는 것이 적지 않다. 다음에서 한두 가지 예를 들어 간단하게 지적해 둔 다. 우선〈학이〉편 2·3을 보자.

> 2. 유자가 말하였다. "그 사람됨이 효(孝)하고, 공경하면서 윗사람을 범하기 를 좋아하는 자는 드무니, 윗사람을 범하기를 좋아하지 않고서 난을 일으 키기를 좋아하는 자는 있지 않다. 군자는 근본을 힘쓰니, 근본이 확립되면 도가 발생하는 것이다. 효와 제라는 것은 그 인을 행하는 근본일 것이다."
>
> 有子曰, "其爲人也孝弟, 而好犯上者鮮矣, 不好犯上, 而好作亂者未之有也, 君子 務本, 本立而道生, 孝弟也者, 其爲仁之本與."
>
> 3. 선생님께서 말씀하셨다. "말을 좋게 하고 얼굴빛을 곱게 하는 사람 중에 인(仁)한 이가 적다."
>
> 子曰, "巧言令色, 鮮矣仁."

이것은 2의 유자의 말 중에 있는 "인(仁)"을 3의 공자의 격언으로써 보증 한 형식으로 되어 있다. 혹은 전송 중에 함께 기억되었을지도 모른다.

4. 증자가 말씀하였다. "나는 날마다 세 가지로 내 몸을 살피나니, 남을 위하여 일을 도모해 줌에 충성스럽지 못한가? 붕우(朋友)와 더불어 사귐에 성실하지 못한가? 전수(傳受)받은 것을 복습하지 않는가다."

曾子曰, "吾日三省吾身, 爲人謀而不忠乎, 與朋友交, 而不信乎, 傳不習乎."(〈학이〉)

5. 선생님께서 말씀하셨다. "천승(千乘)의 나라를 다스리되 일을 공경하고 믿게 하며 쓰기를 절도 있게 하고 백성을 사랑하며, 백성을 부리기를 때(농한기)에 하여야 한다."

子曰, "道千乘之國, 敬事而信, 節用而愛人, 使民以時."(〈학이〉)

6. 선생님께서 말씀하셨다. "제자가 들어가서는 효하고 나와서는 공손하며, 행실을 삼가고 말을 성실하게 하며, 널리 사람들을 사랑하되 인한 이를 친히 해야 하니, 이것을 행하고 여력이 있으면 글을 배워야 한다."

子曰, "弟子入則孝, 出則弟, 謹而信, 汎愛衆而親仁, 行有餘力, 則以學文."(〈학이〉)

7. 자하가 말하였다. "어진 사람을 어질게 여기되 색(色)을 좋아하는 마음과 바꿔 하며, 부모를 섬기되 능히 그 힘을 다하며, 인군(人君)을 섬기되 능히 그 몸을 바치며, 붕우와 더불어 사귀되 말함에 성실함이 있으면 비록 배우지 않았다고 말하더라도 나는 반드시 그를 배웠다고 이르겠다."

子夏曰, "賢賢易色, 事父母能竭其力, 事君能致其身, 與朋友交言而有信, 雖曰未學, 吾必謂之學矣."(〈학이〉)

8. 선생님께서 말씀하셨다. "군자가 후중하지 않으면 위엄이 없으니, 학문도 견고하지 못하다. 충신을 주장하며, 자기만 못한 자를 벗 삼으려 하지 말고, 허물이 있으면 고치기를 꺼려하지 말아야 한다."

子曰, "君子不重則不威, 學則不固, 主忠信, 無友不如己者, 過則勿憚改."(〈학이〉)

9. 증자가 말씀하였다. "종[終, 초상(初喪)]을 삼가고 멀리 돌아가신 분을 추모하면 백성의 덕이 후(厚)한 데로 돌아갈 것이다."

曾子曰, "愼終追遠, 民德歸厚矣."(〈학이〉)

이 6장 중 4~8의 5장에는 공통적으로 "신(信)"이 들어 있다. 6·7은 6의 공자의 지도에 대해 7의 자하의 말을 상기해 참고로 제공한 것이다. 또 8과 9는 8이 군자에 대해 요구한 공자의 교훈인 데 대해 9는 군자의 덕이 백성을 감화하는 요점을 서술한 증자의 말을 부가했다. 9의 증자의 말은 4의 증자의 말과 서로 대응하는 것으로 보아 4~9의 6장으로 이루어진 복합적 군장의 일종일 것이다. 또 〈위정〉편을 보자.

5. 맹의자가 효를 묻자, 선생님께서 "어김이 없어야 한다"고 대답하셨다. 번지가 수레를 몰고 있었는데, 선생님께서 말씀하셨다. "맹손씨가 나에게 효를 묻기에 나는 '어김이 없어야 한다'고 대답했다." 번지가 "무엇을 이르신 것입니까?" 하고 묻자, 선생님께서 말씀하셨다. "살아 계시면 예로 섬기고, 돌아가시면 예로 장사 지내고, 예로 제사 지내는 것이다."

孟懿子問孝, 子曰, "無違." 樊遲御, 子告之曰, "孟孫問孝於我, 我對曰, '無違.'" 樊遲曰, "何謂也." 子曰, "生事之以禮, 死葬之以禮, 祭之以禮."

6. 맹무백(孟武伯)이 효를 묻자, 선생님께서 대답하셨다. "부모는 오직 자식이 병들까 근심하신다."

孟武伯問孝, 子曰, "父母唯其疾之憂."

7. 자유가 효를 묻자, 선생님께서 말씀하셨다. "지금의 효라는 것은 〔물질적으로〕 잘 봉양한다고 이를 수 있다. 그러나 견마(犬馬)에게도 모두 길러줌이 있으니, 공경하지 않으면 무엇으로 구별하겠는가?"

子游問孝, 子曰, "今之孝者, 是謂能養, 至於犬馬, 皆能有養, 不敬何以別乎."

8. 자하가 효를 묻자, 선생님께서 말씀하셨다. "얼굴빛을 온화하게 하는 것이

어려우니, 부형(父兄)에게 일이 있으면 제자(弟子)가 그 수고로움을 대신하고, 술과 밥이 있으면 부형을 잡숫게 하는 것을 일찍이 효라고 할 수 있겠는가?"

子夏問孝, 子曰, "色難, 有事弟子服其勞, 有酒食先生饌, 曾是以爲孝乎."

이 5~8 4장은 모두 "효"를 주제로 하는 공자와 제자의 문답을 모은 것으로 그런 의미에서 하나의 장군일 것이다.

    9. 선생님께서 말씀하셨다. "내가 회(回)와 더불어 온종일 이야기를 하였으나, 내 말을 어기지 않아 어리석은 사람인 듯하더니, 물러간 뒤에 그 사생활을 살펴봄에 충분히 발명(發明)하니, 회는 어리석지 않구나!"

子曰, "吾與回言終日, 不違如愚, 退而省其私, 亦足以發, 回也不愚."

  10. 선생님께서 말씀하셨다. "그 하는 것을 보며 그 이유를 살피며, 그 편안히 여김을 살펴본다면, 사람들이 어떻게 자신을 숨길 수 있겠는가! 사람들이 어떻게 자신을 숨길 수 있겠는가!"

子曰, "視其所以, 觀其所由, 察其所安, 人焉廋哉, 人焉廋哉."

9는 눈에 띄지 않지만 탁월한 안회의 인품을 공자가 꿰뚫어 본 말이고, 10은 사람의 진가를 간파하는 방법을 말한 공자의 말로 이 2장은 결국 함께 기억되고 전송되었을 것이다. 또 〈선진〉편을 보자.

  19. 자장이 선인(善人)의 도를 묻자, 선생님께서 말씀하셨다. "성인의 자취를 밟지 않더라도 〔악한 일을 하지 않지만〕 또한 방〔성인(聖人)의 경지〕까지는 들어가지 못한다."

子張問善人之道, 子曰, "不踐跡, 亦不入於室."

20. 선생님께서 말씀하셨다. "언론(言論)이 독실한 사람을 이에 친히 한다면 군자다운 자인가? 얼굴만 엄장(嚴莊)한 자인가?"

子曰, "論篤是與, 君子者乎, 色莊者乎."

19는 자장의 질문에 공자가 아무튼 재능에 맡겨 몸짓과 말씨만으로 치닫기 쉬운 자장을 훈계한 것으로, 한 걸음 한 걸음 실천하지 않으면 안 된다고 가르치고 있다. 20의 공자의 말은 말과 외양의 좋음만으로는 군자인지 아니면 제스처만 취하는 사람인지 알 수 없다는 것으로, 이 2장은 상보 관계다. 결국 전송자가 함께 모아서 기억했을 것이다. 또 〈자로〉편을 보자.

29. 선생님께서 말씀하셨다. "선인(善人)이 7년 동안 백성을 가르치면 또한 군대(싸움터)에 나아가게 할 수 있다."

子曰, "善人敎民七年, 亦可以卽戎矣."

30. 선생님께서 말씀하셨다. "가르치지 않은 백성을 써서 전쟁하는 것, 이것을 일러 백성을 버리는 행위라 한다."

子曰, "以不敎民戰, 是謂棄之."

이 2장은 민의 교화와 전쟁과의 관계를 서술한 공자의 말 둘을 모은 것이다. 또 〈헌문〉편을 보자.

35. 선생님께서 말씀하셨다. "기마(驥馬)는 그 힘을 칭찬하는 것이 아니라, 그 덕을 칭찬하는 것이다."

子曰, "驥不稱其力, 稱其德也."

36. 혹자가 말하였다. "덕으로써 원망을 갚는 것이 어떻습니까?" 선생님께서
말씀하셨다. "무엇으로써 덕을 갚을 것인가? 정직함으로써 원한을 갚고,
덕으로써 덕을 갚아야 한다."

或曰, "以德報怨何如." 子曰, "何以報德, 以直報怨, 以德報德."

37. 선생님께서 말씀하셨다. "나를 알아주는 이가 없구나!" 자공이 말하였다.
"어찌하여 선생님을 알아주는 이가 없는 것입니까?" 선생님께서 말씀하셨
다. "하늘을 원망하지 않으며 사람을 탓하지 않고, 아래로 배우면서 위로
통달하나니, 나를 알아주는 것은 하늘이실 것이다."

子曰, "莫我知也夫." 子貢曰, "何爲其莫知子也." 子曰, "不怨天, 不尤人, 下學而
上達, 知我者其天乎."

38. 공백료가 자로를 계손에게 참소하니, 자복경백이 공자께 아뢰기를 "부자
(계손)께서 진실로 공백료의 말에 마음을 의혹하고 계시니, 내 힘이 그래
도 공백료의 시신을 거리에 널어놓을 수 있습니다"라고 하였다. 선생님께
서 말씀하셨다. "도가 장차 행해지는 것도 명이며 도가 장차 폐해지는 것
도 명이니, 공백료가 그 명에 어떻게 하겠는가?"

公伯寮愬子路於季孫, 子服景伯以告, 曰, "夫子固有惑志於公伯寮, 吾力猶能肆諸
市朝." 子曰, "道之將行也與, 命也, 道之將廢也與, 命也, 公伯寮其如命何."

이 4장에서 35·36은 "덕(德)" 자를 써서 서로 이어받고 있고, 36·37은 "원
(怨)" 자를 써서 서로 이어받고 있고, 37·38은 "천(天)"과 "명(命)"을 통해
서로 이어받고 있다. 말하자면 연쇄 방식의 장연관이다. 이런 연관은 전
송 시에 자연 발생적으로 생겨났을지, 아니면 편집 과정에서 장 배치를
고안해 생겨났을지 의문이 든다. 그러나 〈헌문〉편 전체의 구조로 볼 때

결국 전송에 의해 생겨난 복합적인 장군이 아닐까 싶다. 그 외

39. 선생님께서 말씀하셨다. "현자는 세상을 피하고, 그다음은 지방을 피하고, 그다음은 색(色)을 〔보고〕 피하고, 그다음은 말을 〔어기면〕 피한다."

　　子曰, "賢者辟世, 其次辟地, 其次辟色, 其次辟言."

40. 선생님께서 말씀하셨다. "일어나 은둔한 자가 일곱 사람이다."

　　子曰, "作者七人矣."

또 43·44는 다음과 같다.

43. 자장이 말하였다. "《서》에 이르기를 '고종이 양음에서 3년 동안 말하지 않았다' 하니, 무엇을 말합니까?" 선생님께서 말씀하셨다. "하필 고종뿐이겠는가. 옛사람이 다 그러하였으니, 군주가 죽으면 백관들은 자기의 직책을 총괄하여 총재에게 〔명령을〕 듣기를 3년 동안 하였다."

　　子張曰, "書云, '高宗諒陰, 三年不言.' 何謂也." 子曰, "何必高宗, 古之人皆然, 君薨, 百官總己以聽於冢宰三年."

44. 선생님께서 말씀하셨다. "위에서 예를 좋아하면 백성을 부리기 쉽다."

　　子曰, "上好禮, 則民易使也."

39·40 혹은 43·44는 결국 서로 인접 배치되어 의미를 서로 보충해 주므로, 작은 단위의 장군일 것이다.

　이상은 장군에 해당하는 여러 예를 임의로 뽑아 열거한 것에 지나지 않는다. 그 밖에 각종 형식을 지니는 크고 작은 장군이 존재한다. 자세한 내용은 다음 장에서 20편 각각을 분석할 때 다루려고 한다.

3

다음으로 문제가 되는 것은 한 편 중에 보이는 복수의 장군 사이의 연관 방식이다. 이에 대해서는 결국 각 편의 구조를 분석할 때 상세하게 다루 므로 여기서는 여러 방식의 종류만 열거해 둔다. 그리고 한 편 전체에 대해서도 여기서는 다루지 않는다.

① 병렬 방식
예를 들면 〈술이〉편 첫 부분을 보면 다음과 같다.

> 1. 선생님께서 말씀하셨다. "전술하기만 하고 창작하지 않으며, 옛것을 믿고 좋아함을 내 적이 우리 노팽에게 견주노라."
>
>   子曰, "述而不作, 信而好古, 竊比於我老彭."
>
> 2. 선생님께서 말씀하셨다. "묵묵히 기억하며 배우고 싫어하지 않으며 사람 가르치기를 게을리하지 않는 것, 이 중에 어느 것이 나에게 있겠는가?"
>
>   子曰, "默而識之, 學而不厭, 誨人不倦, 何有於我哉."
>
> 3. 선생님께서 말씀하셨다. "덕이 닦아지지 못함과 학문이 강마(講磨)되지 못함과 의를 듣고 옮아가지 못함과 불선(不善)을 고치지 못하는 것이 바로 나의 걱정거리다."
>
>   子曰, "德之不脩, 學之不講, 聞義不能徙, 不善不能改, 是吾憂也."
>
> 4. 선생님께서 한가로이 계실 적에, 마음은 평화롭고도 즐거운 듯하시고, 얼굴은 환히 피어나셨다.
>
>   子之燕居, 申申如也, 夭夭如也.
>
> 5. 선생님께서 말씀하셨다. "심하도다. 나의 쇠함이여! 오래되었다. 내 다시 는 꿈속에서 주공을 뵙지 못하였다."

子曰, "甚矣, 吾衰也, 久矣吾不復夢見周公."

6. 선생님께서 말씀하셨다. "도에 뜻을 두며, 덕을 굳게 지키며, 인에 의지하며, 예에 노닐어야 한다."

子曰, "志於道, 據於德, 依於仁, 游於藝."

7. 선생님께서 말씀하셨다. "포 한 묶음 이상을 가지고 와 스승 뵙는 예를 차리기만 해도, 내 일찍이 가르쳐주지 않은 적이 없다."

子曰, "自行束脩以上, 吾未嘗無誨焉."

8. 선생님께서 말씀하셨다. "알려고 애쓰지 않으면 일깨워주지 않고, 애쓰지 않으면 띄워주지 않는다. 한 모서리를 들어주었는데도 다른 세 모서리를 헤아리지 않는다면, 되풀이하여 가르치지 않는다."

子曰, "不憤不啓, 不悱不發, 擧一隅不以三隅反, 則不復也."

9. 선생님께서는 상을 당한 사람의 곁에서 음식을 드실 때에는 배부르도록 잡수신 적이 없었다. ○ 선생님께서는 이날 곡을 하시면 노래를 부르지 않으셨다.

子食於有喪者之側, 未嘗飽也. ○ 子於是日哭, 則不歌.

이 9장 중 1·2·3은 "자왈"을 머리에 쓰고 시작하는 공자의 격언으로 자술(自述)의 말, 4는 "자"로 시작하는 공자의 태도의 묘사, 5·6·7·8은 또 "자왈"로 시작하는 공자의 격언으로 자술의 말, 9는 또 "자"로 시작하는 공자의 태도의 묘사다. 대략 〈술이〉편은 이런 장 배치를 아홉 번 되풀이하는데 지금 1~4를 일종의 장군으로서 ⓐ, 5~6을 ⓑ로 차례로 부른다면 ⓐ부터 ⓘ까지 9개의 장군이 있는 셈이다. ⓐ~ⓘ는 병렬 관계로 배치되어 있다.

② 연쇄 방식

〈안연〉편의 일부를 예로 들어보자.

1. 안연이 인(仁)을 묻자, 선생님께서 말씀하셨다. ……안연이 말하였다. "제
   가 비록 불민하오나 청컨대 이 말씀을 받들어 실천하겠습니다."

   顔淵問仁, 子曰, ……顔淵曰, "回雖不敏, 請事斯語矣."

2. 중궁이 인을 묻자, 선생님께서 말씀하셨다. ……중궁이 말하였다. "제가
   비록 불민하오나 청컨대 이 말씀을 받들어 실천하겠습니다."

   仲弓問仁, 子曰, ……仲弓曰, "雍雖不敏, 請事斯語矣."

3. 사마우(司馬牛)가 인을 묻자, 선생님께서 말씀하셨다. ……

   司馬牛問仁, 子曰, ……

4. 사마우가 군자에 대해 묻자, 선생님께서 말씀하셨다. ……

   司馬牛問君子, 子曰, ……

5. 사마우가 걱정하면서 말하였다. ……자하가 말하였다. ……

   司馬牛憂曰, ……子夏曰, ……

이 5장을 보면 1·2·3은 "인(仁)"을 주제로 한 사제 간의 문답이고, 그런
의미에서 하나의 장군을 이룬다. 무엇보다 1과 2는 문답의 형식까지 유
사한 방식으로 구성되어 있다. 전송자는 일단 이 2장을 함께 기록하고 거
듭 3을 부가했는지도 모른다. 어찌 되었든 이 3장으로 이루어진 장군을
ⓐ라고 하자. 다음으로 3·4·5는 사마우와 공자 혹은 자하와의 문답을 모
은 것으로 이것도 일종의 장군을 이룬다. 이 경우도 3과 4는 공자와의 문
답으로 동시에 사마우가 두 번 묻고 공자가 두 번 답하고 있다. 이런 형
식의 유사함으로 볼 때 전송자는 우선 이 3·4 2장을 함께 기억하고 후에

5를 부가했을 것이다. 어찌 되었든 이 3·4·5로 이루어진 장군을 ⓑ라고 하자. 그런데 ⓐ와 ⓑ 두 장군은 3을 공유한다. 3이 접착제가 되어 1~5의 5장으로 이루어진 장군연관이 성립한다. 이 방식을 '연쇄 방식'이라고 부르자. 연쇄 방식은 서로 인접한 두 장군 사이에 공통의 장이 반드시 필요하지는 않다. 예를 들어 〈자장〉편의 전반부를 보자.

1. 자장이 말하였다. ……

  子張曰, ……

2. 자장이 말하였다. ……

  子張曰, ……

3. 자하의 문인이 자장에게 벗 사귀는 것을 묻자, 자장이 말하였다. ……

  子夏之門人, 問交於子張, 子張曰, ……

4. 자하가 말하였다. ……

  子夏曰, ……

5. 자하가 말하였다. ……

  子夏曰, ……

6. 자하가 말하였다. ……

  子夏曰, ……

7. 자하가 말하였다. ……

  子夏曰, ……

8. 자하가 말하였다. ……

  子夏曰, ……

9. 자하가 말하였다. ……

  子夏曰, ……

10. 자하가 말하였다. ……

子夏曰, ……

11. 자하가 말하였다. ……

子夏曰, ……

12. 자유가 말하였다. "자하의 제자들은 물 뿌리고 청소하며, 응대하고 진퇴하
는 예절을 당해서는 괜찮으나, 이는 지엽적인 일이요, 근본적인 것은 없으
니, 어찌하겠는가?" 자하가 듣고서 말하였다. "아! 언유(言游)의 말이 지나
치다. 군자의 도에 어느 것을 먼저라 하여 전수하며, 어느 것을 뒤라 하여
게을리하겠는가? 초목에 비유하면 구역으로 구별되는 것과 같으니, 군자
의 도가 어찌 이처럼 속이겠는가? 처음과 끝을 구비한 것은 오직 성인이
시다."

子游曰, "子夏之門人小子, 當洒掃·應對·進退, 則可矣, 抑末也, 本之則無, 如之
何." 子夏聞之曰, "噫, 言游過矣, 君子之道, 孰先傳焉, 孰後倦焉, 譬諸草木, 區以
別矣, 君子之道, 焉可誣也, 有始有卒者, 其惟聖人乎."

13. 자하가 말하였다. "벼슬하면서 여가가 있으면 학문을 하고, 학문을 하고서
여가가 있으면 벼슬을 한다."

子夏曰, "仕而優則學, 學而優則仕."

14. 자유가 말하였다. "상례(喪禮)는 슬픔을 극진히 할 뿐이다."

子游曰, "喪致乎哀而止."

15. 자유가 말하였다. "나의 벗 자장은 어려운 일을 잘하나, 그러나 인(仁)하지
는 못하다."

子游曰, "吾友張也, 爲難能也, 然而未仁."

16. 증자가 말씀하였다. "당당하구나, 자장이여! 함께 인(仁)을 하기는 어렵다."

曾子曰, "堂堂乎張也, 難與並爲仁矣."

17. 증자가 말씀하였다. "내가 부자(夫子)께 들으니, ……"

　　曾子曰, "吾聞諸夫子, ……"

18. 증자가 말씀하였다. "내가 부자께 들으니, ……"

　　曾子曰, "吾聞諸夫子, ……"

19. 맹씨가 양부(陽膚)를 사사(士師)로 임명하자, 〔양부가〕 증자에게 〔옥사(獄事) 처리에 관하여〕 물으니, 증자가 다음과 같이 말씀하였다. ……

　　孟氏使陽膚爲士師, 問於曾子, 曾子曰, ……

이 19장을 개괄하자면 1·2·3은 자장 어록, 3~13의 11장은 자하 어록, 12·13·14의 3장은 자유 어록, 16~19의 4장은 증자 어록으로, 이 4개는 각각 독자적인 장군을 이룬다. 그런데 자장 어록과 자하 어록은 3을 공유하고, 자하 어록과 자유 어록은 12를 공유하는 것으로 연속하지만, 자유 어록과 증자 어록은 공유하는 장이 없다. 다만 자유 어록 마지막 장인 15와 증자 어록 첫 장인 16이 똑같이 자장을 비판한 말인 것에서 유추해 두 어록이 어떤 의미에서 접속하고 있다고 볼 수 있다. 따라서 여하튼 1~19가 4개의 장군을 모은 하나의 장군연관을 이루고 있는 것이고, 그 연속되는 방식은 결국 연쇄 방식이다. 무엇보다 이 모두가 전송 중에 형성되었는지 혹은 그 일부가 편집 과정에서 배치되었는지는 자세히 검토해 볼 필요가 있다.

③ 집중 방식

한 편 중에 ⓐⓑⓒⓓ…… 등 여러 장군이 있고, 그것들이 서로 연관하여 있는 경우, 그 연관 방식이 ⓑ는 ⓐ와, ⓒ도 ⓐ와, ⓓ도 ⓐ와 연관돼 있는 듯한 연관 방식을 '집중 방식'이라 부르자. 대략 어떤 한 편의 글을 만드는 경우, 최초에 우선 결론 혹은 개관에 해당하는 한 장을 들고, 다음으로 점차 그것의 부분 혹은 일면을 설명한 장을 배치하면 자연스럽게 이런 형식이 되므로 고전 문장에는 간혹 이런 예가 보인다. 《논어》에는 이 방식을 취한 편은 많지 않지만 〈위정〉편이 이에 가깝다고 볼 수 있다. 우선 최초의 4장을 열거해 보자.

1. 선생님께서 말씀하셨다. "정사를 덕(德)으로 하는 것은 비유하면, 북극성(北極星)이 제자리에 머물러 있으면 여러 별들이 그에게로 향하는 것과 같다."

   子曰, "爲政以德, 譬如北辰, 居其所而衆星共之."

2. 선생님께서 말씀하셨다. "《시》 300편을 한마디의 말로 대표할 수 있으니, '생각에 간사함이 없다'는 것이다."

   子曰, "詩三百, 一言以蔽之, 曰, '思無邪'."

3. 선생님께서 말씀하셨다. "인도하기를 법으로 하고, 가지런히 하기를 형벌로 하면, 백성들이 형벌을 면할 수는 있으나, 부끄러워함은 없을 것이다. 인도하기를 덕으로 하고, 가지런히 하기를 예로써 하면, 〔백성들이〕 부끄러워함이 있고, 또 선에 이르게 될 것이다."

   子曰, "道之以政, 齊之以刑, 民免而無恥, 道之以德, 齊之以禮, 有恥且格."

4. 선생님께서 말씀하셨다. "나는 열다섯 살에 학문에 뜻을 두었고, 서른 살에 자립하였고, 마흔 살에 사리에 의혹하지 않았고, 쉰 살에 천명을 알았고, 예순 살에 다른 사람의 말을 들으면 곧 그 이치를 따를 수 있었고, 일흔 살에 마음 내키는 대로 해도 규범에 벗어나지 않았다."

   子曰, "吾十有五而志于學, 三十而立, 四十而不惑, 五十而知天命, 六十而耳順, 七十而從心所欲, 不踰矩."

이 4장은 모두 공자의 격언이라는 점 외에 특별히 서로 장연관이 있어 보이지 않는다. 단, 1과 3은 덕치 정치 혹은 예치 정치를 설명하고 있다. 생각건대 공자 만년의 학교는 군자 양성을 목적으로 하는 도량이었지만, 공자에 의하면 군자의 본무는 정치로 천하에 인정(仁政)을 행하는 것이 이상이다. 그리고 이때 중요하게 여긴 정치 방식은 덕치 정치 혹은 예치 정치였다. 그리고 이 학교에서 요구한 군자의 필수 교양 과목은 시서예약이고, 2의 "《시》300편"은 그중 시 교과서를 의미한다. 또 공자는 호학(好學)을 자처해 몸소 여러 학생을 이끌었으므로, 4의 공자가 자술한 말은 문하에게는 모범이 되는 지침이었을 것이다. 따라서 이 4장은 공자 만년의 학교에서 문인 사이에 지침으로서 특히 존중하던 공자의 격언 가운데 누군가가 이 4장을 모아 전한 것이라고 한다면, 이것도 일종의 장군으로 볼 수 있다. 그리고 거기에는 정치, 시와 예의 교양, 호학, 군자의 태도 등이 설명되어 있다. 지금 이 장군을 잠정적으로 ⓐ라고 부르자. 그런데 이것에 잇따르는 5·6·7·8의 4장은 효를 공통의 주제로 하는 하나의 장군이다.

5. 맹의자가 효를 묻자, 선생님께서 "어김이 없어야 한다"고 대답하셨다. 번지가 수레를 몰고 있었는데, 선생님께서 말씀하셨다. "맹손씨가 나에게 효를 묻기에 나는 '어김이 없어야 한다'고 대답했다." 번지가 "무엇을 이르신 것입니까?" 하고 묻자, 선생님께서 말씀하셨다. "살아 계시면 예로 섬기고, 돌아가시면 예로 장사 지내고, 예로 제사 지내는 것이다."

孟懿子問孝, 子曰, "無違." 樊遲御, 子告之曰, "孟孫問孝於我, 我對曰, '無違.'" 樊遲曰, "何謂也." 子曰, "生事之以禮, 死葬之以禮, 祭之以禮."

6. 맹무백이 효를 묻자, 선생님께서 대답하셨다. ……

孟武伯問孝, 子曰, ……

7. 자유가 효를 묻자, 선생님께서 말씀하셨다. ……

   子游問孝, 子曰, ……

8. 자하가 효를 묻자, 선생님께서 말씀하셨다. ……

   子夏問孝, 子曰, ……

지금 이 장군을 ⓑ라고 한다면, ⓑ와 ⓐ는 전적으로 개별적인 장군이지만, 군이 말하자면 ⓑ장의 첫머리인 5에서 효를 "예에 어김이 없는 것"이라고 설명하고, 이것이 ⓐ 3의 "가지런히 하기를 예로써 하면"과 서로 이어지고 있다. 다음으로 ⓑ에 잇따르는 3장을 보자.

9. 선생님께서 말씀하셨다. "내가 회와 더불어 온종일 이야기를 하였으나, 내 말을 어기지 않아 어리석은 사람인 듯하더니, 물러간 뒤에 그 사생활을 살펴봄에 충분히 발명하니, 회는 어리석지 않구나!"

   子曰, "吾與回言終日, 不違如愚, 退而省其私, 亦足以發, 回也不愚."

10. 선생님께서 말씀하셨다. "그 하는 것을 보며 그 이유를 살피며, 그 편안히 여김을 살펴본다면, 사람들이 어떻게 자신을 숨길 수 있겠는가! 사람들이 어떻게 자신을 숨길 수 있겠는가!"

   子曰, "視其所以, 觀其所由, 察其所安, 人焉廋哉, 人焉廋哉."

11. 선생님께서 말씀하셨다. "옛것을 잊지 않고, 새것을 알면, 스승이 될 수 있다."

   子曰, "溫故而知新, 可以爲師矣."

이 중 9는 눈에 띄지 않으면서 호학에 투철한 안회를 칭찬하고 있고, 10은 사람의 본질은 관찰 방법이 그르치지 않다면 숨길 수 없다고 말하면서 그 방법을 서술하고, 11은 호학으로 오랜 지식을 겸허하게 배우고 그것을 새로이 발명 응용할 수 있는 이가 사람의 사표라고 말한다. 결국 의미가 서로 관련이 있는 3장을 모은 것으로 일종의 장군이다. 이제 이것을 ⓒ라고 하자. 그런데 ⓒ는 ⓒ의 첫머리인 9의 안회의 호학을 칭찬한 장이 ⓐ의 끝에 해당하는 4의 공자의 호학 일로의 생애와 서로 이어받아 상응하는 형식으로 되어 있다. 다음 12·13·14의 3장은 "군자"를 공통의 주제로 하는 하나의 장군이다. 이것을 ⓓ라고 하면 ⓓ와 ⓐ의 격언 4조가 전제하는 인간상과 상응한다. 다음 15·16·17·18의 4장은 학문과 지식에 관하여 서술한 하나의 장군으로 이것을 ⓔ라고 부를 수 있지만, ⓔ는 결국 ⓐ의 시예(詩禮)의 학을 이어받고 있다. 다음의 19·20·21은 정치에 관한 문답을 모은 장군으로 이것을 ⓕ라고 하자. ⓕ는 ⓐ의 1·3의 덕치 정치를 이어받고 있다. 최후의 2장인 23·24는 예에 대해 서술한 장군으로 이것을 ⓖ라고 하면, 이것도 ⓐ의 예치와 상응한다. 따라서 〈위정〉편에서 ⓑⓒⓓ ⓔⓕⓖ 6개 장군은 각각 ⓐ와 연관을 맺고 순차적으로 병렬한 것으로, 그런 의미에서 일종의 집중 방식이다.

④ 대응 방식

이 방식에도 여러 경우가 있지만, 그중 한 편의 수미(首尾), 즉 처음과 끝에서 혹은 한 편 중의 약간의 장 혹은 장군을 건너뛰어서 앞뒤로 어떤 의미에서 서로 대응하는 장이 종종 있다. 이것은 이 서로 대응하는 장을 수미로 하고, 그 중간에 포함되어 있는 문헌을 정리하는 구성 방법으로 보인다. 예를 들어 〈학이〉편의 첫 장과 마지막 장을 보자.

1. 선생님께서 말씀하셨다. "배우고 그것을 때때로 익히면 기쁘지 않겠는가.

동지(同志)가 먼 지방으로부터 찾아온다면 즐겁지 않겠는가. 사람들이 알아주지 않더라도 서운해하지 않는다면 군자가 아니겠는가."

子曰, "學而時習之, 不亦說乎, 有朋自遠方來, 不亦樂乎, 人不知而不慍, 不亦君子乎."

16. 선생님께서 말씀하셨다. "남이 자신을 알아주지 못함을 걱정하지 말고, 내가 남을 알지 못함을 걱정해야 한다."

子曰, "不患人之不己知, 患不知人也."

이것은 군자의 태도를 보여준 면에서 서로 유사한 공자의 두 격언으로 하나의 장군일지 모르나, 이것을 처음과 끝에 나누어 배치하여 〈학이〉 한 편을 통합하고 있다. 어쩌면 〈학이〉편은 군자 양성이 목적인 만년의 공자 학교에서 학규에 넣을 만한 공문 사제의 말을 모은 것일 테다. 다음으로 〈위정〉편에서는 1과 21이 대응한다.

1. 선생님께서 말씀하셨다. "정사를 덕으로 하는 것은 비유하면, 북극성이 제자리에 머물러 있으면 여러 별들이 그에게로 향하는 것과 같다."

子曰, "爲政以德, 譬如北辰, 居其所而衆星共之."

21. 어떤 사람이 공자에게 물었다. "선생님께서는 왜 정치에 참여하지 않습니까?" 선생님께서 말씀하셨다. "《서경》에 '효도하라, 오직 효도하라, 형제 간에 우애하여 [이러한 기풍이] 정치에까지 이르게 하라'고 하였다. 이 또한 정치에 참여하는 것이니, 어찌 벼슬자리에 앉아야만 정치하는 것이겠는가?"

或謂孔子曰, "子奚不爲政." 子曰, "書云 孝乎惟孝, 友于兄弟, 施於有政.' 是亦爲政, 奚其爲爲政."

이 2장에서는 "위정"이라는 두 자가 대응하고 있다. 생각건대 1은 장군 ⓐ의 머리 장, 21은 장군 ⓕ의 끝 장으로 ⓐ~ⓕ 5개 장군을 하나로 통합하는 문헌으로 구성하기 위해 ⓐ를 머리로 하고 ⓕ를 꼬리로 해서 1과 21이 대응하도록 한 것 같다. 이는 편집 혹은 전송 과정의 고안이리라. 그래서 이 21 이외의 22·23·24의 3장은 〈위정〉편에서는 부록의 성격을 띠는 것으로 보인다. 다음으로 〈팔일〉편은 예악에 관한 기사가 24장이나 되지만, 그중 1과 19 사이에 일종의 대응이 있다.

> 1. 공자께서 계씨를 두고 말씀하셨다. "〔천자의〕 팔일무를 뜰에서 춤추게 하니, 이 짓을 차마 한다면 무엇을 차마 하지 못하겠는가?"
>
>   孔子謂季氏, "八佾舞於庭, 是可忍也, 孰不可忍也."
>
> 19. 정공이 묻기를 "임금이 신하를 부리며, 신하가 임금을 섬김에 어찌해야 합니까?" 하자, 공자께서 대답하셨다. "임금은 신하를 부리기를 예로써 하고, 신하는 임금을 섬기기를 충성으로써 해야 합니다."
>
>   定公問, "君使臣, 臣事君, 如之何." 孔子對曰, "君使臣以禮, 臣事君以忠."

1은 대부 계씨의 비례(非禮)를 비난하고, 19는 군주 정공에게 신하를 부리는 데 예로써 해야 한다는 점을 설명하고 있다. 이 2장은 〈팔일〉편 중에서 공자를 "공자"로 칭하고 있는 장이다. 〈팔일〉편을 구성하는 ⓐ~ⓖ 7개의 장군 중 1은 ⓐ의 머리 장이고 19는 ⓔ의 끝 장으로 이 1과 19의 대응에 의해 ⓐ~ⓔ의 19장을 하나로 통합하는 장군연관 Ⓐ가 성립한다. 역시 이 Ⓐ를 구성하는 장군 중 서로 인접한 두 개의 ⓓ와 ⓔ는 ⓓ의 머리 장 9가 ⓔ의 머리 장 14와 연결되어 있다.

9. 선생님께서 말씀하셨다. "하나라의 예를 내가 말할 수 있으나 〔그 후손의 나라인〕 기나라에서 충분히 증거를 대주지 못하며, 은나라의 예를 내가 말할 수 있으나 〔그 후손의 나라인〕 송나라에서 충분히 증거를 대주지 못함은 문헌이 부족하기 때문이다. 〔문헌이〕 충분하다면 내가 〔내 말을〕 증거 댈 수 있을 것이다."

子曰, "夏禮吾能言之, 杞不足徵也, 殷禮吾能言之, 宋不足徵也, 文獻不足故也, 足則吾能徵之矣."

14. 선생님께서 말씀하셨다. "주나라는 하와 상 두 왕조를 거울삼았으니, 찬란하구나, 그 문화여! 나는 주나라를 따르겠다."

子曰, "周監於二代, 郁郁乎文哉, 吾從周."

이처럼 9와 14는 대응한다. 이렇게 대응하는 2장을 머리로 해서 2개의 장군을 병렬하는 것도 장군을 연관시키는 방법이다. 《논어》전체를 점검해 보면 대응 방식에 의한 장군연관은 적지 않다.

⑤ 부록 방식

《논어》에는 하나의 장군연관 혹은 장군의 편찬을 일단 마친 뒤에 거듭 다른 장 혹은 장군을 부록으로 덧붙인 것으로 보이는 예가 수두룩하다. 예를 들어 〈위정〉편은 일단 1~21의 21장을 모은 뒤에 22 및 예에 관해 설명한 장군 ⑧ 23·24를 나중에 부록으로 이어 붙였을 것이다. 〈팔일〉편은 1~19로 이루어진 1개의 장군연관 Ⓐ로 성립한 뒤에 연이은 2개의 장군 ⓕ 20·21·22 및 ⑧ 23·24·25·26을 순차적으로 덧붙인 것으로 보인다. 그리고 최초에 성립한 Ⓐ의 처음과 끝은 대응한다.

1. 공자께서 계씨를 두고 말씀하셨다. 〔천자의〕 팔일무를 뜰에서 춤추게 하니, 이 짓을 차마 한다면 무엇을 차마 하지 못하겠는가?"

孔子謂季氏, "八佾舞於庭, 是可忍也, 孰不可忍也."

19. 정공이 묻기를 "임금이 신하를 부리며, 신하가 임금을 섬김에 어찌해야 합니까?" 하자, 공자께서 대답하셨다. "임금은 신하를 부리기를 예로써 하고, 신하는 임금을 섬기기를 충성으로써 해야 합니다."

定公問, "君使臣, 臣事君, 如之何." 孔子對曰, "君使臣以禮, 臣事君以忠."

그런데 이것에 대한 제1차의 부기인 ⓕ 3장, 즉 20·21·22의 끝 장 22는 결국 1과 서로 대응하여 전체가 모아지게 배려했다.

22. 선생님께서 말씀하셨다. "관중의 기국(器局)이 작구나!" 혹자가 "관중은 검소했습니까?" 하고 묻자, 말씀하셨다. "관씨는 삼귀(三歸)를 두었으며, 가신(家臣)의 일을 겸직시키지 않았으니, 어찌 검소하다고 할 수 있겠는가." "그러면 관중은 예를 알았습니까?" 하고 묻자, 다음과 같이 말씀하셨다. "나라의 임금이어야 병풍으로 문을 가릴 수 있는데 관씨도 병풍으로 문을 가렸으며, 나라의 임금이어야 두 임금이 우호(友好)로 만날 때에 술잔을 되돌려 놓는 자리를 둘 수 있는데 관씨도 술잔을 되돌려 놓는 자리를 두었으니, 관씨가 예를 안다면 누가 예를 알지 못하겠는가."

子曰, "管仲之器小哉." 或曰, "管仲儉乎." 曰, "管氏有三歸, 官事不攝, 焉得儉." "然則管仲知禮乎." 曰, "邦君樹塞門, 管氏亦樹塞門, 邦君爲兩君之好, 有反坫, 管氏亦有反坫, 管氏而知禮, 孰知禮."

이것은 1이 노나라 대부 계씨의 비례를 비난하는 것과 멀리 대응하고 있다. 제나라의 명재상 관중도 예를 알지 못했음을 들추는 내용으로, 공문의 예치주의가 명시되어 있다. 그리고 다시 제2차 부기인 장군 ⑧ 23·24·25·26의 마지막 장인 26은 결국 ⓐ 1·2·3과 대응하여 전체를 하나로 모으는 형식이 된다.

1. 공자께서 계씨를 두고 말씀하셨다. "〔천자의〕 팔일무를 뜰에서 춤추게 하니, 이 짓을 차마 한다면 무엇을 차마 하지 못하겠는가?"

   孔子謂季氏, "八佾舞於庭, 是可忍也, 孰不可忍也."

2. 삼가에서 〔제사를 마치고《시경》의〕 옹장(雍章)을 노래하면서 철상(撤床)을 하였다. 선생님께서 말씀하셨다. "'제후들이 제사를 돕거늘 천자는 엄숙하게 계시다'는 가사를 어찌해서 삼가의 당(堂)에서 취해다 쓰는가?"

   三家者以雍徹, 子曰, "相維辟公, 天子穆穆.' 奚取於三家之堂."

3. 선생님께서 말씀하셨다. "사람으로서 인하지 못하면 예를 어떻게 사용하며, 사람으로서 인하지 못하면 악을 어떻게 사용할 수 있겠는가?"

   子曰, "人而不仁, 如禮何, 人而不仁, 如樂何."

26. 선생님께서 말씀하셨다. "윗자리에 있으면서 너그럽지 않으며, 예의를 차리되 공경스럽지 않으며, 초상에 임하여 슬퍼하지 않는다면 내가 무엇으로 그를 관찰하겠는가?"

   子曰, "居上不寬, 爲禮不敬, 臨喪不哀, 吾何以觀之哉."

다음으로 〈이인〉편을 예로 들어보자. 〈이인〉편 26장은 ⓐⓑⓒⓓⓔ의 5장군으로 이루어지고 마지막 26을 덧붙인 것 같다. 최초에 인을 설명한 공자의 교훈 일곱 개를 모아 1개의 장군 ⓐ를 이루었고, 그것의 첫 장과 마지막 장이 서로 대응하는 것으로 모아져 있다.

1. 선생님께서 말씀하셨다. "마을의 〔인심이〕 인후한 것이 아름다우니, 인심이 좋은 마을을 선택하되 인에 처하지 않는다면 어떻게 지혜롭다 하겠는가."

子曰, "里仁爲美, 擇不處仁, 焉得知."

7. 선생님께서 말씀하셨다. "사람의 과실은 각기 그 유(類)대로 하는 것이니, 그 사람의 과실을 보면 인을 알 수 있다."

子曰, "人之過也, 各於其黨, 觀過斯知仁矣."

둘 다 인의 덕과 사회 환경과의 관계를 중요시한 명언이다. 그런데 이것에 이어 계속 도를 설명한 장군 ⓑ 8·9, 군자를 설명한 장군 ⓒ 10·11, 그것을 보완하는 역할을 하는 장군 ⓓ 12·13·14 어느 것이나 ⓐ를 중심으로 하는 집중 방식으로 순차적으로 배열되어 1개의 장군연관 Ⓐ(ⓐⓑⓒⓓ)를 이룬다. 그리고 그것과 별도의 장군 ⓔ 15~25를 배합하여 〈이인〉편이 성립한다. 그리고 ⓐ의 머리 장 1과 ⓔ의 끝 장 25와는 결국 인과 향당의 생활과의 관계를 서술한 공자의 명언으로 짝을 이룬다.

1. 선생님께서 말씀하셨다. "마을의 〔인심이〕 인후한 것이 아름다우니, 인심이 좋은 마을을 선택하되 인에 처하지 않는다면 어떻게 지혜롭다 하겠는가."

子曰, "里仁爲美, 擇不處仁, 焉得知."

25. 선생님께서 말씀하셨다. "덕은 외롭지 않아, 반드시 이웃이 있는 것이다."

子曰, "德不孤, 必有鄰."

그래서 최후의 1장인 26은 그것이 이 구조의 테두리 밖에 존재한다는 것과 모든 편 가운데 유일하게 자유의 말이어서 같은 부류가 아니라는 점으

로 보아 부록의 한 장으로 보인다. 확실히 ⓒ 중의 18은 다음과 같이 되어
있다.

> 18. 선생님께서 말씀하셨다. "부모를 섬길 때는 부드럽게 간해야 하니, 자기의
> 뜻이 부모를 따르지 않음을 드러내면서도 부모를 공경하여 어기지 않고,
> 수고롭되 원망하지 않아야 한다."
>
> 子曰, "事父母幾諫, 見志不從, 又敬不違, 勞而不怨."

그리고 26은 다음과 같다.

> 26. 자유가 말하였다. "임금을 섬김에 자주 간하면 욕을 당하고, 붕우 간에 자
> 주 충고하면 소원해지는 것이다."
>
> 子游曰, "事君數, 斯辱矣, 朋友數, 斯疏矣."

이렇게 18은 부모에게 간하는 경우, 26은 군주와 친구에게 간하는 경우
로 서로 보충하는 것이 가능한 말이다. 따라서 전송자 가운데는 이 두 조
를 묶어 기억하고 있던 사람에 의해 결국 여기에 보기(補記)되었을 것이
다.《논어》전체를 통틀어 각 편·장군에서 부록 부분을 열거하자면 결코
적지 않다.

4

앞에서 서술한 대로 현존하는《논어》는 한대의《고론》·《제론》·《노론》
이라는 삼론을 절충한 것이다. 그런데 삼론 자체가 이미 선진 시대에 노

나라에서 성립한 기록과 제나라에서 성립한 기록을 합해서 가능했다. 그리하여 삼론의 절충인 지금의 《논어》 각 편·장에 대해 그것이 원래 노나라에서 출현한 기록인지 아니면 제나라에서 출현한 기록인지를 감별하는 기준을 앞에서 논의했다. 그런데 그와 동시에 다루어야 할 부분은 금본 《논어》가 20편으로 이루어졌고, 《노논어》는 21편, 《제논어》는 22편, 《고논어》는 21편이었다는 사실이다. 그리고 《제논어》는 《노논어》에 비해 〈문왕〉·〈지도〉 2편이 많지만, 그 외 20편은 대체로 《노논어》와 동일해서 편의 순서도 다르지 않고, 《고론》은 〈요왈〉편의 후반부를 독립시켜 〈자장문(子張問)〉편으로 한 점과 전 10편에 편의 순서가 다르다는 점, 그리고 장의 순서도 많이 다르고 문자도 600여 수 이상이 다른 점 등이 전해오고 있다. 생각건대 삼론에 이 정도의 다름은 있지만 요컨대 금본에서 볼 수 있는 20편의 대체적인 모습은 진대의 《고론》에서 이미 대부분 만들어졌다고 해야 한다. 그리고 금본 20편에서 각 편의 구성단위로서의 많은 장군과 장군 연관의 존재가 발견되므로, 이것을 상세하게 분석하여 연관 형성의 흔적을 더듬어 각 장의 성질을 감안한다면, 《논어》의 성립 사정을 어느 정도 밝힐 수 있을 터다. 그래서 이 장에서는 장군 및 장군연관의 형성 방식을 밝히는 순서를 따른 것이다. 그러므로 다음 장부터는 20편 각 편의 성격과 구조를 살펴보고자 한다.

제4장

《논어》 20편의 구성

제1절 〈학이〉편의 성격과 구조

1

〈학이〉편을 고찰하기에 앞서 내가 현재 생각하는 《논어》 전체의 성립에 관한 기초적인 고찰 방식 두세 개를 간략하게 서술하고 싶다.

첫째로 《논어》 전체를 구성하는 핵심 부분은 공자가 만년에 노나라에서 학교를 열어 교육에 전념하던 때, 그곳에서 말을 주고받은 사우(師友) 사이의 견문과 전문에서 그 최초의 자료가 출현했을 것이라는 점이다. 그리고 그것이 유가 후학에 전송되는 동안 공문 밖의 세간에서 전송되던 공자 및 그 주변에 관한 전문 등이 더해져 정리·기록·편집이 행해졌을 것이다.

처음 제자를 두었을 때 공자는 이른 나이였을 테지만, 《논어》에 보이는 제자들 중에서 공자가 40대 때 입문할 수 있는 나이에 이른 사람은 안무요·중유·칠조개·유약·민손, 뒤이어 염옹·염구·안회·단목사 등에 불과하다. 당시 공자는 뜻을 품었지만 아직 취직도 못 한 일개 학자로, 구직과 함께 연구와 교육이라는 세 방면에서 노력하던 시기다. 그 후 50대 전반의 사관(仕官) 시대와 뒤이은 14년간의 천하유력 시대도 교육을 소홀히 할 이유는 없지만 그렇다고 교육에 전력을 기울일 시기는 아니다. 68~69세에 이르러 천하유력을 마치고 노나라로 귀국한 이래 죽을 때까지의 5년간이야말로 비상한 열의를 갖고 교육에 주력한 시기다. 따라서 이 무렵에는 새로이 입문한 젊은 제자들도 많고, 신구의 제자가 교대로 출입하여 한때 더없이 성황을 이루었다. 이때 제자들의 공자에 관한 전문과 견문, 사우 사이의 교섭과 대화의 경험 등이 자연스럽게 모아져 그 결과 수시로 이에 대해 말을 주고받게 되었을 것이다. 그리고 선배 격의 직제자들 중에는 당시에 이미 각자의 제자(공자의 손제자)를 둔 사람도 있었을 것이므로 각자가 모은 말을 주고받은 지식이 점차 후학에 전송된 것은 지극히 자연스러운 일이다. 주지하는 바와 같이 《논어》의 기사에는 공자를 "자(子)"로 부르고 제자를 안연·자공·자하와 같이 "자(字, 별명)"로 부르는 예가 압도적으로 많다. 이것은 공자를 공통의 스승으로 삼는 직제자 동료, 즉 "자(子)"라고만 말해도 공자라는 것을 이해할 수 있고, 또 서로를 자(字)로 불러 대등한 동료임을 표현한 것이다. 그러므로 《논어》에서 이런 표현 형식을 취한 기사는 원칙적으로 직제자 동료로부터 나온 전문이다. 그리고 그것은 당연히 공자 만년의 학교에 드나들던 이들로부터 나왔을 것이다. 무엇보다 공자의 사적을 전하는 《논어》의 기사 중에는 만년 이전의 사실도 있지만, 그것들도 결국 직제자 중의 누군가가 알고 있던 것으로 결국 만년의 학교에서 제자 집단에 추렴된 지식에 속할 것이다. 무엇보다도 《논어》에 나중에 부가된 비교적 새로운 전설적인 기사에 직제자 동료의 말법과 유사한 것이 몇 가지 있다는 점에 주의해야 한다.

두 번째로 직제자에 의해 전해진 말과 사적을 모아 정리해, 말하자면 《논어》의 원형에 해당하는 전문집을 한데 모으기 시작한 것은 아마도 손제자 시대에 이르러 노나라에서였을 것이다.

《논어》에 의하면 직제자가 선언(善言)을 얻고자 밤낮으로 이것을 암송한 예가 여러 번 보인다. 예를 들면 자로는 "〔남을〕 해치지도 않고 〔남의 것을〕 탐내지도 않는다면 어찌 착하지 않으리오?"라는 시구를 늘 암송하고자 했다.(〈자한〉) 남용은 〈백규〉장을 여러 번 반복해서 외웠다.(〈선진〉) 안연은 공자에게 인에 대해 물어 "예가 아니면 보지 말고, 예가 아니면 듣지 말고, 예가 아니면 말하지 말고, 예가 아니면 움직이지 말라"는 가르침을 받고 "제가 비록 불민하오나 이 말씀을 받들어 실천하겠습니다"라고 말한다.(〈안연〉) 중궁도 역시 인을 물었다가 공자의 교시에 감격해 "제가 비록 불민하오나 이 말씀을 받들어 실천하겠습니다"라고 말하였다.(〈안연〉) 자장은 행(行)에 대해 묻고 공자의 명언을 얻어 마음에 새겼다. "자장이 큰 허리띠에 이 말씀을 적었다"라고 기록되어 있다.(〈위령공〉) 그러나 다시 한 걸음 나아가 생각해 보면 공자의 언행과 사제 간의 문답을 모아 전송하고 기록하여 추억하고 이를 교훈의 재료로 삼고자 한 의식은 당연히 다음 세대에 해당할 것이다.

게다가 《논어》 기사에 때때로 직제자 문인의 일과 직제자인 듯한 인물의 이름이 나타난다. 이를테면 〈학이〉·〈계씨〉·〈자장〉편에 보이는 진강(자는 자금)은 자공의 제자일지 모른다고 예부터 여겨왔다. 〈자장〉편에 보이는 양부는 증삼의 제자다. 또 증자는 공자의 일관(一貫)의 도에 대한 문인의 질문에 답하여 "선생님의 도는 충(忠)과 서(恕)일 뿐이다"(〈이인〉)라고 설명했지만, 이 "문인"은 객관적으로 볼 때 증자의 문인일지 모른다. 또 〈자장〉편에 의하면 "자하의 문인"이 사귀는 법을 자장에게 묻고 자유는 "자하의 젊은 제자들"을 비판하고 있다. 이것은 모두 직제자 세대의 전문은 아니고 빨라도 손제자 세대 이후의 것으로 보는 것이 자연스럽다.

또 《논어》에는 직제자를 스승으로 부르고 "증자"·"유자"·"염자"·"민자" 등으로 말한 예가 보인다. 이것은 《논어》의 500에 가까운 장 중에서 20개 정도지만, 적어도 이 20장은 증삼·유약·염옹 또는 염구·민손 등의 문인으로부터의 전송이라는 것은 분명하다. 그리고 증삼·유약·염옹 또는 염구·민손 등은 모두 노나라 사람으로, 염유가 한때 공자의 천하유력에 따라나선 것 외에는 모두가 태어나 죽을 때까지 노나라에서 산 사람들임은 주목할 가치가 있다.

《논어》의 주요 부분은 그 재료가 대체로 노나라에서 공자 만년의 학교에 모인 직제자들로부터 나왔고 그것을 정리하고 모아서 《논어》의 원형을 만든 것은 손제자들이었다고 한다면, 그들이 그것을 어디에서 행했던가가 문제다. 이에 대해서는 나중에 서술하는 바와 같이 공자 사후에 유학이 점차 천하에 전파되지만 노나라가 오랫동안 유학의 고향으로서 중요한 지위를 점한 점, 후에 제나라를 포함하여 제나라와 노나라가 유교의 중심지가 되지만 제나라에서 유학이 번영했던 점, 제나라가 천하의 학계에서 중요하게 된 것이 공자 사후 100년이 지나서 맹자 시대였다는 점 등을 떠올리게 한다. 이것은 《논어》에 노나라에서 살았던 직제자 증삼·유약·염옹 또는 염구·민손 등의 제자들로부터 나온 기사가 분명히 존재하는 것으로도 그것을 유추해 볼 수 있다. 정자의 유명한 말에

《논어》라는 책은 유자와 증자의 문인에 의해 이루어졌다. 그러므로 그 책은

유독 두 분만을 자(子)라고 칭하였다.

論語之書, 成於有子曾子之門人, 故其書獨二子以子稱.

라고 되어 있지만, 《논어》의 구성은 이렇게 쉽게 이해할 만큼 간단하지 않다. 그러나 노나라에 존재했던 손제자들, 특히 후에 서술하는 바와 같이 증삼의 제자들에 의해 최초의 편집이 이루어졌던 것 같다고 말한 점은 경청할 만한 탁견이다. "유자"·"증자"·"염자"·"민자"에 대해서는 뒤에서 상세하게 고찰할 것이다.

셋째로, 손제자 시대에 《논어》의 원형이 노나라에서 편집되기 시작한 이후 오늘날의 《논어》가 출현하기까지 사이에 추가된 부분이 있을 것이다. 그것은 시간적으로는 전국 말기(기원전 3세기)까지의 100여 년간, 장소는 제나라와 노나라 등에서 몇 번에 걸쳐 부가가 이루어졌을 것이다. 이것을 확실히 논증하기는 매우 힘든 일이지만 상술한 직제자로부터 나온 재료나 손제자 시대의 편집, 더불어 어림짐작에 지나지 않지만 공자 사후부터 전국시대 말까지 유학의 전개사를 개관해 보면 약간의 힌트를 얻을 수 있다고 생각한다.

공자 사후에 제자가 사방으로 흩어졌을 때 노나라 외에 유학을 중요 기반으로 삼은 나라는 위(衛)나라, 다음으로 위(魏)나라, 마지막으로 제나라다. 또 진(陳)과 초(楚)에도 유학이 전파된 것을 《사기》를 바탕으로 추측해 볼 수 있다. 《사기》 〈유림전〉에 의하면 다음과 같다.

공자가 죽은 후부터 70여 제자는 사방의 제후에게 유세하였는데, 그들은 높게는 사부, 경, 상이 되었고, 낮게는 사대부의 친구나 스승이거나, 또 은거하여 나타나지 않는 자들도 있었다. 자로는 위나라에서, 자장은 진나라에서,

담대자우는 초나라에서, 자하는 서하에서 자리를 잡았고, 자공은 제나라에서 일생을 보냈다. 전자방·단간목·오기·금활리 등은 모두 자하 부류의 인물로부터 학문을 전수받아 임금의 스승이 되었다. 이 무렵 유독 위문후(魏文侯)만이 학문을 좋아하였다. 그 후 세상은 진시황(秦始皇)에 이르기까지 점차 쇠퇴하였고 천하는 서로 다투며 전국시대를 이루며 유술(儒術)을 배척했지만, 제와 노 두 나라만은 학자들이 끊이지 않았다. 제나라의 위왕(威王)과 선왕(宣王)의 시대에는 맹자, 순경(荀卿)과 같은 사람들이 모두 공자의 유업을 본받아 윤색함으로써 학문을 당대에 알렸다. ……

自孔子卒後, 七十子之徒, 散游諸侯, 大者爲師傅卿相, 小者友教士大夫, 或隱而不見, 故子路居衛, 子張居陳, 澹臺子羽居楚, 子夏居西河, 子貢終於齊, 如田子方·段干木·吳起·禽滑釐之屬, 皆受業於子夏之倫, 爲王者師, 是時獨魏文侯好學, 後陵遲以至于始皇, 天下并爭於戰國, 儒術旣絀焉, 然齊魯之間, 學者獨不廢也, 於威宣之際, 孟子·荀卿之列, 咸遵夫子之業而潤色之, 以學顯於當世, ……

이 중 위(衛)는 공자 생전부터 관계가 깊은 지역으로 공자는 14년에 걸친 천하유력을 위나라에서 시작해 위나라에서 끝냈다. 따라서 공자의 제자 중 위나라에서 벼슬하는 사람이 많았다고 전해진다.(《공자세가》) 뛰어난 제자 중유(자로)는 공자 만년에 위나라에서 벼슬하다 순직하고, 단목사(자공)는 위나라 출신으로 공자 사후 아마도 애공 26~27년에 잠깐 위나라에서 벼슬을 했다. 또 공자 만년에 입문한 젊은 수재 복상(卜商, 자하)도 위나라 사람이다. 따라서 공자 만년부터 그가 죽을 때까지 노나라 이외 지역 가운데 유교의 전파를 가장 많이 받은 나라는 위나라일 것이다. 그렇지만 위나라는 국가 위세를 끝내 떨치지 못했고 학술로도 천하에 이름을 날리는 데 이르지 못했다. 손제자 시대에 공자의 손자인 자사가 잠깐 위나라로 갔던 일이 있지만〔《맹자》〈이루하(離婁下)〉〕, 결국 위나라는 유학의 중심지였다고 말할 수 없다. 다음으로 진나라는 공자의 젊은 수재 전손(顓孫, 자장)의 고향이다. 출신지와 나이를 볼 때 그가 공자와 우연히 만난 것은 공자가 천하유력 시대 말기에 진·채에서 곤란을 겪고 나서일 것이다. 따라서 직접 공자에게 배운 것은 길어야 6~7년을 넘지 않는다. 그러나 그에 관한 기사가 《논어》에서 21장에 달하고 종횡무진한 재주로 공문의 동료 자리를 석권한 현저한 존재였던 것 같다. 그런 그가 공자 사후에 진나라로 돌아갔기 때문에 진나라에 유학이 전해졌을 것이다. 아무튼 진나라는 오(吳)와 초(楚) 사이에 끼어서 정치 정세가 안정되지 못하고 고통을 겪은 지역으로, 유학의 중심지가 될 수 없었다. 다음으로 담대멸명〔澹臺滅明, 자우(子羽)〕에 의한 유학의 남방 전파가 있다. 그는 노나라 무성(武城) 사람으로 공자 만년의 제자 자유가 무성의 가신이 되었을 때 등용되어 부하로서 활약했다(《논어》〈옹야〉)고 되어 있다. 그러므로 공자에게 나아가 배운 것은 이 시기 이후로, 요컨대 공자 만년의 제자다. 나이는 자유보다 여섯 살 연상이다. 〈제자전〉에 의하면 후에 그는 강남으로 가 300명의 제자를 두었고 제후에게 이름을 떨쳤고, 〈유림전〉에 의하면 위에 소개한 바와 같이 공자가 죽은 후 남방 초나라에 거주했다. 초나라는 역사상으로 춘추 말기부터 전국에 걸쳐 활약한 대국이지만, 당시 강남으로 일컫던 초나라는 문화적으로 뒤처진 벽지였다. 따라서 거기서 담대자우의 활동은 여러 제후가 괄목할 정도로 가치 있는 것이어서 중원문화의 남방 전파에 공헌했다고 생각하지만, 초나라가 갑자기 천하 유학의 중심지가 될 수 있는 상황은 아니었을 것이다.

그런데 이들 위·진·초에 비해 유학의 전개사상 한층 중요한 의미를 지닌 곳은 위(魏)와 제다. 앞서 소개한 《사기》에 의하면 공문에서 '문학'

으로 불린 교양인 자하는 공자 사후 위문후 밑에서 벼슬을 해 서하에 머물며 다수의 인재를 모아 교육했다. 위문후는 당대 제일의 개명군주로 뒷날 전국시대에 이르러 크게 발달한 인재 정치의 창시자다. 그리고 그의 인재 정치는 자하에게 교육받은 다수의 문화인이 그 일익을 담당했던 것 같다. 따라서 위는 노나라가 유학의 고향이라는 것과는 다른 의미에서 한때 천하 학술의 중심지였다. 그러나 그 성대함은 위문후 대에서 끝나고 머지않아 제나라의 직하가 이를 대신하게 된다. 맹자와 순자가 유람한 곳도 이곳이지만 그것은 이미 공자 사후 100년이 흐른 나중의 일이다. 생각건대 제나라는 노나라에 인접한 대국으로 춘추, 전국시대를 통해 천하에 중요하게 여겨졌고, 공자도 장년기에 이곳에서 수년간 유학한 일이 있다. 공자의 제자 가운데 몇몇은 제나라 사람이다. 그러나 노와 제는 인접한 사실만으로 깊고도 미묘한 관계였고, 천하유력 이후 사망하는 해에 이르기까지 20년간 공자와 제나라와의 관계가 각별했던 것은 아니다. 생각건대 공자 만년에 완성된 유학이 제나라에 전파된 때는 아마도 천하의 정계·외교계에서 종횡으로 활약한 공문의 탁월한 제자 자하가 만년을 제에서 지낸 시기일 것이다. 마침 당시는 노나라에서 손제자들에 의해 이미 《논어》 최초의 편집이 시도된 무렵이라고 본다. 그리고 드디어 제나라가 천하 학술의 중심지가 될 기운을 맞이한 것은 그보다 다시 한두 세대, 즉 수십 년 뒤인 맹자 시기부터일 것이다. 그렇다면 한나라 초기 《제론》이 존재하는 일로부터 역으로 추리해서 설령 《논어》의 편집이 제나라에서도 행해졌을지 모른다고 상상할 수 있지만, 그것은 노나라에서 손제자에 의한 편집보다도 뒤진 일이라고 볼 수밖에 없다.

　그런데 한대에서 《노론》·《제론》·《고론》의 삼론은 결국 하나의 《논어》의 세 이본인 것으로 보인다. 환원하자면, 삼자 간에 상호 공통성을 지니지 않았던 이질의 자료를 모은 세 개의 공문 언행록은 아니고 물론 편차(篇次)·편폭(篇幅)·자구 같은 말단에서 차이가 있지만 내용의 큰 줄기는 삼자가 다르지 않은, 세 이본이었을 것이다. 그렇게 본다면 세 개의 이본의 전제인 한 개의 《논어》는 어떻게 해서 나타났을까? 이에 대해서는 두 가지로 고찰해 볼 수 있다.

a 한 개의 《논어》는 손제자 시대에 노나라에서 편집되기 시작된 공문 언행록이 그 원류다. 그것은 미완의 《논어》였지만 노나라에서 전송되는 것과 더불어 후에 제나라에도 전해져 전송되었다. 그리고 각각의 지역에서 몇 번에 걸쳐 새로운 자료가 부가되고 일면 노·제의 문화 교류에 의해 어느 정도 양자의 텍스트가 혼합·절충되었을 것이다. 따라서 어찌 되었든 노·제 두 지역에서 한 개의 《논어》가 형성되는 과정에서 두 개의 이본이 발생했을 것이다. 노나라에서도 텍스트가 반드시 통일되어 있었을 까닭은 없다. 이렇게 두 개의 이본이 발생한 것이 《노론》과 《고론》의 원류일 것이다.

b 《논어》의 발생은 일원적인 것은 아니고 다원적이었을지 모른다. 최초의 편집은 노나라에서 행해졌다고 해도 노나라 지역에서도 각종 편집이 서로 전후해서 생겼을지 모르고, 노나라보다는 후에 제나라에서도 여러 가지 공문 언행록의 편집이 발생했을지 모른다. 《논형》〈정설〉편에 "공자의 제자들이 받은 가르침을 기록하는 시기가 매우 길어 모두 수백 편이 되었다"로 적혀 있는 것은 이런 일을 일컫는다. 그리고 세월의 흐름에 따라 그것들이 여러 번 통합되고 때로는 제·노의 문화 교류에 의해 두 지역의 텍스트가 혼합·절충되었을 것이다. 그리고 결국 그 결과가 한 초의 삼론의 존재다.

이 두 가지 고찰 방식 중 어느 쪽이 진실에 가까울지는 이후의 연구로 남겨룰 수밖에 없다. 어느 쪽이든 늦어도 전국시대 말에는 각종 이본을 지닌 한 개의 《논어》가 대강 완성되었을 것이다. 노나라에서의 최초 편집으로부터 여기에 이르기까지 100여 년간에 제나라와 노나라 각지에서 몇 번에 걸쳐 새로운 자료가 덧붙여져 보충되었을 테지만, 그 자료도 여러 종류가 있었을 것이다. 이에 대해서는 뒤에서 차츰 논하기로 하자. 여기서는 일단 크게 세 가지만 지적하고자 한다.

1. 공문 이외의 세간에서 전해지는 공자 및 그 주변에 관한 전문. 이것도 여러 종류가 있지만, 지금은 서술하지 않는다. 예를 들면 정치가와 공자의 문답에서 직제자는 직접적으로 알지 못할 터인, "공자왈"이라고 말하는 방식을 취했던 것이 대부분 이에 속한다.
2. 비교적 긴 문장으로 상세하게 사정을 밝힌 문답과 정경의 묘사가 있고, 다분히 설화적인 구성을 거치는 것으로 보이는 것. 예를 들면 〈선진〉편 끝 장 같은 것이다. 이런 종류는 70명 후학의 추사(追思)와 상상에서 생겨난 허구에 기초한 것이 많을 것이다.
3. 70명 후학 사이에 오래 전송되어 오던 말이 전해진 것으로 공자와 직제자들의 말은 아니기 때문에 일견 언행록과 무관해 보이지만, 공자와 직제자 시대 때부터 전해온 오랜 전승이라고 생각되는 것. 예를 들면 〈계씨〉편 마지막 장의 "임금의 아내를 임금이 부를 때는 부인이라고 하고"나 〈미자〉편의 "태사지는 제나라로 가고"와 같은 것으로 《논어》에서 여러 장을 열거할 수 있다.

이상 서술한 바는 현재 내가 천착하고 있는 《논어》의 성립에 관한 기초적인 고찰 방식의 일부로, 구체적인 세부 연구를 진척하다 보면 얼마든지 수정될 가정(假定)이다. 그러나 그것만으로 〈학이〉편에 대한 내 연구의 실마리가 되고 판단의 척도로 삼기에 충분하다.

이와 관련하여 이 견해에서 보면 《논어》를 구성하는 자료는 대체로 다음 5종이다.

i. 직제자로부터 나온 자료—손제자가 편집
ii. 손제자 혹은 3전 이하의 제자로부터 나온 자료—"유자왈"·"증자왈"의 종류도 여기에 속한다.
iii. 공문 이외의 세간에서 전해진 공문에 관한 전문
iv. 70명 후학 사이에 발생한 선사선현(先師先賢)에 관한 설화 전설
v. 70명 후학 사이에 전송되어 오던 선현사유(先賢師儒) 이래의 지식

2

《논어》의 500에 가까운 장 가운데는 다수의 직제자의 이름이 보이고, 그들은 대체로 자(字, 별명)로 불린다. 그런데 그냥 노나라에 있었던 직제자 유약·증삼·염옹 혹은 염구·민손만은 "유자"·"증자"·"염자"·"민자"로 불리는 장이 있는데, 그 수가 모두 20장에 달한다. 그리고 〈학이〉편에서는 전체 16장 중 "유자왈"이 3장, "증자왈"이 2장이다. 이 사실이 무엇을 의미하는지를 해명하는 것은 〈학이〉편의 성격을 이해하는 데 도움이 될 것이다.

대체로 이미 서술한 바와 같이 《논어》의 주요 부분은 직제자로부터 나온 자료로, 그것을 모아 정리하고 기록한 이가 손제자였다고 한다면, 손제자가 자신의 스승인 직제자를 부를 때 스승을 부르는 방식을 따라 모자(某子)라고 한 것은 당연하다. 그러나 《논어》에서 직제자를 부르는 방식은

동료로서 자(字)로 부르는 방식이 압도적으로 많이 쓰였다. 이 사실은 손제자는 직제자로부터 나온 자료의 전송을 존중하여 직제자 이래 전송되어 온 말을 그대로 기록했음을 의미한다. 단 이때, 손제자가 이 전송 중에는 없는 자신의 스승의 언행을 보충하는 경우에는 당연히 자신의 스승을 모자(某子)로 부르지 자(字)로 부르지는 않았을 것이다. "유자"·"증자"·"염자"·"민자"는 필경 그 경우에 해당한다. 그렇다면 직제자로부터 나온 자료를 모아 정리하고 기록한 손제자는 단지 유약·증삼·염옹 혹은 염구·민손 등의 제자들만은 아니었겠으나, 자신의 스승의 언행을 직제자 이래의 자료에 더해 편집·기술한 것은 그들뿐이었다는 말이 된다. 어떤 이유로 그렇게 되었는가를 어림짐작할 바는 아니지만 그들이 《논어》 최초의 편집에서 결정적인 힘을 행사했다고 가정하면, 일단 해소할 수 있는 의문이다.

그렇다고 해도 다음 사실은 주목해야 한다. 우선 증삼의 언행이 《논어》에서 보이는 것은 공자의 말인 "삼은 노둔하다"(〈선진〉)는 것 외에 14장에 이르지만 모두 "증자"로 불리지 "자여(子輿, 증삼의 자)"로 불리지 않는다. 그리고 이 14장 가운데 공자와의 응답은 단지 다음 1장뿐이다.

    ○ 선생님께서 말씀하셨다. "삼아, 나의 도는 하나의 원리로 꿰뚫고 있다." 증자가 말하였다. "그렇습니다." 선생님께서 나가시자, 문인들이 "무슨 말씀입니까?" 하고 물으니, 증자가 대답하셨다. "선생님의 도는 충(忠)과 서(恕)일 뿐이다."

    子曰, "參乎, 吾道一以貫之." 曾子曰, "唯." 子出, 門人問曰, "何謂也." 曾子曰, "夫子之道, 忠恕而已矣."(〈이인〉)

그럼에도 여기서는 "문인(門人)"이 있고 만약 이들이 증자의 문인이라고 한다면 손제자가 등장한 것이다. 또 〈태백〉편에 다음과 같은 예가 있다.

○ 증자가 병이 위중하자, 제자들을 불러 말씀하였다. ……

曾子有疾, 召門弟子曰, ……

○ 증자가 병환이 있자, 맹경자가 문병을 왔다. 증자가 말씀하였다. ……

曾子有疾, 孟敬子問之, 曾子言曰, ……

이 예들은 모두 임종 때의 유언으로 전자는 문인의 제자에, 후자는 노나라 대부에 대한 것이다. 또 〈자장〉편에는 다음과 같이 되어 있다.

○ 맹씨가 양부를 사사로 임명하자, 〔양부가〕 증자에게 〔옥사 처리에 관하여〕 물으니, 증자가 다음과 같이 말씀하였다. ……

孟氏使陽膚爲士師, 問於曾子, 曾子曰, ……

양부는 증삼의 제자다. 이 외에 〈학이〉편의 2장·〈태백〉편의 3장·〈안연〉편 및 〈헌문〉편의 각 1장·〈자장〉편의 3장은 모두 "증자왈"을 관례로 삼은 증삼의 말로, 결국 14장 모두가 직제자의 소전(所傳)이 아니라 증삼문류의 소전으로 보인다.

　유약에 대해서는 《논어》의 4장에 그 언행이 보인다. 그중 〈학이〉편의 3장은 어느 것이나 "유자왈"을 관례로 삼고 있는 교훈의 말이지만, 〈안연〉편의 1장만은 "유자"가 아니라 "유약"으로 불리고 있다.

○ 애공이 유약에게 물었다. "해마다 흉년이 들어서 재용이 부족하니, 어찌하

겠는가?" 유약이 대답하였다. "어찌하여 철법(徹法)을 쓰지 않습니까?" 애공이 말하였다. "10분의 2도 내 오히려 부족하니, 어떻게 철법을 쓰겠는가?" 유약이 대답하였다. "백성이 풍족하면 임금께서 누구와 더불어 부족하실 것이며, 백성이 풍족하지 못하다면 임금께서 누구와 더불어 풍족하시겠습니까?"

哀公問於有若曰, "年饑, 用不足, 如之何." 有若對曰, "盍徹乎." 曰, "二, 吾猶不足, 如之何其徹也." 對曰, "百姓足, 君孰與不足, 百姓不足, 君孰與足."

생각건대 〈학이〉편의 3장은 유약의 제자의 소전이지만 〈안연〉편의 1장만은 공문 외의 세간의 소전을 채용한 것일 테다.

다음으로 《논어》에 "염자"라고 부르는 방식을 따른 기사가 2장 있다.

○ 자화가 〔공자를 위하여〕 제나라에 심부름을 가자, 염자가 그의 어머니를 위해 곡식을 줄 것을 요청하니, 선생님께서 "부를 주어라" 하셨다. 더 줄 것을 요청하자, 선생님께서 "유를 주어라" 하셨는데, 이보다 많은 5병을 주었다. 선생님께서 말씀하셨다. "적이 제나라에 갈 때에 살찐 말을 타고 가벼운 갖옷을 입었다. 내가 들으니, '군자는 궁박한 자를 돌봐주고 부유한 자를 계속 대주지 않는다' 하였다."

子華使於齊, 冉子爲其母請粟, 子曰, "與之釜." 請益, 曰, "與之庾." 冉子與之粟五秉, 子曰, "赤之適齊也, 乘肥馬, 衣輕裘. 吾聞之也, '君子周急不繼富.'"(《옹야》)

○ 염자가 조정에서 물러 나오자, 선생님께서 "어찌하여 늦었는가?" 하고 물으셨다. 대답하기를 "국정(國政)이 있어서였습니다" 하자, 선생님께서 말씀하셨다. "그것은 대부의 집안일이었을 것이다. 만일 국정이었다면 비록 나를 써주지는 않으나 내가 참여하여 들었을 것이다."

冉子退朝, 子曰, "何晏也." 對曰, "有政." 子曰, "其事也, 如有政, 雖不吾以, 吾其
與聞之."(〈자로〉)

이 2장에서 "염자"는 실은 염옹인지 아니면 염구인지 명확하지 않다. 염
옹(자는 중궁)은 〈선진〉편에서 안연·민자건·염백우와 나란히 덕행으로 열
거된 인격자이지만, 염구(자는 자유)는 〈선진〉편에서 계로와 더불어 정사
의 재주를 지닌 것으로 불리고 있고 또 "구는 재능이 많다(求也藝)"(〈옹야〉),
"염구의 재주(冉求之藝)"(〈헌문〉) 등으로 언급된 재인이다. 그러나 둘 다 노나
라 사람이고 함께 계씨의 가신이 된 일이 있고, 나이는 염구가 〈제자전〉
에 의하면 "공자보다 29세 어리다"고 되어 있는 것에 비해 염옹은 〈제자
전〉의 《색은》에서 《가어》를 인용한 바에 의하면 "백우의 종족으로 공자
보다 29세 어리다(伯牛之宗族, 少孔子二十九年)"라고 되어 있어 대단히 혼동하
기 쉽다. 그래서 위 2장도 누구라고 단정하기 어렵지만, 염옹은 온아한 군
자로서 공자의 후원을 받았던 데 비해 염구는 재능을 인정받으면서 때때
로 공자의 주의와 질책을 받은 기사가 있다(예를 들어 〈팔일〉 6, 〈옹야〉 10, 〈선
진〉 16, 〈계씨〉 1 등). 그런데 위 2조의 "염구"도 주의와 질책을 받은 예에 가
깝다. 어쨌든 《논어》에서 보이는 염옹의 기사는 위의 "염자" 2장 외에 6장
이 있다. 즉 〈옹야〉편 1·4, 〈공야장〉편 4, 〈선진〉편 2, 〈안연〉편 2, 〈자
로〉편 2로 거기서는 모두 "옹(雍)" 혹은 "중궁"으로 불린다. 그리고 그것들
모두 기술 방식으로 볼 때 직제자의 소전으로 보아도 좋을 것이다. 이에
대해 염구의 언행이 《논어》에서 보이는 것은 위의 "염자" 2장 외에 14장
에 걸쳐 있다. 즉 〈팔일〉 6, 〈공야장〉 7, 〈옹야〉 6·10, 〈술이〉 14, 〈선
진〉 2·12·16·21·23·25, 〈자로〉 9, 〈헌문〉 13, 〈계씨〉 1이다. 거기서는
"구"·"염구"·"염유" 등으로 불리지만, 다루는 재료는 각종의 것을 포함한

모양새다. 여기서는 일일이 원문을 들어 자세히 논하지 않겠지만 내 견해의 대체를 말하자면, 우선 〈선진〉편 25는 허구를 섞어 구성했다고 할 만큼 아름다운 이야기로, 공문의 분위기를 잘 묘사하고 있지만 그 자체가 역사적 사실은 아닐 것이다. 단, "자로"·"증석"·"염유"·"공서화"·"자왈" 등의 말하는 방법으로 볼 때 직제자로부터 어떤 전문을 소재 삼거나 참고하여 구성한 이야기로 작자는 공문 밖의 세간 사람이 아니라 손제자보다 이후의 70명 제자의 후학에 속하는 누군가일 것이다. 다음으로 〈계씨〉편 1의 계씨가 전유를 정벌하려고 했을 때의 말은 결국 상상을 섞어 상세한 사정을 밝힌 대화로 구성된 것일 테다. 그리고 이 사건은 공문의 염유·계로와 공문 밖 계씨의 관계에서 생겼던 것이고 또 "공자왈"이라고 말하는 방법으로 볼 때 공문 밖의 세간에서 말로 전했던 대화를 뒤에 《논어》에 도입한 것일 테다. 다음으로 〈선진〉편 12는 "민자는 옆에서 모시는데 은은(誾誾, 온화)하였고"라고 시작하는 것으로 보아 민손의 제자의 소전일 것이다. 또 공자가 어떤 특정한 정치가로부터 질문을 받고 어떤 사람의 제자를 들어 추천·응답하는 기사가 있다. 〈공야장〉편 7, 〈옹야〉편 6, 〈선진〉편 23 등인데, 이것들은 회화의 특징상 특정 직제자가 직접 견문한 것은 아닐 터여서 직접 알고 있는 것은 공자와 마주한 정치가뿐이다. 따라서 공자 자신이 말한 게 아닌 이상 정치가 측에서 세간에 흘린 소문에 기초하여 상상을 보태 전해진 지식일 것이다. 따라서 그 소문은 최초에 공문 밖의 세간에서 발생하여 그것이 이윽고 공문 사람들에게도 채용되어 정리·전송되었기 때문에 직제자로부터의 전문과 닮은 형식을 취한 것이리라. 이상 지적한 것 외의 것은 대체로 직제자로부터 나온 전문으로 보아도 좋을 것이다.

다음으로 민손에 대해서는 〈선진〉편에 안연·염백우·중궁 등과 함께 덕행에 속하는 것으로 분류되고 있는 것 외에 그의 언행을 전한 4장이 있다. 그중 〈선진〉편 1에서만 "민자"라고 부르고 있다.

> ○ 민자는 옆에서 모시는데 은은(誾誾, 온화)하였고, 자로는 항항(行行, 굳셈)하
> 였고, 염유·자공은 간간(侃侃, 강직)하니, 선생님께서 즐거워하셨다. 〔그리
> 고 말씀하셨다.〕 "유(由, 자로)로 말하면 온당한 죽음을 얻지 못할 듯하구나."
>
> 閔子侍側, 誾誾如也, 子路行行如也, 冉有·子貢侃侃如也, 子樂, "若由也, 不得其
> 死然."〈선진〉

이것은 아마 민손의 제자로부터 나온 자료에 기초했을 것이다. 그 밖의
나머지 3장은 〈옹야〉편 7, 〈선진〉편 4·13으로 거기서는 어느 것이나 "민
자건"으로 불리고 있다. 이것들은 직제자로부터 나온 자료가 바탕이 되었
을 것이다.

이상 서술한 바에 의해 다음 두 가지 점을 확인했다.

1. 손제자 중에 자기 스승의 언행을 《논어》에 보충한 이는 유약·증삼·염옹 혹
   은 염구·민손의 무리뿐으로 그 기록은 모두 20장에 달한다.
2. 이 20장 중 "증자"가 14장을 점하고 그것은 《논어》에서 거의가 증삼에 관한
   기록이다. 그다음으로 "유자"가 3장을 점하고 별도로 "유약"이라 불리는 것
   이 1장 있다. "염자"는 2장으로 별도로 염옹의 언행을 보여주는 기사가 6장,
   염구의 그것이 14장, "민자"는 단지 1장뿐으로 별도로 민자건으로 불리는 것
   이 3장 있다.

이 사실은 《논어》 편집에 한해서이긴 하지만, 손제자들 중에서 노나라에
있었던 유자·증자·염자·민자 등의 무리가 점하는 위치와 상호 비중을

보여줄 터다. 그러므로 한 걸음 더 나아가 이를 고찰해 보자.

생각건대 증삼, 즉 자여(子輿, 증삼의 자)는 노나라 남무성 사람으로 공자보다 46세 연하이고 자하·자유·자장과 나이가 비슷한데 공자 만년에 입문한 젊은 수재 가운데 한 사람이다. 《논어》에 보이는 그의 언행 14장은 일종의 기백으로 충만해 말과 행동에서 모남이 없고 효제충신(孝弟忠信)을 존중하는 돈후한 풍이 있을 뿐 정치적 야심은 전혀 없다. "삼은 노둔하다" 《선진》라는 공자의 평가를 받은 것처럼 재주와 기예의 예봉을 밖으로 드러내지 않았지만, 감화력 있는 교육자로서 다수의 제자를 양성했던 것 같다. 그의 제자로 공자의 손자인 자사가 있고 자사의 계통에서 맹자가 출현한 사실, 또 후대에 《효경(孝經)》의 연원으로 추중되는 사실은 그가 교육자로서 탁월했음을 보여준다. 그러나 나이로 본다면 그가 양성한 제자들이 자립하여 노나라의 유학을 담당한 것은 공자 사후 얼마간의 세월이 흐르고 나서일 것이다.

유약, 민손, 염옹, 염구 등은 증삼보다 훨씬 연장자다. 〈제자전〉 등을 참고하여 계산해 보면 유약은 증삼보다 33세, 민손은 31세, 염옹과 염구는 17세 연장자다. 따라서 공자가 죽었을 때 유약은 이미 60~61세였다. 《맹자》〈등문공상〉편에 당시의 사정을 다음과 같이 기록하고 있는 것은 인상적이다.

옛날에 공자께서 돌아가시자, 3년이 지난 후 문인들이 모두 짐을 정리해서 장차 고향으로 돌아가려 할 적에, 자공의 처소에 들어가서 읍하고 서로 마주 보며 곡했는데 모두가 목이 쉰 후에 돌아갔다. 자공은 스승의 묘가 있는 곳에 가서 여막을 짓고 홀로 3년을 지낸 후에 돌아갔다. 훗날 자하와 자장, 자유는 유약이 공자를 닮았다면서 공자를 섬기던 예로써 그를 섬기자고 증자에게 요구했다. 그러자 증자가 말씀하시기를 "그럴 수 없다. 선생님의 덕은 장강과 한수의 물로 씻은 듯하고 가을볕에 쪼인 듯해서 더할 나위 없이 깨끗하다" 하셨다.

昔者孔子沒, 三年之外, 門人治任將歸, 入揖於子貢, 相向而哭, 皆失聲, 然後歸, 子貢反, 築室於場, 獨居三年, 然後歸, 他日, 子夏・子張・子游, 以有若似聖人, 欲以所事孔子事之, 彊曾子, 曾子曰, "不可, 江漢以濯之, 秋陽以暴之, 皜皜乎不可尙已."

생각건대 유약은 당시 직제자 가운데 장로였으며 《논어》에 보이는 그는 언행에 모남이 없는 온아한 군자의 풍이 있다. 자하・자유・자장 등이 이때 그를 떠받들려고 한 것은 그의 용모나 태도가 공자와 유사했기 때문이라고 맹자는 말하고 있다. 자하・자유・자장 3인은 당시 각각 29~30세, 28~29세, 25~26세로 공문의 장래를 짊어질 젊은 준재들로 실제로 각각 독자적인 방향으로 나아가 재능을 발휘했다. 대체로 세 사람은 서로 성격이 달라 의견도 꼭 일치하지 않았지만(예를 들면 《논어》〈자장〉편에 자유와 자하가 서로 비판하는 한 조목, 자유가 자장을 비판한 한 조목, 자장이 자하 문인의 질문을 접하고 자장을 비판한 한 조목 등이 있다) 그들이 공자의 죽음에 조우하여 후사 운영의 문제에 당면했을 때, 현존하는 선배 가운데 유약이 최고 장로이기도 하고 인물이 원만하고 용모와 태도가 공자와 유사하다는 이유로 급히 그를 학원의 중심인물로 추대하여, 말하자면 어느 정도는 로봇을 세워 제자의 분산을 막아보자는 데 의견의 일치를 보았을 것이다. 이것은 어디까지나 비상시의 잠정적 조치다. 그러나 용모와 태도가 공자와 유사하다는 외형적 풍채를 중요시한 점은 세 사람에게 공통적인 성질과 서로 대응하는 면이 있다. 그런데 세 사람과 거의 동년배로 외형보다는 내면을 중시하는 증삼은 세 사람에 대항할 정도의 실력도 있었다. 게다가 세 사람은 노나라 사람이 아니고 장래 반드시 노나라에 영구히 머물 것을 고려하지도 않았을 테지만, 증삼은 노나라 사람으로 부자가 모두 공자를 모셨고 또 계속해서 노나라에 머물면서 공문의 전통을 유지할 책임과 포부를 지니고 있었을 것이다. 그리고 그는 내면의 본질이라는 관점에서 볼 때 유약이 도저히 공자에 미치지 못한다는 것을 알았기 때문에 반대한 것으로 보인다. 그러므로 증삼이 이때 유약 추대에 반대한 것은 학원 운영에 대한 세 사람의 잠정적인 정책에 반대한 것으로, 반드시 유약과의 대립을 의미하지는 않는다. 무엇보다 당시 유약 및 증삼의 처지나 자세한 감정에 대해서 지금은 상상할 바가 아니지만, 당시 증삼은 나이가 채 30도 되지 않아 유약과는 33세나 차이가 나는 점을 고려한다면, 노나라 지역의 유학에 관한 한 처음에는 자연히 유약이 중심이고 게다가 민손과 염옹 및 염구 등도 존재했다. 그러나 세대가 교체됨에 따라 점차 교학의 중심이 증삼 및 그 무리로 옮아간 실정이었을 것이다.

유약·민손·염옹·염구·증삼은 나이 차가 상당히 나기 때문에 일률적으로 손제자라고 말해도 그들 각각의 제자의 평균 연령에는 상당한 격차가 있었을 가능성이 충분하다. 따라서 〈학이〉편 중에 "유자왈"과 "증자왈"이 공존하는 것을 근거로 유자의 제자와 증자의 제자의 공동 편집이라고 하기에는 무리가 있다. 그보다는 편집자는 증자의 제자이고 편집할 즈음에 직제자 이래의 전송과 더불어 유자 제자의 소전도 채용했다고 보는 편이 자연스럽다.

3

이상으로 《논어》의 성립에 대해 사견을 일부 개진했다. 그래서 이상의 것을 전제로 하여 이제 〈학이〉편을 자세히 들여다보고자 한다. 그런데 〈학이〉편은 16장으로 구성되어 있다. 각 장의 내용은 어떤 의미에서는 각종의 잡다한 학문의 일, 효제의 일, 군자의 일, 정치의 일 등을 조금씩 시점을 변경해 서술한 말이 어수선하게 모여 있고 장의 순서도 필연성이 발견되지는 않는다. 그러나 오늘날 이 편을 반복해서 음미하여 읽다 보면 결국 거기에 약간의 특색이 있다는 사실을 발견할 수 있는데, 그것을 실마리 삼아 이 편의 성립 사정을 어느 정도 상상하는 것도 가능할 것이다. 이하에서 그것을 시도해 보자.

우선 첫째로 1과 마지막 장인 16과의 사이에 어떤 종류의 조응이 존재하는 것에 주목해야 한다. 본문을 열거해 비교해 보면(이하 아라비아 숫자는 장 번호를 표시한다) 다음과 같다.

1. 선생님께서 말씀하셨다. "배우고 그것을 때때로 익히면 기쁘지 않겠는가. 동지가 먼 지방으로부터 찾아온다면 즐겁지 않겠는가. 사람들이 알아주지 않더라도 서운해하지 않는다면 군자가 아니겠는가."

子曰, "學而時習之, 不亦說乎, 有朋自遠方來, 不亦樂乎, 人不知而不慍, 不亦君子乎."

16. 선생님께서 말씀하셨다. "남이 자신을 알아주지 못함을 걱정하지 말고, 내가 남을 알지 못함을 걱정해야 한다."

子曰, "不患人之不己知, 患不知人也."

이 1 끝의 "사람들이 알아주지 않더라도 서운해하지 않는다면 군자가 아니겠는가"와 16의 "남이 자신을 알아주지 못함을 걱정하지 말고, 내가 남을 알지 못함을 걱정해야 한다"는 같은 마음자세를 표현한 서로 대응하는 말이다. 그리고 그것은 1에 의하면 "군자가 아니겠는가" 즉 그것이 군자의 태도라는 것이다. 대체로 1에서는 "배우고 그것을 때때로 익히면 기쁘지 않겠는가. 동지가 먼 지방으로부터 찾아온다면 즐겁지 않겠는가. 사람들이 알아주지 않더라도 서운해하지 않는다면 군자가 아니겠는가" 세 개가 어우러진 구형으로 운율을 잘 서술하고 있고 전체가 하나로 이어지는 문장을 이루지만, "배우고 그것을 때때로 익히면 기쁘지 않겠는가"와 "동지가 먼 지방으로부터 찾아온다면 즐겁지 않겠는가" 그리고 "사람들이 알아주지 않더라도 서운해하지 않는다면 군자가 아니겠는가"는 서로 이론적으로 반드시 연관이 있지는 않은 별개의 세 가지 일로, 그것들을 한데 모아서 하나의 문장으로 만들었다. 이것은 이토 진사이가 《논어고의》(〈학이〉편 8의 조)에서 "대체로 《논어》 각각의 장은 한때의 대화를 그대로 기록한 경우가 있고, 또는 서로 다른 날에 이루어진 대화를 한데 모아 기록한 경우도 있고, 몇 가지 대화를 편집하여 한 장으로 만든 경우도 있다"고 지적한 견해를 적용해 보면, 다른 때에 발언한 세 종류의 공자의 말을 누군가가 모아서 어구를 가지런히 해 한 문장으로 만들었다고도 할 수 있다. 아니면 결국 공자의 어떤 한때의 말일지도 모른다. 어쨌든 이 세 개가 서로 대등하게 열거되고 게다가 "기쁘지 않겠는가"·"즐겁지 않겠는가"·"군자가 아니겠는가"라는 거듭 동의를 구하는 설득 방식의 서술은 젊은 학도들에게 학문에 힘쓰는 일의 기쁨, 벗과 교제하는 일의 즐거움, 세간의 경박한 평가에 동요하지 않는 태도의 훌륭함을 훈시하고 장려하기 위한 것처럼 보인다. 그리고 최후의 2구 "사람들이 알아주지 않더라도 서운해하지 않는다면 군자가 아니겠는가"는 공문 학교의 교육 목적이 군자의 양성이고, 공문의 학이 군자학이었다는 점을 생각한다면 이 훈시의 중점이 여기에 관련되어 있다는 것이 느껴진다. 게다가 그것이 16과 수미일관하게 대응하기 때문에, 지금 만약에 이것만으로 추측한다면 〈학이〉편에는 공문의 학생에 대한 훈시와 주의를 모은 게 아닐까 하는 의문과 기대가 생긴다.

둘째로, 〈학이〉편 가운데 공자 만년의 학교의 학규·훈시 등으로 봐도 타당한 말이 다수 존재한다는 점에 주목해야 한다.

공자가 만년에 교육에 헌신하고자 노나라에서 연 학교는 군자 양성을 목적으로 한 사립학교였다. 말하자면 군자학의 도량이었다. 그런데 그 학교의 학칙으로 보더라도 부자연스럽지 않은 것이 〈학이〉편 6이다.

> 6. 선생님께서 말씀하셨다. "제자가 들어가서는 효하고 나와서는 공손하며, 행실을 삼가고 말을 성실하게 하며, 널리 사람들을 사랑하되 인한 이를 친히 해야 하니, 이것을 행하고 여력이 있으면 글을 배워야 한다."
>
> 子曰, "弟子入則孝, 出則弟, 謹而信, 汎愛衆而親仁, 行有餘力, 則以學文."

이 글은 "제자"라고 하여 특정 인물이 아니라 제자 일반을 향한 가르침의 형태를 띤다. 그리고 이 글에서는 "제자가 들어가서는 효하고, 나와서는 공손하며, 행실을 삼가고 말을 성실하게 하며, 널리 사람들을 사랑하되 인한 이를 친히 해야 하니, 이것을 행하고 여력이 있으면 글을 배워야 한다"는 5개 조가 열거되어 있는데, 이것은 공자가 제자의 바른 마음가짐을 5개 조로 모아 훈시했던 것이리라. 가정에서는 부모를 소중히 여기는 것, 가정 밖에서는 연장자를 잘 섬기는 것, 무슨 일에서든 신중하고 성실할 것, 누구에게나 애정을 갖고 대하고 특히 마음이 따뜻한 사람과 친밀하게 지내는 것, 이 일에 힘을 쓴 다음에 여력이 있으면 문헌을 배우는 것이 공자 학교의 학칙이었다면, 거기서 가르치고 연구한 학문은 단순히 "글을 배우는 것"이 아니고 문학은 군자학의 일부에 지나지 않는다. 아마도 문학은 군자학 중 기초 과정은 아니고 교양의 연마를 대가로 한 상급 과정에 속했을 것이다. 〈술이〉편에 의하면 "선생님께서는 네 가지로써 가르치셨으니, 문·행·충·신이었다"고 되어 있지만 이 "문"은 〈학이〉편의 "학문"과 동일한 것으로, 그 내용을 지금 자세히 논하지는 않겠지만 시·서·예·악의 4과를 포함한 것이리라. 그렇다면 〈술이〉편에서 말한 "행"은 무엇인가. 생활의 올바른 실천으로 〈학이〉편의 "제자가 들어가서는 효하고 나와서는 공손하며, 행실을 삼가고 말을 성실하게 하며, 널리 사람들을 사랑하되 인한 이를 친히 해야 하니", 즉 효·제·인 등에 해당하고 〈술이〉편의 "충·신"은 매사 마음의 준비로서 자신에게나 타인에게 성실할 것, 즉 〈학이〉편 6의 "행실을 삼가고 말을 성실하게 하며"에 해당하리라. 그러므로 "배움을 좋아한다"고 말하려면 이 〈술이〉편의 "문·행·충·신" 전체, 즉 〈학이〉편 6의 "제자가 들어가서는 효하고 나와서는 공손하며"로부터 "이것을 행하고 여력이 있으면 글을 배워야 한다"의 모두에 열심이어야 하며, 그 열심의 구체적인 내용은 〈학이〉편 14에 다음과 같이 제시되어 있다.

> 14. 선생님께서 말씀하셨다. "군자는 먹음에 배부름을 구하지 않으며, 거처할 때에 편안함을 구하지 않으며, 일을 민첩히 하고 말을 삼가며, 도가 있는 이에게 찾아가서 질정(質正)한다면 학문을 좋아한다고 이를 만하다."
>
> 子曰, "君子食無求飽, 居無求安, 敏於事而愼於言, 就有道而正焉, 可謂好學也已."

이것도 어떤 특정한 제자를 향한 대기설법(對機說法)이 아니라 공자 학교에서 인간 형성의 이상인 "군자"가 되기 위한 정진을 일반적으로 제시하고 나서 "먹음에 배부름을 구하지 않으며, 거처할 때에 편안함을 구하지 않으며, 일을 민첩히 하고 말을 삼가며, 도가 있는 이에게 찾아가서 질정한다" 등을 열거했다. 이것은 학칙은 아닐지라도 학생에게 하는 훈시로서는 적절할 것이다.

다음으로 주목해야 할 것은 8이다. 공자 학교의 목표가 군자 양성이고, 따라서 이 학교에서 인간 형성의 이상형이 군자였다면, 군자라는 인간상에 대해 마땅히 무언가 구체적인 지시가 있어야 할 것이다. 8의 말이 마침 이에 해당한다.

> 8. 선생님께서 말씀하셨다. "군자가 후중하지 않으면 위엄이 없으니, 학문도 견고하지 못하다. 충신을 주장하며, 자기만 못한 자를 벗 삼으려 하지 말고, 허물이 있으면 고치기를 꺼려하지 말아야 한다."
>
> 子曰, "君子不重則不威, 學則不固, 主忠信, 無友不如己者, 過則勿憚改."

군자다운 것은 사람들로부터 경시되지 않도록 중후해야 한다, 고루해지지 않도록 학식을 지녀야 한다, 무슨 일에나 성실해야 한다, 시시한 사람과 교제하지 않아야 한다, 과오를 범하면 즉시 고칠 용기와 겸허함을 지녀야 한다, 이런 것들이다. 이것의 일부 혹은 이것과 유사한 어구는 《논어》에 산재해 있는데, 공자의 교훈으로서 문하에 널리 전해진 말임에 틀림없다. 이것을 이런 형식으로 한데 모아 서술한 것은 그것이 공자 자신이었다고 해도 또 후인이었다고 해도 어찌 되었든 공자 학교 혹은 그 전통을 계승한 노나라 공문의 학교에서 학생에게 제시하고 기대하던 인간상이었기 때문이라고 해도 부자연스럽지 않다.

다음으로 주목하고 싶은 것은 5다.

> 5. 선생님께서 말씀하셨다. "천승의 나라를 다스리되 일을 공경하고 믿게 하

며 쓰기를 절도 있게 하고 백성을 사랑하며, 백성을 부리기를 때에 하여야 한다.”

子曰, “道千乘之國, 敬事而信, 節用而愛人, 使民以時.”

이것은 일견 학교의 학칙이나 훈시와 무관해 보이지만 생각해 보면 꼭 그렇지만도 않다. 생각건대 공자 학교의 목표는 군자 양성이었지만, 군자란 학문이나 인격이 민중보다 탁월한 사회의 엘리트로 당연히 위정자로서 국가를 지도해야 할 인물이다. 그러므로 군자가 뜻을 얻은 경우에는 마땅히 정치를 한다. 그렇기 때문에 군자는 정치의 원칙을 제대로 각성하고 있지 않으면 안 된다. 말하자면 정치는 군자의 본업이다. 그렇다면 군자의 인간상을 제시한 것과 더불어 군자의 본업인 정치의 대상을 마땅히 가르쳐야 한다. 그리고 당시 실정을 고찰해 보면 공문 학교가 배출한 군자가 다행히 뜻을 얻어 정치에 종사한다면, 제후의 나라, 즉 “천승지국”을 다스리게 될 것이다. 그래서 “천승의 나라를 다스리다”라는 요지의 이 공자의 말은 결국 공자 학교에서 훈시의 일부였다고 해도 불가사의한 것은 아니다. 그리고 “일을 공경하고 믿게 하며”는 6의 “행실을 삼가고 말을 성실하게 하며” 및 8의 “충신을 주장하며”와 상응하고 “백성을 사랑하며, 백성을 부리기를 때에 하여야 한다”는 백성을 사랑하는 것을 정치적으로 실현하는 방법을 서술한 것으로 6의 “널리 사람들을 사랑하되 인한 이를 친히 해야 하니”의 정신에 부합한다. 그러므로 이상 예로 든 〈학이〉편 5·6·8·10 등은 어느 것이나 공자 학교의 학칙 혹은 훈시로 적당하지만, 그런 의미에서 이미 서술한 1과 16도 여기에 더할 수 있다. 따라서 만약 6부터 구성되는 공문 학규를 조직해 본다면 그것이 역사적 사실이었는지 아닌지는 당분간은 제쳐두더라도 내용적으로는 결코 부적합하지 않다. 그러나 여기서 다시 한 걸음 내디더서 고찰해 보면 이 6부터 구성된 학규 혹은 훈시를 보충하는 것으로서 3 및 11도 버리기 어렵다.

> 3. 선생님께서 말씀하셨다. "말을 좋게 하고 얼굴빛을 곱게 하는 사람 중에 인한 이가 적다."
>
> 子曰, "巧言令色, 鮮矣仁."
>
> 11. 선생님께서 말씀하셨다. "아버지가 살아 계실 때에는 그(자식)의 뜻을 관찰하고 아버지가 돌아가셨을 때에는 그(자식)의 행동을 관찰하는 것이니, 3년 동안 아버지의 도(道, 행동)를 고치지 말아야 효라 이를 수 있다."
>
> 子曰, "父在觀其志, 父沒觀其行, 三年無改於父之道, 可謂孝矣."

3은 "인(仁)"을 11은 "효(孝)"를 설명하고 있지만, 인과 효는 공문의 가르침에서 당연히 중요한 덕목이어서 위의 예문 6에서도 이것을 다루었다. 그러나 오로지 이것을 설명한 장이 있는 것도 결코 나쁘지 않다. 다만 인과 효라는 심원한 도덕에 적합하도록 살아가기 위해서는 구체적으로 어떻게 하는 것이 가장 좋은지를 이해하기 쉽게 단적으로 제시하는 것이 바람직하다. 그런 말을 공자의 교훈 중에서 꼽는다면, 당연히 3과 11이 해당되지 않을까? "말을 좋게 하고 얼굴빛을 곱게 하는 사람 중에 인한 이가 적다"는 〈양화〉편에도 거듭 나오고 "3년 동안 아버지의 방식을 바꾸지 말아야 효라 이를 수 있다"는 〈이인〉편에도 있으므로, 이는 어느 것이든 문하생에게 보급한 공자의 교훈일 것이다. 그리고 겉모습만 번드르할 뿐 성실하지 않으면 인이라고 하기 어렵다는 간단한 말은 젊은 학생에게 어려운 인을 설명하는 첫걸음을 보여준 것으로서 적절하다. 최소 3년의 복상 기간에는 특별한 일이 아닌 한 아버지가 하던 방식을 바꾸지 않는 것이 좋다는 말은 전통적으로 내려오는 긴 3년상이라는 관습과 부모를 지극히 여기는 효성의 감정을 쉽게 분리하기 어려운 역사적·사회적 관계를 인정하는 것으로, 유교 교학의 입장을 잘 보여준다.

셋째로, 〈학이〉편 16장 중에서 공자의 말이 반에 해당하는 8장을 점하고, 그 8장이 다 공자 학교의 학규 내지 훈시에 어울리는 문장으로서 위에 열거한 장과 일치하는 것에 주목해 보자.

이제 〈학이〉편 16장의 순서를 간단하게 인용해 보자.

1. 선생님께서 말씀하셨다. ……

2. 유자가 말하였다. ……

3. 선생님께서 말씀하셨다. ……

4. 증자가 말씀하였다. ……

5. 선생님께서 말씀하셨다. ……

6. 선생님께서 말씀하셨다. ……

7. 자하가 말하였다. ……

8. 선생님께서 말씀하셨다. ……

9. 증자가 말씀하였다. ……

10. 자금이 자공에게 물었다. ……

11. 선생님께서 말씀하셨다. ……

12. 유자가 말하였다. ……

13. 유자가 말하였다. ……

14. 선생님께서 말씀하셨다. ……

15. 자공이 말하였다. ……선생님께서 말씀하셨다. ……

16. 선생님께서 말씀하셨다. ……

이 16장 중 "자왈(선생님께서 말씀하셨다)"로 기록한 8장은 어느 것이나 공자 만년 학교의 학규 혹은 훈시로 이해될 법한 내용인데, 그렇다고 이를 근거로 공자 학교가 이런 학규를 지녔다고 단언할 수는 없다. 반대로 그런 판단을 주저할 이유가 있다. 여기서 그 이유를 열거해 보자.

1. 위에 열거한 8장이 이런 형식은 아니더라도 공자 학교에서 학칙과 훈시의 종류에서 그 재료가 나왔으리라고 추정하는 것도 가능하다. 그런데 만약 이런 학규가 존재한 게 사실이라면 무슨 이유로 그것이 〈학이〉편 16장에 분산 채용되어 특별히 하나하나 "자왈"을 글머리로 삼지 않으면 안 되었을까? 이것이 첫째 의문이다.

2. 이미 서술한 바와 같이 3 및 11은 문의 형식으로 본다면 반드시 학규 혹은 훈시 같지는 않고, 인구에 회자된 일종의 공자의 교훈이다. 단, 만약 공문의 학규를 상정하여 이것을 그 안에 포함하고자 한다면, 이런 내용의 조항도 있을 법하고, 만약 그것을 공자의 말 중에서 선택하여 보충하고자 한다면 이것이 당연히 선발되어야 함직한 성질의 글이다. 그러나 이런 사실이 이 8장이 반드시 단순히 공자 만년의 학교 내 학규였음을 말해주는 것은 아니다. 오히려 후대 사람이 성문화되어 있지 않던 공자 학교의 학규 및 훈시의 전통을 전하고자 한 인상을 받는다.

3. 8장의 "자왈" 외에 "유자왈(유자가 말하였다)"이 3장, "증자왈"이 2장, "자하왈"이 1장, "자금이 자공에게 물었다"가 1장, 자공과 공자와의 문답이 1장 있다. 그러나 후에 서술하는 바와 같이 이들 중 "자왈" 이외의 8장은 1~2장씩 "자왈" 뒤에 부가되어 산재하고 그 내용은 직전의 "자왈"과 동일한 혹은 서로 연관이 있는 의미를 지니는 것이 많다. 그렇게 본다면 공문의 학규와 훈시의 정신은 "자왈"의 8장만으로 다하고 있는 것은 아니고 직제자들의 언행인 "자왈"

이외의 8장에 의해 참고자료가 보완된 것이어서 결국 〈학이〉편 전체는 공문 학생 편람을 나중에 조립해 본 것처럼 보인다. 그렇다고 해도 의문이 남는 것은 〈학이〉편의 장 순서가 어떤 이유로 이렇게 정착했는가 하는 문제다.

넷째로, 〈학이〉편 16장의 각 장 사이에 보이는 연관 관계는 진실로 복잡해서 주목할 가치가 있다. 그것은 서로 인접하는 2~3장씩이 한 개의 통합된 연관을 이루고, 그 각각의 통합 방식은 그 2~3장 사이에 혹은 대응하거나 내용적으로 유사하다는 공통성을 포함하고 있다. 요컨대 각종의 여러 가지 연관 관계. 따라서 그 여러 가지 연관 관계가 이 편 중에 서로 엉켜 있다. 그러나 전체 16장에 걸쳐 일관한 무언가의 연관성을 발견하기란 불가능하고, 단지 1과 16의 조응이 전체를 감싸고 있을 뿐이다. 여기서 각종의 연관 관계를 열거하여 그 성질을 검토해 보자.

ⓐ 1·2·3의 연관

1. 선생님께서 말씀하셨다. "배우고 그것을 때때로 익히면 기쁘지 않겠는가. 동지가 먼 지방으로부터 찾아온다면 즐겁지 않겠는가. 사람들이 알아주지 않더라도 서운해하지 않는다면 군자가 아니겠는가."

   子曰, "學而時習之, 不亦說乎, 有朋自遠方來, 不亦樂乎, 人不知而不慍, 不亦君子乎."

2. 유자가 말하였다. "그 사람됨이 효(孝)하고, 공경하면서 윗사람을 범하기를 좋아하는 자는 드무니, 윗사람을 범하기를 좋아하지 않고서 난을 일으키기를 좋아하는 자는 있지 않다. 군자는 근본을 힘쓰니, 근본이 확립되면 도가 발생하는 것이다. 효와 제라는 것은 그 인을 행하는 근본일 것이다."

有子曰, "其爲人也孝弟, 而好犯上者鮮矣, 不好犯上, 而好作亂者未之有也, 君子務本, 本立而道生, 孝弟也者, 其爲仁之本與."

3. 선생님께서 말씀하셨다. "말을 좋게 하고 얼굴빛을 곱게 하는 사람 중에 인한 이가 적다."

子曰, "巧言令色, 鮮矣仁."

이 3장에서는 1과 2는 "군자"로써 상응하고 2와 3은 "인"으로써 서로 이어진다. 그리고 2는 1 중에 있는 "군자"의 일을 해설하고 보충 설명하기에 충분한 유자의 말을 1 뒤에 부가하고, 3은 2 중에 보이는 "인"에 대해 참고해야 할 공자의 짧은 말을 2 뒤에 부가한 것으로 보인다. 대체로 다수의 전승에 의한 기억을 통해 집적되면서 전달되던 때, 내용이 유사한 것, 서로 연관하는 것, 서로 같은 말을 포함하는 것 등을 대조하여 열거하거나 연쇄적으로 늘어놓고, 그 외 각자 머리를 짜내 기억과 구송의 편의를 헤아렸을 것이라고 추측하기는 어렵지 않다. 그렇다면 이 3장은 어떤 시기에 일부 전송자의 의식 속에서 연쇄적인 하나의 통합된 재료로서 전해지던 지식일 것이다.

ⓑ 3과 4의 관계

3. 선생님께서 말씀하셨다. "말을 좋게 하고 얼굴빛을 곱게 하는 사람 중에 인한 이가 적다."

子曰, "巧言令色, 鮮矣仁."

4. 증자가 말씀하였다. "나는 날마다 세 가지로 내 몸을 살피나니, 남을 위하여 일을 도모해 줌에 충성스럽지 못한가? 붕우와 더불어 사귐에 성실하지

못한가? 전수받은 것을 복습하지 않는가다."

曾子曰, "吾日三省吾身, 爲人謀而不忠乎, 與朋友交, 而不信乎, 傳不習乎."

이 두 말이 연속 배치되지 않았다면 둘 사이의 필연성을 발견하기는 어렵겠지만, 3의 공자의 말은 "말을 좋게 하고 얼굴빛을 곱게 하는 사람"인 듯하면서 성실성이 없는 겉으로만 드러내는 인은 인이라고 할 수 없고, 인은 성실성에 있다는 것을 역으로 암시하고 있다. 이것에 대해서 4의 증자의 말은 타인에게나 자신에게나 성실하고자 한 혹독한 자기반성을 보여주고, 이런 의미에서 4는 증삼의 제자가 3의 공자의 말을 음미할 참조로서 자기의 스승인 증자의 말을 종합해서 부가해 전한 것이리라. 생각건대 증자는 공자의 일관의 도를 "충서"라고 이해했고(《이인》편), "충서"와 "충신"에 대해서는 여기서 자세하게 논의하지 않지만 동일한 것에 대한 다소동적인 파악과 정적인 파악의 차이에 불과하다. 둘 다 "인"으로 바꾸어도 좋다.

ⓒ 5·6·7의 관계

5. 선생님께서 말씀하셨다. "천승의 나라를 다스리되 일을 공경하고 믿게 하며 쓰기를 절도 있게 하고 백성을 사랑하며, 백성을 부리기를 때에 하여야 한다."

子曰, "道千乘之國, 敬事而信, 節用而愛人, 使民以時."

6. 선생님께서 말씀하셨다. "제자가 들어가서는 효하고 나와서는 공손하며, 행실을 삼가고 말을 성실하게 하며, 널리 사람들을 사랑하되 인한 이를 친히 해야 하니, 이것을 행하고 여력이 있으면 글을 배워야 한다."

子曰, "弟子入則孝, 出則弟, 謹而信, 汎愛衆而親仁, 行有餘力, 則以學文."

7. 자하가 말하였다. "어진 사람을 어질게 여기되 색을 좋아하는 마음과 바꿔 하며, 부모를 섬기되 능히 그 힘을 다하며, 인군을 섬기되 능히 그 몸을 바치며, 붕우와 더불어 사귀되 말함에 성실함이 있으면 비록 배우지 않았다고 말하더라도 나는 반드시 그를 배웠다고 이르겠다."

子夏曰, "賢賢易色, 事父母能竭其力, 事君能致其身, 與朋友交言而有信, 雖曰未學, 吾必謂之學矣."

이 3장 중 5와 6은 공자의 말로 5는 정치의 대강을, 6은 제자에게 학문의 대상을 훈시하고 있다. 5의 "일을 공경하고 믿게 하며(敬事而信)"는 6의 "행실을 삼가고 말을 성실하게 하며(謹而信)"와, 5의 "쓰기를 절도 있게 하고 백성을 사랑하며, 백성을 부리기를 때에 하여야 한다(節用而愛人, 使民以時)"는 6의 "널리 사람들을 사랑하되 인한 이를 친히 해야 하니(汎愛衆而親仁)"와 부절을 잘 맞추고 있다. 7은 자하의 말이지만, 학문은 문을 배우는 데 그치지 않고 일상에서의 도덕 실천이 한층 기본이라는 것을 강조한 점은 6과 동일하고 또 양자의 도덕을 설명한 부분, 즉 6의 "제자가 들어가서는 효하고 나와서는 공손하며, 행실을 삼가고 말을 성실하게 하며"는 7의 "부모를 섬기되 능히 그 힘을 다하며, 인군을 섬기되 능히 그 몸을 바치며, 붕우와 더불어 사귀되 말함에 성실함이 있으면"과, 6의 "널리 사람들을 사랑하되 인한 이를 친히 해야 하니"는 7의 "어진 사람을 어질게 여기되 색을 좋아하는 마음과 바꿔 하며"와 잘 대응한다. 어쩌면 5와 6 및 6과 7은 각각 서로 유사한 내용을 지닌 글로서 전송자가 서로를 연상해 기억했고, 머지않아 이 3장이 이런 순서로 전송되기에 이르렀을 것이다. 역시 후에 서술하는 것처럼 5·6·7은 4와 비교해 보면 전부 "신(信)" 자로 상응하는 것으로 ⓑ 다음에 ⓒ가 연이어서 전송되었을 것이다.

ⓓ 8·9·10의 관계

8. 선생님께서 말씀하셨다. "군자가 후중하지 않으면 위엄이 없으니, 학문도
   견고하지 못하다. 충신을 주장하며, 자기만 못한 자를 벗 삼으려 하지 말
   고, 허물이 있으면 고치기를 꺼려하지 말아야 한다."

   子曰, "君子不重則不威, 學則不固, 主忠信, 無友不如己者, 過則勿憚改."

9. 증자가 말씀하였다. "종(終, 초상)을 삼가고 멀리 돌아가신 분을 추모하면
   백성의 덕이 후한 데로 돌아갈 것이다."

   曾子曰, "愼終追遠, 民德歸厚矣."

10. 자금이 자공에게 물었다. "선생님께서는 어느 나라에 가시든 그 나라의 정
    사를 듣게 되시는데, 그것은 스스로 구하신 것인가 아니면 다른 사람이 자
    진해서 알려드린 것인가?" 자공이 말하였다. "선생님께서는 온순하고 선
    량하고 공경스럽고 검약하고 겸손했기 때문에 그 나라의 정사를 들으셨
    다. 선생님께서 구하는 방법은 아마도 다른 사람과 다르지 않겠는가?"

    子禽問於子貢曰, "夫子至於是邦也, 必聞其政, 求之與, 抑與之與." 子貢曰, "夫子
    溫·良·恭·儉·讓·以得之, 夫子之求之也, 其諸異乎人之求之與."

이 3장은 주제가 다르고 발언자도 같지 않기 때문에 일견 서로 연관이 없
어 보인다. 그러나 지금 〈학이〉편에서 이 세 개가 이런 순서로 열거되고
있기 때문에, 전송자 혹은 편찬자의 의식에서 만약 어떤 연관이 고려되었
다고 가정한다면 오늘날 우리는 이 삼자 간에 다음과 같은 연관을 탐지
해 내는 것이 가능하다. 우선 8이 "군자"의 태도의 여러 가지 상을 열거한

것임에 대해 9는 위정자인 군자가 만약에 "종(終)을 삼가고 멀리 돌아가신 분을 추모하면(愼終追遠)", 즉 인정이 두텁고 예의 바르고 효행스러운 사람이라면 그의 지배하에 있는 인민의 풍속은 자연히 돈후해질 것이라고 말하면서 "신종추원(愼終追遠)"이 군자의 본무인 정교에 좋은 결과를 미친다는 것을 서술했다. 말하자면 군자가 되기 위한 한 가지 조건을 앞 장에 대해 보충한 것으로 볼 수 있다. 그리고 10은 군자의 전형이던 스승 공자는 "온순하고 선량하고 공경스럽고 검약하고 겸손하여(溫·良·恭·儉·讓)"라는 여러 덕을 구비한 것에 의해 어디를 가더라도 자연히 군자의 본무인 정교의 상담에 응한 결과가 된 것을 서술했다. 말하자면 일반적으로 군자의 인격과 군자의 본무인 정치와의 필연 관계를, 공자라는 실례를 들어 서술하여, 앞 장 및 전전 장에 대해 군자에 대한 이해를 거듭 보충한 것으로 볼 수 있다. 무엇보다도 10은 자금과 자하의 문답인 점과 "其諸 …… 與"라는 제나라 방언 같은 표현을 포함한 것 등으로 볼 때 제나라에 흘러든 뒤에 그곳에서 윤색 혹은 부가된 장으로 의심해 볼 만하다. 이 3장 중 적어도 8·9 2장은 결국 손제자 시대의 전송으로 서로 연관하는 지식으로서 하나로 잇달아서 기억해 전송했으리라.

ⓔ 11·12·13의 관계

11. 선생님께서 말씀하셨다. "아버지가 살아 계실 때에는 그(자식)의 뜻을 관찰하고 아버지가 돌아가셨을 때에는 그(자식)의 행동을 관찰하는 것이니, 3년 동안 아버지의 도를 고치지 말아야 효라 이를 수 있는 것이다."

　　子曰, "父在觀其志, 父沒觀其行, 三年無改於父之道, 可謂孝矣."

12. 유자가 말하였다. "예의 쓰임은 조화가 중요하니, 선왕(先王)의 도는 이것

을 아름답게 여겼다. 그리하여 작은 일과 큰일에 모두 이것을 따른 것이다. 행하지 못할 것이 있으니, 화를 알아서 화만 하고, 예로써 절제하지 않는다면 이 또한 행할 수 없는 것이다."

有子曰, "禮之用, 和爲貴, 先王之道斯爲美, 小大由之, 有所不行, 知和而和, 不以禮節之, 亦不可行也."

13. 유자가 말하였다. "약속이 의리에 가깝게 하면 그 약속한 말을 실천할 수 있으며, 공손함이 예에 가깝게 하면 치욕을 멀리할 수 있으며, 주인(主人)을 정할 때에 그 친할 만한 사람을 잃지 않으면 또한 그 사람을 끝까지 종주(宗主)로 삼을 수 있는 것이다."

有子曰, "信近於義, 言可復也, 恭近於禮, 遠恥辱也, 因不失其親, 亦可宗也."

이 3장도 일견 꼭 서로 분리되기 어려운 관계는 아닌 것 같다. 그러나 〈학이〉편의 배치 순서를 존중하고 그 원인을 잠정적으로 전송자 혹은 편집자의 의식과 관련지어 생각해 본다면, 이 3장은 어느 것이나 예(禮)의 문제에 깊이 관계 맺고 있다는 점에 주목할 수 있다. 무엇보다 11은 "효"를 설명하는 글로 예라는 글자는 볼 수 없다. 그러나 부모의 죽음을 직면해 3년 상이라는 중대한 예에 관해 설명하고 있다. 이제 《논어》에서 효와 상례(喪禮)를 설명한 말을 상기한다면, 〈위정〉편에는 효를 설명한 공자의 말에 의하면 "살아 계시면 예로 섬기고, 돌아가시면 예로 장사 지내고, 예로 제사 지내는 것이다(生事之以禮, 死葬之以禮, 祭之以禮)". 생시에도 상을 당해서도 예에 위배되지 않는 것을 효라고 보았다. 또 〈팔일〉편에서는 임방의 질문에 답하면서 "예는 사치하기보다는 차라리 검소한 것이 낫고, 상례는 잘 치르기보다는 차라리 애통해하는 것이 낫다(禮與其奢也寧儉, 喪與其易也寧戚)"라고, 예는 형식보다도 감정의 내용에 충실한 것이 한층 귀하다고 말하고 있다.

또 〈양화〉편에는 재아의 질문에 답하여 3년상은 "온 천하의 공통된 상(天下之通喪)"이어서 자연스러움의 측면에서 말해도 소홀히 해서는 안 된다고 강하게 가르치고 있다. 그렇다면 이 11도 그런 의미에서 이해해야 한다. "부모가 살아 계시면 부모의 뜻을 세워가면서 예로 섬기고, 부모가 돌아가시면 부모의 행적을 이해하면서 예로 상과 제사를 집행해야 한다. 3년상은 천하의 통의여서 그 기간은 어지간한 이유가 아니라면 아버지의 태도를 고치지 않는 것이 예다. 부모를 생각하는 감정을 충실히 하면서 이렇듯 예를 훌륭하게 행한다면 효라고 말할 수 있을 것이다"라는 의미다. 그러므로 11은 "예"라는 글자가 보이지 않지만 예를 깊이 의식한 장이다. 이에 대해 12는 예의 운용·응용·적용 등의 방법, 즉 "예의 쓰임"을 일반적으로 설명한 유자의 말로 "예의 원칙의 적용에는 사태와의 조화가 필요하다. 선왕의 도는 훌륭한 것이어서 기회가 있을 때마다 따라야 하나 그대로 행할 수 없는 경우가 있다. 그래서 일의 형편에 맞는 방법을 발견하여 조화시킨 셈이다. 그렇지만 분별과 차이는 예에 의하지 않는다면 예를 행할 수 없다"는 의미일 것이다. 또 13은 의(義)와 예(禮)와 신(信)과 공손(恭遜)에 대한 규범성, 따라서 도덕적 가치에서 그것의 보편타당성을 설명하고 있다. 의란 실천이성에 의한 합리성의 절차이고, 예란 그것이 관습과 제도에 정착한 것이다. "약속을 지키는 것도 그것이 의에 합당한 때에 비로소 이행해야 한다. 공순이라는 것도 예에 합당하다면 결코 업신여김을 당하지 않는다. 사회라는 협력관계가 친밀도에 합당한 의와 예를 잘못 설정하지 않았다면, 대단히 의지가 되는 것이다"는 의미다. 그리고 12와 13은 둘 다 "유자"의 말로, 재료가 유약의 제자로부터 나왔다. 생각건대 손제자 시대에 11의 공자가 효를 설명하고 상례에 이르렀던 말에 대해, 유약의 제자가 스승의 예를 설명한 2조를 부가하여 1연의 예를 설명한 전승으로 전했으리라.

ⓕ 14·15·16의 관계

14. 선생님께서 말씀하셨다. "군자는 먹음에 배부름을 구하지 않으며, 거처할
때에 편안함을 구하지 않으며, 일을 민첩히 하고 말을 삼가며, 도가 있는
이에게 찾아가서 질정한다면 학문을 좋아한다고 이를 만하다."

子曰, "君子食無求飽, 居無求安, 敏於事而愼於言, 就有道而正焉, 可謂好學也已."

15. 자공이 말하였다. "가난하되 아첨함이 없으며, 부(富)하되 교만함이 없으
면 어떻습니까?" 선생님께서 말씀하시기를 "괜찮으나 가난하면서도 즐거
워하며, 부하면서도 예를 좋아하는 자만은 못하다" 하셨다. 자공이 말하
였다. "《시》에 '깎아 다듬은 듯하고, 조각하여 갈아낸 듯하다'는 말이 바로
이것을 두고 한 말입니까?" 선생님께서 말씀하셨다. "자공아! 이제는 너와
《시》를 논할 수 있겠구나! 옛것을 알려주니 미래를 생각할 줄 아는구나."

子貢曰, "貧而無諂, 富而無驕, 何如." 子曰, "可也, 未若貧而樂, 富而好禮者也."
子貢曰, "詩云, '如切如磋, 如琢如磨.' 其斯之謂與." 子曰, "賜也, 始可與言詩已
矣, 告諸往而知來者."

16. 선생님께서 말씀하셨다. "남이 자신을 알아주지 못함을 걱정하지 말고, 내
가 남을 알지 못함을 걱정해야 한다."

子曰, "不患人之不己知, 患不知人也."

이 3장은 용어가 일치하지 않지만, 14는 공자의 말로 호학이란 무엇인가
를 단적으로 훈시하고, 15는 자공과 공자의 질의응답 형식으로 군자의
학은 절차탁마의 끝없는 연속이어야만 한다는 것을 제시하고 있다. 게다
가 이것은 공문에서 문학 연구의 분과에 속하는 시의 단장취의 방식을 여
실히 제시한 것으로 14의 공자의 말에 대한 참고자료로서 의미가 있다.

16은 이미 서술한 바와 같이 1과 조응하는 전편의 결말이지만, 호학을 설명한 2장 뒤에 배치되어 있으므로 결국 학문에 대해 참조해야 할 공자의 명언이라는 사실을 일깨운다. "선생님께서 말씀하셨다. '옛날에 배우는 자들은 자신을 위한 학문을 하였는데, 지금 배우는 자들은 남을 위한 학문을 한다'(子曰, 古之學者爲己, 今之學者爲人)"(《헌문》)는 말과 어떤 의미에서 같은 취지의 말이다. 어쨌든 이 3장도 전송자의 연상에 의해 함께 전해진 것이 아닌가 한다.

4

지금까지 서술한 바를 요약하면 16장으로 이루어지는 〈학이〉편의 구성은 1과 16이 대등하다는 것, 그 중간에 공자의 말인 6개 장이 산재하고, 처음과 끝 장을 합해서 8장의 공자의 말은 공자가 만년에 노나라에서 연학교의 학칙 또는 훈시에 어울리는 내용의 말인 점, 나머지 8장은 모두 직제자의 언행으로 그것의 앞에 배치된 공자의 말의 각각을 설명하고 보충하는 듯한 내용이라는 점, 그리로 최후로 16장의 각 장 사이에 보이는 연관 관계는 인접하는 2~3장마다 서로 연관하는 한 개의 통합체를 이루고, ⓐ~ⓕ의 6개의 연관이 보인다고 할 수 있다. 그리고 각 연관의 머리장은 모두 공자의 말이다.

```
        ┌ 1   자     왈
    ⓐ  ┤
        └ 2       유   자   왈
        ┌ 3   자     왈
    ⓑ  ┤
        └ 4       증   자   왈
```

```
        5    자      왈
 ⓒ ┤   6    자      왈
        7       자  하   왈

        8    자      왈
 ⓓ ┤   9       중  자   왈
        10      자 금 문 자 공 왈

        11   자      왈
 ⓔ ┤   12      유  자   왈
        13      유  자   왈

        14   자      왈
 ⓕ ┤   15      자  공   왈
        16   자      왈
```

ⓐ~ⓕ의 6개의 연관 중, ⓐ와 ⓑ는 3을 공유하므로, 이것을 편집하여 모으면 자연히 ⓐ 다음에 ⓑ를 배치할 수밖에 없다. 또 4·5·6·7·8 5장은 "신"을 말하는 점에서 공통적인데, 더 자세히는 ⓑ는 3에서 인, 4에서 충신을 말한다. ⓒ는 5에서 신과 인, 6에서 효·제·신·인, 7에서 효·충·신, ⓓ는 8에서 충신을 말하고 있다. 그래서 이들 언어를 서로 이어지는 것처럼 편집하면 ⓑ·ⓒ·ⓓ 순서로 이어질 수밖에 없다. 이리하여 ⓐ~ⓓ는 장으로 말하자면 1~10은 필연적으로 그 순서가 정해져 온 것이다. 단, 2개의 일군과 ⓔ(11·12·13)와 ⓕ(14·15·16)와의 3자의 전후가 어떻게 해서 결정되었는가를 설명해야 한다. 그러나 1과 16은 수미 조응하는 것이 한 편의 구성인 점에서 1을 포함하는 ⓐ가 속하는 일군이 처음에 배치되고, 16을 포함하는 ⓕ가 마지막에 배치되어 3자의 전후는 자연스럽게 결정

되어 있다. 따라서 일견 편집자가 일정한 방침을 갖고 있는 것처럼 보이지 않던 〈학이〉편의 장 순서는 편찬자의 의도와 재료로서의 문헌의 성질에 의해 필연적으로 결정된 것임을 알 수 있다. 그러므로 3의 요약과 1 및 2에서 서술한 《논어》의 성립에 관한 일반적인 사건을 종합하여 일단 다음과 같이 결론을 내리자.

1. 〈학이〉편은 1과 마지막 16이 조응하고, 그 중간에 그것과 내용적으로 적합한 공자의 말 6장이 존재하는 사실로 볼 때 누군가 의도를 가지고 편찬한 문헌으로 보인다. 대체로 《논어》의 주요 부분은 일반적으로 공문 사제의 언행록이지만, 〈학이〉편도 예외는 아니다. 단, 첫 장과 끝 장 및 그것과 적합한 중간의 공자의 말 6장 등의 내용으로 볼 때 〈학이〉편이 갖는 재료의 특수성은 노나라에서 공자가 만년에 연 학교의 교육 방침 같은 자료를 모은 것이라는 데 있다. 생각건대 《논어》의 최초의 편찬은 대개 손제자 시대 노나라에서 발생한 것 같다. 그러나 손제자 시대 및 이후 노나라의 유학 학교에서는 일찍이 공자 학교의 학규와 훈시가 모범이고 전형이었을 터이기에 그것을 문서 형식으로 명확하게 하려는 의도에서 〈학이〉편을 편찬했다고 생각된다.

2. 공자 만년 학교의 학규 및 훈시에 해당한 것 혹은 그 결함을 보충하기에 충분한 말 등을 모은다는 취지에서 보자면, 당연히 이 목적에 적합한 공자의 말을 주로 모은 것이 된다. 그러나 손제자 시대에는 이미 두서넛의 공자의 말은 몇몇 직제자의 언행과 서로 어울려 상호 연관을 지닌 두세 장이 하나의 단위로 전승되고 있었다. 그래서 편찬자는 직제자의 언행이 얽힌 공자의 말을 그대로 채용하고 또 거기서 자연스럽게 발생한 연관성을 따라 열거하여 오늘날의 〈학이〉편의 원형을 완성하기에 이르렀다. 그 결과 그 원형에 산재한 공자의 말 8장만을 모으면 가설 공문 학교 규칙의 성질을 띠고 그 각 장

에 부수적인 직제자의 언행 8장은 그것의 참고자료의 역할을 하며, 이 양자를 포함하는 전체가 〈학이〉편이 되는 것이다.

3. 공자의 말 8장 및 직제자의 언행 8장 중 자하왈·자공왈 2장은 직제자 동료로부터 나온 자료에 기초하고 있고, 유자왈의 3장·증자왈의 2장은 각각 유약 및 증삼의 제자로부터 나온 재료일 것이다. 단지 "자금이 자공에게 물었다"는 1장만은 이 〈학이〉편이 후에 제나라로 흘러 들어간 후에 덧붙여졌을지도 모르겠다. 이런 점에서 본다면 〈학이〉편 원형의 편찬은 이르면 손제자 시대라고 해도 별반 틀리지 않을 것이다. 그런데 〈학이〉편에 "유자왈"과 "증자왈"이 병존한다고 해서 이것이 반드시 유약의 제자와 증삼의 제자의 협동 편집이라는 점을 의미하지는 않는다. 유약은 증삼보다 33세 연장자로서 그들의 제자 간에도 아마 상당한 연령 차이가 났을 것이다. 게다가 손제자 시대에는 결국 증삼이 노나라 교학의 중심이었을 것이다. 그러므로 〈학이〉편의 실제 편찬자는 증삼의 제자들로 그들은 직제자 이래의 전승과 그것에 덧붙여져 있던 유자의 말 3조를 같이 채용하고 또 자신들의 스승인 증자의 말 2조도 부가한 것이리라.

제2절 〈위정〉편의 성격과 구조

1

〈위정〉편은 24장으로 이루어져 있다. 위정(爲政)이라는 편명은 1의 "선생님께서 말씀하셨다. 정사를 덕으로 하는 것(爲政以德)······"에서 취한 것으로 반드시 내용 전체를 아우르지는 않는다. 하지만 1·3·19·20·21 등의 장에 정치에 관한 이야기가 나타나고 특히 19에도 "위정"이라는 글자가 있다.

그런데 이 편 역시 장 배열 순서는 결코 정연하지 않고 다양한 내용의 다양한 말이 잡다하게 열거되어 있어 결과적으로 잡찬(雜纂)이라고 할 수밖에 없다. 명확한 목적과 의도를 갖고 일관되게 편집했다고는 생각할 수 없다. 그러나 부분적으로 서로 인접하는 몇 개의 장이 동일한 문제에 관련돼 있다든가 동일 개념을 포함하고 있다든가 하는 점에서 서로 연관된 바가 곳곳에 있으므로 완전히 방침이 없는 잡찬이라고도 할 수 없다. 그러므로 결국 어떻게 해서 이러한 장이 이런 순서로 열거되어 이 한 편이 성립했는가를 해명해야 한다. 그 전제로 몇 개의 장이 서로 관련하여 한데 모여 있는 장군의 상황을 지적해 두자.

우선 최초의 1·2·3·4는 특별히 한데 모은 연관성이 없는 것처럼 보이지만, 단지 1과 3은 둘 다 공자가 군자의 본업으로 쳤던 정치의 덕치주의·예치주의를 설명하고 2는 공문의 필수 교양 과목의 하나인 시의 정신을 설명한다. 4는 공자 자신의 말로, 생애에 걸쳐 학문의 길에 정진한 모습은 공문학도의 모범이었으리라. 요컨대 이 4장은 한데 통합되어 있지는 않지만 군자의 양성과 교양의 도량이던 만년의 공자 학교에서 제자 사이에 지침이 되었을 공자의 명언 4개 조다. 이 점에만 주의해 설명은 뒤로 미루고 취급의 편의상 이 4장을 묶어 ⓐ라고 해두자.

다음 5·6·7·8의 4장은 모두 "효"란 무엇인가라는 질문에 대한 공자의 답으로 그런 의미에서 일군을 이룬다. 이것을 ⓑ라고 해두자.

5. 맹의자가 효를 묻자, 선생님께서 "어김이 없어야 한다"고 대답하셨다. 번

지가 수레를 몰고 있었는데, 선생님께서 말씀하셨다. "맹손씨가 나에게 효를 묻기에 나는 '어김이 없어야 한다'고 대답했다." 번지가 "무엇을 이르신 것입니까?" 하고 묻자, 선생님께서 말씀하셨다. "살아 계시면 예로 섬기고, 돌아가시면 예로 장사 지내고, 예로 제사 지내는 것이다."

孟懿子問孝, 子曰, "無違." 樊遲御, 子告之曰, "孟孫問孝於我, 我對曰, '無違.'" 樊遲曰, "何謂也." 子曰, "生事之以禮, 死葬之以禮, 祭之以禮."

6. 맹무백이 효를 묻자, 선생님께서 대답하셨다. "부모는 오직 자식이 병들까 근심하신다."

孟武伯問孝, 子曰, "父母唯其疾之憂."

7. 자유가 효를 묻자, 선생님께서 말씀하셨다. "지금의 효라는 것은〔물질적으로〕잘 봉양한다고 이를 수 있다. 그러나 견마에게도 모두 길러줌이 있으니, 공경하지 않으면 무엇으로 구별하겠는가?"

子游問孝, 子曰, "今之孝者, 是謂能養, 至於犬馬, 皆能有養, 不敬何以別乎."

8. 자하가 효를 묻자, 선생님께서 말씀하셨다. "얼굴빛을 온화하게 하는 것이 어려우니, 부형에게 일이 있으면 제자가 그 수고로움을 대신하고, 술과 밥이 있으면 부형을 잡숫게 하는 것을 일찍이 효라고 할 수 있겠는가?"

子夏問孝, 子曰, "色難, 有事弟子服其勞, 有酒食先生饌, 曾是以爲孝乎."

다음으로 9·10·11 3장은 일견 그다지 뚜렷한 관련성이 없는 것 같다. 설명은 뒤로 미루고 지금은 이것을 편의상 ⓒ라고 해두자. 다음 12·13·14는 군자에 대한 공자의 말로 정리되어 있다. 이것을 잠정적으로 ⓓ라고 해두자.

12. 선생님께서 말씀하셨다. "군자는 그릇처럼 국한되지 않는다."

子曰, "君子不器."

13. 자공이 군자에 대해서 묻자, 선생님께서 말씀하셨다. "먼저 그 말한 것을
실행하고, 그 뒤에 말이 〔행동을〕 따르게 하는 것이다."

子貢問君子, 子曰, "先行其言, 而後從之."

14. 선생님께서 말씀하셨다. "군자는 두루 화합하고 편당하지 않으며, 소인은
편당하고 두루 화합하지 않는다."

子曰, "君子周而不比, 小人比而不周."

다음으로 15·16·17·18은 모두 "배움"에 대한 말이다. 이것을 ⓒ라고 해
두자.

15. 선생님께서 말씀하셨다. "배우기만 하고 생각하지 않으면 얻음이 없고, 생
각하기만 하고 배우지 않으면 위태롭다."

子曰, "學而不思則罔, 思而不學則殆."

16. 선생님께서 말씀하셨다. "이단을 전공(專攻)하면 해가 될 뿐이다."

子曰, "攻乎異端, 斯害也已."

17. 선생님께서 말씀하셨다. "유(由)야! 내 너에게 아는 것을 가르쳐주겠다. 아
는 것을 안다고 하고, 모르는 것을 모른다고 하는 것, 이것이 아는 것이다."

子曰, "由, 誨女知之乎, 知之爲知之, 不知爲不知, 是知也."

18. 자장이 녹(祿)을 구하는 방법을 배우려고 하였다. 선생님께서 말씀하셨다.
"많이 듣고서 의심나는 것을 빼버리고 그 나머지를 삼가서 말하면 허물이
적어지며, 많이 보고서 위태로운 것을 빼버리고 그 나머지를 삼가서 행하
면 후회하는 일이 적어질 것이니, 말에 허물이 적으며 행실에 후회할 일이
적으면 녹이 그 가운데에 있는 것이다."

子張學干祿, 子曰, "多聞闕疑, 愼言其餘, 則寡尤, 多見闕殆, 愼行其餘, 則寡悔, 言寡尤, 行寡悔, 祿在其中矣."

다음으로 19·20·21은 정치에 대한 문답이다. 이것을 ⓕ라고 해두자.

19. 애공이 "어떻게 하면 백성이 복종하겠는가?" 하고 물었다. 공자께서 대답하셨다. "정직한 사람을 발탁해 곧지 못한 사람들의 윗자리에 앉히면, 백성은 복종할 것입니다. 그러나 곧지 못한 사람을 등용해 정직한 사람들의 위에 앉히면, 백성은 복종하지 않을 것입니다."

哀公問曰, "何爲則民服." 孔子對曰, "擧直錯諸枉, 則民服, 擧枉錯諸直, 則民不服."

20. 계강자가 "백성으로 하여금 윗사람을 공경하고 충성하게 하며, 이것을 권면하게 하려는데, 어찌하면 되겠습니까?" 하고 묻자, 선생님께서 말씀하셨다. "대하기를 장엄하게 하면 백성들이 공경하고, 효도하고 사랑하면 백성들이 충성하고, 이것을 잘하는 자를 들어 쓰고 이것을 잘 못하는 자를 가르치면 권면될 것이다."

季康子問, "使民敬, 忠以勸, 如之何." 子曰, "臨之以莊則敬, 孝慈則忠, 擧善而敎不能則勸."

21. 어떤 사람이 공자에게 물었다. "선생님께서는 왜 정치에 참여하지 않습니까?" 선생님께서 말씀하셨다. "《서경》에 '효도하라, 오직 효도하라, 형제간에 우애하여 [이러한 기풍이] 정치에까지 이르게 하라'고 하였다. 이 또한 정치에 참여하는 것이니, 어찌 벼슬자리에 앉아야만 정치하는 것이겠는가?"

或謂孔子曰, "子奚不爲政." 子曰, "'書云 孝乎惟孝, 友于兄弟, 施於有政.' 是亦爲政, 奚其爲爲政."

이 군의 특색으로 공자에 대한 호칭을 들지 않을 수 없다. 〈위정〉편은 모두 "선생님께서 말씀하셨다(子曰)"이지만 19만은 "공자께서 대답하셨다(孔子對曰)"로 되어 있고, 21은 "어떤 사람이 공자에게 물었다. ……선생님께서 말씀하셨다(或謂孔子曰 …… 子曰)"로 되어 있다. 《논어》의 용례에서는 군주와의 회견 및 그 외 공문 밖 공자의 언행에 대한 전송을 채용한 경우는 "공자"로 말하고, 공문 내에서의 전송은 "자왈(子曰)"로 되어 있는 듯하다. 그렇다면 19는 군주와의 회견 내용, 따라서 세상에 널리 알려진 전송을 채용한 것이다. 21은 본래 공문 밖의 전송이던 것이 일찍부터 채용되어 공문 내의 전송으로 되어 있었기 때문에 전반부에서만이라도 그 여운을 남겼던 것으로 보인다.

다음으로 22 1장을 건너뛰어 편말의 23·24는 둘 다 예에 대한 발언으로 보인다. 이것을 ⑧라고 하자.

23. 자장이 "10대 이후의 일을 미리 알 수 있습니까?" 하고 묻자, 선생님께서 말씀하셨다. "은나라는 하나라의 예의와 제도를 이어받았으니 덜고 보탠 것을 알 수 있고, 주나라는 은나라의 예의와 제도를 이어받았으니 덜고 보탠 것을 알 수 있다. 혹시 주나라를 계승한 나라가 일어난다면, 비록 100대 이후라도 미리 알 수 있다."

子張問, "十世可知也." 子曰, "殷因於夏禮, 所損益, 可知也, 周因於殷禮, 所損益, 可知也, 其或繼周者, 雖百世可知也."

24. 선생님께서 말씀하셨다. "그 제사 지내야 할 귀신이 아닌 것을 제사하는 것은 아첨함이요, 의를 보고 하지 않음은 용맹이 없는 것이다."

子曰, "非其鬼而祭之, 諂也, 見義不爲, 無勇也."

여기서 돌이켜 ⓒ의 9·10·11의 3장에 대해 일고해 두고자 한다.

9. 선생님께서 말씀하셨다. "내가 회와 더불어 온종일 이야기를 하였으나, 내 말을 어기지 않아 어리석은 사람인 듯하더니, 물러간 뒤에 그 사생활을 살펴봄에 충분히 발명하니, 회는 어리석지 않구나!"

　　子曰, "吾與回言終日, 不違如愚, 退而省其私, 亦足以發, 回也不愚."

10. 선생님께서 말씀하셨다. "그 하는 것을 보며 그 이유를 살피며, 그 편안히 여김을 살펴본다면, 사람들이 어떻게 자신을 숨길 수 있겠는가! 사람들이 어떻게 자신을 숨길 수 있겠는가!"

　　子曰, "視其所以, 觀其所由, 察其所安, 人焉廋哉, 人焉廋哉."

11. 선생님께서 말씀하셨다. "옛것을 잊지 않고, 새것을 알면, 스승이 될 수 있다."

　　子曰, "溫故而知新, 可以爲師矣."

이 중 9는 안회의 화려하지는 않지만 호학하는 자세를 공자가 인정한 말이고, 10은 사람을 보는 방법을 서술한 것이지만, 9를 이어받은 말로 독해해 보면, 일견 수수한 인품의 인물도 그런 방법으로써 한다면 그 가치가 숨겨지지 않는다는 의미가 된다. 또 11은 호학신사(好學愼思), 잘 배워 발명하는 인물이라면 사람의 사표가 되는 것이 가능하다는 의미에서, 결국 안회를 칭찬한 말을 이어서 여기에 배치한 것으로도 볼 수 있다. 그리고 안회의 호학을 칭찬한 9는 4의 공자의 호학, "선생님께서 말씀하셨다. '나는 열다섯 살에 학문에 뜻을 두었고, ……일흔 살에 마음에 하고자 하는 바를 좇아도 법도에 넘지 않았다'"와 ⓑ를 건너서 상응하고, 11의 "옛것을 잊지 않고, 새것을 알면……"은 사표라 할 만한 호학을 서술하고 있으므로, ⓓ를 건너서 뒤의 15 "배우기만 하고 생각하지 않으면 얼음이 없고, 생각하기만 하고 배우지 않으면 위태롭다"의 이하 학을 논한 말과 상응한다. 여하튼 9·10·11 3장도 또 상술한 바와 같은 의미에서 서로 이어져 상관하는 일군으로 취급한 듯하다.

그래서 이상의 ⓑ·ⓒ·ⓓ·ⓔ·ⓕ·ⓖ의 6군을 제외하면 남는 것은 ⓐ의 1·2·3·4의 4장과 22, 도합 5장에 불과하다. 다음으로 이 5장에 대해 고찰해 보자.

2

우선 이 편의 첫 4장, 즉 ⓐ의 1·2·3·4를 인용해 보자.

1. 선생님께서 말씀하셨다. "정사를 덕으로 하는 것은 비유하면, 북극성이 제자리에 머물러 있으면 여러 별들이 그에게로 향하는 것과 같다."

   子曰, "爲政以德, 譬如北辰, 居其所而衆星共之."

2. 선생님께서 말씀하셨다. "《시》 300편을 한마디의 말로 대표할 수 있으니, '생각에 간사함이 없다'는 것이다."

   子曰, "詩三百, 一言以蔽之, 曰, '思無邪'."

3. 선생님께서 말씀하셨다. "인도하기를 법으로 하고, 가지런히 하기를 형벌로 하면, 백성들이 형벌을 면할 수는 있으나, 부끄러워함은 없을 것이다. 인도하기를 덕으로 하고, 가지런히 하기를 예로써 하면, 〔백성들이〕 부끄러워함이 있고, 또 선에 이르게 될 것이다."

   子曰, "道之以政, 齊之以刑, 民免而無恥, 道之以德, 齊之以禮, 有恥且格."

4. 선생님께서 말씀하셨다. "나는 열다섯 살에 학문에 뜻을 두었고, 서른 살

에 자립하였고, 마흔 살에 사리에 의혹하지 않았고, 쉰 살에 천명을 알았고, 예순 살에 다른 사람의 말을 들으면 곧 그 이치를 따를 수 있었고, 일흔 살에 마음 내키는 대로 해도 규범에 벗어나지 않았다."

子曰, "吾十有五而志于學, 三十而立, 四十而不惑, 五十而知天命, 六十而耳順, 七十而從心所欲, 不踰矩."

이 4장은 반드시 연관돼 있지는 않은 것 같지만, 1과 3은 둘 다 정치하는 방법을 서술한 것으로, 내용적으로는 덕치주의, 방법적으로는 예치주의의 정치가 좋다는 말이다. 그리고 공자 만년의 노나라 학교는 이 덕치주의·예치주의를 배워 익힌 교양 있는 위정자로서의 군자를 양성하는 것이 목적이었고, 그래서 교양 과목으로 시·서·예·악을 가르쳤다. 이때 교과서로서 공자가 편찬한 것이 2의 "《시》 300편"이다. 또 4는 공자가 생애 동안 호학을 일관된 주의로서 지향한 점을 만년에 회상한 자술의 말이다. 그런 면에서 이 4장은 만년에 공자 학교가 덕치정치와 문화적 교양의 연구 도량으로 군자 양성을 위한 학교였다는 점을 반영하고 있다. 그래서 제자들이 지침으로서 암송했으리라 생각되는 공자의 말 4조를 누군가가 모아 기록하여 전한 것으로 보이고, 그런 의미에서 결국 하나로 모아져 편찬된 장군의 일종일 것이다. 그리고 이 ⓐ 중에는 "학"·"군자" 같은 말은 없지만, 정(政)·덕(德)·예(禮) 등의 말이 있는 것 외에 학문과 군자 등의 문제가 암암리에 함유되어 있다고 생각된다. 이렇게 본다면, 최후로 22만이 고립되지만 이 문제는 뒤로 남겨두자.

3

그런데 이상 서술한 7개의 장군 및 22가 ⓐ·ⓑ·ⓒ·ⓓ·ⓔ·ⓕ·22·ⓖ의 순서로 열거되어 있지만, 어떻게 해서 이 순서로 배열되었는지가 다음의 문제다. 생각건대 정치·학문·덕·예·군자 등을 설명한 말을 모은 ⓐ 4장 다음으로 효를 설명한 ⓑ 4장이 계속되고 있지만, ⓑ의 머리 장 5는 "효"를 "예에 위배되지 않는" 것으로 규정하고 "살아 계시면 예로 섬기고, 돌아가시면 예로 장사 지내고, 예로 제사 지내는 것이다"라고 예로써 설명하는 점에서 ⓑ는 ⓐ의 3을 이어받아 연접하고 있는 것이 된다. 다음으로 9 이하의 ⓒ는 9가 안연의 호학을 서술한 장으로 ⓐ의 끝 장인 4가 공자의 호학을 서술한 것을 이어받고 있고, 따라서 9에서 시작되는 일련의 3장 ⓒ가 ⓑ 다음으로 배치되어 있다. 다음으로 ⓓ의 3장은 "군자"의 일을 서술하고 있지만, 이것은 ⓐ가 군자 양성을 목적으로 한 학교의 일에 관한 기사인 것을 이어받는 것과 더불어 ⓒ의 말미 11이 "선생님께서 말씀하셨다. '옛것을 잊지 않고, 새것을 알면, 스승이 될 수 있다'"로 사람의 사표가 되어야 할 군자의 상에 계속해 12 "군자는 그릇처럼 국한되지 않는다"로 이어받는 것이 된다. 12는 "군자는 재능만 갖춘 사람이어서는 안 된다" 혹은 "군자는 특정한 재능을 갖추고 특정한 업무에 도움만 주어서는 안 된다"는 것으로, 군자는 어떤 경우에도 사람의 사표로서 지도자다운 인물이어야 한다는 의미에서 ⓓ의 12는 ⓒ의 11을 계속하고 있다. 그리고 당연히, 군자는 교양이 있는 인물로서 학문의 방법이 중요한 문제가 된다. 그래서 군자를 설명한 ⓓ를 받아서 학문의 방법을 설명한 ⓔ의 4장이 배치되어 있다. 어쩌면 ⓐ에서도 2는 시의 교양에 대해 서술하고, 4는 사표라 할 만한 군자 공자의 학문에 대한 태도를 서술한 것이므로, ⓓ 다음인 ⓔ의 4장은 그것을 받고 있는 것이 된다. 그리고 ⓔ 4장의 끝 장

18은 "자장이 녹을 구하는 방법을 배우려고 하였다. 선생님께서 말씀하셨다. ……(子張學干祿, 子曰, ……)"로, 군자는 사회의 지도자로서 관직에 나아가 정치에 관여하는 인물임이 제시되어 있다. 그래서 공자가 정치에 대해 답한 글을 모은 19 이하 3장 ⓕ가 이것에 계속하고 있는 것이고, 그것은 또 ⓐ의 1과 3이 정치를 서술하고 있는 것과 매우 상응한다. 그리고 ⓕ의 끝 장인 21은 다음과 같다.

> 21. 어떤 사람이 공자에게 물었다. "선생님께서는 왜 정치에 참여하지 않습니까?" 선생님께서 말씀하셨다. "《서경》에 '효도하라, 오직 효도하라, 형제 간에 우애하여 〔이러한 기풍이〕 정치에까지 이르게 하라'고 하였다. 이 또한 정치에 참여하는 것이니, 어찌 벼슬자리에 앉아야만 정치하는 것이겠는가?"
>
> 或謂孔子曰, "子奚不爲政." 子曰, "'書云 孝乎惟孝, 友于兄弟, 施於有政.' 是亦爲政, 奚其爲爲政."

이렇게 되어 있기에 "위정"이라는 말이 보이는 것은 ⓐ 첫 장, 즉 〈위정〉편 1의

> 1. 선생님께서 말씀하셨다. "정사를 덕으로 하는 것은 비유하면, 북극성이 제 자리에 머물러 있으면 여러 별들이 그에게로 향하는 것과 같다."
>
> 子曰, "爲政以德, 譬如北辰, 居其所而衆星共之."

에 나오는 "위정"과 상응하므로, 〈위정〉편은 일단 여기에서 크게 보아 결말이 났고, 나머지 3장은 부록일지도 모른다.

그런데 이것에 이어지는 22는

22. 선생님께서 말씀하셨다. "사람으로서 신(信, 성실성)이 없으면, 그 가(可)함
을 알지 못하겠다. 큰 수레에 수레채 마구리가 없고, 작은 수레에 멍에막
이가 없으면, 어떻게 길을 갈 수 있겠는가?"

子曰, "人而無信, 不知其可也, 大車無輗, 小車無軏, 其何以行之哉."

로 되어 있다. 이것은 분명 "신(信)"을 설명하고 있고, 일견 위와 이어지지
않는 것처럼 보인다. 그러나 "신"은 인간 사회에서 인간을 결합시키는 굴
레일 것이다. 따라서 믿음이 없다면 사회는 성립하지 않고 정치는 당연히
행해질 수 없을 터다. 생각건대 〈안연〉편에 의하면 다음과 같다.

○ 자공이 정사를 묻자, 선생님께서 말씀하셨다. "양식을 풍족히 하고, 병(兵)
을 풍족히 하면 백성들이 믿을 것이다." 자공이 말하였다. "반드시 부득이
해서 버린다면 이 세 가지 중에 무엇을 먼저 해야 합니까?" 선생님께서 말
씀하셨다. "병을 버려야 한다." 자공이 말하였다. "반드시 부득이해서 버린
다면 이 두 가지 중에 무엇을 먼저 해야 합니까?" 선생님께서 말씀하셨다.
"양식을 버려야 하니, 예로부터 사람은 누구나 다 죽음이 있거니와, 사람
은 신의가 없으면 설 수 없는 것이다."

子貢問政, 子曰, "足食, 足兵, 民信之矣." 子貢曰, "必不得已而去, 於斯三者何
先." 曰, "去兵." 子貢曰, "必不得已而去, 於斯二者何先." 曰, "去食, 自古皆有死,
民無信不立."(〈안연〉)

이 글에서는 정치의 요체로서 경제와 군비와 신의의 충족을 열거하고, 그

중에서 신의가 가장 근본이 되는 조건임을 명확하게 말하고 있다. 또

○ 번지가 농사일을 배우기를 청하자, 선생님께서는 "나는 늙은 농부만 못하
다" 하셨다. 채전을 가꾸는 것을 배우기를 청하자, "나는 늙은 원예사만
못하다" 하셨다. 번지가 나가자, 선생님께서 다음과 같이 말씀하셨다. "소
인이구나! 번수여! 윗사람이 예를 좋아하면 백성들이 윗사람을 공경하지
않는 이가 없고, 윗사람이 의를 좋아하면 백성들이 복종하지 않는 이가 없
고, 윗사람이 신을 좋아하면 백성들이 감히 실정대로 하지 않는 이가 없는
것이다. 이렇게 되면 사방의 백성들이 자식을 포대기에 업고 올 것이니,
어찌 농사짓는 것을 쓸 필요가 있겠는가?"

樊遲請學稼, 子曰, "吾不如老農." 請學爲圃, 曰, "吾不如老圃." 樊遲出, 子曰,
"小人哉, 樊須也, 上好禮, 則民莫敢不敬, 上好義, 則民莫敢不服, 上好信, 則民莫
敢不用情, 夫如是, 則四方之民, 襁負其子而至矣, 焉用稼."(〈자로〉)

이 글에서도 신은 예·의와 함께 덕치정치에서 중요한 요건임을 제시한
다. 거듭 다음을 인용해 보자.

○ 자장이 공자에게 인(仁)을 여쭙자, 공자께서 말씀하셨다. "능히 다섯 가지
를 천하에 행할 수 있으면 인이 된다." 자장이 가르쳐주시기를 청하니, 말
씀하시기를 "공손함(恭), 너그러움(寬), 믿음(信), 민첩함(敏), 은혜로움(惠)
이니, 공손하면 업신여김을 받지 않고, 너그러우면 대중을 얻게 되고, 신
의가 있으면 남들이 신임하게 되고, 민첩하면 공적이 있게 되고, 은혜로우
면 충분히 남을 부릴 수 있게 된다" 하셨다.

子張問仁於孔子, 孔子曰, "能行五者於天下, 爲仁矣." 請問之, 曰, "恭·寬·信·

敏·惠, 恭則不侮, 寬則得衆, 信則人任焉, 敏則有功, 惠則足以使人."《양화》

○ ……권(權)과 양(量)을 삼가고, 법도(法度)를 살피며, 폐지된 관직을 다시
설치하시니, 사방의 정치가 제대로 거행되었다. 멸망한 나라를 일으켜주
고, 끊어진 세대를 계승해 주고, 숨겨진 사람을 등용하시니, 천하의 민심
이 귀의하였다. 소중히 여겼던 것은 백성의 식생활과 상례(喪禮)와 제례
(祭禮)였다. 너그러우면 대중을 얻고, 신의가 있으면 백성들이 신임하고,
민첩하면 공적이 있고, 공정하면 기뻐한다.

……謹權量, 審法度, 修廢官, 四方之政行焉, 興滅國, 繼絶世, 舉逸民, 天下之民
歸心焉, 所重民·食·喪·祭, 寬則得衆, 信則民任焉, 敏則有功, 公則說.《요왈》

이것들도 역시 인정(仁政)을 천하에 행할 때 중요한 조건의 하나로 신을
열거하고 있다. 또 "유자가 말하였다. 약속이 의리에 가깝게 하면 그 약
속한 말을 실천할 수 있으며, 공손함이 예에 가깝게 하면 치욕을 멀리할
수 있으며, ……(有子曰, 信近於義, 言可復也, 恭近於禮, 遠恥辱也, ……)"《학이》는
〈양화〉편의 "공(恭)·관(寬)·신(信)·민(敏)·혜(惠)"와 서로 참조해야 할 말
이고,

○ 선생님께서 말씀하셨다. "군자는 의로써 바탕을 삼고, 예로써 그것을 행
하며, 겸손함으로써 그것을 내며, 신으로써 그것을 이루나니, 이것이 군
자다."

子曰, "君子義以爲質, 禮以行之, 孫以出之, 信以成之, 君子哉."《위령공》

와 함께 신이 의·예·손(孫) 혹은 공(恭)과 더불어 군자의 인격을 형성하
는 중요 덕목으로 되어 있다. "충신을 주장한다"《학이》·〈자한〉·〈안연〉), "전

술하기만 하고 창작하지 않으며, 옛것을 믿고 좋아함……(述而不作, 信而好古……)"(《술이》) 등의 신도 역시 군자가 몸에 지녀야 하는 덕목이다. 그리고

○ 자하가 말하였다. "군자는 〔백성들에게〕 신임을 얻은 뒤에 그 백성을 부리니, 신임을 얻지 못하고 부리면 자신들을 괴롭힌다고 여긴다. 신임을 얻은 뒤에 간하니, 신임을 얻지 못하고 간하면 자기를 비방한다고 여긴다."

子夏曰, "君子信而後勞其民, 未信, 則以爲厲己也, 信而後諫, 未信, 則以爲謗己也."(《자장》)

는 위정자로서 군자는 인간관계에서 믿음을 중요시해야 함을 말하고 있다. 따라서 신(信: 사람들 사이의 신뢰─옮긴이)은 정치의 기본 조건으로서 중요시해야 하는 사회관계이고, 덕치와 예치의 기초라는 것은 명확하다. 그래서 신을 설명한 22를 정치를 논한 ⓕ 3장 뒤에 계속했다고 본다면, 보유로서는 부자연스럽지 않다. 그리고 거듭 그 후에 계속해서 예를 논한 ⓖ 2장이 있지만, 이것은 22와는 직접 연관이 없음에도 편의 첫 부분 ⓐ의 3에 예의 일이 설명되어 있는 것과 매우 잘 상응하기 때문에 이것도 보유로서 부가한 것으로 본다면 일단은 이해할 수 있다. 덧붙여 말하면 《논어》에서 보이는 예의 의미에 대해서는 별도로 자세히 논하겠지만, 23의 "하예(夏禮)"·"은예(殷禮)"의 "예"는 국가 제도를 의미하고, 24의 "제(祭)"는 제례(祭禮)로, 이것들은 모두 《논어》의 용례에서는 "예"의 개념에 속한다.

4

따라서 다시금 회고하여 ⓐ·ⓑ·ⓒ·ⓓ·ⓔ·ⓕ·22·ⓖ의 8종의 재료가 상호 연관하고 있는 관계를 보면 다음과 같다.

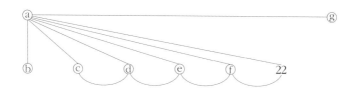

ⓐ와 ⓑ, ⓐ와 ⓒ, ⓐ와 ⓓ, ⓐ와 ⓔ, ⓐ와 ⓕ, ⓐ와 22, ⓐ와 ⓖ처럼 ⓑ·ⓒ·ⓓ·ⓔ·ⓕ·22·ⓖ의 7개의 재료가 모두 각각 ⓐ와 서로 관련을 맺는 것과 더불어 ⓒ와 ⓓ, ⓓ와 ⓔ, ⓔ와 ⓕ, ⓕ와 22처럼 ⓒ·ⓓ·ⓔ·ⓕ·22의 5종은 각각 인접하는 두 개씩 서로 어렴풋이 연쇄적으로 상응한다. 그리고 "위정"이라는 말이 ⓐ의 첫 장 1과 ⓕ의 끝 장 21에 보여 서로 대응하므로, 〈위정〉편은 본래 ⓐ에서 ⓕ까지로 완결하고, 22 및 ⓖ는 부록일지도 모른다. 그러므로 ⓐ~ⓖ 8종의 재료와 이 8종의 재료 상호 간의 관계를 전제로 해서 조립해 가면 당연히 〈위정〉편이 현재의 형식으로 완성된다.

그렇다 치더라도 이 24장은 19의 애공과의 문답 및 21 전반 이외는 모두 공자의 말은 "자왈"로 말하고 직제자는 자(字, 별명)로 부르고 있으므로, 이런 말의 사용으로 보건대 모두 공자 만년의 학교에서 배운 직제자로부터 나온 재료라고 생각된다. 특히 한 편을 편찬하는 데 중심이 되고 있는 ⓐ는 공자 만년의 학교에서 제자의 지침으로서 중요하게 여긴 말을 모은 장군으로 보인다. 공자 사망으로부터 멀지 않은 시대, 그러니까 아마 손제자 즈음에 노나라에서 편집되어 그것을 중심으로 동시에 그들 사이에 전해지던 ⓑ~ⓖ 7종의 재료를 모아 조립했을 것이다. 그리고 그 경우 ⓐ~ⓕ가 우선 모아지고, 다시 그것에 22 및 ⓖ가 차례로 부가되었으리라.

역시, 편말의 2장인 ⓖ가 모두 예를 설명한 기사라는 것은 다음 〈팔일〉편 26장이 모두 예악을 설명한 기사인 것과 비교해서 생각할 때 두 가지 견해가 가능할 것이다. 이에 대해서는 조만간 별도로 고찰할 것이지만, 여기서 미리 한마디만 언급한다면 하나는 이 2장은 본래 〈팔일〉편의 착간으로 〈팔일〉편은 실로 이 2장을 포함해야 한다는 관점이다. 또 하나 이 2장은 원래 〈위정〉편의 부록으로 편말에 부가되었던 것으로 후에 《논어》 20편이 금본과 같은 순서로 열거되었을 때 〈팔일〉편이 〈위정〉편 다음으로 배치되었기 때문에 접착제 역할을 한 것으로 보는 견해다. 그리고 나는 상상설이긴 하지만, 후자의 견해에 동의하고 싶다.

5

이상으로 〈위정〉편의 구조를 살펴봤지만, 마지막으로 당연히 이런 구조를 지니는 〈위정〉편은 어떤 사람들의 손에 의해 언제 어떻게 편집되었는지의 문제가 남는다. 부록으로 보이는 22와 ⓖ는 잠깐 제쳐놓고 ⓑ·ⓒ·ⓓ·ⓔ·ⓕ 5개는 어느 것이나 3~4장씩 서로 관련하여 존재하는 5종의 장군으로 〈위정〉편 편집의 전제가 되었던 다섯 개의 재료로 볼 수 있다. 그리고 그것들에 속하는 각 장은 모두 공자 만년의 학교에 출입했던 직제자로부터 나온 전송으로 생각된다. 어쩌면 전송자가 기억의 편의를 좇아서 어떤 의미에서 유사한 혹은 서로 연관되는 3~4장을 하나로 모아 같이 기억하고 전송했던 것이리라. 그런데 여기서 주의해서 보아야 할 것이 네 가지 있다. 첫째, 이 5개 장군은 전부 ⓐ와 연관되어 ⓐ를 받아서 순차적으로 열거되고 있다는 사실이다. 둘째, ⓑ·ⓒ·ⓓ·ⓔ·ⓕ 5개 장군의 순서는 ⓑ를 제외하고 ⓒ·ⓓ·ⓔ·ⓕ를 연쇄적으로 연관하는 것처럼 고안하여 열거하고 있다. 그리고 셋째, ⓐ의 첫 번째 1장, 즉 편수(編首)의 1장과 ⓕ의 최후의 1장, 즉 21이 "위정"을 말하는 것에서 수미가 서로 상응하고 있다. 넷째, ⓐ 4장은 일견 언어상으로 서로 관련된 통합은 없지만, 공자 만년의 학교에서 학풍의 일단을 보여주는 덕치정치와 공문의 학문 교양에 관계하고 있고, 이것을 하나로 모아 편수에 배치한 것에 의해 ⓑ~ⓕ 5군은 각각 ⓐ와 약하게나마 대응을 보여주게 되어 어느 정도는 전체를 하나로 결속시킨다는 것이다. 그래서 이 사실로부터 역으로 그 원인을 고찰한다면, 다음과 같을 것이다.

우선 최초에 직제자 이래 전송되어 오던 많은 말 중에 이 24장이 있었고 그것들이 노나라의 공문 후학 사이에 전해져 있었다. 그럼에도 그 전송 사이에 ⓑ 4장, ⓒ 3장, ⓓ 3장, ⓔ 4장, ⓕ 3장, ⓖ 2장은 기억의 편의에 의해 각각 한 덩어리로 전송되고 있었다. 그래서 당연히 이것을 한데 모아 가능한 한 전체를 모두 연관되게끔 편성하여 기억하는 고안이 이루어졌다. 또 어느 시기부터 그것이 기록으로 이어졌을 텐데, 그 결과 ⓐ 4장을 모아서 처음에 배치하고 ⓑ·ⓒ·ⓓ·ⓔ·ⓕ 5군을 순차로 열거하는 것에 의해 ⓐ~ⓕ의 21장을 하나의 통합의 기록으로서 편성하는 것이 가능했다. 그리고 나머지 3장 중에서 22는 ⓕ와 연관될 수 있는 까닭으로 ⓕ의 뒤에 부록으로 하였고, ⓖ 2장을 마지막에 부기한 것으로 생각된다.

이상의 상상에 만약 큰 잘못이 없다면, 〈위정〉편은 노나라에서 공문 후학의 손에 의해 이루어진 것으로 직제자 시대를 지난 지 오래지 않아 공자 학교에 대한 인상이 아직 희미해지지 않은 시대의 일이라고 생각한다.

무엇보다 이 편의 성립에 어느 정도나 시간이 걸렸는지 또 몇 사람의 손이 관여했는지는 상상 밖의 일이다. 또 2, 3전의 제자 시대의 노나라 학계에서는 증자 후학이 가장 유력했다고 생각하지만, ⓑ의 4장이 효의 문제를 모으고 있다는 사실뿐 이 편이 특히 적극적으로 증자 후학의 손에서 나왔으리라는 증거의 흔적은 어디에서도 발견할 수 없다.

제3절 〈팔일〉편의 성격과 구조

1

〈팔일〉편은 26장으로 이루어져 있다. 주자가 이미 주의 깊게 고찰한 바와 같이

모두 26장이다. 전(前) 편 끝의 2장을 통합하여 모두 예악(禮樂)의 일을 논하였다.

그리하여 26장이 모두 예악의 문제만 다룬다는 의미에서 《논어》 20편 중에서는 비교적 특색이 확실한 편이다. 역으로 말해 이 편이 공문에 전해진 예악에 관한 사제의 언행을 모아 편성한 것이라는 점은 의심할 수 없다. 단지 문제가 되는 것은 이 26장의 순서가 어떻게 해서 지금처럼 배치되었는가 하는 것인데, 이것을 깊이 따지다 보면 이 편의 성립 사정을 밝힐 수 있을 것이다. 그러나 이 문제를 들여다보기에 앞서 두세 가지 일을

이야기해 두자.

첫째, 이 편의 사료로서의 성격이다. 이 편은 상술한 것처럼 공문에 전해진 예악에 관한 사제의 언행을 모아 편집한 것이고, 말투로 볼 때 대체로 직제자 이래의 전송을 노나라 후학이 편집한 듯하다. 이 편에 등장하는 인물로 임방·염유·자하·자공·재아 등의 직제자가 있고, 계씨·삼가·정공·애공 등은 모두 노나라 사람이다. 13의 공자와 문답한 왕손가(王孫賈)와 24의 의(儀) 땅 봉인(封人)은 위나라 사람이지만, 이는 공자가 천하유력 중에 위나라에서 있었던 일을 기록한 것이고, 또 23의 공자의 말에 보이는 제나라 관중은 천하 주지의 역사적 인물이므로 이들의 존재가 이 장들이 공자 만년의 공문에 출입한 직제자로부터 나와 노나라 후학에 전해진 전송이라는 사실을 방해하는 것은 아니다. 그런 의미에서 〈위정〉편과 같은 성질의 전송적 자료인 것이다. 그리고 위에서 든 주자의 말과 같이 〈위정〉편의 끝 2장도 또 예에 대해 서술한 말로서 〈팔일〉편의 여러 장과 비교할 때 같은 성격의 장으로 보인다. 〈위정〉편의 끝 2장은 이미 〈위정〉편 조항에서 언급한 것처럼 〈위정〉편의 구조로 볼 때 부록과 같은 지위에 있다. 그리고 이 일이 무엇을 의미하는지는 다양하게 고찰할 수 있다. 〈팔일〉편의 착간으로도 볼 수 있고 혹은 〈위정〉편 편집 과정에서 〈팔일〉편의 편집자가 빠뜨린 2장을 〈위정〉편의 편집자가 발견하여 부록 형식으로 모아 실은 것으로도 볼 수 있다. 어쨌든 특히 후자의 경우에는 〈위정〉편과 〈팔일〉편이 동일하게 노나라 후학에 의한 직제자 이래의 전송이라는 의미에서 같은 성질의 문헌 자료에서 이루어져 있다는 것을 암시하는 것으로 보인다. 그렇다면 〈위정〉편과 〈팔일〉편은 둘 다 노나라 후학에게 전해져 있던 직제자 이래의 다수의 전송 자료를 가지고 편집한 것으로, 다만 〈위정〉편은 공문의 "위정" 방침과 그것의 기초로서의 군자의 학문과 교양에 관한 말을 모으고, 〈팔일〉편은 예악에 관한 공문 사제의 언행을 모은 것이 된다.

둘째는 이 편에 보이는 "공자"라는 호칭과 "자(子)"라는 호칭에 대한 것이다. 이것은 《논어》 전체에 걸쳐 고찰할 문제지만, 당분간은 이 편에서의 용례만 보도록 하자. 생각건대 이 편의 26장 중 1 및 19를 제외하고 24장에서는 모두 공자를 "자(子)"로 부르고 있다. 이것은 말할 필요도 없이 공자 만년의 학교에서 직제 간 말을 주고받을 때 공자를 "자"로 부른 것을 보여주는데 1과 19에서만 "공자"라는 호칭이 보인다.

> 1. 공자께서 계씨를 두고 말씀하시되〔천자의〕 팔일무를 뜰에서 춤추게 하니, 이 짓을 차마 한다면 무엇을 차마 하지 못하겠는가?"
>
> 孔子謂季氏, "八佾舞於庭, 是可忍也, 孰不可忍也."
>
> 19. 정공이 묻기를 "임금이 신하를 부리며, 신하가 임금을 섬김에 어찌해야 합니까?" 하자, 공자께서 대답하셨다. "임금은 신하를 부리기를 예로써 하고, 신하는 임금을 섬기기를 충성으로써 해야 합니다."
>
> 定公問, "君使臣, 臣事君, 如之何." 孔子對曰, "君使臣以禮, 臣事君以忠."

이 중 1은 《춘추좌전》 소공 25년(공자 35~36세)에

> ……양공의 사당에서 제사를 지내려는데 만무를 추는 자가 두 사람뿐이었고 다른 무인들은 계씨 집에서 만무를 추고 있었다. 장손이 말하기를 "이를 일러 선군의 묘에서 선군의 공훈을 보답할 수 없게 하는 것이라 한다"고 했다. 이 일로 노나라 대부들이 계평자를 원망하게 되었다.
>
> ……將禘於襄公, 萬者二人, 其衆萬於季氏, 臧孫曰, "此之謂不能庸先君之廟." 大夫

遂怨平子.

라고 되어 있는 사실에 공자가 분개한 내용을 전한 기사일 것이다. 생각건대 이 사건과 그에 대한 공자의 분개는 세간에 주지의 사실로서 이야기되고 있었고, 비단 공문 후학 내의 전송만은 아니었을 것이다. 그리고 일반 세간에서는 당연히 공자를 "자"라고 부르지 않고 "공자"라고 칭했을 것이다. 따라서 1은 공문 후학이 공문 사제의 예악에 관한 전송을 편집할 즈음 세간에 알려진 전송을 채용하여 직제자 이래 공문 내 전송 자료에 더한 것으로 이해할 수 있다. 또 19는 정공과의 문답이지만 《논어》의 용례에 의하면 군주의 하문에 답하는 것이나 당로(當路)에 진언하는 경우에는 "자"라고 말하지 않고 "공자"라고 말한다. 공식 회견은 결코 공문 내부의 사적인 일이 아니기 때문에 당연히 어느 정도 세간에 전해졌고 또 전해 마땅한 경우도 있다. 따라서 그 전송 혹은 기사가 공문 내에서 만들어졌는지 혹은 세간에서 만들어졌는지를 논하지 않고 "공자"라고 고쳐 말하는 말의 방식을 취한 것이다. 그런 의미에서 이 경우도 공문 후학이 편집할 때 세간의 전송을 취했을 가능성이 있다. 이는 다음에 논하는 것처럼 〈팔일〉편의 성립 사정에 대한 약간의 시사를 준다.

2

그런데 〈팔일〉편 26장의 장 순서에 대해서는 특히 밀접하게 연관된 현저한 장군이 보이지 않고 각종의 내용의 장이 단지 잡다하게 열거되어 있을 뿐 전체적으로 보아 하등의 방침도 없는 잡찬이라고 할 수밖에 없다. 그러나 자세히 보면 결국 장 배열을 어느 정도 배려한 점이 몇 군데 있다. 우선 그에 대해 고찰해 보자.

첫째로 1·2·3의 3장이다.

> 1. 공자께서 계씨를 두고 말씀하셨다. "〔천자의〕 팔일무를 뜰에서 춤추게 하니, 이 짓을 차마 한다면 무엇을 차마 하지 못하겠는가?"
>
> 孔子謂季氏, "八佾舞於庭, 是可忍也, 孰不可忍也."
>
> 2. 삼가에서 〔제사를 마치고 《시》의〕 옹장을 노래하면서 철상을 하였다. 선생님께서 말씀하셨다. "'제후들이 제사를 돕거늘 천자는 엄숙하게 계시다'는 가사를 어찌해서 삼가의 당에서 취해다 쓰는가?"
>
> 三家者以雍徹, 子曰, "'相維辟公, 天子穆穆.' 奚取於三家之堂."
>
> 3. 선생님께서 말씀하셨다. "사람으로서 인하지 못하면 예를 어떻게 사용하며, 사람으로서 인하지 못하면 악을 어떻게 사용할 수 있겠는가?"
>
> 子曰, "人而不仁, 如禮何, 人而不仁, 如樂何."

이 중 특히 1과 2는 계씨 및 삼가의 참월을 서술한 기사 2개를 나열한 것으로, 이것은 분명히 동류의 장을 모은 것이다. 그리고 3은 그것을 받아서 인간다운 인간이 아니라면 예도 악도 정상일 수 없다는 것, 바꿔 말하면 계씨와 삼가와 같은 참례의 행위는 인간 실격이라고 말해도 좋다는 공자의 강한 비판을 들어서 이것에 연결한 것으로 보인다. 이 3장을 일괄하여 잠정적으로 ⓐ라고 해두자.

둘째로 4·5·6의 3장이다.

> 4. 임방이 예의 본질을 물으니, 선생님께서는 말씀하셨다. "정말 중요한 물음

이구나! 예는 사치하기보다는 차라리 검소한 것이 낫고, 상례는 매끄럽게 잘 치르기보다는 차라리 애통해하는 것이 낫다."

林放問禮之本, 子曰, "大哉問, 禮與其奢也寧儉, 喪與其易也寧戚."

5. 선생님께서 말씀하셨다. "이적(夷狄, 오랑캐)에게도 군주가 있으니, 제하(諸夏, 중국의 여러 제후국)에 없는 것과는 같지 않다."

子曰, "夷狄之有君, 不如諸夏之亡也."

6. 계씨가〔대부로서 제후의 예를 참람하여〕태산(泰山)에 여제(旅祭)를 지내었다. 선생님께서 염유에게 "네가 그것을 바로잡을 수 없겠느냐?" 하시자, 염유가 "불가능합니다" 하고 대답하였다. 선생님께서 다음과 같이 말씀하셨다. "아! 일찍이 태산의 신령이〔예의 근본을 물은〕임방만도 못하다고 생각하느냐?"

季氏旅於泰山, 子謂冉有曰, "女弗能救與." 對曰, "不能." 子曰, "嗚呼, 曾謂泰山不如林放乎."

4는 임방이 예의 근본에 대해 질문한 것인데 6의 공자의 말은 그것을 근거로 하고 있기 때문에 4와 6이 연관돼 있는 것은 의심할 수 없다. 그리고 4는 "예는 사치하기보다는 차라리 검소한 것이 낫고, 상례는 매끄럽게 잘 치르기보다는 차라리 애통해하는 것이 낫다"고 되어 있는 것처럼, 예는 형식보다도 정신이 한층 중요하다고 했다. 그러나 6에서는 계씨가 태산에 여제를 한 참월을 비방하며 "임방이라도 예의 근본정신을 배워 알고 있는데, 태산의 신령이 이런 비례(非禮)를 당연히 받으실 이유가 없다"로 되어 있다. 그렇다면 계씨가 태산에 여제한 참월이 예의 근본에서 벗어난 것이 된다. 바꿔 말하면 예의 근본인 정신은 지나치게 호화로운 예의가 아니고, 검소한 질서 존중의 정신이고, 이것을 4와 함께 고려한다면 예의 본질은 신분 질서에 적합한 진심이다. 그래서 4와 6 사이에 끼어 있는 5를 이 방침에 따라 이해한다면, 신주(新注)처럼 "야만적인 이적의 국가조차도 군신의 구분이 있는데, 문명국인 중국 사회에 질서가 없다는 것은 한심스럽기 그지없다"는 의미가 되어 질서는 예의 근본정신을 지시하는 것이 된다. 고주(古注)로 이해한다면, "이적의 나라에는 형식상으로는 군신의 구분이 서 있지만, 야만이어서 내용이 없기 때문에 예라고 말할 수 없다. 현재의 중국은 군신의 구분이 어지러워져 있지만, 가족제도를 근거로 한 문화적 질서의 정신이 아직 존재하기 때문에 그것이 있는 한 이적이 비교할 바가 아니다. 이것이야말로 예의 근본정신으로 그것은 소중히 여기지 않으면 안 된다"는 의미가 된다. 하여간 이 3장은 예의 근본정신을 설명한 일련의 기사로도 보인다. 이것을 ⓑ라고 해두자. 더구나 ⓐ 끝의 3이 예악이 인간의 본질이라고 설명하는 것을 이어받아서 ⓑ의 머리 4는 그 예의 근본은 신분 질서에 적합한 인정(人情)에 어울리는 자연스러운 진심이라고 말하고 있기 때문에, 3과 4는 그 의미에서 내용이 상응하고, 또 ⓐ의 머리 1과 ⓑ의 끝 6은 함께 계씨의 참례를 말하는 의미에서 상응한다. 따라서 ⓐ와 ⓑ도 어느 정도는 의미가 서로 이어져 연관하고 있다고 말할 수 있다.

셋째로는 7과 8이다.

7. 선생님께서 말씀하셨다. "군자는 다투는 것이 없으나, 반드시 활쏘기에서는 경쟁을 한다. 상대방에게 읍하고 사양하며 올라갔다가 〔활을 쏜 뒤에는〕 내려와 〔술을〕 마시니, 이러한 다툼이 군자다운 다툼이다."

子曰, "君子無所爭, 必也射乎, 揖讓而升, 下而飮, 其爭也君子."

8. 자하가 물었다. "'예쁜 웃음에 보조개가 예쁘며 아름다운 눈에 눈동자가

선명함이여! 흰 비단으로 채색을 한다' 하였으니, 무엇을 말한 것입니까?"
선생님께서 말씀하셨다. "그림 그리는 일은 흰 비단을 마련하는 것보다 뒤
에 하는 것이다."〔자하가〕"예가〔충신보다〕뒤이겠군요?" 하고 말하자, 선
생님께서 말씀하셨다. "나를 흥기(興起)시키는 자는 상(商, 자하)이로구나!
비로소 더불어 《시》를 말할 만하다."

子夏問曰, "'巧笑倩兮, 美目盼兮, 素以爲絢兮.' 何謂也." 子曰, "繪事後素." 曰,
"禮後乎." 子曰, "起予者商也, 始可與言詩已矣."

7은 군자에 대한 발언이지만, 군자의 태도를 상징하는 활쏘기의 의례에
예의 정신의 본질을 개발하여 드러내고 있다. 8은 자하와의 문답에서, 시
구에 대한 이른바 단장취의적 해석이지만, 여기서도 시구에 기탁하여 예
의 본질을 발명하고 있다. 이런 의미에서 이 2장은 ⓑ가 예의 근본정신을
설명한 뒤를 받아서 고례(古禮)와 고시(古詩) 중에서 예의 본질을 개발하여
드러냈다. 이것을 잠정적으로 ⓒ라고 해두자.

다음으로 9~18의 10장을 열거해 고찰해 보자.

9. 선생님께서 말씀하셨다. "하나라의 예를 내가 말할 수 있으나〔그 후손의
나라인〕기나라에서 충분히 증거를 대주지 못하며, 은나라의 예를 내가 말
할 수 있으나〔그 후손의 나라인〕송나라에서 충분히 증거를 대주지 못함은
문헌이 부족하기 때문이다.〔문헌이〕충분하다면 내가〔내 말을〕증거 댈
수 있을 것이다."

子曰, "夏禮吾能言之, 杞不足徵也, 殷禮吾能言之, 宋不足徵也, 文獻不足故也,
足則吾能徵之矣."

10. 선생님께서 말씀하셨다. "체(禘)제사는 강신주(降神酒)를 따른 뒤로부터는

내 보고 싶지 않다."

子曰, "禘自既灌而往者, 吾不欲觀之矣."

11. 혹자가 체제사의 내용을 묻자, 선생님께서 말씀하셨다. "알지 못하겠다. 그 내용을 아는 자는 천하를 다스림에 있어 여기에다 올려놓고 보는 것과 같을 것이다" 하시고, 손바닥을 가리키셨다.

或問禘之說, 子曰, "不知也, 知其說者之於天下也, 其如示諸斯乎." 指其掌.

12. 제사를 지내실 적에는 〔선조가〕 계신 듯이 하셨으며, 신을 제사 지낼 적에는 신이 계신 듯이 하셨다. 선생님께서 말씀하셨다. "내가 제사에 참여하지 않으면 마치 제사하지 않은 것과 같다."

祭如在, 祭神如神在, 子曰, "吾不與祭, 如不祭."

13. 왕손가가 물었다. "아랫목 신에게 잘 보이기보다는 차라리 부엌 신에게 잘 보이라 하니, 무슨 말입니까?" 선생님께서 말씀하셨다. "그렇지 않다. 하늘에 죄를 얻으면 빌 곳이 없다."

王孫賈問曰, "與其媚於奧, 寧媚於竈, 何謂也." 子曰, "不然, 獲罪於天, 無所禱也."

14. 선생님께서 말씀하셨다. "주나라는 하와 상 두 왕조를 거울삼았으니, 찬란하구나, 그 문화여! 나는 주나라를 따르겠다."

子曰, "周監於二代, 郁郁乎文哉, 吾從周."

15. 선생님께서 태묘(大廟)에 들어가 매사(每事)를 물으시니, 혹자가 말하기를 "누가 추(鄹) 땅 사람의 아들(공자)을 일러 예를 안다고 하는가? 태묘에 들어가 매사를 묻는구나!" 하였다. 선생님께서 이 말을 들으시고 "이것이 바로 예다"라고 하셨다.

子入大廟, 每事問, 或曰, "孰謂鄹人之子知禮乎, 入大廟每事問." 子聞之曰, "是禮也."

16. 선생님께서 말씀하셨다. "활을 쏘는데 가죽 뚫는 것을 주장하지 않음은 힘

이 동등하지 않기 때문이니, 옛날의 〔활 쏘는〕 도다."

子曰, "射不主皮, 爲力不同科, 古之道也."

17. 자공이 초하룻날 〔사당에〕 고유(告由)하면서 바치는 희생양을 없애려고 하자, 선생님께서 말씀하셨다. "사야! 너는 그 양을 아까워하느냐? 나는 그 예를 아까워한다."

子貢欲去告朔之餼羊, 子曰, "賜也, 爾愛其羊, 我愛其禮."

18. 선생님께서 말씀하셨다. "임금 섬김에 예를 다함을 사람들은 아첨한다고 하는구나!"

子曰, "事君盡禮, 人以爲諂也."

이 10장을 통람하면 각종의 일을 고찰할 수 있다. 이제 차례로 이것을 살펴보자.

첫째로 9와 14의 대응이다. 9는 하나라 예와 은나라 예를 문헌이 부족해 상세하게 알 수 없다고 말하고 있지만, 암암리에 주나라 예는 비교적 증거를 댈 수 있음을 보여준다. 그리고 14는 주나라 예는 하나라 예 및 은나라 예에 비해 내용도 가장 탁월하기 때문에, 주나라 예를 기준으로 삼고 싶다는 것으로 이런 의미에서 9와 14는 대응한다. 그러나 이 2장은 서로 떨어져 배치되어 있고, 앞에 나온 ⓐⓑⓒ의 여러 장과 18 이후의 여러 장에도 이것과 대응하는 것이 없다. 이 사실이 무엇을 의미하는지는 뒤에서 설명하기로 하고, 지금은 이 대응의 사실만을 열거해 두자.

둘째로 10·11·12·13의 4장이 지니는 연관성이다. 10과 11은 둘 다 제천의 제사인 체에 대한 설명이기 때문에 이 2장을 모아 배치한 것이리라. 그리고 체는 가장 중요한 제사인데 지금은 그 예의의 태반이 붕괴되어 예의 의미마저 불명확해졌다는 점을 역설하고 있다. 다음으로 12는 제사를 지낼 때 마땅히 지녀야 할 자세와 공자의 제사에 대한 태도를 서술하고, 13에서 제사는 비유로 언급되고 있지만 제사 지낼 때 보여서는 안 될 모습을 말하고 있다. 그런데도 13의 "하늘에 죄를 얻으면 빌 곳이 없다(獲罪於天, 無所禱也)"는 하늘의 제사인 체를 설명한 10, 11과 어렴풋이 상응한다. 그래서 이 10~13의 4장은 적어도 자구의 측면에서는 어느 것이나 제사에 대해 서술한 말이라 하나로 모은 것이리라. 그리고 이 4장 중 앞 2장이 체의 고례(古禮)가 붕괴한 점을 한탄하여 그것의 복원을 희망하는 마음을 서술하고 있는 데 비해, 하나라 예 및 은나라 예가 증거를 대기에 부족한 것을 서술한 9가 위에 놓여서 붕괴된 주나라 예를 복원하여 그것의 진실한 모습을 추구해 보고 싶다는 공자의 의욕이 제시되고 있는 것이다. 이런 의미에서 9~13의 5장은 일련의 의미를 지니는 장군으로 보이므로, 여기서는 이것을 ⓓ라고 해두자.

셋째로 15·16·17·18의 4장에 대해서다. 15는 신하가 대묘에 봉사하는 경우의 고례를 이야기하고, 16은 활쏘기 예의 일정에 대한 고례를 설명하며, 17은 고례인 고삭(告朔)의 희양(餼羊)은 보존해야 할 것임을 가르친다. 18은 "군주를 섬기는 사람이 고례를 잘 지켜 실행하면 사람들은 도리어 아첨한다고 말한다"면서 지금 사람이 고례를 망각한 것을 한탄하고 있다. 요컨대 15~18의 4장은 주의 고례가 붕괴에 직면한 현상을 서술하면서 그것의 본래 모습을 구명하고 있는 것이다. 그리고 이 4장의 앞에 주나라의 고례는 훌륭하기 때문에 그것을 구명하여 그것에 따르고 싶다는 공자의 의욕을 서술한 14가 놓여 있는 것이다. 이런 의미에서 14~18의 5장은 결국 서로 연관하는 의미의 여러 장을 모은 장군으로 보인다. 이것을 ⓔ라고 부르자. 그리고 ⓓ는 9의 하나라의 예, 은나라의 예의 장을 앞에 놓고, ⓔ는 14의 "주나라는 하와 상 두 왕조를 거울삼았으니(周監於二

代" 장을 첫 장으로 하고, 그럼에도 9와 14는 앞에서 서술한 것처럼 서로 대응하기 때문에 ⓓ의 다음으로 ⓔ가 병치되고 있는 것에도 편집자의 배려가 느껴진다.

그런데 여기서 편 머리의 1과 17장을 건너뛴 19가 서로 대응한다는 점에 주목하지 않으면 안 된다.

1. 공자께서 계씨를 두고 말씀하셨다. "〔천자의〕 팔일무를 뜰에서 춤추게 하니, 이 짓을 차마 한다면 무엇을 차마 하지 못하겠는가?"

孔子謂季氏, "八佾舞於庭, 是可忍也, 孰不可忍也."

2. ......

.

.

.

18. 선생님께서 말씀하셨다. "임금 섬김에 예를 다함을 사람들은 아첨한다고 하는구나!"

子曰, "事君盡禮, 人以爲諂也."

19. 정공이 묻기를 "임금이 신하를 부리며, 신하가 임금을 섬김에 어찌해야 합니까?" 하자, 공자께서 대답하셨다. "임금은 신하를 부리기를 예로써 하고, 신하는 임금을 섬기기를 충성으로써 해야 합니다."

定公問, "君使臣, 臣事君, 如之何." 孔子對曰, "君使臣以禮, 臣事君以忠."

1은 노나라 대부 계씨의 참월한 비례에 대해 공자가 분개하고 있고, 19는 공자가 노나라 군주인 정공에 대해 예로써 신하를 부려야 함을 설명하고 있다. 그러므로 이 2장은 모두 지배자가 예를 지켜야 하는 것을 말하고

있는 점에서 서로 대응한다. 그럼에도 이 2장만은 공자를 "자"로 부르지
않고 "공자"라고 말하고 있고, 앞에서 서술한 것처럼 공문 밖 세간의 소
전을 채용한 것 같은 특별한 장이라는 점에서도 공통된다. 그리고 이 2장
은 떨어져 배치되어 있지만, 그 사이에 연쇄적으로 연관하는 ⓐⓑⓒ와
병렬적으로 서로 대응하는 ⓓⓔ가 순차적으로 열거되어 있다. 그럼에도
1은 ⓐ군의 머리 장에 속하고, 19는 ⓔ의 끝 장인 18을 받아서 18은 신하
가 군주를 섬길 때 예를 극진히 해야 한다는 것, 19는 군주가 신하를 부
릴 때 예로써 해야 함을 설명하는 점에서 연관된다. 그래서 1~19의 19장
은 ⓒ의 8과 ⓓ의 9 사이에 연관이 없을 뿐 그 외는 어떤 의미에서 서로
관련돼 있고, 그럼에도 머리 장인 1과 끝 장인 19의 관련성에 의해 전체
가 하나의 편찬물로 통합되게 된다. 그리고 20 이하 26에 이르는 7장은
이것과 얼마쯤 분위기가 다르기 때문에 일단 1~19의 19장을 하나로 통
합하여 Ⓐ라고 해두자.

다음으로 20~26의 7장을 고찰해 보자.

20. 선생님께서 말씀하셨다. "〔《시》〕〈관저〉는 즐거우면서도 음란하지 않고,
슬프면서도 몸을 상하게 하지 않는다."

子曰, "關雎樂而不淫, 哀而不傷."

21. 애공이 재아에게 사(社)에 대하여 물으니, 재아가 대답하기를 "하후씨는
소나무를 〔심어 사주(社主)로〕 사용하였고, 은나라 사람들은 잣나무를 사용
하였고, 주(周)나라 사람들은 밤나무를 사용하였으니, 〔밤나무를 사용한 이
유는〕 백성들로 하여금 전율(戰栗)을 느끼게 하려고 해서였습니다" 하였
다. 선생님께서 이를 들으시고 말씀하셨다. "내 이미 이루어진 일이라 말
하지 않으며 끝난 일이라 간하지 않으며, 이미 지나간 일이라 탓하지 않

는다."

哀公問社於宰我, 宰我對曰, "夏后氏以松, 殷人以柏, 周人以栗, 曰使民戰栗." 子
聞之曰, "成事不說, 遂事不諫, 既往不咎."

22. 선생님께서 말씀하셨다. "관중의 기국이 작구나!" 혹자가 "관중은 검소했
습니까?" 하고 묻자, 말씀하셨다. "관씨는 삼귀를 두었으며, 가신의 일을
겸직시키지 않았으니, 어찌 검소하다고 할 수 있겠는가." "그러면 관중은
예를 알았습니까?" 하고 묻자, 다음과 같이 말씀하셨다. "나라의 임금이어
야 병풍으로 문을 가릴 수 있는데 관씨도 병풍으로 문을 가렸으며, 나라의
임금이어야 두 임금이 우호로 만날 때에 술잔을 되돌려 놓는 자리를 둘
수 있는데 관씨도 술잔을 되돌려 놓는 자리를 두었으니, 관씨가 예를 안다
면 누가 예를 알지 못하겠는가."

子曰, "管仲之器小哉." 或曰, "管仲儉乎." 曰, "管氏有三歸, 官事不攝, 焉得儉."
"然則管仲知禮乎." 曰, "邦君樹塞門, 管氏亦樹塞門, 邦君爲兩君之好, 有反坫, 管
氏亦有反坫, 管氏而知禮, 孰不知禮."

23. 선생님께서 노나라 태사에게 음악을 말씀하셨다. "음악은 알 만한 것이다.
처음 시작할 적엔〔오음을〕합하여, 풀어놓을 때에는 조화를 이루고 분명
하며, 연속되어서 한 장을 끝마쳐야 한다."

子語魯大師樂, 曰, "樂其可知也, 始作翕如也, 從之純如也, 皦如也, 繹如也, 以成."

24. 의 땅의 봉인이 뵙기를 청하며 말하기를 "군자가 이곳에 이르면 내 일찍이
만나보지 않은 적이 없었다" 하였다. 종자(從者, 공자의 수행인)가 뵙게 해
주자,〔그가 뵙고〕나와서 말하였다. "그대들은 어찌〔공자께서〕벼슬을 잃
음을 걱정할 것이 있겠는가. 천하에 도가 없은 지 오래되었다. 하늘이 장
차 부자를 목탁으로 삼으실 것이다."

儀封人請見, 曰, "君子之至於斯也, 吾未嘗不得見也." 從者見之, 出曰, "二三子,

何患於喪乎, 天下之無道也久矣, 天將以夫子爲木鐸."

25. 선생님께서 소악을 평하시되 "지극히 아름답고 지극히 좋다" 하셨으며,
무악을 평하시되 "지극히 아름답지만 지극히 좋지는 못하다" 하셨다.

子謂韶, "盡美矣, 又盡善也." 謂武, "盡美矣, 未盡善也."

26. 선생님께서 말씀하셨다. "윗자리에 있으면서 너그럽지 않으며, 예의를 차
리되 공경스럽지 않으며, 초상에 임하여 슬퍼하지 않는다면 내가 무엇으
로 그를 관찰하겠는가?"

子曰, "居上不寬, 爲禮不敬, 臨喪不哀, 吾何以觀之哉."

이 7장은 앞의 19장에 대해 각별하게 연관되어 있는 것 같지도 않고, 단
지 7장 전체가 앞 19장과 동일하게 예악에 관한 말이라는 것 외에는 아무
런 유기적 관련이 없어 전적으로 잡찬의 외관을 띤다. 그러나 역시 두 가
지 특색을 지적할 수 있다.

첫째로 20, 21, 22의 3장이다. 20은 《시》〈관저〉에 대한 비평으로 "즐
거우면서도 음란하지 않고, 슬프면서도 몸을 상하게 하지 않는다"고 칭찬
하고 있다. 이것이 단순한 시 비평에 지나지 않는다면, 〈팔일〉편 전체가
예악에 관한 기사만을 모으고 있는 중에 이 장만은 같은 부류가 아니다.
무엇보다도 이른바 《시》300편"〈위정〉은 어느 것이나 의식을 거행할 즈
음에 음악에 맞추어 가락을 붙여 불렀던 가사(歌詞)로 〈관저〉도 그 한 편
이었음에 틀림없으므로, 당연히 그것은 예악과 밀접한 관계가 있다. 다시
말해 2는 삼가의 참례를 비난하면서 "옹장(雍章)을 노래하면서 철상(撤床)
을 하였다"는 사실을 들고 있다. 게다가 공문에서 시를 연구할 무렵에 이
른바 단장취의적 방식으로 시구의 새로운 의미를 개발했다. 8에서 볼 수
있는 바와 같이, 미인을 노래한 시구로부터 예에 대한 문답이 발전한 것

이다. 그렇다면, 이 〈관저〉에 대한 비평 "즐거우면서도 음란하지 않고, 슬프면서도 몸을 상하게 하지 않는다"는 것도 이 시가 담고 있는 감정이 사회생활에서 예의 질서로 이루어진 인정에 어울리는 자연스러움의 발로인 것을 찬양하고 있는 셈이다. 그래서 이것은 이미 ⓑ에서 4와 6의 대응으로 다루어진 것처럼 질서에 어울리는 진심으로서 예의 근본정신에 합치하는 점이 있다. 그런 의미에서 이 장이 예악을 논한 〈팔일〉편에 채용된 것이리라. 그런데 이 20과 연속하여 21과 22가 있고, 그리고 21과 22 사이에 어렴풋한 관련이 있는 것이 발견된다. 21은 재아가 사(社)의 제도를 묻는 애공의 질문에 잘못 설명한 기사이고, 22는 예의 정신에서 볼 때 제나라 관중은 고례에 무지하여 참월한 사람임을 비난하고 있다. 따라서 이 2장은 예에 대한 무지의 사실을 열거한 것으로 그런 의미에서 어렴풋하게나마 서로 연관돼 있다. 그리고 이 2장의 앞에 〈관저〉를 논하여 예의 본질을 설명한 20을 위에 붙인 것이고, 그것은 호화로운 참례도 아니려니와 백성을 전율케 하는 권력의 표시도 아니며 질서로 이루어진 인정에 어울리는 자연스러움의 표현이라는 것이다. 따라서 이 20·21·22의 3장은 〈팔일〉편의 편성에 관여한 몇 사람 중 적어도 누군가 한 사람에 의해 1개의 장군으로 취급되어 앞 19장에 대한 제1차의 부록으로서 그 뒤에 더해졌을 것이다. 그리고 관중의 참례를 비평한 공자의 문답인 22를 최후에 배치하여 편 머리, 공자가 계씨의 참례를 비난한 말과 멀리서 수미상응케 하고 있다. 이 20·21·22 3장을 ⓕ라고 해두자.

둘째로 23·24·25·26의 4장이다. 이 중 23과 25가 공자의 음악론에 관한 기사인 점이 주의를 끈다. 무엇보다 유교 교학의 입장에서는 예와 악의 관계가 밀접하고 복잡하다. 그러니까 3에 "사람으로서 인하지 못하면 예를 어떻게 사용하며, 사람으로서 인하지 못하면 악을 어떻게 사용할 수 있겠는가?"라고 하면서 예와 악을 나란히 열거하고 있고, 또 2는 삼가의 비례를 비난하여 "옹장을 노래하면서 철상을 하였다"는 사실을 들추어내고 있는 것이다. 그러나 음악론의 기사에 이르러서는 앞 19장에서는 볼 수 없고 음악에 관한 기사는 단지 뒤 7장의 후반에만 2장이 있는 것으로 된다. 그러나 이 2장은 서로 인접해 있는 것이 아니라 24 1장을 사이에 두고 건너뛰어 있다. 그래서 23·24·25 3장을 통틀어 본다면 23은 공자가 노나라 궁정악단의 지휘자에게 오케스트라의 본질을 이야기한 말로 음악에 통달한 사람의 모습이 엿보인다. 어쩌면 공자의 사상은 올바른 국가 사회 질서이자 문화생활 질서인 예의 절도가 음악에서처럼 조화롭고 부드럽게 운영되는 것을 이상으로 하는 것으로 "시에서 흥기(興起)시키며, 예에 서며, 악에서 완성한다(興於詩, 立於禮, 成於樂)"(《태백》)는 것이다. 따라서 악은 예 운용의 완성 형태로 23의 공자가 음악의 오의에 통달해 있던 모습은 후학이 보자면 예악의 오의에 통달한 찬양할 만한 모습이었을 것이다. 다음의 24는 의 땅의 봉인이 공자를 보고 공자는 이 난세에 하늘이 내린 목탁이라고 칭찬한 말이다. 다시 25는 공자가 고전음악의 극치로서 소와 무를 논한 말이어서 음악론이란 의미에서 23과 상응한다. 마지막 26은 "위에 있는 사람이 예악의 정신을 몸에 지니고 있지 않으면 말할 거리가 안 된다"는 공자의 말이다. 그렇게 본다면 이 4장은 공자의 행적과 말을 잡연하게 한데 모아 예악의 본질에 투철한 공자의 모습을 밝힌 장군이다. 이것을 ⑧라고 해두자. 그리고 처음의 23은 그 전의 22와 계속되지 않지만, 마지막 26은 위에 있는 사람이 예악을 몸에 지니고 있어야 함을 설명한 것이어서 편의 머리 1의 계씨의 비례와 멀리서 상응하여 한 편이 하나로 정리되도록 고안되어 있다. 어쩌면 ⑧는 앞 19장 ④에 대한 제2차 부록이리라.

따라서 ⓕ 3장 및 ⓖ 4장은 결국 앞 19장 Ⓐ에 대한 제1차 및 제2차 부록으로 보인다. 그러므로 이 2군을 합쳐 20~26의 7장을 Ⓑ라고 부르도록 하자.

3

이상 고찰한 것을 정리하여 간단하게 정리해 보면 다음과 같다.

1. 〈팔일〉편 26장은 앞 19장 Ⓐ와 뒤 7장 Ⓑ로 크게 양분하여 고찰할 수 있고, Ⓑ는 Ⓐ의 부록으로 보인다. 그리고 Ⓑ는 다시 앞 3장 ⓕ와 뒤 4장 ⓖ로 양분할 수 있으며, ⓕ는 Ⓐ에 대한 제1차 부기, ⓖ는 제2차 부기다.

2. 전편 26장 사이의 장연관 및 장군연관을 나타내면 다음과 같다.

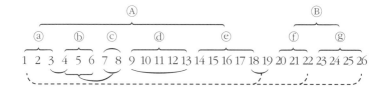

3. 전편의 구조로 보면 이 편의 성립은 한 사람이 한때에 편집한 것은 아니고 적어도 3차에 걸쳐 편집했다. 제1차는 Ⓐ 19장의 편집이고, 제2차는 ⓕ의 부가이고, 제3차는 ⓖ의 부가다. 어쩌면 ⓕ와 ⓖ는 자료가 확보됨에 따라 나중에 부가했을 것이다. 그리고 예악에 관한 공문 사제의 언행을 모으는 것이 이 몇 차에 걸친 편집을 아우르는 큰 목적이다.

4. 편집은 약간의 연차를 두고 몇 번에 걸쳐 이루어졌을 테지만, 이 편의 재료가 된 26장은 대부분 공자 만년의 학교에 출입했던 직제자 이래의 전송이고,

또 노나라에서 이루어진 공문 후학의 편집이리라. 그런 의미에서 〈위정〉편과 동일하다. 단지, Ⓐ의 수미를 이루는 1과 19는 원래 공문 후학 내에서만 전송되던 재료는 아니고, Ⓐ를 편집할 즈음에 세간에도 알려져 있던 전송을 채취한 것일지도 모른다.

5. 재료의 성질로 볼 때 〈위정〉편과 동일하게, 노나라에서 직제자로부터 멀지 않은 시대에 편집이 시작되었을 것이다. 그러나 그것이 반드시 증자 문하의 손에 의한 것이었다고 할 수는 없고 그렇게 고찰해야 할 뚜렷한 증거도 없다.

제4절 〈이인〉편의 성격과 구조

1

나는 이미 《논어》의 제1편인 〈학이〉편이 증자 후학의 편집에 의해 나타났을 가능성이 크다고 논했다. 그런데 《논어》 20편 중에서 증자 후학의 편집으로 볼 수 있는 것으로는 〈학이〉편 외에 〈이인〉편·〈태백〉편·〈헌문〉편의 일부가 있다. 또 일부 증자 후학의 영향을 받은 것으로 짐작되는 것이 〈공야장〉편과 〈옹야〉편이라고 생각한다. 여기서는 우선 〈이인〉편을 고찰해 보자.

2

〈이인〉편은 모두 26장으로 이루어져 있고, 마지막 26이 "자유가 말하였다(子游曰)"로 시작하는 자유의 말인 것 외에는 모두 "자왈"로 시작하는 공자의 격언이다. 그리고 1부터 7까지 7장은 전부 "인"에 대해 서술하고, 게다가 1과 7은 어떤 의미에서 서로 대응하고 있다.

1. 선생님께서 말씀하셨다. "마을의 〔인심이〕 인후한 것이 아름다우니, 인심이 좋은 마을을 선택하되 인에 처하지 않는다면 어떻게 지혜롭다 하겠는가."

   子曰, "里仁爲美, 擇不處仁, 焉得知."

2. 선생님께서 말씀하셨다. "인하지 못한 자는 오랫동안 곤궁한 데 처할 수 없으며 장구하게 즐거움에 처할 수 없으니, 인자(仁者)는 인을 편안히 여기고 지자(智者)는 인을 이롭게 여긴다."

   子曰, "不仁者不可以久處約, 不可以長處樂, 仁者安仁, 知者利仁."

3. 선생님께서 말씀하셨다. "오직 인자여야 사람을 좋아하며, 사람을 미워할 수 있는 것이다."

   子曰, "唯仁者能好人, 能惡人."

4. 선생님께서 말씀하셨다. "진실로 인에 뜻을 두면 악함이 없다."

   子曰, "苟志於仁矣, 無惡也."

5. 선생님께서 말씀하셨다. "부(富)와 귀(貴)는 사람들이 하고자 하는 것이나 그 정상적인 방법으로 얻지 않으면 처하지 않아야 하며, 빈(貧)과 천(賤)은 사람들이 싫어하는 것이나 그 정상적인 방법으로 얻지 않았다 하더라도 버리지 않아야 한다. 군자가 인을 떠나면 어찌 이름을 이룰 수 있겠는가. 군자는 밥을 먹는 동안이라도 인을 떠남이 없으니, 경황 중에도 이 인에 반드시 하며, 위급한 상황에도 이 인에 반드시 하는 것이다."

   子曰, "富與貴, 是人之所欲也, 不以其道得之不處也, 貧與賤, 是人之所惡也, 不以其道, 得之不去也, 君子去仁惡乎成名, 君子無終食之間違仁, 造次必於是, 顚沛必於是."

6. 선생님께서 말씀하셨다. "나는 인을 좋아하는 자와 불인을 미워하는 자를
보지 못하였다. 인을 좋아하는 자는 그보다 더할 수 없고, 불인을 싫어하
는 자는 그가 인을 행할 때에 불인한 것으로 하여금 그 몸에 가해지지 못
하게 하는 것이다. 하루라도 그 힘을 인에 쓴 자가 있는가? 나는 힘이 부
족한 자를 아직 보지 못하였노라. 아마도 그런 사람이 있을 터인데 내가
아직 보지 못하였나 보다."

子曰, "我未見好仁者, 惡不仁者, 好仁者, 無以尙之, 惡不仁者, 其爲仁矣, 不使
不仁者加乎其身, 有能一日用其力於仁矣乎, 我未見力不足者, 蓋有之矣, 我未之
見也."

7. 선생님께서 말씀하셨다. "사람의 과실은 각기 그 유대로 하는 것이니, 그
사람의 과실을 보면 인을 알 수 있다."

子曰, "人之過也, 各於其黨, 觀過斯知仁矣."

이 중 1·7 2장은 인간이 사회 환경에 크게 영향을 받는다는 점을 전제로
하여 그 시각에서 인을 설명하고 있다. "이인(里仁)", "처인(處仁)", "어기당
(於其黨)"이 그것이다. 그런 의미에서 어렴풋하게 서로 대응한다고 할 수
있다. 하여간 1~7은 모두 "인"을 주제로 한다는 점에서, 1과 7의 대응에
의해 누군가가 편집한 하나의 통합 재료로 보인다. 이것을 ⓐ라고 부르도
록 하자.

다음으로 8과 9는 "도"를 설명한다는 점에서 공통점이 있다.

8. 선생님께서 말씀하셨다. "아침에 도를 들으면 저녁에 죽어도 괜찮다."

子曰, "朝聞道, 夕死可矣."

9. 선생님께서 말씀하셨다. "선비가 도에 뜻을 두고서 나쁜 옷과 나쁜 음식을 부끄러워하는 자는 더불어 도를 의논할 수 없다."

　　子曰, "士志於道, 而恥惡衣惡食者, 未足與議也."

생각건대 이 2장은 도를 설명한 공자의 격언이라 전송자가 하나로 모아서 기억했던 것이리라. 여기서 이 군을 ⓑ라고 부르기로 하자.

　　다음으로 10과 11은 "군자"의 일을 설명한다는 점에서 공통점이 있다.

10. 선생님께서 말씀하셨다. "군자는 천하의 〔일에〕 있어서 오로지 주장함도 없으며, 그렇게 하지 않는다는 것도 없어서 의를 따를 뿐이다."

　　子曰, "君子之於天下也, 無適也, 無莫也, 義之與比."

11. 선생님께서 말씀하셨다. "군자는 덕을 생각하고 소인은 처하는 곳을 생각하며, 군자는 형(刑, 법)을 생각하고 소인은 은혜를 생각한다."

　　子曰, "君子懷德, 小人懷土, 君子懷刑, 小人懷惠."

이것도 군자의 태도를 설명한 공자의 격언으로 전송자가 모아 전했을 가능성이 있다. 이 2장을 잠정적으로 ⓒ라고 부르도록 하자.

　　다음으로 12·13·14는 모두 공자의 격언이지만 자구만으로는 어떤 공통점을 발견하기가 쉽지 않다.

12. 선생님께서 말씀하셨다. "이익에 따라 행동하면 원망이 많다."

　　子曰, "放於利而行, 多怨."

13. 선생님께서 말씀하셨다. "능히 예와 겸양으로써 할 수 있다면 나라를 다스림에 무슨 어려움이 있으며, 예와 겸양으로써 나라를 다스리지 못한다면

예를 어찌하겠는가!"

子曰, "能以禮讓爲國乎, 何有, 不能以禮讓爲國, 如禮何."

14. 선생님께서 말씀하셨다. "지위가 없음을 걱정하지 말고 지위에 설 것을 걱정하며, 자신을 알아주는 이가 없음을 걱정하지 말고 알려질 만하기를 구해야 한다."

子曰, "不患無位, 患所以立, 不患莫己知, 求爲可知也."

생각건대 12는 공리주의에 대한 비판이고, 13은 군자가 예의로써 국가를 다스려야 함을 설명한 것으로 "국가의 질서는 문화적인 제도, 즉 예제에 의해 보존된다. 위정자가 예의 정신인 예양(절도에 어울리는 겸양)으로 나라를 다스리지 않으면, 예제는 붕괴하여 국가의 질서가 어지럽게 될 것이리라"는 의미다. 이것은 〈위정〉편 3 "선생님께서 말씀하셨다. 인도하기를 법으로 하고, 가지런히 하기를 형벌로 하면, 백성들이 형벌을 면할 수는 있으나, 부끄러워함은 없을 것이다(子曰, 道之以政, 齊之以刑, 民免而無恥, 道之以德, 齊之以禮, 有恥且格)"와 이 편의 앞에 인용한 11 "선생님께서 말씀하셨다. 군자는 덕을 생각하고 소인은 처하는 곳을 생각하며……(子曰, 君子懷德, 小人懷土, ……)" 등의 덕치주의 정신과 상통한다. 또 14는 〈학이〉편 16 "선생님께서 말씀하셨다. 남이 자신을 알아주지 못함을 걱정하지 말고, 내가 남을 알지 못함을 걱정해야 한다(子曰, 不患人之不己知, 患不知人也)"와 동일한 의미의 말로, 결국 군자가 걱정하는 바는 군자로서의 덕의 부족에 있음을 말하고 있다. 그렇다면 12·13·14는 자구에서는 서로 일치하는 점을 발견하기 어렵지만, 군자에 대해 말하고 있다는 점에서는 공통된다. 무엇보다도 《논어》에서 발견할 수 있는 공자의 격언 다수는 군자에 대하여 말한 것이다. 이 3장에만 한정한 것은 아니지만 지금 이 3장은 군자는 자기의 이익에 의해 행동해서는 잘 안 된다(12), 이익을 떠나서 예양에 의해 나라를 다스려야 비로소 잘된다(13), 게다가 지위와 세상의 평판에 연연해하지 않고 자기의 도덕적인 생활 방식에 충실하지 않으면 안 된다(14)처럼 이어지는 모양새다. 이 3장을 하나의 통합으로 보아 잠정적으로 ⓓ라고 한다면, ⓓ는 ⓒ가 "군자"의 일을 설명하고 있는 것을 이어서 결국 동일하게 실질적으로는 군자의 일을 서술한 3장을 보충한 것으로 보인다. 이런 의미에서 ⓓ는 말하자면 ⓒ의 보유다.

여기서 지금까지 서술한 ⓐⓑⓒⓓ 4군의 상호관계를 고찰해 보면 다음과 같다.

1~7 ……ⓐ…… 인(仁)

8~9 ……ⓑ…… 도(道)

10~11……ⓒ…… 군자

12~14……ⓓ…… 군자

이 중 ⓑ의 도란 무엇일까? 그것과 인과의 관계는 무엇일까? 생각건대 ⓐ의 5에

5. 선생님께서 말씀하셨다. "부와 귀는 사람들이 하고자 하는 것이나 그 정상적인 방법으로 얻지 않으면 처하지 않아야 하며, 빈과 천은 사람들이 싫어하는 것이나 그 정상적인 방법으로 얻지 않았다 하더라도 버리지 않아야 한다. 군자가 인을 떠나면 어찌 이름을 이룰 수 있겠는가. 군자는 밥을 먹는 동안이라도 인을 떠남이 없으니, 경황 중에도 이 인에 반드시 하며, 위급한 상황에도 이 인에 반드시 하는 것이다."

子曰, "富與貴, 是人之所欲也, 不以其道得之不處也, 貧與賤, 是人之所惡也, 不以其道, 得之不去也, 君子去仁惡乎成名, 君子無終食之間違仁, 造次必於是, 顚沛必於是."

라고 되어 있는 것을 종합해 고찰해 보면 "도"란 "인"의 다른 이름이다. 또 ⓒ의 군자는 "인" 혹은 "도"를 체득한 인물임을 지시한 것에 틀림없다. 앞에서 인용한 ⓐ 5의 기사로부터도 그것을 이해할 수 있다. 그렇게 본다면 〈이인〉편의 전반을 이루는 1~14는 모두 공자의 격언이지만, 이 14장은 ⓐⓑⓒⓓ 4종의 재료를 모아 편성했고 이 4종의 재료의 순위는 우선 "인"에 대한 격언을 모은 ⓐ를 배치하고, 다음으로 "인"과 동일하나 다른 이름인 "도"에 관한 두 개의 격언을 모은 ⓑ를 배치하여 ⓐ를 보충하고, 다시 "인" 혹은 "도"의 체득자인 "군자"의 태도에 대한 격언 두 개를 모은 ⓒ와 그것과 동류의 3장인 ⓓ를 순차적으로 배치하여 ⓐ 및 ⓑ를 보충한 형식이다. 따라서 〈이인〉편의 전반에 해당하는 1~14는 ⓐⓑⓒⓓ 4종의 재료를 순차적으로 후자가 전자를 보충하는 모양으로 편집했던 것으로 전체가 공자의 격언집이라는 성질을 띤 문헌임이 판명된다. 그러므로 이 ⓐⓑⓒⓓ를 총괄하여 Ⓐ라고 부르도록 하자.

그런데 다음 문제는 당연히 〈이인〉편의 후반, 즉 15~26의 12장의 구성이다. 이 문제에 대해서는 명확한 판단을 내리기가 어렵지만, 송나라 호인이 15~24의 10장을 "의심컨대 모두 증자의 문인이 기록한 것인 듯하다(疑皆曾子門人所記也)"(주자 주)고 한 말을 주목할 만하다. 15는 증삼과 공자의 일관의 도에 대한 문답으로, "증자가 말씀하셨다(曾子曰)……"로 되어 있기 때문에, 이 장이 증자 문인의 소전인 점은 쉽게 상상할 수 있다. 16은 특별히 증자 문인의 소전이라는 증거는 없지만, 그렇지 않다는 증거도 없다. 그것은 "군자는 의에 깨닫고, 소인은 이익에 깨닫는다"는 공자의 격언이다. 17은 다음과 같다.

> 17. 선생님께서 말씀하셨다. "어진 사람을 보면 그와 같아지기를 생각하고, 어질지 못한 사람을 보면 안으로 자신을 살핀다."
>
> 子曰, "見賢思齊焉, 見不賢而內自省也."

이 "안으로 스스로 반성해야 한다"는 자기반성을 중요시하는 태도는 〈학이〉편 4 "증자가 말씀하였다. 나는 날마다 세 가지로 내 몸을 살피나니, ……(曾子曰, 吾日三省吾身, ……)"라는 증자의 태도와 부합한다. 또 18~21의 4장은 효를 설명한 격언으로, 효를 중요시한 증자로부터 수학한 문인이 효에 관한 공자의 격언을 모은 것으로 생각할 수 있다. 즉 이 4장은 다음과 같다.

> 18. 선생님께서 말씀하셨다. "부모를 섬길 때는 부드럽게 간해야 하니, 자기의 뜻이 부모를 따르지 않음을 드러내면서도 부모를 공경하여 어기지 않고, 수고롭되 원망하지 않아야 한다."
>
> 子曰, "事父母幾諫, 見志不從, 又敬不違, 勞而不怨."
>
> 19. 선생님께서 말씀하셨다. "부모님이 살아 계시거든 멀리 가지 않으며, 나가게 되면 반드시 일정한 곳에 있어야 한다."
>
> 子曰, "父母在, 不遠遊, 遊必有方."
>
> 20. 선생님께서 말씀하셨다. "3년 동안 아버지의 도를 고치지 말아야 효라 이를 수 있다."
>
> 子曰, "三年無改於父之道, 可謂孝矣."(증자 후학의 편집으로 보이는 〈학이〉편

11의 후반과 동일함)

21. 선생님께서 말씀하셨다. "부모의 연세를 잊어서는 안 될 것이니, 한편으로는 그 때문에 기쁘고, 한편으로는 그 때문에 두렵다."

子曰, "父母之年, 不可不知也, 一則以喜, 一則以懼."

또 22 및 24를 인용하면 다음과 같다.

22. 선생님께서 말씀하셨다. "옛사람이 말을 가볍게 하지 않았던 것은 실천이 따르지 못함을 부끄러워해서였다."

子曰, "古者言之不出, 恥躬之不逮也."

24. 선생님께서 말씀하셨다. "군자는 말은 신중히 하고 행동은 민첩하게 하려고 한다."

子曰, "君子欲訥於言, 而敏於行."

이 2장은 군자다운 사람은 언행일치가 돼야 한다는 교훈으로 〈헌문〉 29 "선생님께서 말씀하셨다. 군자는 그 말을 조심하고 행실을 말보다 앞서게 한다"와 동일한 의미지만, 〈헌문〉편에서는 다음과 같다.

27. 선생님께서 말씀하셨다. "그 자리에 있지 않으면, 그 정사를 도모하지 않는다."

子曰, "不在其位, 不謀其政."

28. 증자가 말씀하였다. "군자는 생각이 그 직위를 벗어나지 않는다."

曾子曰, "君子思不出其位."

29. 선생님께서 말씀하셨다. "군자는 그 말을 조심하고 행실을 말보다 앞서게

한다."

子曰, "君子恥其言而過其行."

이 〈헌문〉편에서의 3장은 서로 인접 배치되어 일군을 이루고 있고, 그중 28이 "증자가 말씀하였다(曾子曰)"인 까닭에 이 일군은 증자 문인이 한데 모아 전송했다는 짐작이 든다. 따라서 이 〈헌문〉편 29와 동일한 의미의 말인 〈이인〉편 22 및 24도 결국 증자 문인의 소전이라고 생각해도 부자연스럽지 않다. 또 23을 보자.

23. 선생님께서 말씀하셨다. "언행을 삼감으로써 실수한 사람은 드물다."

　　子曰, "以約失之者, 鮮矣."

이 장은 "약(約)"을 중요시하고 있지만, 《맹자》〈공손추상〉편의 "증자가 핵심을 파악하는 것(曾子之守約)"을 아울러 생각한다면, 이 말도 증자 일파에 의해 전해진 공자의 격언이 아닌가 의심스럽다. 따라서 호인이 지적한 것처럼 15~24의 10장은 증자 후학이 전한 한 덩어리의 교훈집이었다고 볼 수 있지만, 나는 한 걸음 더 나아가서

25. 선생님께서 말씀하셨다. "덕은 외롭지 않아, 반드시 이웃이 있는 것이다."

　　子曰, "德不孤, 必有鄰."

를 포함해도 무리가 없을 것으로 본다. 무엇보다도 이 말은 반드시 증자 학풍의 특색을 보여주지는 않으나, 그렇다고 결코 증자 학풍과 양립하지 않는 것도 아니다. 물론 내면의 충실을 중요시한 증자의 성실 돈후한 입

장에 자신감을 주었던 공자의 유훈이었는지도 모른다. 공자에 의해 "삼은 노둔하다(參也魯)"(〈선진〉17)고 평가받았던 증자는 재능으로 기운 자장에 대해 "증자가 말씀하였다. 당당하구나, 자장이여! 함께 인을 하기는 어렵다(曾子曰, 堂堂乎張也, 難與並爲仁矣)"(〈자장〉16)고 말하고 있다. 증자의 문인이 편집했으리라고 생각되는 〈학이〉편에는 "선생님께서 말씀하셨다. …… 사람들이 알아주지 않더라도 서운해하지 않는다면 군자가 아니겠는가(子曰, ……人不知而不慍, 不亦君子乎)" 및 "선생님께서 말씀하셨다. 남이 자신을 알아주지 못함을 걱정하지 말고, 내가 남을 알지 못함을 걱정해야 한다(子曰, 不患人之不己知, 患不知人也)"는 내면을 중시한 공자의 말이 열거되어 있다. 어쩌면 "덕을 쌓아둔다면 결코 세간에 의해 내던져져 고립되는 것이 아니라, 반드시 동지가 있을 것이다"는 신념이 그 배후에 존재했으리라. 한편, 또 증자의 말로 "증자가 말씀하였다. 군자는 문(文)으로써 벗을 모으고, 벗으로써 인을 돕는다(曾子曰, 君子以文會友, 以友輔仁)"(〈안연〉24)에서는 덕을 앞으로 나아가게 하기 위해 교양 있는 군자와의 교제가 중요하다는 증자의 생각을 읽을 수 있다. 하여간 이 "덕은 외롭지 않아, 반드시 이웃이 있는 것이다(德不孤, 必有鄰)"라는 말이 증자 문인이 편집한 격언집 중에 있다고 해도 결코 부자연스럽지 않다. 따라서 나는 어림짐작에 지나지 않지만, 〈이인〉편 15~25의 11장을 증자 문인이 편집한 일군의 격언집으로 보는 것도 가능하다고 생각하지만, 이 격언집 중에서 11장의 순서에 대해서는 18·19·20·21의 효에 대해 설명한 4장이 서로 연접 열거된 것 외에는 특별히 배열 방침이 정해져 있었을 것 같지는 않고, 물론 잡찬이 편집 방침이었으리라. 따라서 여기서는 15~25의 11장을 잠정적으로 증자 문인이 편집한 한 덩어리의 재료로 보고 이것을 ⓒ라고 부르도록 하자.

그런데 ⓔ는 〈이인〉편 후반의 대부분을 점하고 있지만, 전반 Ⓐ 14장과 후반 ⓔ 11장의 관계를 보면, ⓔ의 최초의 장인 15는 다음과 같다.

15. 선생님께서 말씀하셨다. "삼아, 나의 도는 하나의 원리로 꿰뚫고 있다." 증자가 말하였다. "그렇습니다." 선생님께서 나가시자, 문인들이 "무슨 말씀입니까?" 하고 물으니, 증자가 대답하셨다. "선생님의 도는 충(忠)과 서(恕)일 뿐이다."

子曰, "參乎, 吾道一以貫之." 曾子曰, "唯." 子出, 門人問曰, "何謂也." 曾子曰, "夫子之道, 忠恕而已矣."

15는 "도"를 분명하게 해주고 있기 때문에, 전반 ⓑ의 8·9가 "도"를 말하는 것과 상응하고, 다음 장, 즉

16. 선생님께서 말씀하셨다. "군자는 의에 밝고, 소인은 이에 밝다."

子曰, "君子喩於義, 小人喩於利."

는 "군자"를 "소인"과 대조하여 서술하고 있으므로, 전반 ⓒ의 10·11이 "군자"를 말하고(특히 11에서는 "군자"를 "소인"과 대비하여 서술한다) 있는 것과 상응한다. 그 외 17~25는 24에서 "군자"를 명시한 것을 제외하고는 어떤 장에도 "군자"라는 단어가 없지만, 어느 것이나 예외 없이 군자의 일을 서술했음은 의심할 수 없다. 따라서 그런 의미에서 전반 ⓒ의 10·11 및 ⓓ의 12·13·14 등과 상보 관계에 있다. 따라서 전반 Ⓐ 11장과 후반 ⓔ 14장은 모두 "도", "군자" 등에 관한 격언집으로 이 두 격언집을 한데 모아서 〈이인〉편이 가능하게 되었다.

그런데 마지막으로 주의해야 할 것이 세 가지 있다. 첫째는 ⓐ와 ⓔ의 어렴풋한 대응이다.

> 1. 선생님께서 말씀하셨다. "마을의 〔인심이〕 인후한 것이 아름다우니, 인심이 좋은 마을을 선택하되 인에 처하지 않는다면 어떻게 지혜롭다 하겠는가."
>
> 子曰, "里仁爲美, 擇不處仁, 焉得知."
>
> 25. 선생님께서 말씀하셨다. "덕은 외롭지 않아, 반드시 이웃이 있는 것이다."
>
> 子曰, "德不孤, 必有鄰."

이 2장은 〈이인〉편의 수미를 이루어 서로 대응하고, 군자가 안으로 갖추어야 할 인의 덕과 외적인 사회 환경과의 관계를 서술하고 있다. "이인", "처인", "이웃이 있다"가 그것이다. 이 점에서 본다면 〈이인〉편은 누군가가 ⓐⓑⓒⓓ(즉 Ⓐ)와 ⓔ 등의 여러 재료를 모아 편성한 것이다. 편집의 목적은 수미 2장의 대응이 보여주는 것처럼, 인(仁)에 뜻을 같이하는 동지를 모아 훌륭한 인리향당(鄰里鄕黨)을 만들고 싶다는 희망을 걸고, 그것을 구축하기 위해 참고할 만한 공자의 명언을 모아 일종의 격언집을 만드는 방식으로 이루어진 것은 아닐까?

둘째로, 최후의 1장 26은 공자의 말이 아니라 자유의 말이다. 즉 다음과 같다.

> 26. 자유가 말하였다. "임금을 섬김에 자주 간하면 욕을 당하고, 붕우 간에 자주 충고하면 소원해지는 것이다."
>
> 子游曰, "事君數, 斯辱矣, 朋友數, 斯疏矣."

이것은 일견 다른 여러 장과 다른 종류처럼 느껴지지만, 그러나 이것은 ⓒ의 18과 대응하여 그것의 결함을 보충하고 있다. 즉,

> 18. 선생님께서 말씀하셨다. "부모를 섬길 때는 부드럽게 간해야 하니, 자기의 뜻이 부모를 따르지 않음을 드러내면서도 부모를 공경하여 어기지 않고, 수고롭되 원망하지 않아야 한다."
>
> 子曰, "事父母幾諫, 見志不從, 又敬不違, 勞而不怨."

이것은 자식이 부모에게 간할 때 취해야 할 태도를 보여주고, 26은 군주 및 붕우에게 간하는 경우에 취해야 할 태도를 보여주고 있다. 따라서 26은 편집자가 ⓒ의 18의 공자의 말이 부모에게 간하는 경우만을 말하여 군주 및 친구에게 간하는 일에 대해서는 언급하지 않은 결함을 보충하려는 의미에서 ⓒ의 뒤에 부가한 한 장일 것이다. 혹은 일부 전송자가 18과 26을 한데 모아 기억하고 있었을지도 모른다. 이와 관련하여 26은 군주 및 친구에게 간할 때의 주의사항이지만, 친구에게 간하는 경우의 일은 〈안연〉편 23의 자공에 답한 공자의 말과 의미가 유사하다. 즉,

> ○ 자공이 교우(交友)에 대하여 묻자, 선생님께서 말씀하셨다. "충심으로 말해주고 잘 인도하되 불가능하면 그만두어서 스스로 욕되지 말게 하여야 한다."
>
> 子貢問友, 子曰, "忠告而善道之, 不可則止, 無自辱焉."(〈안연〉 23)

그렇게 본다면 26은 자유의 말이긴 하지만, 그 내용은 공자의 교훈으로서 공문 후학 사이에 널리 행해지고 있던 것일지도 모른다.

셋째로 〈이인〉편의 편집자는 누구일까 하는 문제다. 생각건대 이 편 전체가 하나의 목적을 지닌 편찬으로서 ⓐⓑⓒⓓⓔ 등의 여러 재료를 모아 배열한 것이라면, ⓐ~ⓔ 5종의 재료 각각의 편집자와 ⓐ~ⓔ 전부를 한 편으로 구성한 편집자가 있을 수 있을까? 그들은 누구일까?

대체로 공문 후학 사이에 공자의 격언이 다수 전송되던 때, 그것들이 전송자의 관심과 기억의 편의에 따라 내용 혹은 주제의 동일 혹은 유사한 2·3조가 하나의 덩어리로 전송된 것은 당연히 있을 수 있는 사실이다. ⓑ(도를 설명한 2조), 다시 ⓒ에 ⓓ를 보충한 군자에 관한 5조 등이 그런 유로 보인다. ⓐ(7조) 및 ⓔ(11조)도 필경 그것의 약간 커다란 군에 지나지 않는 것일지도 모르지만 큰 만큼 각기 약간의 자각적인 편집 의도가 보인다. 우선 ⓐ부터 말하자면, 7장 전부가 "인"에 관한 공자의 말을 잡찬한 것으로, 각 장 사이의 순서에 반드시 필연성이 있다고 생각할 수는 없다. 하지만 이미 지적했듯이 1과 7은 수미로 서로 대응하여 인의 실천과 향당에서의 생활과의 깊은 관계를 서술한 점이 주목된다. 요컨대 ⓐ는 향당에서의 일상생활 중에 인을 실현해 보려는 재야의 한 군자가 인에 관한 공자의 격언을 편찬한 것이리라. 그리고 이 ⓐ를 핵심으로 점차 ⓑⓒⓓ가 부가되어 이 편의 전반 Ⓐ가 성립했다고 생각한다. 그리고 ⓓ의 마지막 장 14를 보자.

> 선생님께서 말씀하셨다. "지위가 없음을 걱정하지 말고 지위에 설 것을 걱정하며, 자신을 알아주는 이가 없음을 걱정하지 말고 알려질 만하기를 구해야 한다."
>
> 子曰, "不患無位, 患所以立, 不患莫己知, 求爲可知也."

이 장은 증자 후학의 편집으로 보이는 〈학이〉편의 마지막 장

> 선생님께서 말씀하셨다. "남이 자신을 알아주지 못함을 걱정하지 말고, 내가
> 남을 알지 못함을 걱정해야 한다."
>
> 子曰, "不患人之不己知, 患不知人也."

와 동일한 의미의 말이어서, 결국 증자 후학이 전한 공자의 말의 이전(異
傳)으로 보아도 부자연스럽지 않다. 그렇지만 이것과 평행하여 별도로 증
자의 문인 혹은 후학이 공자의 격언을 잡찬한 ⓔ가 있고, 이것은 후에 부
록의 1장 26을 더해 12장을 포함하는 문헌이었지만, 그 최초의 장 15에는
공자와 증자와의 일관의 도에 대한 고원한 문답이 게재되고 끝 장 25에는
"덕은 외롭지 않아, 반드시 이웃이 있는 것이다"로 되어 있어 인의 덕과
인리향당(鄰里鄕黨)과의 밀접한 관계가 제시되고, 또 그 외 여러 장도 모두
군자의 태도를 서술한 격언뿐이다. 이러한 사실들은 전반 Ⓐ의 내용과 적
절하게 맞아떨어지는 것이다. 그래서 누군가가 Ⓐ와 ⓔ 및 부록 26을 한
데 모아 한 편의 문헌으로 삼은 것이 지금의 〈이인〉편이 된 것이다. 그리
고 〈이인〉편 전체에서 1과 25가 수미로 서로 대응하는 것은 ⓐ에서 1과
7이 수미 대응하는 것과 동일하다. 각각의 편집 목적이 동일하다는 점을
보여주는데, 말하자면 〈이인〉편은 ⓐ를 핵심으로 두고 그것의 편집 방침
을 연장 확대하여 재편집한 결과 공자의 격언집을 집대성한 것이라고 말
해도 좋다. 그리고 후반 ⓔ가 증자 문인 혹은 후학의 편집에서 나왔다고
생각할 수 있다는 사실은 이미 서술한 대로다. 그것과 내용적으로 보충하
기에 적합한 ⓐⓑⓒⓓ 혹은 Ⓐ는 결국 증자 문인 혹은 후학 사이에 전송
되던 공자의 격언 혹은 격언집이고, 거듭 Ⓐ와 ⓔ 및 부록 26을 한데 모

아 〈이인〉편으로 만든 누군가도 결국 증자파에 속하는 사람이었다고 상 상하는 것이 무엇보다도 자연스럽지 않을까?

제5절 〈공야장〉편의 성격과 구조

1

〈공야장〉편은 27장으로 이루어져 있다. 주자의 주에 의하면

> 이 편은 모두 고금의 인물에 대한 현부(賢否)와 득실(得失)을 평론했으니, 격 물·궁리의 한 가지다. 모두 27장이다. 호씨는 "이 편은 자공의 문도들이 기 록한 것이 많은 듯하다"고 하였다.
>
> 此篇皆論古今人物賢否得失, 蓋格物窮理之一端也, 凡二十七章, 胡氏以爲疑多子貢 之徒所記云.

고 되어 있다. 전편을 통독해 보면 "고금의 인물에 대한 현부와 득실을 평 론했다"고 말할 수 있지만, 최후 3장은 그 말에 꼭 들어맞지는 않는다. 다 음으로 "자공의 문도들이 기록한 것이 많은 듯하다"는 호인의 지적은 일 견 사리에 맞는 듯하지만 역시 의문이 남는다. 이 편에서 정말 공자의 제 자로 보이는 것은 공야장·남용(1)·복자천(宓子賤)(2)·염옹(3)·칠조개(4)·염 구(7)·공서화(7)·재여(9)·신장(申根)(10)·자장(18)이 각각 1번 보이는 것에 비해 안연(8·25)은 2번, 자로(6·7·13·25)는 4번, 자공(3·8·11·12·14)은 5번

으로 자공이 나타나는 장이 비교적 많다. 그리고 〈헌문〉 31에 "자공이 사람을 비교하니, 선생님께서 말씀하셨다. 사(賜, 자공)는 어진가 보다. 나는 그럴 겨를이 없노라(子貢方人, 子曰, 賜也賢乎哉, 夫我則不暇)"라고 되어 있는 것으로 보아 자공은 곧잘 사람을 비평하는 경향이 있었던 것 같다. 그래서 이 편의 대부분이 "고금의 인물에 대한 현부와 득실을 평론했다"는 것을 종합하여 고려할 때 호인의 상상이 성립했던 것이리라. 그러나 자공을 전부 "자공"이란 자(字)로 부르고, "단목자(端木子)"라고 언급하지 않기 때문에, 이 편을 적어도 자공의 제자의 편찬으로 고찰하기는 어렵다. 어쩌면 자공이 사람을 비평하기를 즐긴 것은 사실일 테지만, 이 편의 편자도 사람을 비판한 기사를 모았으므로 자연히 자공의 말을 많이 채용했으리라.

2

이 편은 다른 편과 마찬가지로 잡찬의 모양새지만, 크게 3개 군으로 나누어 보는 것이 가능하다. 첫째로는 1~13의 13장이다. 그중 1~11의 11장은 공자가 제자를 비판한 말이지만, 최후의 12·13 2장은 다르다. 12는 자공의 공자에 대한 추억으로, 말하자면 자공에 의한 공자 평의 편린이다. 13은 누구의 말인지 이해할 수 없지만, 공자의 말이라는 형식으로 되어 있지는 않다. 그리고 자로 인물됨의 한 면을 전한 것이다. 둘째로는 14~24의 11장으로 21을 제외하고는 모두 공자가 고금의 유명인에 대해 비판한 말이다. 그중 14~20의 7장은 공문자(14)·자산(15)·안평중(16)·장문중(臧文仲)(17)·영윤자문(令尹子文)과 진문자(陳文子)(18)·계문자(季文子)(19)·영무자(甯武子)(20) 등 하나같이 동시대의 대부가 비평의 대상이다. 비판자는 결국 공자다. 그러나 21은 공자가 진나라에 거할 때 노나라에 남아 있던 제자 등을 생각하고 귀국할 뜻을 입 밖에 냈던 말이다. 무엇보다도 당시 노나라에 있던 제자에 대한 공자의 총괄 비평이라고 할 수 있다. 22는 옛날 현인으로 유명한 백이·숙제에 대한 공자의 비평이다. 23은 노나라의 미생고(微生高)에 대한 공자의 비평으로 주자의 말처럼 미생고는 당시 정직하기로 유명한 인물이었으리라. 24의 좌구명은 어떤 시기의 인물인지 알 수 없지만, 정자는 "옛날에 유명했던 사람(古之聞人)"으로 보았다. 이것도 공자의 말이다. 다음으로 셋째 24~27의 4장으로 공자 자술의 말이다. 역시 여기서 주의해야 하는 것은 두 번째 군인 14~24의 11장, 세 번째 군인 24~27의 4장으로 24는 둘째와 셋째의 양군에 속해서 양군을 연결하고 있다.

이제 첫째, 둘째, 셋째의 3군을 각각 Ⓐ·Ⓑ·Ⓒ라고 부르고 각각을 차례로 검토해 보자.

3

우선 Ⓐ의 13장을 열거하면 대략 다음과 같다.

1. ㉠ 선생님께서 공야장을 두고 "사위 삼을 만하다. 비록 감옥에 갇힌 적이 있으나 그것은 그의 잘못이 아니었다" 평하시고 딸을 그에게 시집보내셨다.

   子謂公冶長, "可妻也, 雖在縲絏之中, 非其罪也." 以其子妻之.

   ㉡ 선생님께서 남용을 두고 "나라에 도가 있을 때 버림받지 않고, 나라에 도가 없을 때에도 형벌과 살육을 면할 만하다" 평하시고 형의 딸을 그에게 시집보내셨다.

   子謂南容, "邦有道不廢, 邦無道, 免於刑戮." 以其兄之子妻之.

2. 선생님께서 자천(子賤)을 두고 평하셨다. "군자답다, 이 사람이여! 노나라에 군자가 없었다면 이 사람이 어디에서 이러한 덕을 취했겠는가?"

子謂子賤, "君子哉若人, 魯無君子者, 斯焉取斯."

3. 자공이 "저는 어떻습니까?" 하고 묻자, 선생님께서 "너는 그릇이다" 하셨다. "어떤 그릇입니까?" 하고 다시 묻자, "호(瑚)・연(璉)이다" 하고 대답하셨다.

子貢問曰, "賜也何如." 子曰, "女器也." 曰, "何器也." 曰, "瑚璉也."

4. 혹자가 말하기를 "옹(雍)은 인하나 말재주가 없습니다" 하였다. 선생님께서 말씀하셨다. "말재주를 어디에다 쓰겠는가. 약삭빠른 구변으로 남의 말을 막아서 자주 남에게 미움만 받을 뿐이니, 그가 인한지는 모르겠으나, 말재주를 어디에다 쓰겠는가?"

或曰, "雍也仁而不佞." 子曰, "焉用佞, 禦人以口給, 屢憎於人, 不知其仁, 焉用佞."

5. 선생님께서 칠조개에게 벼슬을 하도록 권하시자, 그가 대답하기를 "저는 벼슬하는 것에 대해 아직 자신할 수 없습니다" 하니, 선생님께서 기뻐하셨다.

子使漆彫開仕, 對曰, "吾斯之未能信." 子說.

6. 선생님께서 말씀하시기를 "도가 행해지지 않으니, 내 뗏목을 타고 바다를 항해하려 한다. 이때 나를 따라올 사람은 아마 유(由)일 것이다" 하셨다. 자로가 이 말씀을 듣고 기뻐하자, 선생님께서는 "유는 용맹을 좋아함은 나보다 나으나, 사리를 헤아려 맞게 하는 것이 없다" 하셨다.

子曰, "道不行, 乘桴浮于海, 從我者其由與." 子路聞之喜, 子曰, "由也好勇過我, 無所取材."

7. 맹무백이 "자로는 인합니까?" 하고 묻자, 선생님께서 "알지 못하겠다" 하고 대답하셨다. 다시 묻자, 선생님께서 대답하셨다. "유는 천승의 나라에

그 군정(軍政)을 다스리게 할 수는 있거니와, 그가 인한지는 알지 못하겠다." "구(求, 염유)는 어떻습니까?" 하고 묻자, 선생님께서 말씀하셨다. "구는 천실(千室, 천호(千戶))의 큰 읍과 백승(百乘, 경대부(卿大夫)) 집안의 재(宰)가 되게 할 수는 있거니와 그가 인한지는 알지 못하겠다." "적(赤)은 어떻습니까?" 하고 묻자, 선생님께서 말씀하셨다. "적은 (예복을 입고) 띠를 띠고서 조정에 서서 빈객(賓客)을 맞아 대화를 나누게 할 수는 있거니와 그가 인한지는 알지 못하겠다."

孟武伯問, "子路仁乎." 子曰, "不知也." 又問, 子曰, "由也, 千乘之國, 可使治其賦也, 不知其仁也." "求也何如." 子曰, "求也, 千室之邑, 百乘之家, 可使爲之宰也, 不知其仁也." "赤也何如." 子曰, "赤也, 束帶立於朝, 可使與賓客言也, 不知其仁也."

8. 선생님께서 자공에게 말씀하시기를 "너와 안회 가운데 누가 더 나으냐?" 하셨다. 대답하기를 "제가 어떻게 감히 안회를 바라보겠습니까? 안회는 하나를 들으면 열을 알고, 저는 하나를 들으면 둘을 압니다" 하였다. 선생님께서 말씀하셨다. "네가 안회만 못하다. 나는 네가 그만 못함을 허여(인정)한다."

子謂子貢曰, "女與回也孰愈." 對曰, "賜也何敢望回, 回也聞一以知十, 賜也聞一以知二." 子曰, "弗如也, 吾與女弗如也."

9. 재여가 낮잠을 자자, 선생님께서 말씀하셨다. "썩은 나무는 조각할 수 없고, 거름흙으로 쌓은 담장은 흙손질할 수 없다. 재여에게 무엇을 책망하겠느냐?" 선생님께서 말씀하셨다. "내가 처음에는 남에 대하여 그의 말을 듣고 그의 행실을 믿었으나, 이제 나는 남에 대하여 그의 말을 듣고 다시 그의 행실을 살펴보게 되었다. 나는 재여 때문에 이 버릇을 고치게 되었노라."

宰予晝寢, 子曰, "朽木不可雕也, 糞土之牆不可杇也, 於予與何誅." 子曰, "始吾於
人也, 聽其言而信其行, 今吾於人也, 聽其言而觀其行, 於予與改是."

10. 선생님께서 "나는 아직 강(剛)한 자를 보지 못하였다" 하시자, 혹자가 "신
장입니다" 하고 대답하였다. 선생님께서 말씀하셨다. "신장은 욕심으로 하
는 것이니, 어찌 강일 수 있겠는가?"

子曰, "吾未見剛者." 或對曰, "申棖." 子曰, "棖也慾, 焉得剛."

11. 자공이 말하기를 "저는 남이 나에게 가(加)하기를 원하지 않는 일을 저도
남에게 가하지 않으려고 합니다" 하자, 선생님께서 말씀하셨다. "사(賜)
야! 이것은 네가 미칠 바가 아니다."

子貢曰, "我不欲人之加諸我也, 吾亦欲無加諸人." 子曰, "賜也, 非爾所及也."

12. 자공이 말하였다. "부자의 문장(文章)은 들을 수 있으나, 부자께서 성(性)
과 천도(天道)를 말씀하시는 것은 들을 수 없다."

子貢曰, "夫子之文章, 可得而聞也, 夫子之言性與天道, 不可得而聞也."

13. 자로는 가르침을 받고 미처 실천하지 못했으면 행여 다른 가르침을 받을
까 두려워했다.

子路有聞, 未之能行, 唯恐有聞.

이 13장을 통관하자면 이미 언급한 것처럼 1~11의 11장은 약간이라도
공자의 제자에 대한 비판의 말을 포함하고 있다는 공통점이 있다. 그러나
장의 배열 순서는 특별히 계획되었다는 느낌은 없고 단지 이러한 종류의
말을 잡찬한 것에 불과해 보인다. 단, 1과 2는 1의 ㉠은 "선생님께서 공
야장을 두고 평하셨다(子謂公冶長)", ㉡은 "선생님께서 남용을 두고 평하셨
다(子謂南容)"로 시작하고 2는 "선생님께서 자천을 두고 평하셨다(子謂子賤)"
로 시작하여 일정한 틀을 갖추고 있다. 더구나 주자는 1의 ㉠과 ㉡을 합

하여 하나의 장으로 하고 있지만, 2장으로 나누는 것도 가능하다. 또 6과 7에는 자로가 등장한다. 생각건대 이것들은 하나로 연이어 기억하여 전송되던 재료를 그대로 받아들였거나 그렇지 않으면 Ⓐ를 편집할 때 유사한 것을 서로 인접 배치했을 것이다. 다음으로 12는 자공의 공자에 대한 관찰이기 때문에, 공자의 제자 평은 아니고 반대로 제자의 공자 평인 점에서 같은 종류가 아니다. 또 13은 공문의 누군가가 자로를 관찰한 것이고, 공자의 말로 되어 있지 않은 점으로 보아 같은 부류가 아니다. 따라서 이 2장은 부록일 것이다. 그리고 이 2장 중 12는 자공의 말이기 때문에, 11의 "자공이 말하기를……"과 인접 배치된 것이리라.

4

다음으로 Ⓑ에 속하는 11장을 열거해 보자.

14. 자공이 "공문자를 어찌하여 문(文)이라고 시호하였습니까?" 하고 묻자, 선생님께서 다음과 같이 대답하셨다. "명민하면서도 배우기를 좋아하였으며 아랫사람에게 묻기를 부끄럽게 여기지 않았다. 이런 까닭으로 문이라 한 것이다."

子貢問曰, "孔文子何以謂之文也." 子曰, "敏而好學, 不恥下問, 是以謂之文也."

15. 선생님께서 자산을 두고 평하셨다. "군자의 도가 네 가지 있었으니, 몸가짐이 공손하며, 윗사람을 섬김이 공경스러우며, 백성을 기름이 은혜로우며, 백성을 부림에 의로웠다."

子謂子産, "有君子之道四焉, 其行己也恭, 其事上也敬, 其養民也惠, 其使民也義."

16. 선생님께서 말씀하셨다. "안평중은 남과 사귀기를 잘하는구나! 오래되어

도 공경하니."

子曰, "晏平仲善與人交, 久而敬之."

17. 선생님께서 말씀하셨다. "장문중이 큰 거북을 보관하되 기둥머리 두공에
는 산(山) 모양을 조각하고 들보 위 동자기둥에는 수초(水草)를 그렸으니,
어찌 지혜롭다 하겠는가."

子曰, "臧文仲居蔡, 山節藻梲, 何如其知也."

18. 자장이 묻기를 "영윤자문이 세 번 벼슬하여 영윤이 되었으되 기뻐하는 기
색이 없었고, 세 번 벼슬을 그만두면서도 서운해하는 기색이 없어서 옛날
자신이 맡아보던 영윤의 정사를 반드시 새로 부임해 온 영윤에게 알려주
었으니, 어떻습니까?" 하자, 선생님께서 "충성스럽다"고 대답하셨다. "인
이라고 할 만합니까?" 하고 다시 묻자, "모르겠다. 어찌 인이 될 수 있겠는
가" 하셨다. "최자(崔子)가 제나라 임금을 시해하자, 진문자는 말 10승을
소유하고 있었는데, 이것을 버리고 그곳을 떠나 다른 나라에 이르러 말하
기를 '이 사람도 우리나라 대부(大夫) 최자와 같다' 하고 그곳을 떠났으며,
또 한 나라에 이르러서도 말하기를 '이 사람 역시 우리나라 대부 최자와
같다' 하고 떠나갔으니, 어떻습니까?" 하고 묻자, 선생님께서 "청백하다"
하고 대답하셨다. "인이라고 할 만합니까?" 하고 다시 묻자, "모르겠다. 어
찌 인이 될 수 있겠는가" 하셨다.

子張問曰, "令尹子文三仕爲令尹, 無喜色, 三已之, 無慍色, 舊令尹之政, 必以告
新令尹, 何如." 子曰, "忠矣." 曰, "仁矣乎." 曰, "未知, 焉得仁." "崔子弑齊君, 陳
文子有馬十乘, 棄而違之, 至於他邦, 則曰, '猶吾大夫崔子也.' 違之, 之一邦, 則
又曰, '猶吾大夫崔子也.' 違之, 何如." 子曰, "淸矣." 曰, "仁矣乎." 曰, "未知. 焉
得仁."

19. 계문자가 세 번 생각한 뒤에야 행하였다. 선생님께서 이 말을 들으시고 말

씀하셨다. "두 번이면 가하다."

季文子三思而後行, 子聞之曰, "再斯可矣."

20. 선생님께서 말씀하셨다. "영무자는 나라에 도가 있을 때는 지혜롭고, 나라
　　에 도가 없을 때는 어리석었으니, 그 지혜는 따를 수 있으나 그 어리석음
　　은 따를 수 없다."

子曰, "甯武子邦有道則知, 邦無道則愚, 其知可及也, 其愚不可及也."

21. 선생님께서 진나라에 계시면서 말씀하셨다. "돌아가자! 돌아가자! 내 고
　　장의 젊은이들은 뜻은 크나 일에는 소략하여 찬란하게 문장을 이루었을
　　뿐, 그것을 마름질할 줄을 모르는구나."

子在陳曰, "歸與, 歸與, 吾黨之小子狂簡, 斐然成章, 不知所以裁之."

22. 선생님께서 말씀하셨다. "백이와 숙제는 남이 옛날에 저지른 잘못을 생각
　　하지 않았다. 이 때문에 원망하는 사람이 드물었다."

子曰, "伯夷·叔齊不念舊惡, 怨是用希."

23. 선생님께서 말씀하셨다. "누가 미생고를 정직하다 하는가? 어떤 사람이
　　초(醋)를 빌리려 하자, 그의 이웃집에서 구걸해다가 주는구나!"

子曰, "孰謂微生高直, 或乞醯焉, 乞諸其鄰而與之."

24. 선생님께서 말씀하셨다. "말을 잘하고 얼굴빛을 좋게 하고 공손을 지나치
　　게 함을 옛날 좌구명이 부끄럽게 여겼는데, 나 또한 이를 부끄러워하노라.
　　원망을 감추고 그 사람과 사귐을 좌구명이 부끄럽게 여겼는데, 나 또한 이
　　를 부끄러워하노라."

子曰, "巧言·令色·足恭, 左丘明恥之, 丘亦恥之, 匿怨而友其人, 左丘明恥之, 丘
亦恥之."

이 11장에 대해서는 이미 서술한 바와 같이 21을 제외하고 제자 이외의

인물을 공자가 비평한 말이다. 그중 14~20의 7장은 동시대 열국의 대부에 대한 인물평인 것에 비해, 21~24는 전체로서 조금 분위기를 달리하고 있고, 또 각 장이 각양의 모습을 지녀 21은 노나라에 있는 제자들을 일반적으로, 22는 옛날의 유명한 사람을, 23은 노나라의 정직한 선비를, 24는 옛날의 현인을 각각 비평의 대상으로 삼고 있는 의미에서 통일성이 없다. 어쩌면 이 4장은 손에 들어올 때마다 14~20 7장에 대해 부가한 부록일 것이다.

5

마지막으로 ⓒ에 속하는 4장을 열거해 보자.

24. 선생님께서 말씀하셨다. "말을 잘하고 얼굴빛을 좋게 하고 공손을 지나치게 함을 옛날 좌구명이 부끄럽게 여겼는데, 나 또한 이를 부끄러워하노라. 원망을 감추고 그 사람과 사귐을 좌구명이 부끄럽게 여겼는데, 나 또한 이를 부끄러워하노라."

子曰, "巧言·令色·足恭, 左丘明恥之, 丘亦恥之, 匿怨而友其人, 左丘明恥之, 丘亦恥之."

25. 안연과 계로가 공자를 모시고 있었는데, 선생님께서 "어찌 각기 너희들의 뜻을 말하지 않는가?" 하셨다. 자로가 말하였다. "수레와 말과 가벼운 갖옷을 친구와 함께 쓰다가 해지더라도 유감이 없고자 하옵니다." 안연이 말하였다. "자신의 잘하는 것을 자랑함이 없으며, 공로를 과시함이 없고자 하옵니다." 자로가 "선생님의 뜻을 듣고자 하옵니다" 하자, 선생님께서 말씀하셨다. "늙은이를 편안하게 해주고, 붕우에게는 미덥게 해주고, 젊은이

를 감싸주고자 한다."

顏淵·季路侍, 子曰, "盍各言爾志." 子路曰, "願車馬衣輕裘, 與朋友共, 敝之而無

憾." 顏淵曰, "願無伐善, 無施勞." 子路曰, "願聞子之志." 子曰, "老者安之, 朋友

信之, 少者懷之."

26. 선생님께서 말씀하셨다. "어쩔 수 없구나! 나는 아직 자신의 허물을 보고
서 내심으로 자책하는 자를 보지 못하였다."

子曰, "已矣乎! 吾未見能見其過, 而內自訟者也."

27. 선생님께서 말씀하셨다. "10호쯤 되는 조그마한 읍에도 반드시 나처럼 충
신한 자는 있어도, 나처럼 학문을 좋아하는 이는 없을 것이다."

子曰, "十室之邑, 必有忠信如丘者焉, 不如丘之好學也."

이 4장 중 26·27은 공자 자술의 말이지만, 24는 공자가 좌구명을 비판
하면서 자신을 그것에 비해 서술하고 있다. 또 25는 안연과 계로 각자에
게 뜻을 말하게 하고 게다가 자로의 질문에 응하면서 공자가 자신의 뜻
을 서술한 말이다. 이렇게 조금씩 다른 3종의 재료로 구성되었다고 할
수 있지만, 그러나 이 4장은 공자 자술의 말 혹은 그것을 포함하는 의미
에서 일관하고 있다고 말할 수 있다. 어쩌면 이것도 편찬된 1개의 장군
일 것이다.

따라서 〈공야장〉편 성립의 전제로서 Ⓐ Ⓑ Ⓒ 3개가 편집된 장군의 존
재로 인정된다. 그래서 다음으로 이 3개의 장군이 Ⓐ Ⓑ Ⓒ의 순서로 결합
하여 〈공야장〉편을 성립한 까닭을 설명하지 않으면 안 된다.

생각건대 Ⓐ군 13장의 마지막 2장인 12·13은 부록으로 보이고, 이것
을 제외한 끝 장 11은 자공과 공자의 문답이다. 부록의 12도 자공의 말이
라는 의미에서 11을 이어받고 있다. 그런데 Ⓑ군의 첫 번째 장 14도 자

공과 공자의 문답이기 때문에, Ⓑ를 Ⓐ 다음에 배치한 것에 의해 13 1장을 건너뛰긴 하지만, 14는 11 · 12와 근접하여 자공을 통해 서로 이어받는 것으로 된다. 또 24는 Ⓑ의 마지막 장에 속하는 동시에 Ⓒ의 첫 장이기도 해서 Ⓑ와 Ⓒ를 결합하는 역할을 달성하고 있다. 무릇 이러한 배려를 한 것이어서 우선 Ⓐ Ⓑ Ⓒ 각각의 장의 순서가 정해지고, 그 위에 Ⓐ와 Ⓑ와 Ⓒ가 연쇄적으로 계속되는 모양으로 배치된 것이 〈공야장〉편 27장의 순서로 이해된다.

6

게다가 이 편의 편집 사정과 편집자의 문제를 앞에서 서술한 것처럼 이 편의 구조에 기초해서 상상해 보면, 한 사람의 한때의 편집 같지는 않다. 어쩌면 이것만의 재료를 점차로 모아 전송하는 과정에서 몇 사람의 고안이 가해져 끝내 이 한 편의 성립에 이르렀던 것이리라. 그리고 객관적으로 볼 때, 이 한 편의 편집을 이끈 의식은 결국 공문의 전송 중에서 "고금의 인물에 대한 현부와 득실을 평론했다"는 말을 모아서 한 덩어리로 보존하려는 것이었고, 이따금 그것과 연관해서 입수한 공자 자술의 명언을 버리기 어려워 더한 것이리라. 그렇다고 해도 편말의 2장, 즉 26 · 27에 보이는 공자의 격언은 다수의 인물을 비판의 도마 위에 올려놓은 여러 말들 중에서도 최후에 배치시켜 인간이 지녀야 할 진실한 가치의 본모습을 가르친 명언으로 천근의 무게가 있다. 그리고 이 2장의 내용은 편 머리의 1 · 2에서 공야장 · 남용 · 복자천의 탁월한 인품을 칭찬한 공자의 말과 잘 대응한다. 여기서도 편집자의 배려를 볼 수 있다.

더구나 최초에 이야기한 것처럼 이 편의 편집에 종사한 사람들이 자공의 무리였다는 추측은 성립하기 어렵다. 그러나 27장은 말투로 볼 때 전체가 다 직제자로부터 나온 전송이며 나중에 나온 재료를 포함하고 있지는 않아, 《논어》 중에서는 비교적 이른 시기에 노나라에서 편집한 편 같다.

그런데 재전, 3전의 제자 시대의 노나라 학계에서는 증자 후학이 누구보다도 융성했던 것 같고 〈학이〉편과 〈이인〉편처럼 그 일파의 손에서 나왔다고 생각되는 편도 있지만, 이 〈공야장〉편은 반드시 그랬을 것 같은 형적은 없다. 일반적으로 증자 후학 이외의 사람이 편집했을지도 모른다. 그러나 최후의 2장인 26에서 자기반성의 존귀함을 말하는 것은 〈학이〉편 4의 증자 삼성의 정신과 상통하고, 27의 충신을 존중하는 것은 〈학이〉편 8의 "충신을 주장한다"를 상기시킨다. 무엇보다도 이것은 넓게 공문 후학 사이에 보급되어 있던 공자의 교훈으로서 증자 후학 전유의 재료는 아닐지라도, ⓒ군의 공자 자술의 말 4장은 증자 후학의 손에 의해 부가되었을 가능성은 있다.

제6절 〈옹야〉편의 성격과 구조

1

〈옹야〉편은 28장으로 이루어져 있다. 주자의 주에 의하면

모두 28장이다. 편 안의 14장 이전은 대의(大意)가 전(前) 편과 같다.

凡二十八章, 篇內第十四章以前, 大意與前篇同.

고 되어 있다. 전 편이라는 것은 물론 〈공야장〉편으로 14장 이전은 "고금의 인물에 대한 현부와 득실을 평론했다"는 점이 〈공야장〉편과 동일하다는 의미다. 일견 그렇게 해석해도 좋을 법한 것도 있지만, 적어도 유사하지만 약간의 의문도 있고, 다른 것도 있다. 그러나 주자가 암시하는 것처럼, 이 편은 14 이전과 15 이후가 성격이 다르다. 크게 전 14장과 후 14장 두 부분으로 이루어져 있다는 것을 우선 확인해 두지 않으면 안 된다. 이 두 부분이 어떤 의미에서 서로 다른지는 후술에 의해 차차 명확해지겠지만, 여기서 그 요점을 간략하게 말한다면, 전 14장에서는 특정 개인의 이름이 비평의 대상 또는 교훈의 대상으로서 장마다 나타나고 있는 데 비해 후 14장은 20·24·26·28 4장을 제외하고는 전혀 그런 게 보이지 않는다. 게다가 이 예외의 4장에서 보이는 번지(20)·재아(24)·남자와 자로(26)·자공과 요순(28) 등과 번지·재아·자로·자공은 공자의 비평의 대상이 아니라 교훈의 대상이고 그 교훈은 일반적인 교훈으로 특정 개인만을 위한 교훈은 아니다. 남자는 공자의 자로에 대한 숨겨져 있는 배후 사정을 보여주기 때문에 나타나 있고, 요순은 공자의 자공에 대한 답에서 성인의 예로 언급되고 있을 뿐이다. 요컨대 후 14장에서는 보편타당한 공자의 교훈이 관심의 중심을 점하고 있다. 이것에 비해 전 14장에서는 장마다 특정 개인이 등장하고, 그들이 공자의 비평의 대상인 경우나 교훈의 대상인 경우 모두 특정 개인과 특정 사정에 관계하고 있다. 따라서 이 편을 전후해 두 부분으로 크게 나누는 것이 가능하므로, 여기서는 전 14장을 Ⓐ, 후 14장을 Ⓑ로 해두자.

다음으로 전 14장 Ⓐ를 전 편, 즉 〈공야장〉편과 비교해, 어떻게 다른지를 궁구하지 않으면 안 된다. 생각건대 〈공야장〉편은 공자가 제자 및 제자 이외의 고금 인물의 현부득실을 비평한 말이 대부분이고 그것에 공자 자술의 말이 약간 부가된 것이다. 이에 비해 이 〈옹야〉편의 Ⓐ는 그와 일견 유사하지만, 반드시 동일하지는 않다. 첫째로 공자의 특정 개인에 대한 비평과 특정 개인에 대한 교훈이 거의 반반씩 섞여 있고, 그것이 대부분을 점하고 있다. 예를 들면 14장 중 1의 "선생님께서 말씀하셨다. 옹은 남면하게 할 만하다(子曰, 雍也可使南面)"의 한 구절, 2의 애공의 질문에 답하여 학문을 좋아하는 안회의 단명을 애석해한 말, 6의 계강자에 답하여 중유·자공·염구 등의 인물을 이야기한 말, 9의 안회를 칭찬한 말, 13의 맹지반(孟之反)의 일화를 전한 말 등은 특정 개인에 대한 비평이라고 말할 수 있다. 게다가 4의 중궁을 언급한 말도 후술하는 바와 같이 해석 방법에 따라서는 이 부류에 속한다. 그리고 맹지반 이외는 전부 공자의 제자다. 또 12는 자유가 공자의 물음에 답하여 담대멸명의 인물을 비평한 말로 공자 자신의 말이 아닌 점이 예외다. 그런데 1의 두 번째 구절 이후의 중궁과의 문답, 3의 염자와 원사와의 문답, 10의 염구와의 문답, 11의 자하에 대한 말 등은 그들 각각에 대한 교훈의 말로 그들에 대한 비평은 아니다. 4의 중궁에 대한 말도 중궁에 대한 교훈으로 보는 것이 가능하고, 5도 오규 소라이 설과 같이 안회에 대한 교훈으로 보아도 좋다. 어느 것이나 상대와 때와 경우에 응한 대기설법의 분위기가 있다. 이와 같이 공자의 제자에 대한 인물 비평과 제자에 대한 대기설법의 혼합이 Ⓐ의 대부분이지만, 여기에도 두세 개의 예외가 있다. 즉, 7은 제자 민자건이 계씨의 채용을 접했을 때의 태도로, 공자의 말은 아니다. 8은 공자가 거의 죽음의 상태로 병상에 있는 제자 염백우를 문안했을 때의 말이고, 그리고 14는 현 세태의 지독함에 대한 공자의 비평이다. 하여간 이러한 요소도 Ⓐ에 혼합되어 있는 것을 알 수 있다. 둘째, Ⓐ 중에 공자의 제자 이외의 인물도 약간 등장한다. 하지만 고인으로 칭해도 좋을 만큼 옛날 사람은 눈에 띄지 않는다. 애공(2)·계강자(6)·계씨(7)가 동시대 인물인 것은 물론, 자상백자는 시대 불명으로 주자는 노나라 사람이라고 보았다. 13에 보이는 맹지반은 노나라 대부로 이 사실은 《좌전》 애공 11년(공자 68~69세)에 보이므로, 공자와 동시대 인물이다. 14의 축타(祝鮀)는 위나라 대부, 송조(宋朝)는 송나라 공자(公子)로 둘 다 공자와 동시대인이다. 이상과 같은 이유에서 Ⓐ를 〈공야장〉편처럼 일률적으로 "고금의 인물에 대한 현부와 득실을 평론했다"고 말하는 것은 가능하지 않다. 다만 Ⓐ는 일면 인물 비평의 요소를 포함하고 있는 데 지나지 않는다. 그러나 어찌 됐든 Ⓐ와 〈공야장〉편이 어느 정도 공통의 요소를 포함하고 있고 일견 유사하다는 이유로, 후에 별도로 논하는 것처럼 금본의 《논어》에서 〈공야장〉편 다음에 〈옹야〉편을 배치했을 것이다.

더구나 Ⓐ의 성격에 대해서는 한 가지 무시할 수 없는 사실이 있다. Ⓐ에 등장하는 공자의 제자는 중궁·안연·공서화·염구·원사·자로·자공·민자건·염백우·자하·자유·담대멸명·번지·재아 등 14명에 달하고 〈선진〉편에 보이는 유망한 십철,

> 선생님께서 말씀하셨다. "나를 진나라와 채나라에서 따르던 자들이 [지금] 모두 문하에 있지 않구나!" 덕행에는 안연·민자건·염백우·중궁이었고, 언어에는 재아·자공이었고, 정사에는 염유·계로였고, 문학에는 자유·자하였다.
>
> 子曰, "從我於陳·蔡者, 皆不及門也." 德行顏淵·閔子騫·冉伯牛·仲弓, 言語宰我·子貢, 政事冉有·季路, 文學子游·子夏.

의 10인을 모두 〈옹야〉편에 포함하고 있다. 게다가 공서화·원헌·담대멸명·번지도 있다. 십철에는 공자의 천하 유세를 따랐던 사람도 많고, 공자

만년의 학교에서 중요한 사람들도 있다. 십철 이외의 4인은 누구나 공자 만년의 제자들이다.

결국 Ⓐ는 공자 만년의 학교에서 사제의 문답 및 공자의 그들에 대한 교훈을 노나라 후학이 전해 기록한 것으로 보인다. 따라서 〈공야장〉편과 비교해 본다면, 결과적으로 유사한 점이 있을지라도, 편찬의 목적과 유래는 다르다.

2

다음으로 Ⓐ 14장을 열거하고 검토해 보도록 하자.

1. 선생님께서 말씀하셨다. "옹은 남면(군왕의 자리에 앉음)하게 할 만하다." 중궁이 자상백자에 대하여 물으니, 선생님께서 대답하셨다. "그의 간략함도 괜찮다." 중궁이 말하였다. "자신이 경(敬)에 처해 있으면서 간략함을 행하여 인민을 대한다면 가하지 않겠습니까? 자신이 간략함에 처하고 다시 간략함을 행한다면 너무 간략한 것이 아니겠습니까?" 선생님께서 말씀하셨다. "옹의 말이 옳다."

   子曰, "雍也可使南面." 仲弓問子桑伯子, 子曰, "可也簡." 仲弓曰, "居敬而行簡, 以臨其民, 不亦可乎, 居簡而行簡, 無乃大簡乎." 子曰, "雍之言然."

2. 애공이 물었다. "제자 가운데 누가 배우기를 좋아합니까?" 공자께서 대답하셨다. "안회라는 사람이 배우기를 좋아하여 노여움을 옮기지 않았으며, 같은 허물을 되풀이하지 않았는데, 불행히도 명이 짧아 일찍 죽었습니다. 지금은 없으니, 배우기를 좋아하는 사람에 대해 듣지 못하였습니다."

   哀公問, "弟子孰爲好學." 孔子對曰, "有顏回者好學, 不遷怒, 不貳過, 不幸短命死矣, 今也則亡, 末聞好學者也."

3. 자화가 〔공자를 위하여〕 제나라에 심부름을 가자, 염자가 그의 어머니를 위해 곡식을 줄 것을 요청하니, 선생님께서 "부를 주어라" 하셨다. 더 줄 것을 요청하자, 선생님께서 "유를 주어라" 하셨는데, 이보다 많은 5병을 주었다. 선생님께서 말씀하셨다. "적이 제나라에 갈 때에 살찐 말을 타고 가벼운 갖옷을 입었다. 내가 들으니, '군자는 궁박한 자를 돌봐주고 부유한 자를 계속 대주지 않는다' 하였다." 원사가 공자의 가신이 되었는데, 그에게 곡식 900을 주자, 사양하였다. 선생님께서 말씀하셨다. "사양하지 말고 너의 이웃집과 마을 및 향당에 주려무나!"

子華使於齊, 冉子爲其母請粟, 子曰, "與之釜." 請益, 曰, "與之庾." 冉子與之粟五秉, 子曰, "赤之適齊也, 乘肥馬, 衣輕裘, 吾聞之也, '君子周急, 不繼富.'" 原思爲之宰, 與之粟九百, 辭, 子曰, "毋, 以與爾鄰里鄉黨乎."

4. 선생님께서 중궁을 논평하여 말씀하셨다. "얼룩소 새끼가 색깔이 붉고 또 뿔이 제대로 났다면 비록 쓰지 않고자 하나 산천의 신이야 어찌 그것을 버리겠는가?"

子謂仲弓曰, "犂牛之子騂且角, 雖欲勿用, 山川其舍諸."

5. 선생님께서 말씀하셨다. "안회는 그 마음이 3개월 동안 인을 떠나지 않았고, 그 나머지 사람들은 하루나 한 달에 한 번 인에 이를 뿐이다."

子曰, "回也, 其心三月不違仁, 其餘則日月至焉而已矣."

6. 계강자가 물었다. "중유는 정사에 종사하게 할 만합니까?" 선생님께서 말씀하셨다. "유는 과단성이 있으니 정사에 종사하는 데 무슨 어려움이 있겠는가!" "사(賜, 자공)는 정사에 종사하게 할 만합니까?" 하고 물으니, "사는 사리에 통달했으니 정사에 종사하는 데 무슨 어려움이 있겠는가!" 하셨다. "염구는 정사에 종사하게 할 만합니까?" 하고 물으니, "구는 다재다능

하니 정사에 종사하는 데 무슨 어려움이 있겠는가!" 하셨다.

季康子問, "仲由可使從政也與." 子曰, "由也果, 於從政乎何有." 曰, "賜也可使從政也與." 曰, "賜也達, 於從政乎何有." 曰, "求也可使從政也與." 曰, "求也藝, 於從政乎何有."

7. 계씨가 민자건을 비읍의 읍재로 삼으려 하자, 민자건이〔사자에게〕말하였다. "나를 위해 잘 말해다오. 만일 다시 나를 부르러 온다면 나는 반드시 노나라를 떠나 제나라의 문수가에 있겠다."

季氏使閔子騫爲費宰, 閔子騫曰, "善爲我辭焉, 如有復我者, 則吾必在汶上矣."

8. 백우가 병을 앓자, 선생님께서 문병하실 적에 남쪽 창문으로부터 그의 손을 잡고 말씀하셨다. "이런 병에 걸릴 리가 없는데, 운명인가 보다. 이런 사람이 이런 병에 걸리다니! 이런 사람이 이런 병에 걸리다니!"

伯牛有疾, 子問之, 自牖執其手, 曰, "亡之, 命矣夫, 斯人也而有斯疾也, 斯人也而有斯疾也."

9. 선생님께서 말씀하셨다. "어질다, 안회여! 한 그릇의 밥과 한 표주박의 음료로 누추한 시골에 있는 것을 딴 사람들은 그 근심을 견뎌내지 못하는데, 안회는 그 즐거움을 변치 않으니, 어질다, 안회여!"

子曰, "賢哉回也, 一簞食, 一瓢飮, 在陋巷, 人不堪其憂, 回也不改其樂, 賢哉回也."

10. 염구가 말하였다. "선생님의 도를 좋아하지 않는 것은 아니지만, 힘이 부족합니다." 선생님께서 말씀하셨다. "힘이 부족한 사람은 도중에 그만두게 된다. 지금 너는 해보지도 않고 미리 선을 긋고 있다."

冉求曰, "非不說子之道, 力不足也." 子曰, "力不足者, 中道而廢, 今女畫."

11. 선생님께서 자하에게 말씀하셨다. "너는 군자의 학자(學者)가 되고 소인의 학자가 되지 마라."

子謂子夏曰, "女爲君子儒, 無爲小人儒."

12. 자유가 무성의 가신이 되었다. 선생님께서 "너는 인물(人物)을 얻었느냐?"라고 묻자, 자유가 대답하였다. "담대멸명이라는 자가 있는데, 길을 다닐적에 지름길을 따르지 않으며, 공적인 일이 아니면 일찍이 저의 집에 이른적이 없습니다."

子游爲武城宰, 子曰, "女得人焉爾乎." 曰, "有澹臺滅明者, 行不由徑, 非公事, 未嘗至於偃之室也."

13. 선생님께서 말씀하셨다. "맹지반은 공을 자랑하지 않았다. 패주하면서 군대 후미에 처져 있다가, 장차 도성 문을 들어가려 할 적에 말을 채찍질하며 '내 감히 용감하여 뒤에 있는 것이 아니요, 말이 전진하지 못하여 뒤에처졌을 뿐이다' 하였다."

子曰, "孟之反不伐, 奔而殿, 將入門, 策其馬曰, '非敢後也, 馬不進也.'"

14. 선생님께서 말씀하셨다. "축관(祝官)인 타(鮀)의 말재주와 송나라의 조(朝)와 같은 미모(美貌)를 갖고 있지 않으면, 지금 세상에서 환난을 면하기 어렵다."

子曰, "不有祝鮀之佞而有宋朝之美, 難乎免於今之世矣."

이 14장 중 1은 최초의 첫 번째 구 "선생님께서 말씀하셨다. 옹은 남면하게 할 만하다"와 두 번째 구 "중궁이 자상백자에 대하여 물으니, 선생님께서 대답하셨다……." 이하의 2개의 전송을 한데 모아서 1장을 이루었다. 또 3도 "자화가 〔공자를 위하여〕 제나라에 심부름을 가자, ……군자는 궁박한 자를 돌봐주고 부유한 자를 계속 대주지 않는다"와 "원사가 공자의 가신이 되었는데, ……" 이하의 두 이야기가 결합되어 있다. 따라서 각각 2개의 장으로 나누는 것도 가능하지만, 1개의 장으로 보아도 좋을 것이다. 즉, 1은 선생은 〔일찍이〕 "옹은 〔미천한 출신이지만〕 남면하게 해도 좋은 〔인품이다〕"라고 말하였다. 〔이 말은 다음과 같은 점을 말한 것으로 생각된다.〕 〔어떤 때〕 중궁이 자상 백자〔의 인물〕에 대해 물었다. 선생, "그럭저럭 나쁘지 않다. 좀스럽지 않으니까." 중궁, "좋은 마음을 골고루 미치게 하면서 간명한 방식을 하고 인민을 대하는 것이라면, 말할 것도 없이 좋습니다. 가감 없이 놔두었는데 또 간단히 해결 짓는다면, 너무 간단하지 않습니까?" 선생, "옹야가 말한 대로다."

또 3은 자화가 제나라에 사신으로 갔다는 것과 원사가 가신이 되었다는 것 두 가지 이야기를 모은 것은 분명하지만, 그 두 가지 경우에 있어 공자의 태도가 대조적이고, 각각의 상대와 경우에 적절하게 행동하고 있다. 그래서 이 둘을 합해 1장으로 했던 것이리라. 공서화가 제나라에 사신으로 간 것이 언제인지는 명확하지 않다. 다만 그가 공자보다 42세 젊다고 하였으므로 공자가 위나라에서 노나라로 귀국한 68~69세 때 그는 26~27세, 공자가 죽은 73~74세 때 그는 31~32세가 된다. 공자가 노나라를 떠나 천하유력에 나선 때가 55~56세라고 한다면, 당시 그는 아직 13~14세다. 그가 정식으로 공자에 입문한 것은 공자 만년의 일일 것이다. 그러나 공자가 노나라로 귀국하기 전에 염유가 계씨의 가신이 되어 있고, 그는 염유를 통해 공자에게 제자의 예를 취하고 있었는지도 모른다. 하여간 그가 제나라에 사신으로 갔을 때, 염자가 그 어머니를 위해 곡식을 청한 것은 염유가 계씨의 가신이었을 때인 것 같다. "곡식을 청했다"는 것은 곡식을 주기를 바랐던 게 아니다. 제나라에 사신으로 간 것은 아마도 집정 계씨의 사자로 파견된 것이고, 국로(國老)이긴 해도 이미 녹을 떠난 재야의 공자가 곡식을 주어야 할 상황은 아니다. 염유는 계씨의 가신으로 현직에 있었기 때문에 곡식을 주고 싶다고 계씨에게 청한 것이고, 경우에 따라서는 "곡식을 주도록 조처하고 싶은데, 어느 정도가 적당할지 공자에게 상담했다"는 의미일 것이다. 더구나 그는 노나라 사람이지만, 이 글에 의하면 경제적으로 부족하지 않은 집에서 태어났다. 다음으로 원사(이름은 현)는 정현에 의하면 노나라 사람, 《가어》에서는 송나라 사람이고, 《색은》에서는 공자보다 36세 젊다고 했다. 근거는 없지만, 만약 그렇다면 공자의 재직 시대(50~55·56세)에 그는 14~20세였다. 주자의 주에서는 그가 공자의 집 가신이 된 것은 "공자께서 노나라 사구가 되었을 때"라고 되어 있지만, 이토록 젊은 그가 가신의 역할을 감당할 수 있었을까? 그러므로 만약 공자의 재직 시대의 일이라고 한다면, 재직 최후의 해, 즉 그가 20세 무렵일 것이다. 또 만약 공자가 노나라로 귀국한 만년의 일이라면, 공자가 노나라로 귀국한 때를 66세로 본다면, 그는 32세가 된다. 그러나 이때 공자는 이미 녹을 떠나 있었다. 어느 쪽이 됐든 가신이기 때문에, 공자의 집에 고용된 사람으로 봉급을 공자가 내는 것이 당연하다. 어쩌면 원헌이 궁핍해서, 더군다나 처세에 서툴러서 공자가 자신의 집 가신으로 봉급을 주어가며 생활을 거들었던 것이리라. 이와 관련하여 〈제자전〉에 의하면 공자가 죽었을 때 그는 풀이 우거진 늪(草澤)에 숨어 살았다고 말한다.

그런데 Ⓐ의 14장을 통람해 보면, 이것은 결국 잡찬의 모습으로 장의 순서에 일정한 방침은 없지만, 전체적으로 보면 이미 서술한 바와 같이 특정 개인에 대한 공자의 발언을 적어도 모든 장의 일부에 포함시키고 있다. 그중 1~12의 12장은 만년의 공문에서 사제의 문답 및 그들 제자에 대한 공자의 교훈을 모은 것이라고 일괄해 볼 수 있다. 단지 Ⓐ 말의 13·14 2장은 분위기를 달리하고, 13은 노나라 대부 맹지반의 일화를 서술한 공자의 말, 14는 축타와 송조를 떠올리면서 세태의 혹독함을 서술한 공자의 말이다. 따라서 Ⓐ의 본체는 1~12로 13·14 2장은 그것의 부록으로 보인다.

더구나 4와 5에 대해서는 다음과 같은 의미로 이해해야만 할 것이다. 우선 4는

> 선생이 중궁에 대해 언급했다. "얼룩소가 난 새끼라고 해도 털이 아름답기가 절색이고 또 뿔이 제대로 났다면 제사용으로 쓰이지 않을지라도 산천의 신이 내버려 둔 채 돌보지 않게 하지는 않는다(인간도 신분이 비천하다고 해서 마음 쓸 일은 아니다)."

무엇보다도 "선생님께서 중궁을 논평하여 말씀하셨다(子謂仲弓曰)"는 "선생이 중궁의 일을 다음과 같이 평하였다"고도 해석할 수 있지만, 11의 "선생님께서 자하에게 말씀하셨다(子謂子夏曰)"와 동일한 말법으로 보아 상술한 것처럼 해석해도 무리는 아닐 것이다. 다음으로 5는 공자의 안회에 대한 비평으로 보는 게 통설이지만, 오규 소라이처럼 공자의 안회에 대한 교훈의 말로 해석하는 것도 가능하다.

> 선생, "회야, 언제까지나 마음을 인에 기울여 결코 잊지 말거라. 〔그렇게만 한다면〕 그 외의 덕은 자연히 날이 흐름에 따라 도달할 수 있는 것이다."

3

다음으로 후반의 Ⓑ 14장에 대해 고찰해 보자. 우선 전문을 열거하면 다음과 같다.

15. 선생님께서 말씀하셨다. "누구인들 밖을 나갈 적에 문을 경유하지 않고 나갈 수 있겠는가? 그런데 어찌하여 이 도를 따르는 이가 없는가?"

子曰, "誰能出不由戶, 何莫由斯道也."

16. 선생님께서 말씀하셨다. "질(質, 본바탕)이 문(文, 아름다운 외관)을 이기면 촌스럽고, 문이 질을 이기면 사(史, 겉치레만 잘함)하니, 문과 질이 적당히 배합된 뒤에야 군자다."

子曰, "質勝文則野, 文勝質則史, 文質彬彬, 然後君子."

17. 선생님께서 말씀하셨다. "사람이 살아가는 이치는 정직하니, 정직하지 않으면서도 생존하는 것은 〔죽음을〕 요행히 벗어난 것이다."

子曰, "人之生也直, 罔之生也幸而免."

18. 선생님께서 말씀하셨다. "도를 아는 자가 좋아하는 자만 못하고, 좋아하는 자가 즐거워하는 자만 못하다."

子曰, "知之者不如好之者, 好之者不如樂之者."

19. 선생님께서 말씀하셨다. "중등 인물 이상은 높은 것을 말해줄 수 있으나, 중등 인물 이하는 높은 것을 말해줄 수 없다."

子曰, "中人以上, 可以語上也, 中人以下, 不可以語上也."

20. 번지가 지(智)에 대하여 묻자, 선생님께서 말씀하셨다. "사람이 지켜야 할 도리를 힘쓰고 귀신을 공경하되 멀리한다면 지라 말할 수 있다." 다시 인에 대하여 묻자, 또 말씀하셨다. "인자(仁者)는 어려운 일을 먼저 하고 얻는 것을 뒤에 하니, 이렇게 한다면 인이라고 말할 수 있다."

樊遲問知, 子曰, "務民之義, 敬鬼神而遠之, 可謂知矣." 問仁, 曰, "仁者先難而後獲, 可謂仁矣."

21. 선생님께서 말씀하셨다. "지자(智者)는 물을 좋아하고 인자(仁者)는 산을 좋아하며, 지자는 동적이고 인자는 정적이며, 지자는 낙천적이고 인자는

장수한다."

子曰, "知者樂水, 仁者樂山, 知者動, 仁者靜, 知者樂, 仁者壽."

22. 선생님께서 말씀하셨다. "제나라가 한 번 변화하면 노나라에 이르고, 노나라가 한 번 변화하면 선왕의 도에 이를 것이다."

子曰, "齊一變, 至於魯, 魯一變, 至於道."

23. 선생님께서 말씀하셨다. "모난 술그릇이 모나지 않으면 모난 술그릇이라고 할 수 있겠는가. 모난 술그릇이라고 할 수 있겠는가."

子曰, "觚不觚, 觚哉觚哉."

24. 재아가 물었다. "인자는 비록 우물에 사람이 빠졌다고 말해주더라도 〔우물에 빠진 사람을 구제하고자 하여〕 따라 우물에 들어가겠습니다." 선생님께서 말씀하셨다. "어찌 그렇게 하겠는가. 군자는 〔우물까지〕 가게 할 수는 있으나 빠지게 할 수는 없으며, 〔이치에 있는 말로〕 속일 수는 있으나 〔터무니없는 말로〕 속일 수는 없는 것이다."

宰我問曰, "仁者雖告之曰井有仁焉, 其從之也." 子曰, "何爲其然也, 君子可逝也, 不可陷也, 可欺也, 不可罔也."

25. 선생님께서 말씀하셨다. "군자가 문(文)에 대하여 널리 배우고, 예로써 요약(約)한다면 또한 〔도에〕 어긋나지 않을 것이다."

子曰, "君子博學於文, 約之以禮, 亦可以弗畔矣夫."

26. 선생님께서 남자를 만나시자, 자로가 기뻐하지 않았다. 선생님께서 맹세하여 말씀하셨다. "내 맹세코 잘못된 짓을 하였다면 하늘이 나를 버리시리라! 하늘이 나를 버리시리라!"

子見南子, 子路不說, 夫子矢之曰, "予所否者, 天厭之, 天厭之."

27. 선생님께서 말씀하셨다. "중용의 덕(德)이 지극하구나! 사람들이 〔이 덕을〕 소유한 이가 적은 지 오래다."

子曰, "中庸之爲德也, 其至矣乎, 民鮮久矣."

28. 자공이 말하였다. "만일 백성에게 은혜를 널리 베풀어 많은 사람을 구제한다면 어떻겠습니까? 인이라 할 만합니까?" 선생님께서 말씀하셨다. "어찌 인을 일삼는 데 그치겠는가. 반드시 성인일 것이다. 요순도 이에 있어서는 오히려 부족하게 여기셨을 것이다. 인한 사람은 자신이 서고자 함에 남도 서게 하며, 자신이 통달하고자 함에 남도 통달하게 하는 것이다. 가까운 데에서 취해 비유할 수 있으면 인을 하는 방법이라고 말할 만하다."

子貢曰, "如有博施於民而能濟衆, 何如, 可謂仁乎." 子曰, "何事於仁, 必也聖乎, 堯舜其猶病諸, 夫仁者, 己欲立而立人, 己欲達而達人, 能近取譬, 可謂仁之方也已."

이상 14장을 통틀어 본다면 이미 서술한 것처럼 어떤 장도 특정한 사건, 인물에 대한 비평과 교훈은 아니고 여러 각도에서 본 보편타당한 도덕을 말하고 있다. 그중 20·24·26·28 4장에 특정 인물의 이름이 보이고, 특히 그중 26은 특정 사건에 관계돼 있지만 어느 것이나 공자 자신의 응답 혹은 태도의 표현으로 객관적인 비판의 말은 아니다. 따라서 개인의 질문과 특정한 사건은 공자로 하여금 보편적인 도덕의 가르침을 발언하게 한 계기, 즉 기연(機緣) 이상은 아니다. 이것은 Ⓐ의 각 장이 특정 개인에 대한 비평과 교훈인 것과 차이가 있다. 그런데 이 14장은 잡찬 형식이어서 특별히 일정한 방침에 따라 장의 순서가 정해졌다고는 할 수 없다. 그러나 자세히 음미해서 독해해 보면, 심리적으로 다소 연관성 있게 장이 열거되어 있다고 생각한다. 즉, 최초의 15는 인간으로서 도에 따르는 것이 당연하다는 것을 설명하지만, 최후의 27은 도의 존재 방식의 극치인 "중용의 덕"을 들고 있으며, 거듭 28에서 도의 극치의 모습을 논하여 "인의 방법"을 언급하고 있기 때문에, 그런 의미에서는 수미가 대응한다. 이것을 다시 자세히 살펴보면 15~19의 5장은 "자왈"로 시작하는 짧은 교훈을 모은 것이지만, 15가 도의 당연성을 설명한 것을 이어받아 16은 득도의 군자의 모습을 "문질빈빈(文質彬彬)"이라는 모습으로 설명하고, 17에서는 인간 생활의 자연스러운 존재 방식이 "직(直)"임을 강조하며 거듭 암암리에 도의 당연성을 보여준다. 그것을 이어받아서 18에서는 도의 체득 방법의 심천(深淺)을 가르치고, 아는 것보다 좋아하는 것, 좋아하는 것보다 즐거워하는 것을 좋게 보았다. 그리고 19에서는 이 득도의 단계성과 관련하여 개인의 능력을 크게 상중하로 나누어 중인 이상에게는 심오한 것을 말해줄 수 있지만, 중인 이하에게는 그것이 불가능하다고 말하고 있다. 즉 가르침의 방식에서 차별이 있어야 한다는 말이다. 20은 번지의 질문에 답하여 지와 인을 설명하고 21은 지자와 인자의 성격 차이를 설명하여 이것을 이어받고 있다. 18~21의 4장은 "알다"나 "지"의 문제를 공통으로 포함하는 결과가 되었다. 그리고 22는 구체적인 국가의 존재 방식에 눈을 돌려서 제·노는 본래 국가가 존재해야 할 모습으로서의 도와 거리가 있지만, 제나라보다는 노나라가 도에 가깝고 "노나라가 한 번 변화하면 도에 이를 것이다"라고 경륜의 희망을 담아 거듭 "도"의 문제로 되돌아가 15와 상응한다. 그러나 제나라도 노나라도 현상 그대로서는 이미 도를 상실했기 때문에, 이것과 연관해서 23에서는 "고불고(觚不觚)"와 당대에서 예가 붕괴한 사실을 한탄하고, 그것에 연이어서 24에서는 도의 재건과 관련하여 재아가 인자는 고루한 게 아닌가 하고 의심한 오해에 대해 논한다. 더구나 이 장에서는 재아의 "인자는……"이라는 질문에 공자가 "군자는……"이라고 답하고 있기에, 이 부분을 이 장군에서 "도"·"군자"·"지"·"인"·"예" 등이 모두 연관해서 취급되고 있을 것이라는 점을 상상할 수 있도록 해주는 것으로 삼는 것이 가능하다. 그리고 25에서는 "군자는"

이라는 것을 받아 "박문약례(博文約禮)"를 설명하여 "도"를 따르는 "인"의 올바른 습득 방법을 명확하게 하고, 26에서는 공자가 남자와 회견했을 때 자로와의 응답을 열거하여 득도의 군자를 기약하는 공자 자신의 기본적인 태도가 공고하거나 고루하지 않다는 임기응변의 태도를 보여서 전 장에 덧붙이고 있다. 따라서 22~26의 5장은 도를 잃어버린 것을 한탄하면서 그것의 재건을 위해 고루해서는 안 됨을 보여준 결과다. 그리고 27에서는 도의 실현을 임기응변·적절 타당성이라는 측면에서 조명한 "중용의 덕"을 열거하고 마지막 28에서는 도 실현의 궁극의 모습과 그것을 실현하는 방도로서 "인의 방법"을 논하여 최초의 15의 도의 타당성과 상응한다. 무엇보다 이런 연관을 짓도록 한 이해는 다분히 주관적인 요소가 섞여들 우려가 있고, 여기서는 잠정적으로 하나의 상상에 기댄 해석을 꾀한 것에 불과하지만, 요컨대 ⑧ 14장은 잡찬이므로, 편집자의 심리에 기대 고찰해 보면, 무언가 주관적 고안이 더해져 있는 것이 느껴진다. 그런 의미에서 결국 이것은 하나의 장군일 것이다. 더구나 여기서 주목할 한 가지 일이 있다. 28의 자공에게 대답한 공자의 말 중에 "요순"의 이름이 열거되어 있다. 현존하는 유가의 문헌에서 요순을 강하게 표창하는 것은 맹자부터이긴 하지만, 맹자가 제나라로 갔던 일은 유명하다. 그리고 이보다 앞서 자공은 제나라에서 죽은 인물로 제나라에 유학이 유전하는 선하(先河)를 이룬 것은 이 사람 덕분일 것이다. 그리고 《논어》가 제나라에 전해진 것은 아마도 자공 이후 맹자에 이르는 사이이고, 그것 이후에 제나라에서 《논어》에 대한 부가와 윤색이 시작되었으리라. 그렇게 본다면 28의 자공과 공자 사이의 문답 혹은 그중 "요순도 이에 있어서는 오히려 부족하게 여기셨을 것이다"라는 구절은 맹자 전후 제나라 학자에 의한 부가 혹은 윤색일지도 모른다. 또 《중용(中庸)》은 증자의 제자 자사(子思, 공자의 손자)의 작품인바 맹자는 그 학계를 잇는 인물이기 때문에 27의 "중용의 덕이 지극하구나"는 28과 더불어 증자 후학에 의해 부가됐을지도 모른다.

4

이상의 서술에 의하면 〈옹야〉편 28장은, 전반 14장의 Ⓐ군과 후반 14장의 Ⓑ로 이루어져 있다. 그리고 Ⓐ의 부록 부분인 마지막 2장 13·14가 모두 "자왈"로 시작하는 공자의 말인데 Ⓑ의 머리에 있는 5장, 즉 15~19도 모두 "자왈"로 시작하는 공자의 교훈이다. 그래서 Ⓐ의 다음에 Ⓑ를 둠으로써 양자가 단절되지 않고 연속되는 한 편으로 하는 체제가 가능해졌다. 이것이 편찬 기술 면에서 본 〈옹야〉편의 구조다. 따라서 이 편도 반드시 한 사람에 의한 한때의 편집은 아니리라.

그러나 전편 28장은 후인의 윤색이 다소 있었다고 해도 대체로 말투로 볼 때 만년 공문의 직제자에게서 나온 전송으로도 볼 수 있다. 그리고 등장하는 제자들은 만년의 공문에서 중요했던 훌륭한 제자 모두와 만년에 입문했을 법한 젊은 제자들이고, 제자 이외의 등장인물도 요순만 제외하면 모두 공자와 동시대 인물이다. 따라서 이 편은 직제자로부터 나온 전송을 모으고 그중 만년 공자의 문하에서 사제의 언행을 골라 그것만 모아 전해보고자 했던 Ⓐ와 그 나머지 재료에서 보이는 공자의 교훈을 모은 Ⓑ를 결합하여 한 편을 만든 것이리라. Ⓐ와 Ⓑ의 결합이 어떤 사정에 의한 것이든 Ⓐ 및 Ⓑ 각각의 편찬은 노나라에서 만년의 공문을 떠나 오래지 않은 시대에 행해졌을 가능성이 있는데, 아마 2~3전의 제자 무렵으로 상상된다.

덧붙여 이 편과 〈선진〉편의 관계에 대해 한마디 해두고 싶다. 〈선진〉

편의 구조는 별도로 자세히 다루지만, 이미 지적한 것처럼 〈선진〉편 2에 보이는 이른바 십철이 이 편에 다 등장한다. 또 이 편에서는 안회를 말한 것이 2·5·9 세 번인 데 비해 〈선진〉편에서는 십철의 기사 외에 3·6·7· 8·9·10·18·22로 여덟 번 보인다. 특히 이 편 2는

> 애공이 물었다. "제자 가운데 누가 배우기를 좋아합니까?" 공자께서 대답하셨다. "안회라는 사람이 배우기를 좋아하여 노여움을 옮기지 않았으며, 같은 허물을 되풀이하지 않는데, 불행히도 명이 짧아 일찍 죽었습니다. 지금은 없으니, 배우기를 좋아하는 사람에 대해 듣지 못하였습니다."
>
> 哀公問, "弟子孰爲好學." 孔子對曰, "有顔回者好學, 不遷怒, 不貳過, 不幸短命死矣, 今也則亡, 未聞好學者也."

고 되어 있는 데 비해 〈선진〉편 6에서는

> 계강자가 물었다. "제자 가운데 누가 배우기를 좋아합니까?" 공자께서 대답하셨다. "안회라는 사람이 배우기를 좋아했는데, 불행히도 명이 짧아 일찍 죽었다. 지금은 〔그런 사람이〕 없다."
>
> 季康子問, "弟子孰爲好學." 孔子對曰, "有顔回者, 好學, 不幸短命死矣, 今也則亡."

라고 되어 있어 서로 전은 다르지만 동일한 일인 것으로 보인다. 또 민자건에 대해서는 이 편 7에 보이는 것에 비해 〈선진〉편에서는 십철의 기사 외에 4·12·13에도 보인다. 또 비(費)의 재(가신)의 보결 문제에 관해서는 이 편에서는 7에 계씨·민자건에 관해서 보이고, 〈선진〉편 24에서는 자로·자고에 관해서 보이지만, 이것은 서로 연속하는 사실의 전 단계와 후

단계였다고 상상한다. 게다가 일반적으로 〈옹야〉편, 특히 Ⓐ와 〈선진〉편은 주로 만년의 공문에서 사제의 언행을 모았다는 의미에서 유사하다고 말할 수 있다. 어쩌면 거의 동일한 목적으로 편집한 두 개의 다른 문헌이리라.

제7절 〈술이〉편의 성격과 구조

1

〈술이〉편은 37장으로 이루어져 있지만, 이 편을 일독하면 일종의 특이한 편찬 형식이 느껴진다. 그것은 공자의 말과 대화 사이에 교차하여, 혹은 1·2장, 혹은 3·4·5장마다 "자(子)"로 시작하는 공자의 태도를 묘사한 짧은 장이 끼어들어 전후를 단절하고 있는 것이다. 이러한 장은 모두 9장에 달하고, 따라서 그 의미에서는 〈술이〉편은 9개로 구별된 장군의 병렬이라고 말할 수 있다. 그러므로 우선 이 "자(子)"로 시작하는 9장을 열거해보자.

> 4. 선생님께서 한가로이 계실 적에, 마음은 평화롭고도 즐거운 듯하시고, 얼굴은 환히 피어나셨다.
>
> 子之燕居, 申申如也, 夭夭如也.
>
> 9. 선생님께서는 상을 당한 사람의 곁에서 음식을 드실 때에는 배부르도록 잡수신 적이 없었다. 선생님께서는 이날 곡을 하시면 노래를 부르지 않으

셨다.

子食於有喪者之側, 未嘗飽也, 子於是日哭, 則不歌.

12. 선생님께서 조심하신 것은 재계와 전쟁과 질병이었다.

子之所慎, 齊·戰·疾.

17. 선생님께서는 정음을 사용하셨으니, 《시》와 《서》를 읽고 예를 행하실 때
모두 정음을 사용하셨다.

子所雅言, 詩·書·執禮, 皆雅言也.

20. 선생님께서는 괴이한 일, 힘센 사람의 일, 정도를 어지럽히는 일, 그리고
귀신에 관한 일은 말씀하지 않으셨다.

子不語怪·力·亂·神.

24. 선생님께서는 네 가지로써 가르치셨으니, 문·행·충·신이었다.

子以四教, 文·行·忠·信.

26. 선생님께서는 낚시질은 하시되 큰 그물질은 하지 않으시며, 주살질은 하
시되 잠자는 새를 쏘아 잡지는 않으셨다.

子釣而不綱, 弋不射宿.

31. 선생님께서는 다른 사람과 노래할 때, 그 사람이 잘하면 반드시 다시 한번
하게 하셨고, 그런 뒤에 화답하셨다.

子與人歌而善, 必使反之, 而後和之.

37. 선생님께서는 온화하면서도 엄숙하고, 위엄이 있으면서도 사납지 않고,
공손하면서도 평안하셨다.

子溫而厲, 威而不猛, 恭而安.

이상은 공자의 태도·몸가짐을 기술한 것으로 그 의미에서는 〈향당〉편
의 기사와 같지만, 단 〈향당〉편에서는 편 머리에 "공자께서 향당(鄕黨, 지

방)에 계실 때는(孔子於鄕黨)"이라고 한 번만 "공자"라고 말하고, 그 외에서는 "공자"라고도 "자"라고도 표현하지 않는다. 그러나 이 9장에서는 반드시 "자"라고 하고, 그것이 직제자 이래의 전송인 듯한 형태를 취하고 있다. 또 〈향당〉편의 내용은 공자 재직 시대의 생활을 기술한 것 같은 것이 대부분이지만, 이 9장의 내용은 어느 것 하나 공자의 재위 여부와 관계가 없다. 어쩌면 직제자들이 공자 만년의 학교에서 견문한 공자의 태도·용태의 편린을 전한 것이리라.

이 9장에 의해 떨어져 있는 9개의 장군을 순차적으로 ⓐⓑⓒⓓⓔⓕⓖⓗⓘ라고 부르고 하나씩 성격을 따져보자.

2
우선 ⓐ는 다음 4장이다.

1. 선생님께서 말씀하셨다. "전술하기만 하고 창작하지 않으며, 옛것을 믿고 좋아함을 내 적이 우리 노팽에게 견주노라."

  子曰, "述而不作, 信而好古, 竊比於我老彭."

2. 선생님께서 말씀하셨다. "묵묵히 기억하며 배우고 싫어하지 않으며 사람 가르치기를 게을리하지 않는 것, 이 중에 어느 것이 나에게 있겠는가?"

  子曰, "默而識之, 學而不厭, 誨人不倦, 何有於我哉."

3. 선생님께서 말씀하셨다. "덕이 닦아지지 못함과 학문이 강마되지 못함과 의를 듣고 옮아가지 못함과 불선을 고치지 못하는 것이 바로 나의 걱정거리다."

  子曰, "德之不脩, 學之不講, 聞義不能徙, 不善不能改, 是吾憂也."

4. 선생님께서 한가로이 계실 적에, 마음은 평화롭고도 즐거운 듯하시고, 얼굴은 환히 피어나셨다.

子之燕居, 申申如也, 夭夭如也.

이 ⓐ의 1·2·3은 전부 "자왈"을 머리로 삼은 짧은 말로 공자 자술의 말이기 때문에, 어떤 장에나 "아(我)" 또는 "오(吾)"가 포함되어 있다. 그리고 어느 것이나 공자의 학문에 대한 진지한 태도를 서술한 것으로, 마지막에 "선생님께서 한가로이 계실 적에"의 모습을 서술한 4가 있는 것이다. 생각건대 ⓐ군의 이러한 형태는 이하 8그룹(ⓑ~ⓘ)의 모델로 보는 것이 가능하다.

다음으로 ⓑ 5장을 보자.

5. 선생님께서 말씀하셨다. "심하도다. 나의 쇠함이여! 오래되었다. 내 다시는 꿈속에서 주공을 뵙지 못하였다."

子曰, "甚矣, 吾衰也, 久矣吾不復夢見周公."

6. 선생님께서 말씀하셨다. "도에 뜻을 두며, 덕을 굳게 지키며, 인에 의지하며, 예에 노닐어야 한다."

子曰, "志於道, 據於德, 依於仁, 游於藝."

7. 선생님께서 말씀하셨다. "포 한 묶음 이상을 가지고 와 스승 뵙는 예를 차리기만 해도, 내 일찍이 가르쳐주지 않은 적이 없다."

子曰, "自行束脩以上, 吾未嘗無誨焉."

8. 선생님께서 말씀하셨다. "알려고 애쓰지 않으면 일깨워주지 않고, 애쓰지 않으면 띄워주지 않는다. 한 모서리를 들어주었는데도 다른 세 모서리를 헤아리지 않는다면, 되풀이하여 가르치지 않는다."

子曰, "不憤不啓, 不悱不發, 擧一隅不以三隅反, 則不復也."

9. 선생님께서는 상을 당한 사람의 곁에서 음식을 드실 때에는 배부르도록 잡수신 적이 없었다. 선생님께서는 이날 곡을 하시면 노래를 부르지 않으셨다.

子食於有喪者之側, 未嘗飽也, 子於是日哭, 則不歌.

이것도 5와 7에 "오(吾)"가 있지만, 6과 8에는 없다. 그러나 8은 자술의 말이고, 6도 그러한 것으로 해석할 수 있다. 그리고 5와 6은 공자가 자신의 학문의 목표를 서술한 것이고, 7과 8은 공자가 교육자의 태도를 말한 것으로 서로 공통된다. 그러나 5와 6 사이에는 반드시 필연적인 관계는 없고, 7과 8은 공자의 제자에 대한 태도를 보여준 말을 열거한 것에 불과하다. 9도 내용적으로는 그것들과 관계는 없지만, 5·6·7·8이 어느 것이나 "자왈"을 맨 앞에 붙인 짧은 공자의 자술로서 그다음에 "자……(子……)"를 맨 앞에 붙인 한 단락의 장이 있다는 형식은 ⓐ와 동일하다. 무엇보다 《고논어》에는 9장이 없는 것에 주의해야 할 것이다.

다음으로 ⓒ 3장을 보자.

10. 선생님께서 안연에게 일러 말씀하셨다. "등용되면 〔도를〕 행하고, 버림받으면 〔도를〕 간직하는 일은 오직 나와 너만이 할 수 있을 것이다." 자로가 말하였다. "부자께서 삼군을 통솔하신다면 누구와 함께 하시겠습니까?" 선생님께서 말씀하셨다. "맨손으로 범을 잡으려 하고 맨몸으로 강하(江河)를 건너려다가 죽어도 후회함이 없는 자를 나는 함께 하지 않을 것이니, 나는 반드시 일에 임하여 두려워하고, 도모하기를 좋아하여 성공하는 자를 데리고 할 것이다."

子謂顔淵曰, "用之則行, 舍之則藏, 唯我與爾有是夫." 子路曰, "子行三軍, 則誰
與." 子曰, "暴虎馮河, 死而無悔者, 吾不與也, 必也臨事而懼, 好謀而成者也."

11. 선생님께서 말씀하셨다. "부가 구해서 얻을 수 있는 것이라면 비록 채찍
잡는 마부 같은 일이라도 하겠으나, 구해서 얻을 수 없는 것이라면 내가
좋아하는 바를 따르겠다."

子曰, "富而可求也, 雖執鞭之士, 吾亦爲之. 如不可求, 從吾所好."

12. 선생님께서 조심하신 것은 재계와 전쟁과 질병이었다.

子之所愼, 齊·戰·疾.

이 중 10은 공자와 안연 및 자로의 문답이고, 11은 공자 자술의 말이어서
그런 의미에서 이 2장은 모습이 일치하지 않고, ⓐ나 ⓑ와도 형식이 조
금 다르다. 그러나 10의 안연 및 자로에 대한 공자의 말은 결국 자술의 말
로 "아(我)" 및 "오(吾)"가 있고, 게다가 10·11은 둘 다 공자가 자신의 생활
태도를 논한 말이라는 의미에서 공통적이다. 특히 10 가운데 안연에게 한
말은 공자의 출처진퇴에 관한 원칙에 관계된 것, 11은 출세 여부는 어느
정도 운명이라고 말하는 것으로, 결국 출처진퇴에 대한 사고방식의 한 전
제가 된다. 그리고 그 뒤를 이어받은 12는 "선생님께서 조심하신 것은 재
계와 전쟁과 질병이었다"고 말해서 결국 생활태도의 단면을 제시하는 동
시에 "전쟁"이 10의 "삼군을 통솔하신다면"과 상응한다. 하여간 이것도
ⓐ와 ⓑ의 형식을 어느 정도 모방하여 모은 일군이리라.

다음의 ⓓ는 5장이다.

13. 선생님께서 제나라에 계실 적에 소악을 들으시고 〔배우는〕 3개월 동안 고
기 맛을 모르시며 "음악을 만든 것이 이러한 경지에 이를 줄은 생각하지

못했다"고 하셨다.

子在齊聞韶, 三月不知肉味, 曰, "不圖爲樂之至於斯也."

14. 염유가 말하기를 "부자께서 위나라 군주를 도우실까?"라고 하자, 자공이 말하기를 "좋습니다. 내 장차 여쭈어보리다" 하였다. 들어가서 "백이와 숙제는 어떠한 사람입니까?" 하고 묻자, 선생님께서는 "옛날의 현인이시다" 하고 대답하셨다. "후회하셨습니까?" 하고 묻자, "인을 구하여 인을 얻었으니, 다시 어찌 후회하였겠는가?"라고 대답하셨다. 자공이 나와서 말하기를 "부자께서는 그를 돕지 않으실 것이다" 하였다.

冉有曰, "夫子爲衛君乎." 子貢曰, "諾, 吾將問之." 入, 曰, "伯夷·叔齊何人也."
曰, "古之賢人也." 曰, "怨乎." 曰, "求仁而得仁, 又何怨." 出, 曰, "夫子不爲也."

15. 선생님께서 말씀하셨다. "거친 밥을 먹고 물을 마시며 팔을 굽혀 베더라도 낙은 또한 그 가운데 있으니, 의롭지 못하고서 부하고 또 귀함은 나에게 있어 뜬구름과 같으니라."

子曰, "飯疏食飮水, 曲肱而枕之, 樂亦在其中矣, 不義而富且貴, 於我如浮雲."

16. 선생님께서 말씀하셨다. "하늘이 나에게 몇 년의 수명을 빌려주어 마침내 《주역(周易)》을 배우게 한다면 큰 허물이 없을 것이다."

子曰, "加我數年, 五十以學易, 可以無大過矣."

17. 선생님께서는 정음을 사용하셨으니, 《시》와 《서》를 읽고 예를 행하실 때 모두 정음을 사용하셨다.

子所雅言, 詩·書·執禮, 皆雅言也.

이 중 15와 16은 자술의 말로 "아(我)"가 쓰였지만, 13과 14는 그렇지 않다. 13은 공자가 제나라에 거할 때 소악을 듣고 감탄한 말이고, 14는 위나라에 있을 때 자공의 질문에 답하며 백이·숙제를 든 말이다. 이와 같이 내용이 자술의 언어와 같은 부류가 아닐뿐더러 제나라에 머문 것은 30대 후반부터 40대 초반 무렵이고, 위나라에 머문 것은 55세 이후, 68~69세까지 천하유력을 할 즈음의 한때이기 때문에, 시기적으로도 떨어져 있다. 어쩌면 이 2장은 이 한 편(《술이》)에서 예외적이다. 그러나 이 2장을 다음의 15에 이어서 읽으면 13에서는 공자는 고전음악에 열중하여 배움을 좋아하는 분위기가 보이고, 14는 백이·숙제를 "인을 구해서 인을 얻었으니 만족했을 것이리라"라고 칭찬하는 것이므로 부귀에 연연해하지 않고 도를 즐거워하는 맛이 있다. 자술의 말은 아니지만, 그것이 태도로서 제시되고 있다. 그리고 15의 자술의 말로 불의한 부귀는 바라지 않고 빈천하더라도 도를 즐기고 싶다고 말하고 있고, 16도 역시 호학의 뜻을 제시했다. 따라서 13~16의 4장이 공자의 호학낙도를 드러낼 만큼 뛰어난 말을 모았다는 의미에서 일군으로 정리하고 있다. 그리고 마지막 17에 《시》와 《서》를 읽고 예를 행하실 때 "정음(正音, 雅言)"을 사용하였다는 학문에 대한 태도의 일면이 부가되어 있다. 그러므로 이 ⓓ는 공자 자술의 말이 아닌 것을 포함하고 있어 다른 그룹과 비교해 약간 다른 유에 속하지만, 그러나 그 밖의 구조와 형식은 ⓐⓑⓒ와 동일하다.

다음 ⓔ는 3장으로 이루어져 있다.

18. 섭공이 자로에게 공자의 인물됨을 물었는데, 자로가 대답하지 않았다. 선생님께서 말씀하셨다. "너는 어찌 그의 사람됨이 분발하면 먹는 것도 잊고, 〔이치를 깨달으면〕 즐거워 근심을 잊어 늙음이 장차 닥쳐오는 줄도 모른다고 말하지 않았느냐?"

葉公問孔子於子路, 子路不對, 子曰, "女奚不曰, 其爲人也, 發憤忘食, 樂以忘憂, 不知老之將至云爾."

19. 선생님께서 말씀하셨다. "나는 나면서부터 안 자가 아니라, 옛것을 좋아하여 급급히 그것을 구한 자다."

子曰, "我非生而知之者, 好古, 敏以求之者也."

20. 선생님께서는 괴이한 일, 힘센 사람의 일, 정도를 어지럽히는 일, 그리고 귀신에 관한 일은 말씀하지 않으셨다.

子不語怪·力·亂·神.

이 중 18은 천하유력 중 채에 머물 때의 문답이지만, 자로에게 가르쳤던 말은 그대로 공자 자술의 말이다. 19는 자술의 말로서 "아(我)"가 있다. 생각건대 이 2장은 공자의 호학을 자임한 말이라는 의미에서 모은 것이리라. 그리고 20에 "괴이한 일, 힘센 사람의 일, 정도를 어지럽히는 일, 그리고 귀신에 관한 일은 말씀하지 않으셨다"는 이야기가 있어서 이 ⓔ를 잇고 있다.

다음 ⓕ는 4장으로 이루어져 있다.

21. 선생님께서 말씀하셨다. "세 사람이 길을 감에 반드시 나의 스승이 있으니, 그중에 선한 자를 가려서 따르고, 선하지 못한 자를 가려서 자신의 잘못을 고쳐야 한다."

子曰, "三人行, 必有我師焉, 擇其善者而從之, 其不善者而改之."

22. 선생님께서 말씀하셨다. "하늘이 나에게 덕을 주셨으니, 환퇴가 나를 어찌하겠는가?"

子曰, "天生德於予, 桓魋其如予何."

23. 선생님께서 말씀하셨다. "그대들은 내가 무엇을 숨긴다고 여기는가? 나는 그대들에게 숨기는 것이 없노라. 행하고서 그대들에게 보여주지 않은 것

이 없는 자가 바로 나다."

　　子曰, "二三子, 以我爲隱乎, 吾無隱乎爾. 吾無行而不與二三子者, 是丘也."

24. 선생님께서는 네 가지로써 가르치셨으니, 문·행·충·신이었다.

　　子以四敎, 文·行·忠·信.

이 중 21·22·23 3장은 "자왈"을 위에 붙인 짧은 공자의 자술로, 모두 "아(我)"·"여(予)"·"오(吾)"·"구(丘)" 등이 보인다. 그리고 그 내용은 21은 배움을 좋아한 공자가 배우는 태도를 서술한 것, 22는 천하유력 중에 송나라에서 어려움을 겪던 때의 말 같은데, 학자로서의 천직의 자각을 토로한 것, 23은 제자에 대한 태도의 표현으로 21의 배울 때는 누구에게라도 배우는 것에 비해 23에서는 가르치는 경우 아무것도 감추지 않는다는 것이다. 요컨대 이 3장은 공자 학교에 대한 자술이라는 의미에서 일관된다. 그리고 이어서 24에서는 "네 가지로써 가르치셨으니, 문·행·충·신이었다"고 계속하고 있다.

　　다음의 ⑧는 2장이다.

25. 선생님께서 말씀하셨다. "성인을 내가 만나볼 수 없으면, 군자만이라도 만나보면 좋겠다." 선생님께서 말씀하셨다. "선인을 내가 만나볼 수 없으면, 떳떳한 마음이 있는 자만이라도 만나보면 좋겠다. 없으면서 있는 체하며, 비었으면서 가득한 체하며, 적으면서 많은 체하면 항심을 두기가 어려울 것이다."

　　子曰, "聖人吾不得而見之矣, 得見君子者, 斯可矣." 子曰, "善人吾不得而見之矣,
　　得見有恒者, 斯可矣, 亡而爲有, 虛而爲盈, 約而爲泰, 難乎有恒矣."

26. 선생님께서는 낚시질은 하시되 큰 그물질은 하지 않으시며, 주살질은 하

시되 잠자는 새를 쏘아 잡지는 않으셨다.

子釣而不綱, 弋不射宿.

이 중 25는 두 개의 유사한 공자 자술의 언어를 포함하고 있고, 어느 것이나 "오(吾)"가 있다. 주자는 1장으로 모았지만, 2장으로 나누는 것도 가능하다. 26의 "낚시질은 하시되 큰 그물질은 하지 않으시며, 주살질은 하시되 잠자는 새를 쏘아 잡지는 않으셨다"도 공자의 수렵하는 일정한 방침으로, 항상적인 태도라는 점이 가능하다.

ⓗ는 5장으로 이루어져 있다.

27. 선생님께서 말씀하셨다. "알지 못하면서 함부로 행동하는 것이 있는가? 나는 이러한 일이 없노라. 많이 듣고서 그 좋은 것을 가려서 따르며, 많이 보고서 기억해 둔다면 이것이 아는 것의 다음이 된다."

子曰, "蓋有不知而作之者, 我無是也, 多聞, 擇其善者而從之, 多見而識之, 知之次也."

28. 호향(互鄕) 사람과는 더불어 말하기 어려웠는데, 호향의 동자(童子)가 찾아와 공자를 뵈니, 문인들이 의혹하였다. 선생님께서 말씀하셨다. "사람이 몸을 가다듬어 깨끗이 하고서 찾아 나오거든 그 몸을 깨끗이 한 것을 허여할 뿐이요, 지난날의 잘잘못을 보장할 수는 없는 것이며, 그 찾아옴을 허여할 뿐이요, 물러간 뒤에 잘못하는 것을 허여하는 것은 아니다. 어찌 심하게 할 것이 있겠는가?"

互鄕難與言, 童子見, 門人惑, 子曰, "與其進也, 不與其退也, 唯何甚, 人潔己以進, 與其潔也, 不保其往也."

29. 선생님께서 말씀하셨다. "인이 멀리 있는가? 내가 인을 하고자 하면 인이

당장 이르는 것이다."

子曰, "仁遠乎哉, 我欲仁, 斯仁至矣."

30. 진나라 사패(司敗)가 "소공이 예를 알았습니까?" 하고 묻자, 공자께서 "예를 아셨다" 하고 대답하셨다. 공자께서 물러가시자, 사패가 무마기에게 읍하여 나오게 하고 말하였다. "내가 들으니 군자는 편당하지 않는다 하였는데, 군자도 편당을 하는가? 임금(소공)께서는 오(吳)나라에서 장가드셨으니, 동성(同姓)이 된다. 그러므로 그 사실을 숨기기 위해 오맹자(吳孟子)라고 불렀으니, 임금께서 예를 아셨다면 누가 예를 알지 못하겠는가?" 무마기가 이것을 아뢰자, 선생님께서 말씀하셨다. "나는 다행이다. 만일 잘못이 있으면 남들이 반드시 아는구나."

陳司敗問, "昭公知禮乎." 孔子曰, "知禮." 孔子退, 揖巫馬期而進之曰, "吾聞君子不黨, 君子亦黨乎, 君取於吳爲同姓, 謂之吳孟子, 君而知禮, 孰不知禮." 巫馬期以告, 子曰, "丘也幸, 苟有過, 人必知之."

31. 선생님께서는 다른 사람과 노래할 때, 그 사람이 잘하면 반드시 다시 한번 하게 하셨고, 그런 뒤에 화답하셨다.

子與人歌而善, 必使反之, 而後和之.

이 중 27은 아는 것에 대한 공자 자술의 말로 "아(我)"가 있다. 28은 호향의 동자가 면회하러 왔을 때 문인에게 깨우쳐주었던 말로 자술의 말이라기보다도 제자에 대한 공자의 교훈이고, "아(我)"·"여(予)"·"오(吾)"·"구(丘)" 등은 없다. 그런 의미에서 이 1장은 같은 부류가 아니다. 그러나 이교훈은 공자의 "뜻이 있는 자는 누구라도 가르친다"는 자기의 태도를 명확하게 하는 것으로, 교훈의 모습을 빌린 자술의 말이라고도 할 수 있다. 그렇다면 27은 앎의 방식에 대한 자술, 28은 가르침의 방법에 대한 자술의 의미를 포함하고 있다. 29는 "인은 구한다면 얻을 수 있다"는 교훈으로 "아(我)"라는 글자는 있지만, "각자가"라는 정도의 의미로서 반드시 자술의 말이라기보다는 일반론이다. 그러나 이것은 공자의 신념이었을 것이기 때문에, 공자가 자기의 신념을 토로했다는 의미에서 자술이라고도 할 수 있다. 30도 역시 전체를 보면, 자술의 말은 아니다. 진나라 사패로부터 군주 소공에 대한 질문에 답한 공자가 비판받고, 그 말을 들은 공자의 말이 기록되어 있다. 그러나 최후의 겸허한 공자의 말은 자술의 이야기이고, 또 "구(丘)"라고 자칭하고 있다. 이와 관련하여 이 장의 사실은 천하유력 시대에 진나라에서 발생한 일일 것이다. 요컨대 이 27~30의 4장은 27 이외는 자술의 말은 아니지만, 어떤 의미에서나 또는 각 장의 일부에 자술의 요소를 포함하고 있고, 또 28 이외의 3장에는 "아(我)", "구(丘)"가 포함되어 있다. 그리고 31은 그것들을 이어받아서 다른 사람과 노래를 부를 때조차 발견되는 공자의 호학의 태도를 기록했다.

최후의 ①는 6장으로 구성되어 있다.

32. 선생님께서 말씀하셨다. "문(文)은 내 남과 같지 않았겠는가마는, 군자의 도를 몸소 행함은 내 아직 얻은 것이 있지 못하다."

子曰, "文莫吾猶人也, 躬行君子, 則吾未之有得."

33. 선생님께서 말씀하시기를 "성과 인으로 말하면 내 어찌 감히 자처할 수 있겠는가? 그러나 〔인성의 도를〕 행하기를 싫어하지 않으며, 남을 가르치기를 게을리하지 않는 것으로 말하면 그렇다고 말할 수 있을 뿐이다" 하셨다. 공서화가 말하였다. "바로 이것이 저희 제자들이 배울 수 없는 점입니다."

子曰, "若聖與仁, 則吾豈敢, 抑爲之不厭, 誨人不倦, 則可謂云爾已矣." 公西華曰,

"正唯弟子不能學也."

34. 선생님께서 병환이 위중하시자, 자로가 신에게 기도할 것을 청하였다. 선생님께서 "이런 이치가 있는가?" 하고 묻자, 자로가 대답하기를 "있습니다. 뇌문에 '너를 상하의 신명에게 기도하였다'라는 기록이 있습니다" 하였다. 선생님께서 "나는 기도한 지가 오래되었다" 하셨다.

子疾病, 子路請禱, 子曰, "有諸." 子路對曰, "有之, 誄曰, '禱爾于上下神祇.'" 子曰, "丘之禱久矣."

35. 선생님께서 말씀하셨다. "사치하면 공순하지 못하고 검소하면 고루하니, 공순하지 못한 것보다는 차라리 고루한 것이 낫다."

子曰, "奢則不孫, 儉則固, 與其不孫也, 寧固."

36. 선생님께서 말씀하셨다. "군자는 평탄하여 여유가 있고, 소인은 늘 걱정스러워한다."

子曰, "君子坦蕩蕩, 小人長戚戚."

37. 선생님께서는 온화하면서도 엄숙하고, 위엄이 있으면서도 사납지 않고, 공손하면서도 평안하셨다.

子溫而厲, 威而不猛, 恭而安.

이 중 32와 33은 공자 자술의 말이다. 34는 최후의 한 구가 공자 자술의 말이다. 그런데 35와 36은 일반적인 교훈이어서 이 2장은 이 편에서는 같은 부류가 아니다. 그러나 35는 "자신은 불손하기보다는 차라리 고루하고 싶다. 불손한 짓만은 무슨 일이 있어도 하고 싶지 않다"고도 해석되고, 36은 "군자는 평탄하고 여유가 있고, 소인은 늘 걱정스러워하기 때문에 자신은 평탄하고 여유가 있고 싶다"는 뜻도 된다. 그리고 그것을 이어받은 37에서는 공자가 "온화하면서도 엄숙하고, 위엄이 있으면서도 사납지 않고……"였다고 서술하여, 군자의 평탄하고 여유로운 태도와 일치한다.

그러나 이 ⓘ군은 내용이 잡연하여, 공자의 말로서 자술로도 해석할 수 있는 것을 모아 잡찬한 것으로 추측된다. 더구나 33은 공서화가 젊은 제자이기 때문에, 공자의 말은 만년의 말일 것이리라. 또 34의 공자의 큰 병은 아주 만년의 일로서 아마 자로가 어려움에 직면하기 한 해 전 언저리에 있었던 일일 것이다.

3

〈술이〉편의 구조를 형태 면에서 보면 큰 그림은 상술한 바와 같다. 그것은 "자……(子……)"로 시작하는 공자의 용태·태도를 서술한 9개의 짧은 장에 의해 9개의 부분으로 나뉜다. 그리고 이 나뉜 9개의 장군은 혹은 1~2장 혹은 3~4장, 혹은 5~6장으로 이루어져 있고, 그것들은 어느 것이나 용어상으로 혹은 의미상으로 유사 내지 동일한 것끼리 서로 인접 배치되어 9개의 장군을 이루고 있다. 무엇보다 단락의 구획이 되고 있는 "자……" 장은 앞 장과 연관되는 것도 있지만, 아닌 것도 있다. 즉, ⓐ와 ⓑ에서는 "자……" 장은 앞 장과 연관이 없고, 단지 형식적으로 군의 끝에 배치되어 있을 뿐이지만, 다른 것은 모두 어떤 의미에서 앞 장을 이어받고 있다.

다음으로 전편 37장 중 "자……"의 9장을 제외한 28장 중 6·13·14·28·35·36의 6장 이외의 22장은 모두 공자 자술의 말이고, 게다가 이 6장도 14 이외는 자술의 말로도 해석될 수 있거나 일부 자술의 말을 포함한 것뿐이다. 또 자술의 말은 원칙적으로 "아(我)"·"오(吾)"·"여(予)"·"구(丘)" 등 자칭의 말을 포함하는데, 그것을 포함하지 않은 장은 6·8·13·14·

18·28·35·36의 8장에 불과하다.

또 전편 37장은 말투로 보아 모두 직제자로부터 나온 전승에 기초한 자료다. 그리고 자술의 말에는 "자……"를 위에 붙인 짧은 말이 많고, 격언으로서 문하 후학에 회자되었을 것이다. 태도·용태를 전하는 "자……"의 9장도 역시 모두 짧은 장으로 격언과 같은 종류로, 공문 후학에서 널리 전송되었을 것이다. 생각건대 그것들은 계속 단편적인 구송 그대로여서 〈향당〉편과 같이 그것을 한데 모아 공자의 일상생활을 구체적으로 묘사하려고는 하지 않고 단편 그대로 편 중에 산재해 있다.

이상의 여러 사실에 기초하여 상상해 보면, 이 편은 직제자 이래 전승되던 많은 구송 자료 중에서 격언으로서 인구에 회자되는 공자 자술의 말과 법행으로서 구송되는 공자의 단편적인 모습을 모아 정리한 것이다. 그러나 그 정리 방법은 그것들을 짜 맞추어 역사적 사실을 묘사하거나 이야기를 구성하지 않고, 단지 유사하거나 서로 연관하는 장을 2개씩 혹은 3~4개씩 혹은 5개씩 열거하여 9개의 장군을 얻어, 그 각 장군의 뒤에 9개의 "자(子)"를 한 개씩 배당하여 열거한 것이라고 추측한다. 따라서 이것은 온전한 의미에서의 편찬이라기보다는 오히려 자료의 정리다. 계통적으로 구성된 교설과 이야기에 비해 비교적 초기 단계에 속하는 것으로 보인다.

더구나 이 37장 중 발언 시기를 상상할 수 있는 것은, 13은 취직 전에 제나라에 머물던 때, 14는 천하유력 중 위나라에 머물 때, 18은 마찬가지로 채나라에 머물 때, 22는 동일하게 송나라에서 어려움을 겪었을 때, 30은 마찬가지로 진나라에 머물 때, 33은 등장하는 공서화가 만년의 제자이므로 만년의 말이라고 생각되며, 34의 큰 병도 역시 아주 만년의 일이다. 이것으로 볼 때 공자 생애에서 각 시기의 말이 포함되어 있고,

"자……" 9장의 용태·태도의 기술도 〈향당〉편과 같이 특별히 재직 시대를 염두에 두고 있는 것은 아니다. 따라서 이 편은 어떤 한 시기의 공자를 전하려고 한 것은 아니고, 시기의 전후에 관계없이 단지 공문 후학 내에서 격언·법행으로서 전해진 공자에 관한 구송을 모아 일단 정리를 시도한 것으로 추측된다.

또 이 편에 나타나는 직제자는 안연·자로·염유·자공·무마기(공자보다 30세 젊음, 정현에 의하면 노나라 사람)·공서화로서 공서화를 제외하고는 모두 공문의 선배 제자이고, 자공을 제외하고는 전부 노나라 사람이다. 게다가 상술한 바와 같이 공문 후학 사이에 시간이 흐름에 따라 점차 격언·법행화해 행해진 구송집 같다는 점을 종합해 생각해 보면, 공자 및 직제자와의 시간적 간격이 점차 멀어지지만, 그러나 아직은 너무 늦지 않은 시대에 노나라에서 편집된 것은 아닐까?

제8절 〈태백〉편의 성격과 구조

1

〈태백〉편은 21장으로 구성돼 있지만 그중 몇 장은 증자의 말이고, 나머지가 모두 공자의 말이다. 그런데 증자의 말로 명시되어 있는 것은 3·4·5·6·7의 5장으로 상호 연속하여 나타나지만, 그 때문에 "자왈……"로 시작하는 공자의 말인 1·2와 8 이하가 단절되어 있다. 또 공자의 말 16장 중에서도 약간 이질적인 것이 있다. 그래서 이런 성질과 구조를 지니는 〈태백〉편이 어떻게 해서 성립했는지 이해되도록 설명해 보려고 한다.

　우선 전편을 여러 번 독해해 보면, 21장 사이에 혹은 서로 인접하여 혹은 장을 건너뛰어서 여러 가지 연관 관계가 존재하는 듯하다. 우선 그것을 명확하게 지적하는 것에서부터 시작하자.

2
ⓐ 1과 18·19·20·21과의 대응

　　1. 선생님께서 말씀하셨다. "태백은 지극한 덕이 있다고 이를 만하다. 세 번 천하를〔군이〕사양하였으나 백성들이 그 덕을 칭송할 수 없게 하였구나!"

　　　　子曰, "泰伯, 其可謂至德也已矣, 三以天下讓, 民無得而稱焉."

　18. 선생님께서 말씀하셨다. "위대하시다! 순임금과 우임금은 천하를 소유하시고도 그것을 관여치 않으셨으니."

　　　　子曰, "巍巍乎, 舜禹之有天下也, 而不與焉."

　19. 선생님께서 말씀하셨다. "위대하시다. 요의 임금 노릇 하심이여! 높고 크다. 오직 저 하늘이 가장 크거늘, 오직 요임금만이 그와 같으셨으니, 〔그 공덕이〕넓고 넓어 백성들이 무어라 형용하지 못하는구나."

　　　　子曰, "大哉, 堯之爲君也, 巍巍乎, 唯天爲大, 唯堯則之, 蕩蕩乎, 民無能名焉, 巍巍乎, 其有成功也, 煥乎, 其有文章."

　20. 순임금이 어진 신하 다섯 사람을 두심에 천하가 다스려졌다. 무왕이 말씀하셨다. "나는 다스리는 신하 열 사람을 두었노라." 선생님께서 말씀하셨다. "인재 얻기가 어렵다 한 말이 맞는 말이 아니겠는가? 당우(唐虞)의 즈음만이 주나라보다 성하였다. 그런데도 열 사람 중에 부인이 들어 있으니,

〔남자는〕 아홉 사람뿐이다. 문왕은 천하를 삼분하여 그 둘을 소유하시고도 복종하여 은나라를 섬기셨으니, 주나라 〔문왕의〕 덕은 지극한 덕이라 말할 만하다."

舜有臣五人而天下治, 武王曰, "予有亂臣十人." 孔子曰, "才難, 不其然乎, 唐虞之際, 於斯爲盛, 有婦人焉, 九人而已, 三分天下有其二, 以服事殷, 周之德, 其可謂至德也已矣."

21. 선생님께서 말씀하셨다. "우임금은 내가 비난할 데가 없으시다. 평소의 음식은 간략하게 하시면서도 〔제사에는〕 귀신에게 효도를 다하시고, 의복은 검소하게 하시면서도 불(黻)·면(冕)의 제복에는 아름다움을 다하시고, 궁실은 낮게 하시면서도 〔백성을 위한〕 치수 사업에는 힘을 다하셨으니, 우임금은 내가 비난할 데가 없으시다."

子曰, "禹吾無間然矣, 菲飮食而致孝乎鬼神, 惡衣服而致美乎黻冕, 卑宮室而盡力乎溝洫, 禹, 吾無間然矣."

이 5장 중 1은 편의 머리, 18·19·20·21은 편의 끝 4장이지만, 1은 주나라의 대왕 장자 태백의 지극한 덕을 칭찬하고, 18은 순과 우, 19는 요, 20은 순·무왕·당우의 즈음과 주나라 초, 21은 우 등의 고대 성왕의 덕을 칭찬하고 있다. 모두 《상서》의 지식에 기초하여 서술한 공자의 말로, 이러한 기사가 〈태백〉편 수미를 점한 것은 편 구성의 형식으로서는 타 편에 보이지 않는 특색이다. 이와 같이 편수의 1장과 편말의 4장이 어느 것이나 고대 성왕의 지극한 덕을 찬양한 공자의 말이라는 의미에서 서로 대응한다. 용어를 봐도 "지극한 덕이 있다고 이를 만하다(其可謂至德也已矣)"라는 어구가 1과 20에 보이고, 또 1에는 "백성들이 그 덕을 칭송할 수 없게 하였구나(民無得而稱焉)", 19에는 "백성들이 무어라 형용하지 못하는구나(民無能名焉)"로 되어 있는 것도 눈에 띈다.

더구나 《논어》에서 언급하는 책인 《서》의 성질에 대해서는 별도로 상세하게 고찰해야 하지만, 이 논의에 필요한 한에서 내가 내린 결론을 서술해 보자. 공자가 만년의 학교에서 시서예악을 중요한 교과로 삼고, 《시》와 《서》의 고전을 정비·편집한 것은 사실일 테지만, 공자는 이른 시기부터 주공에 경도되어 하나라 예와 은나라 예는 문헌이 징험되기에 충분하지 않고(〈팔일〉), 주나라는 2대를 거울삼아 찬란하다고 하면서, 자신은 주나라를 따르고 싶다고 말하였다(〈팔일〉). 따라서 당시 공자의 손에 의해 정비·편집된 《서》는 적어도 주공을 중심으로 하는 《주서》가 중요 부분이어서, 주나라 초 이하의 기사와 주나라 이전의 것을 서술한 《상서》·《하서》·《우서》 등은 공자의 고전 존중의 정신을 계승한 유가 후학의 속집·보성으로 출현한 것이 많으리라. 그리고 《하서》의 내용을 구성할 우왕의 사적은 묵자 이후에 표창되어 있고, 《우서》의 내용을 구성할 요·순의 일은 맹자에 이르러서 크게 받아들여졌기 때문에, 《하서》·《우서》가 보충 편집된 시대를 대략 상상할 수 있다. 그래서 이 일반적인 척도로 판단한다면, 요·순·우 등에 대해 언급한 편말의 4장 18·19·20·21이 한 덩어리의 자료로 취급되고 있는 것은 적어도 그 부분의 편집이 맹자 전후 시대에 있었음을 보여주는 것 같다. 또 18과 19가 《맹자》〈등문공상〉편에서 요·순·우·고요(皐陶) 등의 인정(仁政)을 서술할 때 인용된 공자의 말과 일치하는 점을 종합적으로 생각해야 한다.

……공자께서 말씀하시기를 "위대하다, 요의 임금 노릇 하심이여! 오직 하늘이 위대하거늘 요임금이 이것을 본받으셨으니, 탕탕(蕩蕩)하여 백성들이 능히 덕을 명명(命名)할 수가 없도다. 인군답다, 순이여! 외외(巍巍)하여 천

하를 소유하고도 관여하지 않았다" 하셨으니, 요·순이 천하를 다스림에 어찌 그 마음을 쓰신 바가 없으시리오마는 또한 밭 가는 데는 쓰지 않으셨다.

……孔子曰, "大哉堯之爲君, 惟天爲大, 惟堯則之, 蕩蕩乎民無能名焉, 君哉舜也, 巍巍乎有天下而不與焉." 堯舜之治天下, 豈無所用其心哉, 亦不用於耕耳.

그리고 〈태백〉 한 편의 내용은 여러 주제를 포함한 잡연한 것이라고 해도 형태상 《서》에 기초한 고대 성현의 지극한 덕을 표창한 공자의 말이 머리 장과 끝 장에 배치되어 서로 대응하는 사실은 결국 이 한 편을 모은 편집자의 의식을 보여준다. 결국 이 한 편의 성립은 맹자 전후(즉 맹자는 증자의 제자 자사의 손제자이기 때문에 공자 4전의 제자에 해당한다)까지 시대가 내려감을 의미할 것이다. 단, 이러한 고대 성왕의 지극한 덕을 표창하는 편수와 편말의 중간에 어떤 이유로 증자의 말과 공자의 격언 등의 일군이 배치되어 있을까? 이것이 다음의 문제다.

3
ⓑ 1과 2의 연관

1. 선생님께서 말씀하셨다. "태백은 지극한 덕이 있다고 이를 만하다. 세 번 천하를 〔굳이〕 사양하였으나 백성들이 그 덕을 칭송할 수 없게 하였구나!"

   子曰, "泰伯, 其可謂至德也已矣, 三以天下讓, 民無得而稱焉."

2. 선생님께서 말씀하셨다. "공손하되 예가 없으면 수고롭고, 삼가되 예가 없으면 두렵고, 용맹스럽되 예가 없으면 혼란하고, 강직하되 예가 없으면 야박해진다." 군자가 친척에게 후하게 하면 백성들이 인에 흥기하고, 친구를

버리지 않으면 백성들의 인심이 각박해지지 않는다.

子曰, "恭而無禮則勞, 愼而無禮則葸, 勇而無禮則亂, 直而無禮則絞." 君子篤於
親, 則民興於仁, 故舊不遺, 則民不偷.

이 2장은 "자왈"로 시작하는 공자의 말이지만, 앞서 살펴본 것처럼 내용
상 특별히 무슨 연관이 있는 것 같지는 않다. 게다가 2는 문제가 있는 장
으로 "선생님께서 말씀하셨다. 공손하되 예가 없으면, ……예가 없으면
야박해진다"와 "군자가 친척에게 후하게 하면……" 이하는 일견 문장도
의미도 지속적이지 않다. 《주자집주(朱子集註)》에도

> 오씨(吳氏)는 "군자 이하는 마땅히 별도로 한 장이 되어야 하니, 이것은 곧
> 증자의 말씀이다" 하였다. 내가 상고해 보니, 이 한 절은 위 글과 서로 연결
> 되지 않고 수편(首篇)(〈학이〉편)의 상사(喪事)를 삼가고 옛 조상을 추모한다
> (愼終追遠)는 뜻과 서로 유사하니, 오씨의 말이 옳은 듯하다.
>
> 吳氏曰, "君子以下, 當自爲一章, 乃曾子之言也." 愚按, 此一節與上文不相蒙, 而與
> 首篇愼終追遠之意相類, 吳說近是.

라고 되어 있다. "군자가 친척에게 후하게 하면(君子篤於親)" 이하가 〈학
이〉편에 보이는 증자의 말 "증자가 말씀하였다. 종(終, 초상)을 삼가고 멀
리 돌아가신 분을 추모하면 백성의 덕이 후한 데로 돌아갈 것이다(曾子
曰, 愼終追遠, 民德歸厚矣)"와 대등하고, 따라서 증자의 말이라고 해도 부자연
스럽지 않다는 것이 진실로 오역(吳棫)과 주희가 말하는 바다. 그래서 이
1장은 오역과 주희와 같이 두 장으로 나누지 않으면, "자왈"이라는 공자
의 말은 "……강직하되 예가 없으면 야박해진다(……直而無禮則絞)"까지로

하고, "군자가 친척에게 후하게 하면……(君子篤於親……)" 이하는 증자 혹은 그 제자가 공자의 격언에 자기의 말을 첨가해 부연하고 보충한 것으로 보는 것이 가능하다. 만약 부연이라고 한다면, 어떤 의미의 부연일까? 생각건대 이것을 1과 대조해 읽는다면, 1에서는 태백의 지극한 덕을 표창하여 "세 번 천하를〔군이〕사양하였으나 백성들이 그 덕을 칭송할 수 없게 하였구나(三以天下讓, 民無得而稱焉)"라고 말하고 있다. 대체로 예의 정신은 사양이지만, 태백은 굳게 예의를 고집하여 세 번씩이나 천하를 양보했다. 이것은 천하의 누구라도 이의를 제기할 수 없는 지극한 덕이라고 말할 만하다는 것이다. 이에 비해 2에서는 우선 공자의 말을 열거하고 "공손함"도 "신중함"도 "용기"도 "정직"도 예가 아니면 덕목으로 성립하지 않는다고 말하고, "예"야말로 보편타당한 덕의 형식임을 강조하고 있다. 이런 의미에서 2를 1에 계속하여 배치하여 1의 공자의 말을 2의 공자의 별도의 말로써 보충한 것이라고 할 수 있다. 그리고 1의 "백성들이 그 덕을 칭송할 수 없게 하였구나"라고 언급할 만큼 인민의 신망을 얻은 태백의 지극한 덕은 바로 그가 예양(禮讓)을 잘못 생각하지 않았다는 것에 기초하지만, 증자의 이해에 의하면 부모에게 효도하고 형제에게 우애롭게 대하고 친족에게 후하게 하고 옛 친구를 저버리지 않는 것이야말로 예의 근본이었던 것이리라. 태백이 아버지 대왕의 뜻을 관찰하여 계력(季歷)에게 나라를 양보한 것은 그가 이 예의 근본을 완고하게 지켜서 틀리지 않았다는 것을 의미한다. 그렇게 보면 역시 이 입장에서 전반 공자의 말에 대한 후반 증자의 말이 보충 설명하는 형식을 취하는 것이다. "위정자가 친척에게 후하게 대하면, 인민은 자연스럽게 그 인한 분위기에 감화된다. 위정자가 일부러 잘 아는 사람을 내버려 둔 채 방치하지 않는다면(훈훈한 마음을 지닌 주인), 인민도 (자연스럽게) 각박해지지 않게 된다(이것이 태백의 행위가 만인에 의해 승인되어 지극한 덕이라고 언급되는 까닭이고, 그것은 예의 본질을 잘못 이해한 것이 아니라는 것이다)고 말하는 것이다."

그런데 2의 후반부가 이와 같이 증자의 말이라고 한다면, 3~7의 증자의 말과 연속하게 된다. 즉,

ⓒ 2~7

2. 선생님께서 말씀하셨다. "공손하되 예가 없으면 수고롭고, 삼가되 예가 없으면 두렵고, 용맹스럽되 예가 없으면 혼란하고, 강직하되 예가 없으면 야박해진다." 군자가 친척에게 후하게 하면 백성들이 인에 흥기하고, 친구를 버리지 않으면 백성들의 인심이 각박해지지 않는다.

> 子曰, "恭而無禮則勞, 愼而無禮則蒽, 勇而無禮則亂, 直而無禮則絞." 君子篤於親, 則民興於仁, 故舊不遺, 則民不偸.

3. 증자가 병이 위중하자, 제자들을 불러 말씀하였다. "(이불을 걷고) 나의 발과 손을 보아라. 《시경》에 이르기를 '전전(戰戰)하고 긍긍(兢兢)하여, 깊은 못에 임한 듯이 하고, 엷은 얼음을 밟는 듯이 하라' 하였으니, 이제야 나는 (이 몸을 훼상시킬까 하는 근심에서) 면한 것을 알겠구나, 소자(小子)〔제자〕들아!"

> 曾子有疾, 召門弟子曰, "啓予足, 啓予手, 詩云'戰戰兢兢, 如臨深淵, 如履薄氷.'而今而後, 吾知免夫, 小子."

4. 증자가 병환이 있자, 맹경자가 문병을 왔다. 증자가 말씀하였다. "새가 장차 죽을 때에는 울음소리가 애처롭고, 사람이 장차 죽을 때에는 그 말이 착한 법이다. 군자가 귀중히 여기는 도가 세 가지 있으니, 용모를 움직일 때는 사나움과 태만함을 멀리하며, 얼굴빛을 바룰 때에는 성실함에 가깝

게 하며, 말과 소리를 낼 때는 비루함과 도리에 위배되는 것을 멀리하여야
한다. 제기(祭器)를 다루는 등의 소소한 일로 말하면 유사(담당자)가 있어
야 하는 것이다."

曾子有疾, 孟敬子問之, 曾子言曰, "鳥之將死, 其鳴也哀, 人之將死, 其言也善, 君
子所貴乎道者三, 動容貌斯遠暴慢矣, 正顏色斯近信矣, 出辭氣斯遠鄙倍矣, 籩豆
之事, 則有司存."

5. 증자가 말씀하였다. "능하면서 능하지 못한 이에게 물으며, 학식이 많으면
서 적은 이에게 물으며, 있어도 없는 것처럼 여기고, 가득해도 빈 것처럼
여기며, 자신에게 잘못을 범하여도 따지지(計較) 않는 것을, 옛적에 내 벗
이 이 일에 종사했다."

曾子曰, "以能問於不能, 以多問於寡, 有若無, 實若虛, 犯而不校, 昔者吾友, 嘗從
事於斯矣."

6. 증자가 말씀하였다. "육척(六尺)의 어린 임금을 맡길 만하고, 백리(百里, 제
후국)의 명(命)을 부탁할 만하며, 대절(大節)에 임해서 [그 절개를] 빼앗을
수 없다면, 군자다운 사람인가? 군자다운 사람이다."

曾子曰, "可以託六尺之孤, 可以寄百里之命, 臨大節而不可奪也, 君子人與, 君子
人也."

7. 증자가 말씀하였다. "선비는 도량이 넓고 뜻이 군세지 않으면 안 된다. 책
임이 무겁고 길이 멀기 때문이다. 군자는 인으로써 자기의 책임을 삼으니
막중하지 않은가? 죽은 뒤에야 끝나는 것이니 멀지 않은가?"

曾子曰, "士不可以不弘毅, 任重而道遠, 仁以爲己任, 不亦重乎, 死而後已, 不亦
遠乎."

이 중 3~7의 5장은 "증자"라는 말로 증삼을 부르고 있고, 또한 3과 4는

증삼의 임종 때의 말이기 때문에 어느 것이나 증삼의 문인으로부터 나온 재료일 것이다.

다음으로 이상 서술한 ⓐⓑⓒ의 여러 연관에 속하는 여러 장을 〈태백〉 편 중에서 살펴보면 나머지 10장은 모두 "자왈"을 맨 앞에 놓은 공자의 격언이 된다. 그리고 2도 그 전반이 공자의 격언임이 명확하다. 그래서 이것도 이 재료의 일부로 보고 2와 8~17을 ⓓ로 열거해 두자.

2. 선생님께서 말씀하셨다. "공손하되 예가 없으면 수고롭고, 삼가되 예가 없으면 두렵고, 용맹스럽되 예가 없으면 혼란하고, 강직하되 예가 없으면 야박해진다." 군자가 친척에게 후하게 하면 백성들이 인에 흥기하고, 친구를 버리지 않으면 백성들의 인심이 각박해지지 않는다.

子曰, "恭而無禮則勞, 愼而無禮則葸, 勇而無禮則亂, 直而無禮則絞." 君子篤於親, 則民興於仁, 故舊不遺, 則民不偸.

8. 선생님께서 말씀하셨다. "시에서〔착한 것을 좋아하고 나쁜 것을 싫어하는 마음을〕흥기시키며, 예에 서며, 악(樂)에서 완성한다."

子曰, "興於詩, 立於禮, 成於樂."

9. 선생님께서 말씀하셨다. "백성이〔도리를〕따르게 할 수는 있어도,〔그 이치를〕알게 할 수는 없는 것이다."

子曰, "民可使由之, 不可使知之."

10. 선생님께서 말씀하셨다. "용맹을 좋아하고 가난을 싫어하는 것도 난을 일으키고, 사람으로서 인하지 못한 것을 너무 심히 미워하는 것도 난을 일으킨다."

子曰, "好勇疾貧亂也, 人而不仁, 疾之已甚亂也."

11. 선생님께서 말씀하셨다. "설령 주공과 같은 훌륭한 재능을 가지고 있더라

도, 교만하고 인색하다면 그 나머지는 볼 것이 없다."

子曰, "如有周公之才之美, 使驕且吝, 其餘不足觀也已."

12. 선생님께서 말씀하셨다. "3년을 배우고서도 녹봉에 뜻을 두지 않는 자를 쉽게 얻지 못하겠다."

子曰, "三年學不至於穀, 不易得也."

13. 선생님께서 말씀하셨다. "독실하게 믿으면서도 학문을 좋아하며, 죽음으로써 지키면서도 도를 잘해야 한다. 위태로운 나라에는 들어가지 않고, 어지러운 나라에는 살지 않으며, 천하에 도가 있으면 나타나 벼슬하고, 도가 없으면 숨어야 한다. 나라에 도가 있을 때에 가난하고 천한 것이 부끄러운 일이며, 나라에 도가 없을 때에 부하고 귀한 것이 부끄러운 일이다."

子曰, "篤信好學, 守死善道, 危邦不入, 亂邦不居, 天下有道則見, 無道則隱, 邦有道, 貧且賤焉恥也, 邦無道, 富且貴焉恥也."

14. 선생님께서 말씀하셨다. "그 자리에 있지 않으면, 그 정사를 도모하지 않는다."

子曰, "不在其位, 不謀其政."

15. 선생님께서 말씀하셨다. "태사 지가 처음 벼슬할 때에 연주하던 〈관저〉의 끝 장 악곡이 아직까지도 양양하게 귀에 가득하구나!"

子曰, "師摯之始, 關雎之亂, 洋洋乎盈耳哉."

16. 선생님께서 말씀하셨다. "광(狂)이면서도 곧지 못하며, 무지하면서도 근후(謹厚)하지 못하며, 무능하면서도 신실(信實)하지 못한 사람을 나는 모르겠다."

子曰, "狂而不直, 侗而不愿, 悾悾而不信, 吾不知之矣."

17. 선생님께서 말씀하셨다. "배움은 따라가지 못할 듯이 하면서도 행여 때를 잃을까 두려워하여야 한다."

子曰, "學如不及, 猶恐失之."

이 중 2가 후반에 증자의 말을 포함하고 있는 것은 지금 서술한 대로이고, 또 14는 〈헌문〉편 27에 거듭 보이지만, 〈헌문〉편에서는 다음과 같이 되어 있다.

27. 선생님께서 말씀하셨다. "그 자리에 있지 않으면, 그 정사를 도모하지 않는다."

子曰, "不在其位, 不謀其政."

28. 증자가 말씀하였다. "군자는 생각이 그 직위를 벗어나지 않는다."

曾子曰, "君子思不出其位."〔《주역》간괘(艮卦)의 상사(象辭)〕

29. 선생님께서 말씀하셨다. "군자는 그 말을 조심하고 행실을 말보다 앞서게 한다."

子曰, "君子恥其言而過其行."

이 3장은 의미가 서로 연관되는 말을 모은 것으로, 그중 28은 "증자왈"로 되어 있어, 27을 좇아 〈태백〉편 14는 증자학파가 전하고 있던 공자의 격언으로 생각된다. 그렇다면, 이런 말을 포함하고 있는 공자의 격언집 ⓓ는 결국 증자 후학이 모았으리라.

4

그런데 이상 서술한 바에 기초해 〈태백〉편이 ⓐⓑⓒⓓ 등의 여러 요소로 구성되었다고 한다면, 그것은 어떻게 해서 성립한 것일까?

생각건대 이상에서 서술한 것처럼 ⓐ는 맹자 시대의 공자 4전 제자가 모았을 것 같고, 편집은 맹자 자신과 더불어 증자 후학이 했을지 모른다. ⓑ는 2의 후반이 증자의 말 같고, 그것은 1을 보충 설명한 기사이기 때문에 ⓑ의 전송자도 결국 증자 후학일 것이다. ⓒ는 3~7이 "증자"로 부르고 있는 것으로 보아, 모두 증자의 문인으로부터 나온 재료다. ⓓ는 모두 공자의 격언이지만, 2 및 14가 증자 후학이 전한 재료로 보이는 점을 감안할 때, 결국 증자 후학이 편집했으리라. 따라서 ⓐⓑⓒⓓ는 각각 편성 시기는 다를지라도 어느 것이나 증자 후학이 모은 재료 같고, 그것들에 의해 〈태백〉편이 편성된 것이지만, 일시에 그렇게 되었는지 아니면 몇 년에 걸쳐 그렇게 되었는지에 관계없이 요컨대 다음과 같은 관계의 결합인 것이 된다.

ⓐ 1·················18·19·20·21   《서》에 기초한 공자의 말

ⓑ 1 2   공자와 증자의 말

ⓒ   2 ~ 7   증자의 말

ⓓ   2 ······ 8~17   공자의 격언

어쩌면 ⓑⓒⓓ의 결합이 비교적 빠르고, 마지막으로 ⓐ가 부가된 것으로, 결국 〈태백〉편은 재전 제자로부터 4전 제자의 시대에 걸쳐 증삼 후학의 손에 의해 편성된 게 아닌가 싶다.

제9절 〈자한〉편의 성격과 구조

1

〈자한〉편은 30장으로 구성되어 있다. 이 편의 구조는 문제가 많지만, 결론적으로 말해 세 부분으로 나누어 볼 수 있다. 이것을 Ⓐ Ⓑ Ⓒ로 부르기로 하고, 우선 대체적인 모습을 설명해 보자.

Ⓐ는 1~15의 15장이다. 이 15장 중에는 "자……"로 시작해 공자의 용태·태도를 서술한 짧은 장이 3개 있다. 1·4·9가 그것이다. 그 밖에 12장은 10 1장만을 제외하고 모두 공자 자술의 말 혹은 자술의 말을 포함한 문답이다. 그리고 "자……"의 3장이 자술의 말 2~3개의 장을 건너 분산하여 나타나 전후의 장 연관을 단절하는 분위기가 있다. 그런 의미에서 〈술이〉편의 구조와 유사하다. 단, 〈술이〉편에서는 우선 자술의 말을 보여주는 몇 개의 장이 있고 그 후에 "자……"로 된 1장이 배치되어 있는 데 비해 이 편에서는 우선 "자……"로 된 1장이 있고 후에 자술의 말 몇 장이 온다. 이런 점은 순서가 반대다.

다음으로 Ⓑ는 16~23의 8장으로 최초에

> 16. 선생님께서 시냇가에 계시면서 말씀하셨다. "가는 것이 이 물과 같구나. 밤낮을 그치지 않는도다."
>
> 子在川上, 曰, "逝者如斯夫, 不舍晝夜."

라는 특이한 1장이 있다. 이것은 공자가 시간의 흐름을 영탄(永嘆)한 말이지만, 꼭 자술의 언어는 아니다(본래 자기의 일을 포함한 발언인지도 모르지만).

또 공자의 용태·태도를 기술한 기사도 아니지만, 하여간 "자……"라는 형식을 취하고 있다. 그리고 그것에 계속 이어지는 17~23의 7장은 모두 호학에 대해 서술한 공자의 말이라는 점에서 한 덩어리로 모였을 테고, 그럼에도 거듭 그중 19·20·21·22는 안연을 통석해하면서 그의 호학을 칭찬한 일련의 장으로 보이는데, 이것은 공자 자술의 말은 아니다. 단, 그 앞뒤 17·18·23 3장은 공자가 스스로 자신의 일을 서술한 것은 아니지만, 자기의 감상과 견해를 서술했으므로 자술의 말에 가깝고, 장마다 "오(吾)"가 쓰였다. 따라서 이 군은 모두 공자의 말이지만, 자술의 말과 반드시 그렇지는 않은 것이 반반 섞여 있다.

Ⓒ는 24~30의 7장이다. 이것은 다시 두 부분으로 나뉘고, 두 부분도 두세 장씩 "자왈"로 시작하는 공자의 교훈을 열거하고 그 뒤에 《시》의 단장취의를 논한 공자의 말 1장을 기록하고 있다. 이러한 형식의 장군이 두 개 병렬되어 있는 것이 Ⓒ다. 이 군에 공자 자술의 말은 없다.

그러면 ⒶⒷⒸ를 순차적으로 검토해 보자.

2

Ⓐ 15장 중, 제1단은 1~3의 3장이다. 이것을 ⓐ라고 해두자.

1. 선생님께서는 이와 명과 인을 드물게 말씀하셨다.

   子罕言利與命與仁.

2. 달항당 사람이 말하기를 "위대하구나, 공자여! 박학하였으나 〔어느 한 가지로〕 이름을 낸 것이 없구나" 하였다. 선생님께서 이를 들으시고 문하의 제자들에게 다음과 같이 말씀하셨다. "내 무엇을 전문으로 잡아야 하겠는

가? 말 모는 일을 잡아야 하겠는가? 아니면 활 쏘는 일을 잡아야 하겠는

가? 내 말 모는 일을 잡겠다."

達巷黨人曰, "大哉孔子, 博學而無所成名." 子聞之, 謂門弟子曰, "吾何執, 執御

乎, 執射乎, 吾執御矣."

3. 선생님께서 말씀하셨다. "베로 만든 면류관이 〔본래의〕 예지만 지금은 관

을 생사로 만드니, 검소하다. 나는 여러 사람을 따르겠다. 당 아래에서 절

하는 것이 〔본래의〕 예인데, 지금은 당 위에서 절하니, 이는 교만하다. 나

는 비록 사람들과 어긋난다 하더라도 당 아래에서 절하겠다."

子曰, "麻冕禮也, 今也純, 儉, 吾從衆, 拜下禮也, 今拜乎上, 泰也, 雖違衆, 吾

從下."

이 중 2는 달항당 사람의 비평을 들은 공자가 제자에게 이야기한 자술의
말이다. 3은 공자가 고금의 예 한 가지에 대해 자기의 식견·태도를 토로
한 것으로, 결국 어떤 의미에서는 자술의 말이라고 할 수 있다. 모두 "오
(吾)"가 있다.

Ⓐ의 제2단은 4~8의 5장이다.

4. 선생님께서는 네 가지의 마음이 전혀 없으셨으니, 사사로운 뜻이 없으셨

으며, 기필하는 마음이 없으셨으며, 집착하는 마음이 없으셨으며, 이기심

이 없으셨다.

子絶四, 毋意, 毋必, 毋固, 毋我.

5. 선생님께서 제자들과 함께 광 땅에서 포위되었을 때 말씀하셨다. "문왕이

돌아가신 뒤에 문화가 나에게 있지 않느냐? 하늘이 장차 이 문화를 없애

려 한다면, 뒤에 죽을 나 또한 이 문화에 참여하지 못할 것이다. 하늘이 만

약 이 문화를 없애려 하지 않는다면, 광 땅 사람들이 나를 어찌하겠느냐?"

子畏於匡, 曰, "文王既沒, 文不在茲乎, 天之將喪斯文也, 後死者不得與於斯文也,

天之未喪斯文也, 匡人其如予何."

6. 태재가 자공에게 물었다. "공자는 성인이신가? 어쩌면 그리도 능한 것이 많으신가?" 자공이 말하였다. 〔선생님은〕진실로 하늘이 풀어놓으신 성인 이실 것이요, 또 능한 것이 많으시다." 선생님께서 이 말을 들으시고 다음 과 같이 말씀하셨다. "태재가 나를 아는구나. 내 젊었을 적에 가난하고 천했기 때문에 비천한 일에 능함이 많으니, 군자는 능한 것이 많은가? 많지 않다." 뇌가 말하였다. "선생님께서 말씀하시기를 '내가 세상에 등용되지 못했기 때문에 〔여러 가지〕 재주를 익혔다'고 하셨다."

大宰問於子貢曰, "夫子聖者與, 何其多能也." 子貢曰, "固天縱之將聖, 又多能也."

子聞之曰, "大宰知我乎, 吾少也賤, 故多能鄙事, 君子多乎哉, 不多也." 牢曰, "子

云, '吾不試, 故藝.'"

7. 선생님께서 말씀하셨다. "내가 아는 것이 있는가? 나는 아는 것이 없다. 그러나 어떤 비루한 사람이 나에게 〔무엇을〕 묻되, 그가 아무리 무식하다 하더라도 나는 그 〔묻는 내용의〕 양단(兩端, 양쪽)을 다 말해준다."

子曰, "吾有知乎哉, 無知也, 有鄙夫問於我, 空空如也, 我叩其兩端而竭焉."

8. 선생님께서 말씀하셨다. "봉황이 오지 아니하며 하도가 나타나지 아니하니, 나도 끝났나 보구나!"

子曰, "鳳鳥不至, 河不出圖, 吾已矣夫."

이 중 5는 공자가 광 땅에서 어려움을 만났을 때의 말로 신념의 토로라는 의미에서 자술이라고 할 수 있다. 6은 두 개의 전문을 포함하고 있어, 두 개의 장으로 봐도 좋다. 어느 것이나 공자의 입에서 나온 소년 시절의 빈천했던 지난 일을 돌이켜 생각하는 내용을 포함하고 있으므로 자술의 말이라고 해도 좋다. 8은 공자가 자기의 노력에 관계없이 천하에 태평의 징조가 보이지 않는 것을 한탄한 말이라는 의미에서 볼 때 결국 자술의 요소를 포함한다. 그리고 이들 각 장에는 어느 것이나 "자(子)", "아(我)", "오(吾)" 등의 자칭 문자가 포함되어 있다.

이상 서술한 것처럼 ⓐ와 ⓑ는 최초의 장이 "자……"로, 그것에 계속되는 여러 장이 "오(吾)"·"여(予)"·"아(我)" 등을 포함한 자술의 언어라는 의미에서 어울리는 형태다. 그런데 그것에 계속하여 Ⓐ의 제3단은 9~15의 7장이지만, 이것은 ⓐ 및 ⓑ와 대체로 동일한 형태를 보이면서 약간의 문제가 있다. 이것을 ⓒ라고 해두자.

9. 선생님께서는 상복 입은 사람과 관복 입은 사람과 소경을 만났을 때는 그들이 비록 젊더라도 반드시 일어나시고, 그들 앞을 지나가게 되면 반드시 걸음을 빨리 하셨다.

子見齊衰者, 冕衣裳者與瞽者, 見之雖少必作, 過之必趨.

10. 안연이 크게 탄식하며 말하였다. 〔부자의 도는〕 우러러볼수록 더욱 높고, 뚫을수록 더욱 견고하며, 바라봄에 앞에 있더니 홀연히 뒤에 있도다. 부자께서 차근차근히 사람을 잘 이끄시어 문(文)으로써 나의 지식을 넓혀주시고 예로써 나의 행동을 요약하게 해주셨다. 〔공부를〕 그만두고자 해도 그만둘 수 없어 이미 나의 재주를 다하니, 〔부자의 도가〕 내 앞에 우뚝 서 있는 듯하다. 그리하여 그를 따르고자 하나 어디로부터 시작해야 할지 모르겠다."

顏淵喟然歎曰, "仰之彌高, 鑽之彌堅, 瞻之在前, 忽焉在後, 夫子循循然善誘人, 博我以文, 約我以禮, 欲罷不能, 既竭吾才, 如有所立卓爾, 雖欲從之, 末由也已."

11. 선생님의 병환이 위독해지자 자로가 문인들에게 신하의 예절로 장례를 준비하게 했다. 〔선생님께서〕 병환이 좀 나아지자 말씀하셨다. "오래되었구나, 자로가 속여온 지가! 신하가 없는데도 신하가 있는 듯이 하였으니, 내가 누구를 속이겠는가? 하늘을 속이자는 것인가? 장차 나는 소신의 손에서 죽기보다는 차라리 자네들 손에서 죽고 싶다. 내가 대장을 얻지 못한다고 하더라도 길거리에서야 죽겠는가?"

子疾病, 子路使門人爲臣, 病間曰, "久矣哉, 由之行詐也, 無臣而爲有臣, 吾誰欺, 欺天乎, 且予與其死於臣之手也, 無寧死於二三子之手乎, 且予縱不得大葬, 予死於道路乎."

12. 자공이 말하기를 "여기에 아름다운 옥이 있을 경우, 이것을 궤 속에 넣어 감추어두시겠습니까? 아니면 좋은 값을 구하여 파시겠습니까?" 하자 선생님께서 대답하셨다. "팔아야지, 팔아야지. 그러나 나는 좋은 값을 기다리는 자다."

子貢曰, "有美玉於斯, 韞匵而藏諸, 求善賈而沽諸." 子曰, "沽之哉, 沽之哉, 我待賈者也."

13. 선생님께서 구이(九夷)에 살려고 하시니, 혹자가 말하기를 "(그곳은) 누추하니, 어떻게 하시렵니까?" 하였다. 이에 선생님께서 대답하셨다. "군자가 거주한다면 무슨 누추함이 있겠는가?"

子欲居九夷, 或曰, "陋如之何." 子曰, "君子居之, 何陋之有."

14. 선생님께서 말씀하셨다. "내가 위나라에서 노나라로 돌아온 뒤로 음악이 바르게 되어 《시》의 아와 송이 각기 제자리를 찾게 되었다."

子曰, "吾自衛反魯, 然後樂正, 雅頌各得其所."

15. 선생님께서 말씀하셨다. "나가서는 공경(公卿)을 섬기고, 들어와서는 부형을 섬기며, 상사(喪事)를 감히 힘쓰지 않음이 없으며, 주(酒)에게 곤(困)함

을 당하지 않는 것, 이 중에 어느 것이 나에게 있겠는가?"

子曰, "出則事公卿, 入則事父兄, 喪事不敢不勉, 不爲酒困, 何有於我哉."

이 중 9는 "자⋯⋯"의 형식을 취한 단장이고, 〈향당〉편에 유사한 기사가 있다. 10은 안연이 공자를 찬탄한 말로 공자 자술의 말은 아니기 때문에 이 장만은 예외다. 11은 공자가 병중에 있을 때 자로의 조치에 화를 낸 말로 자기 죽음의 방법에 대한 희망을 강하게 서술하고 있다는 의미에서 볼 때 자술의 말이라고 할 수 있다. 12는 자공의 질문에 답해 자신에게 출사(出仕)의 뜻이 있음을 서술한 말이라는 의미에서 결국 자술의 이야기에 가깝다. 13은 공자가 어떤 때 구이로 가서 살고 싶다고 말한다. 누군가가 "구이는 누추합니다"라고 말한 것에 대해 공자는 "군자가 거주한다면 무슨 누추함이 있겠는가?"라고 말하고 있다. 이 글에는 "아(我)"·"여(予)"·"오(吾)" 등은 없지만, "군자"에 공자 자신을 포함하여 말한 것으로 생각된다. 따라서 그렇게 본다면 자술의 요소를 포함하는 셈이다. 14와 15는 둘 다 "자왈"을 앞에 놓은 짧은 자술의 말이다. 따라서 10을 제외하면 모두 자술의 이야기이고, 10과 13을 제외하고 각 장에 "여(予)"·"오(吾)"·"아(我)"가 있다. 따라서 ⓒ의 형태는 대체로 ⓐ 및 ⓑ와 동일하지만 결국 10이 명확하게 공자 자술의 말이 아니라는 점에서 다른 부류다. 그러므로 ⓒ에만 이런 다른 부류의 한 장이 어떻게 혼입되었는가가 문제다.

생각건대 10은 안연이 공자를 찬탄한 말로 "아(我)"라는 글자를 포함하고 있고, 안연 자술의 말이기도 하다. 이 장이 공자 자술의 말 사이에 끼어들어 있는 이유는 알 수 없다. 다만 공자의 용모와 자태·태도와 공자 자술의 말로 교훈이 될 만한 것을 모아 정리한 후학이, 공자 최고의 제자로서 공자의 모습과 교훈을 잘 전하고 있는 안연의 자술의 말 10을 발탁했을 때 이것을 차마 버릴 수 없어 공자 자술의 교훈에 섞어 전했을지 모른다. 게다가 ⓐ에 속하는 자술의 말 2에는 달항당 사람을 찬미한 공자의 말이 포함되어 있고 또 ⓑ에 속하는 자술의 말 중 6에는 태재와 자공이 공자를 찬미한 부분이 포함되어 있다. 그리고 10은 ⓒ에 속해 공자 자술의 교훈과 나란히 안연의 공자 찬미의 뜻을 보여준다. 이런 의미에서 편집자에게 채용되어, 공자 찬미의 이야기로서 ⓐⓑ의 그것과 대응시켜 여기에 배치했을지도 모른다.

3

다음 ⓑ 8장을 열거하면 다음과 같다.

16. 선생님께서 시냇가에 계시면서 말씀하셨다. "가는 것이 이 물과 같구나. 밤낮을 그치지 않는도다."

   子在川上, 曰, "逝者如斯夫, 不舍晝夜."

17. 선생님께서 말씀하셨다. "나는 덕을 좋아하기를 여색을 좋아하듯이 하는 자를 보지 못하였다."

   子曰, "吾未見好德如好色者也."

18. 선생님께서 말씀하셨다. "〔학문을〕 비유하면 산을 만듦에 마지막 흙 한 삼태기를 〔붓지 않아 산을〕 못 이루고서 중지하는 것도 내 자신이 중지하는 것과 같으며, 비유하면 〔산을 만드는 데〕 평지에 흙 한 삼태기를 처음 붓는 것이라 하더라도 나아감은 내 자신이 나아가는 것과 같다."

   子曰, "譬如爲山, 未成一簣, 止吾止也, 譬如平地, 雖覆一簣, 進吾往也."

19. 선생님께서 말씀하셨다. "〔도를〕 말해주면 게을리하지 않는 자는 안회일

것이다."

子曰, "語之而不惰者, 其回也與."

20. 선생님께서 안연을 두고 평하셨다. "애석하도다! 나는 그가 나아지는 것
    은 보았으나, 멈추는 것은 본 적이 없다."

子謂顔淵曰, "惜乎, 吾見其進也, 未見其止也."

21. 선생님께서 말씀하셨다. "싹이 났으나 꽃이 피지 못하는 경우도 있고, 꽃
    은 피었으나 열매를 맺지 못하는 경우도 있다."

子曰, "苗而不秀者, 有矣夫, 秀而不實者, 有矣夫."

22. 선생님께서 말씀하셨다. "후생이 두려울 만하니 앞으로 오는 자(後生)들이
    나의 지금보다 못할 줄을 어찌 알겠는가? 그러나 40~50세가 되어도 알려
    짐이 없으면 그 또한 족히 두려울 것이 없는 것이다."

子曰, "後生可畏, 焉知來者之不如今也, 四十·五十而無聞焉, 斯亦不足畏也已."

23. 선생님께서 말씀하셨다. "법으로〔바르게〕해주는 말은 따르지 않을 수 있
    겠는가?〔자신의〕잘못을 고치는 것이 중요하다. 완곡하게 해주는 말은 기
    뻐하지 않을 수 있겠는가? 그 실마리를 찾는 것이 중요하다. 기뻐하기만
    하고 실마리를 찾지 않으며, 따르기만 하고 잘못을 고치지 않는다면 내 그
    를 어찌할 수가 없다."

子曰, "法語之言, 能無從乎, 改之爲貴, 巽與之言, 能無說乎, 繹之爲貴, 說而不
繹, 從而不改, 吾末如之何也已矣."

이 중 19는 안연의 근학을 서술한 말이고, 20은 그의 죽음을 애석해
한 공자의 말이다. 21과 22는 안연의 이름은 보이지 않지만, 결국 호학하
던 안연의 때 이른 죽음에 대한 감개를 포함한 공자의 말로 해석하는 것
이 가능하다. 따라서 적어도 이 4장은 전송자에 의해 일련의 것으로 구성

되었으리라. 그러나 이 4장은 공자 자술의 말은 아니다. 그런데 17은 호학자가 적은 것을 한탄한 공자의 교계(敎戒)이고, 18은 호학의 태도를 비유로써 서술한 공자의 교훈이다. 어느 것이나 반드시 공자 자술의 말은 아니고, 특히 18의 "오(吾)"는 반드시 공자 자신이라고 할 수 없고, 일반적으로 "자신이", "각자가"의 의미일 것이나, 하여간 이 장은 공자의 말로 "오(吾)"가 있다. 그러나 이 2장은 모두 "오(吾)"라는 글자가 있어 공자 자술의 말과 유사한 모습을 지니고 있다는 의미에서 공자 자술의 이야기에 섞여 전송된 재료였을 것이다. 그리고 어느 것이든 호학에 관한 장과 연관돼 있다. 또 23은 배움을 좋아하지 않는 제자는 지도할 도리가 없다고 훈계한 공자의 가르침이다. 아울러 "오(吾)"라는 말이 있어 자술의 요소도 포함하고 있다. 그리고 이것은 22의 "후생은 두려워해야만 하지만, 40·50이 되어서도 아직 두각을 나타내지 않았다면 틀렸다"는 훈계의 뒤에 이어서 어찌 되었든 호학에 철저하지 않으면 안 된다고 이어받은 것으로 볼 수 있다. 따라서 Ⓑ 8장은 17~23의 7장이 호학에 관한 공자의 이야기라는 의미에서 일관된다. 그리고 Ⓑ의 머리에 놓인 16은 공자가 시냇가에서 시간의 흐름을 한탄한 말로 공자 자술의 말은 아니지만, 이것은 20·21을 중심으로 하는 안연의 때 이른 죽음의 한탄과 울림이 어울리고, 또 19·20의 한순간도 쉼이 없는 호학의 태도와도 어울린다. 여기서 맹자가 전하는 공자의 말이 떠오른다.

서자(徐子)가 물었다. "중니께서 자주 물을 칭찬하시어 '물이여! 물이여!' 하셨으니, 어찌하여 물을 취하셨습니까?" 맹자께서 대답하였다. "근원이 좋은 물이 혼혼(混混)히 흘러서 밤낮을 그치지 아니하여 구덩이가 가득 찬 뒤에 전진하여 사해에 이르나니, 학문에 근본이 있는 자가 이와 같다. 이 때문에 취하신 것이다." ……

徐子曰, "仲尼亟稱於水, 曰, '水哉, 水哉.' 何取於水也." 孟子曰, "原泉混混, 不舍晝
夜, 盈科而後進, 放乎四海, 有本者如是, 是之取爾." ……(《이루하》)

결국 ⑧ 8장은 그것 자체로 서로 어울리는 한 개의 장연관을 이루고 있
고, 따라서 ④와는 일단 별개로 모아진 1개의 장군일 것이다.

4

마지막으로 ⓒ 7장을 열거하면 다음과 같다.

24. 선생님께서 말씀하셨다. "충신을 주장하며, 자기만 못한 자를 벗 삼으려
    하지 말고, 허물이 있으면 고치기를 꺼려하지 말아야 한다."

    子曰, "主忠信, 毋友不如己者, 過則勿憚改."

25. 선생님께서 말씀하셨다. "삼군의 장수는 빼앗을 수 있으나, 필부의 뜻은
    빼앗을 수 없다."

    子曰, "三軍可奪帥也, 匹夫不可奪志也."

26. 선생님께서 말씀하셨다. "해진 솜옷을 입고서 여우나 담비가죽으로 만든
    갖옷을 입은 자와 같이 서 있으면서도 부끄러워하지 않는 자는 유일 것이
    다. '[남을] 해치지도 않고 [남의 것을] 탐내지도 않는다면 어찌 착하지 않
    으리오?'" 자로가 위의 시구를 종신토록 외우려 하자, 선생님께서 말씀하
    셨다. "이 도가 어찌 족히 선하다 하겠는가."

    子曰, "衣敝縕袍, 與衣狐貉者立, 而不恥者, 其由也與, '不忮不求, 何用不臧.'" 子
    路終身誦之, 子曰, "是道也, 何足以臧."

27. 선생님께서 말씀하셨다. "날씨가 추워진 뒤에야 소나무와 잣나무가 뒤늦게 시듦을 알 수 있는 것이다."

子曰, "歲寒, 然後知松柏之後彫也."

28. 선생님께서 말씀하셨다. "지혜로운 자는 의혹하지 않고, 인한 자는 근심하지 않고, 용맹한 자는 두려워하지 않는다."

子曰, "知者不惑, 仁者不憂, 勇者不懼."

29. 선생님께서 말씀하셨다. "함께 배울 수는 있어도 함께 도에 나아갈 수는 없으며, 함께 도에 나아갈 수는 있어도 함께 설 수는 없으며, 함께 설 수는 있어도 함께 권도를 행할 수는 없다."

子曰, "可與共學, 未可與適道, 可與適道, 未可與立, 可與立, 未可與權."

30. "당체의 꽃이여! 바람에 펄럭이는구나. 어찌 그대를 생각하지 않으리오마는 집이 멀기 때문이다." 선생님께서 말씀하셨다. "생각하지 않을지언정 어찌 멂이 있겠는가?"

"唐棣之華, 偏其反而, 豈不爾思, 室是遠而." 子曰, "未之思也, 夫何遠之有."

이 7장 가운데에는 공자의 용모와 자태·태도를 서술한 기사도 공자 자술의 말도 없다. 모두가 공자의 교훈이다. 이것은 두 부분으로 나누는 것이 가능하다. 하나는 24~26의 3장으로 24와 25는 "자왈"로 시작하는 짧은 공자의 격언이고, 26은 시구의 단장취의적 해석을 포함한 자로에 대한 교계(敎戒)다. 무엇보다 24는 〈학이〉편 8에 거듭 나오고 《고논어》에는 없다. 이것을 ⓐ라고 하자. 제2는 27~30의 4장으로 27·28·29는 "자왈"로 시작하는 공자의 짧은 격언이고, 30은 시구의 단장취의적 해석에 기초한 공자의 교훈이다. 이것을 ⓑ라고 하자. ⓐ와 ⓑ는 동일한 형식을 취해 모아진 2개의 장연관으로, 같은 형태라는 것은 모은 방법이 서로 무관하지 않고,

어떤 공통의 사정으로 인해 서로 병렬하듯 형성된 것이기 때문이다. 그래서 이것을 합해서 ⓒ로 보는 것이다.

5

이상 서술한 것처럼 〈자한〉편은 ⒶⒷⒸ의 세 부분으로 나누어 보는 것이 가능하다. Ⓐ는 공자의 기거동작·태도를 전하는 짧은 말 1장과 공자 자술의 말 몇 장을 배합한 형식의 기록 세 개 ⓐⓑⓒ가 모여 만들어졌다. 환언하자면 공자의 기거동작·태도를 전하는 전송과 공자 자술의 말을 모아 공자의 면영(面影)을 생생하게 떠올릴 수 있게 하려는 의도에서 편집했던 것이다. 단, 그중 ⓒ의 두 번째 장인 10에 동일한 목적에 도움이 될 자료로서 안연의 공자 찬미의 말이 포함되어 있다. Ⓑ는 Ⓐ의 ⓐ·ⓑ·ⓒ 등과 대부분 유사한 형식의 편집이지만, 최초의 16장이 "자……"라는 형식을 취하면서 공자의 기거동작·태도의 기술은 아니고, 시냇가에 이르러 영탄한 말로 되어 있다. 또 19~22의 4장은 호학하던 안연의 죽음을 애석해한 일련의 장으로 공자 자술의 말은 아니다. 그러나 이러한 Ⓑ를 Ⓐ 뒤에 부기하여 Ⓑ가 Ⓐ의 속집과 같은 형태가 되고, 19~22의 안연에 대한 공자의 영탄이 10의 안연의 공자 찬미와 울림이 어울리는 결과를 낳았다. ⓒ는 공자의 교훈으로서의 격언 두세 장과 《시》의 단장취의를 포함하는 공자의 교훈 1장을 배치한 기록 두 개 ⓐⓑ를 모아 만들었고, 이것은 공자의 교훈적 격언집이라고 말해도 좋다. 그리고 이것을 Ⓑ의 뒤에 배치한 경우, Ⓑ 끝의 3장이 모두 "자왈"을 맨 앞머리에 놓은 짧은 말인 것에 계속하여 ⓒ 머리의 2장도 또 "자왈"을 맨 앞머리에 놓은 짧은 말인 것에 의해 형식상으로는 하나로 계속되는 것으로서 이해되고 부조화를 느낄 수 없다. 생각건대 결국 이런 형식상의 조화를 배려하면서 Ⓐ 다음에 Ⓑ, Ⓑ 다음에 ⓒ를 점차 덧붙여 만든 것이 〈자한〉편인 것이다. 따라서 이 한 편은 한 사람의 한때의 편찬은 아니지만, 앞의 반 이상은 공자의 태도의 기록을 섞은 공자 자술의 말이 주가 되고, 뒤의 절반이 되지 않는 부분은 공자의 교훈집이 되었다.

그런데 이 편의 30장은 말투로 보자면 모두 직제자로부터 나온 전송으로 보아도 좋다. 단, 격언적인 짧은 말이 다수이므로, 공문 후학 사이에 널리 회자되던 격언 중에서 자료를 모았으리라. 이 일에 대해 짐작이 가는 것은 이 편이 포함하고 있는 말이 다른 편이 포함한 말과 중복되는 것이 많다는 점이다. 여기서 그것을 열거하면 다음과 같다. 우선 Ⓐ에서는

> 9. 선생님께서는 상복 입은 사람과 관복 입은 사람과 소경을 만났을 때는 그들이 비록 젊더라도 반드시 일어나시고, 그들 앞을 지나가게 되면 반드시 걸음을 빨리 하셨다.
>
> 子見齊衰者, 冕衣裳者與瞽者, 見之雖少必作, 過之必趨.

이는 〈향당〉편의

> ○ 상복 입은 사람을 보시면 비록 절친한 사이라도 반드시 낯빛을 바꾸셨으며, 면류관을 쓴 사람과 소경을 보시면 비록 사석이라도 반드시 예모를 갖추셨다.
>
> 見齊衰者, 雖狎必變, 見冕者與瞽者, 雖褻必以貌.

와 거의 일치한다. 또 Ⓐ의 10의 일부에 "문으로써 나의 지식을 넓혀주시

고 예로써 나의 행동을 요약하게 해주셨다(博我以文, 約我以禮)"라는 박문약
례의 말씀이 있지만, 이것은 〈옹야〉편 및 〈안연〉편에 등장하는 것과 거
의 일치한다.

○ 선생님께서 말씀하셨다. "군자가 문에 대하여 널리 배우고, 예로써 요약한
다면 또한 〔도에〕 어긋나지 않을 것이다."

子曰, "君子博學於文, 約之以禮, 亦可以弗畔矣夫."(《옹야》)

○ 선생님께서 말씀하셨다. "문에 대해서 널리 배우고, 예로써 요약한다면
〔도에〕 어긋나지 않을 것이다."

子曰, "博學於文, 約之以禮, 亦可以弗畔矣夫."(《안연》)

다음으로 ⑧에서 17은 〈위령공〉편에 나오는 구절과 유사하다. 다음은 ⑧
의 17이다.

17. 선생님께서 말씀하셨다. "나는 덕을 좋아하기를 여색을 좋아하듯이 하는
자를 보지 못하였다."

子曰, "吾未見好德如好色者也."

또 〈위령공〉편은

○ 선생님께서 말씀하셨다. "어쩔 수 없구나! 내 덕을 좋아하기를 여색을 좋
아하듯이 하는 자를 보지 못하였다."

子曰, "已矣乎, 吾未見好德如好色者也."

또 동일하게 ⑧를 보자.

> 24. 선생님께서 말씀하셨다. "충신을 주장하며, 자기만 못한 자를 벗 삼으려
> 하지 말고, 허물이 있으면 고치기를 꺼려하지 말아야 한다."
>
> 子曰, "主忠信, 毋友不如己者, 過則勿憚改."

또 〈학이〉편을 보자.

> ○ 선생님께서 말씀하셨다. "군자가 …… 충신을 주장하며, 자기만 못한 자
> 를 벗 삼으려 하지 말고, 허물이 있으면 고치기를 꺼려하지 말아야 한다."
>
> 子曰, "君子 …… 主忠信, 無友不如己者, 過則勿憚改."

또 "충신을 주장한다"의 한 구는 〈안연〉편에도 있다. 다음으로 ⓒ에서는

> 28. 선생님께서 말씀하셨다. "지혜로운 자는 의혹하지 않고, 인한 자는 근심하
> 지 않고, 용맹한 자는 두려워하지 않는다."
>
> 子曰, "知者不惑, 仁者不憂, 勇者不懼."

이는 〈헌문〉편에도 유사하게 나타나 있다.

> ○ 선생님께서 말씀하셨다. "군자의 도가 세 가지인데, 나는 능한 것이 없다.
> 인한 자는 근심하지 않고, 지혜로운 자는 의혹하지 않고, 용맹한 자는 두
> 려워하지 않는 것이다." 자공이 말하였다. "부자께서 스스로 하신 겸사이
> 시다."

子曰, "君子道者三, 我無能焉, 仁者不憂, 知者不惑, 勇者不懼." 子貢曰, "夫子自
道也."

이것들은 어느 것이나 어구가 다소 다르게 돼 있기도 하고 전후 글의
계속되는 방법이 다르기도 한데, 요컨대 동일한 말의 이전일 것이다. 이
편의 편집자가 동일 격언의 이전을 포함하는 〈학이〉·〈옹야〉·〈향당〉·
〈안연〉·〈헌문〉·〈위령공〉 등의 편집자와 동일인이 아닐까 싶다.

더구나 이 편의 30장 중 5는 광 땅에서 어려움에 직면한 때의 이야기
로, 사건에 의하면 노나라 애공 2~3년의 일로, 공자가 59~61세 때다. 그
리고 〈술이〉편 22에서 보이는 송나라에서 일어난 환퇴의 기사와 연속되
는 기사라고 생각한다(이 책 제1편 4장 〈공자의 천하 유세〉를 참조 바람). 11은 공
자가 큰 병을 얻었을 때로 사망한 해에 가까운 70세 이후의 일일 것이다.
이것도 〈술이〉편 34에 동일한 때의 일이라고 생각되는 이전이 보인다.
12는 공자가 아직 공직에 나가기 전 시대의 말 같은데, 50세 이전 40대
후반의 발언일 것이다. 14는 고자가 위나라에서 노나라로 귀국한 것은 애
공 11년, 공자가 68~69세 때일 것이므로, 그 이후의 발언일 것이다. 20은
안연의 죽음을 애석해한 말이지만, 안연의 죽음은 아마 공자 70세 이후의
일일 것이기 때문에, 이 말도 아주 만년의 일이다. 21도 역시 이에 준해
서 고찰할 수 있다. 또 26과 30의 시구의 단장취의는 주로 만년의 교육에
즈음하여 장려된 방법일 것이다. 따라서 이것들의 발언 시기를 추정할 수
있는 말에 대해 논해본다면 취직 이전의 40대 후반부터 이후 천하유력 시
대, 만년에 노나라에서 거한 시대 등에 걸쳐 있고, 시대적으로는 한 덩어
리가 되지 않는다. 또 이 편에 나타나는 직제자는 자공(6·12)·금뢰(6)·안
연(10·19·20)·자로(11·26)에 불과하고 모두 만년의 공자 학교에서 이름을

떨쳤던 이들이다. 생각건대 이 편의 모든 장은 결국 만년의 학교에서 직제자들이 전한 말에서 나왔을 것이다.

 이상 여러 사실로부터 추측해 보면, 이 편의 편성은 노나라에서 공문 후학이 직제자 이래의 많은 전송 중에서 공자의 태도에 대한 단편적인 전문과 짧은 공자의 자술의 말과 격언화한 교훈을 모아 정리한 것으로 아주 이른 것은 아니지만, 그렇게 늦은 것도 아닐 것이다. 잠정적으로 3~4전 제자 시기에 해당하는 것으로 보아도 좋을 것이다. 그리고 〈학이〉편이나 〈헌문〉편과는 별개의 손에서 나왔다고 한다면, 그 사람은 증자 후학을 제외하고 노나라에 있던 후학이 된다. 더구나 이상의 고찰에 의하면 이 편의 재료가 〈술이〉의 그것과 대부분 성질이 동일하고, 특히 Ⓐ는 편찬 방법까지 〈술이〉의 그것과 유사하다. 그리고 〈술이〉편의 편찬 형식이 수미 일관하고 있는 데 반해 이 편에서는 Ⓐ가 〈술이〉편의 형태와 유사하면서도 약간 다른 데다가 Ⓑ·Ⓒ 등이 순차적으로 그것에 부록되어 있다. 게다가 일련의 사실이었다고 생각되는 조난의 기사와 공자의 큰 병이라는 동일 사실에 관한 이전이 〈술이〉편과 이 편에 나뉘어 존재한다. 이상의 것을 고찰해 볼 때, 이 편의 편집은 〈술이〉편의 편집에서 채용되고 난 나머지 재료를 별도로 모아 정리한 것은 아닐까?

제10절 〈향당〉편의 성격과 구조

1

〈향당〉편이 《논어》 20편 중에서 특색 있는 편이라는 것은 두말할 필요가 없지만, 우선 다음 두 가지 점을 지적해 두고 싶다.

1. 다른 여러 편은 공자의 말과 문답이 압도적으로 많고, 공자의 일상의 모습을 묘사한 장은 겨우 〈술이〉편과 〈자한〉편에 흩어져 보이지만, 이 편은 시종 그런 기사로 가득 차 있고, 공자의 말은 겨우 그것에 관련하여 그 서술 중에 두세 번 보일 뿐이다.
2. 주희 이전의 구설(舊說)에서는 전편을 1장으로 취급하고 있지만, 주자는 문기(文氣)와 내용에 의해 분할하여 18장으로 하고 있다. 요컨대 장의 분할은 분명하지 않다.

장 분할 방법에 이론이 있을 수는 있다고 생각하지만, 지금은 그것은 상관하지 않고, 편의상 주자의 분장을 따라 논하려고 한다. 그리고 이 18장을 4개의 장군으로 구별해 고찰하는 것이 가능하다. 이제 그것을 ⓐⓑⓒⓓ로 나누어 차례로 고찰해 보자.

2

ⓐ는 1~5의 5장이다.

1. 공자께서 향당에 계실 때는 신실(信實)히 하여 말씀을 잘하지 못하는 것처럼 하셨다. 공자께서 종묘와 조정에 계실 때는 말씀을 잘하시되, 다만 삼가셨다.

孔子於鄕黨, 恂恂如也, 似不能言者, 其在宗廟朝廷, 便便言, 唯謹爾.

2. 조정에서 하대부와 말씀하실 때는 강직하게 하시며, 상대부와 말씀하실 때는 은은(誾誾)하게 하셨다. 임금이 계실 때는 축척(踧踖)하시고 여여(與與)하게 하셨다.

朝, 與下大夫言, 侃侃如也, 與上大夫言, 誾誾如也, 君在, 踧踖如也, 與與如也.

3. 임금이 불러 국빈을 접대하게 하시면 낯빛을 바꾸시며 발걸음을 조심하셨다. 함께 영접하는 동료에게 말을 전하며 읍하실 때 손을 좌우로 하셨는데, 옷의 앞뒤 자락이 가지런하셨다. 빨리 나가실 때는 새가 날개를 편 듯 하셨다. 손님이 물러가면, 반드시 복명하시기를 "손님이 돌아보지 않고 잘 갔습니다" 하셨다.

君召使擯, 色勃如也, 足躩如也, 揖所與立, 左右手, 衣前後, 襜如也, 趨進, 翼如也, 賓退, 必復命曰, "賓不顧矣."

4. 공문(公門, 궁궐 문)에 들어가실 적에는, 몸을 굽히시어 용납하지 못하는 듯이 하셨다. 서 있을 때는 문 가운데에 서지 않으시고, 다니실 때는 문의 한계를 밟지 않으셨다. 〔임금이 계시던〕 자리를 지나실 적에는 낯빛을 바꾸시고 발걸음을 조심하시며, 말씀을 부족한 듯이 하셨다. 옷자락을 잡고 당에 오르실 적에 몸을 굽히시며, 숨을 죽이시어 숨을 쉬지 않는 것처럼 하셨다. 나오시어 한 층계를 내려서는 낯빛을 펴서 화평하게 하시며, 층계를 다 내려와서는 빨리 걸으시되 새가 날개를 편 듯이 하시며, 자기 자리에 돌아와서는 축척(踧踖)하셨다.

入公門, 鞠躬如也, 如不容, 立不中門, 行不履閾, 過位, 色勃如也, 足躩如也, 其

言似不足者, 攝齊升堂, 鞠躬如也, 屏氣似不息者,出降一等, 逞顏色, 怡怡如也,

沒階趨進, 翼如也, 復其位, 踧踖如也.

5. 명규(命圭)를 잡으실 적에는 몸을 굽히시어〔그 무게를〕이기지 못하는 듯
  이 하셨으며,〔명규를 잡는 위치는〕위로는 서로 읍할 때의 위치와 같게 하
  시고 아래로는 물건을 줄 때의 위치와 같게 하시며, 낯빛을 바꾸시어 두려
  워하는 빛을 띠시며, 발걸음을 좁고 낮게 떼시었다. 연향(燕享)하는 예석
  (禮席)에서는 온화한 낯빛을 하셨다. 사사로이 만나보실 때는 화평하게 하
  셨다.

  執圭, 鞠躬如也, 如不勝, 上如揖, 下如授, 勃如戰色, 足蹜蹜如有循, 享禮有容色.

  私覿愉愉如也.

이 5장 중 1은 "공자께서 향당에 계실 때는 신실히 하여 말씀을 잘하지
못하는 것처럼 하셨다"로 되어 있어서 향당에서 공자의 생활 태도를 말하
고 그것과 대칭해서 종묘·조정에 있을 때의 모습을 서술하고 있지만, 그
것에 계속해서 2~5의 4장은 모두 조정에 나가던 때의 공인으로서의 모습
이다. 그리고 하나같이 동작·태도의 모습을 묘사한 기사로, 1에는 신실
히 하여(恂恂如)·말을 잘하는(便便), 2에는 강직하게 하시며(侃侃如)·은은하
게(誾誾如)·축척하시고(踧踖如)·여여하게(與與如), 3에는 낯빛을 바꾸시며
(勃如)·발걸음을 조심하여(躩如)·가지런히(襜如)·새가 날개를 편 듯(翼如),
4에는 몸을 굽히시어(鞠躬如)·낯빛을 바꾸시며(勃如)·발걸음을 조심하여
(躩如)·새가 날개를 편 듯(翼如)·축척하시고(踧踖如), 5에는 몸을 굽히시어
(鞠躬如)·낯빛을 바꾸시어(勃如)·발걸음을 좁고 낮게(縮縮)·화평하게(愉愉
如)와 같은 형용사가 거듭 나타난다. 그리고 이 일련의 5장의 머리 장 문
두에만 "공자" 두 글자가 맨 앞에 놓여 있고 2 이하가 전부 공자의 향당에

서의 모습과는 대칭적인 공인으로서의 모습을 보여준다. 따라서 이 5장이 1개로 모아져 편집된 장군일 것이다.

3

ⓑ는 6~10의 5장으로 이루어져 있다.

6. 군자는 감색(紺色)과 붉은빛으로 옷을 선 두르지 않으셨으며, 다홍색과 자주색으로 평상복을 만들어 입지 않으셨다. 더위를 당해서는 가는 갈포(葛布)와 굵은 갈포로 만든 홑옷을 반드시 겉에다 입으셨다. 검은 옷에는 염소 가죽으로 만든 갖옷을 입고, 흰옷에는 사슴 가죽으로 만든 갖옷을 입고, 누른 옷에는 여우 가죽으로 만든 갖옷을 입으셨다. 평상시에 입는 갖옷은 옷을 길게 하되, 오른쪽 소매를 짧게 하셨다. 반드시 잠옷이 있었으니, 길이가 한 길 하고 또 반이 있었다. 여우와 담비의 두터운 가죽옷으로 거처하셨다. 탈상한 뒤에는 〔패물을〕 차지 않는 것이 없으셨다. 유상(帷裳)이 아니면, 반드시 〔치마의 위 폭에 주름을 잡지 않고〕 줄여서 꿰매셨다. 염소 가죽으로 만든 갖옷과 검은 관으로 조문하지 않으셨다. 초하룻날(吉月)에는 반드시 조복(朝服)을 입고 조회하셨다.

君子不以紺緅飾, 紅紫不以爲褻服, 當暑袗絺綌, 必表而出之, 緇衣羔裘, 素衣麑裘, 黃衣狐裘, 褻裘長, 短右袂, 必有寢衣, 長一身有半, 狐貉之厚以居, 去喪無所不佩, 非帷裳, 必殺之, 羔裘玄冠不以弔, 吉月必朝服而朝.

7. 재계하실 때는 반드시 명의(明衣)가 있었으니, 베로 만들었다. 재계하실 때는 반드시 음식을 바꾸시며, 거처할 때에 반드시 자리를 옮기셨다.

齊必有明衣布, 齊必變食, 居必遷坐.

8. 밥은 정(精)한 것을 싫어하지 않으시며, 회(膾)는 가늘게 썬 것을 싫어하지 않으셨다. 밥이 상하여 쉰 것과 생선이 상하고 고기가 부패한 것을 먹지 않으셨으며, 빛깔이 나쁜 것을 먹지 않으시고, 냄새가 나쁜 것을 먹지 않으셨으며, 요리가 잘못된 것을 먹지 않으시고, 때가 아닌 것을 먹지 않으셨다. 자른 것이 바르지 않으면 먹지 않으시고, 간장을 얻지 못하면 먹지 않으셨다. 고기가 비록 많으나 밥 기운을 이기게 하지 않으시며, 술은 일정한 양이 없으셨는데, 어지러운 지경에 이르지 않게 하셨다. 시장에서 산 술과 포를 먹지 않으셨다. 생강을 먹는 것을 거두지 않으셨다. 많이 잡수시지 않으셨다. 나라에서 제사 지내고 받은 고기는 밤을 재우지 않으셨으며, 집에서 제사 지낸 고기는 사흘을 넘기지 않으셨으니, 사흘이 지나면 먹지 못하기 때문이다. 음식을 먹으면서 말씀하지 않으시며, 잠을 자면서 말씀하지 않으셨다. 비록 거친 밥과 나물국이라도 반드시 제(祭)하되, 공경히 하셨다.

食不厭精, 膾不厭細, 食饐而餲, 魚餒而肉敗不食, 色惡不食, 臭惡不食, 失飪不食, 不時不食, 割不正不食, 不得其醬不食, 肉雖多, 不使勝食氣, 惟酒無量, 不及亂, 沽酒市脯不食, 不撤薑食, 不多食, 祭於公不宿肉, 祭肉不出三日, 出三日不食之矣, 食不語, 寢不言, 雖疏食菜羹瓜祭必齊如也.

9. 자리가 바르지 않으면 앉지 않으셨다.

席不正不坐.

10. 지방 사람들이 함께 술을 마실 적에 지팡이를 짚은 분이 나가면 따라 나가셨다. 지방 사람들이 굿을 할 적에는 조복을 입고 동쪽 섬돌에 서 계셨다.

鄕人飮酒, 杖者出斯出矣, 鄕人儺, 朝服而立於阼階.

이 5장은 분장에 이견을 제시할 수도 있지만, 어쨌든 6은 평상시의 의

복 상태, 7은 재계 때의 의식주, 8은 평상시 음식의 모양, 9는 좌석의 일, 10은 향인과의 교제에서 음주와 의복의 일이다. 이것은 모두 조정에서 공인으로서의 자세는 아니고, 군자로서 일상생활의 모습이다. 그래서 이 장군의 머리 장 6의 문두에 "군자"라는 두 글자를 놓아 그것을 제시하고 있다. 그리고 이 "군자"는 이 경우에 공자를 가리키는 대명사로 보는 것이 가능하다. 생각건대 《논어》에는 군자의 일을 설명한 장이 많지만, "군자"라는 말에 공자를 포함하여 지시한 것도 드물게 있다. 예를 들면 〈술이〉편 30에

진나라 사패(司敗)가 "소공이 예를 알았습니까?" 하고 묻자, 공자께서 "예를 아셨다" 하고 대답하셨다. 공자께서 물러가시자, 사패가 무마기에게 읍하여 나오게 하고 말하였다. "내가 들으니 군자는 편당하지 않는다 하였는데, 군자도 편당을 하는가? 임금(소공)께서는 오나라에서 장가드셨으니, 동성이 된다. 그러므로 그 사실을 숨기기 위해 오맹자라고 불렀으니, 임금께서 예를 아셨다면 누가 예를 알지 못하겠는가?" 무마기가 이것을 아뢰자, 선생님께서 말씀하셨다. "나는 다행이다. 만일 잘못이 있으면 남들이 반드시 아는구나."

陳司敗問, "昭公知禮乎." 孔子曰, "知禮." 孔子退, 揖巫馬期而進之曰, "吾聞君子不黨, 君子亦黨乎, 君取於吳爲同姓, 謂之吳孟子, 君而知禮, 孰不知禮." 巫馬期以告, 子曰, "丘也幸, 苟有過, 人必知之."

로 되어 있다. 여기서 "군자"는 삼인칭이다. 〈자한〉편 13에

선생님께서 구이에 살려고 하시니, 혹자가 말하기를 "〔그곳은〕 누추하니, 어떻게 하시렵니까?" 하였다. 이에 선생님께서 대답하셨다. "군자가 거주한다

면 무슨 누추함이 있겠는가?"

子欲居九夷, 或曰, "陋如之何." 子曰, "君子居之, 何陋之有."

라고 되어 있다. 이것은 삼인칭 표현 방식이지만 실은 일인칭이다. 거듭한 조를 추가한다면 〈양화〉편 7이다. 이를 인용해 보자.

필힐이 공자를 부르니, 선생님께서 가려고 하셨다. 자로가 말하였다. "옛날에 제가 부자께 들었사온데, '직접 그 몸에 착하지 않은 행동을 하는 자에게는 군자가 들어가지 않는다'고 하셨습니다. 필힐이 지금 중모읍을 가지고 배반하였는데 부자께서 가려고 하시니, 어찌해서입니까?" 선생님께서 말씀하셨다. ……

佛肸召, 子欲往, 子路曰, "昔者由也聞諸夫子, 曰, '親於其身爲不善者, 君子不入也.' 佛肸以中牟畔, 子之往也如之何." 子曰, ……

이 "군자"도 삼인칭이지만 실은 일인칭으로도 볼 수 있다. 공자 및 그 일문이 스스로를 "군자"의 이름에 어울리는 교양과 인격의 형성을 목표로 삼았기 때문에 "군자"에 이러한 용례가 있는 것은 당연하다. 그렇지만 〈향당〉편은 공자가 생활하는 모습을 묘사한 것으로, 6의 "군자"는 공자를 가리키는 삼인칭이다. 그렇다면 ⓐ의 머리 장 1의 "공자"와 ⓑ의 머리 장 6의 "군자"는 대응하는 말로 ⓐ는 주로 공인으로서의 공자의 모습을 서술하고 ⓑ는 가정 및 향당에서의 일상생활을 기록한 자료로 각각 모아진 두 개의 기사일 것이다.

4

ⓒ는 11~17의 7장이다.

11. 사람을 다른 나라에 보내어 안부를 물으실 적에는, 두 번 절하고 보내셨
다. 계강자가 약(藥)을 보내오자, 공자께서 절하고 받으면서 말씀하셨다.
"나는 이 약의 성분을 알지 못하기 때문에 감히 맛보지 못한다."

問人於他邦, 再拜而送之, 康子饋藥, 拜而受之, 曰, "丘未達, 不敢嘗."

12. 마구간에 불이 났는데, 선생님께서 퇴조(退朝)하여 "사람이 상했느냐?" 하
시고 말에 대해서는 묻지 않으셨다.

廐焚, 子退朝曰, "傷人乎." 不問馬.

13. 임금이 음식을 주시면 반드시 자리를 바루고 먼저 맛보시며, 임금이 날고
기를 주시면 반드시 익혀서 조상께 올리시고, 임금이 살아 있는 것을 주시
면 반드시 기르셨다. 임금을 모시고 밥을 먹을 적에 임금이 제(祭)하시면,
먼저 밥을 잡수셨다. 병이 있을 때에 임금이 문병 오시면, 머리를 동쪽으
로 두시고, 조복(朝服)을 몸에 걸치고 띠를 그 위에 걸쳐놓으셨다. 임금이
명하여 부르시면 수레에 멍에 하기를 기다리지 않고, 걸어서 가셨다.

君賜食, 必正席先嘗之, 君賜腥, 必熟而薦之, 君賜生, 必畜之, 侍食於君, 君祭先
飯, 疾, 君視之, 東首, 加朝服, 拖紳, 君命召, 不俟駕行矣.

14. 태묘에 들어가서는 일일이 물어보셨다.

入太廟, 每事問.

15. 붕우가 죽어서 돌아갈 곳이 없으면 "우리 집에 빈소를 차리라" 하셨다. 붕
우의 선물은 비록 수레와 말이라도 제사 지낸 고기가 아니면 절하지 않으
셨다.

朋友死, 無所歸, 曰, "於我殯." 朋友之饋, 雖車馬, 非祭肉不拜.

16. 잠잘 때는 죽은 사람처럼 하지 않으시며, 집에 거처하실 때는 모양을 내지 않으셨다. 상복 입은 사람을 보시면 비록 절친한 사이라도 반드시 낯빛을 바꾸셨으며, 면류관을 쓴 사람과 소경을 보시면 비록 사석이라도 반드시 예모를 갖추셨다. 상복 입은 사람을 만나시면 공경하시고 지도(地圖)와 호적(戶籍)을 짊어진 자에게 공경하셨다. 성찬(盛饌)을 받으시면 반드시 낯빛을 바꾸시고 일어나셨다. 빠른 우레와 맹렬한 바람이 일면 반드시 낯빛을 바꾸셨다.

寢不尸, 居不容, 見齊衰者, 雖狎必變, 見冕者與瞽者, 雖褻必以貌, 凶服者式之, 式負版者, 有盛饌, 必變色而作, 迅雷風烈必變.

17. 수레에 오르실 때는 반드시 바르게 서서 끈을 잡으셨다. 수레 안에서 돌아보지 않으시며, 말씀을 빨리 하지 않으시며, 손가락으로 가리키지 않으셨다.

升車, 必正立執綏, 車中不內顧, 不疾言, 不親指.

이 7장은 ⓐ의 5장 및 ⓑ의 5장과 비교해 약간 성질이 다른 기록일 것이다. 그 다른 점은 대략 다음과 같다.

1. ⓐ에는 공인으로서의, ⓑ에는 개인으로서의 공자의 모습을 여러 가지로 파악할 수 있게 돼 있지만, ⓒ에도 그것을 보충하는 기사가 있는 것과 더불어 어떤 특정한 사건에 즈음하여 취한 공자의 태도가 보인다. 이것은 ⓒ 특유의 것이다. 예를 들면 11은 계강자로부터 약을 받았을 때의 대응, 12는 마구간이 불탔을 때의 태도로 모두 짧은 공자의 말이 보인다. 15의 전반에

붕우가 죽어서 돌아갈 곳이 없으면 "우리 집에 빈소를 차리라" 하셨다.

朋友死, 無所歸, 日, "於我殯."

라는 것은 한두 번 혹은 두세 번 이 같은 일이 있었을지도 모르지만, 결국 특수한 사건이 일어났을 때의 공자의 태도일 것이다.

2. 13은 군주와 다양하게 접촉할 때의 태도, 14는 태묘에 들어갔을 때의 행동, 15는 붕우와의 교제 태도, 16은 그 외 일상생활 일반에서 각종 행동거지를 서술하고, 17은 수레를 탔을 때의 태도를 기록했다. 어느 것이나 ⓐ와 ⓑ의 보유로 보아도 좋은 기사다. 단, 13의

……병이 있을 때에 임금이 문병 오시면, 머리를 동쪽으로 두시고, 조복을 몸에 걸치고 띠를 그 위에 걸쳐놓으셨다.
……疾, 君視之, 東首, 加朝服, 拖紳.

는 자주 있었던 일은 아니라는 의미에서 본다면 특수한 경우의 조치일 것이다.

3. 13의 "임금이 명하여 부르시면 수레에 멍에 하기를 기다리지 않고, 걸어서 가셨다(君命召, 不俟駕行矣)"는 《맹자》 〈공손추하(公孫丑下)〉 2에

……경자(景子)가 말하였다. "……예에 이르기를 '아버지가 부르시면 느리게 대답하지 않으며, 군주가 명으로 부르시면 말을 멍에 하기를 기다리지 않는다' 하였으니, ……"
……景子曰, "……禮曰, '父召無諾, 君命召不俟駕.' ……"

로 인용되어 있으므로 이는 고래의 예의 단편일 것이다〔그래서 "아버지가 부르시면 느리게 대답하지 않으며(父召無諾)"는 《곡례상(曲禮上)》에 보인다〕. 그렇지만 《맹자》〈만장하〉편 7에는

……만장(萬章)이 말하였다. "공자께서는 '군자가 명하여 부르면 말에 멍에하기를 기다리지 않고 가셨으니' ……"
……萬章曰, "孔子, '君命召, 不俟駕而行.' ……"

로 돼 있기 때문에 당시 일반인은 이 예에 무관심했지만 공자는 힘써 하고 있었다는 것이리라. 공자의 특색 있는 태도로서 〈향당〉편에 게재한 이유가 이해된다. 또 14의 "태묘에 들어가서는 일일이 물어보셨다(入太廟, 每事問)"는 〈팔일〉편 15에

선생님께서 태묘에 들어가 매사를 물으시니, 혹자가 말하기를 "누가 추 땅 사람의 아들(공자)을 일러 예를 안다고 하는가? 태묘에 들어가 매사를 묻는구나!" 하였다. 선생님께서 이 말을 들으시고 "이것이 바로 예다"라고 하셨다.
子入大廟, 每事問, 或曰, "孰謂鄹人之子知禮乎, 入大廟每事問." 子聞之曰, "是禮也."

라고 되어 있는 것을 감안해 보면, 결국 사람들이 알지 못하는 고례(古禮)를 공자는 실행하고 있었다는 것이다. 그리고 이것이 〈향당〉편에 공자 단독의 일로 전해져 있는 것은 〈팔일〉편에 보이는 것처럼 어떤 특정한 사건이었기 때문으로 그런 의미에서 이것도 특정한 사건에 속한다. 더구나 16의

……면류관을 쓴 자와 봉사를 보시면 비록 사석이라도 반드시 예를 갖추셨

다. ……

……見冕者與瞽者, 雖褻必以貌, ……

는 〈자한〉편 9에

선생님께서는 상복 입은 사람과 관복 입은 사람과 소경을 만났을 때는 그들이 비록 젊더라도 반드시 일어나시고, 그들 앞을 지나가게 되면 반드시 걸음을 빨리 하셨다.

子見齊衰者, 冕衣裳者與瞽者, 見之雖少必作, 過之必趨.

고 되어 있는 것과 거의 동일한 기사다. 생각건대 〈팔일〉편 15도 〈자한〉편 9도 모두 직제자 이래의 전송일 것이므로, 〈향당〉편 14 및 16의 이 기사는 직제자 이래의 전송 중에서 자료를 채용한 것으로 보인다.

이상과 같은 의미에서 ⓒ의 특색을 이해한다면, 요컨대 그것은 ⓐ 및 ⓑ 두 개의 기록에 대한 보유로서 모아진 장군일 것이다.

5
ⓓ는 편말의 1장 18이다.

18. 새는 사람의 나쁜 표정을 보면 날아서 빙빙 돌며 관찰한 다음에 내려앉는다. 선생님께서 말씀하시기를 "산 교량의 암꿩이여, 때에 맞는구나! 때에 맞는구나!" 하셨다. 자로가 그 꿩을 잡아 올리니, 세 번 냄새를 맡고 일어

나셨다.

色斯擧矣, 翔而後集, 曰, "山梁雌雉, 時哉時哉." 子路共之, 三嗅而作.

생각건대 이 장은 말이 충분하지 못해 그 의미를 정확히 포착하기 어렵다. 주자는 이것에 주를 달아

이 글의 위나 아래에 반드시 빠진 글이 있을 것이다.

然此上下必有闕文矣.

라고 말하고, 참고로 조씨(晁氏)와 유빙군(劉聘君)의 설을 열거한 뒤 다음과 같이 말하였다.

……그러나 여기에는 반드시 빠진 글이 있으니, 억지로 주석을 할 수 없으며, 우선 들은 바를 기록하여 아는 사람을 기다리는 바다.

……然此必有闕文, 不可强爲之說, 姑記所聞以俟知者.

그러나 "산 교량의 암꿩이어, 때에 맞는구나! 때에 맞는구나!"라는 공자의 말을 포함하고, 자로가 등장하기 때문에, 공자가 어떤 특정한 사건을 조우했을 때의 언행을 기록한 것 같다. 그런 의미에서 ⓒ의 머리 2장인 11·12와 동류의 기사다. 그렇게 본다면 ⓒ에 대한 보유로서 나중 사람이 부가한 것일지도 모른다. 그렇다면 혹은 이것도 ⓒ에 포함되어 ⓒ는 공자의 특정한 사건에 대한 언행·태도─더구나 그것은 공자의 일상생활 태도를 잘 나타내고 있는 것─를 수미에 배치하여 한데로 모은 ⓐⓑ에 대한 보유의 장군으로도 볼 수 있다. 그러나 황간의 《의소》에 의하면 《고논

어》에는 이 장이 없었다〔하서소(何序疏)〕고 말하고 있고, "色斯(사람의 나쁜 표정을 보면)"라는 말은 제나라의 방언 같으므로〔황가대(黃家岱),《홍예헌잡저(姨藝軒雜著)》〕, 18 1장은 이 〈향당〉편이 제나라로 흘러든 뒤에 제나라에서 부가한 것인지도 모른다.

6

이상에서 살펴본 바에 기초하여 이 편의 구성과 성립을 고찰한다면, 일반적으로 다음을 상상해 볼 수 있다.

첫째로 ⓐ는 공자가 공인으로서 조정에 있을 때 모습이지만, 공자가 관리로 일했던 것은 노나라에서 50세, 즉 노나라 정공 8년경에 중도재가 되었을 무렵부터 사공·대사구를 역임하여 정공 10년의 협곡의 회맹 이후는 하대부가 되어 정치에 참여하고 13년(55~56세)에 사직하여 노나라를 떠날 때까지의 5~6년간이다. 그 외는 14년에 걸친 외유의 기간에 최초의 해와 최후의 해에 단기간 위나라 관리가 된 것 같다. 그러나 ⓐ의 머리 장 1에는 향당에서의 공자와 대조하여 종묘·조정에서의 공자를 묘사하고 있으므로, ⓐ는 노나라에서의 사관 시대의 5~6년간의 모습일 것이다.

다음으로 ⓑ는 가정에서 공자의 의식주에 관련된 것이지만, 그러나 그것은 틀림없이 관직에 나가 고급 관리가 된 이후의 군자의 일상생활 모습이다. 빈곤한 소년 시대의 생활은 당연히 아니고, 50세 이전 관리로 취직하기 전의 모습도 아닐 것이다. 고향을 떠나 외유한 천하유력 시대의 분주한 공자의 모습도 아닐 것이다. 그렇다면 ⓑ는 노나라에서 관리로 재직했던 5~6년간 혹은 노년에 국로로서 노나라에서 보냈던 5년간의 일임에 틀림없다.

그런데 이 ⓐⓑ 두 기사는 《논어》의 다른 많은 장과 같이 공자를 "자"로 말하지 않고, ⓐ의 머리 장 1의 문두에 "공자", ⓑ의 머리 장 6의 문두에 "군자"로 되어 있을 뿐이다. 따라서 그것들의 말하는 방식으로 볼 때 ⓐ와 ⓑ는 직제자로부터 전해진 전송은 아닐 것이다. 생각건대 노나라 향당이나 조정에도 공자의 제자는 아니지만, 공자를 잘 알고 가까이에서 공자를 접했던 사람들이 있었음에 틀림없고, 그런 사람들의 견문으로부터 나온 전송을 공문 후학이 정리한 것이 아닐까 싶다. 그리고 이들 기록은 어느 것이나 노나라에서 이루어졌을 것이다.

다음으로 《논어》에 보이는 직제자가 전한 공자의 모습으로는 다음과 같은 기사가 있다. 우선 〈술이〉편에 의하면 다음과 같다.

4. 선생님께서 한가로이 계실 적에, 마음은 평화롭고도 즐거운 듯하시고, 얼굴은 환히 피어나셨다.

子之燕居, 申申如也, 夭夭如也.

9. 선생님께서는 상을 당한 사람의 곁에서 음식을 드실 때에는 배부르도록 잡수신 적이 없었다.

子食於有喪者之側, 未嘗飽也.

12. 선생님께서 조심하신 것은 재계와 전쟁과 질병이었다.

子之所愼, 齊·戰·疾.

17. 선생님께서는 정음을 사용하셨으니, 《시》와 《서》를 읽고 예를 행하실 때 모두 정음을 사용하셨다.

子所雅言, 詩·書·執禮, 皆雅言也.

20. 선생님께서는 괴이한 일, 힘센 사람의 일, 정도를 어지럽히는 일, 그리고 귀신에 관한 일은 말씀하지 않으셨다.

子不語怪·力·亂·神.

24. 선생님께서는 네 가지로써 가르치셨으니, 문·행·충·신이었다.

子以四教, 文·行·忠·信.

26. 선생님께서는 낚시질은 하시되 큰 그물질은 하지 않으시며, 주살질은 하
시되 잠자는 새를 쏘아 잡지는 않으셨다.

子釣而不綱, 弋不射宿.

31. 선생님께서는 다른 사람과 노래할 때, 그 사람이 잘하면 반드시 다시 한번
하게 하셨고, 그런 뒤에 화답하셨다.

子與人歌而善, 必使反之, 而後和之.

37. 선생님께서는 온화하면서도 엄숙하고, 위엄이 있으면서도 사납지 않고,
공손하면서도 평안하셨다.

子溫而厲, 威而不猛, 恭而安.

또 〈자한〉편에 의하면 다음과 같다.

1. 선생님께서는 이와 명과 인을 드물게 말씀하셨다.

子罕言利與命與仁.

4. 선생님께서는 네 가지의 마음이 전혀 없으셨으니, 사사로운 뜻이 없으셨
으며, 기필하는 마음이 없으셨으며, 집착하는 마음이 없으셨으며, 이기심
이 없으셨다.

子絕四, 毋意, 毋必, 毋固, 毋我.

9. 선생님께서는 상복 입은 사람과 관복 입은 사람과 소경을 만났을 때는 그
들이 비록 젊더라도 반드시 일어나시고, 그들 앞을 지나가게 되면 반드시
걸음을 빨리 하셨다.

子見齊衰者·冕衣裳者與瞽者, 見之雖少必作, 過之必趨.

16. 선생님께서 시냇가에 계시면서 말씀하셨다. "가는 것이 이 물과 같구나. 밤낮을 그치지 않는도다."

子在川上, 曰, "逝者如斯夫, 不舍晝夜."

이것은 어느 것이나 〈향당〉편과 서로 참고할 만한 자료이긴 하나, 〈향당〉편의 ⓐⓑ와 중복되는 장은 하나도 없다. 그런데 〈향당〉편 ⓒ 중에서 15의 일부는 〈자한〉편 9와 거의 일치하고, 단지 "자" 자가 없을 뿐이다. 또 〈향당〉편 ⓒ 12 "마구간에 불이 났는데, 선생님께서 퇴조하여 '사람이 상했느냐?' 하시고 말에 대해서는 묻지 않으셨다"는 〈자한〉편 16 "선생님께서 시냇가에 계시면서 말씀하셨다. '가는 것이 이 물과 같구나. 밤낮을 그치지 않는도다'"와 서술 형식이 유사하다. 거듭 ⓒ 14의 "태묘에 들어가서는 일일이 물어보셨다"는 앞에서 서술한 바와 같이 〈팔일〉편 15의 문두의 서술과 일치하고, 단지 "자" 자가 없을 뿐이다. 그리고 ⓒ의 내용은 모두 결국은 임관 이후 공자의 공인으로서의 태도 혹은 군자로서의 모습이다. 그렇다면 ⓒ는 ⓐ 및 ⓑ의 보유로서 편집된 것으로 직제자가 전한 전송도 자료의 일부로 이용하고, "자" 자를 생략하여 ⓐⓑ에 서술의 형식을 맞춘 것일 테다. 따라서 ⓒ 역시 노나라에서의 후학의 보유적인 편집이리라.

그리고 최후의 ⓓ 8은 이 〈향당〉편이 제나라에 전래된 후에 제나라에서 부가된 보유라고 짐작한다.

제11절 〈선진〉편의 성격과 구조

1

〈선진〉편은 25장으로 구성되어 있다. 《논어집주(論語集註)》에 의하면 다음과 같이 되어 있다.

> 이 편은 제자의 어질고 어질지 못함을 논평한 것이 많다. 모두 25장이다. 호씨가 말하였다. "이 편은 민자건의 언행을 기록한 것이 4장인데, 그중 하나는 곧바로 민자라고 일컬었으니, 아마도 민자건의 문인이 기록한 것인 듯하다."
>
> 此篇多評弟子賢否, 凡二十五章, 胡氏曰, "此篇記閔子騫言行者四, 而其一直稱閔子, 疑閔氏門人所記也."

"제자의 어질고 어질지 못함을 논평한 것이 많다"는 주자의 말 그대로이고, "민자건의 언행을 기록한 것이 4장인데"라는 주장도 호인이 지적한 대로지만, 이 편의 편집 목적·성격·편집 사정 등을 고찰하는 데 《논어집주》의 기술만으로는 충분하지 않다. 생각건대 이 편에는 공자 만년의 학교에 출입했던 제자의 이름이 많이 열거되어 있고, 그의 유력한 제자들 대부분이 등장한다. 그런 의미에서 〈옹야〉편의 전반 Ⓐ와 유사하다. 이미 서술한 것처럼 〈옹야〉편의 전반 Ⓐ에 등장하는 제자의 이름은 중궁·안연·공서화·염구·원사·자로·자공·민자건·염백우·자하·자유·담대멸명·번지·재아 등 14명에 달하여, 이른바 십철을 모두 포함하고 있다. 그에 비해 〈선진〉편에서는 이른바 십철 10명의 이름이 열거되어 있다.

2. 선생님께서 말씀하셨다. "나를 진나라와 채나라에서 따르던 자들이 〔지금〕 모두 문하에 있지 않구나!" 덕행에는 안연·민자건·염백우·중궁이었고, 언어에는 재아·자공이었고, 정사에는 염유·계로였고, 문학에는 자유·자하였다.

子曰, "從我於陳·蔡者, 皆不及門也." 德行顏淵·閔子騫·冉伯牛·仲弓, 言語宰我·子貢, 政事冉有·季路, 文學子游·子夏.

그 외에

17. 시(柴)는 어리석고, 삼(參, 증자)은 노둔하고, 사(師, 자장)는 한쪽(外貌)만 잘하고, 유(由, 자로)는 거칠다.

柴也愚, 參也魯, 師也辟, 由也喭.

이 장에 의해 고시(子羔)·증삼·자장(顓孫師) 3명을 보충하는 것이 가능하고, 또 남용(5)·공서화(21·25)·증석(25)을 더해 도합 16명에 이른다. 대개 〈옹야〉편 전반 Ⓐ와 〈선진〉편에 보이는 제자의 이름이 서로 일치하는 것은 이른바 십철에 공서화를 더해 11명이고, 이것에 서로 일치하지 않는 8명을 더하면 총 19명, 다시 그것에 유약을 더해 도합 20명으로 공자의 유력한 제자를 망라하는 것이 가능하리라. 그중 이른바 십철 이외의 10인에 대해 말한다면, '자장'은 진나라 사람으로 공자보다 48세 어리고 대체로 최연소 제자이지만, 《논어》에 19번 보이고, 공자 만년의 학교에서 두드러진 존재였던 것 같다. 그 외는 번수〔자는 자지(子遲)〕가 정현에 의하면 제나라 사람, 《공자가어》에 의하면 노나라 사람, 원헌이 정현에 의하면 노나라 사람, 《공자가어》에 의하면 송나라 사람, 고시가 정현에 의하면 위나라 사람, 《공자가어》에 의하면 제나라 사람으로 언급되어 있을 뿐 다른 사람은 모두 노나라 사람이다. '유약'은 《논어》에 4번(〈학이〉에 3번, 〈안연〉에 1번) 나오지만, 〈학이〉편에서 보이는 3장은 어느 것이나 "유자왈"을 맨 앞에 둔 그의 말로서 노나라에서 그의 제자에 의한 소전일 것이다. 《맹자》(〈등문공상〉)에 의하면 공자 사후 직문제자 가운데 많은 사람이 노나라를 떠난 뒤 그가 장로로서 중요시되었던 것 같지만, 공자 생전의 학교에서는 특별히 두드러진 존재는 아니었던 것 같다. '증삼'은 공자보다 46세 어리고, 자하·자유·자장과 함께 젊은 수제에 속했던 것 같다. 돈후한 성질로서 "삼은 노둔하다(參也魯)"라고 언급되고 공자 생전의 학교에서 특출한 존재는 아니었을 것이다. 그의 말은 《논어》에 14번 나타나기 때문에, 그렇게 보면 중요한 인물이지만, 전부 "증자"라고 언급되었으므로 그의 제자의 소전이고, 그중 그와 공자의 문답은 〈이인〉편 1장에 지나지 않는다. 어쩌면 공자 사후 오랫동안 노나라에 다수의 제자를 두고 있었던 것 같지만, 공자 생전의 학교에서는 그다지 두드러지지 않는다. '원헌〔자는 자사(子思)〕'은 《논어》에 두 번(〈옹야〉 1번, 〈헌문〉 1번) 나오지만, 빈곤한 나머지(〈옹야〉) 관직에 나아가고자 하는 의지가 약하고(〈헌문〉) 〈제자전〉에 의하면 공자 사후 풀이 우거진 늪에 숨어 살았다고 한다. 〈화식전〉에는 "원헌은 변변찮은 음식을 싫어하지 않았다(原憲不厭糟糠)"고 되어 있다. 대체로 문인은 아니었을 것이다. '번지'는 공자보다 36세 어리고, 《논어》에 5번(〈위정〉 5, 〈옹야〉 20, 〈안연〉 21·22, 〈자로〉 19) 나오지만, 〈위정〉편에서는 공자가 맹의자에게 효에 대해 답한 말을 즉각 이해하지 못하고 나중에 설명을 청한다. 또 〈안연〉편 22에서는 공자에게 인을 묻고 통달하지 못하여 후에 자하에게 그 의미를 묻는다. 어쩌면 겸허한 참모습의 품격을 지닌 인물이지만, 재주가 그렇게 뛰어난 인물은 아니었을 것이다. '공서적〔公西赤, 자는 자화(子華)]'은 공자보다 42세 어리고 《논어》에 3번(〈공야장〉 7, 〈옹야〉 3, 〈안연〉 25) 나오고, 예악에 밝아서(〈공야장〉 7, 〈안연〉 25) 일찍이 사자로서 제나라로 간(〈옹야〉 3) 일이 있고, 공문의 젊은 수재의 한 사람으로 자로·염구와 같은 선배와 나란히 등장하지만, 자로보다 33세, 염구보다 13세 후배로 공자 생전의 학교에서 아직 그다지 중요한 인물은 아니고, 공자 사후에도 뚜렷한 사적이 전해지지 않는다. '고시〔자는 자고(子羔)〕'는 공자보다 30세 어리고 《논어》에 2번 나온다. 〈선진〉편에 의하면 일찍이 자로에 의해 비의 재로 추천되었지만, 공자가 이를 두려워하여 말렸다. "시(柴)는 어리석다"고 언급되어 있으므로 그다지 준민하지는 않았으리라. '남궁괄〔자는 자용(子容)〕'은 《논어》에 3번 보인다. 그는 공자에 의해 유망한 인물로 기대되어 형의 딸을 그의 처로 삼게 했고(〈공야장〉 1, 〈선진〉 5) 또 "군자로다"라고 칭찬받기(〈헌문〉)에 탁월한 인물이었을 테지만, 그 밖의 행적은 알 수 없다. '담대멸명〔자는 자우(子羽)〕'은 공자보다 39세 어리고 자유가 무성의 가신이 되었을 때 등용되어 쓰였다(〈옹야〉)는 것으로 보아 공자 제자의 말단 후배다. 〈제자전〉에 의하면 후에 남쪽으로 가 제자 300명을 두고 이름이 제후에게 전해졌다고 하지만, 공자 사후의 일일 것이다. 결국, 십철과 자장을 포함한 11명이 공자 생전의 학교에서 아주 유명해서 다른 9명은 누구나 탁월한 제자였지만, 당시 그 정도로 광범위하게 인정받지는 못했을 것이다. 하여간 〈옹야〉편의 전반 Ⓐ에는 십철을 포함한 14명의 유력 제자의 이름이 보이고, 〈선진〉편에는 공자 생전의 학교에서 두드러진 존재였던 십철과 자장을 포함한 16명의 유력 제자가 등장하는 것은 다른 편에서 예를 찾아볼 수 없는 바여서 주의해야 한다. 덧붙이자면 이 두 편에 이어 다수의 제자가 등장하는 것은 〈공야장〉편으로 공야장·남용·복자천·염옹(중궁)·칠조개·염구·공서화·재여·신장·자장·안연·자로·자공 등 13인의 이름이 보인다. 여기에 자장은 있지만, 십철 중 4명이 빠져 있다.

그런데 〈공야장〉·〈옹야〉·〈선진〉 3편에는 상술한 것처럼 공문의 유력한 제자가 다수 등장하고 그들이 공자와 문답한 말이 많다. 그런 의미에서 서로 같은 성질의 재료를 다수 포함하고 각 편의 성질도 전체로 보거나 혹은 어느 정도까지는 유사한 것으로 보이지만, 더 자세히 들여다보면, 그것들의 편찬 의도와 사정은 서로 다르다. 〈공야장〉편은 이미 서술한 것처럼 Ⓐ·Ⓑ·Ⓒ 세 부분으로 이루어져 있고, Ⓐ는 주로 공자가 제자들을 비판한 말, Ⓑ는 공자의 제자 이외의 고금 인물에 대한 비판의 말, Ⓒ는 공자 자술의 말이다. 〈옹야〉편은 Ⓐ·Ⓑ 두 부분으로 이루어져 있고, Ⓐ는 공자의 제자에 대한 비판의 말과 대기설법적인 교훈의 말을 서로 섞어 모았고, Ⓑ는 공자의 보편타당한 교훈의 말을 열거하고 있다. 이들에 비해 〈선진〉편은 전편이 모두 공자 만년의 학교에서 있었던 사제 간의 언행을 모은 것으로 볼 수 있다. 결국, 〈공야장〉편의 Ⓐ와 〈선진〉편 전체가 자료의 측면에서 유사하지만, 편집 목적은 적잖이 다른 것이다. 그래서 이하 〈선진〉편의 구조를 분석하면서 이 점을 다시 확인해 보자.

2

〈선진〉편 전체가 공자 만년의 학교에서 사제의 언행의 모습을 전할 목적으로 편찬했을 것이라는 사실은 이미 서술한 대로지만, 그 재료가 되는 25장이 모두 직제자로부터 나온 전송이라고 단언할 수는 없다. 이런 관점에서 우선 문제가 되는 것은 편말의 25다.

25. 자로·증석·염유·공서화가 〔공자를〕 모시고 앉았었는데, 선생님께서 말씀하셨다. ……

　子路·曾皙·冉有·公西華侍坐, 子曰, ……

이 장은 315자에 이르는 장편으로 《논어》 500장 중 가장 긴 편에 속하고 〈선진〉편 25장 중에서는 말할 것도 없이 현격하게 길다. 《논어》 중에서 이에 비해 다음으로 긴 글은 〈계씨〉편 1이 274자, 〈요왈〉편 2가 191자, 1이 152자, 〈미자〉편 6이 143자, 7이 134자, 〈양화〉편 21이 138자 등이다. 이들 각 장의 성격에 대해서는 각각 고증해 보고 싶지만, 여기서는 이 〈선진〉편 끝 장의 성질이 문제다. 이 장의 내용은 자로·증석·염유·공서화 네 명이 공자 앞에서 순차적으로 각자의 뜻과 희망을 주고받는 모습을 묘사한 것으로, 공문 사제의 화목하고 아름다운 호학 풍경을 잘 표현한 좋은 문장이다. 등장하는 제자들은 모두 자(字)로 불리고 공자의 말은 "자왈", 지문(地文)에서는 공자를 "부자(夫子)"로 말하기도 하고, 또 증석은 공자를 "부자"로 부른다. 이런 점에서 직제자로부터의 전송과 동일한 형식을 취하고 있다. 게다가 〈선진〉편 전체가 공자 만년의 학교에서 사제의 언행을 모은 것이라는 점을 생각해 보면, 이 1장은 편말을 장식하는 장으로 참으로 적절하다. 그러나 다른 장과 비교해 특별히 기록이 상세하고, 하나로 정리된 이야기로 보이기 때문에, 그 의미에서는 다른 간결한 문답과 공자의 격언 법행을 기록한 장과 동일한 성질의 것으로 보는 것은 도저히 가능하지 않다. 아마 약간의 자료에 기초하면서 상상을 섞어 구상한 한 편의 이야기라 그것만으로 구체적으로 상상에 의해 진상을 재현하고 있을지도 모르지만, 다른 면에서는 사료로서는 2차적이고, 직문의 소전 그대로도 아니고 아마도 후학의 작품일 듯하다. 생각건대 직문의 소전이 편성되기 시작한 것이 노나라에서 재전의 제자 시대부터라고 한다면, 이 장의 구성은 거듭 1~2전 혹은 2~3전을 경과한 후학의 대에 행해졌을 것이다. 그리고 〈선진〉편의 최종 완성도 역시 그 시대라고 봐야 한다.

다음으로 주의해야 할 것은 6이다.

> 6. 계강자가 물었다. "제자 가운데 누가 배우기를 좋아합니까?" 공자께서 대답하셨다. "안회라는 사람이 배우기를 좋아했는데, 불행히도 명이 짧아 일찍 죽었다. 지금은 〔그런 사람이〕 없다."
>
> 季康子問, "弟子孰爲好學." 孔子對曰, "有顔回者, 好學, 不幸短命死矣, 今也則亡."

이 장과 거의 같은 문장이 〈옹야〉편 2다.

> 2. 애공이 물었다. "제자 가운데 누가 배우기를 좋아합니까?" 공자께서 대답하셨다. "안회라는 사람이 배우기를 좋아하여 노여움을 옮기지 않았으며, 같은 허물을 되풀이하지 않았는데, 불행히도 명이 짧아 일찍 죽었습니다. 지금은 없으니, 배우기를 좋아하는 사람에 대해 듣지 못하였습니다."
>
> 哀公問, "弟子孰爲好學." 孔子對曰, "有顔回者, 好學, 不遷怒, 不貳過, 不幸短命死矣. 今也則亡, 未聞好學者也."

생각건대 이 2장은 동일 사실의 이전일 것이다. 그리고 〈선진〉편에서는 대부 계강자와의 문답, 〈옹야〉편에서는 군주 애공과의 문답으로 둘 다 "자왈"이 아니라 "공자왈"로 되어 있다. 그 점에서 보자면, 이 전송은 본래 공문 밖에서 전해지던 재료를 취해 받아들여진 듯하다.

다음으로 주의해야 할 것은 5다.

5. 남용이 〈백규〉란 시를 하루에 세 번 반복해 외우니, 공자께서 형의 딸을
그에게 시집보내셨다.

南容三復白圭, 孔子以其兄之子妻之.

이 사실에 대해서는 〈공야장〉 1을 상기해야 한다.

1. ……선생님께서 남용을 두고 평하기를 "나라에 도가 있을 때에는 버려지
지 않을 것이요, 나라에 도가 없을 때에는 형벌을 면할 것이다" 평하시고
형의 딸을 그에게 시집보내셨다.

……子謂南容, "邦有道不廢, 邦無道, 免於刑戮." 以其兄之子妻之.

이 두 기사가 공자가 형의 딸을 남용의 처로 삼게 했다는 동일 사실에
대한 이전인 것은 말할 것도 없지만, 〈선진〉편 5에서는 "공자"로 되어
있는 것으로 보아 공문 밖 세간의 소전을 채용했던 것이고, 〈공야장〉편
은 "자"로 말하고 있으므로 직제자 이래 전해지던 공문 내의 전송일 것
이다.

이상 서술한 바의, 〈선진〉편 25·6·5의 3장 이외의 22장은 모두 공자
만년의 학교에서 직제자들로부터 나온 전송으로 보아도 틀리지 않을 것
이다.

3

그런데 한 편의 구조를 보면, 우선 눈에 띄는 것은 편수의 2장, 즉 1·2와
편말의 23·24의 2장, 도합 4장이 모두 공문 제자의 취직 문제에 관한 기

사로 서로 대응한다는 사실이다.

> 1. 선생님께서 말씀하셨다. "선배들이 예악에 대하여 한 것을 〔지금 사람들이〕
> 촌스러운 사람이라 하고, 후배들이 예악에 대하여 하는 것을 군자라고 한
> 다. 〔내가〕 만일 예악을 쓴다면 나는 선배를 따르겠다."
>
> 子曰, "先進於禮樂, 野人也, 後進於禮樂, 君子也, 如用之, 則吾從先進."

여기서 "선진(先進)"은 선배 제자들, "후진(後進)"은 후배의 젊은 제자들을
지시하는 듯하다. "선진"은 공자의 임관 이전 혹은 임관 시대에 입문하고
천하유력 시대에 일부가 공자를 따라나서 고역을 함께 겪기도 하고, 일
부는 노나라에 잔류해 유학을 지킨 사람들일 것이다. 이에 비해 "후진"은
공자가 천하유력으로부터 노나라로 귀국한 이후에, 공자 만년의 학교에
서 교육받은 젊은 제자들이다. 공자가 교육에 주력하고, 따라서 시서예
악의 커리큘럼을 정비한 것은 만년의 학교에서다. 그러므로 여기서 양성
한 젊은 사람들은 예악의 교양에 대해서는 모든 면에서 빈틈없이 훈련받
았을 테고, 세련된 문화인으로서 "군자"의 풍모를 지녔을 것이다. 이에 비
해 "선진"은 종학(從學) 기간도 길고 노고를 통해 경험을 축적했기 때문에
실무를 처리하는 능력을 갖추었을 뿐만 아니라 늠름한 야성도 겸비했을
것이다. 이것이 "촌스러운 사람(野人也)"이다. 그러나 채용되어 일하게 된
다면 "선진"이 실력도 있고 순서도 맞기 때문에, "선진"부터 추천하고 싶
다는 것이 공자의 의지로, 이것이 "나는 선진을 따르겠다"는 말의 의미일
것이다. 하여간 이 장은 공자가 제자의 취직에 대한 추천 방침을 서술한
말로 해석된다. 다음으로 2다.

2. 선생님께서 말씀하셨다. "나를 진나라와 채나라에서 따르던 자들이 〔지금〕
   모두 문하에 있지 않구나!" 덕행에는 안연·민자건·염백우·중궁이었고,
   언어에는 재아·자공이었고, 정사에는 염유·계로였고, 문학에는 자유·자
   하였다.

   子曰, "從我於陳·蔡者, 皆不及門也." 德行顏淵·閔子騫·冉伯牛·仲弓, 言語宰
   我·子貢, 政事冉有·季路, 文學子游·子夏.

안연 이하의 제자 10인의 이름이 전부 자(字)로 불리고 있으므로 공자의
말은 아니다. 공자의 말은 최초 두 구로, 그것을 전한 직제자가 공자의
"나를 진나라와 채나라에서 따르던 자들(從我於陳·蔡者)"이 누구를 지칭하
는지를 설명한 것이 "덕행에는 안연⋯⋯(德行顏淵⋯⋯)" 이하의 글이다. 그
리고 10인의 고제자의 이름을 덕행·언어·정사·문학의 4과로 분류하여
열거했는데 나이가 젊은 사람부터 순차적으로 나열한 것 같다. 생각건대
《논어》 전체에 등장하는 제자들 중에서 공자 만년의 학교에서 가장 두드
러진 존재가 이 10인이고, 이들을 총망라한 다음 4과로 분류하여 정연하
게 열거하고 "중궁"의 "궁(弓)"과 자공의 "공(貢)", "계로"의 "로(路)"와 "자
하"의 "하(夏)"라는 운을 밟고 있어서 리듬이 좋은 문장이 되었다. 따라서
"자왈" 이하의 2구와 "덕행에는 안연" 이하 4구는 본래 별도의 글이었지
만, 긴 전송 사이에 한데 모아져 한 장으로 구성되었을지도 모른다. 그러
나 어찌 되었든 공자의 말 2구는 진나라와 채나라에서 노고를 같이한 제
자들이 취직 시기를 놓쳐 아직 자리를 얻지 못했다는 공자의 고뇌를 서
술한 것으로, 발언의 시기는 노나라에 귀국한 이후의 만년이리라. 그리고
"덕행에는 안연" 이하가 만약에 "자왈" 2구를 전한 직제자의 주해의 말이
라고 한다면, 이 10인은 모두 진나라와 채나라 시기에 공자를 따라다닌

것이 된다. 14년에 걸친 유세 기간에 시종 늘 공자와 행동을 같이했던 제자는 안연·계로 등 두세 명만 확인되지만, 이 견해에 의하면 적어도 진나라와 채나라 시기에 이 10인이 공자의 곁에 있었다고 볼 수 있다. 그러나 민자건·염백우·중궁과 같이 노나라 사람으로서 노나라 이외에 진출해 보려는 생각을 하지 않았을 온화한 군자들과 공자보다 45세나 젊은 자하 등이 애공 6년의 공자 63~64세 이전으로 생각되는 진·채 시기에 실제로 따라다녔을지는 의심스럽다. 결국 이 장은 의미를 그렇게까지 파고들어 다루어야 할 성질의 것은 아닌지도 모른다. 생각건대 공자의 말 "자왈"은 공자가 제자의 취직에 대해 심적으로 배려하고 있었던 마음가짐을 어떤 때, 특히 진·채에서 노고를 함께해서 취직의 시기를 놓친 사람들의 일신에 마음이 쓰여 문득 입 밖에 낸 감개이고, "덕행에는 안연……" 이하는 이 공자의 말을 받침으로써 만년의 공문에 탁월한 인재가 다수 있었지만, 아직 누구도 제대로 자리를 잡지 못한 것을 직제자 중 누군가가 전한 전송이라고 볼 수 있을 것이다. 여기에는 불우에 대한 한탄과 동시에 인재의 번창함에 대한 긍지도 섞여 있다. 이렇게 생각해 본다면, 이 10인이 모두 진·채 시기에 공자를 따라다녔다고 단정할 필요도 없게 된다. 나는 이 해석을 취하고 싶다.

이상 서술한 1과 2는 제자의 취직에 대한 공자의 배려를 서술한 말로 이 2장을 일괄하여 ⓐ라고 부르겠지만, 이것과 대응하는 것이 편말의 23·24의 2장이다.

23. 계자연(季子然)이 물었다. "중유·염구는 대신(大臣)이라고 이를 만합니까?" 선생님께서 말씀하셨다. "나는 그대가 특이한 질문을 하리라고 생각했는데, 마침내 유와 구에 대한 질문이로구나! 이른바 대신이란 도로써

군주를 섬기다가 불가능하면 그만두는 것이다. 지금 유와 구는 숫자만 채우는 신하라고 말할 만하다."〔계자연이〕 물었다. "그렇다면 〔이들은〕 따르기만 하는 자들입니까?" 선생님께서 말씀하셨다. "아버지와 임금을 시해하는 일은 또한 따르지 않을 것이다."

季子然問, "仲由·冉求可謂大臣與." 子曰, "吾以子爲異之問, 曾由與求之問, 所謂大臣者, 以道事君, 不可則止, 今由與求也, 可謂具臣矣." 曰, "然則從之者與." 子曰, "弑父與君, 亦不從也."

이것은 계자연이 중유와 염구를 가신으로 채용하려고 공자에게 이 두 사람에 대해 질문한 것으로 보이며, 제자의 취직 문제에 관한 것이다. 그리고 공자의 답에 의하면 계자연은 누군가 자신에게 불의를 행하지나 않을까 잠 못 이루는 근심을 했던 것 같고, 공자는 두 사람을 무조건 추천하는 것을 주저하고 있다. "아버지와 임금을 시해하는 일"과 같은 극단적인 경우를 말해 "그러한 일에는 그 두 사람도 절대로 따르지 않을 것이다"라면서 암암리에 계자연의 반성을 요구하고 있다. 그런데 이 장과 비교해서 생각할 것은 〈계씨〉 1이다. 거기서는 염유와 계로가 이미 계씨의 가신이 되어 있다.

1. 계씨가 전유를 치려 했는데, 염유와 계로가 공자를 뵙고 말하였다. ……

季氏將伐顓臾, 冉有·季路見於孔子曰, ……

이것은 계씨가 전유를 치려고 하는데도, 그 가신인 염유와 계로가 바로잡지(匡糾) 못하는 것을 공자가 심하게 책망하는 대목의 일부다. 그렇게 보면 이 2장은 동일 사실에 관해 서로 연관하는 두 개의 전송인 것 같다. 그러나 〈선진〉편 23은 공자의 말이 "자왈"로 되어 있기 때문에 직제자로부터 나온 전송에 기초하고 있다고 추측할 수 있지만, 〈계씨〉편 1은 공자의 말이 "공자왈"로 열거되고 또 1장 274자에 달하는 장문으로 사건이 상세하게 기술되어 있지만, 그 같은 사실을 입증할 만한 다른 문헌은 없다. 혹은 어떤 재료에 기초하여 상상을 섞어 구성한 이야기인지도 모른다. 그럼에도 "공자왈"이라는 말의 형식으로 볼 때 공문 외의 세간의 풍문에 기초해 전해지던 이야기였을지도 모른다. 다음으로 24를 보자.

> 24. 자로가 자고를 비읍의 읍재로 삼자 선생님께서 말씀하셨다. "남의 아들을 해치는구나!" 자로가 말하였다. "백성이 있고 사직이 있으니, 하필 글을 읽은 뒤에야 학문을 하는 것이겠습니까?" 선생님께서 말씀하셨다. "이러므로 말재주 있는 자를 미워하는 것이다."
>
> 子路使子羔爲費宰, 子曰, "賊夫人之子." 子路曰, "有民人焉, 有社稷焉, 何必讀書, 然後爲學." 子曰, "是故惡夫佞者."

이것은 비읍의 재가 결원이었을 때 자로가 자고(고시)를 후임으로 추천한 것을 공자가 위험하다고 반대한 이야기로, 공자가 노나라에서 재직 중일 때의 일 같다. 비는 계씨에 속하는 유력한 도읍이고, 당시 자로는 계씨의 가신이었으리라.

따라서 23·24 2장도 역시 공자의 제자 취직 문제에 관한 기사다. 이 2장을 일괄하여 ⓕ라고 부르자. 생각건대 〈선진〉편 25장 중 재료로서 새로운 편말 25를 제외한 24장은 최초 2장인 1·2가 ⓐ, 최후의 2장인 23·24가 ⓕ여서 ⓐ와 ⓕ는 제자의 취직에 대한 공자의 배려라는 의미에서 서로 대응한다. 이것은 〈선진〉편 전체 구조를 고려한 바탕에서 우선 주의하지 않으면 안 되는 것이다. 생각건대 ⓐ의 2에 이른바 십철의 이름이 열거되어 있는 것을 기준 삼아 3 이하에 공자 만년의 공문 제자의 언행을 이리저리 끌어모으고, 최후에 ⓕ 2장에서 취직 문제로 되돌아와 ⓐ와 대응하면서 한 편이 마무리되는 구조이기 때문이다. 그래서 다음 문제는 3~22에서 이리저리 끌어모은 방법에 대한 것이다.

4

⟨선진⟩편 전체를 되풀이해 읽어보면, 25장이 서로 어떤 의미에서 밀접한 관계가 있는 것과 없는 것의 차이가 발견된다. 밀접한 관계를 지니는 장차(章次)를 고려하면, 거기에 몇 개의 장군이 있는 것이 보인다. 다음으로는 그것들을 순차적으로 지적해 보자.

우선 1과 2가 모두 제자의 취직 문제에 관한 것으로, 이것을 일괄하여 ⓐ라고 부르기로 한 것은 이미 서술했다.

둘째로 3·4·5·6의 4장은 서로 연관 관계가 밀접하지 않다.

> 3. 선생님께서 말씀하셨다. "안회는 나를 돕는 자가 아니구나! 나의 말에 대해 기뻐하지 않는 바가 없구나!"
>
> 子曰, "回也非助我者也, 於吾言無所不說."
>
> 4. 선생님께서 말씀하셨다. "효성스럽다. 민자건이여! 사람들이 그 부모·형제의〔칭찬하는〕말에 트집 잡지 못하는구나!"
>
> 子曰, "孝哉閔子騫, 人不間於其父母昆弟之言."
>
> 5. 남용이 ⟨백규⟩란 시를 하루에 세 번 반복해 외우니, 공자께서 형의 딸을 그에게 시집보내셨다.

南容三復白圭, 孔子以其兄之子妻之.

6. 계강자가 물었다. "제자 가운데 누가 배우기를 좋아합니까?" 공자께서 대답하셨다. "안회라는 사람이 배우기를 좋아했는데, 불행히도 명이 짧아 일찍 죽었다. 지금은 [그런 사람이] 없다."

季康子問, "弟子孰爲好學." 孔子對曰, "有顔回者, 好學, 不幸短命死矣, 今也則亡."

이 중 3은 안연, 4는 민자건에 대한 공자의 짧은 평으로 이것을 2와 이어 읽는다면, 2의 "안연·민자건······"으로 시작하는 이른바 십철을 열거한 기사의 뒤를 이어받아 안연과 민자건에 대한 공자의 말을 한 조씩 편집자가 열거한 것이 아닌가 여겨진다. 단, 4의 공자의 말에는 "민손"이라는 휘가 아니라 "민자건"이라는 자(字)로 부르기 때문에 이것은 공자의 말 그대로가 아니고, 공자의 말뜻을 헤아려 동문의 누군가가 전한 것 같다. 혹은 세인이 평하는 말을 공자가 그대로 취해 서술했는지도 모른다. 즉, "'민자건 선생은 효성스럽다'라고 말하고 세인은 누구라도 부모형제의 말을(이 사람의 부모형제이므로 신용하여) 의심하지 않는다"는 것이리라. 어쨌든 3·4의 2장은 2의 십철 가운데 최초로 든 안연과 민자건을 받아서 열거한 2장으로 ⓐ의 부록으로 보인다. 또 5는 공자의 말이 아니라 남용의 일을 전한 전송이고, 6은 계강자와 공자의 문답으로 공자의 말 중에 안회의 일을 볼 수 있다. 5·6 2장은 "자"가 아니라 "공자"라고 한 것으로 보아, 공문 외의 세간에 전해지던 전송을 편집자가 채용한 것이리라. 왜 이 2장을 이 위치에 배치했는지는 의문이지만, 이 2장이 한꺼번에 기억되어 세간에 전해진 것을 편집자가 채용할 때 7~10의 안연의 죽음을 말한 일군의 장 앞에 이 2장을 배치함으로써 6의 안연을 7~10의 안연과 인접시킨 것이리라. 그렇게 본다면 이 5·6의 2장은 다음의 ⓒ, 즉 7·8·9·10이라는 장군의 앞에 놓인 부록이다. 그리고 6 이하의 안연을 2·3의 안연에 가까이 대어 배치했기 때문에 이런 장의 순서가 된 것이리라. 하여간 이 4장은 3·4는 ⓐ의 부록, 5·6은 ⓒ의 부록으로서 양분되어 한 개로 모아지지 않지만, 부록의 일군으로서 서로 인접 배치되어 있으므로, 편의상 잠정적으로 ⓑ로 부르도록 하자. 셋째로 7~10의 4장은 안연이 죽었을 때 공자의 통석을 전한 기사라는 의미에서 연관이 있다.

7. 안연이 죽자 안로가 선생님의 수레를 처분해 덧널을 마련하고자 청했다. 선생님께서 말씀하셨다. "잘났거나 못났거나 역시 각각 제 자식이라고 말하지 않습니까? 내 자식 이(鯉)가 죽었을 때, 관은 있어도 덧널은 없었소. 내가 걸어 다니면서까지 그의 덧널을 마련할 수는 없었소. 내가 대부의 뒤를 따르기 때문에 걸어 다닐 수는 없지요."

顔淵死, 顔路請子之車以爲之椁, 子曰, "才不才, 亦各言其子也, 鯉也死, 有棺而無椁, 吾不徒行以爲之椁, 以吾從大夫之後, 不可徒行也."

8. 안연이 죽자 선생님께서는 "슬프다! 하늘이 나를 망하게 하는구나! 하늘이 나를 망하게 하는구나!" 하셨다.

顔淵死, 子曰, "噫, 天喪予, 天喪予."

9. 안연이 죽으니 선생님께서 통곡하셨다. 모시던 사람이 "선생님, 지나치게 서러워하십니다" 하니, "그렇게 서러워했던가? 저 사람을 위하여 서럽게 울지 않으면 누구를 위하여 그렇게 하겠는가?" 하셨다.

顔淵死, 子哭之慟, 從者曰, "子慟矣." 曰, "有慟乎, 非夫人之爲慟而誰爲."

10. 안연이 죽자, 문인들이 후히 장사 지내려 하니, 선생님께서 "옳지 않다" 하셨다. 문인들이 후히 장사 지내자, 선생님께서 말씀하셨다. "회는 나를 아버지처럼 대했는데, 나는 〔그를〕 자식처럼 보지 못했으니, 나의 잘못이

아니라 자네들 때문이다."

顏淵死, 門人欲厚葬之, 子曰, "不可." 門人厚葬之, 子曰, "回也視予猶父也, 予不得視猶子也, 非我也, 夫二三子也."

이 4장은 안연의 사망에 대한 기사를 모은 장군이지만, 다음 11은 안연의 일은 아니고, 자로가 귀신 및 죽음에 대해 묻고 공자가 답하는 문답이다. 생각건대 이것은 죽음에 대한 공자의 말을 드물게 포함하고 있어서, 안연의 죽음을 애도한 일련의 기사 뒤에 덧붙였을 것이다.

11. 계로가 귀신 섬김을 묻자, 선생님께서 "사람을 잘 섬기지 못한다면 어떻게 귀신을 섬기겠는가?" 하셨다. "감히 죽음을 묻겠습니다" 하자, 선생님께서 "삶을 모른다면 어떻게 죽음을 알겠는가?" 하셨다.

季路問事鬼神, 子曰, "未能事人, 焉能事鬼." "敢問死." 曰, "未知生, 焉知死."

따라서 7~11의 5장을 일괄하여 잠정적으로 ⓒ라고 부르자.
네 번째로는 12~16의 5장의 관련이다.

12. 민자는 옆에서 모시는데 은은하였고, 자로는 항항하였고, 염유·자공은 간간하니, 선생님께서 즐거워하셨다. [그리고 말씀하셨다.] "유로 말하면 온당한 죽음을 얻지 못할 듯하구나."

閔子侍側, 誾誾如也, 子路行行如也, 冉有·子貢侃侃如也, 子樂, "若由也, 不得其死然."

13. 노나라 사람이 장부라는 창고를 짓자, 민자건이 말하였다. "옛일을 그대로 이용하는 것이 어떻겠는가? 하필 고쳐 지어야 하는가?" 선생님께서 말씀

하셨다. "저 사람이 말을 하지 않을지언정, 말을 하면 반드시 〔도리에〕 맞음이 있다."

魯人爲長府, 閔子騫曰, "仍舊貫, 如之何, 何必改作." 子曰, "夫人不言, 言必有中."

14. 선생님께서 말씀하셨다. "유(由)의 비파 가락을 어찌 내 문(門)에서 연주하는가?" 문인들이 자로를 공경하지 않자, 선생님께서 말씀하셨다. "유는 당(堂)에는 올랐고 아직 방에 들어오지 못한 것이다."

子曰, "由之瑟, 奚爲於丘之門." 門人不敬子路, 子曰, "由也升堂矣, 未入於室也."

15. 자공이 "사(師, 자장)와 상(商, 자하)은 누가 낫습니까?" 하고 묻자, 선생님께서 "사는 지나치고, 상은 미치지 못한다" 하셨다. 〔자공이〕 물었다. "그러면 사가 낫습니까?" 선생님께서 말씀하셨다. "지나침은 미치지 못함과 같다."

子貢問, "師與商也孰賢." 子曰, "師也過, 商也不及." 曰, "然則師愈與." 子曰, "過猶不及."

16. 계씨는 주공보다 부유했는데도, 구(염유)가 그를 위해 세금을 거두어들여서 더욱 부유하게 해주었다. 선생님께서 말씀하셨다. "〔염유는〕 나의 제자가 아니다. 문인들이여, 북을 올려 그를 성토해도 괜찮다."

季氏富於周公, 而求也爲之聚斂而附益之, 子曰, "非吾徒也, 小子鳴鼓而攻之可也."

이 5장 중 12에는 민자·자로·염유·자공 4인이 등장하고, 13~16의 4장의 버팀목이 되고 있다. 덧붙여 "민자"라고 말하여 민자건을 스승으로 부른 점으로 볼 때 이 장이 민자건의 제자로부터 나온 전송으로 보인다는 호인의 지적이 옳을 듯하다. 무엇보다 "민자"는 "건(騫)" 한 글자가 탈락한 것으로 볼 수 있다. 그리고 12를 버팀목으로 해서 13에는 민자건, 14에는 자로, 15에는 자공, 16에는 염구가 등장한다. 그런 의미에서 이 5장은 한 덩어리를 이루고 있으므로 이것을 ⓓ라고 부르자. 그리고 11에 자로가 있는 것을 이어받아서 12에도 자로가 있는 것 때문에 ⓓ를 ⓒ 다음에 배치했을 것이다.

다섯째, 17~22의 6장이다.

17. 시는 어리석고, 삼은 노둔하고, 사는 한쪽만 잘하고, 유는 거칠다.

柴也愚, 參也魯, 師也辟, 由也喭.

18. 선생님께서 말씀하셨다. "안회는 〔도에〕 가까웠고 자주 끼니를 굶었다. 사(賜)는 천명을 받아들이지 않고 재화를 늘렸으나 억측(憶測)하면 자주 맞았다."

子曰, "回也其庶乎, 屢空, 賜不受命而貨殖焉, 億則屢中."

19. 자장이 선인의 도를 묻자, 선생님께서 말씀하셨다. "성인의 자취를 밟지 않더라도 〔악한 일을 하지 않지만〕 또한 방까지는 들어가지 못한다."

子張問善人之道, 子曰, "不踐跡, 亦不入於室."

20. 선생님께서 말씀하셨다. "언론이 독실한 사람을 이에 친히 한다면 군자다운 자인가? 얼굴만 엄장한 자인가?"

子曰, "論篤是與, 君子者乎, 色莊者乎."

21. 자로가 "〔옳은 것을〕 들으면 실행해야 합니까?" 하고 묻자, 선생님께서 말씀하셨다. "부형이 계신데 어찌 들었다고 곧장 실행할 수 있겠느냐?" 염유가 "들으면 실행해야 합니까?" 하고 묻자, 선생님께서 말씀하셨다. "들으면 실행해야 한다." 공서화가 물었다. "유가 '들으면 실행해야 합니까?' 하고 묻자, 선생님께서 '부형이 계시다' 하셨고, 구가 '들으면 실행해야 합니까?' 하고 묻자, 선생님께서 '들으면 실행해야 한다'고 대답하시니, 제가 의심이 나서 감히 묻습니다." 선생님께서 말씀하셨다. "구는 물러나므

로 나아가게 한 것이요, 유는 남을 이기기를 좋아하기에 물러나게 한 것이다."

子路問, "聞斯行諸." 子曰, "有父兄在, 如之何, 其聞斯行之." 冉有問, "聞斯行諸." 子曰, "聞斯行之." 公西華曰, "由也問, 聞斯行諸, 子曰'有父兄在.' 求也問, '聞斯行諸.'子曰'聞斯行之.' 赤也惑, 敢問." 子曰, "求也退, 故進之, 由也兼人, 故退之."

22. 선생님께서 광 땅에서 환난을 겪으셨을 때, 안연이 뒤늦게 빠져나왔다. 선생님께서 "나는 네가 죽은 줄 알았다"라고 말씀하시니, "선생님께서 계신데 제가 어찌 감히 죽을 수 있겠습니까?" 하였다.

子畏於匡, 顏淵後, 子曰, "吾以女爲死矣." 曰, "子在, 回何敢死."

이 6장은 특히 서로 밀접한 관계가 없다. 그러나 17은 "자왈"은 아니지만, 고시·증삼·자장·자로 4인이 휘(諱)로 불리고 각각 한 글자로 그 성격을 비평했다. 대체로 공자의 말일 것이다. 그리고 그것을 이어받아 18의 공자의 말에서는 궁핍한 안회와 이재에 재능이 있는 자공을 서로 대응하여 비판하고 있다. 어쩌면 이 2장은 공자의 제자에 대한 짧은 평을 열거한 것이리라. 그리고 이 2장을 버팀목으로 삼아 19에는 자장이, 21에는 자로·염유·공서화가 등장하고, 22에는 안연이 등장한다. 버팀목인 17·18에 보이는 고시·증삼·자장·자로·안연·자공 등 6인 중, 고시·증삼·자공의 3인은 아니지만 자장·자로·안연 3인은 각각 19·20·21 3장에 보인다. 그리고 20의 "자왈"에는 제자의 이름은 나오지 않지만, 이것은 19의 자장에게 답했던 공자의 말을 보충하여 상기되는 공자의 격언을 부가한 것이리라. 즉, 재능대로 하다가 자칫하면 주제넘게 나서기 쉬운 자장이 "선인의 도"를 묻자 "한 걸음 한 걸음 나아가지 않으면 방(성인의 경지)에는 들어갈 수 없고 하나하나 선행을 확실하게 쌓지 않으면 선인이 되지 못한다"고 누른 공자의 말이 19다. 이것에 대해 공자의 격언을 상기하여 참고로 덧붙인 것이 20이다. "의논이 독실해서라고 말하여 찬동하는 것은 그 사람이 과연 군자인지 아니면 겉으로만 군자인 척하는 사람인지를 알지 못하고서 좋은 사람으로 인정하는 것으로 된다"는 의미일 것이다. 하여간 17~22의 6장은 서로 밀접한 관계가 없지만, 17과 18은 제자 6인에 대한 공자의 짧은 평으로 19·21·22는 그중 3인과 공자와의 문답이고, 20은 19의 공자의 말에 대해 참고할 공자의 교훈을 덧붙인 것으로 어렴풋하게나마 연관이 있다. 편의상 이 6장을 ⓔ라고 부르자.

여섯째, 23·24 2장이다. 이 2장이 제자에 대한 공자의 취직상의 배려를 포함하고 있는 일은 최초에 서술한 대로이고, 그럼에도 2장에 모두 자로가 등장하는 점은 공통된다. 그리고 이 2장이 취직 문제라는 의미에서 편 머리의 1·2와 대응한다. 이미 서술한 것처럼 이 2장을 일괄하여 ⓕ로 부르기로 했다. 더구나 이 2장에 자로가 등장하고 21에도 자로가 보여 서로 근접한 결과가 되었다. 여기서도 장을 배치하면서 약간의 고려가 더해졌는지도 모른다.

5

그런데 이상 서술한 ⓐⓑⓒⓓⓔⓕ 6개의 장군의 합계 24장에서 ⓐ의 2는 ⓑ의 3·4 등의 버팀목으로 되어 있고, ⓑ의 6은 안연에 대한 설명으로 ⓒ와 연관하고, ⓓ의 12는 자로를 포함하고 있어 ⓒ의 11의 자로와 서로 이어지고, ⓔ는 별도로 느슨한 장연관을 지닌 일군이지만, 그중 21에는 자로가 등장하여 ⓕ와 어렴풋하게 연관을 이룬다. 그리고 ⓐ와 ⓕ는 취직 문제의 기술이라는 의미에서 대응하면서 수미를 이룬다. 게다가 ⓐ의 2에 안연·민자건·염백우·중궁·재아·자공·염유·계로·자유·자하 등 이른바 십철의 이름을 열거하고 있지만, 이것이 말하자면 전체 편의 바탕과 같은 모습을 이루고 있고 ⓑ 이하에 속하는 여러 장에는 안연(8회)·민자건(3회)·남용(1회)·자로(7회)·염유(2회)·자하(2회)·자장(2회)·증삼(1회)·고시(2회)·공서화(1회) 등이 보인다. 요컨대 종합해 보면 만년의 공문에서 사제의 언행을 모은 것이라 잡찬이지만 장군의 존재와 수미의 대등 등으로 볼 때 장의 순서를 약간 고려한 것으로 보인다. 수미일관한 정연한 구성은 아니지만 직제자 이래의 전송에 약간의 공문 외의 전송을 더해 재료로 삼고 그 재료 중 군(群)으로서 전송되던 것을 그대로 존중하면서 그 전체를 가능한 한 연관을 부여하여 배치했을 것이다. 따라서 이 편찬은 반드시 한 사람에 의한 한때의 제작 같지는 않다. 그리고 마지막으로 얼마쯤 새로운 재료인 25를 덧붙여 이 한 편을 완성한 것이리라. 생각 건대 25는 자로·증석·염유·공서화 등이 공자 앞에서 각자의 뜻을 서로 나누는 내용으로 만년의 공문의 분위기를 잘 표현한 아름다운 이야기다. 내용이 이 편의 편찬 의도와 일치할뿐더러, 거기 등장하는 자로가 직전 23·24에 등장하는 것과도 서로 이어진다.

이상의 것을 종합해 보면, 이 편의 편집은 노나라에서 70제자 후학의 손에 의한 것으로, 한 사람의 한때의 작품이 아니라 몇 사람의 손에 의해 몇 번의 편집을 거쳐 완성한 것이리라. 그리고 최후의 완성은 25가 덧붙여진 때, 아마도 공자 사후 100년에 가까운 4·5전의 제자 무렵이 아닐까? 생각건대 노나라 학계에서는 손제자 시대 이후 적어도 1·2세는 증삼의 제자들이 유력했던 것 같지만, 만년의 공문에서 증삼은 아직 두드러진 존재는 아니었다. 그러므로 만년의 공문의 모습을 묘사한 이 편에 "증자"

의 말이 나타나지 않는 것은 당연한 일이다. 동시에 그것은 이 편의 편집을 증자 무리가 한 게 아님을 생각하게 한다. 만약 증자 무리의 손에서 나왔다면 반드시 증자의 언행을 약간이나마 추가했을 것이기 때문이다. 그리고 17에 "삼은 노둔하다"는 증삼에 대한 공자의 기탄없는 비평이 보인다. 또 최후에 덧붙인 25에 증삼이 아닌 증삼의 부친 증석이 등장하고 있는 사실은 《맹자》〔〈이루상(離婁上)〉·〈진심하〉〕에도 증석이 등장하고 있는 것을 상기시킨다. 생각건대 이 편의 편집은 3전의 제자 이후의 노나라에서 70제자 후학의 손에서 이루어졌을 것이다. 그리고 그 완성은 4·5전 제자시대로, 공자 사후 이미 100여 년의 세월이 흘렀을 때 이루어졌을 것이다.

제12절 〈안연〉편의 성격과 구조

1

〈안연〉편은 24장으로 이루어져 있다. 이제 이 편의 성격·구조·편집 사정 및 이 편의 구성 요소인 각 장의 성질·상호 연관 등을 고려하기에 앞서 편 전체의 현저한 특징을 열거해 보자.

1. 이 편에 등장하는 공자의 제자는 안연·중궁·사마우·자장·자공·번지·증자 7명이다.

2. 공자와 제자의 문답이 비교적 많아서 24장 중 반수, 즉 12장(1·2·3·4·6·7·10·14·20·21·22·23)을 점하고, 정치가와 공자의 대화가 4장(11·17·18·19),

정치가와 공자의 제자와의 대화가 2장(8·9), 공자의 제자 동지 간의 대화가 1장(5), 공자의 말이 4장(12·13·15·16), 증자의 말이 1장(24)이다. 따라서 문답의 형식을 취한 장이 19장에 이른다.

3. 19장에 달하는 문답 형식은 3개의 기본 형식으로 환원해 볼 수 있다. 첫째는 "아무개가 ○을 묻고, 선생님께서 말씀하셨다. ……"로, 이 형식에 의한 것이 가장 많다. 1·2·3·4·6·7·10·14·20·22·23의 11장에 달하고 21도 역시 이에 준하는 것이다. 결국 공자와 제자의 문답인 12장은 전부 이 형식에 속한다. 둘째, "아무개가 공자에게 ○을 묻고, 선생님께서 대답하셨다. ……"로, 이것은 11·17·18·19의 정치가와 공자의 문답 모두에서 보이고, 또 9의 애공과 유약의 문답도 이에 준하는 것으로 볼 수 있다. 셋째, "아무개 갑이 말하고 …… 아무개 을이 말하다……"로, 이것은 제자 동지 간의 문답인 5와 위나라 대부 극자성과 자공의 문답인 8의 2장에서 보인다.

4. 질문의 대상, 따라서 문답 주제가 특정 문제로 좁혀 제시되어 있고, 문답의 초점이 분명하다. 예를 들어 인(1·2·3)·군자(4)·밝음(6)·정치(7·11·14·17·19)·도둑을 다스리는 방법(18)·달(達)(20)·덕을 높이며 의혹을 분별함(崇德辨惑)(10·21)·인과 지(22)·벗(23) 등으로 이 성격도 공자와 제자와의 문답 및 정치가와의 문답 모두에 걸쳐 있다. 그리고 이상의 것으로 볼 때 공자의 말 4장(12·13·15·16)―그중 13·15·16은 공자의 격언―은 수도 적고 부가적인 요소가 아닌가 싶다.

5. 편 머리의 1·2·3은 각각 안연·중궁·사마우가 "인"을 물은 데 대해 공자가 답한 문답의 이야기다. 이것에 비해 편말의 24는 "증자가 말씀하였다. '군자는 문으로써 벗을 모으고, 벗으로써 인을 돕는다'"로 "인"을 언급하고 있다. 따라서 "인"으로 시작하고 "인"으로 끝맺는다는 의미에서 한 편의 수미가 서로 대응한다.

2

그런데 24장으로 구성된 〈안연〉편의 구조를 보면 동형·동류 혹은 서로 연관하는 장이 열거되어 배치된 몇몇 장군이 발견된다. 여기서 이를 지적하여 다음과 같이 열거해 두도록 하자.

먼저 1, 2, 3의 3장이다.

> 1. 안연이 인을 묻자, 선생님께서 말씀하셨다. "자기의 사욕을 이겨 예에 돌아감이 인을 하는 것이니, 하루 동안이라도 사욕을 이겨 예에 돌아가면 천하가 인을 허여하는 것이다. 인을 하는 것은 자기 몸에 달려 있으니, 남에게 달려 있는 것이겠는가?" 안연이 "그 조목을 여쭙고자 합니다" 하고 말하자, 선생님께서 말씀하셨다. "예가 아니면 보지 말고, 예가 아니면 듣지 말고, 예가 아니면 말하지 말고, 예가 아니면 움직이지 마라." 안연이 말하였다. "제가 비록 불민하오나 청컨대 이 말씀을 받들어 실천하겠습니다."
>
> 顏淵問仁, 子曰, "克己復禮爲仁, 一日克己復禮, 天下歸仁焉, 爲仁由己, 而由人乎哉." 顏淵曰, "請問其目." 子曰, "非禮勿視, 非禮勿聽, 非禮勿言, 非禮勿動." 顏淵曰, "回雖不敏, 請事斯語矣."
>
> 2. 중궁이 인을 묻자, 선생님께서 말씀하셨다. "문을 나가서는 귀한 손님을 맞는 듯이 하고, 백성을 부릴 때는 큰 제사를 받드는 듯이 하며, 자신이 원치 않는 일을 남에게 베풀지 마라. 〔그렇게 하면〕 나라 안에서도 원망하는 이가 없을 것이며, 집안에 있어서도 원망하는 이가 없을 것이다." 중궁이 말하였다. "제가 비록 불민하오나 이 말씀을 받들어 실천하겠습니다."
>
> 仲弓問仁, 子曰, "出門如見大賓, 使民如承大祭, 己所不欲, 勿施於人, 在邦無怨, 在家無怨." 仲弓曰, "雍雖不敏, 請事斯語矣."
>
> 3. 사마우가 인을 묻자, 선생님께서 말씀하셨다. "인자는 그 말하는 것을 참

아서 하는 것이다."〔사마우가〕말하였다. "그 말하는 것을 참아서 하면 이 인이라 이를 수 있습니까?" 선생님께서 말씀하셨다. "이것을 행하기가 어 려우니, 말함에 참아서 하지 않을 수 있겠는가?"

司馬牛問仁, 子曰, "仁者其言也訒." 曰, "其言也訒, 斯謂之仁已乎." 子曰, "爲之難, 言之得無訒乎."

이 3장은 모두 "아무개가 인에 대해 물었다. 공자가 말씀하셨다. ……(某問仁, 子曰, ……)"의 문답 형식으로 되어 있고, 주제는 "인"이고, 묻는 사람은 모두 공자의 제자다. 특히 1과 2에는 글 끝에 제자의 "아무개가 비록 불민하오나 청컨대 이 말씀을 받들어 실천하겠습니다"라는 말이 있는 것까지 똑같다. 따라서 1과 2는 원래 한데 모아서 한꺼번에 기억하여 전송된 동형동종의 명언으로 그것에 3을 덧붙여 1개의 장연관을 이룬 것이리라. 여기서 이 3장을 총괄하여 ⓐ라고 부르자.

이와 관련하여 1의 "자기의 사욕을 이겨 예에 돌아감이 인을 하는 것이니(克己復禮爲仁)"는 《좌전》 소공 12년에 "공자께서 말씀하셨다. 옛날의 책에 있되 자기의 사욕을 이겨 예에 돌아감이 인을 하는 것이니 이 말은 실로 좋은 말이다"고 되어 있어 옛말을 공자가 인용하여 서술한 것이고, 2의 "문을 나가서는 귀한 손님을 맞는 듯이 하고, 백성을 부릴 때는 큰 제사를 받드는 듯이 하며(出門如見大賓, 使民如承大祭)"는 《좌전》 희공 33년의 "문을 나서 사람을 보게 되면 손님을 대하듯이 하고 일을 맡게 되면 제사를 지내듯이 한다(出門如賓, 承事如祭)"와 일치하므로 이것도 옛말일 것이다. 또 2의 "자신이 원치 않는 일을 남에게 베풀지 마라(己所不欲, 勿施於人)"는 〈공야장〉(11)·〈위령공〉(23) 등에 거듭 나오는 것으로 보아, 공문에서 널리 행해지던 격언으로 공자가 여러 차례 했던 말일 것이다.

둘째는 3·4·5의 3장이다.

3. 사마우가 인을 묻자, 선생님께서 말씀하셨다. "인자는 그 말하는 것을 참아서 하는 것이다." 〔사마우가〕 말하였다. "그 말하는 것을 참아서 하면 이 인이라 이를 수 있습니까?" 선생님께서 말씀하셨다. "이것을 행하기가 어려우니, 말함에 참아서 하지 않을 수 있겠는가?"

司馬牛問仁, 子曰, "仁者其言也訒." 曰, "其言也訒, 斯謂之仁已乎." 子曰, "爲之難, 言之得無訒乎."

4. 사마우가 군자에 대해 묻자, 선생님께서 말씀하셨다. "군자는 걱정하지 않으며 두려워하지 않는다." 〔사마우가〕 말하였다. "근심하지 않으며 두려워하지 않으면 이 군자라 이를 수 있습니까?" 선생님께서 말씀하셨다. "안으로 반성하여 조그마한 하자도 없으니, 어찌 근심하며 어찌 두려워하겠는가?"

司馬牛問君子, 子曰, "君子不憂不懼." 曰, "不憂不懼, 斯謂之君子已乎." 子曰, "內省不疚, 夫何憂何懼."

5. 사마우가 걱정하면서 말하였다. "사람들은 모두 형제가 있는데 나만이 홀로 없구나." 자하가 말하였다. "내가 들으니, '죽고 사는 것은 명이 있고, 부귀는 하늘에 달려 있다' 하였다. 군자가 공경하고 잃음이 없으며, 남을 대함에 공손하고 예가 있으면 사해의 안이 다 형제이니, 군자가 어찌 형제가 없음을 걱정하겠는가?"

司馬牛憂曰, "人皆有兄弟, 我獨亡." 子夏曰, "商聞之矣, '死生有命, 富貴在天.' 君子敬而無失, 與人恭而有禮, 四海之內, 皆兄弟也, 君子何患乎無兄弟也."

이 3장은 모두 사마우의 말이 중심인 문답이라는 점에서 일관된다. 특히

3과 4는 "사마우가 ○을 물었다. 선생님께서 말씀하셨다. ……"의 형식을 취하는 문답이고 게다가 되풀이하여 질문하고 그 질문에 또 답하는 문답 방식까지 유사한 것으로 보아 일찍부터 서로 유사한 2장으로 한꺼번에 기억되어 전송되었을 것이다. 이에 비해 5는 사마우와 자하라는 공문의 두 제자 사이에서 비롯한 문답으로 "아무개 갑이 말하다. ……아무개을이 말하다. ……"로 3·4와는 다른 형식을 취하고 있다. 그러나 모두 사마우의 문답인 것과 4가 "군자"를 주제로 한 문답인 것에 대해 5도 "군자가 공경하고 잃음이 없으며……(君子敬而無失……)"와 "군자가 어찌 형제가 없음을 걱정하겠는가(君子何患乎無兄弟也)"가 군자의 태도를 설명하고 있는 점에서 상응한다. 어쩌면 3과 4 및 4와 5를 하나로 모은 2개의 전송이 있었던 것을 맞붙여 1개의 장연관으로 만든 것이리라. 이 3장을 일괄하여 ⓑ라고 부르자.

더구나 4의 공자의 말에 보이는 "군자는 걱정하지 않으며 두려워하지 않는다(君子不憂不懼)"는 〈자한〉 28 "선생님께서 말씀하셨다. '지혜로운 자는 의혹하지 않고, 인한 자는 근심하지 않고, 용맹한 자는 두려워하지 않는다'(子曰, 知者不惑, 仁者不憂, 勇者不懼)"와 〈헌문〉 30 "선생님께서 말씀하셨다. '군자의 도가 세 가지인데, 나는 능한 것이 없다. 인한 자는 근심하지 않고, 지혜로운 자는 의혹하지 않고, 용맹한 자는 두려워하지 않는 것이다'(子曰, 君子道者三, 我無能焉, 仁者不憂, 知者不惑, 勇者不懼)" 등을 상기시킨다. 공자가 누차 한 말로 제자들 사이에서 유명한 격언이었으리라. 더구나 ⓐ는 1·2·3, ⓑ는 3·4·5로 ⓐ와 ⓑ는 3을 공유하고, 3은 ⓐ 다음에 ⓑ가 배치되어 접착제 역할을 하고 있다.

셋째, 6·7·8·9의 4장 사이는 각별히 밀접한 관계는 아니지만, 연쇄적인 잡찬 방식이 두드러진다.

6. 자장이 밝음을 묻자, 선생님께서 말씀하셨다. "서서히 무젖어 드는 참소와 피부로 받는 하소연이 행해지지 않는다면 밝다고 이를 만하다. 서서히 무젖어 드는 참소와 피부로 받는 하소연이 행해지지 않는다면 멀다고 이를 만하다."

子張問明, 子曰, "浸潤之譖, 膚受之愬, 不行焉, 可謂明也已矣, 浸潤之譖, 膚受之愬, 不行焉, 可謂遠也已矣."

7. 자공이 정사를 묻자, 선생님께서 말씀하셨다. "양식을 풍족히 하고, 병(兵)을 풍족히 하면 백성들이 믿을 것이다." 자공이 말하였다. "반드시 부득이해서 버린다면 이 세 가지 중에 무엇을 먼저 해야 합니까?" 선생님께서 말씀하셨다. "병을 버려야 한다." 자공이 말하였다. "반드시 부득이해서 버린다면 이 두 가지 중에 무엇을 먼저 해야 합니까?" 선생님께서 말씀하셨다. "양식을 버려야 하니, 예로부터 사람은 누구나 다 죽음이 있거니와, 사람은 신의가 없으면 설 수 없는 것이다."

子貢問政, 子曰, "足食, 足兵, 民信之矣." 子貢曰, "必不得已而去, 於斯三者何先." 曰, "去兵." 子貢曰, "必不得已而去, 於斯二者何先." 曰, "去食, 自古皆有死, 民無信不立."

8. 극자성(棘子成)이 말하였다. "군자는 질(質)뿐이니, 문(文)을 어디에 쓰겠는가?" 자공이 말하였다. "애석하다! 부자(夫子, 극자성)의 말씀이 군자다우나 사마(駟馬)도 혓바닥을 따라잡지는 못하는 것이다. 문이 질과 같으며, 질이 문과 같은 것이니, 호표(虎豹)의 털 없는 가죽이 견양(犬羊)의 털 없는 가죽과 같은 것이다."

棘子成曰, "君子質而已矣, 何以文爲." 子貢曰, "惜乎, 夫子之說君子也, 駟不及舌, 文猶質也, 質猶文也, 虎豹之鞹, 猶犬羊之鞹."

9. 애공이 유약에게 물었다. "해마다 흉년이 들어서 재용이 부족하니, 어찌

하겠는가?" 유약이 대답하였다. "어찌하여 철법을 쓰지 않습니까?" 애공이 말하였다. "10분의 2도 내 오히려 부족하니, 어떻게 철법을 쓰겠는가?" 유약이 대답하였다. "백성이 풍족하면 임금께서 누구와 더불어 부족하실 것이며, 백성이 풍족하지 못하다면 임금께서 누구와 더불어 풍족하시겠습니까?"

哀公問於有若曰, "年饑用不足, 如之何." 有若對曰, "盍徹乎." 曰, "二吾猶不足, 如之何其徹也." 對曰, "百姓足, 君孰與不足, 百姓不足, 君孰與足."

6과 7은 각각 "자장이 밝음을 묻자, 선생님께서 말씀하셨다. ……(子張問明, 子曰, ……)", "자공이 정사를 묻자, 선생님께서 말씀하셨다. ……(子貢問政, 子曰, ……)"로 같은 형식의 사제 간 문답이다. 그런 의미에서 1~4와도 공통된다. 5는 다른 형식이지만, 사마우에 관한 문답을 부록으로 삼은 것으로 보이기 때문에, 6·7은 1~4와 동형, 동종의 문답을 모아 계속한 것으로 생각된다. 그런데 8은 사제 간의 문답은 아니고 정치가인 위나라 대부 극자성과 공자의 제자 자공과의 문답으로 "아무개 갑이 말하다. ……아무개 을이 말하다. ……"의 형식을 취해, 6·7과는 다르다. 그러나 8에 자공이 등장하는 점에서 7과 동일하고, 그런 의미에서 8을 7로 이어준 것이리라. 또 9는 "애공이 유약에게 물었다. ……유약이 대답하였다. ……(公問於有若曰 …… 有若對曰, ……)"로 정치가와 공자의 문답인 "아무개가 공자에게 묻다. ……선생님께서 말씀하셨다. ……"와 8의 "극자성이 말하였다. ……자공이 말하였다. ……"의 중간 형식을 취하고 있다. 그리고 이것도 노나라 애공과 공자의 제자 유약의 문답이므로, 정치가와 공자 제자와의 문답이라는 의미에서 8과 동류다. 그래서 9를 8 다음에 배치한 것이리라. 생각건대 이렇게 연쇄 방식에 의해 장의 순서를 배치한 것은 편집자가 모을 수 있었던 자료를 가능한 한 종류별로 나누어 서로 연관을 부여한 고안일 것이다. 그러므로 이 4장을 ⓒ라고 부르자. 단 이 편의 편집은 한 사람의 한때의 성과 같지는 않으므로, 이런 고안이 어떤 단계에서 편집자에 의해 이루어졌는지는 성급하게 결정할 수 없다.

이상 서술한 바의 ⓐⓑⓒ, 즉 1~9를 다시 돌아보면, ⓐ 즉 1·2·3은 "아무개가 인에 대해 물었다. 선생님께서 말씀하셨다. ……"는 형식의 공자 제자와 공자의 문답이고, 주제는 모두 "인"이었다. ⓑ 즉 3·4·5는 사마우가 등장하는 문답으로 3이 ⓐ와 ⓑ의 연결점 역할을 하고 있고 그중 3과 4는 "아무개가 ○을 묻고, 선생님께서 말씀하셨다. ……"는 형식의 사마우와 공자의 문답이지만, 5는 사마무의 등장과 "군자"에 관해 설명하는 것에서 4와 공통이면서 그 서술 방식은 "아무개 갑이 말하다. ……아무개 을이 말하다. ……"는 형식으로 이루어진 사마우와 자하, 즉 공자의 제자 동지 사이의 문답이었다. 다음 ⓒ는 6과 7이 "아무개가 공자에게 묻다. ……선생님께서 말씀하셨다. ……" 형식의 제자와 공자의 문답이고, 8과 9는 "아무개 갑이 말하다. ……아무개 을이 말하다. ……" 형식의 문답이다. 그리고 7과 8에 공통으로 자공이 등장하여 이 4장이 연쇄적으로 연관하고 있었다. 그리고 ⓒ가 ⓐⓑ의 뒤를 이어 그것들과 연관하는 까닭은 ⓐ의 1·2·3 및 ⓑ의 3·4가 "아무개가 ○을 묻고, 선생님께서 말씀하셨다. ……"는 형식의 문답으로 어울리고 있고, 5만은 그 형식이 아니기 때문에, 그것의 부록으로 보이는 것에 비해 ⓒ류의 6·7도 "아무개가 ○을 묻고, 선생님께서 말씀하셨다. ……"는 형식으로 된 사제 간 문답이었다. 따라서 ⓐⓑⓒ, 즉 1~9의 9장은 서로 연관돼 있으므로 이것을 Ⓐ라고 부르도록 하자.

3

그런데 10부터 이하 편말 24에 이르기까지 15장은 장 순서의 배열에서 상호 연관성이 누차 단절되고, 따라서 그 구성의 유래를 고찰하기가 쉽지 않다. 그것을 구명하는 실마리로 우선 이 15장 중에서 서로 연관되는 작은 장 그룹을 지적한다면 첫째로 12와 13의 2장이다. 둘 다 "자왈"로 시작하는 공자의 짧은 말이고, 내용은 송옥(訟獄)에 관계된다. 둘째, 15와 16의 2장으로 역시 "자왈"로 시작하는 공자의 짧은 격언이다. 셋째, 17·18·19의 3장으로 "계강자가 공자에게 묻자, 공자께서 대답하셨다 ……"는 형식으로 계강자와 공자의 문답으로 돼 있다. 그리고 앞의 군 2장인 15·16과 이 군 3장인 17·18·19 사이에는 연관성이 없다. 넷째, 21과 22의 2장은 번지와 공자의 문답으로, "번지가 ○을 묻자, 선생님께서 대답하셨다. ……"는 형식이다. 마지막으로 23과 24인데 23은 "자공이 교우(交友)에 대해 묻자, 선생님께서 말씀하셨다. ……", 24는 "증자가 말씀하였다. '군자는 문(文)으로써 벗을 모으고, 벗으로써 인을 돕는다'"로 기사의 성질은 서로 다르지만, 둘 다 "우(友)" 자로 연관돼 있다. 결국, 앞뒤와 연관 없이 고립된 장은 10·11·14·20의 4장으로 그중 10·14·20의 3장은 자장과 공자의 문답이다.

그런데 이것과 동시에 한 가지 주목할 사실은 6 이하 편말에 이르기까지 사이에 "자장이 ○을 묻고, 선생님께서 답하셨다. ……"는 장이 4개 흩어져 있는 것이다. 그것은 다음과 같다.

6. 자장이 밝음을 묻자, 선생님께서 말씀하셨다. "서서히 무젖어 드는 참소와 ……"

子張問明, 子曰, "浸潤之譖, ……"

10. 자장이 덕(德)을 높이며, 의혹을 분별함을 묻자, 선생님께서 말씀하셨다.
　　"충신을 주장하며……"

　　子張問崇德辨惑, 子曰, "主忠信, ……"

14. 자장이 정사를 묻자, 선생님께서 말씀하셨다. "마음을 두기를 게으름이 없
　　음으로써 하며, 행하기를 충(忠)으로써 해야 한다."

　　子張問政, 子曰, "居之無倦, 行之以忠."

20. 자장이 물었다. "선비가 어떠하여야 이 달(達)이라고 이를 수 있습니까?"
　　선생님께서 말씀하셨다. ……

　　子張問, "士何如斯可謂之達矣." 子曰, ……

생각건대 이들은 "아무개가 ○을 묻고, 선생님께서 대답하셨다. ……"는
형식의 사제 간 문답이기 때문에 Ⓐ의 ⓐⓑ의 1~4와 동형이고, 그것과 상
응한다. 지금 6은 ⓒ 6~9의 머리 장으로 7과 나란히 이 형식에 속한다는
의미에서 ⓐⓑ에 서로 연속하고 있다. 그러므로 잠정적으로 이 ⓒ군 6~
9에 따라서 "자장"을 포함하는 10·14·20을 각각 머리 장으로 하는 3개
의 장군을 가정하고 그 구조를 고찰해 보면 우선 첫째로 10·11·12·13의
4장이다.

10. 자장이 덕을 높이며, 의혹을 분별함을 묻자, 선생님께서 말씀하셨다. "충
　　신을 주장하며 의에 옮김이 덕을 높이는 것이다. 사랑할 때는 그 살기를
　　바라고, 미워할 때는 그 죽기를 바라니, 이미 그 살기를 바라고 또 그 죽
　　기를 바라는 것이 이것이 의혹이다. '실로 부유하게 하지도 못하고, 다만
　　이상함만 취할 뿐이다.'"

　　子張問崇德辨惑, 子曰, "主忠信, 徙義, 崇德也, 愛之欲其生, 惡之欲其死, 既欲其生, 又欲其死, 是惑也, '誠不以富, 亦祇以異.'"

11. 제경공이 정사를 묻자 공자께서 대답하셨다. "임금은 임금 노릇 하며, 신하는 신하 노릇 하며, 아버지는 아버지 노릇 하며, 자식은 자식 노릇 하는 것입니다." 공이 말하였다. "좋습니다. 진실로 만일 임금이 임금 노릇을 못하며, 신하가 신하 노릇을 못하며, 아버지가 아버지 노릇을 못하며, 자식이 자식 노릇을 못한다면, 비록 곡식이 있은들 내 그것을 먹을 수 있겠습니까?"

齊景公問政於孔子, 孔子對曰, "君君, 臣臣, 父父, 子子." 公曰, "善哉, 信如君不君, 臣不臣, 父不父, 子不子, 雖有粟, 吾得而食諸."

12. 선생님께서 말씀하셨다. "반 마디 말에 옥사를 결단할 수 있는 자는 그 유일 것이다." 자로는 승낙함을 묵힘이 없었다.

子曰, "片言可以折獄者, 其由也與." 子路無宿諾.

13. 선생님께서 말씀하셨다. "송사를 결단함은 나도 남과 같이 하겠으나 반드시 사람들로 하여금 송사함이 없게 하겠다."

子曰, "聽訟吾猶人也, 必也使無訟乎."

이 4장에서는 12와 13이 송사와 옥사에 관한 공자의 말로, 그것들이 서로 인접 배치되어 있는 것 말고는 10과 11과 12·13과의 3자의 관계는 하등의 대응도 연속도 없다. 완전한 잡찬이다. 그중 10은 사제의 문답으로 "아무개가 ○을 묻고, 선생님께서 대답하셨다. ……"의 형식, 11은 공자와 정치가의 문답으로 "아무개가 공자에게 ○을 묻자, 공자께서 대답하셨다. ……"의 형식, 12·13은 공자의 말로 "자왈"의 형식이다. 그리고 이 3종의 다른 재료를 한데 모은 잡찬이다. 그러나 만약 억지로 그 사이의 연관을 구해본다면, 11은 공자의 정치에 대한 의견인 데 비해, 12·13은 공자의 송사와 옥사에 대한 의견의 표명이다. 청송(聽訟)은 정사의 일부일 뿐만 아니라, 정치도 옥송(獄訟)도 물론 덕치의 입장에서 본 정치와 옥송이어서, 그런 의미에서 기본적으로 10의 군자에 의한 "숭덕"과 "변혹"의 정신에 연속해 있을 것이다. 하여간 만약 이 4장을 하나로 통합해 장군이라고 한다면, 그 머리 장 10이 "자장이 덕을 높이며, 의혹을 분별함을 묻자, 선생님께서 말씀하셨다. ……"는 것에 의해 Ⓐ 말의 장군 Ⓒ의 머리 장 6의 "자장이 밝음을 묻자, 선생님께서 말씀하셨다. ……"와 대응하게 된다. 그래서 이 4장을 일괄하여 여기서는 잠정적으로 ⓓ라고 부르자.

둘째로 14, 15, 16, 17, 18, 19의 6장이다.

14. 자장이 정사를 묻자, 선생님께서 말씀하셨다. "마음을 두기를 게으름이 없음으로써 하며, 행하기를 충으로써 해야 한다."

   子張問政, 子曰, "居之無倦, 行之以忠."

15. 선생님께서 말씀하셨다. "문에 대해 널리 배우고, 예로써 요약한다면 [도에] 어긋나지 않을 것이다."

   子曰, "君子博學於文, 約之以禮, 亦可以弗畔矣夫."

16. 선생님께서 말씀하셨다. "군자는 남의 아름다움을 이루어주고, 남의 악을 이루어주지 않으니, 소인은 이와 반대다."

   子曰, "君子成人之美, 不成人之惡, 小人反是."

17. 계강자가 공자에게 정사를 묻자, 공자께서 대답하셨다. "정사란 바로잡는다는 뜻이니, 그대가 바름으로써 솔선수범한다면 누가 감히 바르지 않겠는가?"

   季康子問政於孔子, 孔子對曰, "政者正也, 子帥以正, 孰敢不正."

18. 계강자가 도둑을 걱정하여 공자에게 대책을 묻자, 공자께서 대답하셨다.

"만일 그대가 탐욕을 부리지 않는다면 비록 백성들에게 상을 주면서 도둑질하게 하더라도 도둑질하지 않을 것이다."

季康子患盜, 問於孔子, 孔子對曰, "苟子之不欲, 雖賞之不竊."

19. 계강자가 공자에게 정사를 물었다. "만일 무도(無道)한 자를 죽여서 도가 있는 데로 나아가게 하면 어떻습니까?" 공자께서 대답하셨다. "그대가 정사를 함에 어찌 죽임을 쓰겠는가? 그대가 선하고자 하면 백성들이 선해지는 것이니, 군자의 덕은 바람이요, 소인의 덕은 풀이다. 풀에 바람이 가해지면 풀은 반드시 쓰러진다."

季康子問政於孔子曰, "如殺無道, 以就有道, 何如." 孔子對曰, "子爲政, 焉用殺, 子欲善, 而民善, 君子之德風, 小人之德草, 草上之風, 必偃."

이 중 14는 "자장이 정사를 묻자, 선생님께서 말씀하셨다. ……(子張問政, 子曰, ……)"이고, 15와 16은 "자왈"로 시작하는 공자의 격언, 17·18·19는 계강자와 공자의 문답으로, 이 셋은 형식도 다르고 내용도 달라서 서로 어떤 연관성도 없다. 그러므로 만약 이 6개의 장이 편집된 1개의 장군이었다고 한다면, 그것은 3종의 자료의 잡찬이다. 억지로 연관을 찾는다면, 14는 "자장이 정사를 묻자(子張問政)"로서 정치에 대한 문답이고 17·18·19의 계강자의 3장도 역시 정치에 대한 문답으로, 그 의미에서 상응한다. 그리고 14의 "정사를 묻다(問政)"에서 공자의 답은 "마음을 두기를 게으름이 없음으로써 하며, 행하기를 충으로써 해야 한다(居之無倦, 行之以忠)"는 군자의 각오를 설명하고 있으므로 그것을 보증하는 것으로서 사군자(士君子)의 각오를 설명한 공자의 2개의 격언 15·16의 부록으로 보인다. 이런 의미에서 이 6장을 하나로 편집된 장군으로 보지 않을 수 없다. 어찌 되었든 만약 이 6장을 한 장군으로 본다면 그 머리 장인 14 "자장이 정사를 묻자, 선생님께서 말씀하셨다. ……"는 ⓒ 머리 장의 6, ⓓ의 머리 장의 10 등과 나란히 ⓐⓑ와 호응하게 된다. 그러므로 잠정적으로 이 6장을 ⓔ라고 부르자. 그리고 ⓓ에서 11의 "정(政)"이 12·13의 옥송과 서로 이어지는 것 같고, ⓓ와 ⓔ의 인접에서 ⓓ 끝의 12·13의 옥송과 ⓔ 머리 장의 "자장이 정사를 묻자"의 옥송도 정치의 일부라는 점에서 서로 이어지게 된다.

더구나 19 끝의 "군자의 덕은 바람이요, 소인의 덕은 풀이다. 풀에 바람이 가해지면 풀은 반드시 쓰러진다"는 《맹자》〈등문공상〉편 2에 인용되는 공자의 말 중에도 보이는 점을 언급해 둔다.

셋째로 20·21·22의 3장이다.

20. 자장이 물었다. "선비가 어떠하여야 이 달(達)이라고 이를 수 있습니까?" 선생님께서 말씀하셨다. "무엇인가? 네가 말하는 달이란 것이." 자장이 대답하였다. "나라에 있어도 반드시 소문이 나며, 집안에 있어도 반드시 소문이 나는 것입니다." 선생님께서 말씀하셨다. "이것은 문(聞)이지 달이 아니다. 달이란 질박하며 정직하고 의를 좋아하며, 남의 말을 살피고 얼굴빛을 관찰하며 생각해서 몸을 낮추는 것이니, 나라에 있어서도 반드시 달이 되며, 집안에 있어서도 반드시 달이 되는 것이다. 문이란 얼굴빛은 인을 취하나 행실은 실제 위배되며 그대로 머물면서 의심하지 않는 것이니, 나라에 있어도 반드시 소문이 나며, 집안에 있어도 반드시 소문이 난다."

子張問, "士何如斯可謂之達矣." 子曰, "何哉爾所謂達者." 子張對曰, "在邦必聞, 在家必聞." 子曰, "是聞也, 非達也, 夫達也者, 質直而好義, 察言而觀色, 慮以下人, 在邦必達, 在家必達, 夫聞也者, 色取仁而行違, 居之不疑, 在邦必聞, 在家必聞."

21. 번지가 공자를 따라서 무우(舞雩)의 아래에서 놀았는데, "감히 덕을 높이

며, 간특함을 닦으며, 의혹을 분별함을 묻겠습니다" 하자 선생님께서 말씀하셨다. "좋다! 네 질문이여. 일을 먼저 하고 소득을 뒤에 함이 덕을 높이는 것이 아니겠는가? 자기의 악함을 다스리고 남의 악함을 다스리지 않음이 간특함을 닦는 것이 아니겠는가? 하루아침의 분노로 자신을 잊어서 화가 부모에게까지 미치게 함이 의혹함이 아니겠는가?"

樊遲從遊於舞雩之下, 曰, "敢問崇德脩慝辨惑." 子曰, "善哉問, 先事後得, 非崇德與, 攻其惡, 無攻人之惡, 非脩慝與, 一朝之忿, 忘其身, 以及其親, 非惑與."

22. 번지가 인을 묻자, 선생님께서 "사람을 사랑하는 것이다" 하셨다. 지(智)를 묻자, 선생님께서 "사람을 아는 것이다" 하셨다. 번지가 그 내용에 통달하지 못하자, 선생님께서 말씀하셨다. "정직한 사람을 들어 쓰고 모든 부정한 사람을 버리면 부정한 자로 하여금 곧게 할 수 있는 것이다." 번지가 물러가서 자하를 만나보고 물었다. "지난번에 부자를 뵙고 지를 물었더니, 선생님께서 '정직한 사람을 들어 쓰고 모든 부정한 사람을 버리면 부정한 자로 하여금 곧게 할 수 있다' 하셨으니, 무슨 말씀인가?" 자하가 말하였다. "풍부하다. 그 말씀이여! 순임금이 천하를 소유함에 여러 사람 중에서 선발해서 고요를 들어 쓰시니, 불인한 자들이 멀리 사라졌고, 탕임금이 천하를 소유함에 여러 사람 중에서 선발하여 이윤(伊尹)을 들어 쓰시니, 불인한 자들이 멀리 사라졌다."

樊遲問仁, 子曰, "愛人." 問知, 子曰, "知人." 樊遲未達, 子曰, "舉直錯諸枉, 能使枉者直." 樊遲退, 見子夏, 曰, "鄉也吾見於夫子而問知, 子曰, '舉直錯諸枉, 能使枉者直.' 何謂也." 子夏曰, "富哉言乎, 舜有天下, 選於衆舉皋陶, 不仁者遠矣, 湯有天下, 選於衆, 舉伊尹不仁者遠矣."

이 3장 중 21·22는 번지와 공자의 문답인 점에서 일치하고, 인접 배치되어 있다. 그리고 3장은 사제의 문답인 점이 공통되고, 또 20은 "달(達)"과 "문(聞)", 21은 "숭덕(崇德)"·"수특(修慝)"·"변혹(辨惑)", 22는 "인"과 "지"에 대한 문답으로 어느 것이나 사군자다워지기 위한 수양에 대한 문답인 점에서 공통된다. 따라서 이 3장이 하나로 합쳐진 장군으로 편성되었을 가능성이 있다. 이것을 일괄하여 ⓕ라고 부르자. 그리고 3장 모두 "아무개가 ○을 묻고, 선생님께서 말씀하셨다. ……"는 형식을 취하는 사제 간의 문답인 점과 22가 "인"을 주제로 한 점에서 편 머리의 ⓐ와 서로 대응하고, 또 이 장군의 머리 장 20이 자장과 공자의 문답인 것과 ⓒⓓⓔ의 각 머리 장이 자장과 공자와의 문답인 점에서 서로 비교된다. 거듭 21이 "숭덕, 수특, 변혹"을 주제로 하는 점에서 ⓓ의 머리 장 10이 "숭덕, 변혹"을 주제로 하는 것과 대응한다.

그런데 ⓓⓔⓕ라는 3개 장군은 어느 것이나 잡찬이지만, 그러나 각각 장의 배열을 고려하여 연관을 부여해 보려고 한 흔적이 보인다. 게다가 각 군의 머리 장에 자장과 공자의 문답을 배치한 형식을 갖추어 병렬하려 한 편찬상의 배려도 엿볼 수 있다. 이 ⓓⓔⓕ를 일괄하여 Ⓑ라고 부르자. 그리고 Ⓑ는 ⓓⓔⓕ의 머리 장이 어느 것이나 "자장"의 문답이라는 의미에서 Ⓐ의 ⓒ와 동일한 형태다. Ⓐ 다음에 Ⓑ를 배치한 것으로 한 편의 편집이 진행된 것이리라. 혹은 ⓒ 뒤에 "자장"의 문답을 머리 장으로 한다는 의미에서 ⓒ와 동일한 형태를 취하는 ⓓⓔⓕ가 순차적으로 부가되어 갔던 것인지도 모른다.

그런데 마지막으로 주의해야 할 것은 편말의 2장 23과 24이다.

23. 자공이 교우에 대하여 문자, 선생님께서 말씀하셨다. "충심으로 말해주고 잘 인도하되 불가능하면 그만두어서 스스로 욕되지 말게 하여야 한다."

子貢問友, 子曰, "忠告而善道之, 不可則止, 無自辱焉."

24. 증자가 말씀하였다. "군자는 문으로써 벗을 모으고, 벗으로써 인을 돕는다."

曾子曰, "君子以文會友, 以友輔仁."

이 2장은 장의 형태는 맞추어져 있지 않지만, "우(友)"를 공통 주제로 서로 연관돼 있다. 대체로 일시에 기억하여 전송된 자료이리라. 그러나 머리 장 23은 "자장"이 아니라 "자공"이기 때문에 그 점에서 Ⓑ에 속하는 ⓓⓔ ⓕ와 맞추어져 있지 않다. 그래서 이것을 Ⓑ와 구별하여 Ⓒ라고 부르도록 하자. 생각건대 23은 "자장"이 아니라 "자공"이지만, "아무개가 ○을 묻고, 선생님께서 말씀하셨다. ……"는 형태를 취하는 사제 간 문답인 점에서 ⓒⓓⓔ의 머리 장과 ⓕ의 각 장과 나란히 ⓐⓑ와 상응하고, 또 끝 장 24가 "인"에 관해 말하고 있는 의미에서 편 머리의 ⓐ와 상응하며 또 ⓕ 말미 의 22와도 대응한다. 그래서 Ⓑ 다음에 이 Ⓒ를 배치하여 한 편의 편집을 완결한 것이리라.

그렇다 치더라도 편말 24는 전편 24장 중 유일하게 "증자가 말씀하였 다. ……"이어서 매우 특이한 장이다. 어쩌면 Ⓑ 끝에 속하는 장군 ⓕ의 마지막 장인 22가 결국 "인"에 관해 말하는 것에 의해 ⓐ와 대응하고, 그 런 의미에서 Ⓐ와 Ⓑ로서 일단 수미가 완전하게 충족되고 있는 것을 비교 해 본다면, Ⓒ 2장은 나중에 부가된 부분인지도 모른다.

4

이상 서술한 바를 간단하게 그림으로 나타내면 다음과 같다.

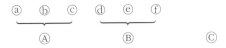

즉 이 편은 크게 보면 ⒶⒷⒸ의 세 부분이 결합한 것이고, 다시 그것의 구성 요소로서는 ⓐⓑⓒⓓⓔⓕ의 7개 장군이 보인다. 그리고 다시 이 7개 장군의 ⓓⓔⓕ 중에는 그것이 성립하기 위한 전제로서 거듭 작은 장군을 한두 개 포함하고 있다. 이러한 한 편의 구조로부터 고찰하면, 이 편의 성립은 한 사람의 한때의 편집이라고 보기 어렵다. 그래서 이 편의 성립에 대해 고찰 가능한 것을 열거하면 대체로 다음과 같다.

1. 이 편이 한 사람의 한때의 편집은 아니라는 것, 일반적으로 《논어》의 최초의 편집이 노나라에서 손제자 시대에 시작되었으리라는 점으로부터 생각해 볼 때 이 편의 완성은 상당히 뒤진 것 같다. 뒤에서 추측하는 것처럼 적어도 4~5전의 제자 무렵에까지 걸쳐 있는 것은 아닐까?

2. 공자와 제자라는 사제 간의 문답이 반수를 점하고 공자와 정치가와의 문답이 5장, 제자와 정치가와의 문답이 2장으로, 요컨대 문답체의 글이 대부분이며 그중 특히 사제 간의 문답이 압도적으로 많다. 그 외에는 "자왈……" 4장, "증자왈……" 1장이 있지만, 어느 장이나 문답의 참고자료로서 부가된 듯한 분위기가 있다. 그리고 문답체의 장은 어느 것이나 일정한 주제를 명확하게 내건 문답이다. 그래서 거꾸로 이 편의 편집 목적을 상상해 보면, 공문에서 일정한 주제를 명확하게 내건 문답 이야기를 모으는 것이 이 편의 편집 목적이었을 것이다. 그리고 편 머리의 1·2·3의 3장 및 편말의 22·23의 2장이 "인"에 관한 설명으로 한 편의 수미를 대응시키고 있는 것은 당연한 일이면서 공문에서 문답의 중심 주제는 결국 "인"이라는 것을 보여준다. 더불어 역

으로 그것에 의해 "인"으로써 한 편을 총괄하는 형식을 취해보려 했던 의식을 짐작할 수 있다.

3. 24장에 대해서는 9의 애공과 유약의 문답, 11의 제나라 경공과 공자의 문답, 17·18·19의 계강자와 공자의 문답의 5장은 "공자"라고 말하고 있기 때문에, 원래 공문 밖의 세간에서 전해지던 재료에 기초하고 있다. 24의 "증자"의 말은 증삼의 제자의 소전일 것이지만, 그 외의 18장은 모두 공자 만년의 학교에 모인 직제자로부터 나온 전송에 의한 것으로 보인다. 후대에 윤색이 다소 있었을지도 모른다.

4. 이 편에 등장하는 인물 중 공자의 제자는 안연·중궁·사마우·자장·자공·유약·번지·자하·증자다. 그중 안연·중궁·유약·증삼은 노나라 사람이고, 안연은 공자의 천하 유세를 따라다닐 때를 제외하고는 노나라에 거주했고 다른 3인은 처음부터 끝까지 노나라에서 산 인물이다. 무엇보다도 증삼은 24에 "증자왈……" 1조가 보일 뿐이다. 이것은 증삼의 제자의 소전일 것이기 때문에, 꼭 만년의 공문에서의 발언은 아니다. 그 외 번지는 정현에 의하면 제나라 사람, 《가어》에 의하면 노나라 사람이고, 사마우는 공안국에 의하면 송나라 사람이다. 자장은 진나라 사람, 자공은 위나라 사람, 자하도 위나라 사람인 것 같지만, 이 3인은 공문에서 두드러진 존재로서 노나라에서 유명했을 뿐 아니라, 별도로 서술하는 것처럼 제나라 유학에도 영향을 준 것 같다. 공자의 제자 이외의 인물로는 극자성이 위나라 대부, 애공이 노나라 군주, 계강자가 노나라 대부인 것 외에 제나라의 경공이 나타난다. 그런데 경공과 공자의 문답은 공자 30대 후반부터 40대 초반에 걸쳐 제나라에 있을 때의 일이 세간에 전해진 것으로, 만년의 학교 개설 시대의 일은 아닐 것이다.

그런데 이들 등장인물 가운데는 노나라 사람이 많고 그중에는 처음부터 끝까지 노나라에 살았던 사람도 있다. 또 노나라에서 공자 만년의 공문으로부터 나온 전송이 대부분을 차지하는 것, 《논어》의 최초의 편집이 손제자 시대에 노나라에서 시작하고 노나라에서는 그 사업이 끊이지 않고 계속 진행되었을 것이라는 점 등을 종합해 보면, 이 편의 최초의 편집 및 대체적인 골격은 결국 손제자 시대에 노나라에서 이루어졌을 것이다.

5. 그런데 《논어》가 제나라에 전해진 것은 손제자 시대에 노나라에서 편집이 시작된 것보다 나중의 일이다. 제나라에서는 별도로 서술한 것처럼 자공·자장·자하·자유 등의 영향을 받은 유학과 맹자에 의해 전해진 증자 후학의 학풍을 이어받은 제나라 유자에 의해 노나라에서 전래된 《논어》에 대한 보족적인 편집과 윤색이 행해졌던 것이라고 생각된다. 그런데 이것을 전제로 고찰하면 ⓒⓓⓔⓕ 각각의 머리 장인 6·10·14·20이 모두 자장과 공자의 문답이고, 그것에 의해 이 4개의 장군이 ⓐⓑ의 사제 간 문답과 형식상으로 대응하고, 그것을 표준으로 4개가 병렬되는 형식을 취하고 있는 것으로 보아 어쩌면 제나라에서 윤색되어 나타난 것일지도 모른다. 또 ⓒ의 두 번째 장인 7은 자공과 공자의 문답이고, 그것이 6의 자장 문답에 계속하여 배치되어 있는 것도 결국 제나라에서 윤색된 조작에 의한 게 아닐까 의심스럽다. 19의 계강자와 공자의 문답에 공자의 말로 "군자의 덕은 바람이요, 소인의 덕은 풀이다. 풀에 바람이 가해지면 풀은 반드시 쓰러진다"가 있지만, 이것은 《맹자》〈등문공상〉편에 인용된 공자의 말 중에도 나타난다. 이 사실은 이 편이 맹자 시기에 이미 제나라에 전해지고 있었음을 알려주는 편린인지도 모른다. 또 22의 번지와 공자의 문답에서 번지가 들었던 공자의 말을 자하가 설명한 것 가운데 순·고요·탕·이윤 등을 들고 있지만, 이런 지식은 당연히 《상서(尙書)》에 기초한 것이다. 그런데 《우서》와 《하서》의 지식을 적극적으로 인용하게 된 것은 현존하는 책 중에서는 《묵자》와 《맹자》부터다. 따라서 이 장에서 번지와 자하의 문답은 맹자 이후의 제나라에서 부

가되었을지 모른다. 그러나 역시 생각건대 번지는 일설에 의하면 제나라 사람으로 언급되어 있기 때문에, 번지가 등장하는 2장인 21·22는 일찍이 제나라에서도 전송되고 있었던 말인지 모른다. 만약 그렇다면 20의 자장과 더불어 ⓕ 전체가 제나라 사람의 편집이라고 의심해 볼 수 있다. 그리고 21의 번지의 주제 "숭덕, 수특, 변혹"이 10의 자장의 주제 "숭덕, 변혹"과 일치하는 것도 이 주제에 관한 사제 간 문답의 2개의 이전이 제나라에 존재했던 것을 보여주는 것은 아닐까. 더구나 번지가 공자에게 "인"과 "지"를 물었던 문답으로서는 이 편의 22 외에 〈옹야〉편의 20이 있으나 서로 글이 다르다. 또한 그 외에 "인"만을 물었던 문답으로서 〈자로〉편의 19가 있다. 〈자로〉편은 당분간 제쳐두면, 〈옹야〉편의 20과 〈안연〉편의 22는 본래 번지가 인과 지를 물었다는 동일한 사실이 노나라와 제나라에 달리 전해졌고, 끝내 서로 다른 2장으로 된 것인지도 모른다. 또 ⓒ의 2장인 23과 24(23은 자공과 공자와의 문답, 24는 "증자"의 말이다)는 맹자 이후 제나라 유자들에 의해 부가되었을 가능성이 있다. 왜냐하면 이 2장은 ⒜와 ⒝ 즉 1~22로 이 한 편이 일단 완결된 데 대한 부가 같다는 점과 아울러 24와 같은 증자 후학의 소전의 말이 제나라에 전해진 것은 맹자 이후라고 생각되기 때문이다.

이상은 모두 제나라 유학이 자공, 자장, 자하, 증자 후학 등의 영향을 받았다는 추측과 번지가 제나라 사람으로도 언급되는 것을 전제로 한 가정이다. 요컨대 이 편은 애초 노나라에서 공자 만년의 학교에서의 사제 간 문답 중 주제가 명확한 전송을 모아 편집을 시작했지만, 그것이 반드시 증자학파의 손에서 나온 것은 아니었을 것이다. 그리고 그것이 머지않아 제나라로 전해지고, 제나라에서 약간의 윤색과 보족을 거치면서 완성된 것이리라. 그리고 그 시대는 빨라도 맹자 전후 무렵까지 관련되어 있을 것이다.

제13절 〈자로〉편의 성격과 구조

1

〈자로〉편은 30장으로 구성되어 있다. 전편을 통관하면, 크게 두 부분으로 나누는 것이 가능하다. 앞부분은 1~18의 18장으로, 이것을 Ⓐ라고 부르자. 뒷부분은 19~30의 12장으로, 이것을 Ⓑ라고 부르자. Ⓐ는 주로 정치에 관한 기사를, Ⓑ는 주로 사군자의 태도에 관한 기사를 모았다. 무엇보다 ⒶⒷ 둘 다 부가적인 장을 포함하고 있다. Ⓐ와 Ⓑ 각각에 대해 순차적으로 구조를 분석하면서 성격을 구명해 보자.

2

Ⓐ 18장은 다시 세 부분으로 나누는 것이 가능하다. 첫 번째는 1~4의 4장이다.

> 1. 자로가 정사를 묻자, 선생님께서 말씀하셨다. "솔선할 것이며 부지런히 해야 한다." 더 자세히 말씀해 주시기를 청하자, "게을리하지 말아야 한다." 하셨다.
>
> 子路問政, 子曰, "先之勞之." 請益, 曰, "無倦."
>
> 2. 중궁이 계씨의 가신이 되어 정사를 묻자, 선생님께서 말씀하셨다. "유사에게 먼저 시키고 작은 허물은 용서해 주며, 어진 이와 유능한 이를 등용해야 한다." "어떻게 어진 이와 유능한 이를 알아 등용합니까?"라고 묻자, "네가 아는 자를 등용하면 네가 미처 모르는 자를 남들이 내버려두겠느

나?" 하셨다.

仲弓爲季氏宰, 問政, 子曰, "先有司, 赦小過, 擧賢才." 曰, "焉知賢才而擧之."
曰, "擧爾所知, 爾所不知, 人其舍諸."

3. 자로가 말하였다. "위나라 군주가 선생님을 기다려 정사를 하려고 하십니다. 선생님께서는 장차 무엇을 우선하시렵니까?" 선생님께서 대답하셨다.
"반드시 명분을 바로잡겠다." 자로가 말하였다. "이러하십니다. 선생님의
우활하심이여! 어떻게 바로잡을 수 있겠습니까?" 선생님께서 말씀하셨다.
"비속하구나 유야! 군자는 자기가 알지 못하는 것에는 말하지 않고 가만
히 있는 것이다. 명분이 바르지 못하면 말이 〔이치에〕 순하지 못하고, 말이
〔이치에〕 순하지 못하면 일이 이루어지지 못하고, 일이 이루어지지 못하면
예악이 일어나지 못하고, 예악이 일어나지 못하면 형벌이 알맞지 못하고,
형벌이 알맞지 못하면 백성들이 손발을 둘 곳이 없어진다. 그러므로 군자
가 이름(명분)을 붙이면 반드시 말할 수 있으며, 말할 수 있으면 반드시 행
할 수 있는 것이니, 군자는 그 말에 대하여 구차히 함이 없을 뿐이다."

子路曰, "衛君待子而爲政, 子將奚先." 子曰, "必也正名乎." 子路曰, "有是哉子之
迂也, 奚其正." 子曰, "野哉由也, 君子於其所不知, 蓋闕如也, 名不正, 則言不順,
言不順, 則事不成, 事不成, 則禮樂不興, 禮樂不興, 則刑罰不中, 刑罰不中, 則民
無所措手足, 故君子名之必可言也, 言之必可行也, 君子於其言, 無所苟而已矣."

4. 번지가 농사일을 배우기를 청하자, 선생님께서는 "나는 늙은 농부만 못하
다" 하셨다. 채전 가꾸는 것을 배우기를 청하자, "나는 늙은 원예사만 못
하다" 하셨다. 번지가 나가자, 선생님께서 다음과 같이 말씀하셨다. "소인
이구나! 번수여! 윗사람이 예를 좋아하면 백성들이 윗사람을 공경하지 않
는 이가 없고, 윗사람이 의를 좋아하면 백성들이 복종하지 않는 이가 없
고, 윗사람이 신을 좋아하면 백성들이 감히 실정대로 하지 않는 이가 없는

것이다. 이렇게 되면 사방의 백성들이 자식을 포대기에 업고 올 것이니,
어찌 농사짓는 것을 쓸 필요가 있겠는가?"

樊遲請學稼, 子曰, "吾不如老農." 請學爲圃, 曰, "吾不如老圃." 樊遲出, 子曰,
"小人哉樊須也, 上好禮, 則民莫敢不敬, 上好義, 則民莫敢不服, 上好信, 則民莫
敢不用情, 夫如是, 則四方之民襁負其子而至矣, 焉用稼."

이 4장은 모두 사제의 문답이라는 점에서 공통된다. 그중 1은 자로가 정
치를 공자에게 질문한 것, 2는 중궁이 계씨의 가신이 되었을 때 정치를
공자에게 물었던 것, 3은 자로가 공자가 위나라에 등용되었다고 가정하
고 공자의 정치 태도를 질문한 것으로 모두 정치 문제다. 4는 정치에 대
한 질문은 아니고 농업과 원예를 묻는 번지의 질문과 그에 대한 공자의
비평이지만, 공자는 질문에 답하지 않고, 번지를 "소인"이라고 비평하고,
군자는 정치를 본업으로 삼아야 한다는 의미를 서술하고 있다. 이런 의미
에서 결국 정치와 관계가 있다. 이 4장을 개괄하여 ⓐ라고 부르자.
　두 번째는 5~13의 9장이다.

5. 선생님께서 말씀하셨다. "《시》 300편을 외우되, 그에게 정치를 맡겼을 때
잘해내지 못하고, 사방에 사신으로 가서 독자적으로 응대하지 못한다면,
많이 외울지라도 무슨 소용이 있겠는가?"

子曰, "誦詩三百, 授之以政, 不達, 使於四方不能專對, 雖多亦奚以爲."

6. 선생님께서 말씀하셨다. "자기 자신이 바르면 명령하지 않아도 행해지고,
자신이 바르지 못하면 비록 명령한다 하더라도 따르지 않는다."

子曰, "其身正, 不令而行, 其身不正, 雖令不從."

7. 선생님께서 말씀하셨다. "노나라와 위나라의 정사는 형제간이로구나!"

子曰, "魯衛之政兄弟也."

8. 선생님께서 위나라의 공자 형을 두고 다음과 같이 논평하셨다. "그는 집에 거처하기를 잘하였다. 처음〔가재도구를〕소유했을 때에는 '그런대로 이만하면 모여졌다' 하였고, 다소 갖추어졌을 때는 '그런대로 이만하면 갖추어졌다' 하였고, 많이 가지고 있을 때는 '그런대로 이만하면 아름답다' 하였다."

子謂衛公子荊, "善居室, 始有曰, '苟合矣.' 少有曰, '苟完矣.' 富有曰, '苟美矣.'"

9. 선생님께서 위나라에 가실 때에 염유가 수레를 몰았다. 선생님께서 "백성들이 많기도 하구나" 하셨다. 염유가 "이미 백성들이 많으면 또 무엇을 더 하여야 합니까?" 하고 묻자, "부유하게 해주어야 한다" 하셨다. "이미 부유해지면 또 무엇을 더하여야 합니까?" 하고 묻자, "가르쳐야 한다" 하셨다.

子適衛, 冉有僕, 子曰, "庶矣哉." 冉有曰, "既庶矣, 又何加焉." 曰, "富之." 曰, "既富矣, 又何加焉." 曰, "教之."

10. 선생님께서 말씀하셨다. "만일 나를 등용해 주는 자가 있다면 1년만 하더라도 괜찮을 것이니, 3년이면 이루어짐이 있을 것이다."

子曰, "苟有用我者, 期月而已可也, 三年有成."

11. 선생님께서 말씀하셨다. "'선인이 나라를 다스리기를 100년 동안 하면 잔학한 사람을 교화시키고 사형을 없앨 수 있다'라고 하니, 참으로 옳다, 이 말이여!"

子曰, "善人爲邦百年, 亦可以勝殘去殺矣.' 誠哉是言也."

12. 선생님께서 말씀하셨다. "만일 왕자(王者)가 있다 하더라도 반드시 한 세대가 지난 뒤에야 백성들이 인해질 것이다."

子曰, "如有王者, 必世而後仁."

13. 선생님께서 말씀하셨다. "〔위정자가〕참으로 자신을 바르게 한다면 정치하

는 데 무슨 어려움이 있겠으며, 자신을 바르게 할 수 없다면 어떻게 남을 바르게 할 수 있겠는가?"

子曰, "苟正其身矣, 於從政乎何有, 不能正其身, 如正人何."

이 9장은 8과 9의 2장을 제외하고는 모두 "자왈……"로 시작하는 공자의 말이고, 내용은 정치에 관계된다. 단지 8은 위나라 공자 형에 대한 공자의 비평으로 정치에 관한 것은 아니고, 9는 공자가 위나라에 갔을 때 염유와 문답한 이것은 정치에 관한 대화다. 하여간 이 2장은 전후의 여러 장과 체제가 다르지만, 모두 위나라의 일인 점에서 공통된다. 7의 "선생님께서 말씀하셨다. '노나라와 위나라의 정사는 형제간이로구나!'"의 뒤를 이어서 위나라에 대한 장을 부가하여 넣었던 것이리라. 이제 이 9장을 ⓑ라고 해두자.

세 번째는 14~18의 5장이다.

14. 염자가 조정에서 물러 나오자, 선생님께서 "어찌하여 늦었는가?" 하고 물으셨다. 대답하기를 "국정이 있어서였습니다" 하자, 선생님께서 말씀하셨다. "그것은 대부의 집안일이었을 것이다. 만일 국정이었다면 비록 나를 써주지는 않으나 내가 참여하여 들었을 것이다."

冉子退朝, 子曰, "何晏也." 對曰, "有政." 子曰, "其事也, 如有政, 雖不吾以, 吾其與聞之."

15. 정공이 묻기를 "한마디 말로 나라를 흥하게 할 수 있다 하니, 그러한 것이 있습니까?" 하자, 공자께서 대답하셨다. "말은 이와 같이 〔효과를〕 기약할 수는 없거니와, 사람들 말에 '임금 노릇 하기가 어려우며 신하 노릇 하기가 쉽지 않다' 하였으니, 만일 임금 노릇 하기가 어려움을 안다면 한마

디 말로 나라를 흥하게 함을 기약할 수 없겠습니까?" 정공이 "한마디 말로 나라를 잃을 수 있다 하니, 그러한 것이 있습니까?" 하자, 공자께서 대답하셨다. "말은 이와 같이 기필할 수는 없거니와 사람들 말에 '나는 임금된 것은 즐거울 것이 없고, 오직 내가 말을 하면 어기지 않는 것이 즐겁다' 합니다. 만일 임금의 말이 선한데 아무도 어기는 이가 없다면 좋지 않겠습니까? 만일 임금의 말이 선하지 못한데도 어기는 이가 없다면 한마디 말로 나라를 잃게 됨을 기약할 수 없겠습니까?"

定公問, "一言而可以興邦有諸." 孔子對曰, "言不可以若是其幾也, 人之言曰, '爲君難, 爲臣不易.' 如知爲君之難也, 不幾乎一言而興邦乎." 曰, "一言而喪邦有諸." 孔子對曰, "言不可以若是其幾也, 人之言曰, '予無樂乎爲君, 唯其言, 而莫予違也.' 如其善而莫之違也, 不亦善乎, 如不善而莫之違也, 不幾乎一言而喪邦乎."

16. 섭공이 정치를 묻자, 선생님께서 말씀하셨다. "가까이 있는 사람을 기뻐하게 하며, 먼 곳에 있는 사람이 오게 해야 합니다."

葉公問政, 子曰, "近者說, 遠者來."

17. 자하가 거보의 읍재가 되어 정사를 묻자, 선생님께서 말씀하셨다. "속히 하려고 하지 말고, 조그만 이익을 보지 말아야 한다. 속히 하려고 하면 제대로 하지 못하고, 조그만 이익을 보면 큰일을 이루지 못한다."

子夏爲莒父宰, 問政, 子曰, "無欲速, 無見小利, 欲速則不達, 見小利則大事不成."

18. 섭공이 공자에게 말하였다. "우리 무리에 몸을 정직하게 행동하는 자가 있으니, 그의 아버지가 양을 훔치자, 아들이 그것을 증명하였습니다." 공자께서 말씀하셨다. "우리 무리의 정직한 자는 이와 다르다. 아버지가 자식을 위하여 숨겨주고 자식이 아버지를 위하여 숨겨주니, 정직함은 그 가운데 있는 것이다."

葉公語孔子曰, "吾黨有直躬者, 其父攘羊, 而子證之." 孔子曰, "吾黨之直者異於是, 父爲子隱, 子爲父隱, 直在其中矣."

이 5장에는 사제 간 문답과 애공 및 섭공과 공자의 문답이 섞여 있지만, 18을 제외하고 모두 정치에 관계하고 있다. 18 역시 피치자인 백성의 정직함에 대한 대화이기 때문에 정치와 무관하다고 할 수 없지만, 똑같은 부류는 아니다. 그런데 이 섭공과 공자의 문답은 16에 "섭공이 정치를 묻자, 선생님께서 말씀하셨다. ……"가 있어서 17을 건너 "섭공"을 통해 상응한다. 단 16은 공자의 말이 "자왈……"이기 때문에, 공문 내의 전송일 것이지만, 18은 "공자왈……"로 되어 있으므로 세간에 전해지던 이야기일 것이다. 생각건대 18은 후에 세간에 전해진 이야기를 손에 넣어서 16의 "섭공이 정치를 묻자, ……"와 종합해서 생각하여 이 장군의 마지막에 부기한 게 아닐까? 따라서 이 5장을 ⓒ라고 부르자.

이상 ⓐⓑⓒ는 각각 조금씩 체제를 달리하는 3개의 장군이지만, 전체적으로 이 18장은 한두 개의 부가적인 장을 제외하고 모두 정치를 말한다. 그런 의미에서 공통적이므로 이제 이 ⓐⓑⓒ를 일괄하여 Ⓐ라고 칭하자.

더구나 ⓐⓑⓒ 3개의 장군은 각각 어느 것이나 잡찬이다.

3

Ⓑ 12장은 Ⓐ와는 성격이 다르다. 우선 19~26의 8장을 열거해 보자.

19. 번지가 인을 묻자, 선생님께서 대답하셨다. "거처할 때는 공손히 하며, 일을 맡아 할 때는 경건히 하며, 사람을 대할 때는 충성되게 하여야 한다.

이것은 비록 이적의 나라에 가더라도 버려서는 안 된다."

樊遲問仁, 子曰, "居處恭, 執事敬, 與人忠, 雖之夷狄不可棄也."

20. 자공이 "어떠하여야 이 선비라 이를 만합니까?" 하고 묻자, 선생님께서 대답하셨다. "몸가짐에 부끄러움이 있으며 사방에 사신으로 가서는 군주의 명을 욕되게 하지 않으면 선비라 이를 만하다." "감히 그다음을 묻겠습니다" 하자, "종족(宗族)들이 효성스럽다고 칭찬하고 향당에서 공손하다고 칭찬하는 인물이다"라고 하셨다. "감히 그다음을 묻겠습니다" 하자, "말을 반드시 미덥게 하고 행실을 반드시 과단성 있게 하는 것은 국량이 좁은 소인이나, 그래도 또한 그다음이 될 만하다" 하셨다. "지금 정사에 종사하는 자들은 어떻습니까?" 하자, 선생님께서 말씀하셨다. "아! 한 말이나 한 말 두 되 들어갈 정도의 좁은 소견을 가진 사람들을 어찌 족히 따질 것이 있겠는가?"

子貢問曰, "何如斯可謂之士矣." 子曰, "行己有恥, 使於四方, 不辱君命, 可謂士矣." 曰, "敢問其次." 曰, "宗族稱孝焉, 鄕黨稱弟焉." 曰, "敢問其次." 曰, "言必信, 行必果, 硜硜然小人哉, 抑亦可以爲次矣." 曰, "今之從政者何如." 子曰, "噫, 斗筲之人, 何足算也."

21. 선생님께서 말씀하셨다. "중용을 실천할 수 있는 사람을 얻어 더불어 할 수 없다면 반드시 광자나 견자와 더불어 할 것이다. 광자는 진취적이고, 견자는 하지 않는 바가 있다."

子曰, "不得中行而與之, 必也狂狷乎, 狂者進取, 狷者有所不爲也."

22. 선생님께서 말씀하셨다. "남쪽 나라 사람들의 말에 '사람이 항심이 없으면 무당이나 의원도 될 수 없다' 하니, 좋은 말이다. '그 덕을 항상 하지 않으면 혹자가 부끄러움을 올린다' 하였다." 선생님께서 말씀하셨다. "점괘를 보지 않았기 때문일 뿐이다."

子曰, "南人有言曰, '人而無恒, 不可以作巫醫.' 善夫, '不恒其德, 或承之羞.'" 子曰, "不占而已矣."

23. 선생님께서 말씀하셨다. "군자는 화(和)하고 동(同)하지 않으며, 소인은 동하고 화하지 않는다."

子曰, "君子和而不同, 小人同而不和."

24. 자공이 묻기를 "지방 사람들이 모두 좋아하면 어떻습니까?" 하자, 선생님께서 "가하지 못하다" 하셨다. "지방 사람들이 모두 미워하면 어떻습니까?" 하자, 선생님께서 대답하셨다. "가하지 못하다. 지방 사람 중에 선한 자가 좋아하고, 선하지 못한 자가 미워하는 것만 못하다."

子貢問曰, "鄕人皆好之何如." 子曰, "未可也." "鄕人皆惡之何如." 子曰, "未可也, 不如鄕人之善者好之, 其不善者惡之."

25. 선생님께서 말씀하셨다. "군자는 섬기기는 쉬워도 기쁘게 하기는 어렵다. 기쁘게 하기를 도로써 하지 않으면 기뻐하지 않으며, 사람을 부림에 있어서는 그릇에 따라 한다. 소인은 섬기기는 어려워도 기쁘게 하기는 쉽다. 기쁘게 하기를 비록 도에 맞게 하지 않더라도 기뻐하며, 사람을 부림에 있어서는 구비하기를 요구한다."

子曰, "君子易事而難說也, 說之不以道, 不說也, 及其使人也, 器之, 小人難事而易說也, 說之雖不以道, 說也, 及其使人也, 求備焉."

26. 선생님께서 말씀하셨다. "군자는 태연하되 교만하지 않고, 소인은 교만하되 태연하지 못하다."

子曰, "君子泰而不驕, 小人驕而不泰."

이 8장 중 최초의 2장 19·20과 24만 사제 간 문답이고, 다른 5장은 모두 "자왈"로 시작하는 공자의 말이다. 19만은 선비다움이라는 도덕의 이상인

"인"에 대한 문답이지만, 20 이하는 선비, 광견·항상적인 사람, 군자와 소인·선인 등 모두 선비다움의 존재 방식에 대한 말이다. 무엇보다 전체가 잡찬의 모양새지만 각 장의 주제가 어느 정도 공통성을 지니고 있고, "선비의 태도"라는 주제를 중심으로 한 말로 해석할 수 있으므로 이 8장을 일괄하여 ⓓ라고 부르자.

다음으로 27~30의 4장이다.

27. 선생님께서 말씀하셨다. "강하고 굳세고, 질박하고 어눌함이 인에 가깝다."

　　子曰, "剛毅木訥近仁."

28. 자로가 "어떠하여야 이 선비라 이를 만합니까?" 하고 묻자, 선생님께서 대답하셨다. "간절하고 자상히 권면하며 화락하면 선비라 이를 만하다. 붕우간에는 간절하고 자상히 권면하며, 형제간에는 화락하여야 한다."

　　子路問曰, "何如斯可謂之士矣." 子曰, "切切偲偲, 怡怡如也, 可謂士矣, 朋友切切偲偲, 兄弟怡怡."

29. 선생님께서 말씀하셨다. "선인이 7년 동안 백성을 가르치면 또한 군대(싸움터)에 나아가게 할 수 있다."

　　子曰, "善人敎民七年, 亦可以卽戎矣."

30. 선생님께서 말씀하셨다. "가르치지 않은 백성을 써서 전쟁하는 것, 이것을 일러 백성을 버리는 행위라 한다."

　　子曰, "以不敎民戰, 是謂棄之."

이 4장에서 최초의 장인 27이 "인"을 말하고 있는 것은 ⓓ의 머리 장 19가 "인"에 대한 문답인 것과 상응한다. 또 이 장군의 두 번째 장 28이 "자로가 '어떠하여야 이 선비라 이를 만합니까?' 하고 묻자, 선생님께서 대답하셨다. ……(子路問曰, 何如斯可謂之士矣, 子曰, ……)"로 시작하는 선비에 대한 문답인 것에 대해 ⓓ의 두 번째 장도 "자공이 '어떠하여야 이 선비라 이를 만합니까?' 하고 묻자, 선생님께서 대답하셨다. ……(子貢問曰, "何如斯可謂之士矣." 子曰, ……)"와 전적으로 동일한 형태로 시작하는 선비에 대한 문답으로 대응한다. 그리고 그 후에 계속되는 29·30은 "자왈……"로 시작하는 공자의 말로 이것도 ⓓ와 동일한 형태를 취하고 있다. 무엇보다 29·30의 2장은 반드시 사군자의 문제는 아니고 2장 다 "교민(教民)"과 전쟁의 관계를 말한 이유로 모아진 장일 것이다. 그러나 29에 "선인"이 있기 때문에, 이것을 28의 "선비"에 계속하여 배치한 것 같다. 그러므로 이 4장을 ⓔ라고 부르자. ⓔ군은 ⓓ와 같은 형태로 편집된 장이라는 점과 ⓔ를 ⓓ 다음에 둔 것, ⓓ 끝의 2장인 25·26과 ⓔ의 머리 장인 27이 모두 "자왈"의 형식으로 연속하는 것에 의해 ⓓ 다음에 ⓔ를 배치했을 것이다. 따라서 ⓓ ⓔ를 일괄하여 Ⓑ라고 하자. Ⓐ와 Ⓑ의 합이 〈자로〉편의 구조다.

4

이 편의 구조는 이상 서술한 것과 같지만, 이제 이것에 기초하여 이 편의 성격과 성립에 대해 고찰할 수 있는 바를 차례로 열거해 보자.

1. 이 편에 등장하는 인물 가운데 공자의 제자로는 자로(3회)·중궁(1회)·번지(2회)·염유(2회)·자하(1회)·자공(2회)이 있고, 제자 이외의 인물로는 위나라 공자 형·정공·섭공(2회)이 있다. 이 중 15의 "정공이 묻고, ……공자께서 대답하셨다"와 18의 "섭공이 묻고, ……공자께서 말씀하셨다"는 세간에 전해진 전송에서 나온 것 같고, 다른 것은 모두 제자는 자(字)로 부르고 공자는

"자(子)"로 부르고 있으므로, 70제자로부터 나온 전송일 것이다.

2. 위나라에 관한 3장 7·8·9는 위나라에서의 소감 혹은 대화이고, 섭공과 문답한 2장 16·18은 섭에서의 문답이다. 따라서 이 편에는 공문만이 아니라, 공자의 천하유력 중의 언행이 섞여 있다.

3. 전반의 18장은 주로 정치에 관한 말을 모았는데, ⓐⓑⓒ 세 부분으로 이루어져 있다. 후반 12장은 주로 사군자의 일을 논하고, 이것도 ⓓⓔ의 두 부분으로 이루어졌다. 그리고 ⓐⓑⓒⓓⓔ는 모두 잡찬으로, 약간의 연관을 부여하고자 했던 흔적이 느껴지는 정도다. 당연히 반드시 한 사람의 한때의 편집 같지는 않고, 한 편 전체를 하나로 정리한 편집 목적도 발견할 수 없다.

4. 생각건대 나중에 출현한 재료 같지는 않지만, 노·제 어느 곳에서 편집했는지 알아낼 증거도 없고, 또 어떤 학파의 손에서 출현했는지도 불분명하다. 단, 자로·중궁·염유·정공 등과의 문답은 노나라에서 전해진 자료임에 틀림없다. 번지·자하·자공 등의 문답은 일찍이 제나라에 전해져 윤색됐을 가능성도 없지 않다. 그러므로 이 편은 결국 노나라에서 편성되고 얼마 안 있어 제나라에 전해져 그곳에서도 전송되었을 것이다. 그리고 70제자로부터 나온 자료가 대부분인데, 그런데도 한 편의 편집 목적이 산만하다는 점을 고려한다면, 최초 손제자 시대부터 노나라에서 시작된 공문 언행록의 편집이 여러 가지 목적에 의해 몇 번인가 행해진 후에 남은 자료를 정리하여 이루어진 보족적 편집의 하나가 이 〈자로〉편이 아닐까 싶다. 만약 그렇다면 이 편의 성립 시대는 손제자 시대보다는 뒤고 맹자 이후 《논어》가 제나라에 흘러 들어갔던 때보다는 이른 아마 3~4전 제자 무렵으로, 노나라에서 누군가의 손에 의해 이루어진 보족적 편집일 것이다. 그리고 제나라로 흘러 들어간 후에 어쩌면 어느 정도 윤색이 가해졌을지도 모르지만, 지금은 특별히 그것을 지적할 만한 현저한 흔적은 발견되지 않는다.

제14절 〈헌문〉편의 성격과 구조

1

〈헌문〉편은 47장으로 되어 있다. 짧은 말이 많지만, 《논어》 20편 중에서 장 수가 가장 많다. 그 밖에는 특별한 점이 없어, 언뜻 보기에 여러 가지 성질의 재료가 어수선하게 뒤섞여 편찬의 유래나 장의 순서의 정착 과정 등을 밝혀내기가 어렵다.

우선 고찰할 실마리를 얻기 위해 47장을 통독했을 때 문득 떠오르는 생각을 열거해 보자.

1. 제1장은 "헌이 부끄러운 일에 관해 묻자……(憲問恥……)"로 시작하는 원 헌과 공자와의 문답, 2는 그것이 계속되는 것으로 보인다. 이 일련의 2장 은 1장으로 정리하는 것도 가능하다. 문두에 "헌이 부끄러운 일에 관해 묻 자……"로 되어 있고, 원헌이 자신의 휘를 일인칭으로 말하고 있으므로, 이 문답은 원헌 자신이 동문의 누군가에게 말한 것이 그 말투 그대로 전송된 것 으로 생각된다. 이와 관련하여 원헌은 공자의 직제자 중 중견에 해당하는 인 물이지만, 청렴해서 이재의 길에는 어둡고 《사기》 〈제자전〉에 의하면 공자 가 죽은 후에 풀이 우거진 늪에 숨어 살다 빈곤하게 죽었다. 이 2장은 과연 그다운 문답이다. 다음으로 28은 "증자가 말씀하였다. '군자는 생각이 그 직 위를 벗어나지 않는다'(曾子曰, 君子思不出其位)"로 《주역》 간괘의 상사와 일 치하지만, 여기서는 증자의 말로 되어 있다. 증삼을 스승으로서 "증자"라고 부르고 있으므로, 이 재료는 증삼의 제자로부터 나온 것이리라. 그런데 이것 을 그 전후의 27 및 29와 연결해 읽으면 다음과 같다.

27. 선생님께서 말씀하셨다. "그 자리에 있지 않으면, 그 정사를 도모하지 않는다."

　　子曰, "不在其位, 不謀其政."(《태백》편에도 나온다)

28. 증자가 말씀하였다. "군자는 생각이 그 직위를 벗어나지 않는다."

　　曾子曰, "君子思不出其位."(《주역》간괘의 상사)

29. 선생님께서 말씀하셨다. "군자는 그 말을 조심하고 행실을 말보다 앞서게 한다."

　　子曰, "君子恥其言而過其行."(《이인》편 22·24, 〈헌문〉편 21과 뜻이 거의 같다)

이 27 및 29의 2장은 《논어》에서 같은 의미의 일이 되풀이해 나타나는 공자의 격언이지만, 이 27·28·29의 3장 자체가 유사한 중점이 되는 논점을 서술한 말이기 때문에, 이것은 증자의 제자가 하나로 모아 기억하고 전송하는 데 기원이 되었을지도 모른다. 이 외 2~3장 혹은 몇 장씩 여러 가지 의미에서 유사한 말이 서로 인접 배치되어 있는 것이 많다. 적어도 이 편의 일부는 비교적 작은 장군을 모아 편집한 것 같다.

2. 이 편에는 "자왈"로 시작하는 공자의 말—다수가 짧은 격언—이 적지 않다. 그것은 47장 중 3·4·5·7·8·9·11·12·15·16·21·24·25·27·29·32·33·35·39·40·44의 21장에 이른다. 그중 21·27·29·35·44의 5장만은 앞뒤의 장이 "자왈……"이 아니라는 의미에서 고립되어 있고, 다른 것은 모두 "자왈……"이 2~3장씩 서로 인접 배치돼 있다. 그리고 뒤에서 검토하는 것처럼 이것들은 모두 고립된 5장 포함하여 어느 것이나 앞뒤 장과 어떤 의미에서 연관돼 있다.

또 공자와 제자 또는 공자와 타인과의 문답을 열거하면, 1·2, 6, 10, 13·14,

17·18·19·20, 22·23, 26, 30·31, 34, 36·37·38, 42·43, 45, 47의 23장이다. 여기에 등장하는 공자의 말은 격언이라고 할 만한 명언이 많다. 이 23장 중 6·10·26·34·45·47의 6장이 고립되어 있고 다른 것은 모두 2~4장씩 동류의 장이 서로 인접 배치돼 있지만, 그것들은 전부 앞뒤 장과 어떤 연관을 맺고 있다. 따라서 "자왈"로 시작하는 공자의 말은 다수가 짧은 격언인 21장과 공자와 제자 혹은 공자와 타인과의 문답 23장—그중에는 공자의 격언이 포함돼 있다—으로 전편 47장 가운데 44장을 점하고 있다. 그런 의미에서 이 편은 주로 공자의 격언 및 격언을 포함한 문답을 모은 것으로 보인다.

이 편 가운데 공자의 말과 문답 이외의 장은 28·41·46의 3장에 불과하다. 그리고 28은

28. 증자가 말씀하였다. "군자는 생각이 그 직위를 벗어나지 않는다."

　　曾子曰, "君子思不出其位."

로 이미 서술한 것처럼 앞뒤의 27 및 29와 연관이 있는 한 개의 통합된 재료 같고, 41은 다음과 같다.

41. 자로가 석문(石門)에서 유숙했는데, 신문(晨門)이 묻기를 "어디에서 왔는가?" 하자, 자로가 "공씨(孔氏)에게서 왔소"라고 대답하니, 그가 "바로 불가능한 줄을 알면서도 하는 자 말인가" 하였다.

　　子路宿於石門, 晨門曰, "奚自." 子路曰, "自孔氏." 曰, "是知其不可而爲之者與."

이처럼 41은 신문이 자로에게 말한 공자 비판이다. 이 장은 다음 42의 삼태

기를 멘 사람의 공자 비판의 기사와 인접 배치돼 그 의미에서 서로 관련된다. 또 46을 보자.

46. 원양(原壤)이 걸터앉아 〔공자를〕 기다리니, 선생님께서 말씀하시기를 "어려서는 공손하지 못하고, 장성해서는 칭찬할 만한 일이 없고, 늙어서도 죽지 않는 것이 바로 적(賊)이다" 하시고, 지팡이로 그의 정강이를 두드리셨다.

原壤夷俟, 子曰, "幼而不孫弟, 長而無述焉, 老而不死, 是爲賊." 以杖叩其脛.

이처럼 46은 원양의 태도에 대한 공자의 비판과 행동이고, 47의 궐당의 동자에 대한 공자의 비판과 서로 인접 배치돼 있다.

3. 다음 장들의 내용을 보면, 이 편에는 공자의 제자를 포함하여 고금의 인물과 고금의 정치·사건 등에 대한 공자의 비평의 말 혹은 그것을 포함하는 기사가 적지 않다. 6, 9·10, 12·13·14·15·16·17·18·19·20, 26, 31, 42, 46·47의 17장이 그것이다. 이 중 12~20의 9장이 연속 배치돼 있는 데 주목해야 한다.

또 이 17장 중 정나라·노나라·위나라·제나라 등의 고금의 정치 및 정치가에 대한 공자의 비평이 9·10, 12·13·14·15·16·17·18·19·20, 26의 12장으로, 11이 공자의 격언으로 종류가 다르고 26이 떨어져 있는 것이 예외다. 그 외는 모두 서로 인접해 연속하고 있다.

4. 일부는 공자의 출처진퇴에 대한 고찰 방식과 그것과 서로 밀접하게 이해되는 바의 은거한 선비로부터 제기된 공자의 비판과, 그것에 대한 태도 등이

일군을 이루어 정리된 상태로 존재한다. 34, 37·38·39·40·41·42의 7장이
그것이다. 이 중 37~42의 6장은 서로 인접 배치돼 있지만 34만 떨어져 있다.

5. 더구나 이 편의 후반에는 공자의 업적 가운데 일화로 언급해도 좋을 만한 것
이 여기저기 흩어져 있다. 22·26·34·37·38·42·46·47의 8장이 그렇다.

그런데 이상의 여러 사실을 전제로 이 한 편의 구성을 밝히고 그것에 기
초하여 이 편의 편집 사정을 고찰하고자 하는 것이지만, 사건에 의해 결
론을 말하자면 이 편은 Ⓐ Ⓑ Ⓒ 세 개의 커다란 부분으로 이루어져 있
고, 그것을 가능한 한 서로 연관하도록 배열한다는 방침에 의해 편성되었
다. Ⓐ는 1~8의 8장이다. Ⓑ는 9~20의 12장에 26을 더해 13장이다. Ⓒ는
20~47의 28장이다. 그리고 이 세 개의 커다란 부분이 Ⓐ-Ⓑ-Ⓒ의 순서
로 배열되어 한 편을 이루고 있지만, 이 경우 Ⓐ의 끝 장 8과 Ⓑ의 머리
장 9가 "자왈"로 시작하는 공자의 말이라는 점에 의해 일견 연속된다. 그
것은 전송 당시 기억의 편리함을 제공하기도 했을 것이다. 또 Ⓑ의 끝 장
26이 Ⓒ의 28장 중 일곱 번째 장으로 Ⓑ와 Ⓒ에 의해 공유되고, 또 Ⓒ의
머리 장 20이 Ⓑ 끝 장으로 공유되고 있었다는 것이 Ⓑ의 다음에 Ⓒ를 배
치한 이유였으리라.

이하에서 Ⓐ Ⓑ Ⓒ 세 개의 커다란 묶음에 대해 순차적으로 구명의 발걸
음을 밟아나가 보자.

2
먼저 Ⓐ의 1~8장에 대해 고찰해야 한다.

1. 헌이 부끄러운 일에 관해 묻자, 선생님께서 말씀하셨다. "나라에 도가 있을 때는 벼슬하는 것이 괜찮지만, 나라에 도가 없을 때 벼슬하는 것은 부끄러운 일이다."

   憲問恥, 子曰, "邦有道穀, 邦無道穀恥也."

2. "이기기를 좋아하고 자기의 공로를 자랑하며, 원망하고 탐욕함을 행해지지 않게 한다면 인이라고 말할 수 있습니까?" 선생님께서 말씀하셨다. "어렵다고 할 수는 있으나, 인인지는 내 알지 못하겠다."

   "克·伐·怨·欲不行焉, 可以爲仁矣?" 子曰, "可以爲難矣, 仁則吾不知也."

3. 선생님께서 말씀하셨다. "선비로서 편안하기를 생각하면 선비라 할 수 없다."

   子曰, "士而懷居, 不足以爲士矣."

4. 선생님께서 말씀하셨다. "나라에 도가 있을 때는 말을 높게 하고 행실을 높게 하며, 나라에 도가 없을 때는 행실은 높게 하되 말은 공손하게 하여야 한다."

   子曰, "邦有道, 危言危行. 邦無道, 危行言孫."

5. 선생님께서 말씀하셨다. "덕이 있는 자는 반드시 훌륭한 말을 하거니와, 훌륭한 말을 하는 자가 반드시 덕이 있지는 못하다. 인자는 반드시 용기가 있거니와, 용기가 있는 자가 반드시 인이 있지는 못하다."

   子曰, "有德者, 必有言, 有言者, 不必有德. 仁者必有勇, 勇者不必有仁."

6. 남궁괄이 공자께 묻기를 "예(羿)는 활을 잘 쏘았고, 오(奡)는 힘이 세어 육지에서 배를 끌고 다녔지만, 모두 제대로 죽지 못하였습니다. 그러나 우왕과 직(稷)은 몸소 농사를 지었는데도 천하를 소유하셨습니다" 하니, 선생님께서 대답하지 않으셨다. 남궁괄이 밖으로 나가자, 선생님께서 말씀하셨다. "군자로구나, 이 사람이여! 덕을 숭상하는구나, 이 사람이여!"

南宮适問於孔子曰, "羿善射, 奡盪舟, 俱不得其死然. 禹稷躬稼, 而有天下." 夫子

不答, 南宮适出. 子曰, "君子哉若人! 尙德哉若人!"

7. 선생님께서 말씀하셨다. "군자이면서 인하지 못한 자는 있어도 소인으로

서 인한 자는 아직 없다."

子曰, "君子而不仁者有矣夫, 未有小人而仁者也."

8. 선생님께서 말씀하셨다. "사랑한다면 수고롭게 하지 않을 수 있겠는가?

충성한다면 깨우쳐주지 않을 수 있겠는가?"

子曰, "愛之, 能勿勞乎? 忠焉, 能勿誨乎?"

이 8장은 요컨대 어지럽게 뒤섞여 아무런 공통점도 없어 보인다. 그러나
최초에 언급한 것처럼, 1과 2는 원헌과 공자의 문답으로 원헌 자신으로부
터 나온 전송 같다. 그리고 모두 "선비"다움 본연의 자세에 대한 말이다.
3·4·5는 후대 사람이 그에 어울리는 내용을 모은 공자의 격언이지만,
3은 "선비다운 인물은 국가의 정치에 관여해야만 하기 때문에, 사생활의
안은(安隱)만을 고려하는 것은 바람직하지 않다"는, 선비는 어떠해야 한다
는 태도에 대한 교훈이다. 4도 선비다움과 관련해서 치세 및 난세에서 언
행의 바람직한 자세를 설명한 공자의 격언이다. 따라서 1~4는 선비다움
본연의 자세를 설명하는 의미에서 일관돼 있고, 게다가 4는 1과 더불어
"나라에 도가 있을 때는 …… 나라에 도가 없을 때는……(邦有道 …… 邦無
道……)"이라는 말투에서도 상응한다. 다음으로 4와 5는 "언(言)"을 말하는
점에서 상응하고, 5와 6은 "덕"을, 6과 7은 "군자"를 언급한 점에서 서로
연관돼 있다. 또 마지막 8은 "애(愛)"를 언급하고 있지만, 〈안연〉편 22에
"번지가 인을 묻자, 선생님께서 '사람을 사랑하는 것이다' 하셨다……(樊
遲問仁, 子曰, 愛人……)"라고 되어 있는 것처럼 인은 사랑의 덕이기 때문에

7의 "인"과 연관된다. 따라서 결국 1~8의 8장은 어렴풋하게 연쇄적 관련성을 지니고 서로 연관 배치된 한 개의 연속된 재료일 것이다. 이것을 Ⓐ라고 부르자.

3

다음으로 Ⓑ 13장을 고찰해 보자. 이것은 9~20의 12장과 26을 더한 13장으로 11만 제외하면 이미 앞서 지적한 대로 "정나라·노나라·위나라·제나라 등의 고금의 정치와 정치가에 대한 공자의 비평"이다. 12장이 모두 이에 해당한다.

9. 선생님께서 말씀하셨다. "〔정나라에서는〕 사명(辭命, 외교문서)을 만들 때 비침(裨諶)이 초고를 만들고, 세숙(世叔)이 토론하고, 행인(行人)인 자우(子羽)가 수식(修飾)을 하고 동리(東里)의 자산이 윤색(潤色)을 하였다."

   子曰, "爲命, 裨諶草創之, 世叔討論之, 行人子羽脩飾之, 東里子産潤色之."

10. 혹자가 자산의 인품을 물으니, 선생님께서 대답하셨다. "은혜로운 사람이다." 자서의 인품을 물으니, 대답하셨다. "저 그 사람이여! 저 그 사람이여!" 관중의 인품을 물으니, 대답하셨다. "이 사람은 백씨(伯氏)의 병읍(駢邑) 300호(戶)를 빼앗았는데, 백씨는 거친 밥을 먹으며 평생을 마치면서도 원망하는 말이 없었다."

   或問子産, 子曰, "惠人也." 問子西, 曰, "彼哉! 彼哉!" 問管仲, 曰, "人也, 奪伯氏駢邑三百, 飯疏食, 沒齒無怨言."

11. 선생님께서 말씀하셨다. "가난하면서 원망이 없기는 어렵고, 부자이면서 교만이 없기는 쉽다."

子曰, "貧而無怨難, 富而無驕易."

12. 선생님께서 말씀하셨다. "맹공작은 조씨(趙氏)와 위씨(魏氏)의 가로(家老)가 되는 것은 충분하지만 등(滕)나라와 설(薛)나라의 대부가 되어서는 안 된다."

子曰, "孟公綽爲趙魏老則優, 不可以爲滕薛大夫."

13. 자로가 완성된 사람에 관해 물으니, 선생님께서 대답하셨다. "만일 장무중의 지혜와 맹공작의 탐욕하지 않음과 변장자(卞莊子)의 용기와 염구의 재주에, 예악으로써 격식을 갖추면 이 역시 인격이 완성된 사람이라고 할 수 있다." 다시 말씀하셨다. "지금의 성인은 어찌 굳이 그러할 것이 있겠는가. 이(利)를 보고 의(義)를 생각하며, 위태로움을 보고 목숨을 바치며, 오래된 언약에 평소의 말을 잊지 않는다면 이 또한 성인이 될 수 있을 것이다."

子路問成人, 子曰, "若臧武仲之知, 公綽之不欲, 卞莊子之勇, 冉求之藝, 文之以禮樂, 亦可以爲成人矣." 曰, "今之成人者, 何必然, 見利思義, 見危授命, 久要不忘平生之言, 亦可以爲成人矣."

14. 선생님께서 공숙문자의 인품을 공명가(公明賈)에게 물으셨다. "참으로 부자께서는 말씀하지 않고 웃지 않고 취하지 않으시는가?" 공명가가 대답하였다. "말씀하는 자가 지나쳤습니다. 부자는 때에 맞은 뒤에야 말씀하므로 사람들이 그의 말을 싫어하지 않으며, 즐거운 뒤에야 웃으므로 사람들이 그의 웃음을 싫어하지 않으며, 의에 맞은 뒤에야 취하므로 사람들이 그의 취함을 싫어하지 않는 것입니다." 선생님께서 말씀하셨다. "그러할까? 어찌 그럴 수 있겠는가?"

子問公叔文子於公明賈曰, "信乎, 夫子不言, 不笑, 不取乎." 公明賈對曰, "以告者過也, 夫子時然後言, 人不厭其言, 樂然後笑, 人不厭其笑, 義然後取, 人不厭其取." 子曰, "其然, 豈其然乎."

15. 선생님께서 말씀하셨다. "장무중이 방읍(防邑)을 가지고 노나라에게 후계 자를 세워줄 것을 요구하였으니, 비록 임금을 협박하지 않았다고 말하나, 나는 믿지 않는다."

> 子曰, "臧武仲以防求爲後於魯, 雖曰不要君, 吾不信也."

16. 선생님께서 말씀하셨다. "진문공은 속이고 바르지 않으며, 제환공은 바르고 속이지 않았다."

> 子曰, "晉文公譎而不正, 齊桓公正而不譎."

17. 자로가 말하였다. "환공이 공자(公子) 규(糾)를 죽이자, 소홀(召忽)은 죽었고, 관중은 죽지 않았으니, 관중은 인하지 못할 것입니다." 선생님께서 말씀하셨다. "환공이 제후들을 규합하되, 병거(兵車, 무력)를 쓰지 않은 것은 관중의 힘이었으니, 누가 그의 인만 하겠는가? 누가 그의 인만 하겠는가?"

> 子路曰, "桓公殺公子糾, 召忽死之, 管仲不死." 曰, "未仁乎." 子曰, "桓公九合諸侯, 不以兵車, 管仲之力也, 如其仁, 如其仁."

18. 자공이 말하였다. "관중은 인자가 아닐 것입니다. 환공이 공자 규를 죽였는데, 죽지 못하고 또 환공을 도와주었으니." 선생님께서 말씀하셨다. "관중이 환공을 도와 제후의 패자가 되어 한 번 천하를 바로잡아, 백성들이 지금까지 그 혜택을 받고 있으니, 관중이 없었다면 나(우리)는 그 머리를 풀고 옷깃을 왼편으로 하는 오랑캐가 되었을 것이다. 어찌 필부필부들이 조그마한 신의를 위하여 스스로 도랑에서 목매어 죽어 남이 알아주는 이가 없는 것과 같이 하겠는가."

> 子貢曰, "管仲非仁者與, 桓公殺公子糾, 不能死, 又相之." 子曰, "管仲相桓公, 霸諸侯, 一匡天下, 民到于今受其賜, 微管仲, 吾其被髮左衽矣, 豈若匹夫匹婦之爲諒也, 自經於溝瀆, 而莫之知也."

19. 공숙문자의 가신인 대부 선(僎)이 문자(文子)와 함께 공조(公朝)에 올랐다.

선생님께서 들으시고 말씀하셨다. "시호를 문(文)이라고 할 만하다."

公叔文子之臣大夫僎, 與文子同升諸公, 子聞之曰, "可以爲文矣."

20. 선생님께서 위령공의 무도함을 말씀하시니, 강자(康子)가 말하였다. "이와 같은데도 어찌하여 지위를 잃지 아니합니까?" 공자께서 말씀하셨다. "중숙어(仲叔圉)는 빈객(外交)을 다스리고 축타는 종묘(宗廟)를 다스리고, 왕손가는 군대를 다스린다. 이와 같으니 어찌 그 지위를 잃겠는가?"

子言衛靈公之無道也, 康子曰, "夫如是, 奚而不喪." 孔子曰, "仲叔圉治賓客, 祝鮀治宗廟, 王孫賈治軍旅, 夫如是, 奚其喪."

26. 거백옥이 사람을 보내 공자께 문안드리니, 공자께서 그와 함께 앉고 물으시기를 "부자(거백옥)께서는 무엇을 하시는가?" 하시자, 대답하기를 "부자께서는 허물을 적게 하려고 하시지만 아직 능치 못하십니다" 하였다. 사자가 나가자, 선생님께서 말씀하셨다. "훌륭한 사자구나! 훌륭한 사자구나!"

蘧伯玉使人於孔子, 孔子與之坐而問焉, 曰, "夫子何爲." 對曰, "夫子欲寡其過而未能也." 使者出, 子曰, "使乎, 使乎."

이상 13장을 통관해 보면, 이미 서술한 것처럼 26이 괴리되어 있고, 11이 다른 종류인 점을 빼고는 모두 서로 연접 배치돼 있다. 그러므로 11과 26의 문제는 뒤로 미루고 나머지 11장에 대해 먼저 본다면, 이 장들의 병렬 방식에 일관된 방침이 있어 보이지는 않는다. 말하자면 이러한 내용을 다룬 한 덩어리의 재료가 잡찬되어 있는 것으로밖에는 생각할 수 없다. 단, 9와 10은 "자산"이 있고, 12와 13에는 "맹공작"이 보이고, 16과 17과 18에는 "제환공", 17과 18에는 "관중"이 나오므로, 그런 의미에서 서로 연접 배치된 것이리라. 이러한 견해에서 본다면, 거듭 19와 20은 위나라의 일이다. 그리고 10과 11은 다음과 같다.

> 10. 혹자가 자산의 인품을 물으니 …… 관중의 인품을 물으니, 대답하셨다.
> "이 사람은 백씨의 병읍 300호를 빼앗았는데, 백씨는 거친 밥을 먹으며 평
> 생을 마치면서도 원망하는 말이 없었다."
>
> 　或問子産, …… 問管仲, 曰, "人也, 奪伯氏駢邑三百, 飯疏食, 沒齒, 無怨言."
>
> 11. 선생님께서 말씀하셨다. "가난하면서 원망이 없기는 어렵고, 부자이면서
> 교만이 없기는 쉽다."
>
> 　子曰, "貧而無怨難, 富而無驕易."

이처럼 되어 있는데 10과 11에 "원(怨)"이라는 글자가 있는 것으로 서로
연관돼 있다. 이것은 아마 전송이 이루어질 무렵 기억의 편의에 의해 우
연히 이루어진 고안의 결과일 것이다. 결국 11을 제외한 9~20의 11장은
"정나라·노나라·위나라·제나라 등의 고금의 정치와 정치가에 대한 공자
의 비평" 기사를 잡찬하여 그것에 공자의 격언 1장(11)을 전송이 이루어질
즈음에 덧붙인 것으로, 이 일련이 〈헌문〉편의 일부로 모아져 일종의 특
색을 이루었다.

　단, 동류의 기사가 여전히 1조 더 있다. 26으로 약간 떨어져 있는데 그
이유는 후술할 것이다. 여기서는 잠정적으로 26도 포함하여 13장을 Ⓑ라
고 부르자.

4

다음으로 Ⓒ 28장 20~47에 대해 고찰해야 하지만, 이것은 매우 복잡하다.

우선 〈헌문〉편 후반에 공자의 사적과 일화가 흩어져 보이는 것에 주의해 보자. 그것은 22·26·34·37·38·42·46·47의 8장을 헤아리지만, 37과 38, 46과 47이 서로 이웃해 배치돼 있는 것을 제외하고는 전부 산재해 있다. 더구나 37은 공자의 발언 시점과 당시의 구체적인 상황에 대해 아무것도 기록되어 있지 않지만, 결국 이 한 종류로 열거해도 좋을 것이다.

22. 진성자가 간공을 시해하자, 공자께서 목욕하고 조회하시어 애공에게 아뢰셨다. "진항이 그 군주를 시해하였으니, 토벌하소서." 애공이 말하였다. "저 삼자(三子)에게 말하라." 공자께서 말씀하셨다. "내가 대부의 뒤를 따랐기 때문에 감히 아뢰지 않을 수 없었는데, 임금께서는 '저 삼자에게 말하라' 하시는구나." 삼자에게 가서 말씀하자, 불가하다 하니, 공자께서 말씀하셨다. "내가 대부의 뒤를 따랐기 때문에 감히 아뢰지 않을 수 없었다."

陳成子弑簡公, 孔子沐浴而朝, 告於哀公曰, "陳恒弑其君, 請討之." 公曰, "告夫三子." 孔子曰, "以吾從大夫之後, 不敢不告也, 君曰'告夫三子者.'"之三子告, 不可, 孔子曰, "以吾從大夫之後, 不敢不告也."

26. 거백옥이 사람을 보내 공자께 문안드리니, 공자께서 그와 함께 앉고 물으시기를 "부자(거백옥)께서는 무엇을 하시는가?" 하시자, 대답하기를 "부자께서는 허물을 적게 하려고 하시지만 아직 능치 못하십니다" 하였다. 사자가 나가자, 선생님께서 말씀하셨다. "훌륭한 사자구나! 훌륭한 사자구나!"

蘧伯玉使人於孔子, 孔子與之坐而問焉, 曰, "夫子何爲." 對曰, "夫子欲寡其過而未能也." 使者出, 子曰, "使乎, 使乎."

34. 미생묘(微生畝)가 공자께 말하였다. "구(丘)는 어찌하여 이리도 연연해하는가. 말재주를 구사하는 것이 아닌가?" 공자께서 말씀하셨다. "내 감히 말재주를 구사하려는 것이 아니라, 고집불통을 미워하는 것입니다."

微生畝謂孔子曰, "丘何爲是栖栖者與, 無乃爲佞乎." 孔子曰, "非敢爲佞也, 疾固也."

37. 선생님께서 말씀하셨다. "나를 알아주는 이가 없구나!" 자공이 말하였다. "어찌하여 선생님을 알아주는 이가 없는 것입니까?" 선생님께서 말씀하셨다. "하늘을 원망하지 않으며 사람을 탓하지 않고, 아래로 배우면서 위로 통달하나니, 나를 알아주는 것은 하늘이실 것이다."

子曰, "莫我知也夫." 子貢曰, "何爲其莫知子也." 子曰, "不怨天, 不尤人, 下學而上達, 知我者其天乎."

38. 공백료가 자로를 계손에게 참소하니, 자복경백이 공자께 아뢰기를 "부자(계손)께서 진실로 공백료의 말에 마음을 의혹하고 계시니, 내 힘이 그래도 공백료의 시신을 거리에 널어놓을 수 있습니다"라고 하였다. 선생님께서 말씀하셨다. "도가 장차 행해지는 것도 명이며 도가 장차 폐해지는 것도 명이니, 공백료가 그 명에 어떻게 하겠는가?"

公伯寮愬子路於季孫, 子服景伯以告, 曰, "夫子固有惑志於公伯寮, 吾力猶能肆諸市朝." 子曰, "道之將行也與, 命也, 道之將廢也與, 命也, 公伯寮其如命何."

42. 선생님께서 위나라에서 경쇠를 두들기셨는데, 삼태기를 메고 공씨(孔氏)의 문 앞을 지나가는 자가 듣고서 말하였다. "마음이 천하에 있구나. 경쇠를 두들김이여!" 조금 있다가 말하였다. "비루하다. 너무도 단단하구나! 나(자신)를 알아주지 못하면 그만두어야 할 것이니, '물이 깊으면 옷을 벗고 건너고, 얕으면 옷을 걷고 건너야 하는 것이다.'" 선생님께서 말씀하셨다. "과감하구나! 어려울 것이 없겠구나!"

子擊磬於衛, 有荷蕢而過孔氏之門者, 曰, "有心哉擊磬乎." 既而曰, "鄙哉硜硜乎, 莫己知也, 斯己而已矣, '深則厲, 淺則揭.'" 子曰, "果哉, 末之難矣."

46. 원양이 걸터앉아 〔공자를〕 기다리니, 선생님께서 말씀하시기를 "어려서는 공손하지 못하고, 장성해서는 칭찬할 만한 일이 없고, 늙어서도 죽지 않는

것이 바로 적이다" 하시고, 지팡이로 그의 정강이를 두드리셨다.

原壤夷俟, 子曰, "幼而不孫弟, 長而無述焉, 老而不死, 是爲賊." 以杖叩其脛.

47. 궐당(闕黨)의 동자(童子)가 〔공자의〕 명령을 전달하는 일을 맡아보자, 혹자가 묻기를 "학문이 진전된 자여서입니까?" 하였다. 선생님께서 말씀하셨다. "내 그가 자리에 앉아 있는 것을 보았으며 그 선생과 나란히 걸어 다니는 것을 보았으니, 학문에 진전을 구하는 자가 아니라, 빨리 이루고자 하는 자다."

闕黨童子將命, 或問之曰, "益者與." 子曰, "吾見其居於位也, 見其與先生並行也, 非求益者也, 欲速成者也."

이 8장은 많게는 2~3장 혹은 여러 장을 건너뛰어 산재해 있고, 앞뒤 순서도 특별히 고려했다고 볼 수 없다. 따라서 이 8장을 하나로 통합한 편찬물이 과연 존재했는지 없었는지 이해할 수 없지만, 잠정적으로 이것을 일괄하여 ㉠이라고 부르자. 만약 이것이 한 개의 편찬물이었다고 가정한다면 원래는 서로 연접 배치돼 있었던 게 된다. 그리고 겉보기에는 산재해 있는 것 같지만 이 8장을 하나씩 떼어 앞뒤의 장과 나란히 읽어보면 각각 일종의 관련이 있는 것을 알 수 있다. 이제 하나하나 그것을 조사해 보자.

우선 20이 ⓑ에 속하는 것은 이미 서술한 대로다. 이것은 중숙어·축타·왕손가 세 사람이 암군을 잘 섬겨 위나라의 사직을 지킨 일을 서술한 내용이다. 그런 의미에서 21 이하에서 군자가 암군에게서 벼슬하는 도를 설명한 이야기를 연이어 하게끔 하는 모습으로 되어 있다. 다음으로 22를 앞뒤의 21~23과 계속해 열거해 보면 다음과 같다.

21. 선생님께서 말씀하셨다. "그 말하는 것을 부끄러워하지 않으면 실천하기

어렵다."

子曰, "其言之不怍, 則爲之也難."

22. 진성자가 간공을 시해하자, 공자께서 목욕하고 조회하시어 애공에게 아뢰

셨다. ……

陳成子弑簡公. 孔子沐浴而朝, 告於哀公曰, ……

23. 자로가 임금 섬기는 것을 묻자, 선생님께서 대답하셨다. "속이지 말고 얼

굴을 대놓고 간쟁해야 한다."

子路問事君, 子曰, "勿欺也, 而犯之."

무엇보다 이 3장이 일시의 말이었다고 단정할 증거는 없다. 단지 3장이
서로 연접 배치돼 있을 뿐이다. 그리고 21은 신주에 의하면 "무반성적으
로 큰소리를 친다면, 실행은 힘든 것이다(호언장담하는 것을 부끄러워하지 않
는 사람은 그 말을 실행에 옮기기 힘들다는 의미다—옮긴이)"가 되고 고주에 의하면
"딱 잘라서 서슴없이 말을 내뱉어 버리는 것은 어려운 경우에라도 잘해낼
자신이 있기 때문이다"라는 의미다. 어느 쪽이든 군자가 언행일치야말로
숭상해야 한다고 말한 격언으로 그 의미에서는 29의 "선생님께서 말씀하
셨다. '군자는 그 말을 조심하고 행실을 말보다 앞서게 한다'(子曰, 君子恥其
言而過其行)"와 동일한 의미다. 그리고 이러한 의미를 취하는 한 어느 쪽이
든 22와 각별한 관계가 없다. 그러나 21이 22와 연접 배치돼 있는 사실을
중요시하여 이것을 연결하여 이해한다면 "(일의 성사에 관계하지 않고 사리에 들
어맞게 말하지 않으면 안 된다고 생각한다는 것을) 마음에 거리낌이 없이 딱 잘
라 단언하는 경우에는 실행으로 옮기는 데에 자주 어려움이 있다"는 의미
로 이해하는 것이 가능하고, 22의 공자가 제나라의 대역사건에 대해 노나
라의 애공에게 토벌을 진언했던 것과 상응하게 된다. "내가 대부의 뒤를

따랐기 때문에 감히 아뢰지 않을 수 없었는데(以吾從大夫之後, 不敢不告也)"
가 실현이 곤란함을 알면서도 책임상 발언하지 않을 수 없었다는 것을 보여주기 때문이다. 또 23은 "군주를 섬기는 사람은 때로 말하기 어려운 일도 말하지 않으면 안 되는데, 그럴 때는 마음을 굳게 먹고 도리대로 군주의 안색을 무시하고 말씀드려야 한다"고 자로에게 답하고 있다. 따라서 21·22·23의 3장은 그런 의미에서 서로 연관성이 있어 한데 모아져 배열된 것으로 해석할 수 있다.

그런데 한 걸음 더 내디뎌 보면, 다음 24가 결국 이 3장과 어렴풋이 관계를 지닌 것으로도 고찰할 수 있다.

24. 선생님께서 말씀하셨다. "군자는 위로 통달하고, 소인은 아래로 통달한다."
子曰, "君子上達, 小人下達."

이 말에 대해서는 여러 가지로 고찰할 수 있지만, 결론적으로 말하면 "군자는 국가의 운명과 같은 고원한 문제를 대국적으로 관찰해야만 하지만, 정치에 관계하지 않는 소인은 각각 일반 사람들의 일에 명확하다면 그것으로 괜찮다"는 의미로 이해된다. 그러므로 군자는 대국적 견지에서 때로는 말하기 힘든 일도 말할 수밖에 없는데, 공자가 제나라 토벌을 진언한 경우도 이웃 나라의 대역사건에 직면하여 대의를 명확하게 하려는 발언인 셈이다. 그런 의미에서 이 장을 23 뒤에 둔 것으로 이해할 수 있다. 그래서 20·21·22·23·24를 일괄하여 여기서는 잠정적으로 ⓐ라고 부르자. 후술하는 것처럼, 이 24는 25 이하의 여러 장과도 약하게나마 연관된다.

덧붙여서 "상달(上達)"이라는 말은 후술하는 37에도 보이므로, 감안하여 이해해야 할 것이다.

37. 선생님께서 말씀하셨다. "나를 알아주는 이가 없구나!" 자공이 말하였다. "어찌하여 선생님을 알아주는 이가 없는 것입니까?" 선생님께서 말씀하셨다. "하늘을 원망하지 않으며 사람을 탓하지 않고, 아래로 배우면서 위로 통달하나니, 나를 알아주는 것은 하늘이실 것이다."

子曰, "莫我知也夫." 子貢曰, "何爲其莫知子也." 子曰, "不怨天, 不尤人, 下學而上達, 知我者其天乎."

이 말에서는 "하늘을 원망하지 않고 사람을 탓하지 않는다"고 말하고 또 "아래로 배우면서 위로 통달하나니(下學而上達)"라고 되어 있는데, "상"과 "하"는 "하늘"과 "인간"에 대응하는 것으로 보인다. 고주의 "공안국이 말하였다. 아래로 인사를 배워 위로 천명을 안다(孔曰, 下學人事, 上知天命)"는 것은 바른 해석일 것이다. 또 "달"은 〈안연〉편 20에

자장이 물었다. "선비가 어떠하여야 이 달(達)이라고 이를 수 있습니까?" ……선생님께서 말씀하셨다. "……달이란 질박하며 정직하고 의를 좋아하며, 남의 말을 살피고 얼굴빛을 관찰하며 생각해서 몸을 낮추는 것이니, 나라에 있어서도 반드시 달이 되며, 집안에 있어서도 반드시 달이 되는 것이다." ……

子張問, "士何如斯可謂之達矣." ……子曰, "……夫達也者, 質直而好義, 察言而觀色, 慮以下人, 在邦必達, 在家必達, 夫聞也者, 色取仁而行違, 居之不疑, 在邦必聞, 在家必聞." ……

로 되어 있는 것과 비교해서 생각하게 된다. 그래서 〈헌문〉편 37의 "아래로 배우면서 위로 통달하나니(下學而上達)"는 "인정·세태를 연구하여 인사

를 배움과 동시에 천명, 즉 인간과 국가의 운명을 달관한다"는 뜻으로 역시 "나를 아는 자는 하늘일 것이다(知我者, 其天乎)"로, "인사를 다하고 있는 자신을 알아주는 자는 하늘 외에는 없다"면서 운명을 스스로 하늘에 일임한 태도를 나타낸 것이다. 그리고 〈헌문〉편 24의 "군자는 위로 통달하고, 소인은 아래로 통달한다(君子上達, 小人下達)"는 측면은 "위정자다워야할 군자는 (나라에 있으나 가정에 있으나 질박하고 곧으며 의로움을 좋아하고, 언어를 자세히 헤아려 얼굴빛을 관찰하며, 사려 깊게 남들에게 자신을 낮추어서 인사에 통달할 뿐 아니라,) 국가·사회와 자신의 운명을 달관해야만 하고, 정사에 관여하지 않는 소인은 (국가·사회의 운명을 달관하는 것은 어려울 것이므로) 가정과 항간의 대인관계에 통달해야 한다"는 것이리라.

다음으로 26을 앞뒤의 25 및 27과 이어서 읽어보자.

25. 선생님께서 말씀하셨다. "옛날에 배우는 자들은 자신을 위한 학문을 하였는데, 지금 배우는 자들은 남을 위한 학문을 한다."

子曰, "古之學者爲己, 今之學者爲人."

26. 거백옥이 사람을 보내 공자께 문안드리니, 공자께서 그와 함께 앉고 물으시기를 …… 선생님께서 말씀하셨다. "훌륭한 사자구나! 훌륭한 사자구나!"

蘧伯玉使人於孔子, 孔子與之坐而問焉曰, ……子曰, "使乎, 使乎."

27. 선생님께서 말씀하셨다. "그 자리에 있지 않으면, 그 정사를 도모하지 않는다."

子曰, "不在其位, 不謀其政."

이 3장도 무엇보다 일시의 말로 볼 이유는 없고, 단지 한데 모아서 서로 연접 배치돼 있을 뿐이지만, 그 점을 존중하여 그 이유를 고찰해 본다면, 이 3장은 의미상 서로 울림이 합쳐지는 것으로 받아들이는 게 가능하다. 우선 26의 거백옥은 〈위령공〉편 6에 "선생님께서 말씀하셨다. '······군자답구나, 거백옥이여! 나라에 도가 있으면 벼슬을 하고, 나라에 도가 없으면 거두어 속에 감추어두는구나!'(子曰, ······君子哉蘧伯玉, 邦有道則仕, 邦無道則可卷而懷之)"라고 공자에 의해 평가받았던 인물인 점을 감안해야 한다. 나라에 도가 있으면 벼슬을 하지만, 도가 없으면 깨끗이 사직하여 물러나고, 물러났을 때는 "허물을 적게 하려고 하면서" 수양을 게을리하지 않는다. 이것은 진실로 25의 "자신을 위해" 학문을 했던 "옛날 학자"의 풍모다. 무엇보다도 26은 직접적으로는 거백옥의 훌륭한 사자의 모습을 칭찬한 것이지만, 주인의 "옛날 학자"와 같은 모습을 멋지게 보고하여 답했던 속 그윽한 사자의 모습 배후에 거백옥의 훌륭함이 드러나는 것은 물론이다. 그리고 27의 "그 자리에 있지 않으면, 그 정사를 도모하지 않는다(不在其位, 不謀其政)"는 도가 있으면 벼슬에 나아가지만, 도가 없다면 물러나 홀로 수양에 힘쓴다는 군자의 본분을 판별한 멋진 태도와 울림이 합쳐진 것이리라. 덧붙여 거백옥은 공자에 의해 "군자답구나"라는 평가를 받은 인물이고, 자연히 이 3장은 "군자"라는 말은 없어도 군자의 모습을 서술하고 있는 것이므로 그런 의미에서 뒤의 28·29와도 또 앞의 24와도 서로 연관된다.

그런데 앞서 논한 것처럼 27은 28·29와 더불어 일련의 증자 후학이 모아 전한 재료인 것 같다.

27. 선생님께서 말씀하셨다. "그 자리에 있지 않으면, 그 정사를 도모하지 않는다."

子曰, "不在其位, 不謀其政."

28. 증자가 말씀하였다. "군자는 생각이 그 직위를 벗어나지 않는다."

曾子曰, "君子思不出其位."

29. 선생님께서 말씀하셨다. "군자는 그 말을 조심하고 행실을 말보다 앞서게
한다."

子曰, "君子恥其言而過其行."

그래서 27을 25·26 뒤에 연속되는 것으로 볼 경우에는 자연히 28·29가
27을 따라오고 결국 25~29의 5장이 연쇄적으로 결합된 형태로 배치되게
된다. 또 30은 29가 "군자"를 말한 뒤를 이어서 역시 "군자"를 말하고 있
고 거듭 30과 31은 "자공"으로써 이어받고 있다.

28. 증자가 말씀하였다. "군자는 생각이 그 직위를 벗어나지 않는다."

曾子曰, "君子思不出其位."

29. 선생님께서 말씀하셨다. "군자는 그 말을 조심하고 행실을 말보다 앞서게
한다."

子曰, "君子恥其言而過其行."

30. 선생님께서 말씀하셨다. "군자의 도가 세 가지인데, 나는 능한 것이 없다.
인한 자는 근심하지 않고, 지혜로운 자는 의혹하지 않고, 용맹한 자는 두
려워하지 않는 것이다." 자공이 말하였다. "부자께서 스스로 하신 겸사이
시다."

子曰, "君子道者三, 我無能焉, 仁者不憂, 知者不惑, 勇者不懼." 子貢曰, "夫子自
道也."

31. 자공이 사람을 비교하니, 선생님께서 말씀하셨다. "사(賜, 자공)는 어진가

보다. 나는 그럴 겨를이 없노라."

子貢方人, 子曰, "賜也賢乎哉, 夫我則不暇."

그런데 거듭 상상의 날개를 펴보면, 32·33의 2장이 31에서 공자의 자공 비판의 정신을 이어받고 있는 것은 아닐까 싶다.

31. 자공이 사람을 비교하니, 선생님께서 말씀하셨다. "사는 어진가 보다. 나는 그럴 겨를이 없노라."

子貢方人, 子曰, "賜也賢乎哉, 夫我則不暇."

32. 선생님께서 말씀하셨다. "남이 나를 알아주지 못함을 걱정하지 말고, 자신의 능하지 못함을 걱정해야 한다."

子曰, "不患人之不己知, 患其不能也."

33. 선생님께서 말씀하셨다. "남이 나를 속일까 역탐(逆探, 미리 짐작)하지 않고, 남이 나를 믿어주지 않을까 억측(臆測)하지 않는다. 그러나 또한 먼저 깨닫는 자가 어진 것이다."

子曰, "不逆詐, 不億不信, 抑亦先覺者, 是賢乎."

생각건대 자공은 총명·다재라는 면으로 공문에서 으뜸가는 존재이고 특히 "언어(言語)"에서 탁월해 국제외교에서 크게 활약했지만, 반면 즐겨 사람을 비판하는 성벽이 있었다. 31은 그 지나친 행위를 경고한 공자의 말이다. 그리고 32는 〈학이〉편 16 "선생님께서 말씀하셨다. '남이 자신을 알아주지 못함을 걱정하지 말고, 내가 남을 알지 못함을 걱정해야 한다'(子曰, 不患人之不己知, 患不知人也)", 〈이인〉편 14 "선생님께서 말씀하셨다. '지위가 없음을 걱정하지 말고 지위에 설 것을 걱정하며, 자신을 알아주는 이가 없음을 걱정하지 말고 알려질 만하기를 구해야 한다'(子曰, 不患無位, 患所以立, 不患莫己知, 求爲可知也)", 〈위령공〉편 18 "선생님께서 말씀하셨다. '군자는 자기의 무능(無能)함을 병으로 여기고, 남이 자신을 알아주지 못함을 병으로 여기지 않는다'(子曰, 君子病無能焉, 不病人之不己知也)" 등과 약간씩 다른 표현으로 《논어》에 누차 나타나는 공자의 격언이다. 주자는

> 모든 장에 뜻이 같고 문장도 다르지 않은 것은 한 번 말씀한 것이 다시 나온 것이요, 문장이 조금 다른 것은 여러 번 말씀하여 각각 나온 것이다. 이 장은 네 번 나오는데 문장이 모두 다르다. 그렇다면 성인이 이 한 가지 일에 대해 여러 번 말씀하신 것이니, 그 간곡하신 뜻을 또한 볼 수 있다.
>
> 凡章指同而文不異者, 一言而重出也, 文小異者屢言而各出也, 此章凡四見, 而文皆有異, 則聖人於此一事, 蓋屢言之, 其丁寧之意, 亦可見矣.

라고 주를 달았다. 하여간 자공 한 사람한테만 했던 말은 아니지만, 말이 많은 자공에게는 누차 해준 좋은 경고가 되는 말이었음이 분명하다. 그리고 33은 "지나치게 사람의 마음을 떠보아 사기와 불신을 경계하기보다 우선 정확하게 진상을 깨닫는 사람이야말로 어진 사람이다"라는 뜻으로 31의 "사는 어진가 보다(賜也賢乎哉)"라는 야유와 상응한다. 그런 의미에서 31·32·33의 3장을 한데 모아서 일종의 연관을 이루었다. 따라서 결국 25~33의 9장이 연쇄적으로 배열되어 하나로 이어지도록 나란히 놓은 재료인 것이 판명된다. 여기서 이 9장을 잠정적으로 ⓑ라고 부르자.

다음으로 주의해야 할 것은 34~42 9장이다. 이 9장을 관통하는 특색은 35·36 2장을 제외하면 모두 출처진퇴와 은일에 관한 기사라는 것이다. 우선 이 9장의 전문을 열거하면 다음과 같다.

34. 미생묘가 공자께 말하였다. "구는 어찌하여 이리도 연연해하는가. 말재주를 구사하는 것이 아닌가?" 공자께서 말씀하셨다. "내 감히 말재주를 구사하려는 것이 아니라, 고집불통을 미워하는 것입니다."

微生畝謂孔子曰, "丘何爲是栖栖者與, 無乃爲佞乎." 孔子曰, "非敢爲佞也, 疾固也."

35. 선생님께서 말씀하셨다. "기마는 그 힘을 칭찬하는 것이 아니라, 그 덕을 칭찬하는 것이다."

子曰, "驥不稱其力, 稱其德也."

36. 혹자가 말하였다. "덕으로써 원망을 갚는 것이 어떻습니까?" 선생님께서 말씀하셨다. "무엇으로써 덕을 갚을 것인가? 정직함으로써 원한을 갚고, 덕으로써 덕을 갚아야 한다."

或曰, "以德報怨何如." 子曰, "何以報德, 以直報怨, 以德報德."

37. 선생님께서 말씀하셨다. "나를 알아주는 이가 없구나!" 자공이 말하였다. "어찌하여 선생님을 알아주는 이가 없는 것입니까?" 선생님께서 말씀하셨다. "하늘을 원망하지 않으며 사람을 탓하지 않고, 아래로 배우면서 위로 통달하나니, 나를 알아주는 것은 하늘이실 것이다."

子曰, "莫我知也夫." 子貢曰, "何爲其莫知子也." 子曰, "不怨天, 不尤人, 下學而上達, 知我者其天乎."

38. 공백료가 자로를 계손에게 참소하니, 자복경백이 공자께 아뢰기를 "부자(계손)께서 진실로 공백료의 말에 마음을 의혹하고 계시니, 내 힘이 그래도 공백료의 시신을 거리에 널어놓을 수 있습니다"라고 하였다. 선생님께서 말씀하셨다. "도가 장차 행해지는 것도 명이며 도가 장차 폐해지는 것도 명이니, 공백료가 그 명에 어떻게 하겠는가?"

公伯寮愬子路於季孫, 子服景伯以告, 曰, "夫子固有惑志於公伯寮, 吾力猶能肆諸市朝." 子曰, "道之將行也與, 命也, 道之將廢也與, 命也, 公伯寮其如命何."

39. 선생님께서 말씀하셨다. "현자는 세상을 피하고, 그다음은 지방을 피하고, 그다음은 색을 〔보고〕 피하고, 그다음은 말을 〔어기면〕 피한다."

子曰, "賢者辟世, 其次辟地, 其次辟色, 其次辟言."

40. 선생님께서 말씀하셨다. "일어나 은둔한 자가 일곱 사람이다."

子曰, "作者七人矣."

41. 자로가 석문에서 유숙했는데, 신문이 묻기를 "어디에서 왔는가?" 하자, 자로가 "공씨에게서 왔소"라고 대답하니, 그가 "바로 불가능한 줄을 알면서도 하는 자 말인가" 하였다.

子路宿於石門, 晨門曰, "奚自." 子路曰, "自孔氏." 曰, "是知其不可而爲之者與."

42. 선생님께서 위나라에서 경쇠를 두들기셨는데, 삼태기를 메고 공씨의 문 앞을 지나가는 자가 듣고서 말하였다. "마음이 천하에 있구나. 경쇠를 두들김이여!" 조금 있다가 말하였다. "비루하다. 너무도 단단하구나! 나(자신)를 알아주지 못하면 그만두어야 할 것이니, '물이 깊으면 옷을 벗고 건너고, 얕으면 옷을 걷고 건너야 하는 것이다.'" 선생님께서 말씀하셨다. "과감하구나! 어려울 것이 없겠구나!"

子擊磬於衛, 有荷蕢而過孔氏之門者, 曰, "有心哉擊磬乎." 旣而曰, "鄙哉硜硜乎, 莫己知也, 斯己而已矣, '深則厲, 淺則揭.'" 子曰, "果哉, 末之難矣."

이 9장을 통관해 보면, 34는 공자가 미생묘라는 아마도 은둔한 선비로 보이는 인물로부터 생활태도를 비판받은 데 대한 공자의 응답으로 한 편의 일화로 보아도 좋다. 거기에 자연히 사회를 소중히 여기는 공자의 관점이 나와 있다. 35·36은 뒤로 미뤄두고, 37은 공자가 사업이 뜻대로 이루어지 않아 해본 한탄이지만, "나를 알아주는 이가 없구나!(莫我知也夫)"라는 말투에서 결국 은일에 안주하는 게 본의가 아니라는 공자의 세간주의를 엿볼 수 있다. 그리고 그에 구애받지 않고 불우함의 원인을 하늘만이 안다며 자신을 위로하고 있다. 38은 공자가 노나라의 정치에 참여했을 때 자로를 계씨의 가신으로 삼아 정책을 수행했지만, 그 자로가 중상(中傷)을 당해 정책 수행이 위태로워졌을 때의 일로 해석된다. 이때도 공자는 일의 성사 여부를 천명에 돌린다. 따라서 37과 38은 "하늘"과 "명"으로 서로 이어받고 있다. 생각건대 공자 본래의 사업은 인정(仁政)을 천하에 펼치는 것이어서 세무(世務)로부터 은퇴한 은일은 본의가 아니다. 단, 사업이 뜻처럼 되지 않아 직을 사양하고 은퇴할 수밖에 없는 곤란한 처지일 때는 일시적으로 은일에 가까운 태도를 취하지만, 원래는 단순한 은일과는 입장을 달리했다. 그렇기 때문에 고래의 은일에 대한 비판도 나오고, 현재 은일하는 사람과의 대결도 있다. 39와 40은 은일에 대한 공자의 관심을 나타내는 말로 사건에 의하면 40의 "일어나 은둔한 자가 일곱 사람이다 (作者七人矣)"는 〈미자〉편 8에 보이는 "일민 7인"에 해당한다. 41은 자로가 은거한 사람으로부터 들은 공자 평이다. 그리고 42는 공자가 노나라의 공직을 사양하고 천하를 유력하는 중에 위나라에서 은거한 사람과 대결한 일화다. 요컨대 이 9장에는 35 · 36 2장을 제외한 7장이 모두 공자의 출처 진퇴, 따라서 그것에 수반하는 은일과의 대결을 말했던 재료만 모아져 있다. 그 순서는 꼭 어떤 방침에 의해 고려된 것 같지는 않고, 말하자면 잡찬의 모양새지만 어찌 되었든 한 덩어리의 재료로 보인다. 그렇다 치더라도 무슨 이유로 언뜻 보기에 관계가 없어 보이는 35 · 36이 끼어 있을까? 생각건대 36은 37과 나란히 "원(怨)"이라는 글자로 서로 연관돼 있다. 또 35는 36과 "덕(德)" 자로 서로 이어받고 있다. 따라서 35와 36과 37은 연쇄적으로 계속하면서 한꺼번에 기억하여 전송되던 재료 같고, 그중 37이 은일과의 대결에 관한 일련의 재료로 채용되어 35 · 36도 그것에 부수적으로 끼워 넣게 되었을 것이다. 어찌 되었든 34~42의 9장이 서로 연관돼 하나로 이어져 있으므로, 이것을 일괄하여 ⓒ라고 부르자.

다음으로 43~47의 5장을 고찰해 보자.

43. 자장이 말하였다. 《서》에 이르기를 '고종이 양음에서 3년 동안 말하지 않았다' 하니, 무엇을 말합니까?" 선생님께서 말씀하셨다. "하필 고종뿐이겠는가. 옛사람이 다 그러하였으니, 군주가 죽으면 백관들은 자기의 직책을 총괄하여 총재에게 (명령을) 듣기를 3년 동안 하였다."

子張曰, "書云, '高宗諒陰, 三年不言.' 何謂也." 子曰, "何必高宗, 古之人皆然, 君薨, 百官總己以聽於冢宰三年."

44. 선생님께서 말씀하셨다. "위에서 예를 좋아하면 백성을 부리기 쉽다."

子曰, "上好禮, 則民易使也."

45. 자로가 군자에 대하여 물으니, 선생님께서 "경(敬)으로써 몸을 닦는 것이다" 하셨다. (자로가) "이와 같을 뿐입니까?" 하자, "몸을 닦아서 사람을 편안하게 하는 것이다" 하고 대답하셨다. 다시 "이와 같을 뿐입니까?" 하고 묻자, 다음과 같이 말씀하셨다. "몸을 닦아서 백성을 편안하게 하는 것이니, 몸을 닦아서 백성을 편안하게 함은 요순도 오히려 부족하게 여기셨다."

子路問君子, 子曰, "脩己以敬." 曰, "如斯而已乎." 曰, "脩己以安人." 曰, "如斯而已乎." 曰, "脩己以安百姓, 脩己以安百姓, 堯舜其猶病諸."

46. 원양이 걸터앉아 (공자를) 기다리니, 선생님께서 말씀하시기를 "어려서는 공손하지 못하고, 장성해서는 칭찬할 만한 일이 없고, 늙어서도 죽지 않는 것이 바로 적이다" 하시고, 지팡이로 그의 정강이를 두드리셨다.

原壤夷俟, 子曰, "幼而不孫弟, 長而無述焉, 老而不死, 是爲賊." 以杖叩其脛.

47. 궐당의 동자가 (공자의) 명령을 전달하는 일을 맡아보자, 혹자가 묻기를

"학문이 진전된 자여서입니까?" 하였다. 선생님께서 말씀하셨다. "내 그가 자리에 앉아 있는 것을 보았으며 그 선생과 나란히 걸어 다니는 것을 보았으니, 학문에 진전을 구하는 자가 아니라, 빨리 이루고자 하는 자다."

闕黨童子將命, 或問之曰, "益者與." 子曰, "吾見其居於位也, 見其與先生並行也, 非求益者也, 欲速成者也."

이 5장은 46과 47 2장이 연속되는 공자의 일화로 원양과 궐당 동자라는 무명의 인물에 대한 공자의 비판이란 것뿐 5장 사이에 어떤 관련성이 있는 것 같지는 않다. 단, 46의 원양의 예의에서 어긋난 "공손하지 못하고"·"칭찬할 만한 일이 없고"의 태도와 47의 궐당 동자의 "선생과 나란히 걸어 다니는 것"과 같은 무례한 태도는 모두 예법을 무시한 태도라는 점에서 자연스럽게 예법에 관한 설명이 된다. 그리고 43은 자장에게 3년상은 예부터의 통례임을 가르쳐주고, 44는 위정자가 예를 중시해야 하는 것을 말하며, 45는 자로의 질문에 답하여 군자는 "경으로써 몸을 닦아야" 함을 설명하고 있다. "경"은 말할 필요도 없이 "예"의 정신이다. 따라서 그런 의미에서 이 5장은 전부 예에 관한 설명이라는 점에서 공통된다. 그러므로 이 5장을 일괄하여 ⓓ라고 부르자.

그런데 위에서 서술한 것처럼 20 이하를 회고해 보면, 20~24의 5장은 ⓐ, 25~33의 9장은 ⓑ, 34~42의 9장은 ⓒ, 43~47의 5장은 ⓓ로 ⓐ·ⓑ·ⓒ·ⓓ는 각각 연관성이 있는 한 덩어리의 재료로 보이지만, ⓐ·ⓑ·ⓒ·ⓓ 상호 간에는 반드시 연관이 있는 것 같지는 않다. 그런 의미에서 ⓐ·ⓑ·ⓒ·ⓓ는 독립된 4개의 편집물일 것이다. 그러나 앞에서 이미 지적했듯이 〈헌문〉편 후반에는 공자의 사적과 일화 8장이 드문드문 보이고, 그것들이 1~4장씩 ⓐ·ⓑ·ⓒ·ⓓ 각각에서 발견된다. 즉 22(ⓐ)·26(ⓑ)·34·

37·38·42(이상 ©)·46·47(이상 ⓓ)이다. 여기서 잠정적으로 이 8장을 ㉠으로 해두었다. 그래서 만약 공자의 사적과 일화를 모은 ㉠의 8장을 한 덩어리의 재료 혹은 한 덩어리로 판단한 편집자의 의식과 ⓐ·ⓑ·©·ⓓ라는 4개의 편집된 재료가 함께 있었다고 가정하고, 이 5개의 재료 혹은 의식을 하나로 모으는 재편성이 이루어졌다고 가정한다면, 20~47의 28장에 달하는 일련의 편찬물이 현행 〈헌문〉편 후반의 장 순서대로 완성되었을 가능성이 있다. 이것을 일괄하여 ©라고 부르도록 하자.

5

이상 서술한 바를 종합하면, 〈헌문〉편 47장은 2~3장, 혹은 5장, 9장 등 크고 작은 여러 가지 통합의 재료를 몇 번 서로 겹쳐 정리한 것에 의해 성립된 것 같고, 최종적으로 Ⓐ·Ⓑ·©라는 세 가지 큰 재료로 정리된 것을 거듭 Ⓐ-Ⓑ-©의 순서로 배열 편집해 완성한 것으로 보인다. 그 관계를 그림으로 나타내면 다음과 같다.

(.... 2개의 장 사이에 연관이 있는 것, 이것을 갑(甲)이라 한다.

{ .... 3개 이상의 장 사이에 서로 연관이 있는 것, 이것을 을(乙)이라 한다.

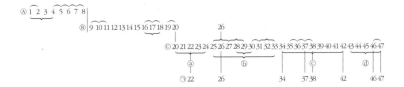

이상은 47장 사이에 보이는 연관 관계를 실마리로 하여 정리한 〈헌문〉편의 구조로, 갑 연관 및 을 연관의 각각의 성립 사정 및 성립 시기는 결코 한 가지가 아니다. 예를 들어 어떤 시기부터 한 개로 모아져 전송된 까닭에 그대로 이 편의 편집에 즈음하여 재료로 채용된 것도 있고, 잡찬의 모양새로 모아진 여러 장 혹은 10여 장의 재료 중에서 유사한 것을 인접시키는 식으로 순서를 변화시킨 경우도 있을 수 있다. 그리고 그런 작업들이 이루어진 것도 반드시 한 사람의 한때에 의한 것은 아닐 터다. 또 현실로 보이는 여러 연관의 사실이 여러 사정들 중 어느 쪽에 해당하고, 또 그 시기가 언제였던가에 대해서는 해석 방법도 갈렸을 것이고, 쉽게 결정하기 어려운 경우도 많았을 것이다. 그러나 이런 구조 연구는 〈헌문〉편 성립 사정을 가능한 한 정밀하게, 정확히, 또한 실증적으로 파악하는 데 기초를 제공한다고 생각한다.

그런데 돌이켜 〈헌문〉편에 채용된 47장 각각의 성질을 재고해 보면, 공자의 격언도 공자와 제자 및 외부인과의 문답도 공자의 고금의 인물 및 정치에 대한 비판도 공자의 사적과 일화의 경우도 말투, 용어, 글의 스타일 등으로 보면 한두 예외를 제외하고는 모두 직제자로부터 나온 재료에 기초한 것으로 보인다. 이미 〈학이〉편을 논할 때 서술한 대로 《논어》의 재료가 된 자료를 그것의 출처 성분으로 살펴보면 다음 다섯 가지다.

  i) 직제자로터 나온 자료─손제자가 편집.
 ii) 손제자 혹은 3전 제자로부터 나온 자료─"유자왈"·"증자왈"의 경우도 이에
    속한다.
iii) 공문 이외의 세간에서 전해진 공문에 관한 전문을 채용한 것.
iv) 70제자 후학 사이에서 발생한 선사 선현에 관한 설화 전설.

v) 70제자 후학 사이에 전송되어 온 선현 사유 이래의 지식.

이 다섯 종류를 인정하는 기준에 대해서는 지금 이 자리에서 깊게 파고들 수 없지만, 〈헌문〉편 47장은 대부분이 i)에 속하고 ii)는 28의 "증자왈"뿐이다. 단, 〈헌문〉편은 몇 번 편집이 거듭된 나머지 복잡한 구조를 지니고, 당연히 약간의 공문 언행록이 이미 편집된 뒤에 남은 어수선한 재료를 모아 그것들에 대해 보족적인 편집을 했을 것이다. 그런 의미에서 편집은 2~3전의 제자 시대보다는 약간 느릴 것이다. 그렇다고 해도 〈헌문〉편 각 장의 사료적 가치를 이차적인 것으로 경시하는 일은 있을 수 없다.

더구나 이 편의 성립 시기가 당연히 재전의 제자 시대보다 나중이라고 해도 편집이 몇 번 거듭된 형적이 있으므로 시간이 걸렸으리라는 점, 맹자 이후에 자주 발견되는 "요·순"이라는 이름이 45에 한 번 나타나는 점, 맹자와 일치하는 어구를 포함한 것으로 37(《맹자》〈공손추하〉 13)과 43(《맹자》〈등문공상〉) 등이 있는 점 등으로 미루어보면, 4~5전 제자 무렵까지 내려간다. 혹은 제나라에 유전된 후에 다소 윤색되었을지도 모른다. 그러나 "증자왈"(28)을 포함하여 증삼 후학의 전송으로 보이는 것(27·28·29)이 포함되어 있는 점, 원헌처럼 노나라에서 풀이 우거진 늪에 숨어 산 직제자로서 노나라 이외의 지역에서는 그 이름이 알려지지 않았을 학자의 말(1·2)이 전해지는 점, 남궁괄(6)·맹공작(12·13)·장무중(13·15)·변장자(13)·염구(31)·계강자(20)·공백료(38)·자복경백(38)·원양(46)과 같이 노나라 인물의 일이 자주 보이고 또 공자의 사적과 일화에 대해서도 (6)·(20)·22·(34)·38·46·(47)과 같이 노나라에서의 일이 적지 않은 점 등으로 볼 때 이편도 노나라에서 증자 후학에 의해 만들어진 게 아닐까 싶다.

제15절 〈위령공〉편의 성격과 구조

1

〈위령공〉편은 41장으로 이루어져 있다. 전체가 잡찬의 모양새로 한 편을 관통하는 편찬 목적도 잘 이해할 수 없고, 장 순서의 필연성도 쉽게 발견할 수 없지만, 원인이 없는 사실이 없을 것이므로 이 편이 이러한 형식으로 성립한 원인과 이유를 추구해 보도록 하자.

우선 이 편에는 공자와 제자 혹은 공자와 타인과의 대화와 행동의 기술을 포함하는 장이 7장이고, 나머지 34장은 모두 "자왈……"로 시작하는 공자의 교훈으로 짧은 문장이 많다. 격언·유명(遺敎: 죽을 때 남긴 말―옮긴이)의 단편 등을 수록한 것으로 생각된다.

대화와 행동의 기술을 포함하는 7개 장은 1·2·5·9·10·23·41로 1과 2, 9와 10이 인접해 있는 것을 제외하고는 전편에 산재해 있다. 이 7장을 열거해 보자.

> 1. 위나라 영공이 공자에게 진 치는 방법에 대해 묻자 공자께서 대답하시기를 "예법에 관한 일은 일찍이 들었으나, 군대의 일에 대해서는 아직 배우지 못했습니다" 하시고, 이튿날 바로 위나라를 떠나셨다.
>
> 衛靈公問陳於孔子, 孔子對曰, "俎豆之事, 則嘗聞之矣, 軍旅之事, 未之學也." 明日遂行.
>
> 진나라에서 양식이 떨어지니, 제자들이 병들어 일어나지 못했다. 자로가 성난 얼굴로 공자를 뵙고, "군자도 궁할 때가 있습니까?" 하고 묻자, 선생님께서 말씀하셨다. "군자는 곤궁해도 절조를 지키지만 소인은 곤궁해지

면 탈선한다."

在陳絶糧, 從者病, 莫能興, 子路慍見曰, "君子亦有窮乎." 子曰, "君子固窮, 小人窮斯濫矣."

2. 선생님께서 말씀하시기를, "사(賜)야! 너는 내가 많이 배우고 그것을 기억하는 자라고 여기느냐?" 하시자, 자공이 대답하였다. "그렇습니다. 아닙니까?" 선생님께서 말씀하셨다. "아니다. 나는 하나의 이치로 모든 사물을 꿰뚫은 것이다."

子曰, "賜也, 女以予爲多學而識之者與." 對曰, "然, 非與." 曰, "非也, 予一以貫之."

5. 자장이 행에 대해 묻자, 선생님께서 말씀하셨다. "말이 충성스럽고 신실하며, 행실이 돈독하고 공경스러우면, 비록 오랑캐의 나라일지라도 두루 통할 것이다. 말이 충성스럽고 신실하지 못하며, 행실이 돈독하고 공경하지 못하면, 자기 고장에서일지라도 통할 수 있겠는가? 서 있으면 자기 앞에 그 말들이 빽빽이 이어져 있는 듯 보이고, 수레에 올라타면 그 말들이 끌채의 끝에 댄 횡목에 새겨져 있는 듯해야 할 것이니, 그런 연후에 통할 것이다." 자장이 큰 허리띠에 이 말씀을 적었다.

子張問行, 子曰, "言忠信, 行篤敬, 雖蠻貊之邦行矣, 言不忠信, 行不篤敬, 雖州里行乎哉, 立則見其參於前也, 在輿則見其倚於衡也, 夫然後行." 子張書諸紳.

9. 자공이 인을 행함을 묻자, 선생님께서 말씀하셨다. "공인(工人)이 그 일을 잘하려면 반드시 먼저 그 기구(연장)를 예리하게 만들어야 하는 것이니, 이 고을에 살면서 그 대부의 어진 자를 섬기며, 그 선비의 인한 자를 벗삼아야 한다."

子貢問爲仁, 子曰, "工欲善其事, 必先利其器. 居是邦也, 事其大夫之賢者, 友其士之仁者."

10. 안연이 나라 다스리는 방법에 관해 묻자, 선생님께서 말씀하셨다. "하나라

의 역법을 쓰고, 은나라의 질박한 수레를 타며, 주나라의 면류관을 쓰고, 음악은 [순임금의] 소무를 할 것이요, 정나라 음악을 금지하고, 말재주 있는 사람을 멀리할 것이니, 정나라 음악은 음탕하고, 말재주 있는 사람은 위험한 것이다."

顏淵問爲邦, 子曰, "行夏之時, 乘殷之輅, 服周之冕, 樂則韶舞, 放鄭聲, 遠佞人, 鄭聲淫, 佞人殆."

23. 자공이 물었다. "종신토록 받들어 실천할 만한 한마디가 있습니까?" 선생님께서 말씀하셨다. "서가 아닐까? 자신이 원치 않는 일을 남에게 베풀지 않는 것이다."

子貢問曰, "有一言而可以終身行之者乎." 子曰, "其恕乎, 己所不欲, 勿施於人."

41. 악사 면이 뵈올 적에 섬돌에 이르자 선생님께서 섬돌이라 말씀하셨고, 자리에 미치자 선생님께서 자리라 말씀하셨고, 모두 다 앉자 선생님께서 아무개는 여기에 있고 아무개는 여기에 있다고 말씀해 주셨다. 악사 면이 나가자, 자장이 묻기를 "악사와 더불어 말씀하는 도입니까?" 하였다. 선생님께서 말씀하셨다. "그러하다. 진실로 악사를 도와주는 방법이다."

師冕見, 及階, 子曰, "階也." 及席, 子曰, "席也." 皆坐, 子告之曰, "某在斯, 某在斯." 師冕出, 子張問曰, "與師言之道與." 子曰, "然, 固相師之道也."

이 7장은 모두 풍미가 깊은 대화로 어느 장에나 공자의 명언이 포함되어 있지만, 장의 형식을 보면 최초의 1과 최후의 41이 특이하고, 중간의 5장 2·5·9·10·23은 모두 공자의 행동은 포함하지 않은 사제 간의 대화다.

최초의 1은 두 부분으로 이루어졌다. 전반은 "위나라 영공이 공자에게 진 치는 방법에 대해 묻자 공자께서 대답하시기를……(衛靈公, 問陳於孔子, 孔子對曰……)"은 위령공과의 문답으로 공자가 위나라를 떠난 사정을 서술하고 있는데, 이것은 "공자"라고 하여 세간에서 전송된 전문의 형식을 취하고 있다. 후반은 "진나라에서 양식이 떨어지니, ……선생님께서 말씀하셨다……(在陳絶糧, ……子曰……)"로 위나라를 떠난 뒤 진나라에서 조난당한 일을 서술하고 있는데, 이것은 "자왈……"로 되어 있으므로 공문 내에서 전해진 전문일 것이다. 이 두 개를 합쳐서 1장(2장으로 하는 것도 가능하다)으로 했는데, 하여간 천하유력 중의 사건이다. 이것에 대해 편의 끝 장인 41은 공자와 노나라 태사 악사 면과의 회견 모양을 서술하고 그것에 대한 자장과의 사제 문답을 기록하고 있다. 악사 면은 노나라 태사이고, 자장은 공자 만년의 제자이므로, 이것은 아마 공자가 만년에 노나라로 귀국하여 학교를 열었을 때의 일일 것이다. 공자 학교의 과목에 시서예악이 있으므로 면은 말하자면 음악과의 전임강사였으리라. 하여간 편 머리의 1과 편 끝의 41 사이에는 천하유력 시대로부터 만년의 학교 시대까지의 시간 흐름이 느껴진다. 그리고 그 중간의 2 "선생님께서 말씀하시기를, ……(子曰, ……)"이라는 자공과의 문답, 5의 "자장이 행에 대해 묻자, 선생님께서 말씀하셨다. ……(子張問行, 子曰, ……)", 9의 "자공이 인을 행함을 묻자, 선생님께서 말씀하셨다. ……(子張問行, 子曰, ……)", 10의 "안연이 나라 다스리는 방법에 관해 묻자, 선생님께서 말씀하셨다. ……(顏淵問爲邦, 子曰, ……)", 23의 "자공이 물었다. '종신토록 받들어 실천할 만한 한마디가 있습니까?' 선생님께서 말씀하셨다. ……(子貢問曰, 有一言而可以終身行之者乎. 子曰, ……)"는 모두 이 기간에 이루어진 사제 간 문답일 것이다. 그 중 5의 자장은 공자보다 46세가 어리기 때문에 공자 만년의 제자로, 이 문답도 만년의 학교 개설 시대의 일일 것이다. 10의 안연은 공자의 천하유력을 시종 따라다녔고 만년의 학교 개설 시대에도 그가 죽을 때까지 공문 제일의 인물로 존중받았다. 이 장에서 그에게 한 말을 보면 공자는 이미 장년 시대부터 계속 견지한 주공의 정치를 부흥하자고 하는 이상을 극복하여 삼대를 절충한 형태로 앞으로의 이상사회를 묘사하고 있다. 이 것은 아마도 천하유력 시대에 파악한 천하의 실정에 대한 인식과 만년에 삼대 문화의 성과를 모아 정리하자고 했던 문화 사업의 성과에 기초하여 도달한 사상이 아닐까 싶다. 그렇다면 이것도 만년의 대화일 것이다. 다른 3장인 2·9·23은 모두 자공과의 문답이다. 자공도 역시 선배 격의 제자로 안연에 버금가는 유력한 인물이고, 유력 시대에도 만년의 학교 개설 시대에도 공자 주변에 있을 때가 많았으므로, 이 3장은 그 시대에 이루어진 대화일 것이다. 그중 2와 23은 공자가 이른바 "일관의 도"를 설명한 것으로 서로 참조해야 할 중요한 말이다. 생각건대 《논어》에서 공자가 "일관의 도"를 설명한 장은 이 외에 〈이인〉편에서 증삼과의 문답이 있지만, 증삼은 공자보다 45세 어린 공자 만년의 제자다. 공자는 만년에 학교를 개설해 커리큘럼을 짜고 제자를 가르쳤다. 더불어 그것과 관련하여 삼대 문화의 수집·정리·보존·발휘라는 문화 사업에 온 힘을 기울였던 것 같다. 그와 동시에 공자 자신의 학술사상은 점점 원숙하여 어떤 의미에서 조직화되고 일관되어 갔다고 생각한다. 그렇게 치면 "일관의 도"는 만년의 사상으로, 당연히 이 자공과의 문답 2장인 2·23도 결국 공자 만년의 대화다. 9의 자공의 인에 대한 물음의 답은 그 시기를 소상하게 밝히지 않는다.

2

그런데 잠정적으로 이상의 7장이 이 편의 골격을 이루는 장이라고 보면, 나머지 34장의 "자왈······"은 후인이 공자의 유훈을 모아 7장 사이에 살을 붙여 연결시킨 것이다. 그러나 여기에도 몇몇 형식이 존재하고 또 그 배열에 소소한 배려가 있었던 것으로 보인다.

우선 3과 4를 열거해 보자.

3. 선생님께서 말씀하셨다. "유(由)야! 덕을 아는 자가 드문 것이다."

　子曰, "由, 知德者鮮矣."

4. 선생님께서 말씀하셨다. "무위(無爲)로 다스리신 자는 순임금이실 것이다. 무엇을 하셨겠는가? 몸을 공손히 하고 바르게 남면하셨을 뿐이다."

　子曰, "無爲而治者, 其舜也與, 夫何爲哉, 恭己正南面而已矣."

이 중 3은 사제 간 문답은 아니지만 "유"라고 부르고 있으므로 자로에게 말한 말의 단편일 것이다. 그리고 그것은 2의 사제 간 문답에서 자공을 부르면서 "사야……"라고 말한 것과 동일한 형식을 취하고 있으므로, 3을 2 다음에 열거했을 것이다. 그럼에도 3은 "선생님께서 말씀하셨다. '유야! 덕을 아는 자가 드문 것이다'(子曰, 由, 知德者鮮矣)로 "덕"에 대해 말하고 있지만, 4는 "선생님께서 말씀하셨다. '무위로 다스리신 자는 순임금이실 것이다……'(子曰, 無爲而治者, 其舜也與……)"로 순수하게 덕으로써 천하를 다스린 이상적인 예로 순을 들었다. 때문에 덕의 문제에 대한 연상으로 부터 4를 여기에 배치했을지도 모른다. 요컨대 1은 41과 대응하여 한 편의 수미를 이루고 이 편에 포함된 여러 장의 발언 시기의 상한과 하한을 나타내는 것으로 이것을 제외한다면, 2·3·4의 3장은 3은 2를 이어받고, 4는 3을 이어받아 3장은 연쇄적으로 엮여 있다. 더구나 《사기》〈공자세가〉에 의하면 2의 자공과의 문답은 1의 자로와의 문답과 함께 모두 진·채의 위기 시의 일로, 그러한 전송은 예부터 있어서 1 다음에 2를 배치했는지 모른다. 1·2·3·4의 4장을 ⓐ라고 하자.

게다가 4에 "선생님께서 말씀하셨다. 무위로 다스리신 자는 순임금이실 것이다……(子日, 無爲而治者, 其舜也與……)"로 순임금을 열거한 것에 일단 주의를 기울이고 싶다. 《논어》에서 순을 언급한 장은 많지 않다. 〈태백〉편의 끝부분 4장인 18·19·20·21은 《상서》의 〈우하서(虞夏書)〉에 기초한 지식으로 생각되고 맹자 전후에 부가된 부분이 아닐까 짐작이 가지만, 그중 18은 "선생님께서 말씀하셨다. '위대하시다! 순임금과 우임금은 천하를 소유하시고도 그것을 관여치 않으셨으니'(子日, 巍巍乎, 舜禹之有天下也, 而不與焉)"라고 되어 있고, 20은 "순임금이 어진 신하 다섯 사람을 두심에 천하가 다스려졌다……(舜有臣五人而天下治……)"고 되어 있어 순의 일이 2회 보인다. 〈요왈〉편 1에는 "요임금이 말씀하셨다. ……순임금도 이 말씀으로써 우임금에게 명하셨다(堯日, ……舜亦以命禹)"고 되어 있지만, 이 장도 《상서》의 지식을 철습(綴拾: 옷의 구멍 난 곳을 꿰매어 수정하듯이 잃어버린 것을 엮어 정리하는 것을 일컫는다 — 옮긴이)하여 편성한 장으로 맹자 이후에 등장한 나중의 글일 것이다. 〈옹야〉편의 끝 28의 자공에 답한 공자의 말에 "선생님께서 말씀하셨다. '어찌 인을 일삼는 데 그치겠는가. 반드시 성인일 것이다. 요순도 이에 있어서는 오히려 부족하게 여기셨을 것이다'(子日, 何事於仁, 必也聖乎, 堯舜其猶病諸)"라고 되어 있지만 이 글도 맹자 전후에 제나라에서 윤색된 게 아닐까 상상해 본다. 〈헌문〉편 45의 자로에게 답한 공자의 말 중에도 "몸을 닦아서 백성을 편안하게 하는 것이니, 몸을 닦아서 백성을 편안하게 함은 요순도 오히려 부족하게 여기셨다(脩己以安百姓, 脩己以安百姓, 堯舜其猶病諸)"고 되어 있지만, 이것도 제나라에 유전된 후에 윤색되었다고 짐작되는 바가 있다. 그리고 지금 이 편의 ⓐ 말 4에 "선생님께서 말씀하셨다. '무위로 다스리신 자는 순임금이실 것이다. 무엇을 하셨겠는

가? 몸을 공손히 하고 바르게 남면하셨을 뿐이다'(子曰, 無爲而治者, 其舜也
與, 夫何爲哉, 恭己正南面而已矣)고 되어 있지만, 이것은 〈태백〉편 18의 "선생
님께서 말씀하셨다. '위대하시다! 순임금과 우임금은 천하를 소유하시고
도 그것을 관여치 않으셨으니'(子曰, 巍巍乎, 舜禹之有天下也, 而不與焉)"와 의
미 면에서도 "자왈"이라고 한 점에서도 유사하다. 이로부터 말하자면, 이
〈위령공〉편 4도 역시 후에 ⓐ 말에 넣어 부가된 자료인지도 모른다.

다음으로 5·6·7·8·9의 5장을 보자. 그중 6·7·8은 다음과 같다.

6. 선생님께서 말씀하셨다. "정직하구나, 사어(史魚)여! 나라에 도가 있을 때
도 화살처럼 곧으며, 나라에 도가 없을 때도 화살처럼 곧도다. 군자답구
나, 거백옥이여! 나라에 도가 있으면 벼슬을 하고, 나라에 도가 없으면 거
두어 속에 감추어두는구나!"

子曰, "直哉史魚, 邦有道如矢, 邦無道如矢." 君子哉蘧伯玉, 邦有道則仕, 邦無道
則可卷而懷之."

7. 선생님께서 말씀하셨다. "더불어 말할 만한데도 더불어 말하지 않으면 사
람을 잃는 것이요, 더불어 말할 만하지 못한데도 더불어 말하면 말을 잃는
것이니, 지혜로운 자는 사람을 잃지 아니하며 또한 말을 잃지 않는다."

子曰, "可與言而不與之言, 失人, 不可與言, 而與之言, 失言, 知者不失人, 亦不
失言."

8. 선생님께서 말씀하셨다. "지사(志士)와 인인(仁人)은 삶을 구하여 인을 해
침이 없고, 몸을 죽여 인을 이루는 경우는 있다."

子曰, "志士仁人, 無求生以害仁, 有殺身以成仁."

이 3장은 서로 각별하게 연관되는 것도 아니고, 또 앞 장 5의 자장의 문

답과도 관계가 없다. 그러나 6에서는 오로지 정직하기만 한 사어와 치세에나 난세에나 적절하게 처신하는 거백옥을 비교 열거하고, 거백옥을 "군자답다"고 평하고 있다. 그리고 이것에 연달아 7에서는 대인 교섭에 대한 말이 적절해야 함을 설명하여, 적절 타당성이라는 의미에서 6과 7은 상응하여 열거되고 있다. 여하한 경우에도 적절 타당성을 잃지 않는 것은 이른바 "중용"의 도로 도덕의 중요한 한 면이지만, 이것과 상반되는 다른 일면은 그 무엇에 의해서도 꺾이지 않는 성실을 관철하는 일이다. 그리고 다음 8의 "선생님께서 말씀하셨다. '지사와 인인은 삶을 구하여 인을 해침이 없고, 몸을 죽여 인을 이루는 경우는 있다'(子曰, 志士仁人, 無求生以害仁, 有殺身以成仁)"는 정말로 그것을 말한 명언이고, 또 앞 장 5의 "자장이 행에 대해 묻자, 선생님께서 말씀하셨다. '말이 충성스럽고 신실하며, 행실이 돈독하고 공경스러우면, 비록 오랑캐의 나라일지라도 두루 통할 것이다……'(子張問行, 子曰, 言忠信, 行篤敬, 雖蠻貊之邦行矣……)"도 역시 이 의미를 자세히 서술했다. 생각건대 이 5장은 문언상에서는 서로 어떤 관계도 없지만, 도덕의 표리를 강하게 설파한 것으로서 한 덩어리로 배치되었다. 그리고 9의 "자공이 인을 행함을 묻자, 선생님께서 말씀하셨다……(子貢問爲仁, 子曰……)"는 8의 "지사와 인인"에 이어서 부가된 재료로 보이고, 주제가 "인"인 점에 의해 이 그룹과 다른 부류는 아니고, 또 사제 문답으로서의 형식이 5의 "자장이 행에 대해 묻자, 선생님께서 말씀하셨다……(子張問行, 子曰……)"와 상응하여 정제된 형식으로 이 그룹의 수미를 형성하고 있다. 이 5~9를 ⓑ라고 부르자.

다음으로 10~22의 13장을 고찰해 보자. 우선 그중 11~22의 12장을 열거해 보자.

11. 선생님께서 말씀하셨다. "사람이 먼 생각이 없으면 반드시 가까운 근심이 있는 것이다."

子曰, "人無遠慮, 必有近憂."

12. 선생님께서 말씀하셨다. "어쩔 수 없구나! 내 덕을 좋아하기를 여색을 좋아하듯이 하는 자를 보지 못하였다."

子曰, "已矣乎, 吾未見好德如好色者也."

13. 선생님께서 말씀하셨다. "장문중은 그 지위를 도적질한 자일 것이다. 유하혜의 어짊을 알고서도 더불어 조정에 서지 아니하였구나!"

子曰, "臧文仲其竊位者與, 知柳下惠之賢, 而不與立也."

14. 선생님께서 말씀하셨다. "몸소 자책하기를 후하게 하고, 남을 책하기를 적게 한다면 원망이 멀어질 것이다."

子曰, "躬自厚而薄責於人, 則遠怨矣."

15. 선생님께서 말씀하셨다. "어찌할까 어찌할까 하고 말하지 않는 자는 나도 어찌할 수가 없을 뿐이다."

子曰, "不曰如之何, 如之何者, 吾末如之何也已矣."

16. 선생님께서 말씀하셨다. "여럿이 거처하며 하루를 마치면서도 말이 의리에 미치지 못하고 작은 지혜를 행하기 좋아한다면 환난이 있을 것이다."

子曰, "群居終日, 言不及義, 好行小慧, 難矣哉."

17. 선생님께서 말씀하셨다. "군자는 의로써 바탕을 삼고, 예로써 그것을 행하며, 겸손함으로써 그것을 내며, 신으로써 그것을 이루나니, 이것이 군자다."

子曰, "君子義以爲質, 禮以行之, 孫以出之, 信以成之, 君子哉."

18. 선생님께서 말씀하셨다. "군자는 자기의 무능함을 병으로 여기고, 남이 자신을 알아주지 못함을 병으로 여기지 않는다."

子曰, "君子病無能焉, 不病人之不己知也."

19. 선생님께서 말씀하셨다. "군자는 종신토록 이름이 일컬어지지 못함을 싫어한다."

子曰, "君子疾沒世而名不稱焉."

20. 선생님께서 말씀하셨다. "군자는 자신에게서 찾고, 소인은 남에게서 찾는다."

子曰, "君子求諸己, 小人求諸人."

21. 선생님께서 말씀하셨다. "군자는 씩씩하되 다투지 않으며, 무리 짓되 편당하지 않는다."

子曰, "君子矜而不爭, 群而不黨."

22. 선생님께서 말씀하셨다. "군자는 말을 잘한다고 해서 그 사람을 들어 쓰지 않으며, 사람이 나쁘다 하여 그의 좋은 말을 버리지 않는다."

子曰, "君子不以言舉人, 不以人廢言."

이 12장은 어느 것이나 비교적 짧은 말이지만, 그럼에도 "자왈……"이라는 형식으로 어울리고 있다. 그리고 이 일군의 후반 17~22의 6장은 "자왈, 군자……"로서 어울리고 있으므로, 그러한 말을 모아 배열한 것임에 틀림없다. 그런데 그 직전의 장 16은 "선생님께서 말씀하셨다. '여럿이 거처하며 하루를 마치면서도 말이 의리에 미치지 못하고……'(子曰, 群居終日, 言不及義……)로 되어 있어서 17의 "선생님께서 말씀하셨다. '군자는 의로써 바탕을 삼고……'(子曰, 君子義以爲質……)"와 "의"라는 글자로 상응하고 그 앞 장 15의 "선생님께서 말씀하셨다. '어찌할까 어찌할까 하고 말하지 않는 자는 나도 어찌할 수가 없을 뿐이다'(子曰, 不曰如之何, 如之何者, 吾末如之何也已矣)"는 16의 "선생님께서 말씀하셨다. '여럿이 거처하며 하루를 마치면서도 말이 의리에 미치지 못하고 작은 지혜를 행하기 좋아한다면 환난이 있을 것이다'(子曰, 群居終日, 言不及義, 好行小慧, 難矣哉)"와 유사한 말이고, "나도 어찌할 수가 없을 뿐이다"와 "환난이 있을 것이다" 등 도무지 어찌할 수 없다는 의미의 말을 공통으로 포함하고 있다. 그리고 이 2장은 17 이하 22에 이르는 "군자"와 대칭적인 인간에 대해 한탄한 말로 그런 의미에서 대응한다. 결국, 각 장 사이에 자구상으로 상호 연관성이 없는 것은 11~14의 4장이다. 그러나 11은 세간에 장래에 대한 깊은 생각이 결여된 사람이 많은 것을 경계한 말이고, 12는 세간에 색을 좋아하는 자는 많지만 덕을 좋아하는 자는 많지 않다는 한탄이고, 13은 장문중의 위정자로서의 태만을 비판한 말이고, 14는 세인이 자기에 관대하고 다른 사람을 책망하는 데 엄한 것에 대한 훈계다. 그리고 15·16은 그 뒤를 이어서 이미 서술한 것처럼 구제불능의 소인의 결점을 들추어내어 엄하게 훈계하고 있다. 그렇게 보면 이 12장 중 앞의 6장 11~16은 군자가 아닌 대다수의 인간에 대한 다양한 훈계이고, 뒤의 6장 17~22는 군자란 어떠해야 하는가를 설명한 교훈이다. 어느 것이나 간결한 격언으로 앞 6장과 뒤 6장은 서로 대칭하여 배치되고, 그럼에도 이미 서술한 것처럼 앞 6장 끝의 16과 뒤 6장의 머리 장 17은 "의"라는 글자를 통해 서로 이어진다. 그렇다면, 이 12장은 공자의 격언의 잡찬이지만, 역시 약간은 고려하여 모아 배열한 장군일 것이다. 그리고 이 12장 앞에 10의 "안연이 나라 다스리는 방법에 관해 묻자, 선생님께서 말씀하셨다……(顔淵問爲邦, 子曰……)"가 맨 앞에 놓여 있다. 그런데 이 안연이 정치를 묻는 장에서 공자의 말은 삼대의 문화를 절충한 이상적인 국가제도를 나타낸다. "……정나라 음악을 금지하고, 말재주 있는 사람을 멀리할 것이니, 정나라 음악은 음탕하고, 말재주 있는 사람은 위험한 것이다(……放鄭聲, 遠佞人, 鄭聲淫, 佞人殆)"라고 말하여 말 잘하는 사람을 멀리해야 함을 강조하고 있다. 그 뒤를 받아서 비군자에 대한 훈계와 군자를 설명한 격언의 12장이 온다. 10 말의 "……말재주 있는 사람은 위험한 것이다"를 이었던 직후의 11 문두에는 "선생님께서 말씀하셨다. 사람이 먼 생각이 없으면……(子曰, 人無遠慮……)"이라는 것과 "인(人)" 자를 통해 상응한다. 결국 10~22의 13장이 1개의 장군을 이루는 것으로 보이므로 이것을 잠정적으로 ⓒ라고 부르도록 하자.

다음으로 24~40의 17장에 달하는 "자왈……"을 고려해 보자.

24. 선생님께서 말씀하셨다. "내 남에 대해서 누구를 훼방하고 누구를 지나치게 칭찬하겠는가. 만일 칭찬하는 바가 있으면 그 시험해 봄이 있는 것이다. 이 백성이란 삼대 시대에 정직한 도로 행해왔기 때문이다."

子曰, "吾之於人也, 誰毁誰譽, 如有所譽者, 其有所試矣, 斯民也, 三代之所以直道而行也."

25. 선생님께서 말씀하셨다. "나는 오히려 사관들이 글을 빼놓고 기록하지 않음과, 말을 소유한 자가 남에게 빌려주어 길들이게 하는 것을 보았는데, 지금은 그것도 없어졌구나!"

子曰, "吾猶及史之闕文也, 有馬者借人乘之, 今亡矣夫."

26. 선생님께서 말씀하셨다. "공교한 말은 덕을 어지럽히고, 작은 것을 참지 못하면 큰 계책을 어지럽힌다."

子曰, "巧言亂德, 小不忍則亂大謀."

27. 선생님께서 말씀하셨다. "여러 사람이 그를 미워하더라도 반드시 살펴보며, 여러 사람이 그를 좋아하더라도 반드시 살펴보아야 한다."

子曰, "衆惡之必察焉, 衆好之必察焉."

28. 선생님께서 말씀하셨다. "사람이 도를 넓히는 것이요, 도가 사람을 넓히는

것은 아니다."

子曰, "人能弘道, 非道弘人."

29. 선생님께서 말씀하셨다. "허물이 있어도 고치지 않는 것, 이것을 진짜 허물이라 한다."

子曰, "過而不改, 是謂過矣."

30. 선생님께서 말씀하셨다. "내 일찍이 종일토록 밥을 먹지 않으며 밤새도록 잠을 자지 않고서 생각하니, 유익함이 없었다. 배우는 것만 같지 못하였다."

子曰, "吾嘗終日不食, 終夜不寢, 以思無益, 不如學也."

31. 선생님께서 말씀하셨다. "군자는 도를 도모하고 밥을 도모하지 않는다. 밭을 갊에 굶주림이 그 가운데에 있고, 학문을 함에 녹이 그 가운데 있는 것이니, 군자는 도를 걱정하고 가난함을 걱정하지 않는다."

子曰, "君子謀道不謀食, 耕也餒在其中矣, 學也祿在其中矣, 君子憂道不憂貧."

32. 선생님께서 말씀하셨다. "지혜가 거기에 미치더라도 인이 능히 그것을 지켜내지 못하면 비록 얻더라도 반드시 잃는다. 지혜가 거기에 미치며 인이 능히 그것을 지키더라도 장엄함으로써 백성들에게 임하지 않으면 백성들이 그를 공경하지 않는다. 지혜가 미치며 인이 능히 지켜내며 장엄함으로써 백성들을 임하더라도 백성들을 흥동(興動)시키기를 예로써 하지 않는다면 선하지 못하다."

子曰, "知及之, 仁不能守之, 雖得之必失之, 知及之, 仁能守之, 不莊以涖之, 則民不敬. 知及之, 仁能守之, 莊以涖之, 動之不以禮, 未善也."

33. 선생님께서 말씀하셨다. "군자는 작은 일에 알 수는 없으나 큰 것을 받을 만하고, 소인은 큰 것을 받을 수는 없으나 작은 일에 알 수 있는 것이다."

子曰, "君子不可小知, 而可大受也, 小人不可大受, 而可小知也."

34. 선생님께서 말씀하셨다. "사람이 인에 대하여〔필요함은〕물과 불보다도 심하니, 물과 불은 내 밟다가 죽는 자를 보았거니와 인을 밟다가 죽는 자는 내 보지 못하였노라."

子曰, "民之於仁也, 甚於水火, 水火吾見蹈而死者矣, 未見蹈仁而死者也."

35. 선생님께서 말씀하셨다. "인을 실천하는 일은 스승에게도 사양하지 않는다."

子曰, "當仁不讓於師."

36. 선생님께서 말씀하셨다. "군자는 정도를 따르고 작은 신의에 얽매이지 않는다."

子曰, "君子貞而不諒."

37. 선생님께서 말씀하셨다. "군주를 섬기되 그 일을 공경하고 그 밥은 뒤에 하여야 한다."

子曰, "事君, 敬其事, 而後其食."

38. 선생님께서 말씀하셨다. "가르치는 데 빈부귀천을 가리지 않는다."

子曰, "有教無類."

39. 선생님께서 말씀하셨다. "도가 같지 않으면 서로 도모하지 말아야 한다."

子曰, "道不同, 不相爲謀."

40. 선생님께서 말씀하셨다. "언사(言辭)는 뜻을 전달할 따름이다."

子曰, "辭達而已矣."

이 17장은 모두 "자왈……"로 시작하는 공자의 격언을 잡찬한 것으로 사제 간 문답이나 사제의 행위를 기술한 것 등은 하나도 없다. 이 점만으로도 이 24~40의 17장은 앞서 ⓒ의 11~22의 11장과 더불어 "자왈……"로 시작하는 공자의 격언집으로서 1개의 장군으로 이해할 수 있다. 다만 이 17장의 순서에 반드시 필연성이 있는 것은 아닌데, 말하자면 잡찬의 모양새다. 그러나 장의 순서를 완전히 배려하지 않았다고 말할 이유도 없다. 예를 들면 24 "선생님께서 말씀하셨다. '내 남에 대해서……'(子曰, 吾之於人也……)"는 25 "선생님께서 말씀하셨다. '나는 오히려 사관들이 글을 빼놓고 기록하지 않음과……'(子曰, 吾猶及史之闕文也……)"와 "오(吾)"를 통해 이어진다. 26 "선생님께서 말씀하셨다. '공교한 말은 덕을 어지럽히고, 작은 것을 참지 못하면 큰 계책을 어지럽힌다'(子曰, 巧言亂德, 小不忍則亂大謀)"는 27 "선생님께서 말씀하셨다. '여러 사람이 그를 미워하더라도 반드시 살펴보며, 여러 사람이 그를 좋아하더라도 반드시 살펴보아야 한다'(子曰, 衆惡之必察焉, 衆好之必察焉)"와 더불어 어느 것이나 11~12자로 된 짧은 격언으로 둘 다 표면적인 일에 현혹되어 본질을 착각해서는 안 된다는 경고다. 28 "선생님께서 말씀하셨다. '사람이 도를 넓히는 것이요, 도가 사람을 넓히는 것은 아니다'(子曰, 人能弘道, 非道弘人)"와 29 "선생님께서 말씀하셨다. '허물이 있어도 고치지 않는 것, 이것을 진짜 허물이라 한다'(子曰, 過而不改, 是謂過矣)"는 8자로 된 격언으로 일상생활의 마음가짐으로서 아주 적절한 주체성의 확립과 과오의 처리에 관한 금언이다. 30 "선생님께서 말씀하셨다. '……배우는 것만 같지 못하였다'(子曰, ……不如學也)"는 31 "선생님께서 말씀하셨다. '……학문을 함에 녹이 그 가운데 있는 것이니……'(子曰, ……學也祿在其中矣……)"와 "학(學)"이라는 글자로 서로 이어받고 있다. 32 "선생님께서 말씀하셨다. '지혜가 거기에 미치더라도……'(子曰, 知及之……)"는 33 "선생님께서 말씀하셨다. '군자는 작은 일에 알 수는 없으나 큰 것을 받을 만하고……'(子曰, 君子不可小知, 而可大受也……)"와 "지(知)"로써 서로 이어받고, 34 "선생님께서 말씀하셨다. '사람이 인에 대하여……'(子曰, 民之於仁也……)"는 35 "선생님께서 말씀하셨다. '인을 실천하는 일은 스승에게도 사양하지 않는다'(子曰, 當仁不讓於師)"와 "인(仁)"으로써 서로 이어진다. 그리고 35(6자)·36(6자)·37(9자)·38 (4자)·39(7자)·40(5자)의 6장은 어느 것이나 각각 하나의 죽간에 쓰인 짧은 격언으로 그 내용은 각각 인·군자·사군(事君)·교·도·사(辭) 등에 관한 금언이다. 따라서 이 17장을 잡찬하여 그것을 한 덩어리로 전송한 사람들이 어떤 의미에서 서로 유사하거나 서로 대응하는 2장 또는 여러 장을 서로 인접 배열한 듯한 생각이 든다. 그리고 이 잡찬된 장군 24~40의 17장 앞에 23의 사제 문답 "자공이 물었다. '종신토록 실천할 만한 한마디가 있습니까?' 선생님께서 말씀하셨다. '서가 아닐까? 자신이 원치 않는 일을 남에게 베풀지 않는 것이다'(子貢問曰, 有一言而可以終身行之者乎. 子曰, 其恕乎, 己所不欲, 勿施於人)"가 있는 것이다. 이 장의 내용은 24~40 17장의 격언의 귀추를 게시한 기세와 더불어 23 "……자신이 원치 않는 일을 남에게 베풀지 않는 것이다(……己所不欲, 勿施於人)"는 24 "선생님께서 말씀하셨다. '내 남에 대해서……'(子曰, 吾之於人也……)"와 "인(人)" 자를 통해 서로 이어받고 있다. 23~40의 18장을 일괄하여 ⓓ라고 부르도록 하자. 더구나 ⓓ의 머리 장 23 "자공이 물었다. '종신토록 받들어 실천할 만한 한마디가 있습니까? ……'(子貢問曰, 有一言而可以終身行之者乎……)"는 ⓒ의 마지막 장 22 "선생님께서 말씀하셨다. '군자는 말을 잘한다고 해서 그 사람을 들어 쓰지 않으며, 사람이 나쁘다 하여 그의 좋은 말을 버리지 않는다'(子曰, 君子不以言舉人, 不以人廢言)"와 "언(言)"으로 상응하고 있어 ⓒ 다음에 ⓓ를 배치하여 둘이 자연히 연접하게 된 것이다.

3

요컨대 〈위령공〉편 41장은 공자가 유력 중에 겪은 불우한 일을 기록한

1을 편 머리로 하고, 만년의 노나라에서 악사 면과의 대화를 기록한 41을 편의 끝으로 하여, 그 사이에 @ⓑⓒⓓ의 4개 군을 배열한 형식이다. 그리고 @ⓑⓒⓓ의 4개 장군은 머리 장으로서 한 개씩 사제 간 문답의 장을 지니고 다른 것은 전부 "자왈……"이라는 형식의 공자의 격언을 열거하고 있다. 다만 ⓑ 끝 장 9만은 역시 사제 간 문답이다.

편의 머리 장 1은 외부인의 소전과 공문 내의 소전을 합하여 만든 것이고, 천하유력 중 위나라를 떠난 사정과 진·채의 위험을 서술하고, 41의 만년의 노나라에서 악사 면과의 회견과 서로 대응하여 이 편의 발언과 대화의 발생 시간을 한정해 주는 듯한 형식으로 되어 있을 뿐, 그 외에 딴 의도는 없어 보인다. 단지 《사기》〈공자세가〉에 의하면, 1의 후반에 보이는 자로와의 대화와 2의 자공과의 대화는 동일한 시기의 발언이다. 그러한 전송 때문에 1을 2 앞에 배치했는지도 모른다. 또 41의 악사 면과의 회견에서 공자는 "악사와 더불어 말씀하는 도"로서 필요하고도 충분한 발언을 통해 악사 면을 친절하게 대우하고 있다. 이것은 앞의 장 40의 "선생님께서 말씀하셨다. '언사는 뜻을 전달할 따름이다'(子曰, 辭達而已矣)"는 정신을 구현한 것으로도 볼 수 있다. 그래서 이것을 40 다음에 배열하여 편의 끝으로 하고 겸하여 1과 대응시킨 것인지도 모른다.

생각건대 이 한 편의 재료는 1의 전반이 공문 외의 전송이라는 점을 제외하고 모두 직제자로부터 나온 공문 내의 전송에 의거하고 있다. 그리고 편집 시기를 알 수는 없지만, 상술한 것과 같은 복잡한 구성으로 볼 때 한 사람의 한때의 작품은 아니고 완성까지 얼마간의 세월이 걸렸을 것이다. 생각건대

7. 선생님께서 말씀하셨다. "더불어 말할 만한데도 더불어 말하지 않으면 사

람을 잃는 것이요, 더불어 말할 만하지 못한데도 더불어 말하면 말을 잃는 것이니, 지혜로운 자는 사람을 잃지 아니하며 또한 말을 잃지 않는다."

子曰, "可與言而不與之言, 失人, 不可與言, 而與之言, 失言, 知者不失人, 亦不失言."

는 〈계씨〉편 6을 상기시킨다. 즉,

6. 공자께서 말씀하셨다. "군자를 모심에 세 가지 잘못이 있으니, 말씀이 미치지 않는데 말하는 것을 조(躁, 조급함)라 이르고, 말씀이 미쳤는데 말하지 않는 것을 은(隱, 숨김)이라 이르고, 안색을 보지 않고 말하는 것을 고(瞽, 봉사)라 이른다."

孔子曰, "侍於君子, 有三愆, 言未及之而言, 謂之躁, 言及之而不言, 謂之隱, 未見顏色而言, 謂之瞽."

또한 《맹자》 〈진심하〉에는 다음과 같이 되어 있다.

31. 맹자께서 말씀하셨다. "……선비가 말을 해서는 안 될 때 먼저 말하면 그것은 말로써 다른 사람을 떠보고 자기의 이익을 취하려는 것이며, 말을 해야 할 때 말하지 않는다면 그것은 침묵으로써 다른 사람을 떠보고 자기의 이익을 취하려는 것이다. 이런 것들은 모두 도둑질하는 것과 같은 종류다."

孟子曰, "……士未可以言而言, 是以言餂之也, 可以言而不言, 是以不言餂之也, 是皆穿踰之類也."

또 《순자》 〈근학(勸學)〉편에는

……그래서 "함께 이야기해서는 안 될 때 이야기하는 것을 시끄러움이라 하고, 함께 이야기하지 않는 것을 숨김이라 하고, 기색을 살펴보지도 않고 이야기하는 것을 눈멀었다 한다." 그러므로 군자는 시끄럽지 않고, 숨기지 않고, 눈멀지 않고 상대방을 좇아 순리로 행동하는 것이다. ……

……故 "未可與言而言, 謂之傲, 可與言而不言, 謂之隱, 不觀氣色而言, 謂之瞽."
故君子不傲, 不隱, 不瞽, 謹順其身, ……

고 되어 있다. 지금 이런 발언들을 비교·검토하자면, 순자의 말은 〈계씨〉편 6과 거의 동일한 글로, 단지 공자의 말이라고 밝히지 않았을 뿐이다. 맹자의 말도 공자를 인용한 형식을 취하지 않았는데, 〈위령공〉편 7과 같이 격언을 근거로 했는지도 모른다. 어림짐작해 보자면, 〈위령공〉편이 제나라에서 성립한 듯한 형적도 없으므로, 맹자에 가까운 무렵에 추·노에서 통행하던 격언을 수집했을지도 모르고, 또 〈계씨〉편 6은 맹자 이후 순자 이전에 제나라에서 행한 공자의 격언인지도 모른다.

덧붙여 〈위령공〉편과 〈양화〉편에서는 어떤 의미에서 서로 유사한 공자의 격언이 발견된다. 〈위령공〉편 15와 16을 보자.

15. 선생님께서 말씀하셨다. "어찌할까 어찌할까 하고 말하지 않는 자는 나도 어찌할 수가 없을 뿐이다."

子曰, "不曰如之何, 如之何者, 吾末如之何也已矣."

16. 선생님께서 말씀하셨다. "여럿이 거처하며 하루를 마치면서도 말이 의리에 미치지 못하고 작은 지혜를 행하기 좋아한다면 환난이 있을 것이다."

子曰, "群居終日, 言不及義, 好行小慧, 難矣哉."

〈양화〉편의 22와 26은 다음과 같다.

> 22. 선생님께서 말씀하셨다. "배부르게 먹고 하루해를 마치면서 마음을 쓰는 곳이 없다면 어렵다. 장기와 바둑이라도 있지 않은가? 그것을 하는 것도 그만두는 것보다는 나을 것이다."
>
> 子曰, "飽食終日, 無所用心, 難矣哉, 不有博弈者乎, 爲之猶賢乎已."
>
> 26. 선생님께서 말씀하셨다. "나이가 40이 되어서도 미움을 받으면 그대로 끝나고 말 것이다."
>
> 子曰, "年四十而見惡焉, 其終也已."

이것들은 모두 도무지 어찌할 수가 없는 것을 지적한 공자의 격언이다. 두 편 다 다수의 공자의 격언을 모은 것으로, 성립 시대나 성립 사정도 어느 정도는 서로 가까운지도 모른다. 환원하자면, 맹자에 가까운 무렵에 노나라에서 편집이 시작되고 머지않아 제나라로 전해져 그곳에서 약간 수정이 가해졌을지도 모른다.

제16절 〈계씨〉편의 성격과 구조

1

〈계씨〉편은 14장으로 이루어져 있다. 이 편은 《논어》 20편 중에서 형태가 매우 특이해서 누구에게나 확연히 눈에 띄므로 예부터 주의한 사람이 많다. 지금 그 특이점을 사견에 기대 모아보면, 대략 다음과 같다.

1. 14장 중 편 머리의 1은 사제 간 문답이고, 2~11의 10장은 공자의 말이지만, 하나같이 "자왈……"은 없고, "공자왈……"로 일관하고 있다. 이것은 다른 편에서 볼 수 없는 특색이다.

2. 1은 계씨가 전유를 치려고 했을 때의 염유 및 계로와 공자와의 문답이지만, 274자에 달하는 장편으로 서술이 더없이 상세하다. 이것은 《논어》〈선진〉편 끝 장 등 약간의 유례가 있을 뿐 《논어》 중에서는 특이한 성질의 기사다. 어쩌면 후학이 어떤 형태로든 전문에 기초하여 상상을 섞어 구성한 설화 혹은 역사 이야기적 기사로 《논어》 중에서는 비교적 뒤에 나온 재료일 것이다.

3. 2~11의 "공자왈……" 10장에는 표현의 대상을 숫자를 통해 조목조목 제시하여 설명하는 방법이 압도적으로 많이 쓰였다. 4의 "유익한 것이 세 가지 벗이요, 손해되는 것이 세 가지 벗이니……(益者三友, 損者三友……)", 5의 "유익한 좋아함이 세 가지이고, 손해되는 좋아함이 세 가지니……(益者三樂, 損者三樂……)", 6의 "군자를 모심에 세 가지 잘못이 있으니……(侍於君子, 有三愆……)", 7의 "군자에게 세 가지 경계함이 있으니……(君子有三戒……)", 8의 "군자는 세 가지 두려워함이 있으니……(君子有三畏……)", 10의 "군자는 아홉 가지 생각함이 있으니……(君子有九思……)" 등이 그것이다. 이렇게 지식을 정리하여 조목별로 열거했으므로 이것은 공자의 때와 상황에 알맞은, 즉 수시수처(隨時隨處)의 언행을 단편적으로 기록한 것이 아니라 후학에 의해 정리되고 재편성된 공자의 가르침일 것이다. 그렇게 볼 때도 이 편의 재료는 《논어》 중에서는 비교적 나중에 나온 것이리라.

4. 편말의 3장인 12·13·14는 다른 장과 형식이 다르다. 12는 제나라의 경공과 백이·숙제를 비교하여 서술했지만, 누구의 말인지 모르는 세간의 전송

을 공자의 말로 인정하여 부록했을지도 모른다. 13은 진강이 공자의 장남 백어에게 색다른 이야기를 묻는 내용이지만, 거기에 인용된 공자의 말은 "자왈……"이라고도 "공자왈……"이라고도 언급되어 있지 않다. 이것은 당연한 일로, 제자라면 "자(子)"라고 말하고, 공문 외의 사람이라면 "공자"라고 할 테지만 공자의 장남인 백어라 그러한 호칭법을 사용하지 않은 것이다. 그러나 여하튼 이와 같은 색다른 이야기는 백어로부터가 아니면 들을 수 없는 바로 그것만으로 《논어》 중에서는 희귀하게 여겨야 할 전문이다. 그래서 이것을 편말에 부기했을 것이다. 14는 호칭에 관한 예(禮)의 단편적인 전송으로 당연히 누구의 말이라고 명시되어 있지 않다. 그러나 공문에서 예부터 전송된 지식으로 공자 이래의 전송을 보존하는 의미에서 여기에 부가한 게 아닐까? 요컨대 이 편의 끝에 있는 3장 12·13·14는 앞의 11장 후에 부가된 부록으로 보인다. 그러나 사료로서 이 3장이 반드시 앞의 11장보다 더 새롭다는 의미는 아니다.

따라서 이 편은 세 부분으로 구성된 것으로 본다. 즉 편 머리의 설화적 사제 문답과, 2~11의 10장의 "공자왈"을 맨 앞에 놓은 교훈군과, 편말 3장의 부록 부분으로, 이것을 순차적으로 ⒶⒷⒸ라고 부르자. 이하에서 이들의 성질을 검토해 보자.

2

우선 Ⓐ, 즉 편 머리 1의 글을 열거해 보면 다음과 같다.

1. 계씨가 전유를 치려 했는데, 염유와 계로가 공자를 뵙고 말하였다. "계씨

가 전유에서 일을 벌이려고 합니다." 공자께서 말씀하셨다. "구(求, 염유)야! 이것은 너의 잘못이 아니냐? 저 전유는 옛적에 선왕께서 동몽산(東蒙山)의 제주(祭主)로 삼으셨고, 또한 우리나라 안에 위치하고 있으니, 이는 사직(社稷)의 신하다. 어찌 정벌할 수 있겠는가." 염유가 말하였다. "부자(계손)께서 하시려는 것이지, 저희 두 신하는 모두 하고자 하지 않습니다." 선생님께서 말씀하셨다. "구야! 주임(周任)이 말하기를, '능력을 펴서 대열에 나아가 능히 할 수 없는 경우에는 그만두라'고 하였으니, 위태로운데도 붙잡지 못하며 넘어지는데도 부축하지 못한다면 장차 저 상(相, 도와주는 신하)을 어디에다 쓰겠느냐? 또 네 말이 잘못되었다. 호랑이와 들소가 우리에서 뛰쳐나오며, 구갑(龜甲, 거북의 등딱지)과 옥(玉)이 궤 속에서 망가졌다면 이것이 누구의 잘못이겠느냐?" 염유가 말하였다. "지금 저 전유는 〔성곽이〕 견고하며 비읍에 가까우니, 지금 취하지 않으면 후세에 반드시 자손의 우환이 될 것입니다." 공자께서 말씀하셨다. "구야! 군자는 하고자 한다고 말하지 않고 굳이 변명하는 것을 미워한다. 내가 들으니, 나라를 소유하고 집을 소유한 자는 〔백성이〕 적음을 근심하지 않고 고르지 못함을 근심하며, 가난함을 근심하지 않고 편안하지 못함을 근심한다고 한다. 고르면 가난함이 없고, 화하면 적음이 없고, 편안하면 기울어짐이 없는 것이다. 이와 같으므로 먼 지방 사람이 복종하지 않으면 문덕(文德)을 닦아서 그들을 오게 하고, 이미 오게 했으면 편안하게 하는 것이다. 안의 다스림이 닦아진 뒤에야 먼 지방 사람이 복종하는 것이다. 복종하지 않는 이가 있으면 덕을 닦아서 오게 하여야 할 것이요, 또한 먼 곳에 군사를 동원해서는 안 되는 것이다. 지금 유와 구는 부자(夫子)를 돕되, 먼 지방 사람이 복종하지 않는데도 능히 오게 하지 못하며, 나라가 분열되고 무너지는데도 능히 지키지 못하고, 그런데도 창과 방패를 나라 안에서 사용할 것을 꾀하니, 나는 계손의 근심이 전유에 있지 않고 병풍 안에 있을까 두렵노라."

季氏將伐顓臾, 冉有·季路見於孔子曰, "季氏將有事於顓臾." 孔子曰, "求, 無乃爾是過與, 夫顓臾, 昔者先王以爲東蒙主, 且在邦域之中矣, 是社稷之臣也, 何以伐爲." 冉有曰, "夫子欲之, 吾二臣者皆不欲也." 孔子曰, "求, 周任有言曰, '陳力就列, 不能者止.' 危而不持, 顚而不扶, 則將焉用彼相矣, 且爾言過矣, 虎兕出於柙, 龜玉毁於櫝中, 是誰之過與." 冉有曰, "今夫顓臾, 固而近於費, 今不取, 後世必爲子孫憂." 孔子曰, "求, 君子疾夫舍曰欲之, 而必爲之辭, 丘也聞有國有家者, 不患寡而患不均, 不患貧而患不安, 蓋均無貧, 和無寡, 安無傾, 夫如是, 故遠人不服, 則修文德以來之, 既來之, 則安之, 今由與求也, 相夫子, 遠人不服而不能來也, 邦分崩離析, 而不能守也, 而謀動干戈於邦內, 吾恐季孫之憂, 不在顓臾, 而在蕭牆之內也."

대체로 계씨가 전유를 정벌하려고 했던 이 사건은 《춘추》〈경〉·〈전〉에도 《사기》에도 보이지 않아 그 전말이 명확하지 않고, 다른 책에서도 징험할 수 없다. 그리고 《논어》의 이 기사는 사제 간 문답이지만, "공자"라고 말하고 있으므로 공문 내에서의 전송이 아니라 외부의 소전이다. 특히 다소 설화화된 전설로 상상을 섞은 부연적 구성이어서, 어디까지가 역사적 사실인지 알 수 없다. 그러나 공자 당시 노나라에서 공실은 쇠하고 삼가의 세력이 강하였는데, 특히 계씨가 가장 강대해서 권력을 농단했던 것은 공공연한 사실이다. 그리고 전유는 이 기사에 의하면 "옛날에 선왕이 봉해서 동몽주로 삼았던 국가로서 노나라 안에 있고 노나라 사직의 신하"이기 때문에, 노나라 공실에 직속하는 부용국으로 노나라 집정인 계씨와 삼가에 예속되지 않은 존재였다. 그런데 그 도성은 "견고"하고 그 위치는

"계씨의 중요 거점인 비에 가깝"기 때문에, 계씨 측에서 보면 기회를 보아 제압하고 싶었을 것이다. 그러나 계씨의 전횡을 미워하고, 공실의 권력을 회복하여 국가질서를 있어야 할 모습으로 되돌리고자 하는 공자로서는 계씨가 전유를 정벌하게 두어서는 안 된다고 생각했으리라는 점은 어렵지 않게 관찰할 수 있다. 그리고 이것은 노나라 국내에서 가신의 전횡이 부용국에 더해진 사건이기 때문에, 반드시 《춘추》에 기재할 성질의 것은 아니다. 당연히 정식 기록으로는 전해지지 않고 단지 세간의 말로만 전해졌던 것이리라.

그런데 이 이야기에는 공자의 제자 염유와 계로가 등장하고, 그들과 공자와의 대화에 의하면 두 사람은 계씨를 보좌해야 할 책임 있는 위치에 있었다. 생각건대, 계씨를 도와 정치에 관여했던 계로(중유)는 계씨의 가신이고, 공자가 실각하기 직전에 계씨의 가신이 염옹(중궁)으로 대체되었다. 그 후 공자의 천하유력 시대 말기부터 만년에 걸쳐 염유(염구)가 그 직에 있었던 것 같다. 그렇다면 지금 이 설화에 염유와 계로가 등장하여 공자와 문답하는 것으로 보아 염유가 계씨의 가신이었던 때로 공자의 만년, 노나라 귀국 이후의 일임에 틀림없다. 그때 염유는 현재 계씨의 가신, 자로는 전임자였던 것이다.

그런데 이 사건과 어쩌면 연관 있어 보이는 기사가 〈선진〉편 23이다.

계자연이 물었다. "중유·염구는 대신(大臣)이라고 이를 만합니까?" 선생님께서 말씀하셨다. "나는 그대가 특이한 질문을 하리라고 생각했는데, 마침내 유와 구에 대한 질문이로구나! 이른바 대신이란 도로써 군주를 섬기다가 불가능하면 그만두는 것이다. 지금 유와 구는 숫자만 채우는 신하라고 말할 만하다."〔계자연이〕 물었다. "그렇다면〔이들은〕따르기만 하는 자들입니까?"

선생님께서 말씀하셨다. "아버지와 임금을 시해하는 일은 또한 따르지 않을 것이다."

季子然問, "仲由·冉求可謂大臣與." 子曰, "吾以子爲異之問, 曾由與求之問, 所謂大臣者, 以道事君, 不可則止, 今由與求也, 可謂具臣矣." 曰, "然則從之者與." 子曰, "弒父與君, 亦不從也."

이 기사에도 계자연과 공자와 중유와 염유가 등장하지만, "자왈……"로 되어 있으므로 이것은 공문 내의 전송일 것이다. 그리고 〈계씨〉편의 글에서는 공자는 주임의 말을 인용하여 "능력을 펴서 대열에 나아가 능히 할 수 없는 경우에는 그만두라(陳力就列, 不能者止)"고 말하고, 이 〈선진〉편의 글에는 "이른바 대신이란 도로써 군주를 섬기다가 불가능하면 그만두는 것이다(所謂大臣者, 以道事君, 不可則止)"고 되어 있는 점에서 보더라도 웬일인지 이 양자가 동일 혹은 서로 연관하는 사건의 기사라는 짐작이 간다. 생각건대 계씨가 전유를 토벌하려고 했을 때 계손은 물론 염구와 중유에게 상담하고 염구와 중유는 공자에게 보고하여 양해를 구했을 것이고, 그 일을 전한 것이 〈계씨〉편의 머리 장 글이다. 또 그때 계씨 일문의 계자연이 공자의 고제로서 현임 및 전임의 계씨 가신인 염유 및 중유와 상담하여 일을 추진하고 싶다고 넌지시 말하여 공자의 양해를 얻고자 했던 것이 〈선진〉편의 글일 것이다. 그리고 이 두 전송은 한 개는 공문 내의 소전 다른 한 개는 공문 외 세간의 소전으로 그 출처를 달리하고 있다.

무엇보다 《논어》에 이 외에 염구와 중유가 나란히 등장하는 기사로서 〈공야장〉편 7과 〈옹야〉편 6이 있으므로, 만일을 위해 일고해 두자. 먼저 〈옹야〉편 6을 보자.

계강자가 물었다. "중유는 정사에 종사하게 할 만합니까?" 선생님께서 말씀하셨다. "유는 과단성이 있으니 정사에 종사하는 데 무슨 어려움이 있겠는가!" "사는 정사에 종사하게 할 만합니까?" 하고 물으니, "사는 사리에 통달했으니 정사에 종사하는 데 무슨 어려움이 있겠는가!" 하셨다. "염구는 정사에 종사하게 할 만합니까?" 하고 물으니, "구는 다재다능하니 정사에 종사하는 데 무슨 어려움이 있겠는가!" 하셨다.

季康子問, "仲由可使從政也與." 子曰, "由也果, 於從政乎何有." 曰, "賜也可使從政也與." 曰, "賜也達, 於從政乎何有." 曰, "求也可使從政也與." 曰, "求也藝, 於從政乎何有."

이것은 계강자와 공자의 문답으로 계강자가 공문의 준재 중유(자로)·단목사(자공)·염구(염유) 가운데 한 사람을 하대부로 삼아 국정에 참여케 하려는 희망을 갖고서 공자의 의견을 구하는 상황이리라. 《춘추》에 의하면 계환자가 죽은 것은 애공 3년(공자 60~61세)으로 공자의 천하유력 시대 중기에 해당하고, 《사기》〈제자전〉에 의하면 계환자를 이은 계강자는 공자를 초빙하자고 했으나 뜻을 이루지 못하고 그 대신 염구를 초빙했다. 이리하여 염구는 머지않아 계씨의 가신으로 등용된 것이리라. 공자가 유력을 마치고 노나라로 귀국한 것이 애공 11년이고, 그로부터 죽은 해까지 5년간은 국로로서 노나라에 있었다. 그리고 그 사이 계씨의 당주는 계강자였다. 따라서 계강자와 공자의 문답은 이 기간의 일일 듯하고, 〈계씨〉편 머리 장의 전유 정벌 사건도 〈옹야〉편의 계강자와의 문답 사건도 결국 이 만년 5년간에 이루어졌을 것이다. 당시 공자는 국로였지만, 교육과 문화 사업에 전력을 다할 때라 이미 벼슬살이에 뜻을 두고 있지 않았다. 중유는 제자 중 대선배로 예전 계씨의 가신이고 자공은 외교관으로 천하에 이름이 알려져 있었다. 또 염구는 당시 계씨의 가신으로 그 인격·수완을 인정받고 있었을 것이다. 그러니까 계강자는 이 세 사람 가운데 한 사람을 하대부로 승진시켜 국정에 참여시키고 싶어 했을 것이다.

다음으로 〈공야장〉편 7을 보자.

> 맹무백이 "자로는 인합니까?" 하고 묻자, 선생님께서 "알지 못하겠다" 하고 대답하셨다. 다시 묻자, 선생님께서 대답하셨다. "유는 천승의 나라에 그 군정을 다스리게 할 수는 있거니와, 그가 인한지는 알지 못하겠다." "구는 어떻습니까?" 하고 묻자, 선생님께서 말씀하셨다. "구는 천실의 큰 읍과 백승 집안의 재가 되게 할 수는 있거니와 그가 인한지는 알지 못하겠다." "적은 어떻습니까?" 하고 묻자, 선생님께서 말씀하셨다. "적은 〔예복을 입고〕 띠를 띠고서 조정에 서서 빈객을 맞아 대화를 나누게 할 수는 있거니와 그가 인한지는 알지 못하겠다."
>
> 孟武伯問, "子路仁乎." 子曰, "不知也." 又問, 子曰, "由也, 千乘之國, 可使治其賦也, 不知其仁也." "求也何如." 子曰, "求也, 千室之邑, 百乘之家, 可使爲之宰也, 不知其仁也." "赤也何如." 子曰, "赤也, 束帶立於朝, 可使與賓客言也, 不知其仁也." (〈공야장〉)

맹무백은 맹손씨, 맹의자〔중손하기(仲孫何忌)〕의 아들로 《춘추》에 의하면 중손하기는 애공 14년(공자 71~72세)에 죽고, 무백이 그 뒤를 이었다. 《좌전》에서는 애공 11·14·15·17·25·27 등의 여러 항목에 보이므로 이 문답은 결국 노나라로 귀국한 이후의 공자 만년의 일일 것이다. 《사기》〈제자전〉에 맹무백의 이름은 없지만, 〈위정〉편에는 맹의자도 맹무백도 공자에게 효를 물어본 기사가 있으므로 무백은 공자에 입문하지는 않았어도 수

시로 공자에게 가르침을 청한 귀족 자제의 한 사람이었을 것이다. 그리고 이 〈공야장〉편의 기사에서는 공자의 탁월한 제자 자로·염유·공서화 세 사람에 대해 "인"이라고 말할 수 있는지 아닌지를 물어 세 사람을 문제 삼고 있는 것이리라. 이와 덧붙여 말하자면 맹무백은 이 세 사람에 대해 대선배 중유만은 "자로"라고 자(字)로 부르고 염유와 공서화는 "구"·"적"이라고 휘를 부른다. 이것은 무백과 이 세 사람과의 선후배 관계에 기초한 것이리라. 더구나 자로가 위나라에서 순직한 것이 애공 15년이지만, 이 문답이 그보다 전인가 후인가는 분명하지 않다.

따라서 〈공야장〉편 7과 〈옹야〉편 8은 문답의 시기는 〈계씨〉편 머리 장의 전유 토벌 사건과 가깝지만, 상호 관계가 있는 문답은 아니다. 단 〈선진〉편 23은 전유 사건에 관한 이본인지도 모른다. 그리고 〈계씨〉편 머리의 전유 사건을 다룬 장은 공문 밖 세간의 전송에 기초한 약간 설화화된 기사로, 이 글의 성립은 《논어》 중에서는 비교적 늦은 것으로 추측된다.

3
다음으로 Ⓑ 즉 2~11의 10장에 대해 고찰해 보자.

2. 공자께서 말씀하셨다. "천하에 도가 있으면 예악과 정벌이 천자로부터 나오고, 천하에 도가 없으면 예악과 정벌이 제후로부터 나온다. 제후로부터 나오면 10세(世)에 (정권을) 잃지 않는 자가 드물고, 대부로부터 나오면 5세에 잃지 않는 자가 드물고, 가신이 국명(國命)을 잡으면 3세에 잃지 않는 자가 드물다. 천하에 도가 있으면, 정사가 대부에 있지 않고 천하에 도

가 있으면 서인(庶人)들이 의논(議論, 비난)하지 않는다."

孔子曰, "天下有道, 則禮樂征伐, 自天子出, 天下無道, 則禮樂征伐, 自諸侯出, 自諸侯出, 蓋十世希不失矣, 自大夫出, 五世希不失矣, 陪臣執國命, 三世希不失矣, 天下有道, 則政不在大夫. 天下有道, 則庶人不議."

3. 공자께서 말씀하셨다. "녹(祿)이 공실에서 떠난 지 5세가 되었고, 정사가 대부에게 미친 지 4세가 되었다. 그러므로 저 삼환의 자손이 미약해진 것이다."

孔子曰, "祿之去公室五世矣, 政逮於大夫四世矣, 故夫三桓之子孫微矣."

4. 공자께서 말씀하셨다. "유익한 것이 세 가지 벗이요, 손해되는 것이 세 가지 벗이니, 벗이 곧으며, 벗이 성실하며, 벗이 문견이 많으면 유익하고, 벗이 한쪽(외모)만을 잘하며, 벗이 유순하기를 잘하며, 벗이 말을 잘하면 손해된다."

孔子曰, "益者三友, 損者三友, 友直, 友諒, 友多聞, 益矣, 友便辟, 友善柔, 友便佞, 損矣."

5. 공자께서 말씀하셨다. "유익한 좋아함이 세 가지고, 손해되는 좋아함이 세 가지니, 예악을 따르기 좋아하며, 사람의 선함을 말하기 좋아하며, 어진 벗이 많음을 좋아하면 유익하고, 교만함과 방종함을 좋아하며, 편안히 노는 것을 좋아하며, 향락에 빠짐을 좋아하면 손해가 된다."

孔子曰, "益者三樂, 損者三樂, 樂節禮樂, 樂道人之善, 樂多賢友, 益矣, 樂驕樂, 樂佚遊, 樂宴樂, 損."

6. 공자께서 말씀하셨다. "군자를 모심에 세 가지 잘못이 있으니, 말씀이 미치지 않았는데 말하는 것을 조(조급함)라 이르고, 말씀이 미쳤는데 말하지 않는 것을 은(숨김)이라 이르고, 안색을 보지 않고 말하는 것을 고(봉사)라 이른다."

孔子曰, "侍於君子, 有三愆, 言未及之而言, 謂之躁, 言及之而不言, 謂之隱, 未見顔色而言, 謂之瞽."

7. 공자께서 말씀하셨다. "군자에게 세 가지 경계함이 있으니, 젊을 때는 혈기가 정해지지 않았으므로 경계함이 여색에 있고, 장성해서는 혈기가 한창 강하므로 경계함이 싸움에 있고, 늙어서는 혈기가 쇠하므로 경계함이 얻음에 있다."

孔子曰, "君子有三戒, 少之時, 血氣未定, 戒之在色, 及其壯也, 血氣方剛, 戒之在鬪, 及其老也, 血氣旣衰, 戒之在得."

8. 공자께서 말씀하셨다. "군자는 세 가지 두려워함이 있으니, 천명을 두려워하며, 대인을 두려워하며, 성인의 말씀을 두려워한다. 소인은 천명을 알지 못하여 두려워하지 않는다. 대인을 함부로 대하며 성인의 말씀을 업신여긴다."

孔子曰, "君子有三畏, 畏天命, 畏大人, 畏聖人之言, 小人不知天命而不畏也, 狎大人, 侮聖人之言."

9. 공자께서 말씀하셨다. "태어나면서 아는 자가 상등(上等)이요, 배워서 아는 자가 다음이요, 불통하여 배우는 자가 또 그다음이니, 불통한데도 배우지 않으면 백성으로서 하등(下等)이 된다."

孔子曰, "生而知之者, 上也, 學而知之者, 次也, 困而學之, 又其次也, 困而不學, 民斯爲下矣."

10. 공자께서 말씀하셨다. "군자는 아홉 가지 생각함이 있으니, 봄에는 밝음을 생각하며, 들음에는 귀 밝음을 생각하며, 얼굴빛은 온화함을 생각하며, 용모는 공손함을 생각하며, 말은 충성함을 생각하며, 일은 경건함을 생각하며, 의심스러움은 물음을 생각하며, 분함은 어려움을 생각하며, 얻는 것을 보면 의를 생각한다."

孔子曰, "君子有九思, 視思明, 聽思聰, 色思溫, 貌思恭, 言思忠, 事思敬, 疑思問, 忿思難, 見得思義."

11. 공자께서 말씀하셨다. "선함을 보고는 미치지 못할 듯이 하며, 불선을 보고는 끓는 물을 더듬는 것처럼〔이라고 하는데〕 나는 그러한 사람을 보았고, 그러한 말을 들었노라. 숨어 살면서 그 뜻을 구하고, 의를 행하며 그 도를 행한다〔고 하는데〕 나는 그러한 말만 들었고 그러한 사람은 보지 못하였노라."

孔子曰, "見善如不及, 見不善如探湯, 吾見其人矣, 吾聞其語矣, 隱居以求其志, 行義以達其道, 吾聞其語矣, 未見其人也."

이 10장이 모두 "공자왈……"로 시작하는 교훈이라는 것, "삼우"·"삼락"과 같이 수를 열거하여 병렬하는 표현이 압도적으로 많다는 것은 이미 서술한 대로다. 이 10장의 순서는 전적으로 잡찬은 아니고, 어느 정도 유사한 것을 서로 인접 배치했다. 즉 우선 2와 3의 2장은 국가 사회질서의 붕괴와 왕공세가의 지속과의 관계를 통관하여 역사적 변천의 법칙을 고찰한 말로 2의 십세·오세·삼세와 3의 오세·사세가 서로 이어서 대응한다. 다음으로 4와 5의 2장은 4의 "유익한 것이 세 가지 벗이요, 손해되는 것이 세 가지 벗이니(益者三友, 損者三友)"와 5의 "유익한 좋아함이 세 가지고, 손해되는 좋아함이 세 가지니(益者三樂, 損者三樂)"가 서로 대조되고 다음으로 6·7·8의 3장은 6의 "군자를 모심에 세 가지 잘못이 있으니(侍於君子, 有三愆)"와 7의 "군자에게 세 가지 경계함이 있으니(君子有三戒)"와 8의 "군자는 세 가지 두려워함이 있으니(君子有三畏)"가 서로 인접하고 다시 9 1장을 건너서 10의 "군자는 아홉 가지 생각함이 있으니(君子有九思)"와 상응한다. 다음으로 9는 아는 것에 대해서의 천분을 상·다음·그다음·하의 4단계로 보고 있고, 예를 들면 "4지(四知)"와 같은 수사는 아니지만, 실질적으로는 결국 수를 열거한 표현이어서 채용되었고, 10의 "군자는 아홉 가지 생각함이 있으니"는 물론 6·7·8과 동형 동류의 표현이다. 아마도 9는 "태어나면서 아는 자(生而知之者)"에서 시작하는 앎의 방법론이지만, 그것은 앞의 8 "소인은 천명을 알지 못하여(小人不知天命)"의 "부지(不知)"로부터의 연상에 의해 8 다음에 삽입되었을지 모른다. 11은 같은 부류는 아니어서 군자의 두 부류 중 선을 구하는 데 그치는 사람보다도 출처진퇴를 오인하지 않는 사람 쪽이 한층 이루기 힘들다는 것을 서술하고 있다. 이것은 수에 의해 열거한 표현은 아니고, 최후에 부기한 형식이다. 그리고 이 10장으로 이루어진 ⑧의 첫 번째 장인 2에 "천하에 도가 있으면 …… 천하에 도가 없으면……(天下有道 …… 天下無道……)"으로 "도"를 제출하는 것에 대해 말미의 11에 "숨어 살면서 그 뜻을 구하고, 의를 행하며 그 도를 행한다(隱居以求其志, 行義以達其道)"로 "도"에 관해 언급하고 있는데 이것은 결국 상응하도록 배치하려는 의도에서 비롯했을지도 모른다.

더구나 이 10장 중에 다른 문헌과 유사한 말이 흩어져 보이는 점을 주의해야 한다. 우선

> 3. 공자께서 말씀하셨다. "녹이 공실에서 떠난 지 5세가 되었고, 정사가 대부에게 미친 지 4세가 되었다. 그러므로 저 삼환의 자손이 미약해진 것이다."
>
> 孔子曰, "祿之去公室五世矣, 政逮於大夫四世矣, 故夫三桓之子孫微矣."

는 《좌전》 소공 25년에

> ……악기(樂祈)가 말하였다. "……노나라 정권이 계씨에게 있은 지는 3대이

옵고, 노나라 군주가 정권을 상실한 지가 네 군주에 이르렀사옵니다. ……"

……樂祁曰, "……政在季氏三世矣, 魯君喪政四公矣, ……"

라고 되어 있는 것과 동류의 인식을 근거로 하여 만든 말인지도 모른다. 다음으로

6. 공자께서 말씀하셨다. "군자를 모심에 세 가지 잘못이 있으니, 말씀이 미치지 않았는데 말하는 것을 조(조급함)라 이르고, 말씀이 미쳤는데 말하지 않는 것을 은(숨김)이라 이르고, 안색을 보지 않고 말하는 것을 고(봉사)라 이른다."

孔子曰, "侍於君子, 有三愆, 言未及之而言, 謂之躁, 言及之而不言, 謂之隱, 未見顏色而言, 謂之瞽."

는 《순자》〈근학〉편에

……그래서 "함께 이야기해서는 안 될 때 이야기하는 것을 시끄러움이라 하고, 함께 이야기하지 않는 것을 숨김이라 하고, 기색을 살펴보지도 않고 이야기하는 것을 눈멀었다고 한다." 그러므로 군자는 시끄럽지 않고, 숨기지 않고, 눈멀지 않고 상대방을 좇아 순리로 행동하는 것이다.

……故 "未可與言而言, 謂之傲, 可與言而不言, 謂之隱, 不觀氣色而言, 謂之瞽." 故君子不傲, 不隱, 不瞽, 謹順其身.

로 되어 있는 것과 거의 동일하지만 《순자》에서는 공자의 말이라고 명시되어 있지 않다. 이와 관련하여 "……말씀이 미치지 않았는데 말하는 것,

……말씀이 미쳤는데 말하지 않는 것"의 문제에 대해서는 이 외에《논어》와《맹자》에도 설명하는 바가 있다. 그에 대해 인용하면 다음과 같다. 《논어》〈위령공〉편 7에

> 7. 선생님께서 말씀하셨다. "더불어 말할 만한데도 더불어 말하지 않으면 사람을 잃는 것이요, 더불어 말할 만하지 못한데도 더불어 말하면 말을 잃는 것이니, 지혜로운 자는 사람을 잃지 아니하며 또한 말을 잃지 않는다."
>
> 子曰, "可與言而不與之言, 失人, 不可與言, 而與之言, 失言, 知者不失人, 亦不失言."

고 되어 있고《맹자》〈진심하〉편에는

> 맹자께서 말씀하셨다. "……선비가 말을 해서는 안 될 때 먼저 말하면 그것은 말로써 다른 사람을 떠보고 자기의 이익을 취하려는 것이며, 말을 해야 할 때 말하지 않는다면 그것은 침묵으로써 다른 사람을 떠보고 자기의 이익을 취하려는 것이다. 이런 것들은 모두 도둑질하는 것과 같은 종류다."
>
> 孟子曰, "……士未可以言而言, 是以言餂之也, 可以言而不言, 是以不言餂之也, 是皆穿踰之類也."

라고 되어 있다. 다음으로

> 9. 공자께서 말씀하셨다. "태어나면서 아는 자가 상등이요, 배워서 아는 자가 다음이요, 불통하여 배우는 자가 또 그다음이니, 불통한데도 배우지 않으면 백성으로서 하등이 된다."

孔子曰, "生而知之者, 上也, 學而知之者, 次也, 困而學之, 又其次也, 困而不學,

民斯爲下矣."

는《중용》(〈주자장구〉 20장)

혹은 태어나서 이것〔달도(達道)〕을 알고, 혹은 배워서 이것을 알고, 혹은 애
를 써서 이것을 아는데, 그 앎에 미쳐서는 똑같다.

或生而知之, 或學而知之, 或困而知之, 及其知之一也.

와 유사하다. 다음으로

10. 공자께서 말씀하셨다. "군자는 아홉 가지 생각함이 있으니, 봄에는 밝음을
생각하며, 들음에는 귀 밝음을 생각하며, 얼굴빛은 온화함을 생각하며, 용
모는 공손함을 생각하며, 말은 충성함을 생각하며, 일은 경건함을 생각하
며, 의심스러움은 물음을 생각하며, 분함은 어려움을 생각하며, 얻는 것을
보면 의를 생각한다."

孔子曰, "君子有九思, 視思明, 聽思聰, 色思溫, 貌思恭, 言思忠, 事思敬, 疑思問,

忿思難, 見得思義."

는《상서》〈홍범〉의 오사(五事)

외모는 공손해야 하고, 말은 이치를 따라야 하고, 보는 것은 밝아야 하고, 듣
는 것은 분명해야 하고, 생각하는 것은 슬기로워야 한다.

貌曰恭, 言曰從, 視曰明, 聽曰聰, 思曰睿.

와 유사하고 특히 몇몇 구는 거의 일치한다. 그리고 이것도 공자의 말은 아니다. 더구나 말미의 어구인 "얻는 것을 보면 의를 생각한다(見得思義)"는 〈헌문〉편 13 공자의 말 "이를 보고 의를 생각하며, 위태로움을 보고 목숨을 바치며(見利思義, 見危授命)"와 〈자장〉편 1 자장의 말에 "선비가 위태로움을 보고 목숨을 바치며, 이득을 보고 의를 생각하며(士見危致命, 見得思義)"처럼 나타나므로 이것은 당시 격언으로서 널리 행해지던 말이라고 추측해 볼 수 있다.

요컨대 이런 3·6·9·10은 유사한 말이 다른 문헌에도 보이지만, 반드시 공자의 말로 되어 있는 것은 아니다. 게다가 이미 서술한 것처럼 대체로 이 10장은 공문 밖 외인의 소전으로, 공자의 교훈을 모아 재편성한 분위기가 있으므로 《논어》 중에서는 비교적 늦게 나온 자료일 것이다.

4

ⓒ는 편 마지막 부분인 12·13·14의 3장이다.

> 12. 제경공은 말 4000필을 가지고 있었으나 죽은 날에 백성들이 칭송할 만한 덕이 없었고, 백이와 숙제는 수양산 아래에서 굶어 죽었으나 백성들이 지금까지 칭송하고 있다. 《시경》에 '실로 부유하게 하지도 못하고, 다만 이상함을 취할 뿐이다' 하였으니) 아마 이것을 일컫는 것이 아닐까?
>
> 齊景公有馬千駟, 死之日, 民無德而稱焉, 伯夷叔齊餓于首陽之下, 民到于今稱之, (誠不以富, 亦祇以異.) 其斯之謂與.
>
> 13. 진강이 백어에게 물었다. "그대는 별도로 들은 것이라도 있는가?" 백어가 대답했다. "없습니다. 일찍이 홀로 서 계실 때 제가 종종걸음으로 마당을

지나가자, '시를 배웠느냐?' 하고 물어보셨습니다. '아직 배우지 못했습니다'라고 대답했더니, '시를 배우지 않으면 말을 할 수 없다' 하시기에 물러난 뒤에 시를 배웠습니다. 다른 날에 또 홀로 서 계시는데 제가 종종걸음으로 마당을 지나가니, '예를 배웠느냐?' 하고 물어보셨습니다. '아직 배우지 못했습니다'라고 하니, '예를 배우지 않으면 남 앞에 나설 수가 없느니라' 하시기에 물러난 뒤 예를 배웠습니다. 이 두 가지를 들었습니다." 진강이 물러나 즐거워하며 말하였다. "한 가지를 물었다가 세 가지를 얻었다. 시에 대해서 들었고, 예에 대해서 들었고, 군자가 자기 아들을 제자보다 특별히 가까이하지 않는다는 것을 들었다."

陳亢問於伯魚曰, "子亦有異聞乎." 對曰, "未也, 嘗獨立, 鯉趨而過庭, 曰, '學詩乎.' 對曰, '未也.' '不學詩, 無以言.' 鯉退而學詩, 他日, 又獨立, 鯉趨而過庭, 曰, '學禮乎.' 對曰, '未也.' '不學禮, 無以立.' 鯉退而學禮, 聞斯二者." 陳亢退而喜曰, "問一得三, 聞詩, 聞禮, 又聞君子之遠其子也."

14. 임금의 아내를 임금이 부를 때는 부인이라 하고, 부인이 자신을 칭할 때는 소동이라고 한다. 그 나라 사람들이 그를 부를 때는 군부인이라 한다. 그 나라 사람들이 다른 나라 사람에게 일컬을 때는 과소군이라 하고, 다른 나라 사람이 그를 부를 때는 군부인이라고 한다.

邦君之妻, 君稱之曰夫人, 夫人自稱曰小童, 邦人稱之曰君夫人, 稱諸異邦曰寡小君, 異邦人稱之亦曰君夫人.

이 3장 가운데 12장의 괄호 부분인 "《시경》에 '실로 부유하게 하지도 못하고, 다만 이상함을 취할 뿐이다' 하였으니(誠不以富, 亦祇以異)"의 8자는 원래 〈안연〉편 10 말미의 문장의 기세(文氣)가 유지되지 않는 것을 주자가 정자의 설에 의해 이 장의 착간이라고 하여 여기에 보충한 것이다. 게

다가 주자는 호씨의 말을 인용하여 이 정자의 학설을 인식한 다음 거듭

> 생각건대 이 말이 옳은 듯한데, 장의 머리에 마땅히 '공자왈(孔子曰)'의 글자
> 가 있어야 할 것이니, 아마도 궐문(闕文)일 것이다. 이 책의 뒤 10편은 빠지
> 고 잘못된 것이 많다.
>
> 愚謂此說近是, 而章首當有孔子曰字, 蓋闕文耳, 大抵此書後十篇多闕誤.

고 말하였다. 생각건대 주자의 말처럼 머리 장에 "공자왈"이 빠진 것인지
도 모른다. 그러나 원래 누구의 말인지 명시되지 않은 전송인데 편찬자가
공자의 말이라고 추정하여 여기에 부기한 것인지도 모른다. 하여간 금본
의 원문에는 누구의 말이라고 명시되어 있지 않다.

다음으로 13은 진강이 공자의 장남 백어에게서 들은 공자의 일상사를
기록한 것이다. 진강은 공자의 제자로도 자공의 제자로도 추정되는 인물
이지만, 만약 자공의 제자라면 공자의 손제자이고 그와 공자의 장남 백어
사이의 문답이므로, 당연히 공자 만년보다 이른 시기는 아니다. 그것에
"색다른 이야기(異聞)"인 일상사이기에 말하자면 특종과 같은 것으로 만년
의 공문에 모인 직제자로부터의 전송은 아니다. 특히 "진강"으로 휘를 써
서 부르고 있으므로, 진강에게서 나온 전문일 것이다. 그리고 만약 진강
이 제나라 사람이고 제나라에서 객사한 자공의 제자였다면, 이 전송은 제
나라에서 전해졌던 것인지도 모른다. 게다가 백어의 말 중에 "예를 배우
지 않으면 설 수 없다"는 〈요왈〉편의 마지막 장에도 나오지만, 별도로 논
하는 것처럼 현재의 〈요왈〉편을 구성하는 각 장은 제나라에서 보충했을
가능성을 감안해야 한다. 이와 관련하여 백어가 등장하는 《논어》의 기사
로는 〈양화〉편 10이 있다.

선생님께서 백어에게 이르셨다. "너는 주남과 소남을 배웠느냐? 사람이 주남과 소남을 배우지 않으면, 바로 담벼락을 마주 보고 서 있는 것과 같지 않겠느냐?"

子謂伯魚曰, "女爲周南·召南矣乎, 人而不爲周南·召南, 其猶正牆面而立也與."

이것은 공자를 "자(子)"로 말하고 있는 것으로 보아, 만년의 공문에서 나온 전송일 것이다. 게다가 진강(자는 자금)에 대해서는 이 이외에 〈학이〉편 10의

자금이 자공에게 물었다. "선생님께서는 어느 나라에 가시든 그 나라의 정사를 듣게 되시는데, 그것은 스스로 구하신 것인가 아니면 다른 사람이 자진해서 알려드린 것인가?" 자공이 말하였다. "선생님께서는 온순하고 선량하고 공경스럽고 검약하고 겸손했기 때문에 그 나라의 정사를 들으셨다. 선생님께서 구하는 방법은 아마도 다른 사람과 다르지 않겠는가?"

子禽問於子貢曰, "夫子至於是邦也, 必聞其政, 求之與, 抑與之與?" 子貢曰, "夫子溫·良·恭·儉·讓, 以得之. 夫子之求之也, 其諸異乎人之求之與."(〈학이〉)

라고 되어 있고 또 〈자장〉편 25의

진자금(陳子禽)이 자공에게 말하였다. "그대가 공손해서 그렇지, 중니가 어찌 그대보다 낫겠는가?" 자공이 말하였다. "……부자를 따르지 못함은 마치 하늘을 사다리로 오르지 못하는 것과 같다. 만일 부자께서……"

陳子禽謂子貢曰, "子爲恭也, 仲尼豈賢於子乎?" 子貢曰, "……夫子之不可及也, 夫子……"(〈자장〉)

라고 되어 있다. 이 2장에서 진강은 모두 "자금"으로 자(字)로 불리고, 또 2장 모두 자공과의 문답이다. 그리고 〈학이〉편에서는 자금도 자공도 공자를 "부자(夫子)"라고 부르지만, 〈자장〉편에서는 자공은 공자를 "부자(夫子)"로 말하고 있는 것에 비해 자금은 "중니(仲尼)"로 부르고 있어 공자와 사제지간이 아닌 것 같고, 또 자공을 "자(子)"로 부르고 있어 노사(老師)처럼도 보인다. 생각건대 "부자(夫子)"는 "그분"과 같은 3인칭의 경칭이지만 2인칭으로도 사용되고 노사 이외의 사람에게도 사용할 수 있으나, "중니(仲尼)"는 자(字)로 노사를 부르는 호칭법은 아니다. 어쩌면 〈학이〉편은 이미 서술한 것처럼 재전의 제자가 노나라에서, 만년의 공문에서 학규를 인식하는 데 적절한 참고자료를 편집한 것으로 보이지만, 후에 제나라로 흘러 들어왔을 때 약간의 부가와 윤색이 가해졌는지도 모른다. 그렇다면 〈학이〉편 10은 제나라에서 죽은 자공과 그 제자로 제나라 사람인지도 모르는 진자금의 문답이고, 또 "其諸 …… 與"라는 어법이 《공양전》에 다수 보여 제나라 방언인 듯하므로, 이 장은 제나라에서 부가됐는지도 모른다. 또 〈자장〉편은 후에 서술하는 것처럼 제나라 사람이 편집한 것 같다. 결국 진강이 등장하는 3장은 모두 제나라의 전송이었으리라고 짐작해 본다.

다음으로 14는 공자와 제자의 언행은 아니고 "나라 임금의 처(妻)"에 대한 호칭을 서술한바, 예에 관한 비망록의 단편이다. 주자는 이 장에 대한 오씨의 말을 인용하여

오씨가 말하였다. "무릇 《논어》에 기재된 내용으로 이와 같은 유(類)는 무엇을 말한 것인지 알지 못하겠다. 혹 옛적에 있었는지, 혹은 부자께서 일찍이 말씀하신 것인지 상고할 수 없다."

吳氏曰, "凡語中所載如此類者, 不知何謂, 或古有之, 或夫子嘗言之, 不可考也."

고 말했는데 대체로 옳을 것이다.

하여간 편말의 3장 12·13·14는 전 11과 비교할 때 글의 풍치와 내용이 다르다. 그럼에도 3장 상호 간에도 통합이 없는데, 결국 이 3장은 순차적으로 나중에 부가된 부록일 것이다.

5

이상으로 〈계씨〉편의 특색과 구조가 Ⓐ Ⓑ Ⓒ의 3종의 자료가 결합된 것임을 보았지만, 이런 특색의 구조가 무엇을 의미하는지는 마지막으로 다시 생각해 보지 않으면 안 된다. 주자의 주에 의하면

홍씨가 말하였다. "이 편을 혹자는 제논(齊論, 제나라 《논어》)이라 한다."

洪氏曰, "此篇或以爲齊論."

고 하지만, 제논으로 고찰하는 이유가 명확하게 설명돼 있지 않다.

대체로 《논어》의 편집은 애초 노나라 재전 제자에 의해 시작되어 3전·4전의 제자가 그 뒤를 이어 다음으로 편을 쌓아가면서 전송하고 정리했다. 다른 한편으로 얼마 안 있어 유학이 제나라에 전해지고, 《논어》도 곧 도래하여 제나라에서도 전송·윤색과 증보·속집이 일어났을 것이다. 그런데 노나라에서 《논어》의 편집은 최초는 당연히 공자 만년의 학교에 모인 직제자들의 견문이 전송되던 것을 자료로 했을 테지만, 편을 축적해 가면서 이런 자료는 거의 다 모았고, 그 사이에 몇몇 직제자들의

언행과 세간에 전해오는 공자의 일상사, 명언 등도 차츰 가려 채용했을 것이다. 오늘날의 시점으로 본다면, 공자를 "자(子)"로 부르고 직제자들이 서로를 자(字)로 부르는 기술은 공자 만년의 학교에서 직제자들이 전한 말투였다고 생각한다. 이에 비해 "공자왈"은 세간에서 전해진 전문으로 이해된다.

그런데 제나라 《논어》의 윤색·증보·속집은 노나라의 편집보다 약간 뒤의 일이다. 유학이 제나라에 전해진 것은 빨라야 직제자 자공이 제나라에서 객사한 전후이고, 거듭 자하·자유·자장의 무리와 증자 삼전의 제자 맹자 등에 의해서다. 그렇다면 머지않아 《논어》가 곧 흘러 들어와 전송·윤색·증보·속집이 일어났다 해도 직제자로부터의 전송은 대체로 노나라에서 전해진 것이 다이고 제나라에만 전해진 독자적인 공문 사제의 전문은 자공·자하·자유 등으로부터 나온 약간 특수한 자료와 공문 외의 세간에 전해진 독자적인 전문뿐이었을 것이다. 다만 공문 사제의 문답은 아니고, 자공·자하·자유·자장·증자 등 직제자의 언행 자료는 제나라에도 약간은 있었을 것이다. 그러나 자공과 자하·자유·자장·증자 등의 후학에 의해 제나라에 유학이 전해졌다고 해도 그들이 노나라에서 증자처럼 영구히 제나라에 존재하여 제자를 양성했던 것은 아니다. 따라서 제나라 유자들이 그들의 언행을 모아 《논어》를 증보·속집했을 때 그 일을 담당한 편집자는 반드시 그들과 직접적인 사제 관계에 있었을 이유가 없다. 단지 노나라 《논어》의 체제를 본받아 그들 직제자를 자(字)로써 부르는 형식으로 기술했을 것이다. 단, 증자의 말만은 "증자왈"로 되어 있지만 그것은 맹자 전후에 증자의 제자들이 기술한 것이 전해졌다고 하면 이해할 수 있는 일이다.

이상과 같은 견해에 입각하여 말하면, 〈계씨〉편 14장은 1~11의 11장이 "공자왈"로 되어 있으므로, 이것들은 공문 외의 세간에서 전하던 공자의 언행을 속집한 것이다. 12~14의 3장은 12는 누구의 말인지 모르지만 제나라의 경공을 백이·숙제와 비교하여 서술한 말, 13은 자공의 제자 진강이 공자의 장남 백어에게 색다른 이야기를 물은 문답이라는 특수한 재료, 14는 칭호에 대한 예의 단편으로, 모두가 《논어》에서는 특수한 재료다. 더불어 이 편 중에서는 부록의 지위에 있다. 생각건대 제나라에서 《논어》의 윤색·증보·속집 등은 상술한 것처럼 특수한 자료와 공문 외 세간의 전문에 의한 것으로 생각되고, 또 12는 제나라 경공에 대한 유자의 비판으로 공문에서 시의 단장취의 형식으로 모방한 것으로 보인다. 따라서 제나라에서의 전송으로 보아도 부자연스럽지 않다. 이러한 의미에서 이 한 편은 제나라에서 《논어》의 속집으로 이루어졌으리라 짐작된다. 그리고 이 편의 공자의 말에서 거듭 나타나는 삼우·삼락·삼건·삼계·삼외·구사와 같이 공자의 가르침을 정리하여 수로 열거하는 수법은 별도로 서술한 자장 후학의 학풍과 유사하다. 그렇다면 이 편은 제나라에서 자장 후학의 편집에 의해 출현한 것은 아닐까?

제17절 〈양화〉편의 성격과 구조

1

〈양화〉편은 26장으로 이루어져 있다. 전체가 잡찬의 모양새를 띠지만, 이 편을 반복 통독해 보면 세 부분으로 나누어 고찰하는 게 가능해 보인다.

잠정적으로 이 세 부분을 ⒜ⒷⒸ라고 부르자. ⒜는 1~8의 8장, Ⓑ는 9~
19의 11장, Ⓒ는 20~26의 7장이다. 이하 순차적으로 이 세 부분을 검토
하면서 그 구성을 고찰해 보자.

2

우선 ⒜의 1~8을 열거해 보자.

1. 양화가 공자를 만나고자 하였으나, 공자께서 만나주지 않으시자, 양화가
   공자에게 삶은 돼지를 선물로 보내주니, 공자께서도 그가 없는 틈을 타 사
   례하러 가시다가 길에서 마주치셨다. 공자에게 이르기를 "이리 오시오. 내
   가 그대와 말을 하겠소. 훌륭한 보배를 품고서 나라를 어지럽게 버려두는
   것을 인이라고 할 수 있겠습니까?" 하니, 공자께서 "그렇다고 할 수 없습
   니다" 하셨다. 양화가 "종사하기를 좋아하면서 자주 때를 놓치는 것을 지
   라고 할 수 있겠습니까?" 하니, 공자께서 "그렇다고 할 수 없습니다" 하셨
   다. 양화가 "해와 달이 흘러가니, 세월은 나를 위하여 기다려주지 않습니
   다" 하니, 공자께서 "알았습니다. 나는 장차 벼슬을 할 것입니다"라고 하
   셨다.

   陽貨欲見孔子, 孔子不見, 歸孔子豚, 孔子時其亡也, 而往拜之, 遇諸塗, 謂孔子
   曰, "來, 予與爾言." 曰, "懷其寶而迷其邦, 可謂仁乎." 曰, "不可." "好從事而亟失
   時, 可謂知乎." 曰, "不可." "日月逝矣, 歲不我與." 孔子曰, "諾, 吾將仕矣."

2. 선생님께서 말씀하셨다. 〔사람의〕 성품은 서로 비슷하나 습관에 의해서
   서로 멀어진다."

   子曰, "性相近也, 習相遠也."

3. 선생님께서 말씀하셨다. "오직 상지와 하우만이 바뀌지 않는다."

　子曰, "唯上知與下愚不移."

4. 선생님께서 무성에 가시어 현악(弦樂)에 맞추어 부르는 노랫소리를 들으셨다. 부자께서 빙그레 웃으시며 말씀하셨다. "닭을 잡는 데 어찌 소 잡는 칼을 쓰느냐?" 자유가 대답하였다. "예전에 제가 선생님께 듣자오니 '군자가 도를 배우면 사람을 사랑하고 소인이 도를 배우면 부리기가 쉽다' 하셨습니다." 선생님께서 말씀하셨다. "애들아, 언(偃, 자유)의 말이 옳다. 방금 내가 한 말은 농담이니라."

　子之武城, 聞弦歌之聲, 夫子莞爾而笑曰, "割雞焉用牛刀." 子游對曰, "昔者偃也聞諸夫子, 曰, '君子學道, 則愛人, 小人學道, 則易使也.'" 子曰, "二三子, 偃之言是也, 前言戲之耳."

5. 공산불요가 비읍을 가지고 반란을 일으키고 공자를 부르니, 선생님께서 가려고 하셨다. 자로가 기뻐하지 않으며 말하기를 "가실 곳이 없으면 그만이지, 하필이면 공산씨에게 가시려 하십니까?" 하니, 선생님께서 말씀하셨다. "나를 부르는 자가 어찌 하릴없이 하겠느냐? 나를 써주는 자가 있다면, 나는 동쪽 주나라를 만들 것이다."

　公山弗擾以費畔, 召, 子欲往, 子路不說, 曰, "末之也已, 何必公山氏之之也." 子曰, "夫召我者而豈徒哉, 如有用我者, 吾其爲東周乎."

6. 자장이 공자에게 인을 여쭙자, 공자께서 말씀하셨다. "능히 다섯 가지를 천하에 행할 수 있으면 인이 된다." 자장이 가르쳐주시기를 청하니, 말씀하시기를 "공손함, 너그러움, 믿음, 민첩함, 은혜로움이니, 공손하면 업신여김을 받지 않고, 너그러우면 대중을 얻게 되고, 신의가 있으면 남들이 신임하게 되고, 민첩하면 공적이 있게 되고, 은혜로우면 충분히 남을 부릴 수 있게 된다" 하셨다.

子張問仁於孔子, 孔子曰, "能行五者於天下爲仁矣." 請問之, 曰, "恭·寬·信·
敏·惠, 恭則不侮, 寬則得衆, 信則人任焉, 敏則有功, 惠則足以使人."

7. 필힐이 공자를 부르니, 선생님께서 가려고 하셨다. 자로가 말하였다. "옛
날에 제가 부자께 들었사온데, '직접 그 몸에 착하지 않은 행동을 하는 자
에게는 군자가 들어가지 않는다'고 하셨습니다. 필힐이 지금 중모읍을 가
지고 배반하였는데 부자께서 가려고 하시니, 어찌해서입니까?" 선생님께
서 말씀하셨다. "그렇다. 그런 말을 한 적이 있거니와, 단단하다고 말하지
않겠는가? '갈아도 얇아지지 않으니' 희다고 말하지 않겠는가. '검은 물을
들여도 검어지지 않으니' 내가 어찌 뒤웅박과 같아서 한곳에 매달린 채 먹
기를 구하지 않을 수 있겠는가?"

佛肸召, 子欲往, 子路曰, "昔者由也, 聞諸夫子, 曰, '親於其身爲不善者, 君子不
入也.' 佛肸以中牟畔, 子之往也如之何." 子曰, "然, 有是言也, 不曰堅乎, '磨而不
磷.' 不曰白乎, '涅而不緇.' 吾豈匏瓜也哉, 焉能繫而不食."

8. 선생님께서 말씀하시기를 "유(由)야! 너는 육언(六言)과 육폐(六蔽)를 들어
보았느냐?" 하시자, 〔자로가〕 대답하였다. "아직 듣지 못하였습니다."〔선
생님께서 말씀하셨다.〕"앉거라. 내 너에게 말해주리라. 인만 좋아하고 배우
기를 좋아하지 않으면 그 폐단(가려짐)이 어리석게(愚) 되고, 지혜(知)만
좋아하고 배우기를 좋아하지 않으면 그 폐단이 호탕하게(蕩) 되고, 믿음
(信)만 좋아하고 배우기를 좋아하지 않으면 그 폐단이 해치게(賊) 되고, 정
직(直)한 것만 좋아하고 배우기를 좋아하지 않으면 그 폐단이 급하게(絞)
되고, 용맹(勇)만 좋아하고 배우기를 좋아하지 않으면 그 폐단이 어지럽
게(亂) 되고, 강(剛)한 것만 좋아하고 배우기를 좋아하지 않으면 그 폐단이
경솔하게(狂) 된다."

子曰, "由也, 女聞六言六蔽矣乎." 對曰, "未也.""居, 吾語女, 好仁不好學, 其蔽

也愚, 好知不好學, 其蔽也蕩, 好信不好學, 其蔽也賊, 好直不好學, 其蔽也絞, 好勇不好學, 其蔽也亂, 好剛不好學, 其蔽也狂.”

이 8장 중 1과 6은 “공자”라고 말하고 있으므로, 공문 외의 세간에 전해지던 이야기를 채용한 것일 테지만, 다른 것은 모두 “자왈……”로 공문 내의 전송으로 보인다. 1·5·7은 공자에게 취직의 초빙이 있을 당시의 이야기다. 특히 1·5는 공자가 노나라에서 벼슬을 하기 직전의 일 같고, 시기적으로는 서로 가깝다. 7은 아마 천하유력 중의 일로 벼슬자리에 있었을 때보다 10여 년 뒤일 것이다. 하여간 공자가 초빙받았지만 벼슬을 하지 않았던 이야기가 세 개나 이 편의 Ⓐ에 모아져 있는 것은 주목할 가치가 있다. 다음으로 4는 공자의 제자 자유가 무성의 가신으로 취직했을 당초의 일일 것이지만, 자유는 공자보다 45세 어린 공자 만년의 제자로 이 이야기는 공자가 만년에 노나라에서 학교를 열었을 시기에 속할 것이다. 하여간 이것도 공문에서 취직의 상태를 전하는 한 가지 기사다. 그런데 자유가 공자의 희언(戲言)에 대해 “예전에 제가 선생님께 듣자오니 ‘군자가 도를 배우면 사람을 사랑하고 소인이 도를 배우면 부리기가 쉽다’(昔者偃也聞諸夫子, 曰, 君子學道, 則愛人, 小人學道, 則易使也)”고 한 말은 정치의 근본으로서 교육의 중요성을 공자의 예전부터의 가르침에 의해 서술하고 있는 점이 요점이다. 한편으로 이 장에 선행하는 2장인 2 “선생님께서 말씀하셨다. ‘〔사람의〕 성품은 서로 비슷하나 습관에 의해 서로 멀어지게 된다’(子曰, 性相近也, 習相遠也)”와 3 “선생님께서 말씀하셨다. ‘오직 상지와 하우만이 바뀌지 않는다’(子曰, 唯上知與下愚不移)”는 둘 다 짧은 공자의 격언으로 이것을 연이어 놓고 보면 인간 고유의 교육의 가능성을 가르친 금언으로도 읽힌다. 그래서 이 금언을 앞에 둠으로써 4의 자유가 말하는 교육 중심의 정치가 자연스럽게 서술되는 것으로 아마 이 2·3·4 3장은 전송자에 의해 함께 기억되어 전송된 자료일 것이다. 그리고 4는 정치에서 교육의 필요성을 강조한 것이다. 생각건대 1에서는 양화에게 "알았습니다. 나는 장차 벼슬을 할 것입니다(諾, 吾將仕矣)"고 말해 벼슬할 의지가 있음을 표명했으면서도 결국 양화에게서 벼슬을 하지 않았다고 해도, 공자가 무릇 군자의 본업은 벼슬에 나아가 인정(仁政)을 펼치는 것으로 생각했음은 의심할 이유가 없다. 그리고 2·3·4는 1을 이어받아서 공자의 가르침을 받은 자유가 교육 중심의 정치를 시도하고 공자가 그것을 시인한 이야기다. 다음으로 6은 공자가 자장에 답하여 "공손함, 너그러움, 믿음, 민첩함, 은혜로움"의 다섯 가지를 천하에 행하는 것이 인이라고 말하고, 정치의 이상인 인정을 행할 군자의 마음가짐을 설명하고 있다. 그리고 이것은 5에서 공자가 공산불요의 초빙을 받았던 때 자로를 향해 토로한 포부 "나를 써주는 자가 있다면, 나는 동쪽 주나라를 만들 것이다(如有用我者, 吾其爲東周乎)"를 이어받고 있다. "나는 동쪽 주나라를 만들 것이다"는 주공의 정치가 서주의 몰락 후 동주에 의해 부흥한 것처럼 자신은 노나라에서 인정을 부흥시켜 보고 싶다는 말이었을 것이다. 다음으로 8은 공자가 자로에게 육언육폐를 설명한 말로, 실행력이 뛰어나고 전향적인 자로에게 군자는 배움을 좋아하여 반성하면서 실행해야만 함을 아낌없이 설명했다. 그리고 이 장은 그 직전의 7이 공자가 필힐의 초빙에 응하고자 하던 때 자로의 항의에 답한 문답을 이어받아 거듭 자로와의 문답을 열거하여, 공자의 결단은 결코 경솔하거나 무모한 것이 아니라 충분한 용의가 있었음을 보여주는 결과가 되었다. 이상과 같이 살펴본다면 Ⓐ 1~8의 8장은 공자가 초빙을 받은 1·5·7의 3장의 이야기 각각의 뒤에 2·3·4를 일괄했던 것과 6과 8을 부가하여 공자의 취직에 대한 태도의 근저에는 인정을 수행하고 싶다는 의지가 있음을 보여준 것으로 생각된다. 이제 1·2·3·4를 ⓐ, 5·6을 ⓑ, 7·8을 ⓒ라고 한다면, ⓐⓑⓒ는 상술한 것과 같은 의미에서 거의 동일한 모습을 취하는 3개의 장군으로, 그것을 모아서 나란히 놓은 것이 Ⓐ다.

게다가 이 8장 중 6은 자장과 공자의 문답이다. 자장은 공자보다 48세 어린 공자 만년의 제자로, 별도로 서술하는 바와 같이 세간에 이름이 널리 알려진 수재다. 머지않아 제나라 유학에도 영향을 준 것 같고, 또 그의 후학이 이해한 유교에는 공자의 가르침의 다양한 상을 한데 모아 독자적인 구성을 시도한 것이 적지 않다. 생각건대 이 6은 공문 외의 세간에 전하던 자장의 문답일 것이지만, 공손함, 너그러움, 믿음, 민첩함, 은혜로움 다섯 가지를 한데 모아 인을 이해하고 있고, 그중 "공손하면 업신여김을 받지 않고(恭則不侮)"는 《맹자》〈이루〉편 16〔"공손한 사람은 남을 모욕하지 않는다(恭者不侮人)"—옮긴이〕의 맹자의 말과 일치한다. "너그러우면 대중을 얻게 되고, 신의가 있으면 남들이 신임하게 되고, 민첩하면 공적이 있게 되고(寬則得衆, 信則人任焉, 敏則有功)"는 〈요왈〉편 1 말미의 글과 거의 일치한다. 이런 수사법은 결국 자장 후학의 영향 같고, 자장과 공자의 문답으로 어울리는 대화다. 게다가 자장 후학만이 아니라, 일반적으로 각종 가르침을 모아 항목으로 열거하여 설명하는 수사법은 그것이 공문 사제의 언행의 형식을 취하고 있음에도 후학에 의해 구성 수법이 더해진 것이므로 《논어》 전체 편집 과정에서 보면 뒷부분에 속한다고 할 수 있다. 그런 의미에서 6은 비교적 새로운 자료. 또 8은 자로와 공자의 대화에서 공문 내 전송 형식을 취하고 있지만, "육언육폐"라는 열거하는 설명 방식으로 돼 있다. 또 공자는 자로에게 "앉거라. 내 너에게 말해주리라(居, 吾語女)"라고 말하고 있다. 이런 수사법은 가이즈카 시게키 박사에 의하면 은나라 왕족

집단에서 장로가 청년을 가르칠 때 쓰던 것으로 지극히 오랜 전통을 지닌 것 같은데, 전국시대 학원에서 사제 간 문답에 자주 보인다. 생각건대 공자 학교가 발단이 되어 민간에서 학원이 생겨나고 전국시대 제자백가가 각자 학교를 열었을 때, 그 학교에서 사제 간 작법(作法)으로 보통 이 형식을 취했을 것이다. 그렇다면 8은 《논어》의 자료로서는 초기 기술은 아니고 나중에 나온 기록에 속하리라. 따라서 6과 8에 의해 Ⓐ의 편집은 시대가 내려간다.

3

다음으로 Ⓑ는 9~19의 11장이다.

9. 선생님께서 말씀하셨다. "너희들은 어찌하여 시를 배우지 아니하느냐? 시는 감흥을 불러일으킬 수 있으며, 풍속의 성쇠를 살필 수 있게 하며, 사람과 잘 어울릴 수 있게 하며, 윗사람의 잘못을 풍자할 수 있으며, 가까이는 부모를 섬기는 도리가 있고, 멀리는 임금을 섬기는 도리가 있으며, 새와 짐승과 초목의 이름을 많이 알게 해준다."

子曰, "小子何莫學夫詩, 詩可以興, 可以觀, 可以群, 可以怨, 邇之事父, 遠之事君, 多識於鳥獸草木之名."

10. 선생님께서 백어에게 이르셨다. "너는 주남과 소남을 배웠느냐? 사람이 주남과 소남을 배우지 않으면, 바로 담벼락을 마주 보고 서 있는 것과 같지 않겠느냐?"

子謂伯魚曰, "女爲周南·召南矣乎, 人而不爲周南·召南, 其猶正牆面而立也與."

11. 선생님께서 말씀하셨다. "예다, 예다 하지만, 옥백을 이르는 것이겠는가?

악이다, 악이다 하지만, 종고를 이르는 것이겠는가?"

子曰, "禮云禮云, 玉帛云乎哉, 樂云樂云, 鐘鼓云乎哉."

12. 선생님께서 말씀하셨다. "얼굴빛은 위엄이 있으면서 마음이 유약한 것을 소인에게 비유하면 벽을 뚫고 담을 넘는 도적과 같을 것이다."

子曰, "色厲而內荏, 譬諸小人, 其猶穿窬之盜也與."

13. 선생님께서 말씀하셨다. "향원(鄕原)은 덕의 적이다."

子曰, "鄕原德之賊也."

14. 선생님께서 말씀하셨다. "길에서 듣고 길에서 말하면 덕을 버리는 것이다."

子曰, "道聽而塗說, 德之棄也."

15. 선생님께서 말씀하셨다. "비루한 사람과는 함께 임금을 섬길 수 있겠는가? 부귀를 얻기 전에는 얻을 것을 걱정하고, 이미 얻고 나서는 잃을 것을 걱정하니, 만일 잃을 것을 걱정한다면 못 하는 짓이 없게 된다."

子曰, "鄙夫可與事君也與哉, 其未得之也, 患得之, 既得之, 患失之, 苟患失之, 無所不至矣."

16. 선생님께서 말씀하셨다. "옛날에는 백성들이 세 가지 병폐가 있었는데, 지금에는 그것마저도 없어졌구나! 옛날의 광(狂)은 작은 예절에 구애하지 않았는데, 지금의 광은 방탕하기만 하고, 옛날의 긍(矜)은 행동에 모가 있었는데, 지금의 긍은 사납기만 하고, 옛날의 어리석은 사람은 정직했는데, 지금의 어리석은 사람은 간사하기만 할 뿐이다."

子曰, "古者民有三疾, 今也或是之亡也, 古之狂也肆, 今之狂也蕩, 古之矜也廉, 今之矜也忿戾, 古之愚也直, 今之愚也詐而已矣."

17. 선생님께서 말씀하셨다. "말을 좋게 하고 얼굴빛을 곱게 하는 사람 중에 인한 이가 드물다."

子曰, "巧言令色, 鮮矣仁."

18. 선생님께서 말씀하셨다. "나는 자주색이 주색을 빼앗는 것을 미워하며, 정나라의 음악이 아악을 어지럽히는 것을 미워하며, 말 잘하는 입이 나라를 전복시키는 것을 미워한다."

子曰, "惡紫之奪朱也, 惡鄭聲之亂雅樂也, 惡利口之覆邦家者."

19. 선생님께서 말씀하셨다. "나는 말을 하지 않으려고 한다." 자공이 말하였다. "선생님께서 만일 말씀하지 않으시면 저희들이 어떻게 도를 전하겠습니까?" 선생님께서 말씀하셨다. "하늘이 무슨 말씀을 하시는가? 사시가 운행되고 온갖 만물이 생장하는데, 하늘이 무슨 말씀을 하시는가?"

子曰, "予欲無言." 子貢曰, "子如不言, 則小子何述焉." 子曰, "天何言哉, 四時行焉, 百物生焉, 天何言哉."

이 11장은 잡찬처럼 보이지만, 10의 "선생님께서 백어에게 이르셨다……(子謂伯魚曰……)"를 제외하고 모두 "자왈……"로 시작하고 사제의 문답은 마지막 19뿐이다. 그리고 내용은 모두 공자의 격언으로 봐도 좋다. 그중 9와 10은 시의 가르침을 서술한 의미에서 공통되고, 11은 예악은 형식을 지키는 것이 능사가 아님을 강조한 데 비해 12는 외면만 냉혹해서는 군자가 아니라는 점을 강조하여 그것을 이어받고 있다. 그리고 앞의 2장 9·10의 "시"의 문제 다음에 11 "예악"을 둔 것도 편집자의 배려였을 것이다. 어쩌면 시와 예악은 둘 다 군자의 필수 과목으로서 공자가 주장한 것이기 때문이다. 13과 14는 짧은 격언으로 13의 "덕의 적이다(德之賊也)"와 14의 "덕을 버리는 것이다(德之棄也)"도 상응하고, 또 이 2장은 함께 "덕"의 부정의 문제로서 앞의 12와 같은 부류에 속한다. 15는 "비루한 사람"의 일을 말하고, 16은 고대 백성의 세 가지 병폐에 비해 지금의 백성은 거듭 절조가 없다고 말하고 있으므로, 이 2장도 역시 유사성이 있다. 게다가

13·14의 덕의 부정을 서술한 격언 뒤를 이어 결국 동일한 의미를 포함하는 것이다. 17은 "말을 좋게 하고 얼굴빛을 곱게 하는 자(巧言令色)"라는 겉보기의 장점은 인과 유사하지만 같지 않다고 말하고, 18은 자주색이 주색을 빼앗고, 정나라 음악이 아악을 어지럽히고, 말 잘하는 입이 나라를 전복시킨다고 말해 사이비를 싫어한다는 의미에서 상응한다. 그리고 이 2장도 역시 앞의 여러 장처럼 덕의 부정을 계속 다루고 있어 다른 부류가 아니다. 무엇보다도 《고논어》에는 17이 빠져 있다. 따라서 이 10장은 시를 배우지 않으면 군자로서 자격을 잃게 된다는 데서 시작해서 군자의 덕을 상실한 형태인 사이비를 싫어한다는 것을 11·12·13·17·18 5장에서 설명한다. 거듭 덕을 상실한 행위와 상태에 대해서 14·15·16의 3장에서 언급하고 있다. 그리고 최후의 19의 자공과의 사제 간 문답에서 덕 상실의 현상에 대처하는 교육자로서 공자의 고뇌를 표현하여 "나는 말을 하지 않으려고 한다"로 되어 있다. 따라서 이 11장의 ⑧는 잡찬이지만, 결국 격언의 종류의 선택과 배열에서 고려가 가해져 하나의 덩어리로 모인 것이다. 그리고 이것을 ④ 다음에 두어 ④ 끝의 8이 "자왈……"로 시작하고 ⑧의 첫 부분인 9가 "자왈……"로 시작해 상응하는 것처럼 되었다.

그런데 여기서 ⑧에 속하는 여러 장구 중 한두 개를 설명하고 싶다. 첫 번째, 9의 "선생님께서 말씀하셨다. '너희들은 어찌하여 시를 배우지 아니하냐? 시는 감흥을 불러일으킬 수 있으며……'(子曰, 小子, 何莫學夫詩, 詩可以興……)"는 공자가 제자들에게 시 배울 것을 권하면서 그 효용을 보여준 말이다. 어떤 특정한 제자에 대해서가 아니고, "너희들(小子)"이라고 불러 제자 일반을 대상으로 한 것으로, 공자 학교의 필수 과목이 시·서·예·악이었던 점을 감안하면 학생 일반에 대한 오리엔테이션이었는지도 모른다. 그리고 만약 그런 관점을 유지한다면, 11의 "선생님께서 말씀하셨다. '예다, 예다 하지만, 옥백을 이르는 것이겠는가? 악이다, 악이다 하지만, 종고를 이르는 것이겠는가?'(子曰, 禮云禮云, 玉帛云乎哉, 樂云樂云, 鐘鼓云乎哉)"도 역시 같은 취지의 발언이라고 상상할 수 있다. 이미 서술한 것처럼 〈학이〉편은 공문의 학규와 훈시에 어울리는 말을 후학이 편집한 것으로 생각되고, 〈학이〉편 6 "선생님께서 말씀하셨다. '제자가 들어가서는 효하고 나와서는 공손하며, 행실을 삼가고 말을 성실하게 하며, 널리 사람들을 사랑하되 인한 이를 친히 해야 하니, 이것을 행하고 여력이 있으면 글을 배워야 한다'(子曰, 弟子, 入則孝, 出則弟, 謹而信, 汎愛衆而親仁, 行有餘力, 則以學文)"도 "제자(弟子)"라고 불렀으므로 학생 일반을 대상으로 한 발언이다. 그러나 〈학이〉편은 어디까지나 공자 학교의 학규는 아니고, 나중에 학교 제도를 정리해 갔던 후학 시대에 공자 학교의 정신에 어울리게 공자 이래의 학규로 편집한 것 같고, 그 편집은 증자 제자들의 손에 의해서였다고 추측된다. 이에 대해 〈양화〉편의 9와 11은 말의 성질로 보면 〈학이〉편의 여러 장과 유사하지만, 〈학이〉편의 편집자가 채용하지 않은 사실로부터 보자면 주목하지 못해서 빠뜨리게 되었는지도 모른다. 그리고 9나 11도 학교 내규 자료가 아니고, 군자의 교양의 진의를 서술한 격언으로서 ⑧에 받아들여져 수록되어 있다. 그렇다면 ⑧의 편집은 〈학이〉편과는 다른 사람의 손에서 나왔을 것이다. 그러나 9와 11이 말 그대로 공자 학교에서의 훈시성 발언이었다면, 적어도 최초는 결국 노나라에서 전송된 자료임에 틀림없다. 10의 "선생님께서 백어에게 이르셨다(子謂伯魚曰)"는 공자가 가정에서 학문에 대해 자식에게 훈시한 말로 아마 노나라에서 시종일관 살았을 백어와의 문답이므로, 결국 노나라 사람이 전한 자료임에 틀림없다. 게다가 17 "선생님께서 말씀하셨다. '말을 좋게 하고 얼굴빛을 곱게 하는 사람 중에 인한 이가 드물다'(子曰, 巧言令色, 鮮矣仁)"는 〈학이〉편 3에 거듭 나온다. 또 12에 보이는 "벽을 뚫고 담을 넘는(穿窬)"이라는 말은《맹자》〈진심하〉편에 나온다. 그리고 13 "선생님께서 말씀하셨다. '향원은 덕의 적이다(子曰, 鄕原德之賊也)'"는 "선생님께서 말씀하시기를 …… '향원은 덕의 적이다'"로, 18의 "선생님께서 말씀하셨다. '나는 자주색이 주색을 빼앗는 것을 미워하며, 정나라의 음악이 아악을 어지럽히는 것을 미워하며, 말 잘하는 입이 나라를 전복시키는 것을 미워한다'(子曰, 惡紫之奪朱也, 惡鄭聲之亂雅樂也, 惡利口之覆邦家者)"는 "공자께서 말씀하시기를 '같으면서 아닌 것(似而非)을 미워하노니, ……말재주가 있는 자를 미워함은 의를 어지럽힐까 두려워해서요, 말 잘하는 입을 가진 자를 미워함은 신을 어지럽힐까 두려워해서요, 정나라 음악을 미워함은 정악을 어지럽힐까 두려워해서요, 자주색을 미워함은 붉은색을 어지럽힐까 두려워해서요, 향원을 미워함은 덕을 어지럽힐까 두려워해서다' 하셨다(孔子曰, 惡似而非者, ……惡利口, 恐其亂信也, 惡鄭聲, 恐其亂樂也, 惡紫, 恐其亂朱也, 惡鄕原, 恐其亂德也)"로 모두 〈진심하〉편에 보인다. 그렇다면 이 편의 Ⓑ는 맹자가 전한 공자의 말과 일치하는 부분을 포함하고 있지만, 맹자는 증자의 3전 제자다. 따라서 이상을 종합하면, 〈학이〉편이 노나라에서 증자 제자에 의한 편집인 데 비해 〈양화〉편 Ⓑ는 그보다 이후 맹자 무렵까지의 증자 후학에 의한 편집이 아닐까?

이는 Ⓑ만의 문제가 아니어서, Ⓐ의 성격도 생각해 볼 점이 있다. 이미 서술한 것처럼 Ⓐ의 6은 "공손함, 너그러움, 믿음, 민첩함, 은혜로움"의 다섯 가지를 행하는 것이 인이라고 하고, 8은 "육언육폐"를 설명하고 있지만, 이렇게 항목을 열거하는 설명 방식은 일반적으로《논어》중에서는 비교적 나중에 나온 재료다. 또 8은 공자가 자로의 질문에 답할 때 "앉거라. 내 너에게 말해주리라(居, 吾語女)"로, 전국시대 학원에서 흔히 사용하던 문답 형식을 취하고 있는 것도 이 장이 나중에 나온 것임을 말해준다. 게다가 8의 공자의 말 중에 "……믿음만 좋아하고 배우기를 좋아하지 않으면 그 폐단이 해치게 되고, 정직한 것만 좋아하고 배우기를 좋아하지 않으면 그 폐단이 급하게 되고, 용맹만 좋아하고 배우기를 좋아하지 않으면 그 폐단이 어지럽게 되고……(……好信不好學, 其蔽也賊, 好直不好學, 其蔽也絞, 好勇不好學, 其蔽也亂, ……)"는 〈태백〉편 2 "선생님께서 말씀하셨다. 공손하되 예가 없으면 수고롭고, 삼가되 예가 없으면 두렵고, 용맹스럽되 예가 없으면 혼란하고……(子曰, 恭而無禮則勞, 愼而無禮則葸, 勇而無禮則亂, 直而無禮則絞, ……)"와 거의 일치하고, 〈태백〉편 2의 "공손하되 예가 없으면 수고롭고(恭而無禮則勞)"와 〈양화〉편 8의 "믿음만 좋아하고 배우기를 좋아하지 않으면 그 폐단이 해치게 되고(好信不好學, 其蔽也賊)"는 〈학이〉편 13 유자의 말 "약속이 의리에 가깝게 하면 그 약속한 말을 실천할 수 있으며, 공손함이 예에 가깝게 하면 치욕을 멀리할 수 있으며……(信近於義, 言可復也, 恭近於禮, 遠恥辱也, ……)"와 상반되는 말이다. 그런데 〈태백〉편은 이미 서술한 것처럼 재전의 제자로부터 4전의 제자 시대에 걸쳐 증삼 후학의 손에 의한 편집으로 보인다. 그렇다면 〈양화〉편의 Ⓐ Ⓑ는 둘 다 맹자에 가까운 시대에 노나라에서 편집된 게 아닐까.

4

다음 ⓒ는 20~26의 7장이다.

20. 유비가 공자를 뵙고자 하였는데, 공자께서는 병이 있다고 거절하시고 명령을 전달하는 자가 문밖으로 나가자, 비파를 가져다 노래를 부르시어 그

로 하여금 듣게 하셨다.

孺悲欲見孔子, 孔子辭以疾, 將命者出戶, 取瑟而歌, 使之聞之.

21. 재아가 말하였다. "3년상은 기년(期年)만 하더라도 너무 오래라고 할 것입니다. 군자가 3년 동안 예를 행하지 않으면 예가 반드시 무너지고, 3년 동안 음악을 익히지 않으면 음악이 반드시 무너질 것입니다. 묵은 곡식이 다 없어지고 새 곡식이 오르며, 불씨 만드는 나무도 바뀌니, 1년이면 그칠 만합니다." 선생님께서 "쌀밥을 먹고 비단옷을 입는 것이 너에게는 편안하냐?" 하시니, 〔재아가〕 대답하기를 "편안합니다" 하였다. 선생님께서 말씀하셨다. "네가 편안하면 그리해라. 군자가 거상(居喪)할 때에 맛있는 것을 먹어도 달지 않으며 음악을 들어도 즐겁지 않으며, 거처함에 편안하지 않기 때문에 하지 않는 것이니, 네가 편안하면 그리해라." 재아가 밖으로 나가자, 선생님께서 말씀하셨다. "재여의 인하지 못함이여! 자식이 태어나서 3년이 지난 뒤에야 부모의 품을 벗어나게 된다. 3년상은 온 천하의 공통된 상이니, 재여는 3년의 사랑이 그 부모에게 있었는가?"

宰我問, "三年之喪, 期已久矣, 君子三年不爲禮, 禮必壞, 三年不爲樂, 樂必崩, 舊穀旣沒, 新穀旣升, 鑽燧改火, 期可已矣." 子曰, "食夫稻, 衣夫錦, 於女安乎." 曰, "安." "女安則爲之, 夫君子之居喪, 食旨不甘, 聞樂不樂, 居處不安, 故不爲也, 今女安則爲之." 宰我出, 子曰, "予之不仁也, 子生三年, 然後免於父母之懷, 夫三年之喪, 天下之通喪也, 予也, 有三年之愛於其父母乎."

22. 선생님께서 말씀하셨다. "배부르게 먹고 하루해를 마치면서 마음을 쓰는 곳이 없다면 어렵다. 장기와 바둑이라도 있지 않은가? 그것을 하는 것도 그만두는 것보다는 나을 것이다."

子曰, "飽食終日, 無所用心, 難矣哉, 不有博弈者乎, 爲之猶賢乎已."

23. 자로가 말하기를 "군자가 용맹을 숭상하옵니까?" 하니, 선생님께서 말씀

하셨다. "군자는 의를 으뜸으로 삼는다. 군자가 용만 있고 의가 없으면 난을 일으키고, 소인이 용만 있고 의가 없으면 도적질을 할 것이다."

子路曰, "君子尙勇乎." 子曰, "君子義以爲上, 君子有勇而無義爲亂, 小人有勇而無義爲盜."

24. 자공이 묻기를 "군자도 미워함이 있습니까?" 하니, 선생님께서 말씀하셨다. "미워함이 있으니, 남의 단점을 말하는 자를 미워하며, 하류에 처하면서 윗사람 비방하는 자를 미워하며, 용만 있고 예가 없는 자를 미워하며, 과감하기만 하고 융통성이 없는 자를 미워한다." 〔선생님께서〕 말씀하시기를 "사(賜)야! 너도 미워함이 있느냐?" 하시니, 〔자공이 말하였다.〕 "살핌을 지혜로 여기는 자를 미워하며, 겸손하지 않은 것을 용맹으로 여기는 자를 미워하며, 들추어내는 것을 정직함으로 여기는 자를 미워합니다."

子貢曰, "君子亦有惡乎." 子曰, "有惡, 惡稱人之惡者, 惡居下流而訕上者, 惡勇而無禮者, 惡果敢而窒者." 曰, "賜也, 亦有惡乎." "惡徼以爲知者, 惡不孫以爲勇者, 惡訐以爲直者."

25. 선생님께서 말씀하셨다. "여자와 소인은 기르기가 어려우니, 가까이하면 불손하고 멀리하면 원망한다."

子曰, "唯女子與小人爲難養也, 近之則不孫, 遠之則怨."

26. 선생님께서 말씀하셨다. "나이가 40이 되어서도 미움을 받으면 그대로 끝나고 말 것이다."

子曰, "年四十而見惡焉, 其終也已."

이 7장도 요컨대 잡찬이다. 그러나 7개의 장은 모두 공자가 하고자 하지 않는 것, 틀렸다고 생각하는 것을 표현한 말과 태도의 기술인 점에서 공통된다. 이것을 ⑧의 11장과 비교하면 공자가 불가한 것에 대해 서술했다는 의미에서 ⑧와 ⓒ는 공통되지만, ⑧에는 사이비를 싫어하는 의미의 말이 많고, ⓒ는 일반적으로 어쩔 도리가 없는 것을 지적하고 있다. 21의 "재여의 인하지 못함이여(予之不仁也)", 22의 "어렵다(難矣哉)", 25의 "기르기가 어려우니(爲難養)", 26의 "그대로 끝나고 말 것이다(其終也已)" 등은 모두 그 의미를 강하게 표현한 말이다. 게다가 이 7장 중 머리 장 20은 다소 특이하여 유비(孺悲)에 대한 공자의 태도를 기록하고, "공자"라고 말하고 있는 것으로 보아, 공문 밖 세간의 전송을 채택한 것이다. 또 사제 간 문답이 세 개 있다. 21은 재아와의 문답, 23은 자로와의 문답, 24는 자공과의 문답으로, 이 중 23과 24는 "자로가 말하기를 …… 군자……(子路曰, 君子……)", "자공이 말하기를(묻기를) 군자……(子貢曰, 君子……)"로 "군자"로 시작하는 점에서 동일하다. 또 24의 "군자도 미워함이 있습니까?(君子亦有惡乎)"는 26의 "나이가 40이 되어서도 미움을 받으면(年四十而見惡焉)"과 "오(惡)" 자가 동일하고, 그 중간에 배치된 25의 "가까이하면 불손하고(近之不孫)"는 24의 "겸손하지 않은 것을 용맹으로 여기는 자를 미워하며(惡不孫以爲勇者)"와 "불손"이 공존하여 지금처럼 배치되었을 것이다. 그리고 이 ⓒ의 머리 장 20은 공자가 면회를 요구받았지만 만나지 않았다는 의미에서, 또 공문 밖 세간의 전송이라는 의미에서 Ⓐ의 머리 장 1과 상응한다. 게다가 말을 사용하지 않고, 행위로써 의지를 표현한 ⓒ의 머리 장 20은 ⑧의 끝 장 19의 "나는 말을 하지 않으려고 한다(予欲無言)"를 받아서 동기상구(同氣相求)한다.

5

요컨대 〈양화〉편은 편집된 세 장군 Ⓐ⑧ⓒ를 거듭 조정 편집하여 성립한 것이다. 그중 적어도 Ⓐ와 Ⓑ는 맹자에 가까운 3~4전의 제자 무렵에 노나라에서 편집되었을 것이므로, ⒶⒷⒸ를 한데 모아 한 편으로 한 것은 Ⓐ나 Ⓑ와 같은 시대이거나 혹은 시대가 내려갈 가능성이 있다. 따라서 최후의 편집이 맹자 이후였는지, 노나라에서 이루어졌는지 아니면 제나라에서 이루어졌는지도 확실하지 않다. 그러나 제나라 유학에 영향을 준 자장⑹과 자공⒀의 말과 폭넓게 후학에 의해 존경받았던 자로⑻의 말이 나중에 나온 것 같다는 것과 《맹자》와 일치하는 어구가 많은 점 등으로 미루어 노나라에서 성립했으나 제나라로 흘러가 윤색된 게 아닐까 싶다.

제18절 〈미자〉편의 성격과 구조

1

〈미자〉편은 11장으로 구성되어 있다. 각 장의 성격과 내용에 통일성이 없고, 장의 배열 순서도 계획적인 것 같지 않다. 요컨대 전체적으로 보면 《논어》의 다른 편과 동일한 정도의 잡찬이다. 그러나 서로 인접하는 두세 장마다 약간의 연관이 있는 것이 있고, 또 떨어져 배치된 두세 장 사이에 일종의 대응을 고려한 것도 있다. 게다가 전체적으로 〈미자〉편은 《논어》 20편 중에서는 어떤 특색이 느껴지는 것을 부정할 수 없다.

〈미자〉편 전체의 특색은 뒤에서 밝히듯이, 일반적으로 군자가 난세에 처신하는 경우 출처진퇴의 문제가 중심이다. 편말의 2장을 제외하고 나머지 9장이 모두 이 문제에 관여돼 있다. 그러나 이 9장에는 출처진퇴에 대한 공자의 말을 전하는 것, 공자의 천하 유세 시대에 은사(隱士)의 비판에 대한 공자의 태도를 보여주는 전문, 옛날의 어진 사람과 은일의 고사(高士)의 생활태도에 대한 공자의 비판, 또 옛사람 혹은 당대 사람의 출처진퇴에 대한 역사적 사실의 기술도 있다. 단, 마지막 2장은 직접적으로는 출처진퇴의 문제와 관계가 없어 보인다. 그러므로 이런 것들의 성격을 밝혀 〈미자〉 한 편이 어떻게 하여 성립했는지를 알아보는 것이 이 소론의 목적이다. 결론은 뒤로 미루고, 우선 11장 각각의 성격과 그들 상호 간의 연관과 대응의 문제를 구명해 보자.

2

우선 3과 4는 모두 공자 자신의 취직 혹은 사직(辭職) 문제에 관한 전문으로, 그런 의미에서 동일한 성질의 기사 2조가 서로 인접 배치되어 있다. 이 2장을 잠정적으로 자료 ⓐ라고 부르자.

> 3. 제나라 경공이 공자를 대우하며 말하기를, "계씨처럼은 내 능히 대우하지 못하겠지만 계씨와 맹씨의 중간 정도로 대우하겠다" 하고는 "내 늙어서 〔그의 말을〕 쓰지 못하겠다" 하자, 공자께서 떠나셨다.
>
> 齊景公待孔子曰, "若季氏, 則吾不能, 以季·孟之間待之." 曰, "吾老矣, 不能用也." 孔子行.
>
> 4. 제나라 사람이 여악을 보내니, 계환자가 그것을 받고 사흘을 조회하지 않자, 공자께서 떠나셨다.
>
> 齊人歸女樂, 季桓子受之, 三日不朝, 孔子行.

무엇보다도 이 두 전문은 사건에 의하면 정확한 역사적 사실의 기재는 아니다(이 책 제1편 3과 4 참조). 3은 공자가 40대에 제나라를 떠난 시기의 일은 아니고, 실은 노나라에서 요직을 사양하고 외유의 도상에 있을 때 그 원인에 대해 세간에 떠도는 소문을 기록한 것으로 보인다. 4는 공자가 노나라의 요직에 있을 때 제나라 사람이 여악을 보낸 사실이 있었는지는 모르겠으나, 그것이 공자가 사직한 유일한 원인은 아니고, 중요한 이유는 물론 딴 데 있었다. 단 사직의 표면적 이유의 하나로 이 여악 사건을 열거했을지도 모른다. 그런데 세간에서는 그것이 중요한 원인으로 전해졌을지도 모른다는 정도다. 하여간 이 2장은 공자 자신의 출처진퇴에 관한 전문이라는 의미에서 〈미자〉편 내에서 단지 2개의 장에 지나지 않지만, 그럼에도 인접 배치된 것이다.

다음으로 5·6·7의 3장은 공자가 노나라의 요직을 그만두고 14년간 천하유력에 나섰을 때의 일로, 각지에서 접한 은사들의 비판과 그에 대응한 전문의 기사다. 전편 중 이러한 성질의 장은 이 3장만으로 서로 인접 배치되어 있다. 이 3장을 ⓑ라고 부르자.

5. 초나라의 미치광이 접여가 공자가 탄 수레 곁을 노래 부르며 지나갔다. "봉황새여, 봉황새여! 어찌하여 덕이 그처럼 쇠하였는가? 지나간 것은 간할 수 없거니와 오는 것은 오히려 따를 수 있으니, 그만둘지어다. 그만둘지어다! 오늘날 정사에 종사하는 자들은 위험하다." 공자께서 수레에서 내리시어 더불어 말하려고 하셨는데, 빨리 걸어 피하므로 함께 말씀하시지 못하였다.

楚狂接輿, 歌而過孔子曰, "鳳兮鳳兮, 何德之衰, 往者不可諫, 來者猶可追, 已而已而, 今之從政者殆而." 孔子下, 欲與之言, 趨而辟之, 不得與之言.

6. 장저와 걸익이 함께 밭을 갈고 있는데……

   長沮·桀溺耦而耕, ……

7. 자로가 따라가다가 뒤에 처졌는데, 지팡이로 대바구니를 멘 장인을 만나,
   ……

   子路從而後, 遇丈人以杖荷蓧, ……

지금까지 서술한 ⓐ와 ⓑ는 공자 자신의 출처진퇴에 대한 전문과 공자가
천하유력 중에 접한 은사에 대한 태도와 말, 따라서 당연히 공자의 출처
진퇴에 관한 생각 및 태도와 관계있는 전문이다. 그런 의미에서 이 5장은
내용적으로도 관련이 있고, 연대적으로도 이어져 있다. 생각건대《논어》
가 공자 및 제자들의 언행록을 중심으로 한 기록집인 점을 감안하면, 〈미
자〉편 중에서는 이 5장이야말로 그에 해당하는 것이다. 따라서 그런 의미
에서 이 5장은 〈미자〉편 11장 가운데 핵심이라고 보아도 좋다.

3
그런데 다음으로 주의해서 봐야 할 것은 8과 1이다. 우선 8을 보자.

8. 일민은 백이와 숙제와 우중과 이일과 주장과 유하혜와 소련이었다. 선생
   님께서 말씀하셨다. "그 뜻을 굽히지 않고 그 몸을 욕되게 하지 않는 자는
   백이와 숙제다." 유하혜와 소련을 평하시기를 "뜻을 굽히고 몸을 욕되게
   하였으나, 말이 윤리에 맞으며 행실이 사려에 맞았으니, 이런 점일 뿐이
   다" 하셨다. 우중과 이일을 평하시기를 "숨어 살면서 말을 함부로 하였으
   나 몸은 깨끗함에 맞았고, 폐함(벼슬하지 않음)은 권도에 맞았다. 나는 이와

달라서 가한 것도 없고 불가한 것도 없다" 하셨다.

逸民, 伯夷・叔齊・虞仲・夷逸・朱張・柳下惠・少連, 子曰, "不降其志, 不辱其身,
伯夷・叔齊與." 謂柳下惠・少連, "降志辱身矣, 言中倫, 行中慮, 其斯而已矣." 謂
虞仲・夷逸, "隱居放言, 身中淸, 廢中權." "我則異於是, 無可無不可."

이것은 공자가 옛 일민 7인의 생활태도를 서술하고 이들에 대한 공자 자신의 태도를 명확하게 한 내용이다. 이것은 ⓐ처럼 공자 자신의 출처진퇴의 사실에 대한 전문도 아니고, ⓑ처럼 공자의 유력 중에 경험한 당시 은사에 대한 대결의 전문도 아니다. 그러나 옛 일민에 대한 공자 자신의 비판이기 때문에, ⓐ와 ⓑ 뒤에 부기하여 출처진퇴의 문제에 대한 공자의 주의를 보여주는 재료가 되기에 좋은 기사다. 그런데 이 8은 편 머리 1과 어떤 의미에서 동류의 기사로 그런 의미에서 대응하고 있는 것이 주목된다.

1. 미자는 떠나가고 기자는 종이 되고 비간은 간하다가 죽었다. 공자께서 말씀하셨다. "은나라에 세 인자가 있었다."

微子去之, 箕子爲之奴, 比干諫而死, 孔子曰, "殷有三仁焉."

이것은 일민은 아니지만 은나라 말기의 난세에 삼인삼색으로 훌륭한 처신 방법을 보여준 귀족의 일을 공자가 "은나라에 세 인자가 있었다(殷有三仁焉)"고 평한 것이다. 결국 난세를 맞아 군자가 취해야 할 출처진퇴의 문제를 고려할 때 참고가 될 기사다. 그런 의미에서는 8과 동류로 서로 대응한다고 할 수 있을 것이다. 무엇보다도 1은 원래 공문 외의 전송으로 1과 8이 일시에 통합되어 기억되어 전송되었는지 그렇지 않았는지 여부는 불분명하나, 서로 떨어져 배치되어 있다.

그런데 이것과 연관하여 9와 2를 주목해야 한다. 우선 9를 보자.

9. 태사 지는 제나라로 가고, 아반 간은 초나라로 가고, 삼반 료는 채나라로
가고, 사반 결은 진나라로 가고, 북을 치는 방숙은 하내로 들어가고, 소고
를 흔드는 무는 한중으로 들어가고, 소사 양과 경쇠를 치는 양은 해도로
들어갔다.

大師摯適齊, 亞飯干適楚, 三飯繚適蔡, 四飯缺適秦, 鼓方叔入於河, 播鼗武入於
漢, 少師陽·擊磬襄入於海.

이것은 공자의 말이라고 명시되어 있지 않고, 단지 역사적인 사건의 전문
을 기록한 것이다. 주석가들의 설에 의하면 노나라에 있었던 일이라고도
하고, 혹은 은나라 말기의 일이라고도 하는 등 정설이 없다. 사건으로는,
공자가 30대 후반일 때 주 왕실의 악단이 난 때문에 흩어진 사실을 전한
것이다. 뭐가 됐든 탁월한 전통문화의 정화를 전했던 궁정의 악단이 난으
로 인해 붕괴하고 우수한 예술가들이 영락하여 민간에 숨게 된 일을 서술
한 내용이다. 그럼에도 그것이 공자가 보고 들은 동시대의 사실이었다면,
편집자가 이것을 공자의 일민 평인 ⓐⓑ 뒤에 부가했던 일민에 대한 공자
의 평가인 8 뒤에 다시 부록 형식으로 이 전문을 보존한 것이 특별히 부
자연스럽지는 않다. 그런데 공자와 제자가 관여한 말이 아니고 단지 역사
적 사실의 전문에 지나지 않는다는 의미에서 이 9와 동일한 것은 2이다.

2. 유하혜가 사사(士師)가 되어 세 번 내침을 당하자, 혹자가 말하기를 "그대
는 아직 떠날 만하지 않은가?" 하니, 다음과 같이 대답하였다. "도를 곧게

하여 사람을 섬기면 어디를 간들 세 번 내침을 당하지 않겠으며, 도를 굽혀 사람을 섬긴다면 어찌 굳이 부모의 나라를 떠나겠는가?"

柳下惠爲士師, 三黜, 人曰, "子未可以去乎." 曰, "直道而事人, 焉往而不三黜, 枉道而事人, 何必去父母之邦."

이 글은 음악가에 대한 내용은 아니고, 유하혜라는 탁월한 군자의 출처에 관한 전문이다. 그런 의미에서 8의 일민의 기사에 유하혜가 있는 것과 상응한다. 그럼에도 다른 한편으로 이 2를 1의 미자·기자·비간의 기사와 나란히 놓고 본다면, 둘 다 탁월한 옛 군자의 처신 방법의 일례라는 의미에서 상통하고, 또 1과 2는 서로 연접 배치되어 있다. 그러나 어떤 성구 (成句)의 음에 맞추어 뜻이 같지 않은 다른 말을 만드는 언어유희가 될지 모르지만, 이 2장을 병렬 배치한다면, 1의 "세 명의 인한 자(三仁)"와 "세 번 내침을 당하자(三黜)"가 전송을 위한 기억의 실마리로 편리하게 작용했을 것이다.

생각건대 1·2·8·9의 4장은 본래 단지 고래의 명사가 난세에 처한 사실을 전한 것으로, 공문이 전한 많은 전송 중에서 한데 모아진 4장일 것이다. 잠정적으로 이것을 ⓒ라고 부르자. 이 ⓒ를 ⓐ 및 ⓑ와 함께 군자의 출처진퇴를 고려할 참조로 제공할 수 있다는 의미에서 ⓐⓑ에 배치하여 일련의 기록으로 편집했다고 가정해도 부자연스럽지 않다. 그리고 그때 우선 8은 공자가 일민과 대비하여 자신의 출처진퇴의 입장을 서술한 것이기 때문에, 이것을 공자와 은사의 대결 전문을 서술한 ⓑ의 뒤에 붙이고, 다시 공자가 보고 들은 당시의 궁정 예술가의 일민화의 사실인 9를 거듭 그 뒤에 부기했다. 또 공자 이전의 군자가 난세에 처신한 태도를 전해주는 1과 2를 시대순으로 병렬하고 공자 자신의 출처진퇴의 사실을 전한 ⓐ 앞에 붙였다고 상상하는 것이 가능하다. 달리 말하면 ⓒ 4장을 2분하여 8과 9를 ⓑ 뒤에 붙이고, 1과 2를 ⓐ 앞에 배치한 것이다. 따라서 1~9의 9장은 일반적으로 군자가 난세에 처신하는 출처진퇴의 참고자료를 모은 것이고, 그 각 장의 성격에 따라 편집 배치 과정을 위에서 논한 것처럼 고려했다고 이해하면 된다.

4

그런데 문제로 남는 것은 최후의 2장, 즉 10과 11이다.

> 10. 주공이 노공에게 이르셨다. "군자는 그 친척을 버리지 아니하며, 대신으로 하여금 써주지 않는 것을 원망하지 않게 하며, 옛 친구나 선임자가 큰 연고가 없으면 버리지 않으며, 한 사람에게 완비하기를 요구하지 않는다."
>
> 周公謂魯公曰, "君子不施其親, 不使大臣怨乎不以, 故舊無大故, 則不棄也. 無求備於一人."
>
> 11. 주나라에 여덟 선비가 있었으니 백달, 백괄, 중돌, 중홀, 숙야, 숙하, 계수, 계왜다.
>
> 周有八士, 伯達‧伯適‧仲突‧仲忽‧叔夜‧叔夏‧季隨‧季騧.

이 2장은 공자와 제자가 관여한 말은 아니지만, 주나라 초기의 일을 전한 전문이라는 의미에서 공통되고, 또 실제 서로 연접 배치되어 있다. 단, 공자나 제자와 관계없는 기사인 데다 군자의 출처진퇴 문제도 아니라는 점에서 다른 9장과 다른 종류다. 그래서 이 2장이 어떻게 해서 〈미자〉편의 편말에 부가되었는가 하는 의문이 생긴다. 착간이라고 보는 관점도 있지만, 다른 관점에서도 볼 수 있지 않을까?

생각건대 10과 11은 서로 인접하는 2장이지만, 그것이 편 머리의 1과 대응한다는 사실을 간과하면 안 된다. 이 1·10·11의 3장은 어느 것이나 은나라 말기, 주나라 초기의 사실이다. 그러므로 이것들에 대한 지식은 당시의 《상서》에 기초한 것이다. 무엇보다 11의 "주나라에 여덟 선비가 있었으니(周有八士)"는 1의 "은나라에 세 인자가 있었다(殷有三仁焉)"와 대응한다.

덧붙여 말하면 여덟 선비의 행적은 명확하지 않지만, 고주에서는

> 포함(包咸)이 말하였다. 주나라 때에 네 번의 분만에 여덟 아들을 낳은 [사람이 있었는데, 그 아들들이] 모두 현사(顯士)가 되었다. 그러므로 기록한 것이다.
>
> 包曰, 周時四乳生八子, 皆爲顯士, 故記之爾.

고 말하고 있고, 또 소에 의하면 정현은 성왕(成王)의 때의 일이라 하였고, 유향과 마융(馬融)은 선왕(宣王) 때의 일이라고 하였다. 그러나 다자이 슌다이의 《고훈(古訓)》에서처럼 문왕 때 남궁씨(南宮氏)의 여덟 선비(八士)로 보는 설이 유력하다.

> 임희원(林希元)이 말하였다. 여덟 선비는 남궁씨로 문왕 때 사람이니 모두 우관이다. 《국어》에서 "문왕이 팔우에게 물었다"고 하였고, 급총(汲冢) 《주서》〈극은해(克殷解)〉에 "남궁홀(南宮忽)에게 명하여 녹대의 재화와 거교의 곡식으로 진휼하였고, 남궁백달(南宮百達)과 사일(史佚)에게 명하여 구정을 삼무로 옮겼다"고 하였다. 아마도 남궁홀이 곧 중홀이고, 남궁백달이 곧 백달일 것이며, 《상서》에서 말한 남궁괄은 곧 백괄일 것이다.

林希元曰 八士南宮氏, 文王時, 皆爲虞官, 國語云, "文王詢於八虞." 汲冢周書克殷解

云, "乃命南宮忽, 振鹿臺之財·巨橋之栗, 乃命南宮百達·史佚, 遷九鼎三巫." 蓋南

宮忽卽仲忽, 南宮百達卽伯達, 尙書所謂南宮括卽伯适.

이렇듯 여덟 선비는 8명의 탁월한 선비로 보인다. 그 근거로 《논어》의 다음과 같은 여러 장을 함께 비교해 보는 것이 가능하다.

○ 자공이 "어떠하여야 이 선비라 이를 만합니까?" 하고 묻자, 선생님께서 말씀하셨다. "몸가짐에 부끄러움이 있으며 사방에 사신으로 가서는 군주의 명을 욕되게 하지 않으면 선비라 이를 만하다." "감히 그다음을 묻겠습니다" 하자, "종족(宗族)들이 효성스럽다고 칭찬하고 향당에서 공손하다고 칭찬하는 인물이다"라고 하셨다. "감히 그다음을 묻겠습니다" 하자, "말을 반드시 미덥게 하고 행실을 반드시 과단성 있게 하는 것은 국량이 좁은 소인이나, ……"

子貢問曰, "何如斯可謂之士矣." 子曰, "行己有恥, 使於四方, 不辱君命, 可謂士矣." 曰, "敢問其次." 曰, "宗族稱孝焉, 鄕黨稱弟焉." 曰, "敢問其次." 曰, "言必信, 行必果, 硜硜然小人哉, ……"(〈자로〉 20)

○ 자로가 "어떠하여야 이 선비라 이를 만합니까?" 하고 묻자, 선생님께서 대답하셨다. "간절하고 자상히 권면하며 화락하면 선비라 이를 만하다. 붕우간에는 간절하고 자상히 권면하며, 형제간에는 화락하여야 한다."

子路問曰, "何如斯可謂之士矣." 子曰, "切切偲偲, 怡怡如也, 可謂士矣, 朋友切切偲偲, 兄弟怡怡."(〈자로〉 28)

○ 선생님께서 말씀하셨다. "선비로서 편안하기를 생각하면 선비라 할 수 없다."

子曰, "士而懷居, 不足以爲士矣."(〈헌문〉 3)

이 말들이 규정하는 의미에서 선비라고 할 수 있는 8인의 선비가 주나라에 있었다는 것이 "주나라에 여덟 선비가 있었으니(周有八士)"일 것이다. 그리고 이 말투는 예를 들어 〈태백〉편의 "순임금이 어진 신하 다섯 사람을 두심에 천하가 다스려졌다. 무왕이 말씀하셨다. '나는 다스리는 신하 열 사람을 두었노라.' 선생님께서 말씀하셨다. '인재 얻기가 어렵다 한 말이 맞는 말이 아니겠는가? 당우의 즈음만이 주나라보다 성하였다. 그런데도 열 사람 중에 부인이 들어 있으니, 〔남자는〕 아홉 사람뿐이다. ……' (舜有臣五人而天下治, 武王曰, 予有亂臣十人. 孔子曰, 才難, 不其然乎, 唐虞之際, 於斯爲盛, 有婦人焉, 九人而已……)", 〈헌문〉편의 "선생님께서 말씀하셨다. '일어나 은둔한 자가 일곱 사람이다'(子曰, 作者七人矣)" 등과 같이 모두 탁월한 인물을 수를 들어 열거하는 것과 똑같다. 게다가 〈태백〉편의 무왕 때의 "유능한 신하 열 사람"과 〈요왈〉편의 "주나라에 큰 베풂이 있으니, 선인이 이에 부하게 되었다" 등은 모두 주나라 초기에 인재가 융성했음을 서술한 것으로 "주나라에 여덟 선비가 있었으니"와 울림이 일치하는 셈이다. 그리고 여덟 선비가 4개 조의 쌍둥이였다는 고주의 설에 의하면 백(伯)·중(仲)·숙(叔)·계(季) 각각 2인씩으로, 2인씩 동운(同韻)의 이름이 붙어 있는 것에 기초한 추측일 것이다.

거듭 말하지만, 11의 "주나라에 여덟 선비가 있었으니(周有八士)"는 1의 "은나라에 세 인자가 있었다(殷有三仁焉)"와 상응한다. 그런데 이것과 병렬해서 "한 사람에게 완비하기를 요구하지 않는다(無求備於一人)"의 구절에 주의해야 한다. 이 구절은 지금의 《상서》〈군진(君陳)〉편에 보이는데, 한 사람에게 완벽함을 요구하는 것은 무리이며 반면에 한 가지 기예와 한 가지 재능을 지닌 선비 각각을 존중해야 하며 일부 결점 때문에 그 인물을 버려서는 안 된다는 인재 중시의 사고방식을 포함하고 있다. 그런 의미에서 이것을 11의 "주나라에 여덟 선비가 있었으니(周有八士)"와 나란히 고찰해 보면 주나라 초기 인재의 융성함은 하늘의 큰 베풂인 동시에 당대 정치가가 인재를 소중히 여긴 데 따른 결과다. 이런 의미에서도 10과 11은 내용적으로 다소 연관성이 있다. 그리고 이것을 1의 "은나라에 세 인자가 있었다"와 대비하여 독해한다면, 동시대에 은나라에서는 우수한 인재를 활용하지 못했고, 혹 죽이거나 민간 속으로 사라지게 했음을 대조적으로 표출하고 있다. 대체로 군자가 난세에 어떻게 처신해야 하는가라는 출처진퇴의 문제가 〈미자〉편 편집의 주된 관심사였다고 해도, 그 전제로 군자는 도가 있는 세상에 나아가 벼슬을 해야 함을 고려하고 있다. 그리고 위정자로서 인정(仁政)을 행하는 것이 본령인 군자를 본래의 존재 방식에 따라 관직에 봉사하도록 할 것인가 아니면 직을 사양하고 민간인으로 살아가게 할 것인가는 전적으로 군자의 덕·부덕에 달려 있다는 것도 유가의 출처진퇴의 사고방식에서는 자명한 전제였을 터다. 그러므로 〈미자〉편에서 1·10·11의 3장이 서로 대응하면서 편 머리와 편 끝을 점하고 있는 것은, 군자가 불우한 처지에 처했을 때 처신하는 출처진퇴의 문제를 다루고 있는 재료를 주로 모은 〈미자〉편에서 난세를 개탄하면서 이런 문제를 고려하지 않으면 안 되는 이유를 해설한 것이 된다. 게다가 10과 11을 편의 끝에 배치하여 주나라 정치의 본래의 정신이 인재 중시에 있음을 상기하고, 이것을 주나라 초기 이래의 일민(8)과 공자 당대의 궁정 예술가의 일민화(9) 등의 사실 뒤에 연계하여 시세를 개탄한 뜻을 비유했다고 보아도 될 것이다. 하여간 1·10·11의 3장은 서로 대응하므로 이것을 ⓓ라고 부르도록 하자.

5

이상 서술한 바에 의하면 〈미자〉편은 ⓐⓑⓒⓓ의 4종의 재료를 한데 모아 편집한 것이 된다. 즉

ⓐ		3	4							
ⓑ				5	6	7				
ⓒ	<u>1</u>	<u>2</u>					<u>8</u>	<u>9</u>		
ⓓ	1								10	11

ⓐ·ⓑ·ⓒ·ⓓ 등이 이 순서로 배치되어 지금의 〈미자〉편의 장 순서가 결정된 이유는 이미 서술했다. 즉 ⓐ와 ⓑ의 연관, ⓑ와 ⓒ의 상보 관계, ⓐ와 ⓒ 전반과의 시대적 전후 관계, ⓒ와 ⓓ의 일부 중복 등을 편찬자가 의식해 이런 장의 순서를 결정한 것으로 보인다.

그런데 이 〈미자〉편의 편집이 일시에 이루어졌는지, 여러 차례에 걸쳐 이루어졌는지, 또 각각이 어떤 시대였는지, 편집자는 누가 혹은 어떤 그룹이었는지 등은 알 수 없다. 단, 다음의 몇 가지 점은 상상해 볼 수 있다.

1. 불우한 상황에 처한 군자의 출처진퇴가 주요 관심사이므로, 벼슬살이의 혜택을 받지 못한 불우한 유가 후학이 이 편을 편집했을 것이다.

2. 출처진퇴라는 문제의 성질에도 좌우되지만, 이 편의 핵심인 공자 자신의 사적 5장도 전부 정확한 역사적 사실은 아니고, 특히 3·4·5·6은 "공자"라고 말하고 있기 때문에, 항간에서 이야기되던 전문을 모은 것으로 짐작된다. 또 공자나 제자가 관여하지 않은 기사 4장 2·9·10·11도 있다. 이것은 어느 무

렵부터 유가 후학 사이에서 모아져 전송되던 재료일 테지만, 공자 만년의 학교에 모인 직제자들로부터 유래하는 전송과는 달라서, 비교적 뒤에 나온 보족적인 지식도 혼재했을 것이다. 《논어》의 중심을 이루는 부분은 직제자 이래의 전송을 모아 기술한 것으로 편찬이 재전 제자들 언저리에서 시작되었다면, 그것이 3~4전 제자 시대에 대강 완료된 무렵부터 그 이후에 이러한 보족적 편집이 가해졌을 거라고 생각하기 쉽다. 특히 세상은 전국시대로 접어들어 유자의 세상살이도 점점 엄혹해지고, 선비들이 불우한 처지를 한탄하는 사례도 많았다고 한다면, 〈미자〉편과 같은 문헌의 편집 가능성은 점점 더 높아진다.

3. 《논어》 전체 중에서 공자의 은일에 대한 발언과 은사와의 대결을 기록한 장으로는 이 〈미자〉편의 ⓐⓑⓒ 9장 외에 〈헌문〉편 39·40·41·42의 연속되는 4장이 있다.

39. 선생님께서 말씀하셨다. "현자는 세상을 피하고, 그다음은 지방을 피하고, 그다음은 색을 〔보고〕 피하고, 그다음은 말을 〔어기면〕 피한다."

   子曰, "賢者辟世, 其次辟地, 其次辟色, 其次辟言."

40. 선생님께서 말씀하셨다. "일어나 은둔한 자가 일곱 사람이다."

   子曰, "作者七人矣."

41. 자로가 석문에서 유숙했는데, 신문이 묻기를 "어디에서 왔는가?" 하자, 자로가 "공씨에게서 왔소"라고 대답하니, 그가 "바로 불가능한 줄을 알면서도 하는 자 말인가" 하였다.

   子路宿於石門, 晨門曰, "奚自." 子路曰, "自孔氏." 曰, "是知其不可而爲之者與."

42. 선생님께서 위나라에서 경쇠를 두들기셨는데, 삼태기를 메고 공씨의 문

앞을 지나가는 자가 듣고서 말하였다. "마음이 천하에 있구나. 경쇠를 두들김이여!" 조금 있다가 말하였다. "비루하다. 너무도 단단하구나! 나(자신)를 알아주지 못하면 그만두어야 할 것이니, '물이 깊으면 옷을 벗고 건너고, 얕으면 옷을 걷고 건너야 하는 것이다.'" 선생님께서 말씀하셨다. "과감하구나! 어려울 것이 없겠구나!"

子擊磬於衛, 有荷蕢而過孔氏之門者, 曰, "有心哉擊磬乎." 既而曰, "鄙哉硜硜乎, 莫己知也, 斯己而已矣, '深則厲, 淺則揭.'" 子曰, "果哉, 末之難矣."

이 중 특히 40 "선생님께서 말씀하셨다. '일어나 은둔한 자가 일곱 사람이다'(子曰, 作者七人矣)"는 〈미자〉편 8의 일민 7인을 열거하여 평가했던 조항과 대응하는 것으로 보인다. 그러나 〈헌문〉편의 4조는 〈미자〉편에 비해 대체로 간략하고 서사성이 부족하다. 어쩌면 동일한 성질의 기록이지만 〈헌문〉편은 비교적 일찍부터 공문 내에서 전송된 재료일 것이고 〈미자〉편은 그것이 윤색된 것, 혹은 나중에 모아진 보족적인 재료일 것이다. 그렇게 보면 일반적으로 〈미자〉편의 편집이 〈헌문〉편보다 늦다고 보아야 할 것이다.

4. 《맹자》의 은일과 군자의 출처진퇴에 관한 사유 방식의 일부를 간단하게 《논어》와 비교해 보자면, 《맹자》에서는 〈공손추상〉편에 백이와 이윤과 공자의 생활태도를 대비하여 서술했고 또 〈만장하〉편에 백이·이윤·유하혜·공자 4인이 대조되어 있다. 〈미자〉편 8에 일민 7인을 열거하여 그 생활태도를 세 종류로 분류하여 대비한 것 중에 백이·숙제와 유하혜가 있고, 거듭 이들과 대조되고 있는 공자 자신의 생활태도의 자술이 있다. 또 유하혜에 대해서는 동일하게 〈미자〉편 2에 "세 번 내침을 당하자(三黜)"의 일이 전해진다. 《논어》에 보이는 백이·숙제는 이 외에 〈공야장〉편에 1조, 〈술이〉편에 1조,

〈계씨〉편에 1조가 있고, 유하혜에 대해서는 〈미자〉편 2조 외에 〈위령공〉편에 1조가 있지만, 여기서 《맹자》와 비교할 때 중요한 것은 〈미자〉편이다. 그리고 백이 및 유하혜와 공자를 비교한다는 의미에서 〈미자〉편은 《맹자》와 유사하다. 우선 백이에 대해서 살펴보자.

○ ……선생님께서 말씀하셨다. "그 뜻을 굽히지 않고 그 몸을 욕되게 하지 않는 자는 백이와 숙제다."

……子曰, "不降其志, 不辱其身, 伯夷·叔齊與."《논어》〈미자〉 8)

○ 섬길 만한 군주가 아니면 섬기지 아니하며, 부릴 만한 백성이 아니면 부리지 아니하여서 세상이 다스려지면 나아가고 어지러워지면 물러감은 백이였다.

非其君不事, 非其民不使, 治則進, 亂則退, 伯夷也.《맹자》〈공손추상〉)

○ 백이는 눈으로는 나쁜 빛을 보지 아니하며, 귀로는 나쁜 소리를 듣지 아니하고, 섬길 만한 군주가 아니면 섬기지 아니하며, 그 백성이 아니면 부리지 아니하여, 세상이 다스려지면 나아가고 혼란하면 물러가서, 나쁜 정사가 나오는 곳과 나쁜 백성들이 거주하는 곳에는 차마 거처하지 못하였으며, 향인들과 거처함을 생각하기를 마치 조복(朝服)과 조관(朝冠)으로 도탄(塗炭)에 앉은 듯이 여기더니, 주의 때를 당하여 북해(北海)의 가에 거처하면서 천하가 맑아지기를 기다렸다. 그러므로 백이의 풍도(風度)를 들은 자들은 완악한 지아비가 청렴해지고, 나약한 지아비가 입지(立志)를 갖게 된다. ……백이는 성인의 청(淸)한 자요.

伯夷目不視惡色, 耳不聽惡聲, 非其君不事, 非其民不使, 治則進, 亂則退, 橫政之所出, 橫民之所止, 不忍居也, 思與鄉人處, 如以朝衣朝冠坐於塗炭也, 當紂之時, 居北海之濱, 以待天下之淸也, 故聞伯夷之風者, 頑夫廉, 懦夫有立志, ……伯夷

聖之淸者也.(《맹자》〈만장하〉)

유하혜에 대해서는 다음과 같다.

○ 유하혜와 소련을 평하시기를 "뜻을 굽히고 몸을 욕되게 하였으나, 말이 윤리에 맞으며 행실이 사려에 맞았으니, 이런 점일 뿐이다" 하셨다.

謂柳下惠·少連, "降志辱身矣, 言中倫, 行中慮, 其斯而已矣."(《논어》〈미자〉8)

○ 유하혜는 더러운 군주를 섬김을 부끄러워하지 않으며, 작은 벼슬을 사양하지 않으며, 나아가면 어짊을 숨기지 아니하여 반드시 그 도리대로 하며, 〔벼슬길에서〕 버림을 받아도 원망하지 않고, 곤궁을 당해도 걱정하지 않으며, 향인들과 더불어 처하되 유유(悠悠)하게 차마 떠나지 못해서, 말하기를 "너는 너이고 나는 나이니, 〔네가〕 비록 내 옆에서 옷을 걷고 벗는다 한들 네 어찌 나를 더럽히겠는가" 하였다. 그러므로 유하혜의 풍도를 들은 자들은 비루한 지아비가 너그러워지며, 박한 지아비가 인심이 후해진다. ……유하혜는 성인의 화(和)한 자요.

柳下惠, 不羞汙君, 不卑小官, 進不隱賢, 必以其道, 遺佚而不怨, 阨窮而不憫, 與鄕人處, 由由然不忍去也, "爾爲爾, 我爲我, 雖袒裼裸裎於我側, 爾焉能浼我哉." 故聞柳下惠之風者, 鄙夫寬, 薄夫敦, ……柳下惠聖之和者也.(《맹자》〈공손추상〉·〈만장하〉)

공자에 대해서는 다음과 같다.

○ 나는 이와 달라서 가한 것도 없고 불가한 것도 없다.

我則異於是, 無可無不可.(《논어》〈미자〉8)

○ 벼슬할 만하면 벼슬하고 그만둘 만하면 그만두며, 오래 머무를 만하면 오래 머물고 빨리 떠날 만하면 빨리 떠나심은 공자이시니,

可以仕則仕, 可以止則止, 可以久則久, 可以速則速, 孔子也.(《맹자》〈공손추상〉)

○ 속히 떠날 만하면 속히 떠나고, 오래 머무를 만하면 오래 머물며, 은둔할 만하면 은둔하고, 벼슬할 만하면 벼슬한 것은 공자이시다. ……공자는 성인의 시중(時中)인 자이시다.

可以速而速, 可以久而久, 可以處而處, 可以仕而仕, 孔子也, ……孔子聖之時者也.(《맹자》〈만장하〉)

생각건대 맹자는 공자를 조술(祖述)한 인물이기 때문에, 《논어》와 《맹자》에서 이런 유사 및 일치가 발생한 것은 당연하지만, 〈미자〉편의 일민 7인 중 5인은 《맹자》에 보이지 않고, 역으로 《맹자》에서 열거한 이윤은 《논어》에 보이지 않는다. 이것은 《맹자》가 약간 독창적인 견해를 섞은 것인지도 모르지만, 〈미자〉편 8과 같은 명확한 공자의 말이 있으면 맹자가 그것을 무시했을 리 없다. 그렇다면 〈미자〉편의 소전과 맹자가 근거한 소전이 학파가 달라 차이가 있었을지도 모른다. 즉 〈미자〉편은 맹자가 학통을 이어받은 증자 후학의 손에 의해 성립된 게 아닐 것이다. 적어도 〈미자〉편에는 증자 후학의 손이 가해진 분위기는 전혀 없다.

5. 〈미자〉편 11장 가운데 공자 제자의 이름은 6과 7에 자로가 보일 뿐이다. 〈헌문〉편 41의 석문에서 신문과의 문답에도 자로가 보이고, 결국 《논어》에서 공자의 유력 중에 은사와의 대결에 등장하는 제자는 모두 자로다. 이것은 용기 있고 적극적인 자로가 유력 중에 공자 주변에 있었고 여러 가지로 수고를 아끼지 않고 보살펴 준 사실도 있을 테지만, 공문 내외에 이런 이야기

가 전해졌을 때 자로의 성격이 나머지 제자들보다 이런 이야기에 가장 잘 어울렸기 때문이기도 할 것이다. 그러나 거듭 이런 이야기를 보존하여 《논어》의 일부로 편집한 사람의 의식 속에 자로에 대한 존경과 사숙의 마음이 얼마간 존재했을 것이다. 공자의 제자 중에 그 언행이 《논어》에 나타나는 빈도수가 가장 많은 이는 자로로 40장에 이른다. 자로는 가장 나이가 많은 제자였으며 강건 명백해서 조금의 거치적거림도 없고 곧잘 남에게 신세를 지는 어려운 일에 직면하여서도 굴하지 않고, 허심탄회해서 당파를 조직하는 일 등도 절대로 하지 않았다. 따라서 공자의 총애를 받고, 동년배와 후배로부터도 널리 사랑과 존경을 받았을 것이다. 그의 생전이나 사후에 자로학파가 생긴 건 아니지만, 널리 공문 직제자의 대선배로서 존경과 사숙의 대상이 되었다고 생각한다. 그러므로 자로의 이름이 보이는 것만으로 〈미자〉편의 편집이 어느 학파의 손에서 나왔는지를 결정할 수는 없다. 그러나 이전·3전·4전 제자 시대에 노나라에서 유가 후학의 중심 세력은 아마도 증자학파였고, 직제자 이래 공문의 전송이 편집되어 최초로 《논어》의 원형을 이룬 것은 그들의 손에 의해서였을 것이다. 그리고 그 편집이 어느 정도 진행되고 그것에 대한 보족적인 편집이 일어났을 것이다. 〈미자〉편은 그 보족적 문헌에 속하는 것으로 보이므로, 그런 의미에서도 결국 증자학파의 작품은 아닐 것이다.

6. 〈미자〉편의 편 머리의 1장(ⓒ의 1) 및 편 끝의 2장(ⓓ 중의 10·11)은 《상서》에 기초한 지식인 것 같다. 이것은 〈태백〉편의 머리 장(1) 및 편 끝의 4장(18·19·20·21)이 《상서》에 기초한 지식인 것과 유사한 구성이다. 《논어》 20편 가운데 이러한 구조는 2편 이외에는 없다. 단, 〈요왈〉편은 편 머리만이 《상서》의 지식에 기초하고 있다. 공문에서 《상서》의 지식은 무엇보다도 공자의

교훈은 아니다. 공문에서는《서》를 군자에게 필수적인 교양의 하나로서 학습했지만, 그것은 공자의 가르침의 연원을 이해하여 전거를 제시하는 것으로서 중요시되었던 것이다. 그런데 지금 〈미자〉편과 〈태백〉편에서는 공문의 언행록의 수미에《상서》의 지식에 기초한 전송을 첨가하여 어떤 의미 부여를 하고 있다. 이런 편찬은 언행록으로서는 약간 뒤에 나오는 것이고, 일반적으로 어느 정도는 맹자에 가까운 시대의 유학의 의식은 아니었을까? 그러나 〈미자〉편과 〈태백〉편은 내용적으로 성격이 다르다. 〈태백〉편은 주로 공자와 증자의 언행을 모은 증자 후학의 편집인 데 반해 〈미자〉편은 주로 공자의 출처진퇴와 그의 견해를 모은 것으로 공문 밖의 소전을 채용한 장이 많고, "자왈……"로 칭하는 것은 7·8의 2장에 지나지 않는다. 따라서 〈태백〉편은 노나라에서, 〈미자〉편은 제나라에서 편집했으리라 짐작한다.

제19절 〈자장〉편의 성격과 구조

1

〈자장〉편은 25장으로 이루어져 있다. 이 편은《논어》20편 중에서도 매우 특이하다. 즉 공자의 말 및 공자와 제자와의 문답은 1조도 없고, 모두 자장·자하·자유·증자·자공 등 직제자의 말이나 문답뿐이다. 그럼에도 이 다섯 제자의 말과 문답이 각각 한 사람씩 통합되어 서로 인접 배치되어 있다. 그러므로 이들 다섯 제자의 언론을 각각 모은 다섯 개의 재료 Ⓐ Ⓑ Ⓒ Ⓓ Ⓔ가 있고, 그것을 연이어 합쳐 이 한 편을 편집한 것이 아닐까.

이를 차례로 검토해 보자.

2

우선 Ⓐ는 자장의 말과 문답으로 1·2·3이 이에 속한다.

> 1. 자장이 말하였다. "선비가 위태로움을 보고 목숨을 바치며, 이득을 보고 의를 생각하며, 제사에 공경함을 생각하며, 상사에 슬픔을 생각한다면 괜찮다."
>
> 子張曰, "士見危致命, 見得思義, 祭思敬, 喪思哀, 其可已矣."
>
> 2. 자장이 말하였다. "덕을 잡음이 넓지 못하며, 도를 믿음이 독실하지 못하면, 어찌 있다고 말하며 어찌 없다고 말하겠는가?"
>
> 子張曰, "執德不弘, 信道不篤, 焉能爲有, 焉能爲亡."
>
> 3. 자하의 문인이 자장에게 벗 사귀는 것을 묻자, 자장이 "자하가 무어라고 하던가?" 하고 되물으니, 대답하기를 "자하께서 '가한 자를 사귀고 불가한 자를 사귀지 말라' 하셨습니다" 하였다. 자장이 말하였다. "내가 듣던 것과는 다르다. 군자는 어진 이를 존경하고 대중을 포용하며, 잘하는 이를 아름답게 여기고 능치 못한 이를 불쌍히 여긴다. 내가 크게 어질다면 남에 대해 누구인들 용납하지 못할 것이며, 내가 어질지 못한다면 남들이 장차 나를 거절할 것이니, 어떻게 남을 거절할 수 있겠는가?"
>
> 子夏之門人, 問交於子張, 子張曰, "子夏云何." 對曰, "子夏曰, '可者與之, 其不可者拒之.'" 子張曰, "異乎吾所聞, 君子尊賢而容衆, 嘉善而矜不能, 我之大賢與, 於人何所不容, 我之不賢與, 人將拒我, 如之何其拒人也."

이 3장은 1과 2는 자장의 말, 3은 자하의 문인과 자장의 문답이다. 그리고 이 장군 끝의 3에는 자장 외에 "자하의 문인"이 등장한다. 다음의 4~13이 모두 자하의 말과 문답인 것과 "자하"로써 연접하고 있는 것에 주의해야 한다.

Ⓑ는 3~13의 11장이다.

   3. 자하의 문인이 자장에게 벗 사귀는 것을 묻자, 자장이 …… 되물으니……

      子夏之門人, 問交於子張, 子張曰, ……

   4. 자하가 말하였다. "비록 작은 도라도 반드시 볼만한 것이 있으나 원대함에 이르는 데 장애 될까 두렵다. 이 때문에 군자가 하지 않는 것이다."

      子夏曰, "雖小道, 必有可觀者焉, 致遠恐泥, 是以君子不爲也."

   5. 자하가 말하였다. "날마다 모르는 것을 알며, 달마다 능한 것을 잊지 않으면 학문을 좋아한다고 이를 만하다."

      子夏曰, "日知其所亡, 月無忘其所能, 可謂好學也已矣."

   6. 자하가 말하였다. "배우기를 널리 하고 뜻을 독실히 하며, 절실하게 묻고 〔현실에 필요한 것을〕 가까이 생각하면 인이 그 가운데 있다."

      子夏曰, "博學而篤志, 切問而近思, 仁在其中矣."

   7. 자하가 말하였다. "온갖 공인들은 공장에 있으면서 그 일을 이루고, 군자는 배워서 그 도를 지극히 한다."

      子夏曰, "百工居肆以成其事, 君子學以致其道."

   8. 자하가 말하였다. "소인들은 허물이 있으면 반드시 문식(文飾)한다."

      子夏曰, "小人之過也, 必文."

   9. 자하가 말하였다. "군자는 세 가지 변함이 있으니, 〔멀리서〕 바라보면 엄연(엄숙)하고, 그 앞에 나아가면 온화하고, 그 말을 들어보면 명확하다."

子夏曰, "君子有三變, 望之儼然, 即之也溫, 聽其言也厲."

10. 자하가 말하였다. "군자는 〔백성들에게〕 신임을 얻은 뒤에 그 백성을 부리
    니, 신임을 얻지 못하고 부리면 자신들을 괴롭힌다고 여긴다. 신임을 얻은
    뒤에 간하니, 신임을 얻지 못하고 간하면 자기를 비방한다고 여긴다."

    子夏曰, "君子信而後勞其民, 未信則以爲厲己也, 信而後諫, 未信則以爲謗己也."

11. 자하가 말하였다. "큰 덕이 한계를 넘지 않으면 작은 덕은 출입하여도 괜
    찮다."

    子夏曰, "大德不踰閑, 小德出入可也."

12. 자유가 말하였다. "자하의 제자들은 물 뿌리고 청소하며, 응대하고 진퇴하
    는 예절을 당해서는 괜찮으나, 이는 지엽적인 일이요, 근본적인 것은 없으
    니, 어찌하겠는가?" 자하가 듣고서 말하였다. "아! 언유의 말이 지나치다.
    군자의 도에 어느 것을 먼저라 하여 전수하며, 어느 것을 뒤라 하여 게을
    리하겠는가? 초목에 비유하면 구역으로 구별되는 것과 같으니, 군자의 도
    가 어찌 이처럼 속이겠는가? 처음과 끝을 구비한 것은 오직 성인이시다."

    子游曰, "子夏之門人小子, 當洒掃·應對·進退, 則可矣, 抑末也, 本之則無, 如之
    何." 子夏聞之曰, "噫, 言游過矣, 君子之道, 孰先傳焉, 孰後倦焉, 譬諸草木, 區以
    別矣, 君子之道, 焉可誣也, 有始有卒者, 其惟聖人乎."

13. 자하가 말하였다. "벼슬하면서 여가가 있으면 학문을 하고, 학문을 하고서
    여가가 있으면 벼슬을 한다."

    子夏曰, "仕而優則學, 學而優則仕."

이 11장은 모두 자하의 말 혹은 문답이지만, 장의 순서에 일정한 방침이
있는 것 같지는 않다. 어쩌면 자하의 잡다한 말과 문답을 한 덩어리로 모
은 편집일 것이다. 무엇보다도 9와 10은 "군자"로 시작하는 말이기 때문

에 서로 인접 배치하는 정도의 배려를 했을 것이다.

다음으로 12와, 13을 뛰어넘어서 14·15의 3장은 자유의 문답 및 말이다. 이 3장을 ⓒ라고 부르자. 어쩌면 이것도 한꺼번에 모아 기억하고 전송한 작은 장군일 것이다.

12. 자유가 말하였다. "자하의 제자들은……" 자하가 듣고서 말하였다. ……

　　子游曰, "子夏之門人小子, ……" 子夏聞之曰, ……

14. 자유가 말하였다. "상례는 슬픔을 극진히 할 뿐이다."

　　子游曰, "喪致乎哀而止."

15. 자유가 말하였다. "나의 벗 자장은 어려운 일을 잘하나, 그러나 인하지는 못하다."

　　子游曰, "吾友張也, 爲難能也, 然而未仁."

다음으로 ⓓ는 16·17·18·19의 4장으로 모두 "증자"의 말과 문답이다.

16. 증자가 말씀하였다. "당당하구나, 자장이여! 함께 인을 하기는 어렵다."

　　曾子曰, "堂堂乎張也, 難與並爲仁矣."

17. 증자가 말씀하였다. "내가 부자께 들으니, 사람이 스스로 정성을 극진히 하는 것이 없지만 반드시 친상(親喪)에는 정성을 다한다 하셨다."

　　曾子曰, "吾聞諸夫子, 人未有自致者也, 必也親喪乎."

18. 증자가 말씀하였다. "내가 부자께 들으니, 맹장자(孟莊子)의 효는 그 다른 일은 능히 할 수 있으나, 아버지의 신하와 아버지의 정사를 고치지 않은 일은 능하기 어렵다 하셨다."

　　曾子曰, "吾聞諸夫子, 孟莊子之孝也, 其他可能也, 其不改父之臣與父之政, 是難能也."

19. 맹씨가 양부를 사사로 임명하자, 〔양부가〕 증자에게 〔옥사 처리에 관하여〕
　　물으니, 증자가 다음과 같이 말씀하였다. "윗사람이 도리를 잃어 백성들이
　　이반된 지가 오래되었다. 만일 〔범법한〕 실정을 파악했으면 불쌍히 여기고
　　기뻐하지 말아야 한다."

　　孟氏使陽膚爲士師, 問於曾子, 曾子曰, "上失其道, 民散久矣, 如得其情, 則哀矜
　　而勿喜."

　　이 군의 머리 장 16은 "당당하구나, 자장이여……"로 증자가 자장을 비판
한 내용인데, 앞의 군 ⓒ의 마지막 장 15에서는 "나의 벗 자장은……"으
로 자유가 자장을 비판하고 있다. 그리고 이 2장을 서로 인접 배치했다.
또 17과 18은 둘 다 "내가 부자께 들으니……"로 시작하고 서로 인접해
있다. 그런 다음 18에는 "맹장자"가 등장하고, 19에는 "맹씨"가 보인다.
두 사람이 동일인은 아니지만 둘 다 "맹"씨인 점으로 보건대 기억·전송
의 편리함을 고려했을 것이다.

　　마지막으로 ⓔ는 편 끝부분의 6장으로 20~25가 이에 속한다. 모두 자
공의 말과 문답이다.

20. 자공이 말하였다. "주왕의 불선이 이처럼 심하지는 않았으니, 이 때문에
　　군자는 하류에 처하는 것을 싫어한다. 천하의 악행이 모두 모여들기 때문
　　이다."

　　子貢曰, "紂之不善, 不如是之甚也, 是以君子惡居下流, 天下之惡皆歸焉."

21. 자공이 말하였다. "군자의 허물은 일식·월식과 같아 잘못이 있으면 사람
　　들이 모두 볼 수가 있고, 허물을 고쳤을 때는 사람들이 우러러본다."

子貢曰, "君子之過也, 如日月之食焉, 過也人皆見之, 更也, 人皆仰之."

22. 위나라 공손조가 자공에게 물었다. "중니는 무엇을 배웠는가?" 자공이 말하였다. "문왕·무왕의 도가 아직 땅에 떨어지지 않아 사람들에게 남아 있다. 그리하여 현자는 그 큰 것을 기억하고, 어질지 못한 자들은 그 작은 것을 기억하고 있어서 문왕·무왕의 도를 갖고 있지 않음이 없으니, 부자께서 어찌 배우지 않으시며 또 어찌 일정한 스승이 계시겠는가?"

衛公孫朝問於子貢曰, "仲尼焉學." 子貢曰, "文武之道, 未墜於地, 在人, 賢者識其大者, 不賢者識其小者, 莫不有文武之道焉, 夫子焉不學, 而亦何常師之有."

23. 숙손무숙(叔孫武叔)이 조정에서 대부들에게 말하기를 "자공이 중니보다 낫다" 하였다. 자복경백이 이 말을 자공에게 일러주자, 자공이 다음과 같이 말하였다. "대궐의 담장에 비유하면 나의 담장은 어깨에 미친다. 그래서 집 안의 좋은 것들을 들여다볼 수 있거니와, 부자의 담장은 여러 길이 된다. 그래서 그 문을 얻어 들어가지 못하면 종묘의 아름다움과 백관의 많음을 볼 수가 없는 것이다. 그 문을 얻는 자가 드물다. 부자(夫子, 숙손)의 말씀이 또한 당연하지 않겠는가?"

叔孫武叔語大夫於朝, 曰, "子貢賢於仲尼." 子服景伯以告子貢, 子貢曰, "譬之宮牆, 賜之牆也及肩, 窺見室家之好, 夫子之牆數仞, 不得其門而入, 不見宗廟之美, 百官之富, 得其門者或寡矣, 夫子之云, 不亦宜乎."

24. 숙손무숙이 중니를 헐뜯자, 자공이 말하였다. "그러지 말라, 중니는 훼방할 수 없다. 타인의 어진 자는 구릉과 같아 넘을 수 있지만, 중니는 해와 달과 같아 넘을 수 없다. 사람들이 비록 스스로 관계를 끊고자 하여도 어찌 해와 달에 해가 되겠는가? 다만 자기의 분수를 알지 못함을 보일 뿐이다."

叔孫武叔毀仲尼, 子貢曰, "無以爲也, 仲尼不可毀也, 他人之賢者, 丘陵也, 猶可踰也, 仲尼日月也, 無得而踰焉, 人雖欲自絶, 其何傷於日月乎, 多見其不知量也."

25. 진자금이 자공에게 말하였다. "그대가 공손해서 그렇지, 중니가 어찌 그대 보다 낫겠는가?" 자공이 말하였다. "군자는 한마디 말에 지혜롭다 하며 한마디 말에 지혜롭지 못하다 하는 것이니, 말을 조심하지 않을 수 없다. 부자를 따르지 못함은 마치 하늘을 사다리로 오르지 못하는 것과 같다. 만일 부자께서 나라를 얻으신다면 이른바 세우면 이에 서고, 인도하면 이에 따르고, 편안하게 해주면 이에 따라오고, 고무시키면 이에 화하여, 그가 살아 계시면 영광스럽게 여기고, 돌아가시면 슬퍼한다는 것이니, 어떻게 따를 수 있겠는가."

陳子禽謂子貢曰, "子爲恭也, 仲尼豈賢於子乎." 子貢曰, "君子一言以爲知, 一言以爲不知, 言不可不愼也, 夫子之不可及也, 猶天之不可階而升也, 夫子之得邦家者, 所謂立之斯立, 道之斯行, 綏之斯來, 動之斯和. 其生也榮, 其死也哀, 如之何其可及也."

이 6장은 자공의 말과 문답이지만, 장의 순서에 일정한 방침이 있을 이유는 없고, 결국 잡찬으로 보인다. 그러나 20과 21은 "자공왈……"로 서로 연접 배치되어 있고, 22~25 4장은 세인의 공자 인식에 대한 자공의 변명으로 그중 23과 24는 숙손무숙과 자공과의 문답이 인접 배치돼 있다. 또 23·24·25에서 자공은 공자의 위대함을 극력 찬양하고 있다. 이런 점으로 보아 어느 정도는 장의 순서를 배려했다고 생각한다. 따라서 6장은 결국 자공의 말과 문답을 모은 한 묶음의 편집일 것이다. 게다가 24에서는 자공은 공자를 "중니"라고 부르고 25에서는 진자금이 공자를 "중니"라고 부르고 있지만, 이것은 제자가 스승을 언급하는 말투는 아니다. 따라서 이 2장은 공자 만년의 학교에서 직제자로부터 나온 전송은 아니다. 생각건대 후인(後人)이 공문 밖의 전송을 채용하여 기성(旣成)의 《논어》의 어법을 본받아 만들기 위해 조심성 없게 쓴 호칭법일 것이다.

이상 서술한 바에 의하면 Ⓐ Ⓑ Ⓒ Ⓓ Ⓔ 각각으로 편집된 5개의 장군을 재료로, 그것을 합쳐 이 한 편이 성립했다. 이 5개 장군의 연결 방법을 고찰하면 다음과 같은 점이 보인다.

1. 우선 Ⓐ Ⓑ Ⓒ 3개의 관계를 보면 다음과 같다.

Ⓐ 1   2   3 |
Ⓑ   3 | 4   5   6   7   8   9   10 11 12 | 13
Ⓒ   12 | 14 15

이처럼 Ⓐ와 Ⓑ는 3을 공유하고, Ⓑ와 Ⓒ는 12를 공유한다. 따라서 이 세 개를 결합하면, 자연히 Ⓐ Ⓑ Ⓒ의 순서로 되지 않으면 안 된다. 그리고 Ⓐ는 자장의 말이고, Ⓒ 끝의 장인 15는 자유의 자장에 대한 평으로, 이 15장은 자장에서 시작하고, 자장에서 끝나는 것으로 되어 있다. 어쩌면 〈자장〉편은 이 15장으로 일단의 완결을 보여주고 있다고도 할 수 있다.

2. Ⓓ는 증자 어록이고, 증자 제자의 소전으로 통합되어 있기 때문에, 이것은 Ⓐ Ⓑ Ⓒ와는 전래(傳來)를 달리하고 있을 것이다. 그러나 Ⓓ의 머리 장인 16은 "당당하구나, 자장이여……(堂堂乎張也……)"라는 증자의 자장에 대한 평이고, 이것을 Ⓒ 다음에 배치하고 나서 Ⓒ의 끝 장인 15의 "자유가 말하였다. '나의 벗 자장은……'(子游曰, 吾友張也……)"이라는 자유의 자장에 대한 평과 인접하여 서로 이어지게 되었다. 이런 의미에서 Ⓓ를 Ⓒ 다음에 배치했을 것이다.

3. Ⓔ 6장은 또 다른 것과 별개의 전래를 지니는 한 개의 편집물일 것이다. 그리

고 이것은 앞의 Ⓓ와 이어져 있지 않다. 따라서 〈자장〉편은 3단계 편집을 거쳤다고 생각해 볼 수 있다. 제1단계는 ⒶⒷⒸ의 결합이다. 제2단계는 Ⓓ의 부가이고, 제3단계는 Ⓔ의 부가다. 무엇보다 이 3단계 편집이 일시에 이루어졌는지 혹은 시간을 달리하여 점차적으로 행해졌는지는 간단히 판정할 수 없지만, 적어도 〈자장〉편은 한 사람이 일시에 편집한 것은 아니라는 점만은 말할 수 있다.

3

마지막으로 〈자장〉편을 구성하고 있는 ⒶⒷⒸⒹⒺ 다섯 가지 자료의 특성을 고려해 이 편의 성립 과정을 상상해 보자.

우선 ⒶⒷⒸⒹⒺ 다섯 가지 자료에서 보이는 자장·자하·자유·증자·자공 중 자하에 관한 장이 가장 많아 11장에 달하고, 이어서 자공이 6장, 자장·자유는 각각 3장, 증자는 4장이다. 생각건대, 자하는 공자 사후 서하에 살면서 위문후를 섬겨 다수의 제자를 양성한 인물로, 그 덕에 위나라는 한때 노나라와 나란히 천하의 학술 중심지로 세상에 알려졌다. 그러나 위나라는 노나라처럼 공자의 많은 제자에 의해 유학의 전통을 전하는 중심지는 아니었다. 자하에 의해 다수의 재능 있는 사람이 유학의 세례를 받았고, 이렇게 양성된 인재로 새로운 능력 중시의 정치를 열었을 뿐 노나라와는 성격이 다르다. 그리고 수십 년 후 이를 다시 발전시켜 천하의 학술 중심지가 된 곳은 제나라의 직하다. 그러므로 직하의 학문에는 위나라의 자하학파가 유입되어 있었을 것이고 이와 함께 새로이 맹자에 의해 노나라 증자의 학문이 곧 도래했으리라. 《논어》 〈자장〉편에 자하의 말이 비교적 많은 것은 제나라에서 자하 후학의 세력을 반영하는 것인지도 모른다. 그런데 자하·자유·자장 3인은 모두 공문의 젊은 수재로서 라이벌이고, 서로 접촉도 있었다면 비판도 있었을 것이다. 그리고 보면 역시 자하와의 문답을 일부 포함하는 자장 어록과 자유 어록이 자하 어록과 서로 연관하여 제나라에 전해오고 있었던 것이다. 그것들을 하나로 통합한 편집이 Ⓐ Ⓑ Ⓒ의 결합이라는 제1단계의 성립이었을 것이다. 그리고 맹자 전후에 새로이 전래되던 증자 어록 Ⓓ를 부가한 것이 제2단계 성립이었다고 생각한다.

그런데 이보다 먼저 제나라에서 유학이 최초로 전개된 것은 공문의 선배 제자로서 천하에 명성이 자자한 자공이 제나라에서 객사한 전후일 것이고, 당연히 자공에 관한 전송도 일찍부터 제나라에 존재했을 것이다. 이것을 편집한 것이 Ⓔ이고 Ⓔ를 Ⓐ Ⓑ Ⓒ Ⓓ와 함께 모은 제3단계의 편집에 의해 이 편이 성립했다.

게다가 이 편에 포함된 말의 일부가 《맹자》에도 보이는 점에 주의해야 한다. 우선 Ⓔ 21을 보자.

> 21. 자공이 말하였다. "군자의 허물은 일식·월식과 같아 잘못이 있으면 사람들이 모두 볼 수가 있고, 허물을 고쳤을 때는 사람들이 우러러본다."
>
> 子貢曰, "君子之過也, 如日月之食焉, 過也人皆見之, 更也, 人皆仰之."

이러한 자공의 말은 Ⓑ 8의

> 8. 자하가 말하였다. "소인들은 허물이 있으면 반드시 문식한다."
>
> 子夏曰, "小人之過也, 必文."

는 자하의 말과 의미상 통하지만, 《맹자》〈공손추하〉편에는 맹자의 말 중에 다음과 같은 것이 있다.

> "……또 옛날의 군자들은 과실이 있으면 고쳤는데, 지금의 군자들은 과실이 있으면 그것을 이루는구나! 옛날의 군자들은 그 과실이 해와 달의 일식·월식과 같아서 백성들이 다 그것을 보았고, 과실을 고침에 미쳐서는 백성들이 다 우러러보았는데, 지금의 군자들은 어찌 다만 이룰 뿐이겠는가. 또 따라서 변명을 하는구나."
> "……且古之君子, 過則改之, 今之君子, 過則順之, 古之君子, 其過也, 如日月之食, 民皆見之, 及其更也, 民皆仰之, 今之君子, 豈徒順之, 又從爲之辭."

또 Ⓔ 22의 자공의 말에는 다음과 같은 내용이 있다.

> 22.……자공이 말하였다. "……그리하여 현자는 그 큰 것을 기억하고, 어질지 못한 자들은 그 작은 것을 기억하고 있어서 문왕·무왕의 도를 갖고 있지 않음이 없으니, ……"
> …… 子貢曰, "……賢者識其大者, 不賢者識其小者, 莫不有文武之道焉, ……"

여기서 "그 큰 것(其大者)"과 "그 작은 것(其小者)"을 맹자도 종종 사용했다. 예를 들어 〈고자상(告子上)〉편에

> ……이것은 하늘이 우리 인간에게 부여해 주신 것이니, 먼저 그 큰 것에 선다면 그 작은 것이 능히 빼앗지 못할 것이니, 이것이 대인이 되는 이유일 뿐이다.

……此天之所與我者, 先立乎其大者, 則其小者不能奪也, 此爲大人而已矣.

또 〈진심상〉편은 다음과 같다.

> 맹자께서 말씀하였다. "진중자(陳仲子)는 불의로 제나라를 주더라도 받지 않
> 을 것을 사람들이 모두 믿고 있거니와, 이것은 한 그릇의 밥과 한 그릇의 국
> 을 버리는 의다. 사람에게는 인륜보다 더 큰 것이 없거늘, 친척과 군신과 상
> 하가 없으니, 그 작은 것을 큰 것이라 믿는 것이 어찌 가하겠는가."
>
> 孟子曰, "仲子, 不義與之齊國而弗受, 人皆信之, 是舍簞食豆羹之義也, 人莫大焉亡
> 親戚·君臣·上下, 以其小者信其大者, 奚可哉?"

생각건대 맹자의 이런 말은 제나라에 전해져 있던 자공의 말을 이어받은
것인지도 모른다.

또 18의 증자의 말을 보자.

> 18. 증자가 말씀하였다. "내가 부자께 들으니, 맹장자의 효는 그 다른 일은 능
> 히 할 수 있으나, 아버지의 신하와 아버지의 정사를 고치지 않은 일은 능
> 하기 어렵다 하셨다."
>
> 曾子曰, "吾聞諸夫子, 孟莊子之孝也, 其他可能也, 其不改父之臣與父之政, 是難
> 能也."

이 말은 〈학이〉편의

> 선생님께서 말씀하셨다. "아버지가 살아 계실 때에는 그(자식)의 뜻을 관찰

하고 아버지가 돌아가셨을 때에는 그(자식)의 행동을 관찰하는 것이니, 3년 동안 아버지의 도(道, 행동)를 고치지 말아야 효라 이룰 수 있는 것이다."

子曰, "父在觀其志, 父沒觀其行, 三年無改於父之道, 可謂孝矣."

와 〈이인〉편의

선생님께서 말씀하셨다. "3년 동안 아버지의 도를 고치지 말아야 효라 이룰 수 있다."

子曰, "三年無改於父之道, 可謂孝矣."

를 상기시킨다. 그리고 〈학이〉편이나 〈이인〉편은 이미 서술한 대로 노나라에서 증자 무리에 의해 편집된 것 같다. 그러나 〈자장〉편 18은 이것들과 거의 동일한 의미를 지니면서 말은 다르고 또 증자가 공자에게 들었던 바라고 되어 있는 것으로, 제나라에 유학을 전한 맹자가 증자 3전의 제자였음을 고려하면, 〈자장〉편의 증자 어록은 맹자 이후, 제나라에 전해진 증자의 말과 문답을 편집한 것인지도 모른다.

게다가 4의 자하의 말을 보자.

4. 자하가 말하였다. "비록 작은 도라도 반드시 볼만한 것이 있으나 원대함에 이르는 데 장애 될까 두렵다. 이 때문에 군자가 하지 않는 것이다."

子夏曰, "雖小道, 必有可觀者焉, 致遠恐泥, 是以君子不爲也."

이것은 《한서》〈예문지〉의 〈소설가(小說家)〉 서문에 "공자왈······"로 인용되어 있다. 아마도 한나라 시대에 와서 전송이 와전되었을 것이다.

자공이 제나라에서 객사한 사건으로 일찍부터 유학이 제나라에 전해졌음을 상상해 볼 수 있고, 후에 증자의 3전 제자인 맹자가 제나라에 머문 것에 의해 노나라의 증자 유학이 제나라에 유입됐다고 생각한다. 그 후 긴 세월에 걸쳐 제나라에서 활약한 순자의 《순자》〈비십이자〉편에 "자장씨지천유", "자하씨지천유", "자유씨지천유"가 보이는 것으로 제나라에 자장·자하·자유 등의 후학이 존재했다고 추정할 수 있다. 그것의 원류를 더듬어 찾는다면, 직하에 앞서 자하를 중심으로 흥했던 위나라의 유학이 자장과 자유 후학과 접촉하여 제나라에 전해왔던 것이라고 상상된다. 그런데 지금 〈자장〉편의 구조를 보면 자장·자하·자유·증자·자공 등의 어록을 결합한 편집으로, 순자 이전 제나라 유학의 여러 모습을 모조리 구비하고 있다. 그렇다면 〈자장〉편은 맹자 이후 순자 이전 제나라에서 편집된 게 아닐까?

제20절 〈요왈〉편의 성격과 구조

1

〈요왈〉편은 금본 《논어》 20편의 최종편으로, 앞의 편들과는 다른 특색이 있다.

첫째, 이 편은 3장으로 이루어져 장의 수가 가장 적다. 〈향당〉편은 전편을 한 장으로 보는 관점도 있지만, 적어도 〈향당〉편과 이 편은 장의 수로 보아도 특이한 편이다.

둘째, 3장은 각자 다양한 성어, 성구를 모아 각각 한 개의 교훈으로 완성했다. 그런 의미에서 다른 편의 여러 장과 문체가 다르다.

셋째, 한 편의 구성에 대한 의의다. 《한서》〈예문지〉에 의하면 한 초에 존재한 《논어》의 텍스트인 고·제·노의 삼론 중 《고론》은 21편으로, 두 개의 〈자장〉(兩子張)편이 있었다고 한다. 여순(女淳)에 의하면 〈요왈〉편의 2 "자장이 공자께 묻기를 '어떠하여야 정사에 종사할 수 있습니까?' 하니……(子張問於孔子曰, 何如斯可以從政矣……)"가 별도로 한 편을 이루고 있었으며 편명은 〈종정(從政)〉이었다. 또 《경전석문(經傳釋文)》〔중국 육조 말기에 육덕명이 저술한 책. 여러 경전의 음의(音義) 및 문자의 이동(異同)을 수집한 것으로, 모두 30권으로 되어 있다—옮긴이〕에 의하면 《노논어》에는 금본 〈요왈〉편 3에 해당하는 글이 전무하고, 《고논어》〈종정〉편에는 있었던 것 같다. 그렇게 볼 때, 한나라 초기에 〈요왈〉편의 형태는 텍스트에 따라 다르다. 달리 말하면 〈요왈〉편은 아직 정착하지 않았다. 그리고 삼론을 집성한 금본 〈요왈〉편 3장을 보면, 1에서는 유교의 정도는 천명을 따르고, 요·순 이래의 전통을 계승한 것으로서 그것의 절대적인 올바름이 천명과 전통에 의해 기초를 부여받고 있고, 2는 자장과 공자의 문답 형식으로 군자가 위정자에 어울리기 위한 조건을 상세하게 조직적으로 설명했다. 3은 군자 개인의 생활 태도를 보여주는 것으로 끝맺고 있다. 따라서 이 한 편은 단순히 유문(遺文)을 주워 모아 우연히 편을 이룬 것은 아니고, 결국 자신을 수양하여 정치를 하는 도라는 유교의 본 뜻을 공자의 말을 중심으로 개설해 보려는 배려에 의한 편집일 것이다. 아울러 《논어》의 최종 편으로서 결말 의식을 담고 있었을 것이다. 그리고 지금의 《논어》의 편수와 편차가 대체로 《노론》에 의한 것이라고 한다면, 적어도 《노론》 이래 《논어》 한 권은 제1편에 공문의 학규를 공자와 직제자의 말을 모아 편집한 〈학이〉편을 배치하여 군자학의 존재 방식의 큰 틀을 제시하고, 제20편은《상서》의 말을 서로 이어서 유교의 근원의 기초를 부여한 1장에, 공자의 격언·교훈을 한데 모아 만든 정치에 관한 1장, 혹은 거듭 군자의 수양 행위에 관한 1장을 더한〈요왈〉편을 배치하여 군자학의 대체적인 모습을 해명한 것이 된다.《논어》전체의 구조와 그것의 편집 과정에 대해서는 별도로 통합하여 고찰해야겠지만, 적어도 지금의《논어》는 제1편〈학이〉와 제20편〈요왈〉이 군자학의 처음과 끝을 설명하는 것으로 대응하고 자연스럽게 결말짓는 모습으로 되어 있다. 그리고 특히〈학이〉편의 머리 장

> 선생님께서 말씀하셨다. "배우고 그것을 때때로 익히면 기쁘지 않겠는가. 동지가 먼 지방으로부터 찾아온다면 즐겁지 않겠는가. 사람들이 알아주지 않더라도 서운해하지 않는다면 군자가 아니겠는가."
>
> 子曰, "學而時習之, 不亦說乎, 有朋自遠方來, 不亦樂乎, 人不知而不慍, 不亦君子乎."

와〈요왈〉편의 끝 장

> 선생님께서 말씀하셨다. "명을 알지 못하면 군자가 될 수 없으며, 예를 알지 못하면 남 앞에 나설 수 없으며, 말을 알지 못하면 사람을 알 수 없다."
>
> 子曰, "不知命, 無以爲君子也, 不知禮, 無以立也, 不知言, 無以知人也."

는 진실로 탁월한 수미다. 이것은 결국 우연이 아니라, 한나라 시대에 삼론 집성자의 사려가 더해진 배치일 것이다.

　이상과 같은 사실에 동의하고 나서 이 편을 구성하는 3장에 대해 순차적으로 고찰해 보자.

2

우선 1은 누구의 말인지가 명시되어 있지 않지만, 《상서》의 말을 서로 이어서 유교가 이상으로 하는 인정(仁政)의 전통을 자취를 더듬어 확인하고 있다. 이것을 고찰의 편의를 위해 a~g의 7절로 나누어 기록해 보자.

a 요임금이 말씀하셨다. "아! 너 순이여! 하늘의 역수가 그대 몸에 있으니, 진실로 그 중도를 잡아 지켜라. 사해가 곤궁하면 천록(天祿)이 영원히 끊어지리라."

　　堯曰, "咨爾舜, 天之曆數在爾躬, 允執其中, 四海困窮, 天祿永終."

b 순임금도 이 말씀으로써 우임금에게 명하셨다. 〔탕임금이〕 말씀하셨다. "저 소자 이는 검은 희생을 써서 감히 거룩하신 상제께 아룁니다. 죄가 있는 사람을 제가 감히 용서하지 못하오며, 상제의 신하를 제가 감히 가리우지 못하와, 신하를 간택함은 상제의 마음에 달려 있습니다. 제 몸에 죄가 있음은 만방 때문이 아니며, 만방에 죄가 있음은 그 책임이 제 몸에 있습니다."

　　舜亦以命禹, 曰, "予小子履, 敢用玄牡, 敢昭告于皇皇后帝, 有罪不敢赦, 帝臣不蔽, 簡在帝心, 朕躬有罪, 無以萬方, 萬方有罪, 罪在朕躬."

c 주나라에 큰 베풂이 있으니, 선인이 이에 부하게 되었다. "비록 지극히 가까운 친척이 있으나 어진 사람만 같지 못하며, 백성들의 과실은 〔책임이〕 나 한 사람에게 있다."

　　周有大賚, 善人是富, "雖有周親, 不如仁人. 百姓有過, 在予一人."

d 권(權)과 양(量)을 삼가고, 법도를 살피며, 폐지된 관직을 다시 설치하시니, 사방의 정치가 제대로 거행되었다.

　　謹權量, 審法度, 修廢官, 四方之政行焉.

e 멸망한 나라를 일으켜주고, 끊어진 세대를 계승해 주고, 숨겨진 사람을 등

용하시니, 천하의 민심이 귀의하였다.

興滅國, 繼絕世, 舉逸民, 天下之民歸心焉.

f 소중히 여겼던 것은 백성의 식생활과 상례와 제례였다.

所重民·食·喪·祭.

g 너그러우면 대중을 얻고, 신의가 있으면 백성들이 신임하고, 민첩하면 공적이 있고, 공정하면 기뻐한다.

寬則得衆, 信則民任焉, 敏則有功, 公則說.

이 a~g 7절 중 d·e·g는 지문(地文)이고 d와 e는 대구의 형태를 취하고 있다. g는 이 1장의 결말로 인정(仁政)을 행하고자 하는 군자가 취해야 할 태도를 서술한 것이지만, 〈양화〉편 6의 자장과 공자의 인에 대한 질문과 대답에서 공자의 말과 일부가 일치한다.

자장이 공자에게 인을 여쭙자, 공자께서 말씀하셨다. "능히 다섯 가지를 천하에 행할 수 있으면 인이 된다." 자장이 가르쳐주시기를 청하니, 말씀하시기를 "공손함, 너그러움, 믿음, 민첩함, 은혜로움이니, 공손하면 업신여김을 받지 않고, 너그러우면 대중을 얻게 되고, 신의가 있으면 남들이 신임하게 되고, 민첩하면 공적이 있게 되고, 은혜로우면 충분히 남을 부릴 수 있게 된다" 하셨다.

子張問仁於孔子, 孔子曰, "能行五者於天下爲仁矣." 請問之, 曰, "恭·寬·信·敏·惠, 恭則不侮, 寬則得衆, 信則人任焉, 敏則有功, 惠則足以使人."(〈양화〉)

그 외 a·b·c·f의 4절은 다음에서 서술하는 것처럼 모두 《상서》의 말에 의지해 쓰인 것으로 보인다.

a 요임금이 순임금에게 알렸던 말은 지금의《상서》에서는《우서》〈대우모(大禹謨)〉에 제[帝, 요(堯)]가 우에게 이야기한 말로 다음과 같다.

임금님(帝)이 말씀하셨다. "이리 오오, 우여! 홍수가 나를 불안하게 하였으되 성실히 일을 잘하여 공로를 이룩한 것은 오직 그대가 어진 때문이오. …… 나는 그대의 덕이 큼을 알며 그대의 큰 공을 기리고 있소. 하늘의 돌아가는 운수가 그대 몸에 있으니 그대는 결국 임금이 되어야만 하오. 사람의 마음은 위태롭기만 하고, 도를 지키려는 마음은 극히 희미한 것이니, 오직 정성을 다하고 오직 마음을 통일하여, 진실로 그 중도를 지켜야만 하오. 근거 없는 말은 듣지 말 것이며, 상의하지 않은 계책은 쓰지 말아야 하오. 사랑할 만한 것이 임금이 아니겠소? 두려워할 만한 것은 백성이 아니겠소? 백성은 임금이 아니면 누구를 떠받들겠소? 임금은 백성이 아니면 나라를 지켜줄 사람이 없을 것이오. 공경하오! 그대의 자리를 삼가며 백성들이 바라는 일을 공경히 닦으시오. 온 세상이 곤궁해지면 하늘이 내린 벼슬도 영영 끝장이 날 것이오. 입에서는 좋은 말도 나오지만 말은 전쟁도 일으키는 것이니, 나는 더 말을 하지 않겠소."

帝曰, "來禹, 降水儆予, 成允成功, 惟汝賢, ……予懋乃德, 嘉乃丕績, 天之歷數在汝躬, 汝終陟元后, 人心惟危, 道心惟微, 惟精惟一, 允執厥中, 無稽之言勿聽, 弗詢之謀勿庸, 可愛非君, 可畏非民, 衆非元后何戴, 后非衆罔與守邦, 欽哉, 愼乃有位, 敬修其可願, 四海困窮, 天祿永終, 惟口出好興戎, 朕言不再."

b 순임금이 우임금에게 명했던 말은 지금의《상서(尙書)》에서는《상서(商書)》〈탕고(湯誥)〉에 탕임금이 하나라 걸임금을 패망시키고 박(亳) 땅으로 돌아와서 크게 만방에 알린 말로 보이고 있다.

왕이 다음과 같이 말씀하셨다. "아아! 그대들 온 세상 백성이여! 나 한 사람의 말을 분명히 들어주오. ……하늘의 법도는 착한 사람에게 복을 주고 나쁜 사람에게는 화를 내리시는 것이니, 하나라에 재앙을 내리어 그 죄를 밝히신 것이오. 그러므로 나 같은 작은 사람이 하늘의 명과 위엄을 분명히 받들게 되어 감히 용서할 수가 없었소. 이에 감히 검은 황소를 제물로 써서 하느님에게 밝게 고하고 하나라 임금의 죄를 추궁하였소. ……그대들이 착하면 나는 덮어두지 않을 것이오. 죄가 내게 있으면 스스로 용서하지 않을 것이며, 잘 살피어 상제의 마음에 들도록 하겠소. 그대들 온 세상에 죄가 있다면 나 한 사람이 책임질 것이나, 나 한 사람에게 죄가 있는 것은 온 세상 사람들과는 상관없는 일이오."

王曰, "嗟爾萬方有衆, 明聽予一人誥, ……天道福善禍淫, 降災于夏, 以彰厥罪, 肆台小子, 將天命明威, 不敢赦, 敢用玄牡, 敢昭告于上天神后, 請罪有夏, ……爾有善, 朕弗敢蔽, 罪當朕躬, 弗敢自赦, 惟簡在上帝之心, 其爾萬方有罪, 在予一人, 予一人有罪, 無以爾萬方, 嗚呼, 尙克時忱, 乃亦有終."

c "주나라에 큰 베풂이 있으니, 선인이 이에 부하게 되었다(周有大賚, 善人是富)"는 지금의 《상서(尙書)》에는 〈무성(武成)〉에 "온 세상에 많은 물건을 내리니(大賚于四海)"로 되어 있고 《좌전》 양공 28년에는 "착한 사람이 부유한 것은 하늘이 상을 내렸다는 것이고(善人富謂之賞)"〔《후한서》〈방술전(方術傳)〉의 주(注)에는 "善人富謂之幸"로 인용되어 있다〕라고 되어 있는 것을 아울러 떠올리게 한다. "비록 지극히 가까운 친척이 있으나 어진 사람만 같지 못하며, 백성들의 과실은 〔책임이〕 나 한 사람에게 있다(雖有周親, 不如仁人. 百姓有過, 在予一人)"는 지금의 《상서》에서는 《주서》〈태서중〉에 다음과 같이 되어 있다.

"……수는 억조의 평범한 사람들을 거느리고 있으나 그들의 마음이 떠나가고 그들의 행동이 모두 서로 다르오. 나는 다스리는 신하 열 사람이 있으나 그들의 마음이 모두 같고 그들과 행동을 같이하고 있소. 비록 지극히 친한 사람들이 있다 하더라도 어진 사람만은 못한 것이오. 하늘이 보실 때는 우리 백성들을 통하여 보시고, 하늘이 들으실 때도 우리 백성들을 통하여 들으시오. 백성들에게 허물이 있다면 나 한 사람에게 책임이 있는 것이니, ……"

"……受有億兆夷人, 離心離德, 予有亂臣十人, 同心同德, 雖有周親, 不如仁人, 天視自我民視, 天聽自我民聽, 百姓有過, 在予一人, ……"

f 아울러 지금의《상서》〈무성〉에 있는 다음과 같은 구를 떠올리게 한다.

관리를 쓸 때는 오직 어진 이만을 쓰고, 벼슬을 주어 일을 시킬 때는 오직 능력을 따랐다. 백성들에게는 오륜을 중히 여기게 하고, 먹는 것과 장사 지내는 것과 제사를 중히 여기게 하였다. ……

建官惟賢, 位事惟能, 重民五敎, 惟食·喪·祭, ……

여기서 대조되었던 지금의《상서(尙書)》는 〈대우모〉·〈탕고〉·〈무성〉·〈태서〉 등 모조리 위고문(僞古文)에 속하지만, 위고문은 고문의 단편으로 생각되는 어구를 서로 짜 맞추어 만든 것일 터이므로, 이것들의 어구는 잃어버린《상서》의 단편일 것이다.

생각건대《상서》는 기록이 적었던 서주(西周) 및 춘추시대에 고대의 사실을 전한 신뢰할 만한 정교한 기록으로 후대에 군자(위정자)의 행위의 시비를 판단하는 표준으로도, 또 후대 정치의 근거가 되는 관례의 원천으로도 여겨졌다. 그런 까닭에《서》(기록)라고 불렀을 것이다. 그러므로 공자는 《서》를 소중히 여겨 《서》를 필수 과목의 하나로 제자들에게 가르치고, "《시》와 《서》를 읽고 예를 행하실 때" "정음"을 사용하셨다(〈술이〉)고 전해 진다. 《논어》에서 "《서》에서 말하기를……(書云……)"로 《서》를 인용한 것 은 〈위정〉편 21과 〈헌문〉편 43의 2개 조에 불과하지만, 현저하게 《서》에 의지하여 말한 장은 이 〈요왈〉편의 머리 장 외에 〈태백〉편 머리 장 및 편 말의 4장, 〈미자〉편 머리 장 및 편말의 2장 등이 있다. 그리고 이 〈요왈〉 편의 머리 장에서는 《서》의 어구가 다수 이어지도록 한 다음에 끝 절 g는 〈양화〉편에 보이는 자장이 공자에게 인에 대해 묻는 장의 "공자"의 말을 사용하여 한 장을 결말짓고 있다. 〈양화〉편의 자장이 인에 대해 묻는 장 에서 공자의 말이 "자왈……"이 아니고 "공자왈……"인 것으로 보아 직제 자로부터 나온 전송은 아니고, 또 자장은 "전손자(顓孫子)"가 아니라 "자장" 으로 자장에게 사사했던 문인으로부터의 전송도 아니다. 공문 밖의 세간 혹은 시대를 넘어선 자장 후학의 전문일 것이다. 그리고 별도로 서술하는 것처럼 자장 후학은 각종 격언과 명언을 모아 이것을 서로 이어지도록 하 여 한 개의 공자의 교훈으로서 이해하는 학풍이 있다. 〈양화〉편의 인에 대한 질문과 대답이 그 일례로, "공손함, 너그러움, 믿음, 민첩함, 은혜로 움"의 "다섯 가지"를 갖추어 인을 이해하고 있다. 이 〈요왈〉편 머리 장의 구성법이 자장 후학의 학풍과 일치하는 것으로 볼 때 이 장은 자장 후학 의 손에서 나왔을지도 모른다.

덧붙여 말하자면 〈계씨〉편에서 다수 보이는 것처럼, 삼우, 삼락, 삼건, 삼계, 삼외, 구사와 같이 수를 들어 설명하는 방법은 결국 자장 후학의 학 풍과 공통성을 지니는 것으로 〈양화〉편의 인을 묻고 대답하는 부분에서 나오는 "공손함, 너그러움, 믿음, 민첩함, 은혜로움"의 "다섯 가지" 외에 도 〈요왈〉편 2의 자장이 정치를 묻는 장에 "오미"·"사악"이 있다. 그러나 공문 내의 엄중한 전송 분위기에 구속받지 않는 외부인과 후학의 소전에서는 격언을 한데 모아 수를 열거하여 하나로 통합하는 것이 교훈의 이해를 위해서나 기억 전송을 위해서나 편리했을 것이다. 때문에 공문 밖의 세간과 시대를 달리한 후학 사이에서 점차 널리 활용되던 수법이었을 것이다. 따라서 이런 것들을 모두 자장 후학의 소전으로 보는 것은 적절하지 않다. 그러나 제나라 유학은 노나라 70제자 후학, 특히 증자 일문과 같이 엄중한 가법(家法)은 없었을 것이고, 자장 후학이 제나라에 존재했던 것은 사실 같다. 따라서 제나라에서 《논어》의 증보와 속집 부분에 이렇게 한데 모으거나 수적으로 열거하는 수법이 다수 나타나는 것도 결코 이상하지 않다. 물론 이런 수법은 역으로 제나라에서 이루어진 증보 및 속집 부분을 판정하는 데 하나의 실마리가 될 것이다. 〈계씨〉편의 편집이 제나라에서 이루어지지 않았을까 하고 짐작하는 이유도 이 때문이다. 〈학이〉편 10의 자금과 자공의 문답에서 "온순하고 선량하고 공경스럽고 검약하고 겸손하여(溫·良·恭·儉·讓)"로 열거되어 있는데 그것이 자금·자공의 문답인 점과, "其諸異乎人之求之與"라는 제나라 방언이 쓰인 점을 종합해 볼 때, 이 1은 아마도 제나라에서 부가되었을 것이다.

3

2는 자장과 공자의 "종정"에 관한 문답이지만, 공자의 가르침은 많은 기성 격언을 모아 "오미(五美)"와 "사악(四惡)"으로 통합되어 전개된다.

　　2. 자장이 공자께 묻기를 "어떠하여야 정사에 종사할 수 있습니까?" 하니, 선생님께서 "오미(五美)를 높이고 사악(四惡)을 물리치면 이 정사에 종사할

수 있다"고 대답하셨다. 자장이 "무엇을 오미라 합니까?" 하고 묻자, 선생님께서 "군자는 은혜롭되 허비하지 않으며, 수고롭게 하되 원망을 받지 않으며, 하고자 하면서도 탐하지 않으며, 태연하면서도 교만하지 않으며, 위엄스러우면서도 사납지 않은 것이다"라고 대답하셨다. 자장이 "무엇을 은혜롭되 허비하지 않는 것이라 합니까?" 하고 묻자, 선생님께서는 "백성들이 이롭게 여기는 것을 인하여 이롭게 해주니, 이 은혜롭되 허비하지 않는 것이 아니겠는가. 수고롭게 할 만한 일을 선택하여 수고롭게 하니, 또 누가 원망하겠는가. 인을 하고자 하여 인을 얻으니 또 무엇을 탐하겠는가. 군자는 많거나 적거나 크거나 작거나에 관계없이 감히 교만함이 없으니, 이 태연하면서도 교만하지 않은 것이 아니겠는가. 군자는 의관을 바르게 하며 첨시(瞻視, 봄)를 존엄히 하여 엄숙해서 사람들이 바라보고 스스로 두려워하니, 이 위엄스러우면서도 사납지 않은 것이 아니겠는가" 하고 대답하셨다. 자장이 "무엇을 사악이라 합니까?" 하고 묻자, 선생님께서는 다음과 같이 대답하셨다. "[미리] 가르치지 않고 죽이는 것을 학(虐)이라 하고, 미리 경계하지 않고 성공을 책하는 것을 포(暴)라 하고, 명령을 태만히 하고 기일을 각박히 하는 것을 적(賊)이라 하고, 똑같이(猶之) 남에게 주면서도 출납할 때 인색하게 하는 것을 유사라고 한다."

子張問於孔子曰, "何如斯可以從政矣." 子曰, "尊五美, 屛四惡, 斯可以從政矣." 子張曰, "何謂五美." 子曰, "君子惠而不費, 勞而不怨, 欲而不貪, 泰而不驕, 威而不猛." 子張曰, "何謂惠而不費." 子曰, "因民之所利而利之, 斯不亦惠而不費乎, 擇可勞而勞之, 又誰怨, 欲仁而得仁, 又焉貪, 君子無衆寡, 無小大, 無敢慢, 斯不亦泰而不驕乎, 君子正其衣冠, 尊其瞻視, 儼然人望而畏之, 斯不亦威而不猛乎." 子張曰, "何謂四惡." 子曰, "不敎而殺謂之虐, 不戒視成謂之暴, 慢令致期謂之賊, 猶之與人也, 出納之吝, 謂之有司."

위의 인용문 중 "수고롭게 하되 원망을 받지 않으며(勞而不怨)"는 〈이인〉편 18에

> 선생님께서 말씀하셨다. "부모를 섬길 때는 부드럽게 간해야 하니, 자기의 뜻이 부모를 따르지 않음을 드러내면서도 부모를 공경하여 어기지 않고, 수고롭되 원망하지 않아야 한다."
>
> 子曰, "事父母幾諫, 見志不從, 又敬不違, 勞而不怨." (〈이인〉)

로 보이고, "태연하면서도 교만하지 않으며(泰而不驕)"는 〈자로〉편 26에

> 선생님께서 말씀하셨다. "군자는 태연하되 교만하지 않고, 소인은 교만하되 태연하지 못하다."
>
> 子曰, "君子泰而不驕, 小人驕而不泰." (〈자로〉)

고 되어 있고, "위엄스러우면서도 사납지 않은(威而不猛)"은 〈술이〉편 37에

> 선생님께서는 온화하면서도 엄숙하고, 위엄이 있으면서도 사납지 않고, 공손하면서도 평안하셨다.
>
> 子溫而厲, 威而不猛, 恭而安. (〈술이〉)

고 나타난다. "백성들이 이롭게 여기는 것을 인하여 이롭게 해주니, 이 은혜롭되 허비하지 않는 것이 아니겠는가. 수고롭게 할 만한 일을 선택하여 수고롭게 하니, 또 누가 원망하겠는가(因民之所利而利之, 斯不亦惠而不費乎, 擇可勞而勞之, 又誰怨)"는 〈이인〉편의

12. 선생님께서 말씀하셨다. "이익에 따라 행동하면 원망이 많다."

　　子曰, "放於利而行, 多怨."

18. 선생님께서 말씀하셨다. "부모를 섬길 때는 …… 수고롭되 원망하지 않아야 한다."

　　子曰, "事父母 …… 勞而不怨."

등을 참조하여 만든 교설로 보인다. "인을 하고자 하여 인을 얻으니(欲仁而得仁)"는 〈술이〉편 14에

　　…… "인을 구하여 인을 얻었으니, 다시 어찌 후회하였겠는가?" ……
　　…… "求仁而得仁, 又何怨." ……

라고 되어 있다. "〔미리〕 가르치지 않고 죽이는 것(不教而殺)"은 〈자로〉편 30의

　　선생님께서 말씀하셨다. "가르치지 않은 백성을 써서 전쟁하는 것, 이것을 일러 백성을 버리는 행위라 한다."
　　子曰, "以不教民戰, 是謂棄之."

와 《맹자》 〈고자하〉편 8에

　　맹자께서 말씀하셨다. "백성을 교육하지 않고 전쟁터에 내보내는 것을 일러 백성을 해치는 것이라고 한다. ……"
　　孟子曰, "不教民而用之, 謂之殃民, ……"

고 되어 있는 것과 유사한 말이다. 이상은 어느 것이나 인구에 회자되던 공자의 격언 한두 구절을 이용한 것으로도 해석할 수 있다. 그리고 이 장은 공자의 "종정"에 대한 가르침으로 오미와 사악으로 통합하여 구성하고 있는데 이것은 전술한 바와 같이 자장 후학 혹은 제나라의 유학 후학에 의해 자주 활용되던 수법이다. 게다가 이 장에는 호칭으로 "공자왈……"과 "자왈……"이 공존한다. 생각건대 이 글을 한데 모은 자장의 후학은 노나라에서 전송되던 《논어》의 형식을 본받아 "자장왈 …… 자왈……"로 만들어 최초의 한 구절에만 자장과 공자의 문답인 것을 알려주기 위해 《논어》의 일부로 채용되어 있는 "공자"라는 글자를 사용하여 "子張問孔子曰……"로 했던 것이다. 오랜 전송의 한 자 한 구에 속박되지 않는 작자의 의식에서 본다면 직제자 이래의 전송인 "자왈……"과 외부인으로부터 나온 전송인 "공자왈……"의 차이에 구속받지 않았을 것이다. 따라서 이 장은 제나라에서 자장 후학에 의한 소전이 아닐까 짐작된다. 그리고 노나라 증자 후학의 소전인 〈이인〉편의 어구와 일치하는 격언이 있는 점으로 볼 때, 이 장은 증자의 학이 제나라에 전래된 이후의 일로 맹자 이후의 시대에 형성되었을 것이다.

4

3은 짧은 공자의 격언이다.

> 선생님께서 말씀하셨다. "명을 알지 못하면 군자가 될 수 없으며, 예를 알지 못하면 남 앞에 나설 수 없으며, 말을 알지 못하면 사람을 알 수 없다."
>
> 子曰, "不知命, 無以爲君子也, 不知禮, 無以立也, 不知言, 無以知人也."

그런데 이 중 "예를 알지 못하면 남 앞에 나설 수 없으며(不知禮, 無以立也)"는 〈계씨〉편 13에 백어가 진강에게 한 공자의 말로 나타나 있다. 생각건대 이 장도 공자의 격언 세 개를 모은 구성이다. 〈계씨〉편의 진강·백어의 문답은 진강이 백어로부터 들은 특종이었을 테지만, 진강이 자공의 제자이고, 혹 제나라 사람이었다고 한다면, 제나라에 전해진 공자의 말을 이 장에 포함한 것이 된다. 또 "말을 알지 못하면 사람을 알 수 없다(不知言, 無以知人也)"의 지인(知人)은 〈안연〉편 22의 번지가 인에 대해 묻는 장면을 떠올리게 한다.

> 번지가 인을 묻자, 선생님께서 "사람을 사랑하는 것이다" 하셨다. 지를 묻자, 선생님께서 "사람을 아는 것이다" 하셨다. 번지가 그 내용에 통달하지 못하자, 선생님께서 말씀하셨다. "정직한 사람을 들어 쓰고 모든 부정한 사람을 버리면 부정한 자로 하여금 곧게 할 수 있는 것이다." 번지가 물러가서 자하를 만나보고 물었다. "지난번에 부자를 뵙고 지를 물었더니, 선생님께서 '정직한 사람을 들어 쓰고 모든 부정한 사람을 버리면 부정한 자로 하여금 곧게 할 수 있다' 하셨으니, 무슨 말씀인가?" 자하가 말하였다. "풍부하다. 그 말씀이여! 순임금이 천하를 소유함에 여러 사람 중에서 선발해서 고요를 들어 쓰시니, 불인한 자들이 멀리 사라졌고, 탕임금이 천하를 소유함에 여러 사람 중에서 선발하여 이윤을 들어 쓰시니, 불인한 자들이 멀리 사라졌다."
>
> 樊遲問仁, 子曰, "愛人." 問知, 子曰, "知人." 樊遲未達, 子曰, "擧直錯諸枉, 能使枉者直." 樊遲退, 見子夏, 曰, "鄕也吾見於夫子而問知, 子曰, '擧直錯諸枉, 能使枉者直.' 何謂也." 子夏曰, "富哉言乎, 舜有天下, 選於衆擧皐陶, 不仁者遠矣, 湯有天下, 選於衆, 擧伊尹不仁者遠矣."

번지는 정현에 의하면 제나라 사람(《가어》에서는 노나라 사람)이다. 〈제자전〉
에 의하면 공자보다 36세 어리므로 자하보다는 8세 연상이다. 8세나 어
린 후배에게 가르침을 청한 것이므로 여기 이 문답은 다소 의문이 생긴
다. 자하 후학이 제나라에 존재했다는 것은 사실 같다. 이 장의 자하의 말
에 순·고요·탕·이윤의 《우서》와 《상서》에 기초한 지식이 보이는데, 이
는 맹자 전후에 제나라에서의 유자의 의식과 공통되는 것이 느껴진다. 그
런 의미에서 이 〈안연〉편의 번지가 인에 대해 묻는 장은 제나라 사람의
소전인지도 모른다. 그곳에 〈요왈〉 끝 장과 더불어 "지인(知人)"의 설명이
있는 이유다. 또 "지인"에 대해 《맹자》 〈공손추상〉편 2의 부동심을 설명
한 맹자의 말에는 "나는 말을 알며, 나는 나의 호연지기를 잘 기르노라(我
知言, 我善養吾浩然之氣)"라고 되어 있다. 거듭 그것을 설명하여

> "무엇을 지언(知言)이라 합니까?" 맹자께서 말씀하였다. "편벽된 말에 그 가
> 리운 바를 알며, 방탕한 말에 빠져 있는 바를 알며, 부정한 말에 괴리된 바를
> 알며, 도피하는 말에 〔논리가〕 궁함을 알 수 있으니, 마음에서 생겨나 정사에
> 해를 끼치며, 정사에 발로되어 일에 해를 끼치나니, 성인이 다시 나오셔도
> 반드시 내 말을 따르실 것이다."
> "何謂知言." 曰, "詖辭知其所蔽, 淫辭知其所陷, 邪辭知其所離, 遁辭知其所窮, 生於
> 其心, 害於其政, 發於其政, 害於其事, 聖人復起, 必從吾言矣."

라고 말하고 있다. 따라서 〈요왈〉편 끝 장의 "말을 알지 못하면 사람을
알 수 없다(不知言, 無以知人也)"는 "지언"과 "지인"에 대한 공자의 가르침을
제나라의 유자가 한데 모아 이해했던 것인지도 모른다. 요컨대 이 1장도
제나라 유자가 구성한 공자의 교설임을 짐작해 볼 수 있다. 덧붙여 이 장

의 "자왈"은 "공자왈"로 된 텍스트도 있다. 그리고 정현에 의하면(《경전석문》에 의한 인용) 당시 《노논어》에는 이 장이 없고, 《고논어》에는 있었다고 한다.

5

이상 서술한 바를 통합해 보면, 〈요왈〉편을 구성하는 3장은 제나라에서 유가 후학에 의한 소전 같고, 특히 1 및 2는 제나라에서의 자장 후학의 구성으로 출현했을 거라고 짐작된다.

또 한나라 초기의 《논어》에서 《고론》의 〈요왈〉편은 1뿐이었고, 2·3은 〈종정〉편을 이루었던 것 같다. 그렇지만 제·노 2본에서는 제1·제2의 두 번째 단락에 이미 이 3장이 〈요왈〉편의 내용으로 들어가 있었을 것이다. 그리고 이 3장 중에서 1은 《상서》에 의지하여 유학의 근원이 천명과 성왕의 전통에 기초한 것으로 토대를 부여받고, 2에서는 자장이 들었던 공자의 가르침이라는 형식으로 "종정"의 요령이 상세하게 설명돼 있다. 그리고 3에는 위정자가 갖추어야 할 자세가 한데 모아져 알려지고 있다. 요컨대 유학의 본질이 개괄적으로 서술되어 있으므로, 일견 이질적인 3장인 것 같지만, 이것을 한 편으로 모은 금본의 구성은 이런 고려를 가미한 편집으로 생각된다. 어쩌면 금본 《논어》 말미에 이 3장을 배치한 것은 공문의 학규에 해당하는 것으로서 노나라 후학이 구성한 〈학이〉편을 처음에 배치한 것에 대비시켜 유학의 본질을 개괄적으로 서술한 〈요왈〉편을 마지막에 배치함으로써 책 전체의 수미가 대응하는 결과를 이루고자 했기 때문일 것이다. 특히 〈요왈〉편 말미인 3은 〈학이〉편의 머리 1과 대응할 때 천 근의 무게를 지니는 명언이 된다.

《논어》 전체의 편집 과정에 대해서는 별도의 장에서 상세하게 설명해
보자.

제5장

《논어》의 편집

1.

이상 《논어》 20편 각 편의 구조·성격·성립 사정 등을 고찰했다. 상상을 가미한 부분이 많고, 객관적으로 보아 정확하다고 단정하기 어려운 점도 있을지 모르지만, 현 단계에서 내 개인적 의견에 가능하면 정확을 기하고 이해되는 해석을 따르려고 했다.

한 걸음 더 나아가 이 20편으로 이루어진 《논어》의 편집에 대한 고찰을 진척시켜 보고자 한다. 그 전제로 우선 앞에서 논한 20편의 구조·성격·성립 사정 중에서 이하의 논술에 필요한 요점만 정리해 두자.

1. 〈학이〉편: 노나라에서 성립. 제나라에서 윤색. 증자의 제자가 공문의 학규로 좋은 기사를 모은 것.
2. 〈위정〉편: 2~3전 제자 시대에 노나라에서 성립. 격언이 될 만한 공자의 말 및 문답을 모았다. 편 머리의 4장은 공문에서 학문을 연구하는 데 지침으로 삼을 만한 공자의 격언을 모은 것이고, 편 끝에 예에 관한 2장을 부기.

3. 〈팔일〉편: 2~3전 제자 시대에 노나라에서 성립. 공문의 예악에 관한 전문을 모은 것.

4. 〈이인〉편: 2~3전 제자 시대에 노나라에서 성립. 증자학파가 모은 공문의 격언집.

5. 〈공야장〉편: 2~3전 제자 시대에 노나라에서 성립. 공자의 고금 인물에 대한 비평 및 문답. 일부에 증자 후학에 의해 부기된 공자 자술의 말이 있다.

6. 〈옹야〉편: 2~3전 제자 시대에 노나라에서 성립. 전반은 공자의 제자에 대한 비판과 교훈을 모으고, 후반은 격언집.

7. 〈술이〉편: 3전 제자 전후에 노나라에서 성립. 몇 개의 장으로 이루어진 공자의 격언에 법행을 기술한 1장을 배치한 장군 9개를 배열.

8. 〈태백〉편: 2~4전 제자 시대에 노나라에서 성립. 증자 후학이 증자의 말과 공자의 격언을 편집. 제나라에서 윤색.

9. 〈자한〉편: 3~4전 제자 시대에 노나라에서 성립. 〈술이〉편의 보유.

10. 〈향당〉편: 2~3전 제자 시대에 노나라에서 성립. 공문 외의 전문을 다수 채용. 제나라에서 윤색. 공자의 일상을 기술.

11. 〈선진〉편: 3~5전 제자 시대에 노나라에서 성립. 공문 사제의 언행집. 주요 제자가 거의 다 등장.

12. 〈안연〉편: 3~4전 제자 시대에 노나라에서 편집이 시작되고, 4~5전 제자 시대에 제나라에서 완성. 공문에서 특정 주제를 명시한 문답을 모아 기록.

13. 〈자로〉편: 3~4전 제자 시대에 노나라에서 성립. 정치와 군주에 대한 어록을 병렬시킨 보유적 편집.

14. 〈헌문〉편: 3~5전 제자 시대에 노나라에서 성립. 증자 후학의 보유적 편집. 제나라에 유전 후 윤색. 공문 언행집.

15. 〈위령공〉편: 3~4전 제자 시대에 노나라에서 성립. 공자의 격언과 문답을 모

아 기록.

16. 〈계씨〉편: 아마도 맹자(4전 제자) 이후에 자장 후학이 제나라에서 편집. 공문 밖의 소전을 다수 채용한 공자의 교훈집.

17. 〈양화〉편: 3~4전 제자 시대에 노나라에서 성립. 증자 후학이 속집한 공자의 격언과 사제 문답. 제나라에서 윤색.

18. 〈미자〉편: 4~5전 제자 시대에 제나라에서 성립. 공자의 출처진퇴관과 은사 (隱士)와의 대결 기사를 모아 기록.

19. 〈자장〉편: 맹자(4전의 제자) 이후, 순자 이전에 제나라에서 성립. 자장·자 하·자유·증자·자공의 어록을 모아 기록.

20. 〈요왈〉편: 제나라에서 자장 후학이 작성한 3장으로 성립. 한 편의 완성은 한 대까지 내려온다.

지금 이것을 아주 간단한 형식으로 표기한다면 다음 페이지의 표와 같다.

이에 따르면 〈학이〉부터 〈향당〉에 이르는 10편의 이른바 상론(上論)은 대체로 2전 혹은 3전의 제자 시대에 성립한 것으로 보인다. 단지 〈자한〉 편은 3~4전 시대까지 내려오는데, 이것은 〈술이〉편에 대한 보유의 성격 을 지니고 있다. 게다가 이 상론 10편은 어느 것이나 노나라에서 성립했 다. 그리고 그것들이 제나라에 유전된 후에 윤색된 형적이 보이는 것은 이 10편 중 〈학이〉, 〈태백〉(이상 증자학파의 편집) 및 〈향당〉 3편에 지나지 않는다. 이에 비해 〈선진〉부터 〈요왈〉에 이르는 10편의 이른바 하론(下 論)은 3~4전·3~5전·4~5전 혹은 그 이후에 성립한 것이고 그중 노나라 에서 성립한 것은 〈선진〉·〈안연〉·〈자로〉·〈헌문〉·〈위령공〉·〈양화〉의 6편으로, 〈안연〉과 〈헌문〉과 〈양화〉 3편은 제나라에서 윤색되었다. 하론 의 후반에 모아진 〈계씨〉·〈미자〉·〈자장〉·〈요왈〉 4편은 전부 제나라에

	2전	3전	4전	5전	6전 이후
〈학이〉	○── (·····················)				
〈위정〉	────				
〈팔일〉	────				
〈이인〉	○────				
〈공야장〉	──── (○)				
〈옹야〉	──── (○)				
〈술이〉	──				
〈태백〉	○────────── (············)				
〈자한〉	────				
〈향당〉	─── (···········)				
〈선진〉		────────			
〈안연〉		────── ··········			
〈자로〉		──────			
〈헌문〉		○────────── (··········)			
〈위령공〉		────			
〈계씨〉			··········		
〈양화〉		○──── (··········)			
〈미자〉			··········		
〈자장〉			········		
〈요왈〉			··········		

상론 / 하론

── 노나라에서 성립   ······ 제나라에서 성립   (······) 제나라에서 윤색
○증자 후학의 편집   (○) 증자 후학의 윤색·부가

서 성립되고 시대적으로도 매우 나중에 속한다. 그러므로 이 사실에 기초하면 다음의 여러 가지 점을 인정하게 된다.

1. 대체로 상론·하론이라는 표현법은 《노론》의 편목을 따르는 금본에 의한 말이지만, 이에 대해 이토 진사이는 일찍이 다음과 같이 논했다.

《논어》 20편은 세상에 상·하로 나뉘어 전하고 있지만 이는 후세의 이른바 문집의 정집과 속집과 같은 것인가? 아마도 《논어》를 편집한 이는 우선 전반부의 10편을 모아 기록하여 자기들끼리 전하며 서로 익혔을 것이다. 그리고 다시금 후반부의 10편을 편집하여 전반부에 빠진 것을 보충했다. 그래서 현재는 합쳐서 20편이 된 것으로 생각할 수 있다. 어떤 근거로 이렇게 말하는가? 〈향당〉편을 살펴보면 당연히 제20편으로 삼아야 할 것이다. 그런데도 지금 《논어》 전편의 중간에 속해 있다는 사실로부터 전반부의 10편이 이미 그 자체로 완결된 하나의 책이었음을 알 수 있다. 게다가 《논어》를 자세히 살펴보면 증점이 자신의 뜻을 말한 장, 자로가 정명에 대해 질문한 장, 계씨가 전유를 토벌한 장 등은 문장이 매우 긴 편이다. 또한 육언육폐, 군자가 지녀야 하는 구사(九思)·삼계(三戒), 익자삼우(益者三友)와 손자삼우(損者三友) 등과 같은 형식의 말은 모두 전반부의 10편에는 보이지 않는다. 논리와 문체가 자연히 전반부와 유사점이 없다. 그러므로 후반 10편은 전반부에 빠진 부분을 보충한 것임을 알 수 있다.

이것은 탁견이다. 금본 《논어》의 편성에 의거해 결과적으로 논하면, 이른바 상론 10편은 모두 노나라에서 성립한 비교적 오래된 편이고, 하론 10편은 비교적 성립이 늦고, 노나라에서 성립한 것과 제나라에서 성립한 것이 반반이다. 그럼에도 대부분이 상론의 여러 편에 대한 보유적 편집이다.

2. 최술의 《수사고신록》은 〈계씨〉편 이하의 5편을 의심하여 다음과 같이 논하고 있다.

나는 이렇게 생각한다. …… 《논어》의 뒤쪽 5편은 의심스러운 부분이 많다. 〈계씨〉편의 글은 대구가 많아 전반적으로 다른 편과 어울리지 않는다. 특히 '전유장(顓臾章)'은 《춘추》의 경문이나 전문과도 어긋난다. 〈미자〉편은 고금의 일화를 두서없이 기록했는데, 성인 공자의 가르침과 전혀 관련이 없는 것들도 있다. 그 가운데서도 특히 '초광장(楚狂章)' 등 세 장의 말씨나 의미는 장주(莊周)와 흡사하여 한결같이 공자가 남긴 글과는 다르다. 더구나 '공자'란 호칭은 임금이나 경대부를 마주했을 때의 호칭이며, 스스로 말하거나 문인과 말할 때는 단지 '자'라고만 일컬었다. 이는 《논어》의 보편적인 체례(體例)다. 그런데 〈계씨〉편에서는 모든 장의 첫머리마다 '공자'라 호칭했으며, 〈미자〉편도 군데군데 '공자'로 호칭하고 있다. 이는 다른 편들과 확연히 다른 모습이다. 〈양화〉편은 순수한 것과 그렇지 않은 것이 번갈아 나타나며, 문장도 뒤섞여 고르지 않다. 특히 '문인장(文仁章)', '육언장(六言章)', '삼질장(三疾章)' 등의 문체는 대체로 〈계씨〉편과 흡사하다. 그리고 '무성장(武城章)'과 '필힐장'은 공자 앞에서 직접 '부자'라 호칭하고 있는데, 이는 전국시대 말투이지 춘추시대 말투는 아니다. 대체로 이런 것들은 뒤섞어 엮은 것이지, 어느 한 사람이 정성스럽게 엮은 것은 아니다. 〈자장〉편에 기록된 제자들의 말은 앞뒤 편들의 문체와 비교했을 때 조금은 순수해 보인다. 하지만 유독 공자를 일컬어 '중니'라고 했는데, 이것도 《논어》의 다른 편과 조금 다른 점이다. 심지어 〈요왈〉편은 《고문논어》에서 애초에 두 편으로 되어 있었

으며, 한 편이 한 장 또는 두 장으로 되어 있을 정도다. 뿐만 아니라 문체도
다른 편들과 매우 다르다. 아마 〈요왈〉편은 모두 간독(簡牘)이 끊어져 마땅
하게 붙일 곳이 없어 그냥 책의 끄트머리에 덧붙여 놓은 것인데, 《노논어》
에서는 그 분량이 많지 않아 하나로 합쳤으리라. 하지만 배움이 얕은 자들이
끝내 억지로 짜 맞추었기에 마지막 편에서 요임금·순임금·우왕·탕왕·무
왕의 일을 차례대로 서술한 뒤 공자로 이었다. 이는 잘못이 아니겠는가! 나
는 이런 생각이 들기도 한다. 《논어》의 뒤쪽 5편은 모두 후세 사람들이 끼워
넣은 것이다. 이는 마치 《춘추》에 〈속경〉, 《맹자》에 〈외편〉, 《주관(周官)》에
〈고공기(考工記)〉를 보충하려는 것과 같다.

이것도 진실로 탁견으로 〈계씨〉편 이하의 5편이 다른 편과 비교해서 이질성
을 포함한 문헌인 것은 명확하다. 이것을 사건에 의해 이해한다면, 제나라에
서의 속집 혹은 윤색의 결과가 된다.

3. 《제논어》에 대해서는 《한지》에

제논어 22편(〈문왕〉, 〈지도〉 두 편이 많다)
齊二十二篇(多問王知道)

으로 되어 있고, 황간의 《의소》에 의하면

《제론》은 제목이 《노론》과 대체로 다르지 않고, 〈문왕〉·〈지도〉 2편이 더
있고, 합이 21편이고 편 내에도 역시 차이가 조금 있을 뿐이다.
齊論題目, 與魯論大體不殊, 而長有問王知道二篇, 合二十一篇, 篇內亦微有異.〔〈황

로 되어 있다. 말미에 〈문왕〉·〈지도〉 2편이 부가된 것이 《노론》과 크게 다른 점이나, 편 내에 문자의 다름이 약간 있지만 제목은 대체로 《노론》과 같다는 것이다. 아마도 이미 서술한 것처럼 《제론》과 《노론》은 한나라 시대에 존재했던 《논어》의 이본으로 모두 노·제의 문헌을 종합하여 성립한 것이다. 노나라에서 성립한 15~16편의 새로운 재료와 비교적 나중에 출현한 제나라에서 이룩한 4~5편은 당시 노나라 유자나 제나라 유자에게 인정받고 있던 사실일 것이다. 노나라 유자나 제나라 유자가 그것들을 오래된 것부터 순차적으로 배열하여 새로운 보족적 편집을 부가하자는 대단히 자연스러운 편성법을 따라 《제론》과 《노론》의 편목의 일치가 발생했을 것이다. 단, 제나라 유자는 거듭 나중에 나온 〈문왕〉·〈지도〉 2편을 채용한 것이다. 사견에 의하면 이것이야말로 최술의 이른바 〈맹자외편(孟子外篇)〉의 부류일 것이다. 그러나 〈문왕〉·〈지도〉 2편의 내용은 명확하게 알 수 없다. 이 문제는 뒤에서 논하겠다.

4. 《고논어》는 《한지》의 이른바 "논어고 21편(論語古二十一)"으로, "공자의 구택 벽 속에서 나왔고, 두 〈자장〉편이 있다(出孔子壁中, 兩子張)"고 되어 있다. 여순(如淳)은 "〈요왈〉편을 '자장이 어떠하여야 정사에 종사할 수 있습니까? 하니……' 이하를 나누어 별도로 한 편으로 하고 그 편명을 〈종정〉으로 했다(分堯曰篇 "子張問, 何如可以從政" 已下爲篇, 名曰從政)"고 했다. 한대에 노나라 공씨의 벽에서 나온 고문을 뜻하는데, 이 사실을 신뢰한다면 이것은 진나라 시대의 고서로서 한나라의 노나라 및 제나라의 이본(二本)보다는 오래된 텍스트다. 그런데 이 텍스트는 〈요왈〉편이 〈요왈〉과 〈종정〉 혹은 〈자장문〉으

로 나뉘어 있었을 뿐만 아니라, 노나라 및 제나라의 이본과 비교해도 상당히 달랐던 것 같다. 《논어의소》에 의하면

《고론》은 〈요왈〉장과 그 이하 〈자장문〉으로 나누고 다시 그것을 한 편으로 만들어 합이 21편이고, 편이나 순서는 〈향당〉을 제2편으로 하고, 〈옹야〉를 제3편으로 하여, 편 안의 뒤바뀐 부분에 대해서는 이루 다 말할 수 없다.

篇次以鄕黨爲第二篇, 雍也爲第三, 篇內倒錯, 不可具說.(《황간서》)

라고 되어 있다. 또 다음과 같은 설명이 계속된다.

……고문은 모두 21편으로 순서가 크게 달라 〈향당〉편이 제2편으로, 〈옹야〉편이 제3편으로 되어 있으며 각 편도 문구가 크게 뒤섞여 있어 〈미자〉편에서는 교언(巧言) 장이 없고(생각건대 〈미자〉편은 〈양화〉편의 오기임), 〈자한〉편에서는 주충신(主忠信) 장이 없고, 〈헌문〉편에서는 군자치기언(君子恥其言) 장이 없고, 〈술이〉편에서는 어시일곡즉불가, 불식어상측(於是日哭則不歌, 不食於喪側) 장이 없고, 〈향당〉편에는 색사거의, 산량자치시재, 자로공지, 삼후이립작(色斯擧矣, 山梁雌雉時哉, 子路共之, 三嗅而立作)이라는 문구가 없었으며 그 외에도 많은 차이가 있었다.

그리고 환담의 《신론》 〈정경〉편에

《고논어》 21권, 제노문과 640여 자가 다르다.

古論語二十一卷, 與齊魯文異六百四十餘字(어람 608 《석문서록》)

라고 되어 있다. 이것에 의하면 《고론》에서는 〈향당〉이 제2편이고, 〈옹야〉가 제3편이기 때문에, 적어도 〈향당〉 제10편에 의해 나뉜 상론·하론의 구별은 없어진다. 그러나 《노론》의 상론에 해당하는 전 10편에서 편이나 순서의 다름이 있을 뿐 사실상 성립이 빠른 10편을 처음에 배치하고, 다음으로 성립이 약간 늦은 노나라 기록 5~6편을 그다음에 배치하며, 마지막으로 늦게 나온 제나라 기록 4~5편을 배치한 것은 제·노본과 동일하다고 할 수 있다. 그렇다면, 그런 의미에서 성립 연대순에 의한 편의 배치는 이미 선진 말의 《논어》에서 대체로 정해지고, 제·노의 기록을 합한 한 개의 《논어》는 이미 선진 말에 다 만들어져 있었다고 할 것이다.

5. 그러므로 다음의 문제는 전 10편에서 편과 순서의 문제다. 사견처럼 〈학이〉편의 성립이 증자의 제자(2전의 제자)에 의해 이루어지고, 다른 것은 대체로 2~3전의 제자 시대에 편집되며, 단지 〈술이〉편은 3전의 제자 무렵, 〈태백〉편은 2~4전의 제자 시대까지 관련되었으며, 〈자한〉편은 3~4전의 제자 시대라고 한다면, 《고논어》에서 전 10편은 결국 대체로 연대순으로 배치가 이루어진 것이다. 즉 다음과 같을 것이다.

〈학이〉	2전의 제자
〈향당〉	2~3전의 제자
〈옹야〉	2~3전의 제자
〈위정〉	2~3전의 제자
〈팔일〉	2~3전의 제자
〈이인〉	2~3전의 제자
〈공야장〉	2~3전의 제자

〈술이〉　　3전의 제자 무렵

〈태백〉　　2~4전의 제자

〈자한〉　　3~4전의 제자

그리고 이 중 〈위정〉편 다음에 〈팔일〉편을 배치한 것은 〈위정〉편 말의 2장이 〈팔일〉편의 여러 장과 동일하게 예에 관한 기사여서, 동류의 기사를 근접 배치해서일 것이다. 또 〈이인〉편 다음에 〈공야장〉편을 배치한 것은, 〈이인〉편은 증자 후학의 손에서 나왔지만 〈공야장〉편은 원래 증자 후학 이외의 사람에 의해 편집된 것과 무관하게, 편말의 2장은 증자 후학의 부가이고, 요컨대 그것의 완성에 증자 후학이 참여했기 때문에 2편을 연속해서 배치했을 것이다. 따라서 《고론》에서 전 10편의 순서는 대체로 성립 연대순을 따랐으나 성립 시대가 거의 동일한 편에 대해서 이 정도의 배려 이상의 고려는 없었다고 생각한다. 그러나 《노론》의 편차는 이 《고론》의 편차에 기초하면서도 거듭 고안이 가해졌다고 본다. 우선 첫째로 공자의 공사에 걸친 일상생활의 모습을 객관적으로 묘사한 〈향당〉편을 제10편으로 해서 공자 학교의 학규를 구성했던 〈학이〉편과 처음과 끝이 서로 대응하게 했다. 이는 공문에 관한 가장 오래된 기록으로서의 10편을 한 개로 합친 문헌으로 편성해 보려고 했던 의도로 보인다. 이 2편은 〈학이〉편이 2전 제자 시대에 공문의 중심 세력이었던 증자 문하에 의해 편집이 시도되었던바 최초의 공문 어록인 것에 비해, 〈향당〉편은 공문 밖의 공자를 직접 본 사람에 의해 이루어졌던바 공자의 일상에 대한 가장 오래된 객관적 묘사로서 각각 특이한 성격을 명확하게 지닌다. 그러므로 이것을 처음과 끝에 배치했을 것이다. 그리고 그 결과로서 〈향당〉편과 같은 모양의, 공자의 일상생활의 태도 묘사를 일부 포함하는 〈자한〉편과 서로 인접하게 된다. 다음으로 〈옹야〉편을 제6편으로서 〈공야장〉편 다음으로 두어 〈공야장〉편의 내용을 이루는 "고금 인물의 현부와 득실을 논한 글"과 일견 유사한 기록인 〈옹야〉편에 있는 공자의 제자 비판을 서로 인접시켰다. 또 〈공야장〉편 마지막 2장과 〈옹야〉편 말의 2장은 모두 증자 후학의 부가로 보이므로, 이런 점에서 이 2편은 유사하다. 그 결과로 〈위정〉편이 제2편으로서 〈학이〉편에 인접하게 되지만, 〈학이〉편이 공자 만년의 학교의 학규를 생각하게 하는 말을 모은 데 비해 〈위정〉편의 중심을 이루는 편 머리의 4장은 공자 학교가 덕치 정치를 지향하는 군자의 시예(詩禮)의 교양의 도량이었음을 보여준다는 점에서 서로 인접하는 것이 억지스럽지는 않다.

6. 다음으로 《논어》의 하론 10편에 대해서 살펴보자. 《노론》이 말 편의 〈요왈〉편에 금본의 3을 결여하고 있는 데 비해 《고론》에서는 금본의 1이 〈요왈〉편에, 2·3이 〈종정〉편에 속해서 별도의 2편으로 있는 것 외에는 《노론》과 《고론》의 순서에 차이가 없는 것 같다. 그러므로 〈요왈〉편은 잠시 제외하고 〈선진〉부터 〈자장〉까지 9편을 본다면, 공자 만년의 학교에서 사제의 언행, 제자의 성격 등의 기록을 모은 〈선진〉편을 처음에 두고, 오로지 직제자의 말만 모은 〈자장〉편을 마지막에 배치하여 처음과 끝이 서로 대응하도록 하고 있다. 그리고 다수의 고족제자(高足弟子)가 등장하는 〈선진〉편의 뒤를 이어서 〈안연〉·〈자로〉·〈헌문〉이라는 고족제자의 이름을 첫머리에 둔 3편을 모아서 배치한 것은 결국 그 정도의 배려에서 나온 배치일 것이다. 거듭 그 뒤를 이어서 〈위령공〉·〈계씨〉·〈양화〉라는 공문 외의 3인의 정치가의 이름을 지니는 편이 늘어서 있지만, 이것도 군주·대부·신하의 순으로 배치되어 있는 것이 결국 단순한 우연은 아닐 것이다. 다음 〈미자〉편과 〈자장〉편은 이미 서술한 것처럼 제나라에서 속집되어 비교적 나중에 나온 기록이다. 그

중 〈자장〉편은 이 9편 중에서 가장 나중에 나온 기록으로 〈선진〉편과 처음
과 끝이 서로 대응하여 하론의 9편을 하나로 통합한 문언이 되도록 마지막
에 배치했을 것이다.

그런데 《노론》의 최종 편인 〈요왈〉편은 《고론》이 2편으로 했던 〈요왈〉·
〈종정〉을 하나로 합쳤을 뿐만 아니라, 다시 〈종정〉편의 2, 즉 금본 〈요왈〉
편의 3

선생님께서 말씀하셨다. "명을 알지 못하면 군자가 될 수 없으며, 예를 알지
못하면 남 앞에 나설 수 없으며, 말을 알지 못하면 사람을 알 수 없다."

子曰, "不知命, 無以爲君子也, 不知禮, 無以立也, 不知言, 無以知人也."

를 별도로 고치고 덜어냈다. 생각건대 금본 〈요왈〉편의 이 3장은 어느 것이
나 자장 후학이 편성한 것 중 가장 늦게 나온 기록인 것 같고, 그럼에도 적
어도 《고론》에서는 최술이 말한 것처럼 단간(斷簡)에 속하는 것을 〈요왈〉·
〈종정〉의 2편으로서 책 끝에 부가한 것이다. 그것을 한 편으로 모은 제·노
본의 〈요왈〉편이 마지막에 배치된 것은 당연한 일일 것이다. 그러나 《노론》
에서 〈요왈〉편이 제20편의 위치를 점하는 의미는 그것만이 아니다. 〈요왈〉
편 1은 《상서》의 어구를 서로 끼워 맞추어서 유학의 연원을 고대로부터 역
사적으로 서술하고 있고, 2의 공자의 자장에 대한 교훈에서는 위정자의 자
격을 조목별로 들어 서술하고 있다. 따라서 공문의 학규를 재구성한 〈학이〉
편을 머리 편으로 하고, 유학의 요령(要領)을 제시한 〈요왈〉편을 끝 편으로
삼은 《논어》편의 수미 대응이 성립했던 것이다. 그러나 《노론》에서 덜어낸
금본 〈요왈〉편 3은 제1편인 〈학이〉편의 머리 장

선생님께서 말씀하셨다. "배우고 그것을 때때로 익히면 기쁘지 않겠는가. 동지가 먼 지방으로부터 찾아온다면 즐겁지 않겠는가. 사람들이 알아주지 않더라도 서운해하지 않는다면 군자가 아니겠는가."

子曰, "學而時習之, 不亦說乎, 有朋自遠方來, 不亦樂乎, 人不知而不慍, 不亦君子乎."(〈학이〉)

와 아스라이 대응하여 진실로 어울리는 《논어》의 수미를 이루고 있다. 즉 〈학이〉편 1은 군자의 학술 태도를 제시하고 〈요왈〉편 3은 군자의 요건을 간결하게 서술한 명언이다. 그러므로 이것을 〈요왈〉편 3으로 보충한 것이 금본이다. 이것은 《논어》를 한 개로 모으고자 했던 한대의 삼론 교정자의 고심을 반영한 것이다. 따라서 《노론》에서 20편은 대체로 《고론》의 연대순 배치를 따르면서 수미의 대응을 고려하여 다음과 같이 전체를 구성하고 있는 것이다.

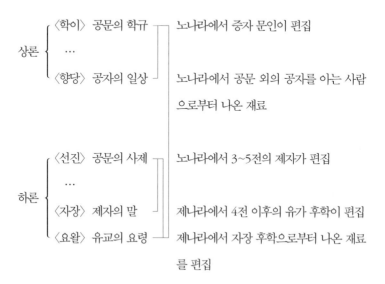

상론
〈학이〉 공문의 학규 — 노나라에서 증자 문인이 편집
…
〈향당〉 공자의 일상 — 노나라에서 공문 외의 공자를 아는 사람으로부터 나온 재료

하론
〈선진〉 공문의 사제 — 노나라에서 3~5전의 제자가 편집
…
〈자장〉 제자의 말 — 제나라에서 4전 이후의 유가 후학이 편집
〈요왈〉 유교의 요령 — 제나라에서 자장 후학으로부터 나온 재료를 편집

2

한대의 《제논어》에 〈문왕〉·〈지도〉 2편이 있었다고 언급되어 있지만, 지금은 흩어져 그 내용을 찾을 수 없다. 그러나 〈요왈〉편을 끝 편으로 해서 시작 편인 〈학이〉편과 대응시켜 보고자 구상했던 《노논어》 이외에는 《고논어》도 《제논어》도 〈요왈〉 이하는 최술의 이른바 "간독이 끊어져 마땅하게 붙일 곳이 없어 그냥 책의 끄트머리에 덧붙여 놓은" 분위기가 있다. 그 점에서 말한다면, 〈문왕〉·〈지도〉 2편도 이른바 〈맹자외편〉과 같은 부류일 것이다. 예를 들면 현재의 《공자가어》에 〈문옥(問玉)〉편이 있지만, 그 제1장을 〈문왕〉편에 해당하는 것으로 보는 시각은 하나의 지적 유희로서 흥미롭다.

자공이 공자에게 물었다. "감히 여쭙건대 군자는 옥(玉)을 귀하여 여기고, 민(珉)을 천하게 여긴다고 하는데 이것은 무슨 까닭입니까? 옥은 수가 적고 민은 흔하기 때문입니까?" 공자가 말하였다. "옥은 적게 나기 때문에 귀하게 여기고 민은 흔하기 때문에 천하게 여기는 것이 아니다. 무릇 옛날의 군자는 미덕을 옥에 비유하였다. 옥이 따뜻하면서도 윤택한 것은 인(仁)과 같고, 치밀하면서도 건실한 것은 지(智)와 같으며, 날카로우면서도 사람을 상하게 하지 않는 것은 의(義)와 같고, 드리워서 매달 수 있는 것은 예(禮)와 같으며, 두드리면 그 소리가 맑고 길며 끝마칠 때 갑작스럽게 그치는 것은 악(樂)과 같고, 옥의 반점이 옥의 광채를 가리지 못하는 것은 충(忠)과 같으며, 맑고 투명한 빛이 사방에 통달하는 것은 신(信)과 같고, 빛이 흰 무지개와 같은 것은 천(天)과 같고, 정기가 산천 사이에 드러남은 지(地)와 같으며, 옥으로 만든 규(珪)와 장(璋)을 다른 물건을 빌리지 않고도 단독으로 주군에게 바칠 수 있는 것은 덕(德)과 같다. 《시》에 '군자를 생각하니 그 따뜻함이 그 옥과 같도다'고 하였으니, 이 때문에 군자가 옥을 귀하게 여기는 것이다."

子貢問於孔子曰, "敢問, 君子玉貴而珉賤何也, 爲玉之寡而珉之多歟." 孔子曰, "非爲
玉之寡, 故貴之, 珉之多, 故賤之, 夫昔者君子比德於玉, 溫潤而澤仁也, 縝密以栗智
也, 廉而不劌義也, 垂之如墜禮也, 叩之其聲淸越而長, 其終則絀然樂矣, 瑕不掩瑜,
瑜不掩瑕忠也, 孚尹旁達信也, 氣如白虹天也, 精神見于山川地也, 珪璋特達德也, 天
下莫不貴者道也. 詩云, '言念君子, 溫其如玉.' 故君子貴之也."

또 《가어》 〈관향사(觀鄕射)〉편의 제2장을 통해 시험 삼아 〈지도〉편을 상
상해 볼 수도 있다.

공자가 말하였다. "나는 향음주례를 보고 왕도(王道)는 매우 쉽게 실행할 수
있다는 것을 알게 되었다. 예를 행하기 전, 주인이 친히 주빈과 부빈(副賓)의
집에 가서 초청을 하고, 기타 수행하여 오는 빈객은 따라오게 된다. 주인집
의 정문 밖에 이르면 주인은 주빈과 부빈에게 절을 하며 맞이하고, 읍양(揖
讓)으로 수행하여 온 빈객을 안내한다. 이같이 존귀와 비천이 구별되어 있
다. 주인과 주빈이 서로 세 번 읍을 하며 대당(大堂) 계단 앞에 이르러 서로
세 번 사양한 뒤에 주인이 먼저 동쪽 계단으로 오르고, 주빈이 서쪽 계단으
로 오르게 된다. 주인이 다시 당상(堂上)에서 주빈을 절을 하며 맞이하고, 주
빈이 답배하고, 주인이 술을 따라 주빈에게 술잔을 바치면 주빈이 마시고
나서 술을 따라 주인에게 다시 권한다. 그리고 나서 주인이 다시 먼저 마시
고, 재차 술을 따라 주빈에게 마시기를 권하는데 서로 간의 사양하는 예절
이 상당히 번거롭다. 주인과 부빈이 서로 읍양하여 대당에 오르면 예절이 곧
많이 줄게 된다. 수행하여 온 손님이 이르면 다만 계단을 오르며 주인의 헌
주를 받고 앉아 제주(祭酒)하며 서서 술을 마시고 술을 따라 반드시 주인에

게 권하지 않아도 된다. 예절의 융중함과 생략함의 구분이 매우 분명하였다. 악정(樂正)이 악공을 거느리고 들어와 당상에서 노래 세 곡을 연창하고 주인이 그들에게 술을 권한다. 생황(笙簧)을 부는 악공이 당하(堂下)에서 악곡 세 수(首)를 연주하면 주인이 그들에게 술을 권한다. 그리고 나서 당상과 당하의 악공들이 서로 교대로 한 번 불고 한 번 노래하고서, 악정이 음악을 이미 모두 연주했음을 보고하고 악공들을 데리고 대당에서 물러난다. 이때 주인의 하속(下屬)이 술잔을 들어 모든 사람이 술을 마셔도 된다고 보이고, 여러 사람이 한 사람을 사정(司正)으로 추천하여 예를 감시하게 한다. 이로써 향음주례가 화락하면서도 방탕하지 않게 하였음을 알 수 있다. 주빈이 먼저 술을 마신 뒤 주인에게 술을 권하고, 주인이 먼저 마시고 부빈에게 마실 것을 권하며, 부빈이 스스로 마시고 수행한 손님에게 술을 권하고, 종빈은 연령의 많고 적음에 따라 순서대로 술을 마시며 잔을 씻는 책임을 맡은 사람에게 이르러 그칠 때까지 모두 술을 마신다. 이로써 향음주례 때는 연령의 많고 적음을 막론하고 모두 빠짐이 없음을 알 수 있다. 이어서 모두가 당을 내려가 신발을 벗고 다시 당에 올라앉아 서로 술을 권하기를 무수히 한다. 음주의 한도는 아침에는 아침 조회에 참석하지 못할 정도에 이르지 않고, 저녁에는 저녁 조회에 참석하지 못할 정도에 이르지 않는다. 음주가 끝나고 빈객이 떠나면 주인이 배송해야 하고 이에 이르면 예의는 모두 완성된다. 이로써 향음주례가 모든 사람을 안락하게 하면서도 예를 잃지 않음을 알 수 있다. 지위의 존귀와 비천이 분명하고, 예절의 융중함과 생략함이 구별되며, 화락하면서도 방탕하지 않고, 노소가 모두 빠짐이 없으며, 안락하면서도 예를 잃지 않았다. 이 다섯 가지가 있으면 몸과 마음을 바르게 하고 국가를 안정되게 하고, 국가가 안정되면 천하가 안정된다. 그렇기 때문에 '나는 향음주례를 보고 왕도는 매우 쉽게 실행할 수 있다는 것을 알게 되었다'고 말한 것이다."

孔子曰, "吾觀於鄉, 而知王道之易易也, 主人親速賓及介, 而衆賓皆從之, 至於正門

之外, 主人拜賓及介, 而衆賓自入, 貴賤之義別矣, 三揖至於階, 三讓以賓升, 拜至獻,

酬辭讓之節繁, 及介升, 則省矣, 至于衆賓升而受爵, 坐祭立飲, 不酢, 而降隆殺之義

辨矣, 工入升歌三終, 主人獻賓, 笙入三終, 主人又獻之, 間歌三終, 合樂三闋, 工告

樂備而遂出, 一人揚觶, 乃立司正焉, 知其能和樂而不流, 賓酬主人, 主人酬介, 介酬

衆賓, 少長以齒, 終於沃洗者焉, 知其能弟長而無遺矣, 降脫履升座, 脩爵無算, 飲酒

之節, 旰不廢朝, 暮不廢夕, 賓出, 主人迎送, 節文終遂焉, 知其能安燕而不亂也, 貴

賤既明, 降殺既辨, 和樂而不流, 弟長而無遺, 安燕而不亂, 此五者足以正身安國矣,

彼國安而天下安矣, 故曰, '吾觀於鄉, 而知王道之易易也.'"

삼론 외에 《논형》의 이른바 '하간 9편'에 이르러서는 그 내용은 도무지
알 길이 없다. 《제논어》의 〈문왕〉·〈지도〉와 더불어 아마도 빠진 채로 둘
수밖에 없을 것이다.

한글 번역본 참고문헌

《서경》, 김학주 옮김, 명문당, 2002.
《서경》, 신동준 역주, 인간사랑, 2016.
《시경》, 정상홍 옮김, 을유문화사, 2014.
《예기》, 이상옥 옮김, 명문당, 2003.
《춘추곡량전》, 남기현 옮김, 자유문고, 2005.
《춘추공양전》, 곽성문 옮김, 인간사랑, 2015.
《춘추좌씨전》, 문선규 옮김, 명문당, 2009.
《춘추좌전》, 신동준 옮김, 한길사, 2006.

《공자가어》, 임동석 옮김, 동서문화사, 2009.
《관자》, 신동준 옮김, 인간사랑, 2015.
《국어》, 신동준 옮김, 인간사랑, 2017.
《논어》, 동양고전연구회 역주, 민음사, 2016.
《논어집주》, 성백효 옮김, 전통문화연구회, 1990.
《대학》, 동양고전연구회 역주, 민음사, 2016.
《대학·중용집주》, 성백효 옮김, 전통문화연구회, 1991.
《맹자》, 동양고전연구회 역주, 민음사, 2016.
《맹자집주》, 성백효 옮김, 전통문화연구회, 1991.
《묵자》, 신동준 옮김, 인간사랑, 2018.
《순자》, 김학주 옮김, 을유문화사, 2008.
《순자》, 이운구 옮김, 한길사, 2006.

《장자》, 김창환 옮김, 을유문화사, 2010.

《장자》, 안동림 역주, 현암사, 2011.

《중용》, 동양고전연구회 역주, 민음사, 2016.

《한비자》, 이운구 옮김, 한길사, 2002.

《한서예문지》, 이세열 옮김, 자유문고, 1995.

반고, 《백호통의》, 신정근 옮김, 소명, 2005.

사마천, 《사기》, 정범진 외 옮김, 까치, 1994.

사마천, 《사기열전 상》, 최익순 옮김, 백산서당, 2014.

왕충, 《논형》, 성기옥 옮김, 동아일보사, 2016.

유안, 《회남자》, 안길환 옮김, 명문당, 2013.

이토오 진사이, 《논어고의》, 장원철 옮김, 소명, 2013.

최술, 《수사고신록》, 이재하 옮김, 한길사, 2009.

옮긴이의 글

이 번역서는 전적으로 공자의 생애와 《논어》라는 책에 대한 내 학문적 호기심에서 시작했다. 대학에서 서양 정치철학을 전공했지만 최근 10여 년 동안은 동양의 전통사상, 특히 공자 이래의 유학 사상에 큰 관심을 갖고 연구를 수행해 오고 있다. 자연스레 공자란 어떤 인물인지 궁금함이 더해졌고 그의 사상과 언행의 기록인 《논어》의 탄생 과정 및 그 내용의 형성사에 대한 문헌학적 관심도 덩달아 증폭되었다.

　이 책을 번역하기로 마음먹은 첫 계기는 아마 도올 김용옥 선생의 《논어》 해설서를 읽으면서였던 것 같다. 김용옥 선생은 이 《공자와 《논어》》라는 책이 문헌학적으로 매우 큰 가치가 있음을 높이 평가했던 것으로 기억한다. 그 이후 공자 및 《논어》에 대한 여러 해설서를 두서없이 읽으면서 여기저기에서 이 번역서에 대한 긍정적인 평가를 접하게 되었다. 그런데도 이 책이 우리 학계에 아직 소개되지 않은 것을 알고 번역에 착수하기로 마음먹었다.

　《공자와 《논어》》라는 책이 지니는 학술적 가치를 구구하게 설명하고 싶지는 않다. 다만 다음과 같은 점은 꼭 강조하고 싶다. 공자의 생애에 대해서는 물론이고 《논어》라는 책의 형성사와 《논어》 각 편의 형성 과정에 대해 치밀하게 문헌학적으로 고증해 나가는 저자의 학문적 성실함은 누구에게서도 쉽게 찾아보기 힘들다고 생각한다. 이 책의 가치는 이 책을 읽는 독자가 스스로 체득할 것이라고 생각한다.

이 책을 번역·출판하는 데 도움을 주신 에코리브르 출판사에 깊은 감사의 마음을 전한다. 에코리브르와의 인연도 꽤 연륜이 쌓여가는 것 같다. 비토리오 회슬레의 여러 논문을 모아 편집한 《비토리오 회슬레, 21세기의 객관적 관념론》 외에 헤겔 정치철학에 대한 저서와 연세대학교 국학연구원 HK사업단의 사회인문학총서 관련 저서에 이어 이 책이 네 번째 협력의 결과물이다.

번역 과정에서 아낌없는 도움을 주신 여러 선생님들께 고마움을 전할 수 있어 다행이다. 태정희 선생님은 직접 만나본 적은 없지만 연세대학교 국학연구원에서 내가 인문한국(HK) 사업과 관련한 일을 하는 10년 동안 중국이나 일본 그리고 싱가포르 등지에서 발표한 글을 중문으로 번역해 주신 분이다. 그런데 이 《공자와 《논어》》를 번역하면서 어려운 한문 텍스트를 접할 때마다 선생님께 번역을 부탁드리곤 했는데, 아무런 불평 없이 흔쾌히 응해주셨다. 이 자리를 통해 태정희 선생님께 깊이 감사드린다. 한문 텍스트 번역과 관련해 도움을 주신 또 다른 분은 한정길 선배님과 강경현 선생님이다. 한 선배님은 물론이고 강 선생님도 내가 궁금해할 때마다 해당 텍스트를 번역하는 데 기꺼이 도움을 주셨다. 마지막에 언급한다고 해서 그 중요성이 덜하다고 생각하지 않았으면 하는데, 순천대학교 혜덕 김철신 교수도 여러모로 도움을 주었다. 이 자리를 통해 이분들의 도움에 깊이 감사를 표한다.

또 일본어 번역이 막힐 때 도와주신 구인모 교수님께 깊이 감사드린다. 일본어 실력이 깊지 않는 내가 이 정도의 번역서를 낼 수 있는 것은 상당

부분 구인모 선생님 덕이다. 구인모 선생님은 시도 때도 없이 연구실 문을 두드리고 어려운 일본어에 대해 질문하고 도움을 청할 때마다 싫은 기색을 한 번도 드러낸 적이 없다. 구 선생님은 늘 본인 일처럼 정성스럽게 나를 도와주었다. 구인모 선생님께 깊이 감사한다. 물론 오역의 책임은 전적으로 나에게 있다.

직접적으로 알지는 못하지만 지면을 빌려 꼭 감사를 표하고 싶은 분들은 중국의 고전 텍스트 및 그에 대한 탁월한 선행 주석서에 대해 한글 번역을 해주신 분들이다. 책 말미에 별도로 번역에 참조한 번역서 목록을 실었는데 이 자리를 빌려 그분들에게 깊이 감사드린다. 그분들의 번역이 없었다면 이 번역서는 결코 세상의 빛을 볼 수 없었음은 두말할 필요가 없다. 해당 학문, 이를테면 내가 관심을 기울이고 있는 공맹사상에 대한 올바른 이해는 고전 한문에 대한 해박한 이해 능력을 전제로 할 터인데, 내가 그런 학문적 능력을 충분히 갖추지 못한 것이 매우 아쉽다. 따라서 본 번역서에 있을 수 있는 오류에 대해 독자 제현의 너그러운 이해를 구하고 싶다.

끝으로 이번 번역서 출판을 계기로 감사를 표하고 싶은 또 다른 분은 전남대학교 철학과에 계시는 정미라 교수와 박구용 교수다. 그들은 내가 2010년경에 동아시아의 사상전통, 특히 성리학에 대해 본격적으로 공부하고자 할 때 전남대학교의 '주자대전번역연구단'이 번역·출판한 《주자대전》 한 질을 기꺼이 증여해 주었다. 그래서 주희의 성리학에 대해 마음껏 공부할 수 있었고, 《주자대전》을 통해 배운 성리학을 바탕으로 그동안 부족하나마 동아시아 및 한국의 유교전통과 한국사회 사이의 상관성에 대한 나름의 생각을 가다듬을 수 있었다. 번역에 도움을 주신 여러 동학 선후배 선생님들을 비롯하여 전남대학교 철학과에 재직하는 두 분과의 학자적 우정과 연대가 지속되길 바란다.

2020년 9월

나종석

찾아보기